U0866171

尺寸

千里远景，如在尺寸之间。

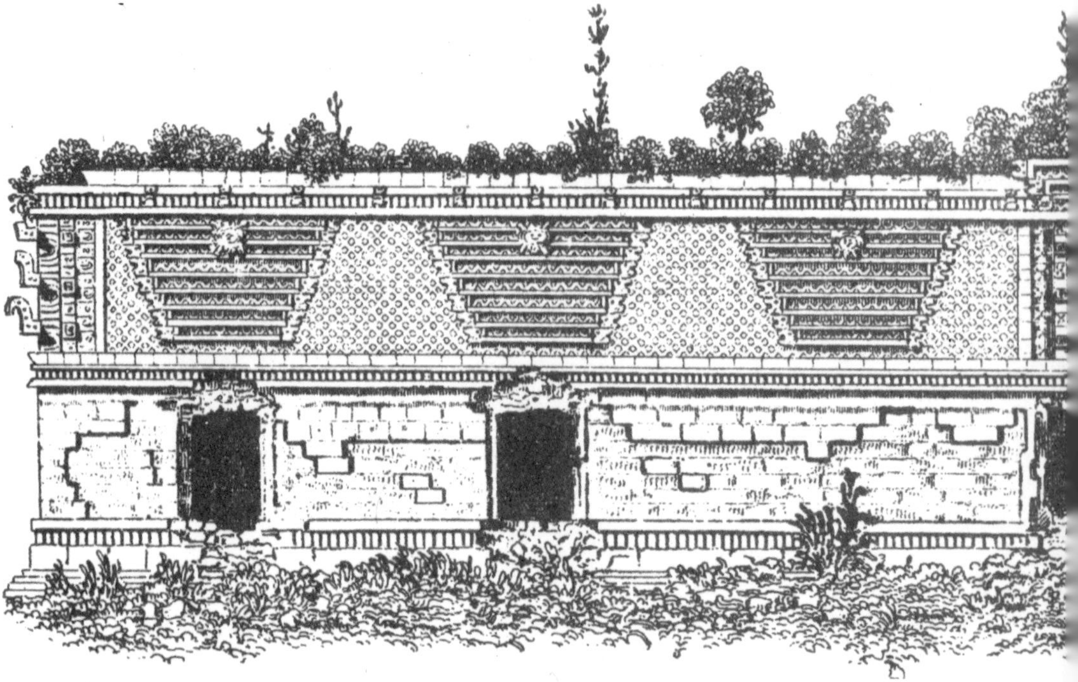
F. Catherwood.

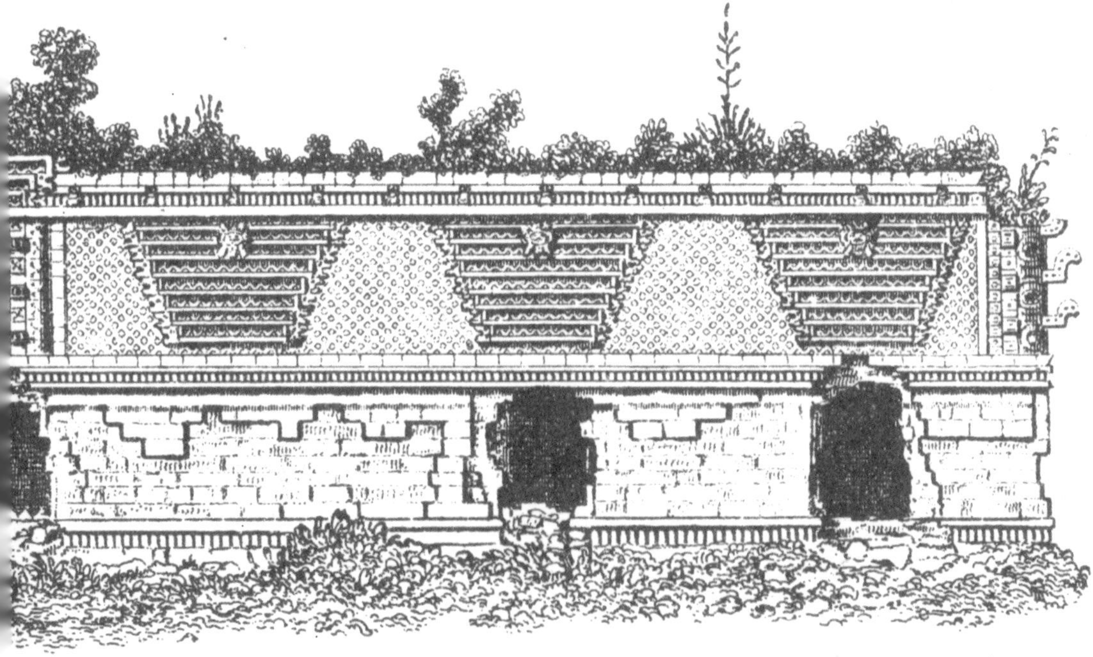

J.N. Cambrede.

玛雅秘境

失落的四十四座尤卡坦古城

约翰·斯蒂芬斯◎著
弗里德里克·卡塞伍德◎绘图
周灵芝◎译

中国工人出版社

前言

在《中美洲、加帕斯和尤卡坦发现之旅》(*Incidents of Travel in Central America, Chiapas, and Yucatan*)一书中，我提到希望对尤卡坦的遗址进行更完整的探寻。这个心愿后来得以实现，本书内容即是其结果。作者相信，本次探索记录详细地描绘了一名陌生访客在尤卡坦半岛的旅程，包括：对四十四个废墟城市或古代居民留下的建筑遗址、残迹之访查。

这些废墟大部分仍不为外界所知，即使是尤卡坦首都居民也毫无所知，只有极少数白人居民曾踏访过。它们早已荒废、淹没于树丛中；它们周遭的寂静曾被短暂地打破，之后再度恢复无边的孤独与寂寥。时间与其他因素正加速它们的毁灭。所有正立面雕刻着美丽装饰的宏伟建筑，如今已龟裂、颤颤巍巍，再过几个世纪，势必全数倾颓，化成一堆堆石砾。

它们终将灰飞烟灭；这是它们无可避免的最后命运。幸运的是，作者得以在此之前到访。这支神秘民族的遗物尽管逐渐崩坏，却依然壮观，作者因而希望能留下些许记录。插图主要根据银盐相片及卡塞伍德先生在现场所做的素描而来，并在卡塞伍德先生亲自监督下制成版画。

目录

第一章

重返梅里达

读过我的《中美洲、加帕斯和尤卡坦发现之旅》一书的读者想必还记得，由于卡塞伍德先生生病，当时他和我在尤卡坦一地进行的研究因而骤然中断。

尽管如此，在尤卡坦半岛停留的短暂期间，我们仍获得一些模糊却值得信赖的信息，知道那里遍布无数荒废的城市遗址；我们认为，那是进行考古发现与研究的最佳地点，结果也将超越过往的经验。因此，当时不得不离开实在是令人难受的决定，只能安慰自己，期望能再次探访，彻底探索这片神秘的未知地区。

大约一年后[1]，我们如愿以偿。十月九日，星期一，我们搭乘司科菲尔德船长指挥的“田纳西”号帆船渡海前往塞索，上一回，我们在这里搭船返回美国。

“田纳西”号是在美国东北部沿海地区制造的，重达两百六十吨，是大批铸造后再分别出售的船型，显然出自某大造船厂，不过相当坚固耐用，设备、人员也很精良。船上堆满运往尤卡坦半岛市集的货物，包括船底的一层厚重铁砂，中间层的棉花、毛瑟枪、两百桶松节油等各式杂货，最上层靠近货舱口附近则有六百个装满火药的小木桶。

我们此行多了一位生力军——卡柏特医生。他是波士顿人，也是业余鸟类学家。除了他之外，另一位同行的坎默丹先生负责押货。

出海第一天，我们因松节油刺鼻的味道而呛醒，不禁担心是否有桶破裂漏油；果真如此，再加上棉花的吸力，货舱里的火药恐怕还没送到收货人手里就要报销了。幸好，经过追查后，确认味道是从一只做记号用的罐子里传出的，我们总算平息了心头的忧虑。

第四天晚上来了一场超级大雷雨。这对身处热带的人来说不足为奇，但当时实在不怎么受我们欢迎。雷声在头顶轰隆大响，闪电划过黑暗苍穹，将海面照耀得闪闪发亮。我们这艘小船随着浪头起伏而摇摆不定，宛如沧海一粟，险象环生。一道道愤怒的光猛击水面，仿佛即将点燃船上的火药。

我们毫无章法地讨论了如何分工及如何各司其职，建议船长以锚链环绕并固定主桅，将尾端拴在船侧，同时安慰自己：六百桶火药和六十桶其实差别不大，因为只要六桶就足以置我们于死地。在那个当下，我们认定只有闪电与火药是海上真正的危险。那个夜晚总算平安度过。清晨时，海面再度恢复往常的平静；我们也一如所有出海人的通病，早将先前的险厄抛往九霄云外。

第十七天晚上，在微风轻送下，我们渡过了号称“墙上之洞”的狭长水道，但在黎明前，船舷侧遭遇一股强风，整艘船几乎在海面上飞驰。这阵狂风非常惊人，没有任何东西能抵挡它的狂扫。海面波涛汹涌，船长坐在船尾栏杆下看着罗盘，紧张地将船驶向雾茫茫的天涯一角，那里的风似乎不怎么凶猛。

早餐时，船长的额头冒出一粒粒斗大的汗珠；起初他完全不愿承认，但我们发现确实已置身危险境遇。在劲风协助下，我们航行在人称“阿巴科之礁”（Abaco reef）的知名暗礁海域上，正下风处便是整块礁岩的位置，航海图上标示着“危险岩岸”的字样。除非狂风平息或改变风向，否则再过八或十小时，我们就要触礁了。我不得不承认，眼前看不出有任何变化的迹象，而这块大礁岩躺在水面下数英尺之处，距陆地只不过二十英里。船一旦触礁，肯定会裂成碎片，因为没有任何人造物抵挡得住大海的愤怒。时间流逝，我们正朝毁灭逐渐趋近。

我们坐着，看着眼前的航海图，就像已判刑的死囚盯着行刑时间的宣告。恐怖的暗礁似乎从纸面上蹦了出来。每次望向大海，我们都明白，即使在白天，人力也不可能战胜，但一想到死神选在夜晚宣战，更是毛骨悚然。幸好船上没有妇孺，只有这件事让我们稍觉安慰；我们全是体魄健全的男子，在生死攸关之际当能奋力搏斗。最后，幸运降临，各位读者，我们的欣慰不言而喻：一点钟时，风势转向，我们得以稍稍控制船上的帆。这艘好船努力打开生路，渐渐驶离了危险。隔天夜晚，我们又重回航线，众人莫不欢欣鼓舞。

第二十七天，抵达塞索港。此时已有五艘船停泊港内，这是塞索难得一见的景况，也是我们的幸运，若非如此，从未来过此地的船长尽管再三仔细寻找，可能还是会找不到港口。我们的船停在港口外，距离陆地两三英里，以免强烈北风吹得船碰撞岸上。我们下船后，船长司科菲尔德在还没卸货的情况下，不得不先松开绳缆出海，九天后才重回停泊处。

我们抵达时才下午四点。根据港口规定，检疫和海关人员未上船检查前，任何旅客都不得上岸。我们盼到天黑，直到月亮升起，仍没等到任何官员。我们对这些懒惰的官员实在没什么好感，但也无可奈何，只能重回船上。

清晨，一踏上甲板就看见原先想搭乘的双桅帆船“露辛达”号停泊在船尾；它在我们出发四天后从纽约起航，夜里抵达此处。

不久，数艘小船向我们驶来，上面载着检疫人员和海关关员。一名留着大胡子的瘦小男子登上我们的船。他还没踏上甲板就已晕船，不到数分钟便躺下了。初步检查很快结束，我们终于可以上岸；前一晚所感受到的一切不快和抱怨也随之烟消云散。这里的人还记得我们上一回的来访，相关著述也已在此地翻译出版，因此，一看我们再度来到，海关人员尽可能提供通关方便，所有皮箱、盒子、五花八门的行李等，一概毋需检查即予以放行。

塞索当地的房屋或居民并未增加，也缺乏任何吸引我们多留几天的诱因，因此，当天下午先雇车将行李运往梅里达[2]，我们也在第二天上午搭乘敞篷马车出发。

一出城郊即进入一片水乡泽国。有一英里以上的路程，马儿走在及膝的水中。上一回我们经过这里时，地面还是一片干燥，龟裂处处；此时则是雨季尾声，四处漫延的水无处宣泄，在炽热的太阳炙烤下引发猖獗疟疾。

我们抵达的季节正是热带植物生长繁茂之际，路旁的矮树蓊郁青翠。卡柏特医生让我们大开眼界。他想立刻展开工作，自个儿搭乘一辆敞篷马车走在队伍最前面；没多久，只见他的枪管朝旁一伸，一只鸟儿应声掉落下来。在塞索，他已看过白鹭、鹈鹕、在家乡罕见的鸭类，以及野生眼斑火鸡（oscillated wild turkey），光这只火鸡就已让他觉得值回票价。此时，我们也因为他而格外注意鸟类，总觉得在灌木林和矮树丛中，隐藏着各种鸟的身影和声音。一路上，他看到四种美国没有的物种，以及另外六种只见于路易斯安那和佛罗里达的物种，他大部分的标本动物都是在这两州猎取的。

日正当中，我们在温库马稍事休息，随后在天黑时抵达梅里达，并前往米卡拉夫人的住处。这次我们从家乡出发后直接前来此地，不像上回先经历了疲惫不堪的中美洲之旅，抵达时也不如上次那般兴奋。不过，就算我想低调应对也很难，因为夫人已读过我之前的游记；她郑重其事地说，书里提到的抵达与离开时间和她的记录完全一致。

我们来到梅里达正是时候，和上次一样又逢节庆期间。一连九天的圣克里斯托弗节正接近尾声，当天晚上，圣克里斯托弗教堂内有一场庆典。我们时间不多，快快用过晚餐后，便随着米卡拉夫人家的一名印第安小厮朝教堂出发，不一会儿就来到通往教堂的大街。这里人山人海，似乎梅里达的居民倾巢而出。家家户户在阳台窗上悬着一盏灯笼，或在玻璃罩里点上一根长蜡烛，照亮整条街。街的尽头是一个大广场，教堂矗立一旁，正面大门灯火辉煌，十分壮观，门前的平台、台阶及广场全都挤满了人，大部分是印第安人，不分男女老少，人人穿着一身白衣裳。

我们挤到门边，看见教堂内部浸润在耀眼的光亮中。两列高大的烛台上插着八或十英尺高的蜡烛，从门边一路迤逦延伸到祭坛。厅内两侧吊着无数盏灯，在地板与天花板之间绽放着点点光芒；遥远的另一端立着一座三十英尺高的祭坛，上面摆满银质装饰品和插满盛开花朵的花瓶，上方则悬挂着无数灼灼发亮的灯。教士穿着闪闪发亮的法衣在祭坛前主持仪式，音乐在走廊与拱门间回荡。教堂宽广的地面上挤满了跪拜的妇女，她们也是一身白，且用白色披肩包覆着头。整个教堂里看不到男人身影。我们身旁有一群年轻女孩，眼珠黑亮，头上戴着花朵，打扮得非常漂亮。虽然我比去年又多了一岁，也更冷静自持，不过梅里达姑娘在我脑海中留下的美丽印象丝毫未减。

吟唱声停止了，妇女从地上起身，像一片白云升起，或像大气中的精灵升华至另一个更纯粹的世界。当她们转向大门时，许多印第安人的微黑脸庞出现在另一头，其中一个显得特别黝黑，如乌云般幽黯；人潮最前面几排皆是印第安人，这个唯一的例外是一个高个儿的非洲人，黑色的脸庞在周遭白云衬托中格外耀眼。

我们一直等到人潮散去后才离开空荡荡的教堂，穿过烟火冲天、鼓声和小提琴声震耳欲聋的台阶，随着群众一路行去。

转过广场左侧，进入一条灯光明亮的街道，街尾悬着一个巨大的十字架，也是光采耀目，显然那儿已是尽头。我们刚从教堂过来，那看起来多少和方才目睹的仪式有些关联。然而，群众并未走向十字架，而是走到对面一栋同样亮如白昼的大房子中。

这栋房子的大门也像教堂一样向所有人开放，或者该说是向所有想尽办法、挤得进去的人开放。我们一方面必须等前面的人群移动，另一方面又被后面的人推挤着，慢慢地费尽力气，总算也挤了进去。这个大厅有整栋房子那么宽，热得令人窒息，又挤得水泄不通，男男女女——或说是绅士与淑女，或者无论怎么称呼都行——喧嚣吵闹不已，简直就像疯人院般失控。

好一阵子我们完全无法了解究竟是怎么回事。在人潮带动下，我们夹在拥挤的人群里渐渐穿过大厅，但在摩肩接踵之间，不时有草帽的帽缘顶到鼻子，或有缭绕的纸烟余烟飘进眼里。没多久我们满脸涕泗纵横，却没有任何友爱的手为我们擦拭，而我们自己的手则被夹在身体两侧，动弹不得。

大厅每侧各有一张由两条粗糙木板组成的长桌，长度相当于整个墙面。桌上大约每隔两英尺放着一个小洋铁罐，里面盛着蜡烛。桌边粗糙的长板凳上坐满了人，无论男、女、白人、麦士蒂索人（Mestizo）[3]或印第安人，全都以人体能忍受的极限挨挤在一起。他们面前各有一张纸，约一英尺见方，上面写满一排排数字，旁边另有一小堆玉米粒，以及一根长约十八英寸、直径一英寸的打击棒。尽管周遭一片嘈杂混乱，桌前这些人始终紧盯着面前的纸张。在如此闷热的地方，他们宛如一群正在施行黑色巫术的巫师和女巫，其中有些年轻女性异常美丽。

我们渐渐穿过大厅，来到走廊，不得不在此停下脚步。和我相距几步距离的一个淘气男孩，看起来似乎是这场夜间狂欢会的首领。他站在一个平台上，喀啦作响地晃动一个球袋，口里不断发出尖锐刺耳的单调歌声，愈升愈高，突出于其他声音之上。他将所有喧嚣与骚动带至最高点，仿佛整个屋子起而对抗这名男孩，而他赤手空拳，或者应说他仅凭一张嘴与三寸不烂之舌连续发出清晰的歌声，和周遭沸腾的人声战斗。有那么一会儿，他的歌声成功穿越滚滚的声音之浪，但他随即发现自己再度淹没于广大的群众力量中，于是以一种引发众人嘶吼的音调高喊："人民的声音就是上帝的声音！"

顺着走廊往前走，整个中庭散布着桌子和长凳，还有纸、玉米粒和沉甸甸的打击棒，男男女女一如大厅内那般拥挤地坐在一起。通道上挤满了人，放眼望去，所见尽是低着的、目光专注于神秘纸上的一颗颗人头，有灰发的长者、男孩女孩、幼儿、父母、夫妻、主仆、达官贵人、贩夫走卒、斗牛士；有颈上珠宝环绕、鬓边别着玫瑰的贵妇与绅士，也有身无长物的印第安妇女；美丽的与丑陋的、梅里达最优与最劣的……林林总总，也许有两千人之多吧，其中有许多是数分钟前才跪在教堂地上的妇人，以及站在我们身旁台阶上的美少女，此时却全部聚集在一个公共赌场内，对于初访此地的陌生人而言，这确实是令人赞叹的一幕！

不过情况倒也没有想象中那么糟。我不是在为赌博找借口，毕竟尤卡坦和墨西哥其他地方一样，赌博都会为每个阶层带来灾难，甚或毁灭的命运。然而，在我私心里，梅里达是我心爱的城市，我十分乐意救起他们，或者至少设法不让他们灭顶。

这群人正在玩的赌博游戏叫作“乐透”，是在墨西哥各省皆大受欢迎的娱乐，如今已深入尤卡坦各个村庄。政府不但批准这种赌博，甚至和我国过去一样，已达养痈成患的地步，为了施政或其他目的，将它当作募集金钱的工具。

赌博的规则是将不同的数字组合写在纸上，从一到九十，每一面九行，每行五个数字。由于九十个数字几乎可组成无限的组合，每张彩券上面的数字组合皆不相同，因而可以无限量发行。彩券由政府钤印，每张售价一个雷亚尔（real）❹，相当于十二点五美分。

赌客买下彩券后，用封缄纸固定在身前的桌上，并且在一个大钱袋中放入一定数额的赌金。一名男孩收回钱袋，放进帽子里，接着拿出一袋球，先宣布钱袋中的总数额，然后摇动袋子，从中抽出一个球，唱出球上的号码。这时，每名赌客用玉米粒在自己的彩券上做记号，记下男孩宣布的数字，只要彩券上出现五个排成一行的数字，便可赢得那一袋钱。中奖者必须用打击棒敲打桌面，并站起身来，表示自己赢得彩金。男孩会再度唱出抽出的数字，如果比对无误，便递出钱袋，一场赌注就此结束，接着又是另一场的开始。有时过程中也会发生错误，譬如先前我们接近男孩身旁时所目睹的极端喧闹和混乱，便是因错误而引起的。

我们能从赌博的金额来进一步了解其性质。开始之前，男孩大声公告赌金上限为两个雷亚尔，不过众人认为太高，于是征得全体同意后，将赌金改为一个米狄欧(medio)，相当于六又四分之一美元。男孩宣布的最大一笔赌金总额为二十七美元又三个雷亚尔，以四百三十八名赌客来平均计算，这不算是大手笔的赌注。一位站在我附近的老先生告诉我，这实在是小意思，不值一哂；不过附近倒是有个地方专以“达布伦”金币（doubloon）❺为赌注玩“蒙帖”❻（monté）纸牌游戏。

对我来说，这一晚出现的赌金，远少于在美国举行小型私人宴会时打牌助兴的金额，而且宴会贵宾可不认为自己是赌客。事实上，或许我们不妨这么说，吸引这一大群人的并不是赌博精神。梅里达的民众喜欢娱乐，在缺乏戏院和其他公共娱乐设施的情况下，乐透赌场成为最好的集会场所，各个年龄和阶层的人都在此与老友聚首。他们不分贫富、贵贱，同在一个屋檐下平等相会；所有的人毋需摆脱自己的身份地位，依然能保有友好的互动。有的合家光临，有的年轻人三五成群，玩起比乐透更激烈的游戏，下的赌注是自己的心，或至少是手。也许就在那夜，某个勇气十足的赌客虽然输掉不少米狄欧，却可能赢得比二十七美元又三个雷亚尔更庞大的报酬。

事实上，在这里，人们将乐透视为当地社交活动中的一个余兴节目而已。因此，也许不该称之为赌博，而应将它正名为大规模的社交活动，而且这个活动毫无门槛限制，至少在我们看来是如此。不过有一点让我们很受不了，就是里面实在太热了，根本无法和伦敦或巴黎的赌场相提并论。

我们在十一点左右离开赌场，沿着大街，经过一座敞开大门的屋子，屋内桌上有成堆的金银，一群男人正聚在桌边玩，套句刚才那位乐透赌场内老顾问的话，这是值得一探究竟的赌博。回到寄宿之处才发现，因为赶着参加庆典，未留意到米卡拉夫人只有一个房间可供住宿，而且是个小房间，又很靠近门口。我们打算在梅里达多待几天，因此决定第二天一早出去找房子，租个几天。

正准备就寝时，门外传来一阵异常的喧闹声，走出去一看，发现一名可怜的老印第安人正从塞柏洛斯[7]大宅门前的人行道上滚过去。他身体畸形，蜷缩着双脚，弓着背，头和脖子向前伸出，眼睛仿佛要从眼窝里蹦出，口中以玛雅语喃喃自语，十分奇特。我们一出现，他就把声音提得更高。警告与威胁对他丝毫不起作用。似乎在畸形的保护作用下，他对自己能惹恼我们感到一丝故意作对的乐趣。我们只好放弃和他对抗，返回屋内，在他持续不断的干扰声中入睡，就这样度过了抵达梅里达的第一夜。

❶

作者斯蒂芬斯曾有两次中美洲探险的经历。本书记载的即是他的第二次旅程。1841 年，在他的第一次中美洲探险中，他和他的伙伴卡塞伍德因不幸染上热带疾病，而不得不止步于乌斯马尔。所以，1842 年 10 月，即文中所述的“一年后”，他们再度规划，重返中美洲。最终实现了对尤卡坦半岛古城遗址的深入探访。——编者注

❷

Merida，今日墨西哥尤卡坦州的首府，北临墨西哥湾。

❸

西班牙或葡萄牙人与印第安人的混血后代。

❹

昔日西班牙的货币单位，亦指相当于该货币单位的银币。

❺

十九世纪前后，西班牙及中南美洲等地使用的金币名称。

❻

发源于西班牙的纸牌游戏，具有赌博性质。

❼

塞柏洛斯是希腊神话中负责看守地府之门的三头怪物。

第二章

纯真美好之地

第二天一早，载着行李的大车到了。为了省去反复搬运行李的麻烦，我们要求大车停在门口，立刻出去找房子。时间不多，选择有限，多亏米卡拉夫人帮忙，半小时后便找到一栋符合需求的房子。回到寄宿处，我们打发大车上路，跟在车后的是两名印第安人，其中一名头上顶着一张餐桌，上面叠了个洗脸盆，另一名顶着三把椅子，全是米卡拉夫人提供的；我们几个人则在队伍最后面压阵。

这栋房子位于火鹤街，和梅里达大多数房子一样是石砌平房。进得屋内，首先是大厅，约三十英尺宽、二十英尺深、十八英尺高，墙上有球形木节，用来悬挂吊床。往后是条宽阔的走廊，通往中庭，中庭约三十英尺见方，有高大的石墙，中央有一口井，一侧有一间卧室，后方是一间餐厅，全铺着坚硬的水泥地面。穿过中庭，另一头是厨房和一间仆人房，再往后又是另一个中庭，深约四十英尺，周围有十五英尺的高墙。为了让读者对梅里达和纽约的房地产价差有所了解，容我再进一步说明：租金每个月四美元，三个人分摊不算贵。我们将自己的行军床、餐桌、洗脸盆和椅子安置好，在早餐前已将屋子布置妥当。

此时圣克里斯托弗节的庆典仍在进行。大弥撒已结束，接下来的仪式是斗牛，预计十点开始。

斗牛场位于圣克里斯托弗教堂前的广场，观众席占满整个广场，其结构十分原始且奇特，建造原理足以让欧洲建筑师大惊失色：巨大的环状鹰架以刚从竹林中砍下、未经加工的粗糙竹子搭建而成，圆周约一千五百英尺，可容纳四五千人，完全未使用钉子，全部以柳条捆绑固定。内部由相互交错、层叠的长竹竿分隔成一个个包厢，只留下一道开口，当作通行的门，上方覆盖的是美国棕榈叶制成的棚架。整个结构就像一个质朴、巨大的编织物，由于空气流通，特别适合本地的炎热气候，任何印第安人都会搭建，节庆结束时，拆下来的材料还可当作柴火。

我们来到斗牛场时，表演已经开始。场内人山人海，座位很多，但有一边完全曝晒在无情的太阳下。每道门上写着“第一包厢”“第二包厢”等，各包厢都有一位负责人，带着摇摇晃晃的三四阶小踏凳，站在门前通道上，邀请观众入内。其中一人过来招揽我们，每人只要付两个雷亚尔便可坐到前座。这里比乐透赌场更热，我们穿过其他观众入座的行动和此过程中带来的混乱，引发大鹰架颤动，它仿佛无法承受人群的重压而前后摇晃着。

观众来自各个阶层、各种肤色和各种年龄，上自灰发长辈，下至躺在母亲臂弯里酣睡的婴儿。坐在我身旁的是一位身为一家之长的母亲，她本身是个混血儿，手上握着家中钥匙，她的孩子有的挤在邻座脚旁，有的钻到椅子下。最前面的座位底下坐了一排男孩和女孩，小小的头伸出栏杆外，双腿悬空晃着，有的黑有的白，仿佛为斗牛场镶上一圈花边。鹰架对面最上方有一组乐队，乐队领班戴着一个闪亮的黑色面具，夸张地模仿黑人。

场内有一头公牛，腹侧插着两支饰有黄、蓝彩带的倒刺标枪，脖子上也有创口，汩汩流出血来。几位斗牛士助手远远站着，手里握着血迹斑斑的长矛；一名骑在马上的武装骑兵是斗牛场中的指挥者，另外还有八或十名来自附近大牧场的牛仔，强壮善骑，对付在林中狂奔牛群的经验丰富。这些牛仔身穿粉红色衬衫与长裤，戴着小小的硬挺草帽，帽顶圆而凹陷，帽檐窄而向上微微卷起。他们的鞍座上有大块皮革，向下覆盖了大半个马身，每人手上握有一副套索（即一卷绳索），以及一对巨大的铁刺。这对铁刺长约六英寸，重两三磅，在瘦小的马匹的对照下，持铁刺的牛仔看起来格外像《狂人邦巴斯特》（*Bombastes Furioso*）❶的剧中人物。

骑兵一声令下，牛仔以手中套索抽打鞍座上的大块皮革，惊扰并追逐公牛，同时试着投出套索。几次之后，他们终于套住牛角，将公牛拖至场边一根立柱旁，紧拉绳索，将牛头压在柱旁地面上无法动弹。这时，其他人在公牛前后腿间的身躯上绕两圈绳索，在背上系紧，绕过臀部，再绕回来与捆住身躯的绳索相连打结。接着，公牛身侧各站两三人，用力拉紧绳索，让绳索深陷公牛胸部和臀部。在如此压迫之下，公牛的后腿几乎离了地。他们这么做是为了刺激公牛，让它发怒。那可怜的动物咆哮着，倒在地上踢着腿，努力想挣脱残忍的捆绑。从我们的座位抬头望去，正好面对圣克里斯托弗教堂的前门，可清楚看到门上讽刺地写着大大的字："这是神的殿堂——这是天堂之门。"

场中牛仔仍不罢休。他们仔细观察牛角上的绳索并未松脱，又在它背部绑上一个头戴三角帽、跨坐在马鞍上的士兵人像。观众一看哈哈大笑。有人告诉我们，马鞍和士兵像都是以木材、纸和火药制成的，这些正是令人畏惧的烟火材料。一切安置妥当后，场内所有人皆向后退，斗牛士助手骑上马，手里握着矛就定位。乐队不知有意或无意，奏起了美丽的国歌——"吉姆·克罗"❷的旋律，引发我们的思乡之情。

此时，一个歹徒模样的家伙，在距公牛数英尺之处引燃四处乱窜的大型火箭，另一人则从它背上的士兵像脚跟处点燃火药。观众兴奋地高声叫喊；此时绳索松脱，公牛挣脱了束缚。它愤怒无比，踢着后腿一路往前冲。群众吼叫声、四处乱窜的火箭与爆炸声，以及绑在背上的折磨装置所发出的烟与火，让饱受惊吓的它盲目地冲向每个斗牛士助手，却一次又一次遭到长矛攻击。全场观众看得如痴如狂，不时发出爆笑和喊叫声。终于，火药烧完了，这可怜的动物带着累累伤口，血流如注地转身向后跑到入口处门边，哀嚎着乞求逃生，然后沿着斗牛场的墙边匍匐爬行，抬眼望着上方的观众，眼里充满恳求，仿佛向心地柔软的女性观众乞怜。

几分钟后，公牛被套上套索拖走了。它才刚消失，另一头又被带了进来，而且受到更野蛮、更残酷的折磨。牛仔用一条长达两三百英尺的绳子穿过公牛鼻头，绳索两端固定在马鞍上，然后将它一路拖过街道，进入场中，另一名牛仔紧随在后，用套索套住公牛的角向后拉，免得它冲向前面的牛仔。抵达场中央后，前面的牛仔松开绳索一端，继续向前骑，绳索在地面上拖行约一百码长，然后从公牛鼻头的另一边穿出。如此一来，公牛的鼻头一边沾裹着尘土，另一边则血迹斑斑；由于角上的套索将它的头向后拉，它不得不竖起颈子站着；当绳索的末端终于脱出时，公牛舔了舔血淋淋的鼻子，蹄子在地面上又踢又扒，发出愤怒的吼声。

接着公牛被套上套索，拉至立柱处，和前一头一样遭绳索绑住身体，然后在音乐、火箭与叫喊声中，再度被放出。那些酷家伙走向它，左手拿着红、黄两色的披风，右手握着装有烟火及饰有黄色纸制飘带的标枪，在公牛面前摇晃，然后将标枪掷向它的颈子和腹侧。气流加速了火的燃烧，烟火开始噼啪爆炸，纸带也在公牛耳边飒飒作响。斗牛士助手接着骑上马背；不过，才投了几支矛，公牛便退缩了，观众对它未坚持奋战极为不满，愤而大喊："把那头牛带走！"

另一头牛进场，同样也遭到穿鼻绳索残酷拖行，同样饱受绳索捆绑与标枪折磨，随之而来的，是斗牛士助手骑在马上对它投掷长矛。当它未如大家预期地愤怒反击时，斗牛士助手干脆下马，站在地面攻击它。无论对人或对牛，这种对抗方式都极端危险。

斗牛士助手在公牛面前一字排开，每人左手持黑色或黄色披风，右手握着长矛，微蹲马步，随着公牛头部的转动，前后左右跳跃着变换位置，伺机从牛角之间攻击它的后颈部。有两三个人正中目标，在它身上刺出深重的伤口，拔出的长矛上沾满血迹。不过有一人没瞄准，公牛抬起头，带着竖得笔直的长矛握杆朝他冲去，将他扑倒在地，然后跨过他的身体，似乎打算用四只蹄子踩扁他。这人动也不动地仰躺着，两臂平伸，仿佛已经毙命。公牛带着颈上笔直竖立的长矛杆继续在场中游走，景象异常骇人。牛仔赶紧进场用套索追逐公牛，最后，长矛掉了，他们也套住了它。这时，倒下的人被同伴弯身扶起，抬了出去，显然以后无法再斗牛了。不过，我们听说他只断了几根肋骨。

这个人才被抬走，人们当下就忘了方才的意外。接下来，又是另一头公牛被激怒、折磨，然后拖了出去。就这样，斗牛一场接一场地进行，总共八场。十二点，教堂的钟声响起，斗牛结束，不过，当我们随着人潮散场时，听说下午四点还有另一回合的斗牛表演。

四点钟，我们再度回到原位。我们如此密切关注这种活动不是没有原因的。据说，早上的斗牛表演只有平民观赏，而在下午这一场，所有梅里达的上流人士都会出现。让我感到欣慰的是这个说法并非事实。我们观察到的唯一差别，是下午人更多、更热，入场券的费用提高了一倍。

这是这次庆典的最后一场斗牛，人们将一些最好的公牛留至此时才上场表演。第一头出场的公牛立刻获得观众的热烈欢迎，可能过去在庆典中表现亮丽已为人所知；可怜的它，虽然深受欢迎，却带着丑陋的标记：由于一再遭绳索穿过鼻孔拖行，它的鼻头软骨已完全磨损。

接下来这一场，足以和西班牙史上最精彩的斗牛表演媲美。出场的是一头黑色大公牛，身上干干净净，没有受过虐待的痕迹。一名和我们同包厢的男子拿出一支新雪茄点燃后，缓缓说道："这头牛十分英勇。"我认同他的看法。

这头牛既不怒吼，也不咆哮，没有表现出任何逞强恫吓的动作，反而冷静、沉着，显出一种有力的自觉。斗牛士助手从马背上攻击它，起先它像阿什贝勇士阵容中的懒散武士[3]，只是单纯抵挡攻击者，但突然间似乎被惹恼了，低下头，抬眼看着对准它颈部的长矛，闭上眼，冲向站在一侧的斗牛士助手，以角抵住马腹，将斗牛士助手从马背上掀落。马和骑士一齐倒栽葱地撞向地面，马儿四脚朝天，压在骑士身上，站起身时，骑士的一只脚还缠在马镫里。有好一会儿，马儿呆呆站着，像个会呼吸的塑像，鼻孔张开，耳朵后俯，因饱受惊骇而近乎发狂；当它突然看到公牛，立刻惊跳起来，在场中全速奔驰，身后拖着那名不幸的斗牛士助手。他不省人事，全身沾满尘土，看起来了无生气。每一次马向前跳跃时，后蹄仿佛就要踢中他的前额，在场观众莫不捏把冷汗。

这名男子颇受欢迎；他的朋友和亲人也在场，人人都认得他。所有人内心深处不禁低喊着“可怜的家伙”，我自己也忍不住担忧地从座位上站起身来。眼看这种情况，想必连人寿保险公司的总裁也不敢为他担保。其他几名斗牛士助手吓呆了，一动也不动，只有公牛继续在场中四处游荡；也许，它是唯一对整个情况漠不关心的旁观者吧！我开始对其他斗牛士助手感到不满；他们似乎经历了一世纪长的时间，才小心翼翼地一边提防着公牛，一边用套索套住马的脖子，终于把马制住，解救了可怜的同伴，把他带离场外。此时这名不幸的斗牛士助手的脸上满是尘土，五官难以辨识，而且在即将抬出场外时睁开了眼，看起来非常恐惧，仿佛眼珠子都要跳了出来。

他才刚离场，观众席上响起一阵沙哑的叫喊声：“徒步！徒步！”场中的斗牛士助手只好下马，站在地面上，手里继续挥舞着披风，猛烈攻击公牛。公牛毫不犹豫地对准其中一名敌人冲了过去，将他撞倒在地，跨过他的身体，头也不回地走开。这名斗牛士助手也被扶起，抬了出去。

斗牛士助手再度展开攻击，惹得公牛真正恼火了。不一会儿，它又将一名斗牛士助手撞倒在地，且因用力过度冲过头，跨过了斗牛士助手的身体，因此又立刻以猛烈的力量刹住脚跟，掉过头来面对匍匐在地的猎物，瞪着他看了好一会儿，发出一声怒吼，然后稍稍举高前蹄，使尽全力一击，将双角刺进倒在地上的斗牛士助手腹部。幸好公牛的角事先都已锯平，不致刺伤他，但这令公牛更加愤怒，于是将一只角伸至斗牛士助手的肩带下，将他高高挑起，然后猛掷回地面。

尽管这种场面屡见不鲜，但还是让观众一阵寒栗。斗牛士助手的同伴没有人敢上前搭救。也许责怪他们懦弱并不公平，因为无论彼此的关系再冷酷或恶劣，毕竟多少还是有些同袍之情，只不过无人敢趋前伸出援手。公牛盯着地下的斗牛士助手看了许久，嗅了嗅后又踢踢他，全场为之屏息，没想到公牛掉头离开，置之不理了。

这名斗牛士助手也被抬了出去。观众因同情而维持了一阵缄默。尽管如此，当他一离开视线，所有压抑的情感一股脑儿爆发，汇聚成为对公牛的愤恨。这时，不分男女老少，沙哑的嗓音夹杂着柔和的女声一致喊着："杀了它！杀了它！"斗牛士助手惊骇不已地呆立着；已有三名同伴被击倒并抬出场外，相对的，公牛身上虽有数处伤口出血，却依然如开始时那般勇猛有力，甚至更加凶猛地在场中四处游走。他们踌躇着，显然不敢对它施展攻击。观众已感不耐，大声喊出侮辱的字眼："懦夫！懦夫！"骑兵无奈地重新整队，让每位斗牛士助手各灌下一大口酒后，重新面对公牛。不幸的是，他们手里握着矛对准公牛，心中的恐惧却始终不曾消除，因而双手无力、全身颤抖，终究无法掷出长矛，只好在群众鄙夷不屑的叫嚣声中撤退了。这一场，公牛赢得胜利。

随后又是另一头公牛进场。就这样，等最后一场斗牛结束时，天色已暗。最后一场开放给男孩进入，他们嘻嘻哈哈地在公牛怒吼声中又拉又拖，胡乱推挤着，直到牛几乎站不住脚。当晚祷钟声庄严地响起时，为纪念圣克里斯托弗而举行的斗牛仪式终于告一段落。

有人告诉我们，现代法律设下了许多规则，以减低斗牛的危险和残忍。例如，锯平牛的双角，因而不致刺伤人；长矛也不可超过某个长度，牛不致一击致命。在我看来，真正合理的斗牛方式应像从前那样，以效果而非道德教条为重，让它成为人与兽之间真正的生死搏斗，因为那才是技巧和勇气的表现，才可能显现骑士精神的魅力，而人类所面对的危险，就某个程度而言，才能与公牛所遭受的野蛮折磨相提并论。

然而，八天来，这里锯钝角的公牛不断遭人戳刺、折磨，由于受伤而血肉模糊，可想而知，许多最后都因伤而死，或因无法复原而遭杀害。当然，我们也目睹了四个人被击倒并抬出场外，而且其中两人就算康复，也几乎丢了半条命。尽管在千钧一发的紧张时刻过后，他们便不再是人们同情的对象，或许不如公牛来得受人注目，不过这个修正后的斗牛制度依然显现浓厚的血腥气息。对男人来说，这也许没什么大不了，虽然他们之中不见得完全没有质疑、责备的声音。不过我倒是很欣慰地发现，梅里达所谓上流阶级的妇女没有人在场。至于女性观众中，我也未见那些年轻、柔和的脸庞上显现出任何对这血腥场面感到快乐的迹象，即使流血的是野兽。

晚上我们又到乐透赌场再接受一次蒸汽浴的洗礼。第二天是星期天，也是庆典最后一日，一早由圣克里斯托弗教堂的大弥撒展开序幕。宏伟的教堂、绘画与祭坛、点燃的香、音乐、令人印象深刻的仪式，以及跪在地上的人群，都不免发人深省，即使未能启迪观者的信仰之心，至少也激发了庄严的感受。我和上次造访梅里达参加大教堂弥撒大典一样，再次受到一名裹着黑头巾的女郎的吸引。她捧着一本祈祷书，身旁有一名印第安女子；女郎脸上露出纯洁与智慧的温柔，令人不禁想象她是懿行完美的妇女典型。究竟她的身份为何？是未婚姑娘、已婚妇人还是寡妇，我始终无法得知。

下午四点，我们出发参加游行并进行黄昏散步。白昼的酷暑已消，街上出现阴影，晚风习习，感觉相当凉爽。游行队伍预定经过的街道两旁，居民以青绿色枝条加以点缀，转角处更绑成一束一束，宛如丛林。家家户户在阳台窗上垂挂着丝质窗帘和布条，门廊和走道边坐着一排排女士，个个衣着简单大方，头上未戴帽子，发上饰着花朵，颈间戴着珠宝项链。在圣克里斯托弗教堂附近，我们遇到大批群众，他们堵住去路，等着与游行队伍会合。

游行队伍由三名穿着十分华丽的教士率领，其中一人拿着十英尺高的巨大银质十字架，另外两人手持高大银质烛台。他们身后是一支仓促成军的印第安乐队，走在最前面的三个人，其中两人分别扶着一把巨大的大提琴的头部和底部，随后是一群合力扛着一部手推车的印第安人，推车里竖着巨大的银质十字架，下方坐着如真人大小的“抹大拉的马利亚”[4]像。这座塑像一身红衣，头上裹着镶宽阔金边的蓝色丝质披肩式头纱，膝上伏着的是耶稣的尸体。推车上还饰有大玻璃灯罩，里面点着蜡烛，并挂了许多花环、花圈；这是游行中最具仪式意义的部分。再后面则是一大群身穿白衣的印第安人，男男女女手上全持着点燃的长蜡烛。

人潮过后，我们漫步至林荫道，这是梅里达的最佳散步地点。宽阔的大马路两侧各有一排石椅，再往前，两边皆是可行马车的道路，以及一排排绿荫。远处耸立着一个废弃碉堡，为风景如画的此处更添妩媚。昔日圣方济教堂的尖塔从暗灰色的石砌雉堞中伸出，景致浪漫，同时也见证了西班牙征服史。碉堡附近和林荫道平时每逢周日就是黄昏漫步的最佳场所，今日因有庆典，更成为人们最欢乐的地点之一。

黄昏漫步最美妙的景致是敞篷马车。除了偶尔一两辆轻便二轮单马车或黑色厢形车破坏和谐外，敞篷马车是梅里达最常见的车辆。它的车身有点像旧式轻便二轮单马车，但体积较大，靠在车轮前方的车辕上；红色车厢配上淡雅的彩色布帘，别出心裁，又能遮挡阳光。在车前拉车的只有一匹马，马上还有一名男孩。这是尤卡坦特有的朴素且如梦似幻的景致。每辆车上坐着两三位女士；如果是三位，最漂亮的一位会坐在中间稍前的位置。她们全都未戴帽子或面纱，头发梳得美美的，插着花朵；尽管受到众人瞩目，却并不因此自傲，反而流露出谦逊、朴实的风采，脸上的表情温柔、和善。因此，即使独自搭车穿过大批行人之间，她们那极度的温和似乎幻化为保护罩，不致受到任何冒犯。我们坐在林荫道旁的石凳上，欣赏着周遭属于梅里达年轻、快活、美丽的一面。

此地尚未遭外界污染，没有陌生访客在此嘲笑或破坏他们的优良旧俗。这是一个外界几乎毫无所知的偏远地区，却在这整齐划一的时代中享有早已罕见的、原始纯朴的自足，或如纽约早期荷兰移民所展现的迷人自适。

那些坐在敞篷马车里的年轻女子，就算坐在海德公园最耀眼的马车队伍中，也不见得会更快乐；然而在保有自己的风格之下，这些麦士蒂索和印第安妇女看起来毫不逊色，有些麦士蒂索姑娘更是美极了。她们个个表情温柔且和善，身穿美丽的白色衣裳，领口和裙裾镶着红边，极其洁净，即使出身梅里达最贫穷的人家也不例外。我们坐了一小时左右，川流不息的敞篷马车自身旁安静地经过，没有任何混乱或骚动，只有一种愉悦静谧的气氛。很遗憾夜幕降临了；当夕阳从废弃的要塞后方逐渐西沉时，我们感觉世上再没有其他地方能和此地的美丽与幸福相提并论。

庆典的压轴是在教堂前的广场施放烟火，紧接着还有音乐会和舞会。音乐会向所有人开放，舞会则有限制，不过其实也算不上有太大限制，因为房东太太一出面，我们一屋子人全获得了入场券。

音乐会和舞会由名为“交响乐团”的年轻团体在隔周的周日举行，这已是第二次举办。有人不看好这些积极的年轻人，预测这个活动维持不了多久，后来，这个预测不幸成真。活动场地设在通往广场的大街上一栋屋内，那是城内少数的两层楼建筑之一，可视为意大利语中所谓的“豪宅”了。

一进大门，眼前是石头打造的跃层，有一道宽阔的石梯。音乐会在大厅举行，大厅一端设有舞台，上面放着乐手和业余音乐家的乐器。厅内两侧各有一排椅子，遥遥相对。我们进入时，其中一排已坐满女士，对面那排还是空的；我们正准备走过去，突然意识到那应也是为女士准备的，暗自庆幸尚未做出违反梅里达习俗的失礼之事，赶紧走到一个角落，那儿可兼顾纵深方向和斜对面的景观。

络绎抵达的人群将披肩存放在门口后，男士携着女士的手优雅而风度翩翩地走进来。这比我国让女士挽着男士手臂的习俗来得适当多了，特别是刚好有两位女士一左一右同行时。男士将女士引至座位后，便退至走道或漏斗形的窗户边。就这样，整排座位渐渐都坐满了，我们也从角落里退出来，让室内呈现一幅只有女士在场的景观。不过她们坐在那里无人闻问，也不能谈话，只供人从远处欣赏，因而有些女士浑身不自在。看得出来，好不容易挨到音乐会结束，男士上前邀舞时，有几位的脸上不自觉散发出解脱的神采。

我平生第一次看见如此优美的华尔兹。它不像法国华尔兹那样激烈旋转，令人热血沸腾，男士气喘吁吁，女士双颊通红。此地的舞步缓慢，温和而优雅，带着一种慵懒、梦幻与欢欣的风情，音乐也没那么震耳欲聋，而是柔和地进入耳中，每个音符都一清二楚，却不觉得嘈嚷。舞者随温和的节奏起舞，好像随着声音进入想象，每张脸上都带着纯净优雅的喜悦——不是那种被激发的动物本能，而是一种情感上的喜悦。这里没有欧洲或美国舞厅的排场和炫耀，有的只是各自的容貌之美、衣着品位，以及举止的合宜与简朴。

舞会于十一点钟结束。如果赌博引人非议，斗牛过于残酷，那么黄昏漫步和舞会倒是可以稍事弥补，让我们在心头留下对圣克里斯托弗节的美好印象。

一个节庆才刚结束，另一个接着又来。星期一是重要的万圣节，所有教堂都举行大弥撒，家家户户也要祭拜死者之灵。除了全世界天主教会的共同仪式外，尤卡坦还有一项特别仪式——称为“穆柯比波佑”(mukbipoyo) 的印第安旧俗。这一天，每个印第安人要根据自己的经济条件，买来一定数量的蜡烛作为奉献，点燃后向逝去的亲友致敬，也追悼这一年中过世的家人。

此外，他们还要烤饼，在印第安玉米做成的面皮里塞入猪和鸡鸭等肉类做成馅饼，再撒上辣椒酱。善良的尤卡坦人当日便以此饼果腹，不吃其他东西。内陆地区较不开化的印第安人还会虔诚地在户外放一小块馅饼，有的放在树下，有的放在某个隐蔽处，让逝去的亲友享用。据说，这块放在屋外的馅饼总会消失不见，由此可知，死去的亲人确实可能受生前喜爱的相同口味诱引而回家；不过另一些人士则心存怀疑，对此有不同解释。他们认为，每个印第安小区总有些更穷困的人，这些穷人并不认为偷吃献给死人的食物有什么不对。

我们之所以记住这个节日，是因为出了一次糗。有位友善的邻居除了经常带着太太、女儿来访外，也不时送来水果和甜食，多到吃不完。那一天，他在一大堆我们还没吃完的礼物外又送了一个穆柯比波佑馅饼。饼硬得像橡木板，有六块板子那么厚；我们早已为消化桌上那堆东西而发愁，当这块馅饼送来时，实在不知如何是好，因此拿到庭院中埋起来。我们以为没事了，谁知他们再度来访时，随行的一只可恶的狗竟溜到庭院中挖出这块馅饼。当我们指着桌上那些已腾空的大盘子感谢他们时，这头恶狗悄悄穿过大厅，走出前门，口里叼着那块饼，而且饼因埋在土里而涨大许多。

节庆总算全都告一段落，我们也不用再为送洗衣物发愁。自我们抵达此地以来，所有旅途中累积下来的床单、待洗衣物等堆得像一座座小山，苦苦等待清洗，不过在庆典期间，梅里达找不到一名洗衣妇可让我们达成愿望。

❶

《狂人邦巴斯特》是威廉·罗德斯的嘲讽剧作，十九世纪颇受欢迎，剧中描述邦巴斯特因爱人迪斯塔芬娜无法拒绝国王亚特山米努斯的追求而狂怒，最后杀了国王，同时也遭大臣符斯波斯杀害。

❷

在美国，“吉姆·克罗”一词通常用来描述种族隔离政策、法律，或是南北战争后，南方各州重组并与联邦政府重建关系过程中建立的种种惯例。关于“吉姆·克罗”一曲的来源说法不一，正式公开演唱者是美国喜剧演员托马斯·赖斯，一八三五年，他把脸涂黑，以夸张的方式呈现对黑人的刻板印象，一面唱歌一面跳舞，此曲因而广为流传。一八三八年前，“吉姆·克罗”一词仍微带歧视之意，到了十九世纪末才逐渐用来形容关于种族歧视的法律或习俗。

❸

阿什贝是《撒克逊英雄传》中的地名。《撒克逊英雄传》是一本历史小说，作者为瓦特·史考特爵士，全书描述十二世纪英格兰地区的纷争与爱情故事。作者在此提到的懒散武士，指的应是《撒克逊英雄传》中主角艾凡赫在阿什贝参加枪术大会时，默默从旁协助的神秘黑骑士。

❹

耶稣门徒之一，耶稣曾从其身上逐出七个恶鬼。

第三章

血泪斑斑征服史

相信读者还没忘记我们的老朋友西蒙·皮翁先生。我们一安顿妥当，首先就去拜访他。他和母亲何基娜夫人仍像上回那样热情招待我们，甚至有过之而无不及。他们竭尽所能地提供协助，一直到我们离开尤卡坦前，随时都让我们感受到母子俩的善意所带来的便利。每天晚上，何基娜夫人家中总是高朋满座；此刻，这里同样聚集了大批亲朋好友，我们置身其中也觉得与有荣焉。

西蒙先生提供的协助中，最重要的便是为我们引见州长。尤卡坦由于政治情况特殊，州长是当时最重要的知名人物；在向读者介绍他之前，我们不妨先回顾一下尤卡坦的简史。

大家也许还记得，哥伦布在前三次航行中并未抵达美洲。第四次，也是充满不幸的最后一次，“经过六十天暗无天日的狂暴天气之后”，他发现一座小岛——印第安人所谓的瓜拿哈，亦即现在某些地图上标记的博纳卡岛。上岸后，西边来了一艘大独木舟，舟上坐满印第安人，看起来比从前遇见的印第安人文明多了。西班牙人询问他们哪里有黄金，印第安人指指西边，要他们往那儿去。

“如果当时哥伦布听从他们的建议，”厄文先生说，“不到一两天便可抵达尤卡坦，那么他就会发现墨西哥，以及其他后来称为‘新西班牙’的富饶地带，而南方大洋将在他的眼前展开，随后还有一连串的辉煌发现，为逐渐老迈的哥伦布带来新的荣耀，毋需再沉沦于忧郁及别人的轻视和失望中。”

四年之后，一五〇六年，璜·迪亚斯·索里斯偕同哥伦布最后一次航海的同伴文森·平松循旧路又来到瓜拿哈，然后向西行驶，发现现今的尤卡坦东岸，并沿着海岸行驶了一段距离，不过并未深入探访。

一五一七年二月八日，西班牙裔的古巴富绅弗朗西斯可·埃尔南德斯·科尔多瓦率领三艘大吨位船只和一百一十名士兵，从今古巴圣哈戈港出发，绕过圣安东(St. Anton，即今圣安东尼奥岬角)，冒险向西航行。第二十一天，他们发现了欧洲人从未抵达之地。

三月四日，这些西班牙人正准备登陆之际，出现了五艘大型独木舟，舟上有桨、有帆，载着五十名印第安人，其中约三十名受邀登上西班牙人的指挥船。第二天，印第安酋长也率领十二艘大型独木舟和众多印第安人前来，邀请西班牙人入城，并保证提供给他们食物和各项必需品。酋长的用词是“Conèx cotoch”，意思是“请来我们的城”。不过西班牙人不懂这个词的意思，以为是地名，因而称此地为科托切海角，这个地名沿用至今。

西班牙人接受了邀请。不过，他们看到岸边站着一群印第安人，不放心地决定仍乘自己的小艇登陆，并且携带了十五具十字弓和十支毛瑟枪。

稍事休息后，西班牙人在印第安酋长带路下出发。经过一个浓密的森林时，只听酋长一声令下，大群埋伏的印第安人蜂拥而出，对西班牙人发动狙击。首先射来一阵箭雨，十五人立刻挂彩，接着印第安人又发动长矛攻击，西班牙人当然也不甘示弱地还以颜色，拿出剑、十字弓和火器回击，导致印第安人心生恐惧而仓皇逃走，留下十七具战死族人的尸体。

西班牙人幸而生还返回船上，继续向西航行，寻觅陆地的踪迹。十五天后，他们发现一个位于海口处的大城，那儿似乎有一条河流，于是上岸补充淡水；正准备返回船上时，遇见约五十名印第安人。这些印第安人披着质料甚佳的棉质披巾，邀请西班牙人入城。起初西班牙人有些踌躇，不过终究还是答应了。一行人来到数间高大石屋附近，石屋和先前在科托切海角所见类似，壁上画着大蛇和其他偶像图案，是印第安人的神殿，其中有个祭坛四周有鲜血溅洒的痕迹，后来西班牙人才知道，那是印第安人的血，是为消灭陌生人所献的牺牲。

不怀好意的印第安人没多久就露出马脚。西班牙人担心遭到大举围攻，赶紧退回岸边，取了水，继续航行。这个地方是金佩奇，如今称为坎佩切。

科尔多瓦的船队再向西行，来到一个距海岸一里格（league）[1]的城市对面，这个城市叫作波东香或香波东。西班牙人因急需淡水，再度全副武装上岸。他们找到一些水井，盛满水后，准备将水桶放入小艇时，城里涌出大批战斗装扮的印第安人，脸上涂着白、黑、红三色，头上插着羽毛，分持弓箭、长矛、盾牌、双手合持的剑，以及弹弓和石头等各色武器。西班牙人眼看无法将水桶顺利载运上船，加上天色已晚，便决定在岸上过夜。

天亮时，大批五颜六色的印第安战士从四面八方而来，双方激战半个多小时，五十名西班牙人丧命。科尔多瓦眼看无法击退这么多人，于是集中剩下的西班牙人向小艇撤退。印第安人紧追不舍，甚至追到水中。慌乱间，许多西班牙人一起挤向小艇，小艇几乎翻覆，最后紧抓小艇，半游半走的，总算遇到赶来接应的一艘大船。这次总共有五十七名西班牙人遇害，另外五人伤重不治，只有一名士兵毫发无伤，其余全都或多或少有三四道伤，船长科尔多瓦本人则中了十二箭。此地因而成为西班牙古地图上有名的恶战湾。

西班牙人因伤亡惨重，不得不返回古巴，加上人力不够分配于三艘大船，只好烧掉其中较小的一艘，将全部人员分别安排至剩下的两艘船上。雪上加霜的是，他们为了逃命，被迫抛弃淡水，以致口干舌燥，嘴唇都龟裂了。到了佛罗里达海岸，一买到水，一名士兵竟直接从大船跳至小艇中，抓起一个陶罐拼命喝水，结果把自己胀死了。

祸不单行，接着船长的座舱又出现裂隙，幸好努力抽水，船才不致沉没，总算撑回卡伦纳斯港，即今哈瓦那港。之后，又有三名士兵伤重而死，其余的人纷纷四散，船长科尔多瓦本人也于抵达十天后逝世。这是第一次尤卡坦探险之旅的悲惨下场。

不过，同一年，另一支探险队蓄势待发，由一位“教养良好、前途无量的年轻人”璜·格里哈瓦担任总指挥。四艘配置齐全的大船载着两百四十人，于一五一八年四月六日从马坦萨斯港出发，前往尤卡坦。他们绕过圣安东尼奥岬角后，遭海流冲到过去探险家未曾涉足之地，发现了科苏梅岛。

他们越过科苏梅岛沿着海岸航行，看见了波东香，进入因纪念上一批西班牙人不幸遇难而命名的恶战湾。印第安人显然受到上次胜利的鼓舞，趁着西班牙人还未登陆便发动水上攻击，西班牙人当然也猛烈还击，迫得印第安人弃城溃逃。不过这场胜利代价不小，有三名士兵丧命，七十多人受伤，格里哈瓦本人也中了三箭，其中一箭还击落了两颗牙齿。

他们再度出航，继续西行，三天后，看见一道宽阔的河口。当时人们以为尤卡坦是个岛，因此他们认为此处就是岛的边缘，于是命名为“终端口”。来到塔瓦斯科，他们第一次听到墨西哥之名，随后又向维拉克鲁斯的要塞库鲁瓦推进，也就是现在乌约阿的圣胡安一地，但没多久格里哈瓦便掉头返回古巴，为下一次探险重整装备。

接下来的探险之旅规模相当盛大，总共有十艘船同行。格里哈瓦原来的部属当然支持他续任领袖，不料半路杀出程咬金，舰队总司令职位竟落在较不出名的古巴圣地亚哥市长贺南多·科提斯身上。尽管如此，在当时那群冒险犯难、不怕死的士兵当中，科提斯注定要出人头地，成为“伟大的指挥官”。他后来所成就的勋业，几乎盖过原先美洲发现者的荣光。

这些琐碎的探险过程构成片片段段的尤卡坦发现史。不过我不打算在此一一详述，以免占去太多篇幅。何况，这些都是后来征服墨西哥的先导事件。我只殷切盼望，有关西班牙国王费迪南德和女王伊莎贝拉妙手操控的墨西哥征服史能尽早出版，让这段历史故事更为丰富。

参与格里哈瓦和科提斯探险之旅的名单中，有一位弗朗西斯可·蒙特侯，是塞维尔人。科提斯抵达墨西哥并开始向内陆推进时，两度认为有必要派遣使者回西班牙向国王报告，而蒙特侯两次出使都参与其中，第一次他与另一名伙伴同行，第二次只有他一人。当他第二次返回西班牙时，除了再次确认先前王室所赐予的土地和特权外，还获颁一套新军服，奖赏他参与格里哈瓦和科提斯探险之旅，为王室开疆拓土的杰出表现。此外，国王并赐给他绥靖、征服尤卡坦和科苏梅等岛（特许状中这么写的）的权力；不过，当时这两地并未受到人们重视，因为他们感兴趣的是传说中盛产黄金的墨西哥。

特许状上的日期是一五二六年十二月八日，其中条文如下：

蒙特侯先生享有征服上述之尤卡坦和科苏梅两岛的权力，并可在当地殖民。

他必须在此文件上所载日期一年之内出发。

他终生得任总督和总指挥。

他终生得任殖民地行政官，死后得由子孙世袭。

在所有新发现的土地上，十平方里格的土地，以及从这些土地所获利益的百分之四，归他和他的子孙世袭所有。

愿意加入他的探险队者，所发现的金矿头三年只需缴纳十分之一，第四年缴纳九分之一，依此类推，直到达到五分之一为止。

所携带的物品若非交易品，得免征出口税。

这些官兵可拥有小块土地，居住其上满四年后得自由买卖或使用。

此外，根据印度委员会（the Council of the Indies）[2]的规定，得将反叛的印第安人收为奴隶，或向印第安酋长索人为奴。所得十分之一应奉献教会、荣耀上帝，或做其他神圣礼拜之用。

至于最后一条规定，看起来即使没有歧视之意，至少也是毫不自由的：

不准西班牙本土或其他地方的律师登陆新发现之地，以免滋生诉讼和争议。

蒙特侯摇身成为殖民地行政官。他“身材中等，表情开朗，性情愉快。年约三十五岁时抵达此地（墨西哥），做生意比打仗行，慷慨大度的天性却使他花的比赚的多”。由最后一项描述正可贴切看出，以今日标准来看，蒙特侯多么具有大企业家的气魄。

这位殖民地行政官大手笔买进武器、弹药、马匹和食物，又卖掉一块租金收入两千达克特（ducats）[3]的土地，自费装修四艘船，并招募四百名西班牙人，答应以探险所得按固定比例分红。

一五二七年（月份无从得知），这支探险远征军从塞维尔扬帆出发，中途在小岛进行补给。船上没有教士同行，有人认为这是不祥之兆，因为依当时惯例，所有船长、官员或获准探索新土地并进行殖民的人，一定会带两名教士随行。

舰队在科苏梅岛暂歇，行政官大费周章地和印第安人沟通，总算要到一名翻译。带着这名可担任向导的翻译上船后，大队人马浩浩荡荡来到尤卡坦，停泊在外海。所有西班牙人一起上岸，第一件事便是举行庄严隆重的仪式，正式宣称该地隶属西班牙国王。带队士官冈萨洛·涅托在岸边插上王旗，口里高喊：“西班牙！西班牙！西班牙万岁！”

西班牙人把水手留在船上看守，其余的人将武器、弹药、马匹和食物搬上岸。休息几天后，几名西班牙人因酷热难耐而生病。印第安人眼见西班牙人登陆，决心全力反抗，不过小心翼翼地未露出任何蛛丝马迹。

此时，行政官所接触的地区仍仅限于海岸，对内陆一无所知。由于先前为找翻译已大费周章，他下令大队人马在科苏梅的印第安向导带领下沿海岸行进。这一带人口稠密，西班牙人既未对居民施以任何武力，也未遭印第安人攻击，很快经过一个又一个城镇，来到康尼耳。当地印第安人起初相当友善，西班牙人因而放松了戒心。后来，一名来访的印第安人从矮小的黑奴身上夺过一把短剑，意图行刺行政官，蒙特侯抽出长剑自卫，士兵也一拥而上，当场杀死刺客。

行政官决定从康尼耳进入乔亚加省，他们在征服尤卡坦前注定遭逢的残酷命运于焉展开。该地处处是茂密的森林，石头遍布，没有道路。他们又渴、又热、又累地抵达乔亚加，却发现当地居民早已离开，加入其他印第安人的阵容，准备发动战争。他们找不到任何人代为传达善意；一名印第安人遭杀害的消息早已在他们到来之前如潮水般传遍各地。

这些西班牙人只好在科苏梅印第安人的向导下重新上路，来到一个称为阿凯的城镇。在这里，他们发现大批印第安人藏身树林里，准备发动攻击。

印第安人的武器是一袋袋的箭、点燃的火把、尖端嵌着燧石锋刃的长矛，以及双手合持的坚硬木剑。他们以笛子和大海螺作为号角，以鹿角敲打龟壳作为战鼓，全身赤裸，只在腹股之间围着一块布，周身涂满各种颜色的泥土，耳朵和鼻子上还穿了石环。

西班牙人看见这些怪模怪样的打扮相当吃惊，尤其龟壳和鹿角发出的噪声加上高声叫嚣，似乎连山野都震动了。行政官以自己的亲身经验鼓舞士兵，和印第安人展开一场激烈战斗，直至夜幕降临才中止，但印第安人并未退去。西班牙人借机喘口气，稍事包扎，然后满怀不安地彻夜警戒，深恐次日全军覆没。

天亮后，战斗再起，猛烈地持续至中午，印第安人开始溃败。西班牙人受胜利在望的鼓舞，加紧攻击，最后迫使印第安人掉头奔逃至树林。不过，胜利的一方因不熟悉地形，再加上持续战斗的疲惫，也不敢乘胜追击。这场战斗中，总计有一千两百多名印第安人丧命。

一五二八年年初，行政官决定再次向尤卡坦内陆缓慢推进；同时，由于已了解当地居民的好战性格，便尽可能避免发生冲突。他们从阿凯出发，来到奇钦·伊策萨，以和善的怀柔手腕和当地一些印第安人相处甚欢，并仿效印第安人用竹竿和木头搭建房屋，上面还覆盖着棕榈叶。

此时，行政官做了一个致命的不幸决定。由于他始终未找到金矿，十分沮丧，后来又从印第安人处得知巴卡拉尔省发现闪闪发亮的金属，于是决定派遣副将达维拉到当地建立一个西班牙人的据点。达维拉带着五十名步兵和十六名骑兵出发，从那时起，分隔两地的西班牙人开始面临日益增加的艰辛与危险。双方努力维持联系，但都没有成功。

留在奇钦·伊策萨的人发现眼前只有两种悲惨的命运：饿死，或遭印第安人杀死。为数庞大的印第安人已集结在一起，准备消灭他们，西班牙人不得不走出碉堡，来到旷野和印第安人决一死战。一场征服史上空前的激战展开了，无数印第安人遇害，西班牙人也伤亡惨重，共有一百五十人丧命。幸存者疲惫不堪地退回碉堡，幸亏印第安人并未继续追击，否则精疲力竭的西班牙人会被消灭殆尽。夜里，西班牙人趁着夜色逃走。由于数据残缺，我们无法确定他们经由什么路线逃抵海岸，只知他们最后来到坎佩切。

达维拉的运气也好不到哪里。抵达巴卡拉尔省后，他发了一封信给切美卡尔部落酋长询问有关金矿之事，并要求提供食物；酋长残暴地回答，他会以矛送鸡肉、以箭送印第安玉米过来。达维拉历尽艰辛重回海岸地区，手下只剩四十名士兵和五匹马。在他和行政官分道扬镳而导致不幸的两年之后，两路人马再度在坎佩切会合。

难得的是，他们并未丧失勇气。受达维拉归队的举动所振奋，行政官决定再次深入内陆，于是再度派遣达维拉率五十人出发，自己则带领四十名士兵和十名骑兵留守坎佩切。当印第安人发现坎佩切的西班牙人兵力竟变得如此单薄时，立刻聚集大队人马，将他们的营地团团围住。行政官听到外面一阵喧嚣，骑马出营，向聚集在一座小山丘上的印第安人大声喊话，努力想安抚他们。印第安人转向声音来源一看，认出是行政官，立刻包围他，拉着他的缰绳，意图夺下他手中的长矛。行政官急忙驱马突围，摆脱危险；但前来的印第安人太多，先后拉住马腿、夺走他的长矛，想活捉他，然后依照印第安人习俗当成献给神祇的牺牲。布拉斯·冈萨雷斯是当时唯一在附近的士兵，一见行政官有难，立刻飞身上马，以长矛在印第安人包围中杀出一条血路，其他士兵见状也纷纷驰援，总算把行政官抢救回来。勇敢的冈萨雷斯和行政官本人都受了重伤，冈萨雷斯的马也因重创丧命。

此时，发现秘鲁的消息传到这些命运多舛的征服者耳中，许多士兵因而借着营地近海之便趁机逃走了。如果想继续征服尤卡坦，必须重新补充人力，于是行政官决定前往新西班牙招募人员。

行政官也向西班牙国王报告了他的不幸遭遇，国王立刻发诏书给墨西哥法院，表扬行政官对国家的贡献和他所承受的劳苦与损失，并下令要求墨西哥尽可能提供征服尤卡坦所需的一切支持。行政官获得国王如此大力支持的恩宠，加上用新西班牙的租金收入又募集到一些士兵，买了新船、新武器和战争所需的弹药，再度展开征服计划。不巧，已隶属西班牙的塔瓦斯科省印第安人先前虽遭科提斯征服，此时又起叛乱。行政官认为镇压他们乃是自己的职责，便驾船自维拉克鲁斯起航，抵达塔瓦斯科，自己率领部分士兵留下绥靖，其余则在儿子率领下，前往尤卡坦进行征服之旅。

后来行政官发现，镇压塔瓦斯科的印第安人不像先前所想那样简单，他不得不滞留该地处理这棘手问题。另外，前往坎佩切的西班牙人也未能如愿深入内陆，反而遭逢重重苦难。印第安人断绝他们的食物供应，在缺乏维生物资情况下，几乎所有人都病倒了。他们为了食物必须不断出击，并且不得不将马儿野放，如此一来，势必得冒着马匹被杀的风险。队中人数逐渐减少，最后每次只能有五个人负责警戒并为其余同伴找食物；他们自知实在无法再撑下去，不得不弃守。当年第一个将王旗插在尤卡坦海岸上的士兵涅托是最后一名撤离者。一五三五年，此地已无西班牙人。

谣传甚嚣尘上，纷纷指出行政官未按规定携教士同行，因而无法完成任务。墨西哥总督决定以女王诏书中的自由处置权为依据，立即派遣教士前往尤卡坦，设法让印第安人改宗基督教，企图以宗教怀柔征服该地。

根据史家记载，年高德劭的圣方济会修道士雅各布柏·费斯特拉地位崇高，是富有的墨西哥省内高级神职人员，却对传播基督教、拯救灵魂怀抱无比热情，亟欲让全世界都认识真神的福音。因此，尽管他明白这次传教之行可能非常艰苦，结果亦尚在未定之天，却仍自告奋勇参加这场宗教征服之旅。和他同行的除四名奉命一同前往的圣方济修士外，还有若干已改宗基督教的友善墨西哥人。他们一行于三月八日抵达香波东，也就是因西班牙人“恶战”一役而闻名的地方。

墨西哥印第安人先为他们打头阵，向香波东印第安人宣布传教士到访，并说明传教士人数很少，且怀抱着和平精神，没有武装，只带着解救灵魂所需的用品，只为让大家认识并礼拜真神。香波东酋长亲切接待了这些墨西哥信使，因他们保证印第安人不会遭遇危险而感到满意，允许传教士入境。

历史学家指出，传教士无视阻挠，义无反顾地说服印第安人听道，几天内便成果丰硕。“若能找到更懂得双方用语的口译人员，成果绝不止于此。不过，在神的强大眷顾和这些传教士的热忱下，经过四十天沟通，酋长们纷纷自愿把他们崇拜的偶像带来，交给传教士焚毁。”更有甚者，他们也把自己的孩子带来了。据拉斯·卡萨斯主教表示，在印第安人心目中，孩子比自己的视力更重要，此时他们竟愿意让自己的孩子接受教义熏陶和指导，正是其诚心的最佳证明。

渐渐地，香波东印第安人一天比一天亲近神父，他们为神父打造住所和礼拜堂。随后发生了一件史无前例的事：十二到十五名拥有广大地盘和许多船只的酋长，在族人同意下自愿承认卡斯提尔国王的宗主权。这项协议以印第安人的文字写成，由教士做证。主教宣称，这份文件仍保存在他手中。

一开始就这么顺利，整个尤卡坦王国改宗基督教似乎指日可待。然而，此时一桩重大灾难发生了（在此我尽可能使用史家所写原文之语气），恰好是魔鬼求之不得的机会。从新西班牙来了十八名骑兵和十二名步兵，他们都是亡命者，带了从其他省份掠夺而来的许多偶像进入尤卡坦。为首的军官召来一名酋长，要求他带回偶像，并以印第安人作为交换，一个偶像换一名印第安人为奴，如果不从，将立刻对他们开战。酋长不得不命令臣属把偶像带回祭祀，并将家人送至西班牙人处，凡有两名子女的交出一名，有三名子女的交出两名。印第安人既惊恐又不敢违抗酋长的命令，只好从命。

印第安人本已烧毁原来信仰的神祇，此时这些西班牙人却带来更多偶像强迫他们交换，因而对传教士产生愤懑，认为教士欺骗他们。传教士试图安抚印第安人，并设法找到那三十名西班牙人，告诉他们这种作为罪恶重大，希望他们离境。这些西班牙人拒绝了，并且更嚣张地对印第安人谎称是传教士找他们来的。印第安人怒不可遏，决定杀死传教士，幸而传教士事先耳闻，漏夜逃离。

不过，印第安人很快就后悔了，想起传教士自奉简朴，想必是无辜的，于是又派人追了五十里格，请求传教士回来。传教士衷心想拯救印第安人的灵魂，于是宽恕了他们，并再度返回。尽管如此，那三十位西班牙士兵不肯离开，并且时常骚扰印第安人，使传教士无法平静传教，无时无刻不处于忧虑之中。最后，传教士决定离开此地，返回墨西哥，尤卡坦再度陷入没有光和教义引导的日子，悲惨的印第安人再度生活于无知的黑暗中。

以上是昔日西班牙史家对这些传教士所负任务的描述。事实上，读者只要仔细思索，大概不会轻易相信，这些善良的教士在“不懂印第安人语言，也缺乏了解其风土人情的翻译人员”的情况下，短短四十天内便让印第安人放弃偶像崇拜，也很难相信这群曾激烈抵抗科尔多瓦、格里哈瓦、科提斯和行政官的好战印第安人，会在三十名西班牙无赖面前变得如此胆小、怯懦。不过史家是这么解释的：一切全是上天的旨意，也许因为他们罪孽深重，还无法接受福音的教诲。

故事焦点再回到留在塔瓦斯科的行政官。由于与印第安人不断激战、缺乏武器和食物，最重要的是秘鲁的富饶声名大噪，引诱许多人不告而别，行政官因而陷入低潮。后来，涅托率领被迫放弃尤卡坦根据地的官兵与他重新聚首，老伙伴的出现，让他精神一振。

尽管如此，绥靖塔瓦斯科仍远比预期困难。随着与西班牙人沟通次数增加，印第安人已不再害怕他们。该地也不适合发动战争，为数众多的沼泽与池塘，对骑兵尤为不利；此外，绝粮再度发生。这种种情况，令许多士兵心生憎厌而离开，还有些人则因气候过度湿热而生病，甚至命丧黄泉。

正当他们身陷艰困之际，尚未决定目的地、准备在伟大探险事业大显身手的狄亚哥·康崔拉斯船长也来到塔瓦斯科港。他拥有自己的船，船上载着食物和日用必需品，随行的还有他的儿子和二十名西班牙人。行政官以国王代理人的身份接待康崔拉斯，并保证将来给予回报，极力劝诱他留下。有了他的援助，行政官才得以继续在塔瓦斯科苦撑，直到获得新增援军，完成后来尤卡坦的征服行动。

力图重返尤卡坦的行政官选中香波东为登陆地点。根据若干史家记载，他本人并未亲身参与这次行动，而是派儿子领军。不过，比较有可能的情况应是他本人担任舰队总司令，由儿子小蒙特侯实地指挥士兵，他则留守塔瓦斯科，因当地距墨西哥较近，较易征召更多人员及进行后勤补给。

一五三七年的某一天，西班牙人再度登上尤卡坦，插上王旗。印第安人对西班牙人这次的登陆行动看似安静且毫无反应，其实是在等待机会一举歼灭他们。几天之后，大批印第安人赶到，趁着午夜沿着通往西班牙人扎营的路径悄悄潜行，途中遇到一名哨兵，将他杀害，但发出的声响惊动了西班牙人。西班牙人从未料到竟会遭受夜袭，赶紧拿起武器。他们对地形不熟，黑暗中更是毫无头绪，无论是东、西或南方，都听到印第安人的叫喊与喧嚣。尽管如此，他们还是奋力抵抗。印第安人眼见自己的族人不断倒下，又听到伤者和垂死者的痛苦呻吟，攻击的怒火减弱了，最后终于撤退。西班牙人并未冒险追敌，而是留在营地里警戒，直到天亮，才将自己同胞的尸体带回埋葬。

接下来几天，印第安人未再发动攻击，不过他们把所有食物移至他处或藏匿起来，西班牙人因而格外窘迫，不得不在沿岸捕鱼为生。有一回，两名西班牙人因离营走失，落入印第安人手里，成为献祭给印第安神祇的活人牺牲，尸体则被印第安人当成飨宴。

此时印第安人再度召集全国各地各族的酋长和战士，在香波东聚集。当所有盟友到齐后，他们发出恐怖的噪声，向西班牙人的营地进行规模庞大的人海战术攻击，令西班牙人无法招架。许多印第安人倒下了，但他们愿以一千名印第安人换取一名西班牙人的性命。西班牙人节节败退，除了逃走别无存活的希望。他们退至海岸边，印第安人在后紧追不舍，不断喊出侮辱的字眼，并进入他们的营地，将西班牙人紧急撤退而来不及带走的衣物和其他物品劫掠一空，还穿上西班牙人的衣服，在岸边指指点点，嘲弄他们，辱骂他们懦弱，高喊："西班牙人的勇气到哪里去了？"

西班牙人在小艇上听到这些羞辱，深觉宁可不屈而死，不愿苟且受辱而偷生，尽管已负伤且精疲力竭，仍奋力拿起武器回到岸边，展开另一场激烈的战斗。印第安人被这些原已挫败却又重新发动抗争的敌人震慑，慢慢向后撤退。胜利再度回到西班牙人手中，不过他们并未乘胜追击；毕竟能夺回失地，已经相当满意。

此后，印第安人决定不再动武，从各地召集而来的大队人马也宣告解散，各自返回家乡。西班牙人总算可以安心居留。既然无法将西班牙人驱逐出境，他们也没有离开的打算，印第安人尝试和西班牙人建立某种和平共处的关系。不过，西班牙人的进展也仅止于此，无法再深入内陆。事实上，每次新的尝试都让他们受到严重挫败，不得不再返回香波东营地——那是他们唯一的避难所。

香波东位于海岸边，渐渐开始为人所知，不时有些船只停靠，可怜的西班牙人便靠着这些船只提供一些必需品纾解窘困。偶尔会有新的伙伴加入并留下，不过总人数仍在持续减少中。许多人见到大量投注的付出却迟迟未见回报，纷纷放弃远征探险的企图。最后，只剩十九名西班牙人留在香波东，其中有些至今仍名留青史。他们坚定立誓，在此危急存亡关头更要好好保护并效忠他们的领袖——行政官之子小蒙特侯。

宣誓过后，众人稍感安心，但之后人数又节节下降。秘鲁的富饶名声传遍千里，尤卡坦则是恶名昭彰。没有金矿，也没有其他可吸引人们加入征服之旅的诱因，仍留在香波东的人都觉得十分沮丧。他们不断在辛苦及危险中奋斗，却依然寸步难行，无法更进一步深入内陆；有办法的人都离开了，有的从陆路，有的搭独木舟，不一而足。为了改善情况，行政官之子不得不返回塔瓦斯科面见父亲，于是将香波东的指挥权交给堂兄弟——第三个蒙特侯，起程回去求援。

这段时间，情况更加恶化。士兵持续逃走，留守的蒙特侯知道，一旦他们放弃这曾经付出高昂代价才得来的香波东，将会一无所有。因此，他和若干名力主坚守阵营的人商量后，召集有意潜逃的士兵，要他们即刻离开，让其余的人留下来等候命运安排。那些可怜的士兵当着原本打算遗弃的同僚面，又羞又窘，终于决定不走了。

然而，迫切盼望的援助始终不见踪影。行政官之子所进行的探险对仍留在香波东的人来说根本不够。他们已三年未再向前推进一步，也未曾发现新天地。征服既已不存希望，也不能继续困守愁城，他们开始公开谈论是否应放弃此一根据地，听天由命。队长蒙特侯费尽唇舌地鼓舞众人，但效果不彰。大家都已打包行李，船上用品也一一准备好，随时等候登船，谈论的话题皆不出弃守离去。

蒙特侯苦口婆心地劝士兵三思，他们同意不会鲁莽行事。不过，为了避免落人口实，他们决定先派人将意图告知行政官，由胡安·康崔拉斯受命前往塔瓦斯科，详细报告留在香波东同僚的悲惨处境。

康崔拉斯的报告让行政官焦虑不已。他已耗尽所有资源，又得不到进一步的援助，然而，如果西班牙人放弃香波东，继续征服尤卡坦的任务就难以为继了。消息既已传回塔瓦斯科，行政官也得知他们的需求，只得赶紧加派若干位西班牙人奔赴驰援，并藉由礼物和保证，再吸引一些人员加入。正当大伙儿准备出发之际，他派遣新召募的士兵阿隆索·罗萨杜先行前往告知香波东的驻军，援军即将抵达。

我们不知道行政官有否亲身前往香波东，至少可以肯定的是，载着士兵、食物、布匹和武器的船只终于抵达了，此外，在一五三九年年底，他的儿子也从新西班牙带回二十名骑兵。消沉的西班牙人重新振奋士气，再度满怀希望，认为应能达成征服尤卡坦的愿望。

大约就在此时，行政官一方面有感于自己时运不济，连累甘苦与共的同僚，又对其子的勇气深具信心，决定将此后征服尤卡坦的任务交给儿子负责。当时他已在加帕斯政府任职，于是召来儿子，正式将国王赋予的权力转交给他。行政官这番举动于情于理都十分令人赞赏。他先给儿子一段训令：“应致力使治下人民言行举止皆像真正的教徒，远离邪恶与公众之罪，勿让上帝、圣母或圣者受到亵渎。”最后则说：“我知道你是一个行事有分寸的人，以尊崇上帝、为国王陛下服务、为国家利益与正义的伸张为先。”

父亲召见后不到一个月，小蒙特侯重回香波东，这次带着所有远征必需的食物补给，准备开展征服尤卡坦的行动。从此时起，西班牙人的好运之门似乎才要打开。

小蒙特侯即刻向坎佩切出发。他们在距离香波东不远处遭遇大批印第安人，一举将对方击溃后，决定就地扎营，绝不退缩。

战败的印第安人既愤怒又懊丧，也决定沿着西班牙人行军的路线筑起防御工事。西班牙人只要前进，势必会遇到印第安人全力防守的高墙、壕沟或堤防，不过小蒙特侯仍一一克服了。印第安人死伤无数，有时尸体多到阻碍战事进行，西班牙人不得不跨过尸体，继续和印第安人厮杀；甚至还曾一天内进行三场战斗，人人精疲力竭。

之后史料再度空白，我们不知他们在坎佩切的遭遇如何；不过，从别处的讯息可知，一五四〇年他们建立一个城市，命名为坎佩切的圣弗朗西斯科。

小蒙特侯在此稍事休息，恢复元气后，决定继续履行父亲的训示，深入凯佩奇省，在印第安人的蒂霍城建立据点。他深知行动愈拖延就愈危险，便派堂兄弟蒙特侯带着五十七人先出发，自己留守坎佩切，接收并组织新抵达的士兵。因听闻小蒙特侯的运气逐渐转好，每天都有人从他父亲那儿过来。

率队前往蒂霍的蒙特侯队长，沿途经历十分坎坷。据说，由于己方人数少，好战的印第安人人数甚众，加上沿途时时出现高墙和其他防御工事，蒙特侯队长和士兵不断面对种种危险。印第安人将水井和池塘隐藏起来，又没有溪流或喷泉可取水，士兵都快渴死了，食物供应也遭切断，一路上只有战斗、干渴和饥饿。他们走的是狭窄的小径，两旁长着茂密的森林，路上不时出现死人和动物尸体；所有人又渴、又饿，几乎到了无法忍受的地步。

他们一行抵达波克博克后，搭了帐篷，修筑工事，打算好好休息一阵，夜里却因营地失火而惊醒。大家忙着拿起武器，担心这是来自印第安人的攻击，顾不得失火，在黑暗中静静等候着，企图看清攻击来自哪个角落，却没有听到任何噪声。敌人并未出现。当他们松了一口气，赶忙灭火时，整个营地和所有物品已几乎付诸一炬。不过这次灾难并未让他们灰心丧志。队长将不幸向坎佩切的小蒙特侯报告后，继续行军，在一五四〇年抵达蒂霍。

几天之后，小蒙特侯派遣的另外四十名西班牙人也来到蒂霍，同时也有些印第安人来见，告诉他们："西班牙人，你们在这里做什么？已经有更多印第安人准备前来攻击你们了，人数多如牛毛。"西班牙人回答，他们将外出迎战。于是，除了一些人留守营地外，蒙特侯队长立刻率众出发，在距营地五里格处遇见印第安人，随即展开猛烈攻击。起初印第安人勇敢地抵御，但西班牙人渐渐占了上风，杀死许多对手，其余印第安人因失去斗志而逃走。

这时小蒙特侯也从坎佩切来到蒂霍，大伙儿再度聚首。印第安人起初拒不供应物资，让他们很快便面临断炊的窘境。幸运的是，竟然有位内陆印第安大酋长意外自愿来见（详情后述），并且愿意归顺。蒂霍附近的一些印第安酋长或是受此影响，或是发现在多年反抗后仍无法胜过西班牙人，于是也陆续降服。西班牙人在这些印第安酋长的友谊鼓舞下，对继续完成征服尤卡坦的任务充满信心，于是决定在蒂霍筑城。

然而，一个可怕的风暴其实正在形成，蒂霍之东所有印第安人已全部聚集在一起。根据一份手稿中的记载，六月中，使徒巴纳比节的晚上，为数约四万到七万的印第安人来到蒂霍，准备和这群只有两百出头的西班牙人对抗。第二天，他们从四面八方攻击西班牙营地，爆发了西班牙人遭遇过最惨烈的战斗。虔诚的历史学家认为："神意毕竟胜过人的勇气。否则，这么少的天主教徒怎么可能对抗这么多异教徒？"

这场战斗持续了将近一整天。许多印第安人身亡，随即又有其他人补上来，数目多如蝼蚁。西班牙人的火枪和十字弓发挥了极大威力，骑兵也所向披靡，砍倒逃跑的人，踏过伤者和垂危者。印第安人彻底溃败，尸横遍野，堆积如山的尸体阻挡了西班牙人的追击。

此后，西班牙人的名声更为响亮，印第安人也未再集结部众发动大规模战争。这一整年，入侵的西班牙人忙于吸收和安抚邻近地区的印第安酋长，并于一五四二年一月六日，在印第安的蒂霍城址上正式建立了“忠贞、高尚”的梅里达城。

我在此先行打住。费了这么大的功夫描述这段历史绝非多此一举。自哥伦布在瓜拿哈岛首次从独木舟获知有个名叫尤卡坦的地方后，至此已四十年；距蒙特侯获得王室特许，在该地进行征服并殖民，也已十六年。这段期间，科提斯将蒙提祖马[4]赶下了墨西哥的王位，皮萨罗囊夺了秘鲁印加帝国的王权。在这一连串荣耀的征服史中，只字未提尤卡坦，古代史家鲜少注意到它。唯一针对尤卡坦的著述，出自本地史家科戈尤多之手。

科戈尤多之书于一六五八年出版，内容浩瀚、卷帙繁多，纷杂而难以消化，主要是圣方济会修道团的历史，因为他本身就是圣方济会的修士。我正是从这本书中费尽心力地搜集了一些记载，描述国王赐给蒙特侯特权之后所发生的事；那是对这些事件唯一有所叙述的书，由于从未译成其他文字，在尤卡坦之外也鲜有人知，甚至在尤卡坦都已绝版，因此对读者而言，称得上是新鲜的内容。

❶

长度单位，约等于三英里。——编者注

❷

印度委员会官方名称为“皇家印度最高议会”，是西班牙掌管亚洲和美洲领地最重要的行政单位。

❸

旧时在欧洲许多国家通用的金币或银币名。

❹

蒙提祖马是西班牙入侵墨西哥时的阿兹特克国王，后遭科提斯俘虏并监禁。

第四章

在梅里达的新发现

从征服时代起，尤卡坦一直是个遗世独立之地，既与危地马拉毫无瓜葛，也未臣服于墨西哥总督治下，所以当地统治者向来世袭，直到墨西哥发生革命为止。墨西哥独立后，尤卡坦也毫不费力地宣布独立；事实上，这是因为母国西班牙未曾想要继续保有这个臣属的殖民地。

脱离西班牙的尤卡坦，在一个极不恰当的时机派员向墨西哥表明自组政府的意愿，结果特使带回的消息却是尤卡坦已放弃独立，决定并入墨西哥联邦，成为该共和国的一州。此后，尤卡坦即因被迫兼并而不断发生骚动，就在我们上回拜访不久之前才刚发生过一场革命。随着革命的进展顺利，我们上次抵达期间，最后一群墨西哥驻军刚被逐出，尤卡坦州宣布自治，坚持拥有独立权，但并未完全与墨西哥脱离关系，而是宣称在特定条件下，仍愿继续留在共和国内，至于是否正式宣布独立，仍悬而未决。尽管下议院已通过宣布独立的法案，但上议院还未通过，且对此仍有疑义。

与此同时，尤卡坦又派出特使前往得克萨斯。我们抵达梅里达两天后，得克萨斯战舰“圣安东尼奥”号便驶抵塞索，带来一份提议，要求尤卡坦每个月付八千美元给得克萨斯海军，作为得克萨斯船舰驻守尤卡坦海岸一带，保护尤卡坦不受墨西哥侵略的酬劳。尤卡坦立刻接受了这项提议，并准备就双方相互承认对方独立的进一步合作细节进行谈判❶。如此一来，尤卡坦尽管尚未公开宣布独立，与墨西哥间的嫌隙已隐然扩大，并且做了一件让墨西哥非常不能谅解的事：竟和墨西哥政府——或说是桑塔·安纳❷——认为最恶劣的叛徒结盟。桑塔·安纳正倾全国之力，亟欲重新征服得克萨斯，尤卡坦此举无异公然向桑塔·安纳挑衅。这便是我们会见州长之时，尤卡坦所处的尴尬、混乱局面。

我们在州长官邸和他见面。那是一栋比较适合民间绅士而非政府首长身份的建筑。客厅就是接待室，依当地习俗在中央摆了三四把大椅子，两两相对，上面铺着柔软的摩洛哥鞣制山羊皮。

州长圣地亚哥·孟德斯先生年约五十岁，身材高瘦，容貌好看且带着知性，行为举止斯文有礼。由于没有内战，再加上地理位置偏远，远离经常发生血腥冲突的其他墨西哥州，尤卡坦境内没有军事学校，没有好战的酋长或部落首领，也没有穷兵黩武的喜好。孟德斯先生是位商人，数年前还是人人尊敬的坎佩切某公司老板，以正直、廉洁闻名，因此在州政府人事无法解决的情况下，被两个敌对派系公推为最适合担任州长的人选。不过，他如今的处境既不轻松，也不值得艳羡，因为他发现自己从安静的职业和生活中，突然被推到蔓延甚广的革命最前线。

墨西哥派兵入侵的阴影始终挥之不去，一旦战事真的发生，别人或许因地位卑微而得以脱身，但州长绝对避免不了被砍头的命运。至于两大派系，一方主张保留与墨西哥妥协的开放态度，另一方则要求迅即、断然的独立，双方都要求他实行己方的意见。州长为避免两种极端的危险而犹疑不定，始终无法下定决心，也没有能力应付危机。此时，曾引发革命且一度几乎达成独立的民众热情也已逐渐消耗殆尽。不满和不平的情绪愈来愈盛；两党都怪罪州长，而他自己也不知何去何从。

不过，他对我们的招待之殷却是毋庸置疑的，既知我们此行的目的，也尽可能提供政府所能提供的方便。无论尤卡坦未来命运如何，我们很幸运在当时抵达，因而不必受墨西哥的干预，完全毋需理会那些充满嫉妒的政策——墨西哥政府重重设限，阻碍外地人进入境内探索古代文明。我们也很幸运，在上回的拜访中，尤卡坦在我心中留下了美好的印象；若非情况如此，我应不会受到如此的款待，而梅里达的《商业报》(*Comerical Bulletin*)和《十九世纪报》(*Nineteenth Century*)也不会对我们表达如此热忱的欢迎或为我们说好话，说不定还可能叫我们原船返回。

我们在梅里达除了打听有关废墟的事，并安排进入内陆的行程外，其他时间并未得闲。

米卡拉夫人家是梅里达所有外地访客必到的聚集之地。我们抵达数天后就遇上了空前的聚会。会中有奥辛克罗斯父子、崔德维尔先生、诺斯洛普先生、葛里森先生，以及前美国驻坦皮科[3]领事罗宾逊先生，他们都是“露辛达”号的乘客，而且全都是美国公民。

此外，得克萨斯战舰“圣安东尼奥”号带来了一位世界公民：乔治·费雪先生。从他本人出示的不同国籍证件看来，这位先生出生于“鄂图曼帝国塞尔维亚省的贝尔格莱德堡”，其姓氏在斯洛伐尼亚语里原为“力霸”(Ribar)，相当于德文的“菲舍尔”(Fischer)，因此他到奥地利上学时改为菲舍尔，到了美国，又变成费雪。

十七岁时，他参加一场推翻苏丹统治的革命，可惜功败垂成，四万名斯洛伐尼亚人不分男女老少被迫渡过多瑙河，前往奥地利境内避难。奥地利政府不愿见到这么多革命分子出现在国内，于是批准他们组织一支斯洛伐尼亚军团。费雪先生加入军团，随之前往意大利征战。同年年底，意大利认为他们没有散播革命思想的危险，就地解散军团。

之后，他在各处深入探险：多瑙河沿岸、土耳其、亚得里亚堡，或亚得里亚海沿岸，之后又沿原路往回走，大部分时间都是徒步，最后抵达汉堡。一八一五年，他从汉堡起程前往美国费城，之后越过俄亥俄河，在密西西比州待了五年，并宣誓放弃其他国籍，成为美国公民。墨西哥独立后，他移居墨西哥，透过正式法律程序，成为墨西哥公民。他在当地办了一份报纸，因为言论开放，成为总统桑塔·安纳的眼中钉。

一个晴朗的早晨，一名官员拿着一份文件等着他，文件上要求他离境，“短期内不得再回来”。于是他又“溜”回得克萨斯，成为这个新成立的年轻共和国公民。

在如此遥远且与世隔绝的地方，竟能遇见来自更远、甚至不为人知的地区，能说各种欧洲语言，彻底了解欧洲（包括每个统治家族历史乃至每位王侯统辖疆域），同时又具有多重共和国公民身份的人，实在是相当奇特的经历。

对费雪而言，最后一个国籍是最重要的；他对得克萨斯感情深厚，也告诉我们很多有关得克萨斯现况与远景的有趣事实。他很快就熟悉了尤卡坦的政治局势，并保持密切观察。他这么做当然有其个人的理由；如果桑塔·安纳重新取得对尤卡坦的统治权，此地对他来说就不宜久留了。他鞍辔齐备，剑与手枪一应俱全，除了马之外，全都挂在卧室里，一旦局势剧变，他会立刻跨马离去。

认识这位先生，为我们停驻梅里达期间增加不少趣味。晚上，当我们对尤卡坦局势的谈论告一段落后，话题转向土耳其内陆或伊利里亚。他对当地的小城镇就像对墨西哥一样熟悉，知道许多人、事、地，而且完全来自实地观察。总之，他的一生就是一则充满各种意外与探险的故事，而且故事仍在不断发展中。尤卡坦为他展开了一个新的领域；我们和他在梅里达分手后，再听到有关他的消息时，他出现在和以往一样奇特的情境。这一回，他不再草莽、浮躁或不安，无论意见或行动都非常坚定，而且讲求方法——在华尔街，他以沉着、稳健、不多话的中年男子形象出现，做事有条理，确实足以胜任英格兰银行总裁的重任。

这里也不能不提到文森·卡利拉先生。我们每天都会在富尔顿街的西班牙旅馆中见到他，他也是旧识，上回我们造访时，他尚在美国旅行，之后，他回到家乡，结了婚，并在出生的城市定居下来。

在他的陪伴下，我们踏遍了梅里达所有大街小巷，拜访了所有的公共建筑和机构。

梅里达的人口在两万三千人左右。书后附录里有两个表，不过其中只有整个地区的人口，没有单一城市的数字。这个城市位于大平原上，地表是石灰岩，气温与气候

日期（×月×日）	10.30	10.31	11.1	11.2	11.3	11.4	11.5	11.6	11.7	11.8	11.9	11.10	11.1
早上六点	78	81	82	80	78	80	77	74	74	75	75	74	76
中午十二点	81	82	83	82	80	77	78	77	76	78	78	79	79
下午六点	81	82	82	81	80	77	78	76	76	78	78	79	79

（单位：华氏度）

并无太大变化。我们在梅里达逗留的十三天里，温差只有九度；根据备受爱戴的维拉密尔神父的多年观测记录，从一八四一年九月一日开始，包括我们拜访尤卡坦期间，最大的温差也只有二十三华氏度。感谢维拉密尔神父的慷慨，送给我一份观测表，我也置于附录中。这份观测记录是将华氏温度计放在户外和阴暗处，每天早上六点、中午十二点和下午六点各记录一次，上图只撷取我们待在梅里达期间的部分。不过，这里要附带说明的是，进入内陆后，我们发现温度变化比附录列表上的数字大得多。

梅里达全城给人的大致观感是摩尔式的，因为它建于摩尔人建筑样式风行于西班牙期间。房子很大，通常为石砌，高度皆为一层，窗户有露台，庭院也很大。市中心有一个主要广场，约六百英尺见方，东侧为大教堂和主教官邸；西侧是市政府与皮翁夫人的房子；北边是州政府所在地；南边是一栋我们一踏入广场便受其吸引的建筑，正立面雕饰非常繁丽，风格式样和雕工技艺都很特别，其中有一块石头上面刻着：

殖民地行政官弗朗西斯可·蒙特侯先生

建于一五四九年

石上的雕饰主题是两名武士全副武装，穿戴面甲、护胸甲和头盔，脚下是倒在地上未穿衣服的人，可能象征西班牙征服者踩着印第安人。卡塞伍德先生有意将它画下来，为了避开炽热的阳光，天一亮便到广场准备描绘，但受到人群的干扰，最后只好放弃。我们认为，这是一件结合西班牙与印第安风格的艺术品，其设计式样当然是西班牙的，但在征服时代早期，也就是梅里达建城五年后，此地西班牙人很少，而且他们自视为征服者，可能没有人会雕刻，因此，真正动手雕刻的无疑是印第安人，甚至连雕刻的工具或许也是印第安人自备的，而不是西班牙人提供的。

这栋建筑的历史想必相当有趣，而且颇具启发性。我抱着可从中了解某些事的期待，提议仔细查考市政厅的档案，但有人告诉我，所有早期档案皆已遗失或混乱不堪，如想逐一搜寻，难如登天。我想，如此一来占用的时间将超过想象，只好作罢。

除了石块上的铭文外，和这栋建筑唯一有关的信息，是一段出现在科戈尤多记载中的叙述，据说光此建筑的正立面就耗费了一万四千美元。如今房子是西蒙先生家的财产，最近才刚修复完毕，有些梁木无疑仍是行政官时代留下的古物。

从广场向四周延伸出八条街，东、西、南、北各两条，每条街上，隔几个街区的另一头有一道大门，出了门外便是郊区，这些门现已全部拆除。

尤卡坦的街道命名方式十分特别。在街角房子的屋顶一角分别立着一个彩绘的木雕，有大象、公牛、火鹤，或其他容易辨认的事物，街道便以此为名。如某个角落立着老妇雕像，她的鼻梁上挂着一副大眼镜，这条街便命名为“老妇人街”；我们所住的那条街，街角屋顶上立的是火鹤，所以叫作“火鹤街”。街道之所以如此命名，多少也显示此地人民的某些特色。本地居民大多是印第安人，并不识字，以文字标示的街道牌对他们毫无意义，但他们都认得大象、公牛或火鹤。

广场北向街道上某栋房子的前门围墙，以及林荫道附近某个街角房子上，装饰着从古代废墟建筑取来的雕像。卡塞伍德先生画了一些素描，不过，由于还有太多精彩事物要和读者分享，在此就不多着墨。

梅里达和其他西班牙治下的美洲城市一样，最大的特色就是教堂：总教堂、圣克里斯托弗教区教堂和修道院、耶稣会教堂、美侯拉达教堂和修道会、圣·胡安·包蒂斯塔小教堂、坎德拉利亚圣母小教堂、圣塔路西亚与圣母小教堂，以及修女院。光是教堂及其属地就占了整整两个街区，而且各自拥有饶富趣味的历史。

有些教堂的建筑确实极具特色，装饰繁丽。不过，上文未提及的圣方济会老修道院，我认为是梅里达教堂中最有趣、最令人惊讶的建筑物。它位于城东一处高地，四周高墙耸立，墙上还有角楼，构成现今所谓的“城堡”。高墙和角楼仍矗立着，但里面的建筑都已成为废墟，无可挽回了。

一八二〇年，西班牙爱国志士成功争取的新宪法渡海传入各殖民地。五月三十日，当时的政治首长胡安·利巴斯·贝提兹先生将新宪法公布于广场，如今他仍住在梅里达，是旧时代的最佳见证者。

教会向来是保守旧势力的拥护者，当时，圣方济会修道士自认能掌握民心，因而极力压制这种自由思想的表达。广场上出现暴民，修道士也从中鼓动，当局不得不出动野战炮驱散暴民，胡安·利巴斯更率兵闯入圣方济修道院，打开大门，以武力逼迫三百多名修士离去，并摧毁修道院。院长和若干修士不得不迁至教区，成为俗世神父[4]，有些甚至选择还俗，势力一度甚为雄厚的圣方济修道会，如今只剩十一人。

我最后一次拜访这个修道院，便是由其中一位陪同。我们穿过城堡大门，进入杂草丛生的庭院。正面是修道院，有宽阔的走道和两个大教堂，三座建筑的墙都还在，但门窗皆已不存。其中一座教堂的屋顶已塌陷，耀眼的阳光一股脑儿倾泻入内。我们走进另一座教堂，它的历史最为悠久，可追溯至征服时代。近门处有一个铁匠的锻铁炉，一名麦士蒂索人正在风箱前送风，拉出一条红热的铁棒，敲打成尖铁。屋内满是光着上身的印第安人和肌肉结实的麦士蒂索人，他们或劈材或敲钉子，忙着铸造大炮的炮架。祭坛已毁，墙面也被涂污，靠中央一带以西班牙文涂着粗大而刺眼的红字：“第一中队”“第二中队”，教堂顶端的金色光轮下则写着：“轻步兵连”。这里已变成军营；墙上字的下方是各单位堆放武器的地方。

我们经过时，工人盯着我的同伴，或者应说是盯着他那凌乱的装扮——蓝色长袍、腰上的带子和带子上悬挂的十字架。那也是他被逐出修道院后第一次回去探视。对我来说，看着这栋雄伟建筑遭到破坏和亵渎已够难过了，不知他会做何感想？教堂内祭坛附近地面和圣器室内都有洞开的墓穴，里面的修士遗骨早已被扔出，散落在地，其中有些是他年轻时的朋友。我们走进餐厅，他向我指出当年修士用餐的长桌位置，以及斋戒沐浴用的石砌水泉。从前一样穿着蓝色长袍、在他面前肃立的旧日同伴，如今永远离散了，他们原有的家也成了破败的废墟。

不过这个修道院还拥有一项令人更感兴趣的纪念物；它带着参观者回到数世纪之前，述说着一个更雄伟、也更哀伤的衰亡故事。

在偏北一个下层回廊以及修士的主要宿舍之下，有两条平行的走廊。外面那条面对着主要的中庭，走廊上有很特别的拱门，就是我在前一本书中经常提到的那种——两边逐渐向上升起会合，然后在距顶点约一英尺之处覆盖着扁扁的一层石块。这个拱门绝非出自西班牙工匠之手，因为它和西班牙人所习用的建筑手法截然不同，而且在一些引发各种揣测的其他神秘建筑中也可看到；有人甚至认为，这些建筑出自旧大陆上最古老的民族，如今他们都已消失、灭绝，完全不可考。

关于古代美洲城市建造者，我在前一本书提过一些看法，也很高兴在这本书一开始就有机会重新提出讨论。

当时我认为，“没有足够的根据可以证明这些废墟有多古老”；“这些城市的建造者，不见得能追溯到任何旧大陆上的古代国家。它们并非已灭绝之民族的遗物，相反，我们有足够的理由相信，它们是由西班牙人征服时代就已在此生活的民族所建的，或是他们的祖先留下的。”

我这么说绝不是信口开河，毫无依据。这样的观点其实有违我自己的情感，我倒宁愿见到废墟充满神秘和古老的气息；即使现在，尽管很欣慰地知道这个观点完全站得住脚，但如果可能，我依然愿意放弃它，让读者和我自己沉浸在悬疑的气氛中。然而，我必须承认，接下来的调查发现加强并证实了我先前的结论，事实上更强化了原本纯属个人推断的观点。

我在上一次的游记里探讨这个问题的最大困难，在于这些地方的历史记载完全付诸阙如。科潘有一些，但很模糊，而且不确定，无法令人满意。基里瓜、帕伦克和乌斯马尔则什么都没有。然而，就在梅里达修道院废墟中硕果仅存的拱门上，却现出一道历史光芒。

科戈尤多在尤卡坦的征服历史中曾记载，当西班牙人抵达印第安城蒂霍——也就是现今梅里达城址所在地——之后，发现许多人工堆砌的小石丘，西班牙人就在其中之一扎营立帐。

那个小丘，即是今天主要广场的所在地，其东方是另一个大山丘，西班牙人将城建在这两座山丘之间。依科戈尤多的说法，利用其间的石块来建城非常方便，可让印第安人节省力气。记载中又说，这些山丘非常大，西班牙人用上面的石块建造了城内所有建筑，以至于主要广场上的地面几近夷平。史籍中一一详载了当时所建的每一栋建筑，同时还补充，仍有取之不竭的材料可供西班牙人继续建造其他建筑。

至于其他人工堆砌的石丘，则被视为城市计划中道路修建的阻碍，其中有个例子在我看来是最好的说明。

圣方济修道院建于一五四七年，也就是西班牙人抵达蒂霍五年之后。在其建造史中，明白陈述当时它建于当地众多人工石丘中的一个小丘上；记载中还提到，这个小丘上有一些古代建筑。如今只有两个可能的推论：第一，西班牙人彻底夷平了这些建筑，然后自己建立这个奇怪的拱门，不过我认为这个说法完全站不住脚；第二，这道走廊是历史记载中所说的古代建筑的一部分，因为某些原因，修士将它纳入修道院当中。

要推翻上述第二个结论，只有一种可能：坚持主张在建造修道院时，这些人工石丘和其上原有的古代建筑早已倾颓。然而，这样一来又得面临另一道难题：此城如此有名，声名甚至远播到坎佩切的西班牙人耳中，居住其中且在西班牙人入侵时曾奋不顾身地极力抵抗的，真的只是聚居在另一个族群废弃建筑四周的游牧部落吗？何况更需留意的是，记载中提到这些人工石丘是附带性的，只因它们提供西班牙人建城方便，或因造成道路建设的障碍，其目的完全不是描述印第安人的城镇，因为作者根本没打算这么做。

事实上，如果科戈尤多神父不是圣方济会修道士，修道院所在的石丘可能根本不会被提及。他之所以提到它，是为了追念备受尊敬的神父刘易斯·比利潘多——当时的修道院院长。科戈尤多说，行政官本已指定要在这个石丘上建造堡垒，但在比利潘多的请求下，决定将此地让出来，成为修道院建地。

不仅如此，即使在偶然提及的情况下，也有一个例子足以说明当时这些石丘绝非废弃不用的废墟，而有印第安人仍在使用；因为科戈尤多特别详细提及，其中之一完全阻隔某条街的通行。他说，那个石丘叫作 El grande de los Kues，adoratorio que era de los idolos。玛雅语中的 Kues 一字，以今天的尤卡坦印第安语而言，意指其古代祭祀之地；而 adoratorio 一字在西班牙语字典里，是西班牙人对美洲神庙中偶像的称呼。因此，史家提到的这句话意思就是："这是一个重要之地，是印第安人祭祀之地，或是崇拜偶像最重要的神庙之一。"

既然它是祭祀之地中的"重地"，而四周相对较小的石丘之一，如今上方矗立着圣方济会的修道院，因此我认为，在修道院中发现的这道独一无二的拱门，就算不能下最后定论，至少也是一个强而有力的证据，证明散布在尤卡坦各地的所有废墟，事实上是西班牙人征服时代就已住在此地的印第安人所建的，或者回到我先前的说法，它们是"同一支血统的民族"或"和他们相去不太久远的祖先"所为。

至于究竟是哪些民族？他们从哪里来？他们的祖先是谁？上一次我没有定论，目前也是如此。

注释

❶

得克萨斯州现又简称得州，是美国第二大州。此地原为美洲原住民居地，十七世纪起，先后成为法国、西班牙及墨西哥殖民地。一八三五年，得克萨斯人与墨西哥统治阶级逐渐对立，引发了得克萨斯革命；来年三月，得克萨斯正式宣布独立，成立得克萨斯共和国。墨西哥的桑塔·安纳将军率军讨伐未成，被迫承认得克萨斯独立，后来美国、法国、比利时、荷兰及尤卡坦等国陆续承认得克萨斯共和国。此后，由于边界等问题，得克萨斯面对纷争不断，终于在一八四五年加入美国，成为美国第二十八个州。

❷

桑塔·安纳，墨西哥将军、总统，曾率军镇压得克萨斯独立，但战败被俘。在墨西哥战争中以失败告终后实行独裁统治，后来又被推翻，并流亡国外。

❸

墨西哥东部港市。

❹

secular 又称 secular priest，即教区司铎，在主教区内服务、施行圣事的神父，不同于出世的修道者。regular priest，会士司铎，指住在主教座堂或大城市公开诵经的司铎，他们过集体生活，定时咏唱日课。

第五章

意外的任务

读者千万别以为我们停留梅里达期间只是在寻访古物；事实上，手边还有不少事必须进行。这回我们带了银版照相[1]设备。此器材发明至今已有很大的进步，之前在尤卡坦只出现过一次，我们对手边这部的质量相当有信心，而且有人向我们保证，可以利用它大赚一笔，于是我们决定提供专以女士为对象的照相服务。这对我们来说也是相当新鲜的经验，有点冒险，但绝不会比报纸编辑跑去当汽船船长来得危险，而且不像金融业，就算失败也不会有人受到伤害。

我们先以自己当实验品，不断试拍，直到大家都感到厌烦，但对效果也感到满意后，终于开张了。我们这么做纯粹出于对这项艺术的爱好，而非为了利润，因而坚持有选择顾客的权利，也对外清楚表明这个态度。

第二天一大早，我们把房子整理干净，准备迎接美丽的娇客。吊床上的东西全都移走，洗脸盆也从椅子上拿开，所有琐物全收在某个角落里。当温暖而明亮的阳光洒入室内时，三名年轻少女在高尚的父母陪伴下抵达，让人更是眼睛为之一亮。我们没有足够的椅子，只好让其中两位母亲一起坐在吊床上。少女全都穿上最漂亮的衣裳，戴了耳环和项链，头发上插着花儿。她们都很美，其中一位更绝非美丽可以形容。她不是黑眼珠、黑头发的典型西班牙美女，而是个柔弱、令人无法抗拒的金发美人；她如此纯真自然，毫不做作，对自己的天生丽质似乎毫无自觉。此外，她的名字也很有诗意。我之所以特别提到她，是因为在离开梅里达的那天晚上，她送我们一个大蛋糕，圆周长约三英尺，高约六英寸，由于当时行李已打包，我只好将它塞进鞍袋，结果弄脏了一些原已相当有限的衣物。

招呼这三组客人就位后，我们立刻准备开始摄影。预备工作需要许多形式和条件的配合；既然我们不急着赶工，自然进行得比平常稳妥又慎重。

第一位拍摄对象便是那位名字富有诗意的女孩。我们讨论了一下她的造型，诸如：衣服颜色是否漂亮、成相后效果如何、颈上是否要围上一条围巾、发型是否合适、用玫瑰花来搭配是否妥当、是否插在最适当的位置等，也考虑如果改变造型，结果又会如何。同时还做了许多其他建议，这些都可留给读者想象空间。我们所做的这一切，无非是希望得到最好的效果，因而花了不少时间。

小姑娘打扮妥当后，再安排她坐在最适当的光影下。这时，必须仔细检查光线落在她脸上的情形，讨论究竟是拍正面还是侧面好，并仔细观察两种角度呈现的脸部细节，最后调整头的角度，不能太高也不能太低，不能太偏这边或那边。这些都需要极细腻的处理，有时我们不得不亲自动手帮她调整角度，不过绝对没有不良企图。

接下来就要朝这位小姑娘准确对焦了——意思就是将她的影像摄进箱子里；简而言之，就是让她的容貌透过反射，进入暗箱中某个特定角度的玻璃上，以达最好的效果。当一切准备妥当，小姑娘的缩影具体而微地出现时，就像艺术家受创作热情驱使一般，我们忍不住邀请在场几位父母观看，他们赞叹不已，令我们不得不谦逊一番。

这时再将清理干净的金属板放进箱中，杜绝所有光线。接下来是对小姑娘的考验，因为她在一分半时间里不得开口或转动眼珠。最后，这段恍若永恒的时间总算结束，我们从箱中取出金属板。

截至目前，一切进展十分顺利。在这些美丽访客和她们尊长眼中，每一道新手续都为我们增加了重要性。卡塞伍德先生走进隔壁房间，将金属板放入水银槽里。我们因不知结果如何而忐忑不安；尽管不愿抢了他的风头，但也不希望万一冲洗失败而受拖累，只能清楚地向客人说明，卡塞伍德先生才是大师，我们只是业余爱好者，同时告诉他们，根据卡塞伍德先生的解释，冲洗照片的过程无比复杂，成功与否，确实需要许多条件的配合。最后能够成功，当然是件再好不过的事，但有时可能金属板不好或没清干净；有时可能化学药剂质量不是最佳；有时金属板放在碘盒或溴盒里太久或太早取出；有时在放入或取出照相机箱过程中曝了光；有时在照相机里太久或太短；有时则是在水银剂里泡太久或时间不够……总之，就算所有这些过程都很正确，而且按部就班，仍可能有意料之外的失误或做得过火之处。此外，气候与气压也有很大影响，都可能使所有努力功亏一篑。

我们认为有必要事先说明这些小小的提示，以防他们期望过高，结果因失败而难过。小姑娘似乎对我们敢以她们来尝试这样充满挑战的实验感到惊讶。不过，结果非常成功，让我们以后毋需再如此提心吊胆，因为小姑娘的影像清楚地印在板子上，呈现美丽的形象，不但她自己着迷，她的朋友和仰慕者也都无从挑剔。

其他小姑娘的照片也一样成功，这个早上在如此愉快的工作气氛下度过了。

我们接着又这样进行了几天；所有好的结果都拿出来展示，不好的就小心藏起来。渐渐地，我们的名气愈来愈大，不少人前来要求照相。

这段期间，我们也询问一些曾大力协助我们的朋友，请他们允许我们到家中拍照。取得同意后，第二天早上九点，卡塞伍德先生搭乘敞篷马车带着所有复杂的设备先行出发，我随后步行前往。我们原本打算尽可能为全家逐一拍照，包括所有姑嫂伯叔孙辈，乃至印第安仆人。然而人算不如天算，当天的情况太糟了，这里不再细述，总之，我们试了一块又一块金属板，调整再调整，改变灯光、时间和其他各种过程中的细节，但全都无效。顽固的相机似乎打定主意要和我们作对；我们尽可能地掩饰自己的困惑，收拾设备，打道回府。这次令人失望的挫败经验究竟原因何在，我们始终无法确定，不过已决定放弃这项为女士服务的肖像摄影生意。

在这段客串摄影师的短暂期间，还发生了一件相当有趣的小插曲。一位男士得知我们展示的照片中，有一张属于一位他十分欣赏的女士。这位先生从前并未特别注意我们，这时却前来拜访，而且话题很自然地转到我们正在进行的艺术工作。他提到这位女士的照片时已抽了第三支烟，才终于说出此行的特别目的——他想要一张她的照片。说完后，他如释重负。这似乎没什么不好，我们点头答应了，只要他带她来让我们为她照相即可。然而，他不想让她或她的朋友知道关于此事的内情，这才是难题。我们不可能偷拍。无论一位女士长得多么令人惊艳，对银版而言，短暂的瞬间根本起不了作用，而且必须有碘、溴化物和水银等的协助。不过这名年轻人点子丰富。他说我们可以很容易地找些借口向她保证，为了照出更好的效果而多照几张，然后偷偷留一张给他。这不失为一个好主意，至少就他所关心的部分而言，但我们还是有些良心上的疑虑。

就在我们陷入思考时，年轻男士又提出一个建议，正中卡柏特医生下怀。卡柏特医生一直希望有一只狩猎用的向导犬，这个梦想在他心头所占的分量，大概和那位年轻女士在我们这位朋友心上的分量不相上下。年轻人说，他有一只向导犬，而且是梅里达唯一的一只，他愿意以它来交换照片。这听起来真是怪异，不过至少不是拿心上人的照片去换一只狗。看得出来这名年轻人已无法自拔；他甚至愿意牺牲自己的生命，放弃吸烟，将他的狗捐出，或接受任何其他条件，实在让人感动。卡柏特医生对这个提议深感兴趣，何况，这么做也没有什么不好。于是他和我去看了那只狗，发现那只是只小狗，根本还未受训练。后来究竟如何我不知道，不过在我们那次出门照相失败、不想再继续为人拍照后，这件事也就不了了之了。

用达盖尔式相机拍照和动外科手术本来没什么关联，然而在这里的特殊情境下，却使两件性质完全不相同的事联结在一起，我们也很自然地从一件事转到另一件事。梅里达是个地处偏远、没什么访客的城市，科学上的新发展传到此地的速度也很慢，因此本地人并未听过顾林医生治疗斜视的新技术。我们在私下聊天时曾提及此事。为了让当地人知道这项技术，并因它而受益，卡柏特医生决定在梅里达施展这种手术。

梅里达人大多数眼睛长得不错，但不知是因为我们特别注意的关系，或本来就有这样的问题，总觉得当地斜视案例似乎较其他城市多，而这里的人也像其他地方一样认为这样有碍美观。不过一来因为对陌生人缺乏信心，二来对于愿意免费提供服务的医生，一般人总不大看好他的技术，因此卡柏特医生的这项义举并未受到赞许；至少没有人愿意率先尝试，他的手术成果因而也就无从展示，自然更没有人敢上门了。

我们决定了离开梅里达的日期，但就在预定离开日的前两天晚上，有人直率地要求医生为一名男孩动手术。代为提出要求的是一位和我们很熟的男士，我们经常拜访他，也很乐意答应其要求。

开刀时间定在次日上午十点。早餐过后我们便开始整理屋内，准备迎接病患。医生也第一次拿出器械来检查，却惊愕地发现一些令人不安的状况。那些器械都是巴黎制造的精巧工具，大部分会受天气影响，而且在此地的气候下几乎无可避免地会生锈。医生虽然把这些工具盒包在衣服里，收在行李箱内，尽可能地采取预防措施，但防不胜防，最重要一项工具的尖端还是生了锈，而且完全无法使用。这里没有刀匠，也没有人会处理。幸好卡塞伍德先生找出一个旧磨刀石，两人努力把锈磨掉了。

十点钟，病人出现了，是某位望族寡妇的儿子，年约十四岁，个子矮小，不过举手投足都可看出绅士风度。他的眼睛很大，黑眼珠，可惜因向内斜视而影响了表情。由于他还带着孩子气的轻松心情，似乎对自己的容貌也不在意，只是在妈妈要求下来到这里。他的俊俏外表，谦虚、动人的态度，立刻让我们喜欢上他。陪他来的正是请我们协助的巴多医生，还有孩子家族的几位朋友，我们全不认识。巴多先生是危地马拉人，在巴黎受过教育，是梅里达最老也最主要的医生。

准备工作立刻展开。首先在窗边放一张长桌，然后在桌上放上席垫和枕头，让男孩躺上去。不过，在还未真正开刀前，我并未感受到这项新事业的真正性质，何况它也不像肖像摄影生意那样，一开始就非常轰动、受欢迎。

在此，我不打算针对技术做说明，只是想和读者分享我在旅途中吸收的一些零碎知识。现代科学发现眼球是由眼窝中的六条肌肉所控制，这六条肌肉从上、下、内、外拉住眼球，只要其中任何一条出现不正常收缩，就会造成斜视。斜视一度被认为是童年时期眼球肌肉痉挛或其他不明原因所引起。新发明的治疗方式是切断收缩的肌肉，眼球随即回到适当的位置。这条肌肉位于眼球表面之下，手术必须穿过眼球表面的膜，因此不可能使用大斧或手锯来完成。事实上，它还需要对眼球构造有所了解，灵巧的操作技巧和精细的工具，以及卡塞伍德先生和我担任助手。

我们的病人非常安静地躺着，双手交叠握在胸前；当手术刀切过那条肌肉时，他发出一声哀号，声音之凄惨叫人心碎，隔壁不在手术现场的人也全听见了。幸好哀号声未歇，手术已经完成，男孩坐起身来，眼睛还流着血，不过已不再斜视。男孩系上绷带，接受治疗后应注意事项的指示后，在所有人的恭贺与赞美声中，带着进门时的微笑，回去向母亲报到。

这项神奇手术的消息迅速传遍千里。夜晚来临时，卡柏特医生已接到无数执拗的要求，其中之一是一位两眼都斜视的男士，但我们很乐意为他服务。

由于这位男士的关系，我们决定延后一天离开；为了更进一步达成原来的目的，卡柏特医生说，他愿意为任何想要矫正斜眼的人动手术。我们根本不需费力宣传，第二天早上吃完早餐回来时，已有一群斜视的男孩围在我们门口，加上他们的朋友和支持者，声势颇为吓人，几乎让我们无法进出。门一打开，他们便一拥而入；由于这些男孩有些可能还搞不清楚状况，我们不得不把他们赶出门外。

十点整，大桌子被搬到窗边，桌上铺了席垫和枕头，但窗外围了一堆人，以致我们必须在窗上加挂一块布帘。我们邀请了巴多医生、穆诺斯医生，以及所有愿意前来的医生；前一晚我们与州长见面时，我也邀请了他。这些人又带了同伴来，加上不请自来却又无法拒绝的不速之客，整个屋内挤满了人。

第一位接受手术的是个十九或二十岁的结实小伙子，我们以前从未见过或听过他，也不知道他是谁或哪里人，不过他的斜视非常严重。我们见他体格健壮，以为他可以忍受手术过程中的任何痛苦。谁知当医生准备切断他的肌肉时，这位被绑住的病人开始出现不安的征兆；突然，一声哀号，他把头扭向一侧，瞬间也带走了医生的钩子。然后他像患了肌肉痉挛症般紧闭着眼睛，钩子似乎注定永远无法取出了。我不知道我手中的钩子怎么跑出来的；幸好医生松了手，否则小伙子的眼珠就会随着钩子被挖出来了。这时的情况是，他静静坐着，一只眼睛的绷带滑到一边，另一只眼睛带着钩子紧闭着，钩子的柄笔直地伸出眼外。他可能真想牺牲个人外在的观感，继续保持斜视，闭着眼，带着钩子及笔直伸出的钩柄，就这样过一辈子。然而，那项工具太珍贵了，不能让他带走。有意思的是，观察一个人眼里夹着钩子而泰然自若，对照着旁观者的惊慌失措，令人足以得到某些启发。

所有观众都责备他懦弱和缺乏决心，经过一阵谴责后，他无言以对，只好再度张开眼睛，让我们取出钩子，但他已把事情搞砸了。本来只需再忍耐几秒钟手术就可完成，此时整个程序不得不重新来过。当手术刀再度挑起肌肉时，我感觉他的眼球闪过一丝光芒，他似乎又要别过头去，但因大伙儿的严辞斥责而不得不保持沉默，总算让众人松了一口气。经历两度动刀与流血之后，尽管没有任何人同情，他的斜视仍获得了矫正。他从桌上下来，走出户外，只听得男孩们高声欢呼地欢迎，此后便再也没听到他的消息了。

这时房子里塞满了人，我对手术过程感到反胃，内心希望这场手术的展示已吓退其他想动手术的人，但有个十岁左右的麦士蒂索小男孩不但从头到尾都在场，而且已悄悄穿过人群，走近桌边，抬头斜眼看着我们，不发一言。他复杂的表情明白告诉我们，他想要什么。小男孩穿着麦士蒂索人常穿的棉布衬衫和短裤，戴着草帽，看起来那么幼小、单纯而无邪，我们认为他无法为自己做主，因而告诉他无法为他进行手术。不过他以坚定而谦逊的声调回答：“我希望这么做，我希望这么做。”

我们询问屋内是否有人可出面代表这个孩子，一个我们原先没注意到的男人走上前来。他穿着和小男孩一样的衬衫、短裤，声称是男孩的父亲，特意把男孩带来，请求卡柏特医生动手术。在父亲指示下，男孩打算爬上桌，但腿不够长，还得靠人抱上去。他的眼睛上覆着绷带，头枕在枕头上，双手交叠放在胸前，转动着眼珠子，一丝不苟地照着嘱咐做。半分钟后手术便结束了。我觉得他完全没有改变姿势，没有移动过任何肌肉。这真是一个了不起的坚忍案例，观众赞赏不已。在一片恭贺声中，他被抱下桌子，眼睛覆着绷带，一句话也没说，但带着小英雄般的神情，牵着父亲的手走了。

这时，在一群希望接受手术的人士中，一位男士前来告诉我们，有位年轻姑娘正排队等候，这让我们有好借口清场。除了医生和最亲近的朋友外，我们要求所有人一律离开屋子。这些人对旁观如此令人难受的景象竟抱着无比的好奇心，因而离开时相当不情愿，有些人甚至偷溜至其他房间和庭院，不过我们还是把他们找了出来，总算让房子恢复原来的清静。

年轻姑娘在母亲的陪伴下抵达。她充满迟疑和恐惧，焦急地希望获得解脱，却又怀疑自己是否能忍受痛苦；当她看见手术工具时，她的勇气彻底瓦解了。卡柏特医生对无法确定是否能坚忍挨过痛苦的人，都会加以劝阻。姑娘还是离开了，我感到既欢喜又遗憾。

接下来便是我们特别为他决定延后离开的那位先生。他是墨西哥军队中资历最久的将军，却已流亡梅里达两年。在上一次革命之前，亦即桑塔·安纳掌权之前，他的党是最大党；我们对他非常有好感，因为前一次他遭墨西哥放逐时，曾参与志愿军，在纽奥良一役中协助杰克森将军[2]。这位先生有一对向内斜视的眼睛，虽并不构成容貌上的缺陷，甚至还让他的脸看来有些威严，但他的视力却因而受损，卡柏特医生认为情况应该可以改善。

第一只眼睛的手术很快，也很成功，当血淋淋的眼珠子在眼窝中滚滚转动时，另一只眼睛也开始接受同样的手术。然而这只比较麻烦；由于担心眼球可能拉到反方向，医生认为不应将整条肌肉切断；检查效果后，他也对外观整体感觉不甚满意。将军再度躺下，头枕在枕上，再重复一次手术，总共快速地进行了三次。总而言之，这是个需要勇气与坚忍的考验，手术完成时，我真是欢欣无比。他的双眼都获得矫正，覆上绷带，我们将他送上一辆正在等待的敞篷马车，他将踏脚板误认为座位，一屁股坐下，背靠着马，让街头流浪儿看了觉得好笑，我们费了好大的劲儿才帮他调整好位置。

这时，那位年轻姑娘又在母亲的陪伴下回来了。她还是无法放弃这次机会；虽然始终下不了决心接受手术，但也舍不得离开。她年约十八岁，正是想象力丰富的年纪，无论快乐或痛苦，在脑海中的感受都如此强烈。她带着一抹微笑，意图驱走泪水，一会儿努力振作自己，下一刻却又自称懦弱，躲入母亲怀里。她的母亲不断为她打气，鼓励她，以信赖医生的口吻向她说明，手术有助于她在男人眼中的形象。她的眼睛又圆又大，充满泪光，斜视的缺陷几乎看不出来；事实上，他们希望的是调整她眼珠转动的方向。

我已向读者概略描述过以达盖尔式照相法为年轻姑娘照相的事，但动手术却是另外一回事，而且也完全不同于为男孩或男士动手术。让男孩躺在桌上很容易，但年轻姑娘可就不一样了；同样，在男孩的头上系绷带也很容易，但经过梳整、烫鬈，且梳在脑后的长发，则大大不同。身为卡柏特医生的主要助手，这个复杂的工作自然落在我身上，最后总算在姑娘的母亲协助下完成任务。我小心翼翼地协助她将头安放在枕上，仿佛那是珍贵宝物一般。由于先前的经验，我发现若想维持手部稳定，应将手肘靠在桌上，手腕则放在病人的前额上，因此我对这位姑娘采取相同的方式，而且定定看着她的一只眼睛。我想我已做好准备，一旦医生取出工具，就可紧紧按住她。不过我的担心看来是多余的了，因为她的想象力太强，才刚闭上眼，全身一阵轻微的颤抖，就昏过去了。等她清醒后，眼球已在正确的位置。一名陪同前来的年轻男子护送她回家，并且告诉她，她的情人将认不出她来。这时，微笑再度在她颊间展现。

手术花了很多时间，而且因为缺乏正规的外科援手，医生更是加倍辛劳，高度的聚精会神让他疲惫不堪。我自己也感到精疲力竭，脑海中不断浮现流血、切断肌肉的眼球，同时开始怀疑自己的眼睛是不是有问题。一再重复动手术并未让我对手术过程逐渐习惯；事实上，最后一场比第一场还更令我难受，我宁愿一辈子都不要做这种工作。卡柏特医生向在场的医界人士详细解释动手术的方法，并愿意协助他们订购工具。当我们认为差不多已将这项手术引进该地后，矫治斜视的工作也就告一段落。不过事情并没有这么简单。门外的群众对此自有他们的看法；仍然斜视的一群认为我们如此对待他们太无礼，开始像西方城市中准备动私刑的暴民般骚动。其中一人不顾一切地闯了进来。这名健壮的年轻人有种目中无人的神情，或许从小到大饱受无情学生的嘲弄吧。他强行闯入后，把手插在口袋里说，他付得起动手术的费用，怎么也不肯离去。我们不得不一再道歉、安抚，答应等我们回到梅里达时，一定为他动手术。

这些手术成功的消息像野火般迅速蔓延，很快在全城造成轰动。卡柏特医生整个晚上都被各色人等包围，我不由自主地想到，在这世界上名气消长变化得多么快呀！起初我抵达尤卡坦的消息在报纸上大肆报道；不久，卡塞伍德先生就以达盖尔式照相法把我打入冷宫，而此时，我们所有的荣光全都因卡柏特医生能治好斜视而被淹没了。尽管如此，他的名气仍投映在我们身上。整个下午，斜视的男孩在街上走动时，不断斜着眼在我们的门外探头探脑地瞥视，到了晚上，卡塞伍德先生和我漫步至广场，一群流浪儿以吵闹的喊叫声欢迎我们：“那些会治斜眼的人来了。”

❶

由法国人路易·达盖尔发明，因而又称达盖尔式照相法。在此之前，法国人尼瑟佛·尼埃普斯以氯化银感光纸存影，再在涂沥青的铅锡合金板上曝光显影，制造出世界第一张摄影成像的图片。达盖尔发明的银版摄影技术，则以碘化银薄膜感光，曝光后以水银蒸气显像，并在食盐水（后改用大苏打）中定影。尼埃普斯的方式需曝光八小时，达盖尔的方法只需半小时左右，且照片影像清晰，后来他又发明氯气银版显像法，曝光时间只需数分钟，且用硫代硫酸钠定影，影像可更持久。

❷

纽奥良战役是英美之间发生的“一八一二战争”其中的一场，“一八一二战争”总共打了四年，双方在一八一五年停战。纽奥良战役的指挥官杰克森将军后来就任美国第七任总统。

第六章

消失的玛雅潘❶

十一月十二日星期四，一早起床，准备离开梅里达。全程的路线规划和所有细节都由西蒙先生一手安排。一大清早，骡子和印第安人就已驮着行李先出发，留下我们与朋友道别。房东拒收四美元租金。他说，我们带来的快乐已足以和租金相抵，何况朋友之间谈什么租金？我们非常感动，告诉他，无论如何，“再也碰不到像他这样的人”了，至少就租金而言如此。随后我们在米卡拉夫人家中，和几位同胞共进最后一次早餐，其中包括费雪先生，以及早上刚从纽约来到此地的麦金利船长。在众人声声安全与成功的诚挚祝福中，我们跨上马背，向内陆启程。

我们的心愿是重访乌斯马尔，上一回，由于卡塞伍德先生生病，我们不得不在此中断探险之旅。不过，我们得知有个叫作玛雅潘的古代城市废墟从未有人去过，距梅里达大约八里格远，就位于前往乌斯马尔途中经过的大牧场旁，距离道路只有数里格。虽然信息有限，而且据说当地已完全成为废墟，不过我们希望能走访任何探听到的地点，因而仍朝玛雅潘出发，决定在前往乌斯马尔途中先去探访此废墟。

我们的鞍、辔、手枪和皮套都和此地骑士的配备不同，因而在骑马穿过街头时引来所有人侧目。一位朋友陪着我们一行人出城，指点一条可一路通往当天目的地的笔直道路。告别时，他也未像先前我们在中美洲经历的那样提出不祥的警告，反而安抚我们，此去不会有盗匪或任何拦路打劫的危险。

我们就在各项有利条件下展开行程：良好的生理和心理状况、当地政府对各区军官下达的指示，以及透过报纸将我们的消息传到内陆，引发居民的热情接待等。我们面前是一片尚未发掘的新领域，每天都可能出现新景观。唯一的缺憾是没有仆人或随从，我们的朋友未能找到这样的人选。不过这还不致构成什么妨碍。

这一天天气阴暗，倒也让我们免除太阳曝晒之苦，否则，以这个时刻而言，我们可能早就被晒昏了。道路很直、很平、很多石头，也很单调；路的两旁是低矮、浓密的树丛，除了面前的路面外，毫无景观可言。从一开始我们就已感觉，这里虽然完全没有中美洲常见的危险与困扰，但也缺乏伴随旅途困顿而来的迷人景色：崇山、峻谷、火山、河流，以及所有原始、壮观的风景。

在此要加以说明的是，正确可信的尤卡坦地图尚未问世。皮翁夫人慷慨出借一份手绘稿，不过她也警告我们，这份手稿并不完全正确。为了保留从离开梅里达后直到回程的路线，我们记下途中所有方位、每天走过的路程时数，以及马匹的速度，有些地方，卡塞伍德先生还会留意纬度。藉由这些备忘记录，我们得以绘制自己的地图，只要是走过的路线都很正确，但未去过的地方就很难说了。

走了一里格，经过一个养牛的大牧场。一点二十分，我们抵达提穆奎，这是一个距离梅里达五里格的小村庄，几间印第安小屋围绕着一个大广场，广场一侧有个结构简单的建筑，作为公共之家。这里既无教堂，也没有神父，这下我们碰到一个始料未及的麻烦：此地居民全都是印第安人，通常只说玛雅语，由于没有白人，找不到任何会说我们听得懂的语言的人。幸好有个来自内陆的骡夫在此休息，他让骡子在大树下吃草，自己在公共之家的吊床上摇晃着，打算休息过后前往梅里达。他听说我们自行深入内陆，从首都出发第一站就遇上了困难，感到非常惊讶，但当他发现我们其他方面还算理智时，就协助我们取得一些热带橡树叶和水喂马。这名骡夫的一生都在赶着骡子往来于山区和首都之间度过。他也听过关于外国的奇闻逸事，例如在北方，每个人工作一天的酬劳是一美元；不过当他得知在自己国内的一雷亚尔比我们的一美元还有价值时，感觉很安慰。他也为蹲在阴影里、近乎赤裸的同伴翻译我们的谈话，最让他们觉得不可思议的是北方因天气严寒与结霜，人们竟必须将一天辛劳所得的一大部分用来购买燃料，以免受冻。

三点，我们离开小村庄，四点多一点时，特科村的教堂尖塔率先出现眼前。我们从村子边缘经过墓地，墓地周围有高大石墙，大门上方与沿墙壁龛里有一排骷髅头。墓地里最远的一端则是堆成小山状的骷髅头和骨骸，这是印第安人自古沿袭的习俗；他们将死者遗骨从墓里挖出，丢进这个浅洞里，形成恐怖阴森、令人毛骨悚然的藏骸所。

村庄由一条长而直的街道构成，房子也好，印第安人的小屋也好，在树丛遮掩之下，几乎都看不见了。此地居民全是印第安人，我们一路骑来，直到广场都没有遇见任何人。广场一侧，在一个高高的石台上矗立着一座巨大教堂，教堂有两个高耸的尖塔，前面和两侧是宽阔的石阶。穿过广场，我们看见一名印第安妇人，于是对着她说“修道院”，随着她的手势指示，驱马来到神父住处。那是教堂后方，有一道高墙围绕着，大门虚掩，不需敲门即可进入。修道院和教堂位于相同平台上，有很高的石阶。几名印第安仆役从里面跑出来，在走廊上张望着这群奇怪的外国人，我们才知道神父不在。不过我们太喜爱这里的景物，不想立即离去，于是把马系在庭院中，爬上石阶，在修道院的回廊和教堂的平台漫步，俯瞰整个村落。

教堂门前放着一具担架，上面是一个孩子的尸体，没有棺材，但用五颜六色的闪亮纸张包裹着，其中以红色和金色最为醒目。尽管看似华丽，但数英寸长的虫从尸体的鼻孔中钻出，在脸上蜷曲、扭动着，这幅景象令人充满怜悯，却又令人恶心难受，充分反映印第安村落中贫穷孩子的悲惨命运。

几分钟后，神父的辅祭出现了，从他口中，我们得知神父正准备这个孩子的埋葬事宜，处理完毕后就会过来接待我们。在辅祭的陪伴下，我们爬上教堂顶端。

通往教堂顶端的是一道大石梯，位于其中一座塔内。从塔顶向下望，可看见辽阔无边的森林覆盖着整个大平原，一边绵延至海，另一边广袤相连，直抵横贯尤卡坦半岛的层峦峰脉，并一路延伸至危地马拉的大放牧区，只有一个高起的石丘横亘其间。这个石丘距离平原约三里格远，正是令人悲叹的没落王国玛雅的首都——玛雅潘内的废墟纪念建筑。

回到原处，神父荷西·卡努塔·维拉已在等候我们了。他事先得知我们要来，原以为我们前一天就会抵达。他的教区内有将近两千人，除了助手外，看不到白人。神父年纪不到三十岁，在梅里达土生土长，举止、学识显然都和这样的职务格格不入，但他确实对教区内的民众充满真诚与同情。修道院是一座高大的石砌建筑，墙厚数英尺，面积与教堂相当。由于地理位置非常接近梅里达，这里的物资供应相当充裕；他还拥有小量藏书，在当地相当于一个图书馆了。

神父也为我们解决所有因缺少翻译而无法进行的事，包括派人通知印第安村民代表，立刻将我们的行李转运至下一站，以及第二天亲自陪我们探访玛雅潘废墟。我们再度和神父建立交情，这个充满欢迎与诚挚善意的开始，和以前我们的经验没有两样。晚上，我们可选择折迭式轻便帆布床或吊床就寝，早餐时，一群印第安乐师坐在走廊下持续拨弄乐器，制造出他们称之为音乐的声音，直到我们上马出发为止。

神父骑上一匹尤卡坦骏马陪着我们出发。由于几乎天天都在执行教区的任务，因此他将这天当成“圣日出巡”，一路上还频频担心我们胯下的可怜老马跟不上他。

我们从公路突然转进另一条道路。这条道路也像尤卡坦境内大部分道路一样，在其他国家根本算不上是够水平的内陆道路；我们所走的这一条更粗糙、石头更多，虽然崭新，不过有些地方尚未铺设完成。路的尽头是一个村庄，隶属我们身旁这位友善神父的教区；路才刚开通，开通的理由恰可证明印第安人性格中一项令人瞩目的特质。原来村庄里本来有一条小路，迂回又难走，神父因众多任务在身，不得不告诉他们，他必须放弃这个村庄。为了避免这悲惨的下场，全村印第安人大集合，合力开了这条新路，直接穿过树林，全程两里格。

神父近来也对寻访古迹的热潮产生极大兴趣。他告诉我们，这一带古代居民留下的遗迹特别多。距公路不远处，我们遇见一排崩塌的石块，据他说，这应是一道石墙的遗迹，石墙原本横越道路，深入两旁森林，贯穿了左右两边的广大地表。

再过去不远，我们转向一个完全干燥的大洼洞，神父说那是一个人工凿成的贮水池，挖掘后在周围筑墙，古代人用来蓄水。当时我们并不认同这种看法，觉得它是自然形成的，但从后来所见，我们开始认为也许神父是对的。

十点钟，我们抵达名为特尔查奎约的小村庄。这里的村民有六百人，同样也都是印第安人。我们刚经过的那条新路就是他们开辟的，由我们这位神父朋友负责。我们在修道院前下马，教堂的钟声立刻响起，通知大家神父来了，凡是需告解、结婚、疾病访视、儿童受洗或埋葬死者的人，都可来找他满足所求。

这个村庄完全由小茅屋组成。教堂的建筑计划由前一位神父领导，原本规模庞大，后来他对本地人十分不满，建造工程因而中断，未再继续进行。因此建筑一侧已有屋顶，简单布置成礼拜堂，其余的部分只是两道高墙，没有屋顶。

这个小村庄的广场上有一个很大的地下水井，供应所有居民用水。从远处看，广场似乎很平坦，中间没有阻隔，但顶着水罐的妇女走过时，忽然就消失了踪影，另一些又像从地里冒出来似的。靠近一点时，我们发现地表岩层有一道大裂隙，好像一个洞穴的开口，一些不规则的阶梯由岩层向下延伸，上方则有一大片岩块提供遮蔽。距离开口处大约五百英尺远处是一个大水池，水池正上方的岩层顶盖可能有六十英尺高，上方有道裂口，强烈的光线便从这里射了进来。水池里的水并不流动，它的来源始终是个谜；雨季时水位稍涨，但从来不会降至某个特定水位之下，而且一年四季都是居民唯一的供水来源。妇女们顶着水罐，经常在此消失于地面或从地里冒出；燕子在洞穴里穿梭飞舞，构成一幅浪漫的原始风情画。

圣华金大牧场的总管正在村子里等我们。玛雅潘废墟就位于圣华金大牧场，于是我们离开地下水井，骑上马，尾随总管而去。

大约半里路后，牧场总管在一个新近才发现的大洞穴附近停下，告诉我们，这个洞没有尽头。我们把马系在树林间，转身前去探访。总管从树林中开出一条小路，我们随着他来到一个树藤茂密的岩穴前，开始向下走，进入一个洞顶很高的巨大洞穴，无数条宽大的通道通往各个方向，不知伊于胡底。这个洞穴是总管和几名牛仔在追逐偷牛贼时发现的，所有通俗小说中的强盗窝都比不上这个洞原始、荒芜。总管说，他曾和十个人进去，在洞里走了四个小时，找不到尽头。洞里，包括洞顶、地面和通道，满布大量化石。海贝集结成一块块固体，许多形状仍完好如初，显示这整个地区——至少这一带的地质结构——在不太久远的古代可能曾遭海水淹没。

我们本可在里面逛上一整天也不觉得累，但由于时间有限，只采集了一些奇怪而有趣的标本，几分钟后便又上马离开，很快来到散布着土丘、石雕碎片、破墙和倾圮的建筑之处，说明我们再次踩踏在一个属于原始民族的尘封城市之上。

十一点，我们来到一块林中空地，也就是圣华金大牧场所在地。牧场的建筑只是个小棚屋，供地位次于总管的工头有个栖身之处，不过棚屋四周环绕着一大片精心开辟的垦地，看来自然而美丽。牛栏边长着高大的树，水井的平台上是取自古代建筑的雕刻石块，掩映于一棵热带橡树的鲜绿枝荫下，橡树的顶端冒出几片椰子树的苍白长形叶片，仿佛从热带橡树的绿荫中生出似的。

圣华金大牧场位于梅里达南方十里格处，玛雅潘废墟散布其间。圣华金是斯堪查坎大牧场的一部分，为荷西·马利亚·门内塞斯先生名下的财产。门内塞斯先生是受人尊敬的圣克里斯托弗教堂神父，前尤卡坦教会的代理主教。我们是在他的朋友国务卿雷宏先生家中认识他的；他要求他的总管（就是和我们在前一个村子见面的那位），倾大牧场所有可能，全力协助我们。

玛雅潘废墟盘踞着一大块平原，平原上蔓草丛生，除非非常靠近，否则从远处什么也看不到，而且树丛茂密，难以穿越。我们是当地第一批造访者。多年来，它们无人问津，甚至无人知晓，兀自被遗忘在野外，与生长茂盛的热带植物搏斗。住在主要大牧场的总管虽有二十三年未见过这些废墟，却是我们所知对它们最熟悉的人了。他告诉我们，废墟占地方圆三英里，一度有坚固的城墙环绕，至今在树林中仍可能找到

废弃的石丘

城墙遗迹。

牧场不远处，就是我们曾在三里格外特科村教堂顶端所见的高大石丘（见左页图），不过由于树木遮蔽，从此处不容易看到。石丘高六十英尺，底部为一百英尺见方，和帕伦克和乌斯马尔的石丘一样，也是个扎实建于平原上的人工建筑，由于整个区域内草木繁盛，从远处越过树顶望去，几乎无法看见，直到来到基座附近才看得清。石丘本身尽管维持着原来的均衡比例，却因草木遮掩，看来像个树林繁茂的小丘，只是形状特别规则。四道各宽二十五英尺的宏伟阶梯，向上通往一个坐落于距顶端约六英尺处的步道，步道宽六英尺，每一侧又各有一道较小的阶梯，继续通往顶端。这些阶梯如今都已毁坏，踏阶几乎消失了，我们只能藉由凹陷的石头和其旁生长的树枝向上攀登，途中还吓跑了一头牛，因为野牛群也在长满林木的废墟附近吃草。

雕刻图案

最后，我们终于来到顶端。

最上面是一个十五英尺见方的平台。没有建筑，也没有任何其他遗迹。这可能是供奉牺牲的祭台，就在此处，祭司于众目睽睽之下，取出活人牺牲的心脏作为献祭。然而，如今从上方望出去，底下是一大片荒芜的平原，树林间偶尔露出一些零散四处的废弃小石丘，以及更远处依稀可辨的特科村教堂尖塔。

石丘四周和树林里处处可见散落的石雕，大多为方形，正面有雕刻，背后有一根长石榫或柄。无疑它们原本固定在墙上，当作建筑正立面或其他部分的某种装饰或组合成分，就像在乌斯马尔所见的一样。

此外，还有其他更稀奇古怪的遗迹，那是一些人形或动物的雕刻，面目狰狞，表情怪异。要制造出这样的效果，显然工匠的技巧也已有所提升。这些雕像都相当粗糙，石头也已风化，有不少半埋在土里。下图就可看到两个这类雕刻，其中一个高四英尺，另一个高三英尺。从整体高度看来，那似乎是个战士，手中拿着盾牌，手臂部分已断，不过我仍感觉它们栩栩如生地传达了当年贝纳尔·狄亚斯[1]在海岸边所见面目狰狞、恶魔般的人形或偶像。这些残破、半埋在土中的雕刻品，很可能曾是崇拜与祭祀的对象，如今却成为古代异教崇拜沉默且令人哀伤的纪念物。

距离石丘底部不远处的地上有一个开口，形成另一个先前已向读者介绍过的惊人凹洞。神父、总管和印第安人都称之为地下水井，声称是供应此古代城市居民用水的贮水池。凹洞的入口处位于一个仿佛正打着哈欠的残破开口旁，地形非常陡峭，向下走时必须十分小心。在第一个歇脚处，开口扩大为宽阔的地下洞穴，洞顶很高，通道向四面八方伸展。好几处可见灰烬和动物残骸，显示这里几度有人居住或避难。

在其中一个通道的起始处，我们发现一个雕刻神像，这让我们非常兴奋，以为可以找到某个祭坛或古墓，甚或是木乃伊。抱着这样的希望，我们遣印第安人取来火炬，卡塞伍德先生忙着素描，卡柏特医生和我则继续向洞内探寻。走了一小时，不少地方洞顶塌陷，挡住了去路。我们辛苦地在其中一些通道摸索前进，但很失望地毫无所获。后来，又走下一个浅而窄的通道，不得不四肢并用地爬行穿越；此时火炬发出

圆形建筑

的火焰和烟让人热得受不了。最后，我们终于来到一个水潭旁，伸手一试，发现手上沾了一层薄薄的硫酸钙，原来是水面上结成的薄膜，不过一接触空气便分解了。

离开这个地下洞穴，我们继续在废墟中漫步。所有石丘基本上都是一个形式，其中只有一个还可见到上方的建筑，其余都已灰飞烟灭。这仅剩的一座和我们之前在其他地方所见十分不同，不过，后来我们又找到其他类似的建筑。

这座建筑位于一个大约三十英尺高的废弃石丘上。石丘原来的形状如何如今已不可考，不过建筑是圆形的。上页的图即是这栋建筑，以及它所在的石丘。它的外观是由素面石头打造而成，由下方至较低层的檐板有十英尺高，然后再向上十四英尺，抵达更高一层的檐板。门朝西，门上有一道石制门楣。外墙厚五英尺，门后是一条三英尺宽的圆形走道，中央是一个圆筒状的直立圆形实心大石块，没有任何入内的通道或开口。整个建筑直径为二十五英尺，因此，扣掉墙和走道所占双重厚度和宽度，中央石块应有九英尺厚。墙上涂了四五层灰泥，还残留着一些绘画，上面的红、黄、蓝、白等色彩清晰可辨。

在建筑的西南方，从石丘一侧延伸而出的一块台地上有两排列柱，彼此相距八英尺，如今只剩八根，不过从附近的残迹看来，原本应有更多，如果将树林清理清理，可能还会发现一些尚未毁损者。上一回的乌斯马尔仓促之行，我们就已见过一些我们认为应是列柱的东西，但那时并不太肯定，后来又看到许多，我想这的确是我们最早看到的列柱。它们的直径为两英尺半，由五颗圆石共同构成，厚八到十英寸，一个一个叠在一起，没有柱头，也没有任何与这个建筑有关的痕迹。

截至目前，残破的雕像和在乌斯马尔所见的虽然大致相像，但在任何建筑残存的部分，我们都找不到类似尤卡坦境内所有废弃建筑中都会看到的拱顶；不过这已不重要了。距此地稍远之处，在牧场的另一头，有一排排的石丘，它们过去都是一座座建筑，如今顶端颓圮，几乎掩埋了整个架构。石丘的尽头是一道下半部淹没于残砾之中的门，勉强爬过这道门，我们伫立于大房间之中。这些大房间和乌斯马尔的一模一样，也有石头交叠砌成的拱顶，最上方压着一片扁平的石块。这里的大房间虽然较粗糙且较窄，但和我们在其他地方所见的性质没有两样。

一天将尽。由于天气很热，加上费了不少力气，我们都累得不得了。印第安人坚称我们已看过所有主要的遗迹。此地因为树木繁茂，要清理着实得费上一番功夫，至少眼前是行不通的，何况我们唯一确认能得到的结果，就是发现一些埋在其中的雕像或碎片。不过有一点是毫无疑义的：这个城市的废墟和在乌斯马尔的废墟拥有一样的特质，皆由同样的人建造，只不过建造时间也许更早，建筑材料腐蚀得较严重，或是遭人类的毁灭之手破坏得更严重。

幸而我们在此再度得到一丝历史的佐证。根据最可靠的记载，在西班牙人入侵时，现今称为尤卡坦的地方，当地人称之为玛雅，之前也没有其他称呼。尤卡坦是西班牙人随意且偶然的命名，来源无法查证。有些人认为，这个地名来自岛上一种名为“尤卡”的植物。至于 tal 或 thale，则是这种植物生长的土堆。不过更普遍的说法，是来自当地原住民回答西班牙人初抵此地时提问的答案。当时西班牙人的问题应该是：“这是什么地方？”或者：“这里叫什么名字？”而他们的回答可能是：“我不知道你在说什么。”或是：“我听不懂你的话。”无论是哪一种回答，以当地原住民的语言来说，正好有些像尤卡坦的发音。不过，无论它的命名缘由是什么，当地原住民从不承认这个名字，即使直到今天，他们还是以古代的名称“玛雅”称呼自己的家乡。没有任何原住民会称自己是尤卡坦人；他们自称玛雅人。

半岛上通行的语言是玛雅语。西班牙人发现此地分属数个不同部落，拥有不同名称及不同的印第安酋长，而且彼此敌视，但在早期，整个玛雅帝国完全归于一位统一的君主或最高领袖所统辖。这位大酋长或国王以人口稠密的玛雅潘为国都，下辖多位领主或印第安酋长，这些藩属有向他进贡的义务，包括棉布衣物、家禽、可可、制香用的树胶或树脂。此外，他们还需服劳役，包括作战、日夜守护崇祀偶像的神庙，以及举行节庆和仪式。这些领主也管辖一些城市和许多臣属。他们愈来愈骄傲，野心愈来愈大，不愿臣服在一个君王之下，于是起而反抗最高领袖的权力，结合所有力量，包围玛雅潘，将之摧毁。

此事发生于公元一四二〇年，约在西班牙人抵达尤卡坦前一百年，或者依埃雷拉的说法，是在西班牙人抵达之前七十年；如果依照印第安人的纪年法，则是在玛雅潘建城之后两百七十年。关于此部分细节的说法非常混乱，且令人困惑；不过曾经有过一个名为玛雅潘的重要城市，而且在上述所提时间前后遭战争摧毁，则是每位史家皆提到的不争事实。之后，这个城市由西班牙人征服时代散居尤卡坦各处的同一民族所据，它的遗址也如前文为读者介绍时所说的，无论经过多少变迁与倾颓，仍然保留了古代的名称——玛雅潘。

❶

中美洲古代玛雅文明后期中心之一，位于墨西哥尤卡坦半岛境内。10 世纪以后，尤卡坦半岛三大城邦之一，曾一度成为尤卡坦北部最具政治主导力的中心。12 世纪—14 世纪是它的黄金时代。——编者注

❷

贝纳尔·狄亚斯（Bernal Diaz del Castillo，公元一四九二至一五八四年），曾参与西班牙殖民者攻打阿兹特克之役，后来以“历史见证者”身份撰写《新西班牙领地征服史》，留下军事与地形相关史料。

第七章

废墟中过夜

探访玛雅潘的乐趣，差一点就被一件不幸的意外破坏了。我们正要离开废墟时，有人跑来告知，我们的一把手枪射中了一名印第安人。这些手枪本身和印第安人无仇，也从未射过他们任何一人，不过，我们还是快马加鞭赶回牧场，发现那个可怜的家伙几乎失去了两只手指头。子弹穿过他的衬衫，在衣服上形成两个洞，但很幸运的没有击中他的身体。印第安人说，他们只是看着手枪，手枪自己就走火了。我们非常清楚这不是事实，毕竟手枪不具自由意志，因此不免还是责怪他们。幸好情况并不严重，卡柏特医生也立刻为伤者包扎，反倒那名印第安人自己似乎比我们还不在意。

我们离开牧场时，天色已不早。在一条仅供人骑马通过的荒野小径走了一段距离后，我们经过一排石块残骸，残骸的两侧向上缓升，连接一道墙。总管说，这就是古城墙的遗迹。

傍晚时分，我们来到壮观的斯堪查坎大牧场，这是尤卡坦最完善的三大牧场之一，共有将近七百人。下页插图即为大牧场的正门景象。这里的房子可能是全尤卡坦最好的建筑之一，与首府的距离骑马只需一天时间，敞篷马车可抵达，是其尊贵的主人最喜爱的居所。从整个大牧场的情形可知这位主人经常驾临，而他的性格可从一件事看出——一路照料我们的这位总管已随侍他长达二十六年。

我之前已为读者大略描述过尤卡坦的牧场情形，包括牛栏、大蓄水池，以及其他附加设备。所有设施在这个牧场上都占地相当广大，丝毫不逊于我们过去所见任何地方。在其整体安排中，还有一项周到的细心设计，尽管当初也许并非刻意这么做，却逃不过陌生人的眼睛：通往水井的通道就在走廊对面，倘若牧场主人安静地坐在走廊阴影下，每天都可看到，牧场内所有前往取水的妇人和女子在这条通道上来来去去。

我们的朋友——特科村的神父——仍和我们同行，牧场内的印第安人都是他教区内的子民。我们抵达时，教堂钟声同样响起，向大家宣告：凡是生病的、希望向神父

斯堪查坎大牧场

告解的、打算结婚或准备受洗的，神父已抵达。随后，钟声再度响起，是庄严的晚祷旋律。所有的人都脱帽肃立，直到钟声结束，并安静地依照天主教会的训令默念祷词，然后互道晚安；每个人都上前亲吻神父的手，并将草帽拿在手里，朝我们走来，恭敬地鞠躬，也向我们道晚安。

神父仍视我们为客，要求总管安排印第安舞蹈，提供娱乐。不久，我们就听到小提琴和印第安鼓声。印第安鼓由一个长约三英尺的中空木头制成，一端绷上羊皮纸，印第安人将它挟在左臂下，用右手在羊皮纸上拍打。那也是西班牙人征服时代此地居民的乐器，名叫“屯鼓”，至今仍深受大众喜爱。

我们走出房外，来到后面的走廊，看见几名乐师坐在走廊尽头的礼拜堂门前，妇女坐在走廊的一侧，男士坐在另一侧。有好一会儿没有人跳舞，直到最后，应神父之请，总管也下了令，才有一名年轻男子站到走廊中间，另一名男子手上拿着一端打了结的手帕，沿着妇女的行列走过去，将手帕投向某人，然后回到自己座位。这个动作被视为挑战或邀请；不过，这位妇女为了表现适度的矜持，以示自己不是那么轻易答应邀请，等了数分钟后才起身，同时缓缓取下头巾，站在年轻男子对面约十英尺远处开始起舞。这支舞名为“公牛”，动作非常缓慢，有时男女还会互换位置。一曲舞罢，女士优雅退场，男士仍留在场中，直挺挺地站着，或继续舞动，随他自己的意思。助兴节目的主持人——或称舞蹈指挥——沿着妇女的行列再走一遍，同样又以手帕投向另一名妇女，她同样也等了数分钟后才取下头巾站到中央。就这样，男士几乎都是同一人，与被指定的不同女伴共舞，一再重复。之后换了一支西班牙舞蹈，不过舞者不时弹手指，并不敲击响板。这支舞较为活泼，似乎比印第安人自己的舞蹈更受他们喜爱，但毫无民族特色可言。

一大早，我们就被教堂内传出的震耳欲聋音乐吵醒。神父借着偶尔来访的机会为教区子民举行早课弥撒。弥撒结束后，我们听到另一种完全不同的音乐，那是在一名印第安人背上鞭笞的声音。我们朝走廊望去，看见这可怜的家伙跪在地上，双手抱住另一名印第安人的腿，以便露出背部接受鞭打。每挨一下，他就抬起一脚的膝盖，并发出尖锐的喊叫。他似乎竭力克制自己，但即使尽了最大努力，还是忍不住喊出声来。他的态度显现了现今印第安人普遍的温和性格——当最后一鞭结束时，他脸上露出无比感激的表情，好像因不需再挨下一鞭而庆幸，然后一言不发地走向总管，拉起总管的手亲吻后才离开。他的心里丝毫没有屈辱的感觉。事实上，这个一度凶猛的民族如今相当谦和，就像他们的谚语所说的："除非打在印第安人的背上，否则你听不到他们的声音。"

神父还告诉我们一件事，足以说明印第安人这种在其他民族身上可能找不到的谦卑性格。在附近不远的某个村庄（村名我已忘记），有一个叫作"斯托尔"的节庆表演。表演场景设于西班牙人征服时代，村庄里的印第安人因西班牙人入侵，聚集在一个由竹竿围成的大空地上，一名老人站起身来，力劝大家为保卫家园奋斗，即使牺牲性命也在所不惜。印第安人因这番话鼓舞而慷慨激昂，但就在此时，一名穿着西班牙式服装的陌生人携着一管毛瑟枪闯入。陌生人一出现，印第安人就惊惶失措；他一开枪，他们全都卧倒在地。于是他将酋长捆绑，当成俘虏带走，戏就到此结束。

早餐后，神父离开我们返回自己的村庄，我们也准备出发，继续前往乌斯马尔。大牧场的印第安人为我们运送行李，总管则骑马护送我们。眼前又是一条同样遍地石砾、仅供骑马通过的小径。我们穿越浓密的树林，一路所经都是牧场主人拥有的土地，原始、荒芜且无人居住，显示出大地主不断坐拥大片土地的恶果。两小时后，眼前出现穆奎切牧场的大门（下页图）。卡柏特医生驱马向前，举枪射下一只盘桓在大门尖顶上的鹰，把印第安人吓得目瞪口呆。我们骑着马，继续朝牧场内的房舍前进。

相信读者一定还没忘记这个美好的大牧场，同时也一定不会忘记，上一次我们前来时，是坐在印第安人抬的轿子上，并且在一个地下水井中洗了澡。这回我们再次享受老朋友西蒙先生的招待，整个大牧场、马匹、骡子和印第安人都任我们差遣。此时不过十点钟，我们打算继续赶路前往乌斯马尔，但想先在地下水井洗个澡。这个美妙浴池给我的第一印象几乎未曾改变，一眼望去就让我感觉安心，毋需担忧同行友人会失望。一团几乎无法察觉的尘雾随雨季滴落的水珠凝结在水面，偶尔因日正当中的阳

穆奎切大牧场的大门

光照射才会让人发觉，但其下的水如往常般澄澈，清可见底。我们很快全都跳入水中，并且在上岸前决定把行程延后一天，以便晚上可再来一次。

我相信读者也有旅行经验，所以在此不再赘言，只消告诉大家，第二天我们继续骑马至圣荷西大牧场，在当地稍微停留，做些准备工作后又再上路。十五日上午十一时，我们抵达乌斯马尔大牧场。

牧场依旧是暗沉的灰色调，有牛栏、高大的树木和水池，一如我们上次拜访时的模样，但却不见老朋友出来迎接。原来，德尔莫尼柯总管已去了塔瓦斯科，其他人也因生病而被迫离去。工头还记得我们，但我们却不认识他。于是我们决定继续上路，直接到废墟过夜。

我们在牧场只短暂停留几分钟，指示行李应送往那儿，随后再度上马，十分钟后就钻出树林，来到一块开阔的空地。空地上耸立着“侏儒之屋”，宏伟、壮观一如往昔，不过，我们第一眼就察觉，才一年的光景，它已有了很大的变化。[1] 这座宏伟建

地下水井

筑的两侧去年还是光秃秃的，如今已长满杂草和树丛，建筑顶上也长出矮树丛和二十英尺高的小树。“修女方院”几乎已遭淹没，整个空地上长满高低参差的杂草，我们策马穿行其中，什么也看不见。所有建筑的地基、台阶和顶端都被植物淹没，杂草与藤蔓在建筑正立面向四面八方攀爬，石丘、阶丘平台和废墟，全都陷入具毁灭性的草木欣欣向荣之中。强而有力的大自然正与人为的艺术搏斗，夺取控制权：它以窒息的拥抱将整个古城团团包围、淹没，最后终将让古城消失不见。这番景象仿佛某个朋友的墓穴就要盖上，但我们仅来得及赶上最后的告别。

在这一大片废墟当中，“总督府”耸立其间，庄严堂皇一如往昔，不过层层的阶丘平台也已全被遮住，同时有一片浓密的青翠树林阻挡了去路。

空地左边是一片长满野草的玉米田，旁边有条小路通往这栋建筑的前面。我们沿着小路绕过阶丘一角，在最远处下了马，将马系好。野草超过一人高，我们什么也看不见。工头开出一条路，让我们来到阶丘前。我们费尽力气往上爬，抵达最高一层平台上。这里一样长满了草，与人齐高。我们直接走向东端的墙，进入第一道洞开的门。工头认为可以在此过夜，不过我们对此地比他还熟，因此仍尽可能贴着墙继续往前走，砍掉一些树丛，拉开它们，然后踩过去，来到中央的房间前。我们在这里停下；成群蝙蝠受我们惊扰，在狭长的室内振翅而飞，纷纷穿门飞出。

这里看起来亦非理想住宿之处：两个房间，各六十英尺长。前面那间有三座大门，面朝令人望而却步的阶丘；另一间没有窗户，只有一扇门。两间都潮湿窒闷，气味令人难以忍受，后面那间还有一堆泥土和垃圾，室外茂盛的野草阻塞了唯一的通道。我们寸步难移，视野完全被遮住。室外阳光炽烈，加上我们爬石阶爬得汗流浃背，一进室内，阴冷潮湿的空气令人不由自主一阵寒栗，不得不重新思考先前的想法是否恰当。

整个尤卡坦半岛乡野地区在雨季是不适合人居住的。我们特地选在十一月到五月的旱季期间抵达，但今年雨季特别长，至今尚未结束。大牧场主人都小心翼翼地留在村里或市镇里，未敢前来视察。在所有大牧场中，乌斯马尔尤其恶名昭彰，最不适合居住。每个曾到此废墟一带工作的人最后都会因病离开，卡塞伍德先生便是一例。这种戕害人体健康的例子并不限于外地人，印第安人也一样，每年都有许多人染上热病，今年也不例外，连总管都因病而不得不离开。我们在梅里达早已听说，众人也好意劝阻，希望我们将行程延后；不过如此一来计划会因而中辍，加上当时我们认为，既然有一位会治疗斜眼的医生随行，还怕什么？于是决定继续冒险前进。此时来到现场，眼见这些房间里的潮湿和茂盛的草木，我们深觉自己太过鲁莽；但现在就算想打退堂鼓也来不及了。尽管如此，我们还是认为，待在高高的阶丘平台上总比在大牧场好，牧场地势较低，四周有许多水，加上众多草木，几乎就是生病与痛苦的同义词。于是，我们立刻开始动手整理环境。

工头离开了。他把马牵回牧场，并且要印第安人把行李运来，只留下一位印第安男孩协助我们。我们请男孩用开山刀在大门前清出一块空地，打算生一堆火，尽快改变室内潮湿、有害健康的空气。我们收集许多树叶和树枝，放在后方那间房间的角落，底下铺上石头，堆成一个数英尺高的大柴堆，然后点火燃烧。火苗从柴堆下方往上蹿，一下子烧完摆放的易燃物后便熄灭了。我们再点燃一次，结果还是一样。好几次我们都以为成功了，但由于此地的湿气，加上柴火本身也有湿气，仍然功亏一篑。我们用尽所有废纸和其他可燃物，却没有保住一丝火星。这时，只剩火药是可燃物了。于是我们取出一些火药，稍稍弄湿，揉成一球男孩们所谓的“爆筒”，放入柴堆下，并用火点燃。效果虽然不理想，我们却精神大振，随即又制造了一个更大的火药球，用一根火力微弱的火柴点燃它。结果，它一下子炸开堆好的柴堆，将所有柴火震得到处都是。我们已经惮精竭虑，能用上的物品也都用完了，没办法，只好将那名印第安男孩招进来。

在此同时，他完成了比我们更多的任务；当我们还在和生火奋斗时，他依照我们的吩咐，努力不懈地工作，毫不关心我们在做什么。他清出大门内数码之地，让一束阳光得以透进，好像出现了一位好心的精灵，走到哪里都受到欢欣鼓舞。我们以手势向他示意，希望请他生火，他毫不在意我们先前怎么做，开始以自己的方式来进行。

男孩从地上拾起一块棉花点燃，用手小心捧着，温和地对着它吹气，直到棉花燃着，随后将棉花放在地上，把先前我们所用的东西全丢到一旁，仔细搜寻，找了一些细小的枝子，像火柴棒那么大，放在点燃的棉花上，一端靠在地上，一端在火中。他跪在地上，双手护住刚蹿出的火苗，紧靠着它温和吹气，嘴巴几乎都要碰到火了。一缕细烟从他双掌之间冉冉升起，几分钟后，他停止吹气，小心翼翼把这些细小的枝子聚拢，让它们在火中完全燃烧，并四处寻找稍大的细枝，有秩序地一枝枝排列。他把双手圈围的范围稍稍扩大，再度温和地吹气；这次升起的烟比刚才又多一些。他不时改变细枝的位置，继续吹气，最后停了下来，但到底是因为放弃，还是对结果满意，很难区别。

眼前他用几根细小枝子生起的一丝微弱火苗，只要几滴眼泪就可能浇熄。我们先前所生的火苗不只比这大，而且大多了，但最后仍熄灭了。然而，他脸上显出坚定的表情和信心，似乎显示着他知道自己在做什么。我们无事可做，只好看着他。他又搜集一些更大的枝丫，和方才一样排列好，小心地不让彼此太近，以免阻塞空气，窒息了火苗。这时，火苗的范围已不是他的双手所能护住的，但生火的柴枝还是太细，很容易就乱掉。他再度开始吹气，尽可能不动到任何细枝，也不吹乱细枝排成的柴堆。那些树枝似乎对他的细心呵护也有所感应，一股浓烟升起，令我们非常雀跃，他的眼睛也被熏得都是泪水。他带着泰然自若的神情，对我们的赞赏也毫无反应，继续执行任务，拾来一些如手指粗的树枝；这一回他呛出更多泪水。接下来，他不再用嘴吹气，改用他的草帽。柴堆中央蹿起一束温和的火焰；他继续呵护着，逐渐添入如他手臂般粗的树枝，而且在草帽温和的扇动下，几分钟后，树枝全都燃着了。

我们的怀疑至此消散。柴堆烧得很旺，我们四人全忙着添加柴火。此时不再局限于干柴，只要砍下一些矮树丛，直接将青绿的枝叶丢进火里，全部都能燃着。火焰愈来愈大，热气强得令人无法靠近添加新柴。我们对这结果很满意，但并未因而停下来好好反省这名印第安男孩为我们上的一课。火焰迅速驱走不健康的室内潮湿空气，带来更多温暖舒适的感觉。不过，为改善房子情况所做的努力，不久却反而把我们逼出门外；由火堆冒出的烟袭卷了整个室内，随即滚滚窜入前面的房间，兵分三路，分别从三扇门夺门而出，飘到总督府的正面。我们纷纷避至屋外，坐看它一路迤逦而去。

此时，工头沿着我们先前的路线爬了上来，告诉我们行李已到，但如何运上来似乎是个问题。从阶丘上层的微微空隙看出去，可以看到下层长满密密麻麻的灌木丛与野草，高达十或十二英尺。大约半小时后，我们看见一名印第安人爬上第二层阶丘平台，手里拿着开山刀，一路挥砍，慢慢朝我们走上来。不久，一个长箱子的顶部出现在同一个地方，摇摇欲坠，随后消失不见，一会儿再度出现，而且稳定前进。箱子底下是个印第安人，不时在灌木丛间闪现，到达我们所在的阶丘底部时消失不见，不过几分钟后便来到最上层。这名印第安人两手握着顶在额头上的带子，紧绷着每一根神经，额头上的静脉凸出，几近爆裂，脸上和全身滴着汗水，来到我们面前将箱子放下。他的后面是一长列队伍；每个人都一样脚步蹒跚、气喘吁吁、浑身发抖地来到最上层阶丘，将背上的重物卸下，置于门口。他们搬运这些重物走了三里格，相当于九英里，我们支付他们十八美元又七十五分钱，以每里格一个米狄欧计，即六美元又二十五分钱一里格。我们多给了一米狄欧，酬谢他们为我们把东西搬上阶丘。这些可怜的家伙因而感激、雀跃不已。

这时火仍继续燃烧，烟继续向外冒。我们派遣印第安人先用开山刀清理阶丘，等烟散去后，再请他们清扫房间。他们只需砍下数茎灌木丛权充扫帚，然后以双手当作簸箕，将尘土盛到外面去。全部清理完毕后，我们把行李搬入屋内，将床架在后面的房间，吊床则挂在前面的房间内。夜幕降临时，印第安人都离开了，留下我们独自置身于这不知名国王的宫殿中。

我们已达成预定行程中的第一个目标——再度来到乌斯马尔的废墟。距离上一次出发寻找美洲古文明废墟已将近两年，距我们被迫离开此地也已有一年多。虽然第一次发现一个美洲古城的新鲜感与兴高采烈的激情或许不再，但我们心里的感受并未稍减，重返的满足感不仅弥补了先前被迫离去的所有遗憾，而且欢欣更甚。

夜晚来临时，我们抱着这样的心情躺在吊床上，吸着烟，忘掉一切困难阻碍。先前离去的蝙蝠此时又回到它们夜晚的巢穴，似乎因我们所生的火堆而受到惊吓。树林里传来猫头鹰和其他夜间活动的鸟儿此起彼落的唱和。夜色渐深，我们的话题也逐渐转向家乡正在热烈讨论的大问题——究竟是否该把麦克李奥[2]吊死。

为了预防，同时也希望能充分发挥有医生随行的好处，我们立刻注射了热病预防针。我们的健康情况良好，卡柏特医生认为施打预防针不会产生不良后果。注射结束后，我们在火堆中添加更多柴火，纷纷上床睡觉。

截至目前，一切都算相当顺利。我们从梅里达出发后，这一路可说又是一段成功的旅程：经过一个又一个大牧场，接受了西蒙先生的热情襄助，此时完全融入于乌斯马尔的废墟当中。然而，没多久我们就发现自己面临新的难题，而且这不是西蒙先生、政府，或任何一封请求内陆居民协助的推荐信所能解决的。

夜色初降时，零星几只蚊子已预示了一群自由、独立的尤卡坦居民的存在；不过当时我们还躺在吊床上摇晃，营火也燃烧得正旺盛，因此它们并未太干扰我们。等我们一上床，头才刚刚碰到枕头，它们似乎就找好攻击目标，兵分三路涌向我们，好像决心把我们整个人抬起，抛出屋外。先前弥漫整座建筑且驱走屋内不健康潮湿空气的火焰和烟，对这些蚊子丝毫不构成影响，反而像是将它们从藏身的裂隙中不断熏出，并且让它们在刺激之下充满报仇或嗜血的饥渴。在此我就不再详述乌斯马尔的第一夜了。不过我们都同意，如果再这样度过另一夜，我们可能从此再也不敢进入废墟。

❶

“侏儒之屋”是作者斯蒂芬斯第一次中美洲之旅的最后一站的发现。“侏儒之屋”得名于一个古老的印第安传说。斯蒂芬斯敏感地觉察到，虽然在当时并没有任何一本历史书有过关于它只言片语的记载。“侏儒之屋”所在的这片遗址“无疑曾经是一座规模很大，人口众多，拥有高度文明的城市”，遗憾的是，因为疾病的困扰，他的第一次探险不能不仓促止步于此。——编者注

❷

应指亚历山大·麦克李奥，苏格兰裔加拿大人，曾任安大略省尼亚加拉行政司法官。一八三七年，英、美因“卡罗琳号事件”关系紧张，几乎引发战争。三年后，美国认为麦克李奥涉及船员阿默·杜尔菲命案而加以逮捕，此举引起英国与加拿大抗议，强烈要求将他遣返。

第八章

总督府遗址

清晨为我们带来了新的烦恼。我们既无仆役，也没有渴盼的热腾腾早餐，前景堪忧；我们更没想到，大牧场内竟然无人可以沟通。工头是唯一能说几句西班牙语的人，但他得照管整个大牧场。尽管主人特别命令他尽一切可能协助我们，但主人的权力再大，也不可能让只会说玛雅语的印第安人说起西班牙语。此外，主人的权力终究有限；事实上，除了某些应尽义务外，印第安人是相当自主的，尤其是妇女。对我们来说，这可真是不妙，因为我们最大的需求之一，便是找一位妇人来为我们煮饭、做玉米薄饼，以及协助处理生活杂务，否则无法维持良好的居住环境，但工头无法保证能找到这样的人选。

就在苦恼万分地为自己准备早餐时，我们看见工头越过阶丘平台，后面跟着一排印第安人，最后是一名妇人，那真是当时最受欢迎的来访者了。工头说，前一晚他回到大牧场后，挨家挨户拜访每间印第安小屋，游说所有妇人，并提出丰厚的报酬和慷慨的待遇，但全遭拒绝，最后好不容易找到这一位，还是被迫接受一项条件：她要求每晚都回家，不在废墟过夜。我们听了相当失望，因原本希望一大早能有早餐可吃，不过也没有其他选择了，因此还是欣然接受她的条件。

这名妇人比大部分印第安妇女高，肤色较黑，由于衣服过于贴身，看起来略显臃肿。她的品行不容挑剔，举止态度让人无可非议，而且似乎为了保险起见，还带了一位小孙子同行。小孙子名叫荷西，他的肤色显示，这家人的嫡传世系中并未排斥白人的血统。

妇人年纪约五十出头，名叫嘉帕琪。初步合作方式谈妥后，我们立刻封她为大厨，只不过她没有二厨及助手。接着，我们请工头率领印第安人清理几处我们希望能立即整理的空地。嘉帕琪的第一道任务是煮蛋。她遵循尤卡坦习俗煮成"可以喝"的半熟蛋——在蛋壳上打个小洞，插进一根小棍子，将蛋白和蛋黄搅拌在一起，然后像初生婴儿吸奶般，以原始方式从小洞吸吮。我们不习惯这种吃法，希望将蛋煮久一点，但无论明示、暗示或透过手势，都无法和嘉帕琪沟通，只好站在她身后监督，因此，名义上是她负责煮蛋，其实和我们自己动手做也相去不远了。好不容易完成这件事，我们投降，决定晚餐任由大厨处置。

在准备进行废墟调查与探勘前，我们有一件重要的工作，就是必须清出一些空地。这不是为了绘图效果的美观，毕竟废墟埋在荒烟蔓草中所呈现的衰颓气氛，绝对比完整的田野和每颗石头都清晰可见来得重要，只不过这么一来，要把器材从一地运至另一地可就难了，因此我们决定先将总督府所在的阶丘清理出来，并开出几条连接废墟之间的路，建立完整动线。为了了解我们确实置身何处，卡塞伍德先生做了观测，发现乌斯马尔的纬度为北纬二十度二十七分三十秒。

我们的印第安伙伴一开始工作就进行得很顺利，到了下午，上层阶丘平台就已清理完毕。夜幕来临时，他们全数离开，包括嘉帕琪。月光哀伤地照在废墟上，我们在总督府前漫步了一回。

我们不急着回屋内，入内时更多少带着点不安。除了稍稍注意户外的清理状况外，这天的主要工作便是制作蚊帐。我们竭尽所有时间、心力和灵感，结果相当成功。整个长形房间内，这些音乐家飞来飞去，忽近忽远，不断发出高高低低的嗡嗡声；它们虽然因为无法取得猎物而生气，但一点办法也没有，因为它们碰不到我们。我们不只对今晚不再受骚扰感到很满意，也为一天辛劳之后终于得以休息并保住地盘而感到安慰。

第二天，我们的家务助手又多了一位生力军。在前来工作的印第安人中，有一名年轻小伙子会说西班牙语。他是我们在大牧场所见最孱弱、最瘦长且最弱不禁风的人，身上穿的衣服是他仅有的，也是我们所见过最肮脏的。他名叫博纳多，只有十五岁，却已历经沧桑：没读过什么书，曾在梅里达附近一个大牧场工作，因触犯一些规定而被贬黜到乌斯马尔的荒漠来。我们迫切需要翻译，但除了偶尔前来拜访的工头外，无人可以沟通，因此毫不在意博纳多的道德缺陷，从工人当中挑出他来，带他到总督府的房里，为我们把一些指示翻译给嘉帕琪。他似乎对这份工作内容很感兴趣，卡柏特医生索性教他一些如何烹调的技巧。他的第一个任务表现得非常适任，我们接着便让他照管由三颗石头搭成的火炉，赋予他可试尝所有味道的特权，让嘉帕琪全心全意做她最喜爱的工作——做墨西哥饼。

一切终于上了轨道，我也可以开始向读者介绍乌斯马尔废墟。在前一次拜访的游记中，我曾努力为这些废墟做过简要的描述。不过因为来去匆匆，也没有画出平面图或素描，很难确切传达它们的特色。下页插图即是这个古城的平面图，依残余的建筑绘制而成，范围皆经罗盘测定，距离也经过测量，建筑的大小与彼此间的距离可由图下的比例尺算出。

我要介绍的第一个废墟建筑是我们所住的地方——总督府，卡塞伍德先生用雕版插画表现了它的正面。（此图参见全书结尾处："乌斯马尔古城遗址"——编者注）这座建筑立于三层大阶丘平台上，长三百二十二英尺，插画只能看出其大致模样，完全无法显现雕饰的细节。

图中完全依据建筑现存的面貌描绘，未做任何复原，读者可以看到正面两个门之间已有些许颓圮。西蒙先生告诉我们，一八二五年时，这个部分还很完整，正面也几乎毫无损伤。如今，如图中所示，倾颓的部分就在原地塌陷，形成一个大灰泥堆，与未加凿饰和精雕细琢的石头埋在一起，若干年来无人闻问，直到我们出现，为了找出

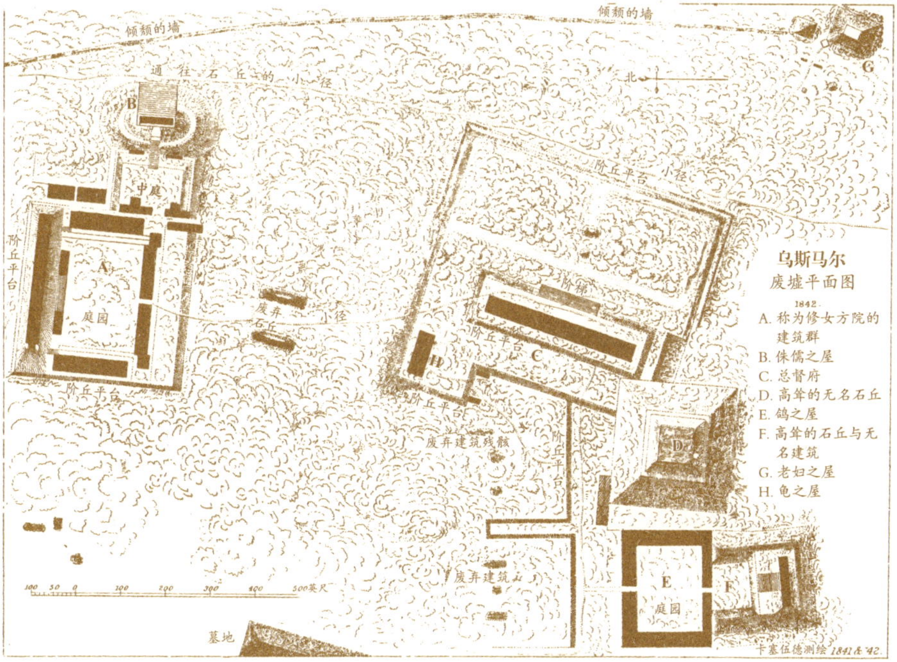

若干崩塌的雕饰而让它重见天日。

这栋建筑完全由石头砌成，整栋都有屋檐环绕，正立面屋檐之下是一块平滑的表面，其上有一块坚固结实的雕饰，刻着繁复精细的图像，带点阿拉伯风格。

建筑正立面最壮观华丽的雕饰位于中央通道大门上方，在主要人像头部周围有几排字。上一回匆促拜访时，我们并未发现它和正立面雕刻上无法辨识的其他东西很不一样，此时才发觉，这是象形文字。我们搭了梯子，让卡塞伍德先生爬上梯子，仔细将这些字描绘下来。它们和我们以前发现的象形文字也有所不同，字形更丰富、精细，也更复杂，不过基本特征是一样的。从它们所在的显著位置看来，无疑是在传达一些重要讯息，可能是关于这座建筑的建造时间或起造人等信息。

这个富丽而奇特的雕饰，以书中的比例确实难以描绘出效果。所有其他通道的入口上方也都有这种引人注目、令人印象深刻、极其精致的雕饰，尽管细节部分稍有变化，大体说来，其特色与效果和插图中所示相当一致。

右页插图显示的即是紧挨着门上方的雕饰图案。我们可看到一个残存的人像似乎坐在宝座上，宝座原本由一个富丽的雕饰所支撑，如今虽已不见，但仍可从其他门上的设计看出。人像的头饰高高耸起，插着一簇簇巨大的羽毛，最上方分别朝两边对称地下垂，直到碰到雕像脚部站立处的装饰。每个人像都可能是某位酋长、战士、先知或祭司，是属于这支不知名民族的杰出历史人物。

之后的插图则是上述雕饰上方装饰的局部特写。从头饰一直到圈围建筑顶端的檐板之间的墙面，都可看到这种装饰；它单独或以组合形态出现于建筑各处，废墟中均可见到。从镌刻插画可以看出，其中央是一片长形、扁平而光滑的表面，这是因为此处有一个向外突出的雕饰，从正面无法画出，若从侧面看，则可看到那是一块从墙面向外突出的石头，其雕琢如下方小图所示。读者一定会认为，这块突出的石头的作用，显然是为了让人理解先前所述的雕饰特色。它从固定在墙上的根部直到弯曲的尾端，长度是一英尺七英寸，形状有点像象鼻，或许这正是瓦尔德克[1]将其命名为“象鼻”的缘故；这听来似乎不无道理，不过这可能不是当初雕刻家的意图，毕竟美洲大陆没有象。

这块突出的石头和组合图形出现在整个建筑的正立面和各个角落，在乌斯马尔的所有建筑中也较其他图样常见，有时更以颠倒的方式出现。有个现象很奇怪：尽管这些雕饰位于人够不着的地方，但尾端几乎都断了，在整个废墟每道墙残留下来的遗迹中，只剩下三个是完整的。也许它们遭西班牙人粗暴地摧毁；不过直到今天，印第安人仍然相信这些旧建筑内闹鬼，所有的装饰在夜里都会苏醒，从墙上下来行走，但白天则不会有问题。多年来，印第安人一直有个习俗，就是用开山刀砍断或破坏这些雕饰，他们认为，如此一来，那些奇形怪状的精灵就不会再作怪。

这两幅镌刻图案拼在一起，可能是为了表现一张恐怖、丑恶的人脸；首先出现

某道门上方的装饰

总督府内名为象鼻的装饰

象鼻侧面

的是眼睛和牙齿，突出的石头可能是鼻子或动物的口鼻。它占据一块宽约五英尺的墙面，若以同等比例将整个正立面呈现出来，那么就需要目前插图六十四倍以上的版面。读者由此可以想见，要逐一详述这样的正立面是多么徒劳无益。此外，如同我在前一本书中所说的，从镌刻插画中的线条也可看出，没有任何石板或石头具有个别意义且自成一体，每个雕饰或组合皆是由不同石头所组成的，每块石头分别雕刻成主题的一部分，再置入墙面。因此，每块石头本身是个没有意义的配件，但当它放在其他配件旁边时，便成为整体的一部分，缺一不可。也许称它为一种雕刻镶嵌并无不可，而且我相信，这些雕饰皆具有象征意涵：每个石块代表着某段历史、寓言或神话的一部分。

总督府背后是一道坚固结实的厚墙，没有任何门窗，甚至没有开口。它也像正面的墙一样，檐板上方是整排的石雕装饰，不过主题较不复杂，雕像也没那么繁复精细，而且有部分立面已经剥落。

建筑的南北两侧宽度皆为三十九英尺，下页插图所示为南侧一角，只有一个门，门上的雕饰花样也更为简单。

建筑的屋顶是平的，覆有灰泥，不过如今也都长满了野草和树丛。

以上即是总督府外观的介绍。如果想更详细说明，那么本书将永无结束之日。简单来说，它最大的特色为：这是一座长形、低矮而狭窄的建筑，檐板以下毫无装饰，檐板以上则全是雕饰。卡塞伍德先生画了精细的建筑素描，并取得一些材料，作为仿建时的样品。

我想特别说明一下，卡塞伍德先生仍像上回来此探险时一样，使用投影描绘器[2]来取得最精确的比例和细节。此外，我们还有一架银版照相机，是全纽约最好的设备，我们初抵乌斯马尔时，卡塞伍德先生就开始用它拍照，但效果不彰，无法达到他的理想标准。有时，突出的檐板和装饰造成部分阴影，其他部分却又完全暴露在耀眼的阳光下，以致总是有些部分拍得好，有些部分还需用铅笔素描再加以修饰。这些照片能对建筑的特色提供概念，但要将它交给制版师父刻版时，如果没有先拷贝到纸

总督府南侧部分

上，并将有瑕疵的部分加以修补，是行不通的。然而，这比一开始就直接用铅笔素描完成整幅画还要来得费事，因此卡塞伍德先生索性完全用铅笔和投影描绘器来进行工作，由卡柏特医生和我负责操控那台机器。为了保证图版拥有最精准的正确程度，我们将照片与素描一起交给镌版师父，供他们参考。

总督府的平面图如下图所示。其前方有十一道门，两侧各有一道门，门扇全已消失，上方的木质门楣也已掉落。府内由一道纵贯的墙分成前后两条长廊，再以横贯的墙分割成一个个长方形的房间。这些房间一前一后两两相对，中间以一道门相通，门的位置正好与前面房间通往户外的门相对。

其中最主要的一组房间位于中央，皆为六十英尺长，面朝阶丘平台的方向有三个门。前面的房间宽十一英尺六英寸，从地面至拱顶高二十三英尺；里面的房间则宽十三英尺，高二十二英尺，只有一道门可通往前面的房间，除此之外没有其他门或出口，因此房间两头都很潮湿、黑暗，里面的其他房间也是如此。我们就在这两个主要房间里安顿下来。

室内墙壁由四四方方的光滑石块砌成，门的两侧分别残留着石环，以短柄固定在壁上，想必原来是用来支撑门的。地板则以灰泥铺成，有些地方很坚硬，但因长期无人照料而破损，一踩就碎裂。

天花板和帕伦克的建筑一样形成三角形拱顶，没有拱心石，完全由石块依斜角方向层层堆栈，构成平滑的表面，然后在距离接缝一英尺处覆盖一层扁平石块。几根梁木横过拱顶，两端架在两边的墙上，可能是在建造期间用来支撑拱顶的。

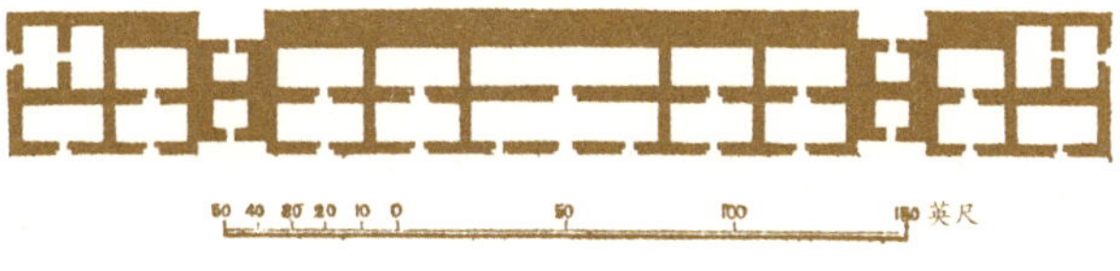

总督府平面图

其他细节，我在这里只提出一点，其余请参看平面图。当我们在现场制作平面图时，发现后面那道墙长两百七十英尺，厚度竟达九英尺，几乎相当于前面房间的宽度。如果只是为了支撑建筑，并不需要如此之厚，我们因而揣测其中是否有秘密通道，并决定在中央房间的墙上打个洞，一探究竟。

我必须承认，进行这样的破坏行动，心里的确有些矛盾，不过有一块石头已被一名印第安人剥下来当成捣玉米的砧板，谁知道哪一天是否还会有其他人为了某种缘故，再敲下另一块石头？这么一想，我才稍觉释怀。

在取下石头后残留的灰泥空洞上方有两个醒目的印记瞪视着我们，后来我们在尤卡坦境内其他废墟建筑中也曾见过。它们都是红色手印，五指箕张，不是画的，也不是涂上去的，而是直接以手掌的力量压在石上印出来的。当年，手印主人如同我们现在一样，活生生地站在石壁前，然后将沾满红色染料的手用力压在石头上，手掌的纹路十分清晰可辨。这个手印本身带着一种栩栩如生的气息，让人生出一股兴奋之感，同时也几乎让人感觉到，已逝手印主人的神魂仿佛又回到这栋建筑里逡巡徘徊。这些手印最惊人的共通之处，就是它们都非常小。我们每个人伸出手来都可罩住每一个手印；这点相当有趣，和我们已观察到的一些现实状况相符，也有人已经提过——手脚特小是今日印第安人体型上的一大特征。

这些有红色手印的石块是我们开始在墙上凿洞时首先落下的。大牧场有两把铁锹，印第安人工作了将近两天，在墙上凿出一个约六七英尺深的洞，但整面墙还是非常结实，都是由灰泥砌大石块所构成，几乎像岩石一样硬。在这里，其他事物都有一定的比例，形式上也一致，唯独这道后墙砌得如此之厚，但我们并未找到原因。接下来寄居此地的日子，这个大洞始终以谴责之姿瞪视着我们。

关于这栋建筑的介绍，再有几句话差不多就可告一段落。在我已介绍过的南侧房间内的立面，我们发现了一根刻有象形文字的雕梁；前一回来访时，我们对这种象形文字着迷不已。位于较里面的房间里，有的门楣依然架在走道上方，有些则已结结实实躺在地上，但和外面走道上的门楣相较之下，其保持状况较良好，无疑是受到遮蔽保护的关系。

这根有象形文字的雕梁是乌斯马尔唯一的雕梁，也是当时我们见过的唯一一块木雕。我们觉得它很有趣，它多少也显示了乌斯马尔居民纯熟的木雕技巧，这是先前在其他地方未曾发现的。不过有个地方也许例外——奥科辛戈；我们在那里也发现了一根横梁，上面虽不是雕刻，但显然是使用某种尖锐的金属工具削成的。这次我决定不再错失这根珍贵的横梁。它有十英尺长、一英尺九英寸宽，厚十英寸，由山榄木制成，非常庞大、笨重，不易处理。为了保护有雕刻的一面不会因碰撞而断裂，我用大口袋包住它，里面塞满厚达六英寸的干草。十名印第安人抬着它离开乌斯马尔，经过无数波折才安抵城内，并纳入卡塞伍德先生的全景画中。

我之前曾提过，这根横梁后来被送往华盛顿的国家博物馆。原本我打算将它和一大批大型石雕一起送过去，但后来不得不留下石雕。没想到华盛顿国家博物馆发生大火，这根来自乌斯马尔的雕梁和耶路撒冷与底比斯的命运一样，付诸一炬，一起遭毁的还有后来发现的其他雕梁，其中有不少相当奇特且有趣。此外，包括花瓶、人像、神像，以及在这次旅行中搜集的其他古代遗留物，也全数灰飞烟灭。当初为了把这些东西运回去，在收集、包装和运输过程花了不少时间和力气，这也是整个旅程中最令我烦恼和折腾的事。这批文物的损失无可弥补；因为我是第一个前往废墟探查的人，那里的一切任我处置，我挑选的自然是最奇特、最有价值的；就算我返回所有废墟重新再找一遍，也不可能再发现能与它们媲美的了。后来看见它们在大火烧尽后残存的余烬，我感觉哀伤，而且带着些许赎罪的心情。我们似乎注定置身废墟之中；但在我们所有的探索之旅中，再没有比这更令人感伤的事了。

总督府旁有三个交叠堆高的阶丘平台，雄浑壮观地将总督府高高托起，使它雄踞一隅，气势更为不凡。这些阶丘都从地平面开始起造，全由人工砌成。

最低一层阶丘高三英尺、宽十五英尺、长五百七十五英尺；第二层高二十英尺、宽两百五十英尺、长五百四十五英尺；第三层是总督府所在之处，高十九英尺、宽三十英尺、正面长三百六十英尺。它们全由坚固的石墙支撑，其中第二层的石墙状况仍良好，转角处的基石也依然存在，石头表面皆很圆润，没有突起的锐利尖角。

这一层阶丘的平台雄伟而堂皇，长五百四十五英尺、宽两百五十英尺，从依稀可辨的残存遗迹来看，从前此地有各种建筑和装饰，不过性质如今都已不可考。我们刚到时，四处长满高达十或十二英尺的灌木丛与野草，必须把它们全部清除，才看得到这些残余建物。

在南侧有一个长方形的建筑，大约高三英尺、长两百英尺、宽十五英尺，底部有基座和一些残余的柱子，约五英尺高，直径十八英寸，但没有屋顶，也没有和其他建筑相连。

在平台中央附近，距离台阶底座约八十英尺处，有一块方形圈地，由两层石头砌成，里面立着一块圆形大石，歪歪斜斜的，似乎就要倒下，或像有人用力丢弃在此似的。这块大石突出地面八英尺，直径五英尺，朴拙与不规则的比例非常引人注目，因为和周遭的规则与对称实在太不相衬。它那令人狐疑的姿势绝对具有重要含意；我们不禁联想起在此地发现的其他纪念建筑，认为它应和某种东方民族间十分盛行的古老崇拜仪式有关。印第安人称此石头为“鞭笞柱”。

距离石头约六十英尺处的右侧，有一粗糙的圆形小丘，约六英尺高。我们利用该处为这栋建筑的正面照了一张相，并应来访的卡里略神父之请，决定挖开它。原本只是一堆泥土与石块，挖到三四英尺深处，发现一座雕刻，头上脚下立着。由右页的镌刻画可看出，它由整块石头刻成，长三英尺两英寸、高两英尺，外形看来像一只双头猫或双头大山猫，除了一只脚略微破损外，几乎相当完整。这座雕刻很粗糙，很重，几乎抬不动。我们把它抬到小丘边，方便卡塞伍德先生描绘，它可能至今仍留在那儿。至于前文提到的鞭笞柱大石，则位于图中较远处。

为什么这座雕刻会藏在这样奇怪的地方？我们想不出答案。这应该不是它原初的命运；毕竟它是被正式而慎重地下葬的。在我看来，只有一种可能：它应是乌斯马尔居民的许多崇拜偶像之一，或许居民在放弃该城前埋了它，以免遭到亵渎；或是西班牙人驱逐此城居民时，为了摧毁所有印第安人对此地恭敬、虔诚之心，效法科提斯在

双头大山猫

龟之屋正面图

乔卢拉的做法，将这类偶像一律拆下掩埋。

距此圆丘一百三十英尺处有一座方形石造建筑，高六英尺，底座边长二十英尺，我们也在里面挖掘，并发现了两个雕刻头像，其功能无疑是肖像。

在这个大平台中央，有一道宽一百三十英尺的大阶梯，共三十五阶，可通往第三层阶丘平台，也就是总督府所在之处。除此之外，这三层阶丘之间没有其他阶梯了。从第一层阶丘到第二层之间是一道宽一百英尺的斜坡，位于建筑南侧，若从北面过来，就必须穿过整个第一层阶丘，爬上斜坡，再绕道走上阶梯。或许古代居民不在乎如此奔波劳累，也或许这些建筑内的居民或访客就像现在的有钱人那样，乘着印第安人所抬的轿子进进出出。

在第二层阶丘的大平台上还有一座重要建筑值得介绍。它位于西北角，右页的镌刻版画正是其完整外貌。如图所示，这座建筑檐板周围的串珠状装饰是一排乌龟，附近一位神父因而将它命名为“龟之屋”。

这栋建筑正面宽九十四英尺，深三十四英尺。无论就面积或装饰而言，都和总督府形成强烈对比。尽管它的装饰不像总督府那般丰富、缛丽，但自有其精确与比例之美，带有单纯、简洁的风格；它没有丝毫难以理解或怪诞之处，没有任何违反精确建筑品味之处；唯一不幸的是它正快速崩解。我们初次造访时，卡塞伍德先生和我爬到屋顶上，那是最佳瞭望地点，可将整个废墟的全景画下来。那时它就已摇摇欲坠、岌岌可危。不到一年，整个中央部分已崩颓，正面中央的墙也已不见，后方的木制门楣因受压而断成两截，不过仍支撑着悬置于上方的大部分重量，我们从下面走过时，不禁要提心吊胆；走进屋里，地上积满了屋顶陷落后的碎片。

这栋建筑也具有同样的奇怪特色——缺乏方便的通道，至少我们没看见阶梯之类的通道。它和总督府之间既无连接通道，也没有任何通往下层阶丘的阶梯。它独自矗立着，似乎也在为自己的孤寂与荒凉而黯然神伤。再过几个雨季，它就会成为一团废土，也许从此之后，整个美洲大陆就再也看不到如此纯净而简朴的原住民艺术了。

以上是关于总督府及其三大阶丘，以及第二层阶丘大平台上的建筑物的概要描述。从我们居住之处进出，必须在这些阶丘之间上上下下，因此我们最快熟悉的就是这些地方。藉由以上的描述，对于这些吸引我们注意的事物，以及经常出现在我们眼前的奇特景观，读者应可得到一些概念。

❶

应指尚－腓德力·瓦尔德克（Jean-Frédéric Waldeck，一七六六至一八七五年），法国艺术家与探险家，最为人知的成就之一，即前往墨西哥，为许多西班牙人进入之前的古代遗迹留下绘图，对了解古代玛雅与阿兹特克文化有极大帮助。

❷

又译为“明室”，是一种比照相更古老的描像器名称，利用镜子与半透明的玻璃，将景物透过反射并投射出来，人们可以同时看到景物、画纸与投影，因而能将景物清楚描绘出来。其功能除了协助作画外，也能协助描绘出景物的关键部分，提升精确度。

第九章

烟火与舞会

清理工作进行十分顺利，卡塞伍德先生因而有得忙了。十一月十八日星期四，我在工头带路下前往哈拉袭参加庆典，并和西蒙先生会面，拜访他在附近拥有的另一个大牧场上的废墟。我们在清晨六点半出发，朝西偏北方前行。七点十分，穿过一块约一百五十英尺高的丘陵地带，然后下行来到一个广漠无边、竹丛遍布的低地大草原。

这是我在尤卡坦所见最糟的路，又湿又泥泞，事实上只是供骡子和马匹前往祭典盛会时通行的小径。我的马从马鞍系带以下全陷入泥中，必须花极大力气才能勉强前行。我无时无刻不担心它会摔倒在泥泞里，有些地方则让我鲜明地忆起路况恶劣的中美洲。偶尔，盘根错节的枝干只留下正好够骡子穿行的空隙，于是我必须下马，在泥泞中步行。八点，我们来到一个开阔的大草原，看见一个高大的石丘，顶端有废弃建筑，位于南方约一英里远处，据工头说，人们称之为“塞纽萨卡尔”。我非常想转弯前去研究，但由于茂密竹丛和泥泞的阻碍，根本无法抵达。工头说，当地已完全呈现废弃状态。

半小时之后，我们来到一个清爽、开阔的地方；十点时，踏上通往哈拉袭的公路。这是一条宽敞、开阔的大道，可容敞篷马车通行。在此之前，一路上没看到任何人家，也没遇见任何人，此时路上人们成群结队，而且全穿着洁净的衣裳准备赶去参加庆典，和我的浑身泥泞形成强烈对比。这些人或骑马，或骑骡，或步行；当中有印第安人、麦士蒂索人和白人，有男人、女人和小孩，许多人背上背着草编的长型篮子，篮里盛着准备出售的物品。他们多是全家出动，有时甚至半个村子的人结伴而行。我走在一位女士身后，她高高骑在一匹驮满货物的马上，手里抱着一个孩子，另一个小家伙坐在她身后，双腿几近挺直地劈跨在马腹上，双臂紧紧抱着她结实的身体，以防从马背上滑下来。我们经过一群群坐在树荫下休息或吃饭的人面前，这一家子又一家子的人在路边躺下就睡了起来，丝毫不怕有人骚扰。

十一点半，我们抵达贝卡尔村。此村也和其他村庄一样有个极醒目的大广场，以及两个尖塔的教堂。还没走进村子前，工头和我交换了一下还没吃早餐的遗憾，绕着广场走了一圈后，他便笔直朝神父住处前进。我认为神父事先并不知道我们要来，但他究竟如何在那么短的时间内准备丰盛的早餐呢？吃过早餐，神父还告诉我，在他的大牧场上也有一些废墟，虽然他从未拜访过，但他答应先行清理，等我回程时再带我去看看。尽管后来发生一些情况，我无法从原路返回，但神父不但遵守诺言清理了废墟，并且亲自前往查看；后来我还听说，没去拜访那些废墟是我的损失。无论如何，早餐吃饱后，我又恢复往昔活力，并怀着对另一个废墟城市的期待，向神父告别。

一小时后，我们抵达哈拉袭，见到西蒙先生和他的两个兄弟。这两位兄弟我未曾见过，其中一位是罗伦佐先生，他在此地区拥有一座大牧场，另一位是阿隆佐先生，住在坎佩切，曾在纽约受教育，说得一口好英语。

哈拉袭位于从梅里达至坎佩切的主要道路中途，其庆典之大，在尤卡坦仅次于伊萨马尔，而且在某些方面更加奇特。它没有带着奇珍异宝而来的大商贾，也没有梅里达的上流人士，而是由来自各村庄和大牧场的所有印第安人聚集而成，唯一较逊一筹的是，这里的赌博规模不像在伊萨马尔那般庞大。

这段时间正是所有国家举行定期节庆的时候，不过由于世界的改变和进步，这类古风遗俗几已荒废。随着国内外交通日趋便利，买卖已成家常便饭。以欧洲而言，大体说来，所有日用必需品乃至奢侈品随时都买得到，但在美洲的西班牙附属国，也许比世界其他各国较少感受到过去两世纪的进步冲击，许多袭自欧洲且在原地已荡然无存的作风和习俗，在这里却得以全面保留，其中之一便是举行节庆赛会。在中美洲期间虽然有好几个这样的赛会，但我却苦无机会身历其境。

哈拉袭的节庆前后共八天，不过在前两三天，来自各地的人三三两两前来，主要的活动也仅限于找地方住，以及展示各自带来的货品。到了星期四，人群才开始聚集，交易也才逐渐热络，我也正好就是在那一天抵达的。据估计，当时村里大约聚集了一万人。

群众主要集中在广场上。沿着面向广场的房子前摆了一排桌子，桌上以红纸衬底，摆着眼镜、指环、项链、棉布、玩具，以及印第安人装饰用的小玩意儿。对街教堂广场边是一排粗木棚架，底下同样也摆设了小贩所卖的货品。广场分成几区，每隔固定间隔便有一名摊贩，同时也有一根粗木棍笔直插在地里，另外两根以十字形绑在顶端，覆上小树枝和树叶，形成伞状物，为坐在下方的人遮蔽太阳。小贩卖的是糖果、蜜饯和其他食物。广场这一带人潮特别汹涌，百分之九十可能都是从附近村落和大牧场来的印第安人。西蒙先生说，他的簿子上就登记了一百五十名仆人向他请钱，不知还有多少没向他请钱的人也来了。

教会对这个大市集不感兴趣，并不让人意外。事实上，这原来是圣雅各布节，对印第安人而言，这个节庆就等于赶集。教堂的大门敞开，里面挤满印第安人，群众不断涌向祭坛。教堂门口放着一张大桌子，桌上摆着蜡烛，以及以蜡制成的手、脚等形状的作品，每个售价一米狄欧，印第安人进门时买上一些，作为给圣者的献祭。祭坛左侧附近坐着一名胡子未刮的辅祭，他的面前有一张桌子，桌上有一个银质托盘，里面装着零零散散的米狄欧、雷亚尔，以及两先令的硬币，向后面的人显示前面的人做了什么，并吸引后来者效法。从门口买进来的蜡烛，接受行礼如仪的祝福后，印第安人持着它走向前，一名衬衣十分肮脏的大个儿黑人接过蜡烛，利用祭坛上燃烧的蜡烛火焰点燃后，伸出大黑手递给一名笨拙的白人助手，摆放在一张桌子上，然后不待献上蜡烛的人转身就吹熄火焰，剪去蜡烛燃烧的痕迹，再送回门口，以每根一米狄欧的价钱出售。

一进教堂，就可看到圣雅各布骑马的雕像耸立于群众之上，令人不由得肃然起敬。圣雅各布以显现神迹闻名，但凡缓解病痛、治愈热病和疟疾、成全求子求女之愿、找回走失的母牛或山羊、愈合刀伤，或纾解印第安人所遭遇的各式灾难事件等，都在其应许范围。雕像中的马将前蹄高举在半空中，圣者戴着帽缘滚宽阔金边的黑色三角帽，身穿深红丝绒短披风，披风、长外衣的下摆与绿丝绒长裤两侧也各有一道宽阔金边，脚上则套着皮靴和靴刺。在节庆期间，无论何时进入教堂，总会看到男女老少纷纷向前亲吻圣者的脚。纯朴的印第安人表现皈依的第一个行动，便是带着全家大小到雕像前礼敬。母亲往往会高举还在吃奶的婴儿，强迫孩子嘴唇离开温暖的乳房，凑到这个穿着俗丽的雕像脚上。

下午第一场斗牛开始了。斗牛士全住在我们对面的房子里，那里也是游行的起点。领头的是一位满面皱纹、双眼斜吊、有 O 型腿的印第安人，腋下夹着一面古老的印第安鼓，随着自己的节拍滑稽地起舞。接着是乐队，然后是英勇的斗牛士助手，以及一群看起来十分凶暴的逞凶斗狠之徒；他们自以为是众人瞩目赞叹的焦点，其实最受群众鄙夷。

斗牛场位于广场一侧。它也像圣克里斯托弗教堂广场的斗牛场一样，以竹竿和藤索竖立、交织、编结而成，在重压下摇摇晃晃，扭曲变形，但依然屹立不倒。场中央插着一根竹竿，竿顶墨西哥鹰旗飘扬，鹰的双翅开展，嘴里含着一幅立轴，上面写着很适合该场合的标语：“尤卡坦共和国万岁。”一条条绳索像放射的半径般拴住不同部位的包厢，上面缠绕着扇形纸饰，随风飘动。斗牛场边有一根木杆绑在横梁上，木杆上吊着两个戴着旧草帽的稻草人，稻草人脸上戴着怪诞面具，身穿滑稽可笑的服装，其中一个肩膀非常窄，下半身很宽，穿着纽扣开在后面的裤子。

斗牛虽在首都受到非议，在乡间仍是很受欢迎、全国普遍的活动。我们进场时看到柱子上拴着一头公牛，它来自地下水井附近的大牧场，据说那里畜养的牛都非常凶猛。斗牛士也比首都的更加勇猛，每一场都是残忍而致命的决斗。好几次斗牛皆被击倒，其中两头鲜血淋漓地被拖出场外时都已毙命。这一切全在场内妇女的微笑和认可下进行；紧张且扣人心弦的氛围，让人忽略了其中令人厌恶且毫不体面的场景。这场娱乐活动由全村共同举办，任何人只要找得到位子，都可自由进入观赏。

斗牛结束后有一段交易时间，可到马匹市场上去看看。那是特别为商人规划的地方，让他们得以展示马匹。在节庆的所有买卖活动中，我对这个最感兴趣，因为我想为之后的行程好好挑几匹马。马果然不少，但和其他地方一样，好的并不多；价格范围则在十到两百美元，衡量的主要标准不在于骨骼、血统或肌肉，而是训练和步伐。大牧场培育出来的年轻马匹，如果只会快步，不会其他，值十到二十五美元；如果步伐稳健或动作轻快，身价便提高了。在尤卡坦，没有人敢骑只会快步的马，因为这会让人瞧不起，以为他买不起训练有素的马。这里看起来最漂亮的马是进口马，不过尤卡坦的马也有优点，它们尽管瘦小，却异常结实，不需特别照顾，而且极为吃苦耐劳。

夜晚来临，广场上生气蓬勃，到处是人群和耀眼的灯光。教堂对面沿着房子的走道前摆满一排排桌子，上面放了纸牌和骰子，不一会儿就坐满了人，有白人、麦士蒂索人，但最引人注目的却是聚集在广场中央的印第安人。正是晚餐时分，卖食物的小贩不愁没有顾客。原先为招徕顾客而被系住一条腿展示一整天的火鸡，此时也已烹调完毕，只要一米狄欧，就够两名男子开怀大嚼，吃得痛快。先前曾听说可可豆在印第安人当中确实可作为代币流通，这回可是目睹了。在广场上贩卖食物的小贩多为妇女，她们在面前桌上放了一堆可可豆，不断计算或与印第安人兑换。

一个米狄欧相当于六又四分之一美元，尤卡坦没有铜币，也没有比米狄欧更小的硬币，在这种情况下，可可便派上用场。米狄欧被分成二十份，每份大约值五个可可豆，有时也会根据市场上的数量及其真正价值而有所涨跌。印第安人的收入很少，他们购买的货品不过是些民生必需品，通常都很便宜，这些作为比一米狄欧币值还小的可可，就成为他们最常使用的货币。这种货币也有其实际价值，并且会因市场上流通的可可数量多寡而调节，如果真要说有什么不妥的话，那就是从经济角度而言，可可就像银行发行的纸币一样，如果因故受损，将会造成某个程度的共有财富的损失。

不过这些果实还有另一种与政治经济无关的价值——它们呈现或说明了这个不为人知的神秘民族的一页历史。西班牙人首度深入尤卡坦内陆地区时，发现当地没有流通的货币，无论金、银或任何其他金属完全付诸阙如，只有可可果里的可可豆；如今，多少印第安人的风俗习惯、举止规范都已经过巨大的变革，他们的城市遭摧毁、宗教遭毁弃、王室被驱逐殆尽，政府也已经过外国律法改造，完全未受影响而保留至今的只有他们的货币，这的确是相当奇特的情况。

在这种奇特的情境下，广场另一头起了一阵骚动。一辆驿马车出现，立刻将我的思绪和感觉拉回家乡。这辆驿马车出自特洛伊车厂，和我们在国内到处可见的一模一样。它的门上写着："坎佩切驿马车"，是专跑坎佩切与梅里达之间的驿马车之一，刚从坎佩切过来。拉车的是一头野性甚重、尚未驯服的马儿，它还不习惯拘束，速度很快地飞奔而来，胸部因马鞍而受伤，颈部也因套上轭所承受的压力而破皮。驿马车里有九个人，看起来很熟悉，因此当门打开时，我以为会见到熟人。然而，他们说的是我完全听不懂的语言，也没有任何此地的地主或侍者前来招呼，所以他们一下车，全都焦急地询问哪里可以进食或投宿。

我们朝舞会举行地点出发，留下他们自求多福。在一小块林地前有一个粗糙的原木棚架，暂时以栏杆围住，里面沿着栏杆摆放了一些椅子和长凳，空出中央当作舞池。若不是亲眼看见，我不敢相信有这么多白人也来参加节庆，他们就像赌桌旁的赌客和广场上的印第安人一样，似乎也浑然忘我。我很能理解这种沉迷其中而忘怀一切的态度，随后在一张舒适的扶椅上坐了下来。从早上蹒跚跋涉泥沼到现在，这是今天最让人感觉安静舒适的时刻，于是我就这样陷入沉睡，直到西蒙先生把我唤醒。

第二天仍是同样的场景。下午在斗牛场，我和身旁的绅士谈起话来，他告诉我，在马斯卡努有一些古迹。马斯卡努是距此地四里格远的村庄，这位绅士说，我可以在回乌斯马尔时顺道拜访，但隔天最好先去拜访位于西蒙先生大牧场上的废墟。不过，西蒙先生在节庆结束前走不开，而在这个印第安人大会集的时刻，很难找到可担任向导的人。

次日一直等到十一点才得以出发，向导是另一个大牧场的总管。被迫离开节庆活动果然让他感到不快，决心早早摆脱我，一出发就让马儿飞快奔驰。太阳在上空炙烤着，路很宽、很直，石头很多，没有一丝树荫；四十分钟后，尽管热得浑身大汗，我们抵达两里格外的希何大牧场。

这个大牧场属于西蒙先生的兄弟，不过他住在维拉克鲁斯，平常都由西蒙先生照管。向导将我交给此地一名印第安人后，又急忙赶回节庆。印第安人骑上另一匹马，在大牧场上沿着原路走了一小段，然后右转，五分钟后，我们看见左侧树林中路旁有一座高大的石丘废墟，它那从前我十分陌生、如今已极为熟悉的显著特征，说明这里也曾有过无人知晓、荒废无名的废墟城市。

不过我们继续往前骑，前往另一个更靠近路边的石丘，在那里下马，将马匹拴在小树丛里。这个石丘是个坚固的石造工程，约三十英尺高，近乎四方形，石块很大，角落的一块测量后的长宽为六英尺乘以三英尺，边上长满荆棘和白石南。南边有一道阶梯，保存情况仍相当良好，每一阶高十五英寸，长约三英尺。其他几面如金字塔般逐渐升高，但没有阶梯；顶端是一座石砌建筑，还留存着与屋檐等高的墙面。再往上的建筑门面已经颓圮，但当初构筑屋顶的石块和灰泥还在，建筑内部则与乌斯马尔颇为相似，也有明显的拱顶。这里没有雕刻残骸，倒是石丘底部埋在倾圮的石块中，其中有些石块长约三英尺，中间挖空，形状就像水槽，和我们在乌斯马尔所见完全相同。在乌斯马尔，人们称它为“匹拉斯”，即“喷泉”之意。

离开此地，我们穿过树林，回到第一个废墟。这个石丘原本可能有六十英尺高，如今只剩一堆乱石。它以前究竟是什么模样，从现场遗迹找不到一丝线索，不过从刚刚看过的另一个石砌结构，以及尤卡坦其他地区已毁损的废墟来看，它是否根据任何计划或艺术原则而建，颇令人怀疑。这些石块非常坚硬，植物难在其上生存；其表面光秃、泛白，一碰就不断崩落，且带着清脆的金属碰撞声，好像铁块交鸣。我在向上爬时遭一块松脱的石头击中，差点跌落地面，吓得好一会儿才回过神。

从这座石丘顶部，我看见另外两座高度相当的石丘，用罗盘测出它们的方位后，回到地面，朝它们走去。地上长满树林、浓密的灌木丛与荆棘。印第安向导已先行牵马绕到另一条路上，我手中没有开山刀，虽距离两座石丘不远，一路走来却遍体鳞伤。这两座石丘已完全毁损，几乎看不出原本的形式。我从它们之间穿过，又看见另外三座形成一个三角形广场，广场上，许多巨大石头意外出现在荆棘丛和白石南中，由于未曾预料会有这样的发现，我着实吓了一大跳。

从远处看，它们让人想起科潘的纪念碑，但却更显奇特，也令人费解。它们的外形怪异、粗糙，仿佛直接从采石场挖下取用的。其中有四块呈扁平状；最大的一块高十四英尺，顶端测量结果为四英尺宽、一英尺半厚，由于顶端比底部宽，加上斜立的姿势，看起来好像基座已经松脱。其他的形状更不规则，似乎当初放这些石块的人只关心石头大不大，至于高矮、厚薄或方圆，只要和体积无关，完全不加考虑。这些石头毫无设计美感或完美比例，石上也没有字。不过在这个荒凉孤独的地带，它们显得十分奇特、醒目，和教会墓园中的无字墓碑一样，似乎也代表着不知名的死者之墓。

三座石丘之一的顶部有一栋长形建筑俯视着下方广场。建筑前面的墙壁已毁损，从外面便可看见内部。我爬上去，发现同样的狭窄走道和拱顶，墙上也有红色手印。这片土地长满繁茂的植物，难以想象面积究竟有多大，不过有一件事可以确定：这里曾存在一个大城，它的名字如今已无人知晓。

这次我进行的只是初步探访，目的只是衡量它是否值得卡塞伍德先生描绘。此时差不多已是一点。热气蒸腾，我汗流浃背，全身衣服沾满白石南和针球。走回开阔的路上时，印第安人已备好马，等候着我。我们立刻上马，快步启程，前往两里格远的坦库切大牧场。

这个大牧场是西蒙先生的最爱，因为他在荒野中一手建立了它，通往村里的道路也是他独力打造的。此地盛产木材；他还设置了萃取染料的机器。通常这里是他所有牧场中最忙碌的，不过今天却一片死寂，好像刚经历过灾难侵袭。印第安人的小屋都关着门，上了锁；屋子四周不见光溜溜的小孩嬉戏，牧场的大门也深锁。我们将马拴在一块木板上，沿一排石阶拾级而上，走进巷道，来到牧场的主屋。每道门都上了锁，也看不到任何人影。转往围着水井的石砌平台，我看见一个小男孩戴着草帽在一匹老马背上打盹儿。老马拉着井上的横木，沿着井慢慢转圈圈，让井里的破桶子将水打上来，然而并没有人来取水。小男孩看见我，立刻从马脖子处站起来，试图让马停下脚步，但老马似乎已习惯这样绕着圈走，无法停步，小家伙显然必须继续待在马上跟着绕圈圈，直到有人将他抱下为止。

所有人都去参加节庆了，加入那些被我遗弃在村子里的群众。从热闹滚滚的节庆赛会来到这个渺无人烟的孤寂大牧场，感受的确天壤之别。我在遮蔽水井的一棵大鸡冠刺桐树下坐了一会儿，吃了一块面包和一个橘子，然后又散步回到大门处。出乎我意料之外，那里只剩一匹马。我的向导已骑马回他的牧场去了。我走进工厂，回到井边，想和男孩说说话，但那匹老马受了惊吓，向前冲去，载着他远离。我只好在水井边的平台上躺下来，水井横木的吱吱嘎嘎声，听起来就像催眠曲似的。

就在我即将睡着，内心期盼不要有人打扰时，一名印第安少年出现面前。原来是弃我而去的印第安向导找他来带我去废墟。问题是我们无法沟通，幸好和他同行的印第安人会说西班牙语。这是一位聪明的中年人，外表相当体面，但西蒙先生告诉我，他是大牧场上最差劲的家伙，迷恋一名住在他地的女子，经常不告而别去拜访她，然后再被人双手反绑送回来。最近他又犯了一次老毛病，所受的惩罚就是不准参加村里的节庆赛会。透过他，我得以了解新向导说些什么，于是我们再度出发。

离开大牧场五分钟后，我们穿过两座石丘残骸，不时瞥见林中还有其他遗迹。二十分钟后，我们来到一个高约三十英尺的石丘旁。我们在此下马，将马拴好，然后登上丘顶。这里有一座废弃建筑，正面整面墙已塌，拱顶前半段也已毁损，建筑里的房间积满尘土和碎石瓦砾，几乎和屋檐一样高。后方墙上的拱顶是建筑中唯一未倾倒在地的部分，不过看起来和我们在尤卡坦所见的其他拱顶不同。它的表面不是光滑的石头，而是涂了颜色的绘画，十分鲜明耀眼，主要颜色是红、绿、黄、蓝。起初，那些线条和形状看起来似乎相当清楚，让我以为能辨认出它们画的究竟是什么。然而，屋内积满尘土，我正好站在这些东西之上，只有坐下或躺下才可能仔细观看。其中有件物品乍看之下很像一个在帕伦克发现的面具，我很想完整取下这个部分，但用开山刀怎么试都无法达成目标，只好作罢。

由于专注于工作，我完全没发现身上爬满数以千计的扁虱。这种小虫是尤卡坦的灾难，事实上，我们在此地经常碰到，并且困扰不已。我曾在中美洲见过它们，当时季节不同，它们因炙热的太阳而数量大减，幸存者的尺寸也够大，因而可以很快发现并揪出它们。但此时我身上的扁虱，无论颜色、大小和数量都很像沙粒。它们遍布全身，钻进衣缝里，就像常见的跳蚤一样栖身于皮肤，让人痒得受不了。去除它们唯一有效的办法就是换掉全身衣服。据说它们只在放牧牛群的树林里孳生，而乌斯马尔附近一带都是玉米田，我们在那里并未受到它们的干扰。因此，这是我第一次身上爬满这么多扁虱，由于它们的缘故，我无法静下心来好好研究那些绘画。事实上，我停留在地上的时间并不长。

尤其令人感到遗憾的是那么多房间全都空荡荡的，只有这间最奇特、有趣，里面堆满碎石尘土。或许墙上也像拱顶一般涂上灰泥，而且画了壁画。若想将这里的一切清理干净，需一星期左右，不过我想，尘土已累积多时，加上经过无数雨季的洗礼，墙上的颜色恐怕早已褪去，就算花大把力气清理，最后可能什么也看不到，白费工夫。

此时已近天黑；辛苦工作一天的我，既疲惫，身上又爬满扁虱。隔天是周日，也是节庆最后一天，我决定晚上还是赶回村里。月色明亮，我快马加鞭，十一点钟来到长而笔直的大路尽头，看见哈拉袞教堂灯烛辉煌的门面，不久即置身闪亮的灯光下，加入数以千计的群众当中，忘却荒凉与废墟，心情也随着鲜活的人事物而跃动。我经过赌桌旁，努力穿过广场和群聚的印第安人，他们由于我的肤色而纷纷退后，让出一条路。最后，出乎朋友的意料，我出现在舞会上。这一次，我毫无睡意。

这是节庆的最后一天，邻近的村民也倾巢而出。参加舞会的人愈来愈多，白人和拥有白人血统的人也更多了。舞会外，倚在栏杆上向内望但不敢进入的，是密密麻麻的印第安人；更远处，广场上也是黑压压一片人影。印第安人是这块土地的原住民，是这里的主人，也是曾聚居于我方才漫游过的废墟城市中的奇特民族，此时却安静地接受陌生人的支配，恭顺地接受训练，将白人尊为上等人，成为最悲惨的民族。他们真的是曾激烈抵抗西班牙征服者的勇猛民族的后裔吗？

十一点，舞会结束，教堂栏杆附近有人放起烟火。整个活动最后在高唱“城堡”中结束。午夜十二点我们离开时，广场上的印第安人仍像中午时分一样多。抵达尤卡坦以来，这是我因当地特殊社会结构而最感震撼的一次。印第安人原被划为奴隶，至今也仍是仆人，尊敬主人是他们必修的第一课；他们的主人虽是恐怖征服者的后裔，但由于维持了数世纪的和平，如今也已丧失祖先的勇猛，变得温和，不爱劳动，不但不会对印第安人施加太多负担，同时也了解并尊重他们。这两个民族的相处逐渐和谐，不再彼此提防，形成一个简单、原始且几乎是父权制的社会。也由于这种强烈的安全感，因此，尽管有许多陌生人，西蒙先生仍每天安坐家中，大门敞开，桌上堆着大笔金钱，毫不担心有人抢劫；我们睡觉时，也不曾将门窗上锁。

第十章

在迷宫中穿梭

第二天是星期日。教堂里挤满做大弥撒的人群。蜡烛点起，奉献的米狄欧多不胜数。九点，钟声响起，游行的时间到了，这是节庆的最高潮。教堂里的信徒一拥而出，广场上人潮汹涌，忙着加入游行队伍，或找到一个观看游行的好位置。我爬上斗牛场，一个人占用整个包厢。

斗牛场边已挤满人潮。首先出现的是一大排印第安人，手里捧着点燃的蜡烛。随后是神职人员，手持大大的银质圆托盘，上面盛着钱；他们拿着托盘走到两旁的人群前，继续接受奉献。游行队伍经过时，一名妇女上前来放进两个雷亚尔，这恐怕是她全部的财产。接着出现的是教会中甚受敬重的圣雅各布骑马像，人们将他放在高出众人头顶的轿子上，由两人前后抬着。圣雅各布披着绣有花样的深红色斗篷，穿着滚金边的绿色丝绒长裤。跟在后头的是一位肥胖、肤色较黄的混血儿神父，以及两名脸很肮脏的助手。游行队伍在我的正下方停下，神职人员转身朝圣雅各布像开始诵唱。诵唱结束后，队伍跟着圣雅各布继续前进，不时会再停下来诵唱。他们沿着教堂绕了一圈，最后将圣像放回祭坛，哈拉裘的赛会与圣雅各布节就此结束。

这是我抵达尤卡坦后遇到的第二个节庆。两次经验都让我发现，教会仪式在印第安人心中具有强大影响力。在尤卡坦各地，印第安居民每人每年需付十二雷亚尔供养神父。我听到下方座位区有人说，这次节庆中，印第安人为奉献花了八百美元，在家禽方面花了五百美元，在弥撒花了六百美元。果真如此，对收入微薄的他们来说，可真是一大笔支出。

节庆结束后，人群开始移动，准备回家。三点时，每条街上都是人，有些带着比来时更多的东西，有些相反，有些则必须把喝得烂醉的一家之长带回去。我想特别指出一种以前就经常观察到的现象：烂醉的印第安人全是男人。看着可怜的印第安女子身旁带着孩子，搀扶着酒醉的丈夫回家，总是令我感觉饶富兴味。

四点时，我和西蒙先生的兄弟罗伦佐·皮翁先生启程前往马斯卡努。我们搭乘的交通工具为我带来颇为新鲜的经验。那是尤卡坦常见的两轮马车，长型的马车下有两个大轮子，上方有一块遮阳棉布，布下放一块宽席垫，可供两人平躺，如果乘客愿保持坐姿，则够三四个人一起乘坐。驾驭马车的人骑在一匹拉车的马上，车后另外跟着一匹马，轮流承担拉车任务。路又宽又平，毫无起伏。

这是连结梅里达和坎佩切的公路，和任何国家平坦的马车路相较也毫不逊色。一路上，我们经过一群群正从赛会返家的印第安人；一小时后，则看到从东到西横亘整个尤卡坦半岛的山脉。我们因看到山而振奋不已；夕阳余晖映照在山上，更是美丽无比，几乎可说是我们抵达尤卡坦后所见的第一美景。一小时又十分钟后，我们来到十二英里远的马斯卡努，这是截至目前我在尤卡坦旅行经验中最快的速度。

罗伦佐先生的大牧场就在附近，不过他在村里有一栋大房子，我们就在那里过夜。我来此地是打算一探马斯卡努之洞；当天晚上，我的拜访意图传出后，半个村子的人都宣称要加入我的行动，不过到了次日早上，志愿者一个也没出现，现场只有罗伦佐先生为我找来的人。这些人集合、找火把与绳索等就花去不少时间，直到九点才出发。我们朝正东走，一直来到山脚下，然后沿着一条长满林木的小路开始往上爬，十一点抵达距离村子约一里格远的洞口处。

我曾听说过不少关于洞穴的故事，大部分都很令人失望，原本对这个洞穴也不抱太大期望，但第一眼看到它时却感到满意，因为它不是自然形成的，而和传说中一样是由人工打造出来的。

马斯卡努之洞在附近一带的传说中既神奇、又神秘。印第安人称为“迷宫”的它，拥有如此神奇的名声，加上有“迷宫”之称，若在其他国家，早已引来大批人马全力发掘。不过在此地，无论哪个阶级对境内古迹都不太在意，因而才会在我到来时，仍未曾有人探查过，这着实令我印象深刻。我的朋友罗伦佐先生愿提供我所需的一切设备，但不愿和我一起亲身入洞探访。另外有几个人拉着绳子，将绳子另一端交由洞外的人握住，向内深入了一段距离，没多久又转了回来。他们异口同声说，洞里有数不清的通道，而且没有尽头。

在这种情况下，站在入口处的我当然有点兴奋。毕竟那些同样拥有迷宫名称的惊人工程——如位于克里特岛[1]和莫利提湖的迷宫——如今几乎被视为只是神话的一部分。

与我同行的共有八个人，他们自认受雇于我，另外还有三四名不请自来的额外人手。这十来人全挤在门口，但除了来自乌斯马尔的工头外，其余的我都不认识。我认为需要一个信得过的人留在门外，所以指定工头站在门口，然后手里拿着线团，将线的一端绑在他左手手腕。我要求其中一人点燃火把随我进洞，但他却断然拒绝。我接连又问了其余几人，他们也一一拒绝了我，只希望拿着线团留在洞外。我很好奇，他们是否认为只要站在门外就可得到报酬？于是简单问了所有人这个令我深感兴趣的问题，其中一人以为为我带路便可得到报酬，其他人则以为背着水过来就可获得报酬，另外还有一人认为照顾马匹可得到报酬。我出其不意地打断他们，宣布不会为此付半个米狄欧，并且命令所有人远离门边，不要堵住入口。随后，我似乎感染了这些人的恐惧，带着惴惴不安的心情，深怕惊扰可能窝藏于洞穴深处的某种野兽似的，一手举着蜡烛，一手握着手枪走进洞里。

入口面西，我踩过地上堆满的碎石与垃圾，来到一条狭窄的通道或长廊。这里也像地面的所有建筑一样，有着光滑的墙和三角形的拱顶，宽约四英尺，从拱顶顶端算起的高度为七英尺。这是一条由西往东的通道，走到六至八码处，有个开口可通往别处，或者应说是另一条横亘的南北向通道阻断了路。我先进入右边的通道，朝南走了几码后，在墙的右边发现一道门，但门被堵住了。来到三十五英尺远的地方已是尽头，无法继续向前。这时，左边有一扇门，与通道形成直角，可通往另一条东向通道。沿着此通道走，在十三英尺处发现左边又有另一条通道；向北继续前行，尽头处又是一条通道，仍在左边；再向北行，四码远处是一道阻挡去路的墙，墙上只有一个洞，约一英尺见方。

我回身进入刚才经过的通道，向北行约八或十码，尽头处右边有个门廊，通往一条东向通道。这条通道的尽头是六级阶梯，每级一英尺高、两英尺宽，又通向另一个通道。向北行十二码，尽头处左边又有一条通道。向西行十码，尽头右边又有一条通道。向北行约六十英尺，通道北端也有一道墙阻挡，但在距离尽头五码处，另有一个门廊，通往一条东向通道。四码之后，又有另一条通道垂直穿过。这条南北向的通道长四十五英尺，两端皆是墙壁。再往前三或四码，又是一条通道穿过，也是南北向。最后这条通道的南端是墙壁，北端通往另一条东向通道，约三码长，然后又因另一条南北向通道穿过而无法前行。向南三码处，是一面墙壁；向北八码，通道转向西行。

由于完全不了解平面位置，我发现自己沿着这些幽黯和狭窄的通道转来转去，似乎无穷无尽地绕着圈，它被称为迷宫可谓名副其实。

我的担心并未完全消失，仍然深怕惊动可能藏匿洞内的某种野兽，因此移动缓慢，而且小心翼翼。此外，在走过一个又一个转角时，我手中的线缠绕纠结，那些印第安人因担心得不到报酬，也进入山洞来解开这些纠结的线，渐渐跟在我身后。我在转入一条新的通道时瞥见他们在我身后举起的火把。此时，突然传出某种声响，我吓了一跳，立刻后退，吓得印第安人也随之四散。原来是一群拍翅而出的蝙蝠。众人原本就有点害怕这种恶心的动物，在这里碰到它们更是令人不快，因为通道不高，头顶上方没有多少空间让它们飞过，如果我们挺直身子走路，脸部一定会撞上它们，因而必须低着头，同时还要留意，让火把避开蝙蝠翅膀。

尽管如此，我每向前一步都感到无比兴奋，因为这唤起了关于埃及金字塔和法老陵墓的回忆。我禁不住想，这些黑暗而复杂的通道，将会带我来到某个大厅或某些皇族墓穴。贝尔佐尼[2]、古埃及法老卡夫拉的陵墓，以及那白润光滑的古代大理石石棺，在我脑中不断浮现。突然间，我发现通道堵住了，无法通行，原来是通道顶端承受不住上方泥土的重量，形成了崩塌。

我对这突如其来的中断毫无心理准备。先前经过的墙面和通道顶端十分牢固，且状况良好，所以丝毫没想到会有这样的结果。我一直以为，只要不断前进，必定会有所发现；此外，我太专注于这些通道通往何处，或它们为了什么目的而造，以至于进来后完全忽略了其他事。我的第一个念头就是不要回头，立刻动手挖出一条路，但随即明白这么做毫无意义：光是让印第安人将挖出来的土运到通道外面，就是一项永无止尽的工作；何况我对毁损的区域一无所知。简而言之，眼前无计可施。

在极度失望之下，我指着那堆土告诉印第安人，那堆土恶意地切断了我所有的希望；我还告诉他们，以后不要再谎称那是一个迷宫，而且没有终点。也由于失望，我忽然强烈感受到此地的酷热及密不通风；在此之前我几乎不曾察觉，此时对于火把冒出的烟，以及局促挤在狭窄通道中的印第安人，感到再也难以忍受。

极为不满的我，这时进行唯一能进行的，就是确认这个地下建筑的平面位置。尽管烟雾弥漫、热得记事本上滴满汗水，还有这么多提供不了协助的印第安人，我还是克服了这种种恼人的不愉快，用携带型罗盘一面测量，一面走回洞口。

在洞外吸了一会儿新鲜空气后，我再度进入洞内，探索入口处左边岔出的通道。这回我还是走了很久，几乎重燃可能发现什么令人满意事物的希望，结果再次发现，坍塌的洞顶和拱门堵住了通道，无路可走。

我同样也测了方位，并加以记录。由于洞内又热又不舒服，平面图可能不是非常正确，因此不在书中呈现。不过，读者大可透过我的叙述，粗略得知关于这座建筑的结构特色。

探索左侧的部分时，我有个重大发现。其中一个通道的墙上有个八英寸见方的洞，光线可以透进来，我从洞里望出去，居然看到一些微黑的胖腿；那当然不是古人的腿，我轻易就可分辨出那是我身价甚高的随从的腿。

当初听说此地是个地下建筑，加上在洞外看到半埋在地下的入口，上方的泥土长满草木，所以起初我并没有其他想法。然而，当我在洞外绕行一周后，发现原本我以为像个小山坡似的不规则自然形势，其实是个金字塔形的人工石丘，和在尤卡坦所见的其他这类建筑没有两样。

我请印第安人清理荆棘丛，随后藉由附近一棵树的枝干往上爬，发现顶端有一处建筑废墟，也和其他同类建筑一样。迷宫之门并非开向山坡，而是朝着这座石丘，我尽可能沿着废墟基底加以测量，推论它高约十英尺。迷宫也不是地下建筑，它并非位于地下，而是位于石丘内部。我们以前一直以为这些石丘是实心的，里面都是堆砌紧密的石头和泥土，没有任何房间或其他内部结构，这个新发现却让我兴奋地想，散布在尤卡坦境内的所有大型石丘，内部可能都有无人知晓、深藏不露的秘密房间构成的广大场域，供人探索或发现；既然它们顶端的建筑都已毁损，若想得知谁建立这些城市，这些房间也许就是唯一的线索。

我毫无头绪，不知怎么办才好。我多么想放下手中其他事务，派人传话给同伴，在拆解整座石丘，逐一查出其中的秘密之前，不打算离开这里。然而，我心里明白，这绝不是仓促间能完成的工作，因而还是决定离开，希望将来有机会再回来。不幸的是，由于深入尤卡坦面临的事务繁杂，我再也没有机会如愿回来拜访。这座石丘因而也继续保持所有秘密，等待未来某位探险家的发现。我只能期望，这个揭开神秘、让一切重见天日的时刻不会让我等太久。

在我听过关于这个迷宫的说法中，没有人提到废墟；当我站在地面时，可能也完全不会知道关于废墟的事。然而，当我爬上这座人工石丘顶端远眺时，看见了另外两个石丘。在印第安人的引导下，我费了好大的劲，穿过一块种着豆子和玉米的田地，才抵达石丘所在位置。我爬上这两座石丘。其中一座顶端有一栋建筑，长八十或一百英尺；前面的墙已坍塌，露出后面的墙的内面，还有半个拱顶撑在空中。

印第安人又带我来到第四座石丘，并且告诉我，树林中还有一些，不过全都一样残破不堪。我考虑了酷热和攀登所耗费的大量体力，衡量之后认为那些地方并不值得拜访。到目前为止还没看到任何石雕，倒是有些先前曾提过像水槽一般的“匹拉斯”（喷泉）。虽然印第安人坚称石雕这种东西到处都是，但他们也说不上来究竟哪里可以找到。

三点时，我启程返回乌斯马尔。有一小段沿着山脊的路，马蹄踩过岩块筑成的路面，发出清脆的达达声。来到峭壁顶端，眼前出现这座山脉的壮丽风景之一：一个小点打断了绵延无际的林野，就像棋盘上的一格，那就是圣克鲁斯大牧场所在地。我们下了山，在山脚处接上公路。

大约天黑前一小时，离欧波切凯村还有一里格左右，我看到左侧路旁有一座高大的石丘，顶部是一座建筑物，透过树林从远处看来似乎还很完整。它位于玉米田中；这个石丘的出现出乎我的意料，若不是林地因即将改为玉米田而清出空地，我根本不会看到它。我将手中缰绳丢给总管，立刻朝它前进，但想接近它并不容易。这块玉米田也和尤卡坦各地习惯做法一样，用栅栏围了起来，这些栅栏利用空地上拾来的荆棘丛和白石南编成，高六到八英尺，宽度也差不多，足以阻止野牛的闯入。为了进入玉米田，我势必要穿越这道障碍。当我终于通过栅栏来到田里时，脖子以下已遍体鳞伤。

这座石丘孤伶伶地位于玉米田一侧，顶部的建筑屋檐以下部分尚称完整，屋檐以上的外墙已毁，但屋顶还在，内部也还算完好。从顶部看不到什么景观；除玉米田外就是一片森林，至于森林里是否藏着其他东西，完全无法确知。此地十分静谧，遗世而独立；我找不到任何人问问题。若不是骑在马背上偶然在路上看见它，之前完全未听说这些废墟。我想我也永远无法得知它们的名字。

六点半，我们抵达欧波切凯村。广场中央有一个大水池，妇女在那儿提水，池畔有户麦士蒂索人家，两名男子正在弹吉他。我们停下来喝点水，然后，借着明亮的月色继续赶路。九点，我们抵达穆纳村；看过我上一本旅游纪闻的读者也许还记得，那是我们离开乌斯马尔准备回家的第一站。

第二天清早，我们继续未完的行程。一离开村庄，我们随即穿越一座破碎而多石的山脉；在山上，我们居高临下看到两侧皆是同样壮观且无边无际的绿色林野。一小时后，远处左侧可见一座高大的石丘，那正是之前从侏儒之屋便可瞧见的废墟，印第安人称为斯科奇。来到距乌斯马尔大约五英里处，右侧又有另一座高大石丘，四周长满树木和荆棘丛，但不用下马就可抵达。它的顶部有两座建筑，皆约十八英尺高，外墙上半部已坍塌，但内部堪称良好。

十二点，抵达乌斯马尔。这段旅程长达十三里格，相当于三十九英里；虽然我在回程时改变了路线，但并未增加距离，并且还看到七座不同废墟，它们都是曾经存在、如今却已消失的城市的纪念物，而不是尤卡坦境内任何西班牙人建造且留下来的城市。

对我来说，乌斯马尔的这些废墟已像家一样，我对它们比以前更感兴趣了。尽管我已发现比预期更多的城市遗迹散布各处，但它们全都残破不堪，无法从中得到什么讯息。但乌斯马尔的建筑不同，它们依然存在，虽然摇摇欲坠，毕竟仍未遭破坏，更值得调查研究。当时我曾这么想过：在更远的地方，我们听说的其他废墟是否真的存在？或许，足以让后代子孙了解美洲早期城市形象的遗迹，如今只剩乌斯马尔了。

当我进入乌斯马尔时，看见我们的床放在阶丘平台上，蚊帐随风飘动，箱子、盒子全都搬到了屋外，好像因没付房租而被赶出屋外似的。等我来到阶丘平台上，才发现我的同伴正在搬家。由于大房间有三道门，他们发现晚上的露水和寒气太重，因此准备搬到南翼倒数第二间较小的房间，那里只有一个门，较容易利用生火来保持干燥。我抵达时，他们正在清扫，于是问我那几个房间是否需要再打扫一次。经过一番讨论，众人都认为有必要这么做，但是等我们又扫出大约两蒲式耳❸的尘土后，终于放弃了。

在我离开的这段期间，这里又多了一位仆人，是慷慨积极的何基娜夫人由梅里达派来供我们差遣使唤的。这是一名肤色较黑的麦士蒂索人，名叫艾尔毕诺，长得矮壮结实，眼睛几近斜眼，以致我初见时，以为他是卡柏特医生的新病人。博纳多还在，在医生的指导下担任大厨；嘉帕琪也还在，继续将所有精力投注在她最能发挥的玉米薄饼上。

下午，我们舒适地进驻新房间，并继续防患未然地在一个角落燃起一个小火堆，赶走瘴气，晚上则在户外生起大营火。从阶丘上砍下的草和矮树丛，经过炽热的太阳曝晒后已经干透，可拿来当作柴火。火焰照亮了这座大宫殿的正面，当火苗逐渐消逝时，一轮明月出现天际，圆润无瑕，烘托出一片令人感伤的美景。

❶

克里特迷宫，指的是希腊神话中，发明家戴达鲁斯为克里特国王米诺斯在克诺索斯打造的迷宫，用来囚禁米诺斯之妻所生的半人半牛怪物米诺陶洛斯。根据协议，雅典需送年轻男女作为米诺陶洛斯的献祭，后来雅典王子提修斯将线团一端留在迷宫口，拉着另一端进入迷宫，杀死米诺陶洛斯后，循着先前留下的线而走出迷宫。

❷

乔凡尼·贝尔佐尼（Giovanni Battista Belzoni，一七七八至一八二三年），意大利工程师、探险家和业余考古学家，曾在埃及发掘金字塔。

❸

蒲式耳，容量单位，相当于三十五至三十六公升。

第十一章

一场手术与一场葬礼

第二天，我继续指挥印第安人工作。这可能是我在尤卡坦境内最辛苦的工作了；你得看着他们，时时时刻待在他们身边，否则他们就会停下来，什么事也不做。

一大早，天空就滴滴答答下起雨来，这是尤卡坦常见的“北风”来袭前兆。据说这类暴风雨很少在这个时节来袭；工头告诉我们，一旦北风过后，照惯例便会进入旱季。温度计显示气温已降至五十二华氏度（约摄氏十一度），对我们来说，这样的气温变化反而好。事实上，气候过热已开始让我们有些懒散，气温下降反倒使我们重新恢复精神，振作元气。

这一天和暴风雨一起来访的，还有信守诺言从哈拉袭抵达的西蒙先生。他往常不会在这个季节前来乌斯马尔；尽管他不像其他人那么担心，但对此地的不利健康仍有些顾虑；毕竟他曾在这里感染疾病，吃了不少苦头。当他来到大牧场，发现刚和我从哈拉袭回来的工头也患了热病，加上北风带来的雨水和寒意，更无法泰然自若。我们坚持邀请他到废墟做客，不过同意他晚上离开，以免受蚊子侵扰。他的来访对我们而言真是一大幸事；他对此地甚为熟稔，并且热心提供看法，对我们的废墟考察帮助甚大。由于我们的出现，以及彼此进一步的合作，也引发他想一探某些待考古物的好奇心。

整个废墟内到处可见圆形洞穴，洞内是地窖，以前从未有人探查过，也没人知道它的用途。我们上一次来访时，在大阶丘的平台上曾注意到这些圆洞，如今，高起的平台完全被荒烟蔓草掩盖，看不到许多洞穴，但在开辟联系大牧场的路时，我们发现了其中两个。之前工头在一堵墙外不远处也发现了另一个，洞口完好无缺，丢入石头探测时，发现它深度很深，西蒙先生很想探测这个洞。

第二天一早，西蒙先生带着印第安人来到废墟，还带了绳索和蜡烛。我们立刻在总督府前平台上的一个洞展开工作。这个洞的开口呈圆形，直径约十八英寸，洞壁由五层石头堆栈而成，深达一码，底下是坚固的岩层。由于洞下一片黑暗，我们在进入洞内前先放下一根蜡烛，打算去除污浊的空气，没想到它很快就到了洞底。

进入洞内的唯一方法，是在身上绑条绳子，由印第安人慢慢放松绳子下降。我就是用这种方式入洞的。不过，我的头才刚通过洞口，脚就触及洞底堆积如山的垃圾顶端。我爬下垃圾堆，发现自己置身一个圆形地窖，窖内到处都是垃圾，几乎无法立足。我一手擎着蜡烛，手脚并用地四处爬过一回。这个地窖有个圆顶，壁上涂着灰泥，大多已剥落，散落地面；在窖内未清理干净前，无法确定其深度。我在四处搜寻时发现了一些破碎陶片，以及一个直径约一英尺的红陶花瓶。此瓶制作精巧，表面上了一层釉，釉虽未脱落，却已丧失原有光彩。瓶下有三支脚，每支高约一英寸，如果不是断了一支，花瓶的外形可算相当完整。

发现这个花瓶令我们士气大振。这些洞穴从未有人探查过，无论西蒙先生或印第安人都不清楚它们的由来。如今第一次进入探勘就有此奇特而有趣的收获，不免要想，我们可能会发现这座废墟城市原居民所制作的丰富器物，因而兴奋不已。此外，我们至少还解开了一项过去的疑惑——这个大阶丘并不完全是人工打造的。它地下的地层是天然岩石，显示当时人们尽可能利用已有的高度，以节省建造如此大的阶丘所需耗费的庞大人力。

在同一个阶丘的阶梯底部还有另一个相似的洞穴入口。我们将四周清理妥当后，发现附近有一块大圆石，厚约六英寸，大小正好与洞口相符，无疑原作为盖子之用。这个洞内的尘土堆积甚厚，高度距离洞口不到两英尺。我们指派几名印第安人留下来清理尘土，其余则继续出发寻找其他洞穴。

走下阶丘，绕过位于总督府和鸽之院间的高大无名石丘，印第安人清掉一些灌木丛后，我们发现了另一个洞穴。这个洞穴距离我们刚刚穿过的小径不过数英尺，但直到四周清理后才显现出来。它的开口也和第一个洞穴一样，入口处的洞壁深约一码，印第安人用绳子将我放入洞中，我没有遭遇任何阻碍就直达洞底。

印第安人认为，我们进入这些洞穴不但没有意义，而且十分鲁莽。除了想象的危险外，他们还提到了蛇、蝎和大黄蜂。尤其是大黄蜂，我们在废墟里的不同地方都曾遭遇过，它们确实很可怕；在眼前这样的地方，只要有一群大黄蜂展开攻击，恐怕在离开洞穴前就没命了。

不过，探测这个洞穴倒不需花很多时间。洞里完全没有垃圾，每个部分都很干净、完整，没有任何毁损现象；尽管经历了不知多少年的时间，无论从哪方面看，它依然能提供当初设定的功能。它和阶丘平台上的洞穴一样也有个圆顶，壁面底部稍向内缩，像个整齐的大干草堆。从洞口处算起，它的高度是十英尺六英寸，直径为十七英尺六英寸。墙壁和天花板都涂有灰泥，仍保持得相当完好；地上则是硬灰泥。西蒙先生和卡柏特医生也先后被放了下来，我们一起仔细地搜索了每个部分。

离开这个洞，我们来到第三个洞，情况完全一模一样，只不过尺寸较小，直径只有五码。

至于第四个洞，就是最近才刚发现且引起工头好奇的那个。它位于墙外数英尺处；据西蒙先生说，这道墙虽已残破倾圮，但仍可一路追溯，穿过树林，和环绕主建筑的城墙相接。洞口上方以水泥封口，里面有一块大石堵住出入通道，那是工头发现它时，为防马匹或牛群掉进去而放置的。印第安人用一根绳子绕过石头下方，将它拉了出来。

这个洞的洞口通道比其他洞穴来得小，几乎不容一人通过。它的形状和粉刷与其他洞穴没有两样，规模大小也许是唯一的差别。入口处甚小，我认为这是一项有力证据，证明这些地窖的建造者从来没打算要让人进入。进得洞内，我完全不知该怎么出去。印第安人没有任何机械设备协助，只能站在洞口死命拉绳子，因此产生一阵不规则的拉扯。洞口小，没有足够空间让我伸手攀着绳子爬出洞外，而且洞口四周的石头松动，随时可能脱落，我只好把自己交给印第安人，由他们拉我出去；不料他们竟让我的头撞到墙壁，弄得我满身灰土且惊吓不已，一度不敢再进入另一个洞穴。不过他们也因而精疲力竭：这种事也不应怪罪他们。

我们未再发现任何花瓶或其他遗物，甚为失望。至于在阶丘下地窖里发现的那只唯一的花瓶，也无从解释起，只好假设它是被人丢入或意外掉下去的。

这些地下洞窟散布在整个废墟分布的地区。大牧场前的牛栏里就有一个，印第安人也经常在更远的地方发现这类洞穴的遗迹。卡柏特医生每次出外打猎时，一样会有新发现，有一次甚至在穿过灌木丛搜寻一只鸟时掉进一个洞里，差点受重伤。事实上，由于洞穴太多，加上有些太小实在难以注意，因此，在附近漫步或不小心走入岔路时，都有失足跌入的危险。直到离开前一天，我们还不断发现新的洞穴。

这些洞穴无疑是为了某个特定目的而建，这个目的相当明确，而且十分一致。不过，究竟是什么目的？由于我们并不了解当时人们的生活习俗，因而无法得到答案。西蒙先生认为，洞中水泥不够坚硬，无法承受水量，因此不可能是蓄水库，应是谷仓或玉米储藏室；何况就我们所知，自古至今，当地所有居民无不以玉米为主食。不过我们并不同意这个看法，而且后来所见的一切，让我们依然相信这些洞穴的用途是储水库，至少有部分用来供应废墟城市过去的居民使用。

我们回到住处进餐，下午陪西蒙先生察看玉米收割情形。总督府前的大片田地种满了玉米，在路上，我们得知一个有趣的现象，可能会让我国国内无数城市周边小区的农业学家感兴趣，因为这些城市已发展过度，几乎快变废墟了。据说，废墟城市的残砾可增进土壤肥沃。西蒙先生告诉我们，乌斯马尔一带的土地最适合开垦为玉米田。他以往的收成从未像去年那么好；事实上，他可在同一块地的部分地区重复再栽种一次玉米，这在尤卡坦的农业史上可是破天荒。西蒙先生还有另一个开发这些废墟价值的实际看法，也很适合已发展至顶点的我国城市。他指着这些宏伟建筑说，如果把乌斯马尔搬到密西西比河岸，他就发了。因为这里的石头足以铺满新奥尔良的每条街，毋需再像目前一样从北方运来石头。不过我们提出另一个不相上下的好点子：如果真能将乌斯马尔搬到密西西比河畔，一来交通方便，二来只要努力防止杂草丛生，避免废墟加速破坏，那么它就能像赫丘兰尼姆[1]或庞贝等意大利古城一样，供人参观、凭吊，到时他也就能将四周围上围篱，收取门票，开放参观，这想必比卖石头当作铺路街石来得更好。

此时我们已抵达阶丘下方，走几步路便来到玉米田。尤卡坦的农业制度仍相当原始。除了印第安人较少种植的大麻和糖外，他们的主要作物有玉米、豆类、南瓜和小黄瓜等瓜类、辣椒，以及可能是红薯祖先的甘薯。此地辣椒消耗量惊人，无论印第安人或西班牙人皆嗜食。不过印第安玉米仍是最重要的主食，其栽种方式与征服时代之前的印第安传统并无太大差别。在旱季，通常是一月、二月，印第安人在树林里挑选一块地，砍倒树木，放火焚烧，等到五月或六月才开始种植。他们用削尖的木棍在地上挖出小洞，放入几粒玉米粒，再盖上土，然后听天由命，任由它自生自灭。如果玉米长不出来，这块地就被认为没有价值。玉米和野草公平竞争，生长速度也相当一致。至于锄头、犁和耙，此地人从未听说过。事实上，由于尤卡坦地质多石，犁和耙根本毫无用武之地；开山刀才是唯一实用的工具。

乌斯马尔废墟四周的玉米田比其他地区更受忽视，收成自然不好；尽管如此，西蒙先生名下三个相邻大牧场的印第安人仍安分地履行对主人的义务，努力收割。他们被分配到不同的玉米田区。在我们最先抵达之处，我数了数，共有五十三人之多。走近时，他们纷纷停下手中工作，走向西蒙先生，恭敬地鞠躬为礼，也向身为主人朋友的我们行礼。这时玉米已收拢在一起，他们正在打谷粒。一块约一百英尺见方的空地清了出来，边缘是一排小吊床，吊挂在插入地面的木桩上。整个收割期间，印第安人便睡在吊床上，吊床下方有个小火堆，可在凉飕飕的夜晚提供温暖，并驱赶蚊子。

西蒙先生选了一张吊床卧着，伸出一条腿，上面满是针球和荆棘。这些印第安人尽管都是自由独立的尤卡坦公民，此时却有一人走上前来，用手扶着西蒙先生的脚，为他摘掉针球，然后脱下鞋子，清理袜上的针球，然后再穿上鞋子，将脚小心地放回吊床里，扶起另一只脚，重复同样的动作。整个过程如此理所当然，除了我们，没有人认为有什么不对。

空地一侧是堆成一座小山的玉米穗，正等着取穗，旁边是打谷机。打谷机的构造简单，完全不可能侵犯任何美国佬的专利权。那是一个简陋的木架，约十八到二十英尺见方，四角由四根完全未加修整的直立木柱支撑着，离地三四英尺处横绑着几根竹竿，上面铺了一层木棍，约一英寸厚，紧密地一根挨着一根。若把这个结构拿来当成最原始的床架也未尝不可。

这些平行排列的木棍便是打谷机的底板，上面铺了厚厚一层玉米，四边各放一个两或三阶的小阶梯，上面站着一名几近赤裸的印第安人，用手中的长竹竿拍打玉米。玉米穗掉下来后，在底板下方四个角落，各有一人拿着灌木丛做的扫帚扫除玉米轴；剥落的玉米穗则装在篮子里，送回大牧场。整个过程想必会让纽约州吉尼西郡的农夫惊诧不已。然而，换个角度看，既然劳力如此廉价，又何必多此一举，发明最先进的打谷机？

第二天，我们又多了一位访客——先前同船的坎默丹先生。他刚从坎佩切来，在那里看到了纽约来的十一月三日的报纸。他了解我们非常关切国内情势发展，按捺住自己对废墟的好奇，快速为我们简报纽约市选举情形，也就是在第六选区的选战和混沌局势中，究竟哪一党占了上风。

不巧的是坎默丹先生的健康情形也不怎么好；他对乌斯马尔一样充满疑虑。北风继续吹袭，连续的大雨和飕飕寒意，令他对留宿在这个恶名昭彰的地方心生怯意。我们并未因而感到不快，何况也没有多余的蚊帐，因此并未强邀他留下，让他陪西蒙先生一起回到大牧场过夜。

隔天，卡柏特医生在大牧场尽了一次医生的职责。我来到尤卡坦两次，每回医疗设备都不敷所需。第一次，我们带了急救箱，但没有医生，这一次我们有医生同行，却没有急救箱。这个必要的附带设备不小心留在船上了，必须再等一段时间才会送达。我们手边只有一些在梅里达添购的物品，加上卡柏特医生也忙着其他事务，因此他尽量避免为当地民众行医。他还是乐意为病患动些简单的小手术，只不过这里主要的疾病是热病，单用手术刀解决不了症状。

前一天，有一名为西蒙先生办事的印第安年轻人来到废墟，他的一条腿静脉曲张十分严重。这名年轻人态度温和、恭敬与顺从，西蒙先生说他是最好的仆人之一，“非常乖巧”。当时年轻人正处于人生的黄金阶段，即将结婚。西蒙先生曾让他到梅里达待上六个月，接受一名医生治疗，但没什么效果。眼看数年后即将不良于行，目前也已严重化脓，年轻人甚愿放手一搏。卡柏特医生接受了这个病患，准备为他动手术，因此今天必须前往牧场。我们心想，或许事后可和坎默丹先生一起回来，因而也一道去那儿吃早餐。

走廊下有一名印第安老人靠在柱子上，双手环抱胸前，面前一排印第安小女孩也同样双手环抱胸前，学习老印第安人教导的教会礼拜仪式，并跟着他诵念祷词。我们走进走廊时，老人上前来向我们鞠躬，亲吻我们的手，所有小女孩也一一行礼如仪。

西蒙先生已为我们准备好早餐，但仍有些美中不足之处。尤卡坦的大牧场从来没有多余的家具，每年只有主人会偶尔来个一两次，每次住个几天，除此之外没有其他访客，因此主人过来时会自行携带让自己感觉舒适的物品。乌斯马尔也是如此；雪上加霜的是我们几乎把所有搬得动的东西都搬到废墟去了，因此，眼前最大的问题是椅子不够。好不容易安顿好每个人，才发现西蒙先生没得坐，他只好进入教堂，搬来笨重的告解椅。

吃过早餐，病患来了。没有人告诉他关于手术的细节，他也压根儿没想要问，只是依主人的吩咐行事。手术开始，卡柏特医生需要一张床；之前他没想到还必须准备床，以为有现成的可用。以眼前的情况来说，这和他开口要求一艘轮船或一辆火车没什么两样。在乌斯马尔，谁会需要床？这是印第安人普遍的感受。他们全都在吊床里出生，将来也会死在吊床里，有吊床就够了，谁需要床？不过，既然床（其实是床架）是必要的，他们开始四处搜寻，很久之后才回报，听说大牧场原有一张床，不过已拆解，并提供其他用途了。主人又派他们出去，隔了好久好久，终于听说床到了。我们看见印第安人肩上扛着一捆竹竿，穿过牛栏的大门进来。为了应付临时的需求，这些竹竿很可能才刚砍伐下来，不过一会儿工夫，印第安人已把它们拼成一个足以让任何城市木匠瞠目结舌的床架。

这段期间，病人默默观看着，感觉上有点亲自监督制作自己棺木的味道。他有问题的是右腿，肿胀得几乎和躯干差不多，上面布满溃疡，膨胀的静脉鼓突得像鞭绳。卡柏特医生认为需切开两条静脉。印第安人站起来，把全身重量放在生病的那条腿，让静脉鼓胀到极限，双手扶着一条长凳来支撑自己。卡柏特医生切开一条静脉，然后将伤口缝合，再针对另一条静脉动手术。他以一根粗针刺入静脉下的肉里，从另一头穿出，然后在针的头尾缠上一条线，利用针穿过静脉，让脓流出，再把腿绑紧，让病人躺在床上。整个手术过程中，这名印第安人毫不吭声，只有在针刺进肉里时，握住长凳的手抓得很紧。我想，事先并没有人告诉他要接受这种手术。

手术结束后，我们和坎默丹先生一起准备返回废墟。才刚跨出牛栏大门，一位吊着手臂的印第安人前来找卡柏特医生，脸上带着不久于人世的神情。他那年轻的妻子大约只有十四岁，身怀六甲，亦步亦趋地跟在他身旁。这名印第安人的状况，说明了在这些国家里人命多么没有价值。几天之前，他左臂手肘处不慎遭开山刀严重砍伤，为了止血，他的妻子分别在他的手腕和手臂凹处紧紧缚上绳子，就这样过了三天。这个办法有效止住了血，但也几乎阻绝了血液循环。他的手严重萎缩，似乎渐渐枯干，但缚线之间的手臂则肿胀巨大，伤口处严重化脓。卡柏特医生拆开那两条线，费心教导这名年轻妻子如何利用摩擦或掌心按摩手臂来恢复血液循环，但她对血液循环毫无概念，就像她不了解地球旋转是怎么回事一样。

探针一刺下，伤口立刻冒出恶臭的脓，脓完全流出后，接着涌出鲜红的血。这名印第安人受伤的是动脉。卡柏特医生手边没有工具，只好以手用力压住动脉来止血，然后将照顾这只手臂的任务交到我手上，抓着我的手指按在动脉上，要求我保持相同姿势，等他跑回废墟取来工具。这可不是好玩的事。如果我施压方式不对，这个人就可能会失血而死；我不是正式医护人员，怎能让人在我手中丧命？为了避免这样的意外，加上我知道印第安人向来镇定自若，于是我又将这条手臂交到另一名印第安人手中，并且警告他，这个人的性命全都在他手上了。卡柏特医生离开大约半个多小时，在这段期间，病人因阵阵晕眩而将头垂至肩上，但身旁那名印第安人则定定注视着对方脸庞，如雕像般屹立不动。我相信，那条手臂的位置不曾移动过。

卡柏特医生将伤口包扎好，送走这名印第安人，认为他有百分之五十的存活概率。不过后来我们听到他的消息时，他已再度下田工作了。当然，如果不是卡柏特医生恰好来访，这名印第安人早已躺进坟墓了。

在这之后，还有一些大牧场上的女病人也来求诊；这些五花八门的病例占用了整个早上，原本打算和坎默丹先生一起回废墟的我们，也因而耽搁。天气既阴沉又寒冷；北风的威力仍在增强中。坎默丹在此所见净是疟疾和疫病肆虐，下午就向我们告辞，搭乘原船返回纽约。不幸他仍感染了危险病症的病菌，回国好几个月后才恢复健康。

第二天，西蒙先生也离开了，废墟里再度只剩下我们。大牧场上疫病蔓延情况愈来愈严重，两天后，我们获悉请卡柏特医生治腿的病人罹患了热病，当天还有一名妇女因热病而死，将于隔天早上下葬。我们命仆人将马送来废墟，第二天一早，我和卡柏特医生骑马前往大牧场，他去探视病人，我则去参加葬礼。当时我心想，在这样偏远的大牧场，在这种场合中，没有任何教士，也无宗教仪式，是否能看到一些古代印第安人的传统旧俗？我把马留在牛栏内，工头陪我走向墓地。这个墓地距丧家不远，位于林中一片四方形空地，空地四周以石头圈成一道简单的围篱。这块地已献给教会，作为此地区所有逝者的埋葬之所；尽管简陋，但正好和使用者原始简朴的性格十分相衬。我们进入时，看到一个墓穴已挖掘一半，但因石头太多而放弃，几名印第安人正重新开挖另一个。

墓地里，每个墓穴前方立着小小木制十字架，由此可看出，只有一小块作为埋葬用的墓穴。区内还有一个石头圈围起来的地方，高约四英尺，直径也是四英尺，作为藏骸所之用，里面堆满头骨和骷髅，在大太阳之下晒得泛白。我朝那里走去，开始研究骷髅。

印第安人用铁撬和开山刀挖掘墓穴，然后用双手捧出松软的泥土。他们挖地时，我听到铁撬敲到某种东西，发出碎裂破损的声音——那是一个头骨。一名印第安人用手把头骨从土里挖出，众人仔细查看并发表意见后递给工头，工头再将它递给我。他们全都认得头颅的主人，那是他们从小一起长大、因病而死的妇人，上一个旱季才下葬。那不过是一年多前的事。印第安人将这个头骨放在成堆的白骨上，然后捡出手臂、腿和其余较小的骨块。背部肋骨以下的部分，肉还未完全腐烂，干枯地附着在骨骼上，全部连在一起。印第安人将它们一起拿出并放在白骨堆上，每个动作都十分慎重而恭敬。

我站在这堆白骨旁，拿起不同头骨，发现它们全都属于他们认得、叫得出名字的人。这个墓地启用不过五年，里面的每个头骨都曾是某个相识的人。

墓穴集中在墓地的一侧，另一侧完全没有下葬任何人。我向工头建议，可以从最远处依序埋葬，让每具尸骨在被另一具取代前有充分时间腐化为尘。工头也认为这是个好主意，于是转述给印第安人听，但他们只是停下手中的工作，看看他又看看我，然后继续挖掘。我补充说明，如果不这么做，过不了几年，他们准备埋葬的朋友、他自己和其他人的尸骨都将被人从墓穴中挖出，放在那堆白骨上。工头又把这番话转述给他们听，结果还是一样。这时我已将整个白骨堆上的头骨检视了一遍，并将两个我认为具纯正印第安血统的头骨放在最上面，打算一有机会便把它们带走。

这几名印第安人工作速度非常慢，仿佛是在为自己挖坟墓似的。终于死者的丈夫站出来了，显然催促他们动作快点。他没戴帽子，黑色长发披散眼前，穿着干净的蓝色棉绒衬衫，看起来恰如其分；他是大牧场上最受敬重的人之一。他在墓穴一侧坐下，拿出两根事先准备的长棍，分别量度墓穴的长和宽。他表现得十分冷静，脸上带着坚毅不屈的神情，令人无法读出他的心情；不过不难想象，一个正当青壮期的男子，认真尽责守分，却得拿着木棍度量墓穴，准备埋葬每天在工作结束后陪伴他的伴侣和孩子的母亲，这是何等心情。

墓穴不够大，他坐到墓穴的另一头，静待其他印第安人把墓穴再挖大些，并不时加以指点。这时卡柏特医生也带着枪来到墓地。挖墓穴的印第安人看到他，其中一人伸手指了指刚飞过的鹦鹉。这群鹦鹉早已飞到射程外，不过由于印第安人始终对开枪射鸟感到惊异，似乎所有人都迫切盼望能一睹为快。为了不让他们失望，卡柏特医生应观众要求开了一枪，结果击落一些羽毛。印第安人放声大笑，看着羽毛飘落墓地，然后继续工作。

最后，那名鳏夫又拿起棍子再量一次，这次全都合格了，于是他返回家里。其他印第安人拿起一个用两根长竹竿加上横木制成的原始担架，出发去抬尸体；这个担架是上次使用后留在现场的现成物品。他们去了很久很久，我们觉得他们似乎在消磨我们的耐心，便请工头出面催促。此时传来一阵杂沓的脚步声和女人的声音，随后出现一队嘈杂的妇女。队伍抵达墓地围篱时全部停下脚步，她们看见我们在内，再也不肯前进一步，只有一名老太太越过围篱，一直走到墓穴一头，弯下腰来向内张望，发出赞叹，引得站在外面的妇女全部哈哈大笑。老妇人被她们的笑声激怒，从地上拾起一把石子，开始一颗颗朝她们丢去，追得她们一边莫名其妙地左躲右闪，一边觉得好笑。这时候，在一群三三两两的男人、女人和小孩陪同下，尸体到了。

担架抬过围篱，放在墓穴旁。遗体没有装棺，只以一块滚黄边的蓝色棉布围巾从头到脚包裹着。她的头露在外面，脚也伸了出来，穿着一双白皮鞋和白色棉袜，可能是丈夫某次从梅里达回来时送她的礼物。这可怜的妇人一辈子没穿过这鞋，她的丈夫认为，让它们一起下葬是表示对她的敬意。

印第安人从尸体下绕过绳子，鳏夫亲自托着尸体的头，一起将她放至墓穴里。这名妇人身材很高，面貌看来约二十三四岁，表情十分痛苦，显示在弥留之际，灵魂仍不愿离开肉体。在场的人只有一位落泪，那是死者的母亲，想必她原本期盼女儿托着自己的头放入墓穴，却没料到遭逢白发人送黑发人的哀凄。她手里牵着一名眼睛明亮的女孩，女孩饶有兴味地看着一切，天真的她不知自己在世上最好的朋友即将长眠于地下。鳏夫掀开围巾，露出下方一件白色棉布衣裳；原来为方便抬尸体而交叠于胸前的双臂，也在身体两侧重新放好。然后他又将围巾裹起，调整头部，底下放一块棉布当枕头，细心地为她的最后安息打点妥善，仿佛一颗小石子也会惊扰她一般。他在她的脸上洒了一把泥土，随后印第安人把墓穴填满，所有人便离开了。在这场葬礼中，没有任何浪漫感伤的情景出现，不过可以想见，那位失去妻子的印第安人，带着怎样的心情回到那凄凉冷清的小屋。

我们没看到任何印第安人的流风遗俗，相当失望。这时已是十一点，一个早上就这样过去了，我们还没有吃早餐，却并不因而感觉特别饥饿或胃口奇佳。

第十二章

志同道合的神父

我在前一回拜访乌斯马尔废墟的记录中曾提到，这个城市极度缺乏水源。除了先前提过的地下窟室外，四周没有井、溪流或泉水，也没有任何看来可供应或取得用水的建设。在人口这么众多的地带，就算这些地下窟室确实有此用途，数目再多也不敷所需。

我们住在废墟时，用水完全来自大牧场。这段期间确实感觉很不方便。尽管我们非常留意，随时保持足够的备用水，但在大太阳底下辛勤工作一整天，口干舌燥地回到废墟时，往往还得耐着性子等候一名印第安人前往大牧场取水，这一趟来回各有三英里路。

我们初抵当地时，就将注意力和查询目标特别聚焦在这个问题上。不久，我们得知此地的主要水源来自附近水塘。这些水塘如今因乏人照料而蔓草丛生；也许，在某个程度上这也是乌斯马尔疫病猖獗的原因之一。我们从侏儒之屋顶端向外望，眼前看见的第一个大池塘位于西侧约一英里半远处。我们在工头带路下前去探访，并请几名印第安人为我们开路。

一路上草木丛林茂密，地面低而泥泞，由于雨仍下个不停，池塘里蓄满了水。它完全隐蔽于树林里，安静且渺无人烟，只有岸边留着麋鹿的足迹；几只野鸭在水面上逡游，一只翠鸟停驻在垂向水面的枝条上，准备攫取猎物。工头告诉我们，这个水塘和更南方的另一个相连，而那个水塘又连着另一个，就这样一个接着一个，绵延到很远的地方。我并不完全明白他的意思，不过若依他所说的，这样的水塘约莫有一百个。

这些水塘给人的印象，和特科村神父所描述的玛雅潘附近水塘没什么两样；它们都是人工产物，古代居民建造或挖掘以供蓄水之用。工头还告诉我们，旱季时水深较浅，好些地方仍可见到石砌堤岸的残迹。我们对这些水塘是否全由人工建造仍抱持疑

乌斯马尔的水塘

问，但对于它们为乌斯马尔居民提供用水的功能，则丝毫不加怀疑。尽管它和乌斯马尔有点距离，但若从后来我们又发现的其他水塘来看，在这个干旱而贫困的地区内，这一点距离实在算不上什么。

不过第一次发现这个水塘时，它对我们具有更直接且更私人的吸引力。由于取水不易，我们在废墟内不得不尽量节约用水，但忍受废墟的炽热和工作整天的疲劳后，身上沾满尘土，且遭荆棘划过，没有什么比好好洗个澡更令人渴望了。因此，勘察水塘是否可以洗澡也成为此行另一个重要目的。结果令我们喜出望外，这里确实是个好浴场。我们找到一棵几乎从水里长出来的大树，在树荫下清出一块空地，开出一条路，穿过树林，通往总督府所在的阶丘。十二月一日，我们正式下水，进行“首浴”。因热病和恶寒而哆嗦无力的工头站在岸上不肯下水，并警告我们当心后果；但我们好不容易才在乌斯马尔找到唯一感到舒适的事，高兴满足之余也顾不得那么多了。

截至目前，我们在废墟内的生活起居大致可说相当固定，资源也堪称丰富。大牧场上的一切都供我们运用，包括差遣印第安人，只要是在大牧场担任仆人的印第安人，都有遵守我们命令的义务。大牧场主人的所有物包括牛只、马匹、骡子和玉米，其中只有最后一项是食物；有些印第安人自己养了些鸡鸭、猪和火鸡，通常他们很乐意出售。

每天早上，前来废墟工作的人会顺便带上一些水、家禽、蛋、猪油、绿豆和牛奶过来。偶尔我们有鹿肉可吃，卡柏特医生也不时为我们的存粮再添上各种雁鸭、野生火鸡、小冠雉、鹌鹑、大小鸽子、鹦鹉、松鸦，以及其他小型鸟类。此外，我们还不时收到何基娜夫人和西蒙先生的馈赠。整体说来，我们的生活比所知的其他废墟探险队舒适得多。然而好景不常，由于林木茂密，加上没有猎狗协助，卡柏特医生打下的禽类往往有六分之一找不到，因此他不愿再进入林中打猎，只射击打算制成解剖标本的种类。也就在这个时候，我们听说大牧场上的家禽数目愈来愈少，蛋的供应也已完全断绝。

我们不能坐以待毙，于是派艾尔毕诺和一名印第安人前往十二英里外的穆纳村。

他们带回一大袋的蛋、豆子、米和糖，正巧西蒙先生也从另一个大牧场送来一头猪，可说是锦上添花。为了烹调这头猪，我们所有部门的负责人——艾尔毕诺、博纳多和嘉帕琪——都充满热情。他们各有沿袭自祖先、专属自己民族的烹调法，但那其实和他们备受子孙尊崇的祖先烤人肉的方式没什么两样。正如贝纳尔·狄亚斯所说："他们利用烧热的石头，在地下挖洞搭建火炉，用自己的方式处理牲体。"他们果真在台地上挖了一个洞，在洞里生起熊熊火焰并保持燃烧，等到整个坑热得像火炉一样，就在底部放两颗干净的石头，将猪（当然不是活的）置于其上，然后用树叶、草丛覆盖，再以石头密密盖住，只留一丝缝隙，让烟冒出来。

烤猪期间，我开始进行手边的另一项工作。这项工作早该开始了，却因其他事务的压力而日复一日耽搁下来。沿着总督府后方直线延伸有一个无名石丘，构成乌斯马尔废墟内最壮观、最宏伟的建筑之一，其上覆满树木和茂密的植物，因而在雄伟气势外更增添一份阴郁。如果不是这座建筑本身匀称规律，加上顶端那排石雕清晰可辨，人们很可能会将它误认为草木滋生的小山丘而忽视。为了让卡塞伍德先生能够清楚地描绘，我带了几名印第安人爬上石丘动手清理，发现它宽阔的侧面全嵌有石块，有些地方还有繁复的雕饰，不过完全被长出的植物遮住了。

这座石丘高六十五英尺，底部长三百英尺、宽两百英尺，顶端是一个坚固石块形成的大平台，高三英尺，面积七十五英尺见方。从顶端算下来约十五英尺处，一道狭窄的阶丘平台环绕四面。大平台的墙面皆为光滑的石头，接角处饰有雕刻。附近一带都是松散的粗糙石块，看不出任何残存的建筑或其他迹象。这座宏伟的建筑似乎只是为了让大平台高高在上而建。也许过去它是盛大祭典的举行场所，在聚集群众的众目睽睽之下，沾染了活人献祭的鲜血。虽然它距离住处很近，但这是我第一次爬上来；从这里，可看到废墟内的每一栋建筑。这天天气阴沉，冷风哀戚地吹过这个荒废的城市，自抵达此地以来，我从未像此时这样，感觉这些神秘的废墟是如此庄严、肃穆。

石丘顶端四周环绕着一圈石雕，高十到十二英尺，主要的装饰风格是希腊式的。顺着石雕绕一圈，将树木和矮树丛加以清理后，来到正对着鸽之屋的庭院西面，一个雕饰吸引了我的注意。这个雕饰大约位于石丘西侧中央，下半部完全埋在上方落下的碎石残砾中。从它所在位置和雕饰性质，我立刻推测它可能位于某道门上方，其下便是进入内部某个房间的入口。此时埋头清理的印第安人已走过这座雕饰，我把他们叫了回来，要求他们挖开掩埋雕饰下半部的泥土和残砾。石丘的侧面十分陡峭，堆砌雕饰的石头又不太牢固，随时有松脱的危险，在这里工作并不容易。不过印第安人仍一如往常地工作，好像早已习以为常。他们始终都很认命且卖力，不过此时因我的迫不及待而更加努力。我尽可能地督促他们，让他们了解我的想法，然后整整工作了四个小时没有间断，直到挖到檐板为止。

这个雕饰是一张丑恶的脸孔，牙齿向外突出，和先前提过的一样，不过细部有些变化，而且尺寸更大。印第安人将挖出的土堆成一座小山，此时就站在面对这个脸孔雕饰的凹洞内。在这样深陷的洞里，顶上的石头似乎随时就要崩塌，印第安人委婉地暗示，继续挖掘太危险了。然而，此刻我的急切已超越理性；我不时协助他们，而且为了敦促他们继续工作，自己也跳下去，用尽全身力量挖掘。石头沿石丘侧面一路哗啦哗啦地滚落，撞击着树根，也折断枝干。我挥汗如雨，坚信一定会进入某个封闭数世纪的房间，因而被这个盘踞大脑的念头牵着走，无法自抑，完全无法停下来；但此时的我自认冷静自持，思考周全，决定只要一挖到入口就立刻停下，并派人去请卡塞伍德和卡柏特医生过来，然后一起进入，为所发现的一切做见证。

尽管如此，我注定要比上次在马斯卡努迷宫更为失望。在继续往檐板下方挖掘之前，我用开山刀砍进土里，但那只是一道坚固的石壁，未发现任何开口。虽然希望破灭，我仍不自觉地让印第安人继续漫无目的地挖掘。在那个当下，我甚至没有注意到云已散开，我完全暴露在太阳下，在这个空气不流动的深洞中持续工作。极度兴奋后的失望和失落，加上疲倦和酷热，让我整个人精疲力竭。我感觉沉重、提不起劲，事实上是精神上疲惫不堪，于是叫印第安人都停了下来。此时我只想放弃，返回住处。从石丘走下时，我的四肢发软，几乎无法支撑。身心俱疲的我，好不容易才拖着脚步回到住处，不但极度口渴，爬上吊床后不久更发起高烧，把所有伙伴都吓坏了。虽说疾病本已在我们周遭蔓延，但这是它第一次直接找上我们。

第三天，我仍高烧未退时，一位我和众人都非常期待的客人——蒂科尔的神父卡里略——来访。蒂科尔是距离此地七里格远的村庄。在我们抵达废墟一星期后，工头接到他的来信，询问是否可来拜访我们。我们早就听说他对尤卡坦古文物深感兴趣，而且拥有丰富知识，几乎无人能出其右；他经常独自来到乌斯马尔，在废墟中漫步。我们原本就计划前往蒂科尔拜访他，得知他的提议后非常高兴，并告诉他，我们十分盼望他的来访。

他一见到我就说，我必须离开乌斯马尔，和他一起回蒂科尔。我非常不想这么做，但其他人都同意神父的看法。神父不愿让我单独上路把我交给他的仆人，第二天早上，原本兴高采烈打算拜访废墟的神父，却带着病人一起上路回家了。由于某些沟通问题，来不及准备轿子，我不得不骑着马出发。这天刚好是发病间歇期，起先我几乎没什么痛苦，感觉甚是愉快。在这样的心情下，刚出发时，我还能带着极大兴致，留意神父指出的许多不同地点和方位。渐渐地，我的注意力开始涣散，最后只能将注意力集中在耸立面前的锯齿层峦上。这座山距离圣荷西两里格，我曾穿越过两次，当时还因摆脱平原绵延不断的单调景色而感觉愉快，但此时它却变成骇人的景象。

一路前行，我感到愈来愈不舒服，不得不在大牧场下马休息。工头不在，门全上锁了，我只好在走道上的一些袋子上躺下。休息让我缓和多了。我们找到一名印第安人，他告诉神父，留下的人都生病了，其他人则远在至少一里格以外的地方工作，找不到人做轿子。然而，我也不可能继续骑马上路。幸好，这时工头回来了，整件事立刻改观。不到几分钟时间，他找来足够的人制作轿子，神父则先回去为接待我做准备。

一小时后，轿子准备妥当，我在五点左右爬进轿里。起先，几名轿夫不太想出发，一旦启程后，他们仍尽忠职守地快步前进。他们在途中不断换肩，却不曾休息，直到三里格外的蒂科尔，才在修道院把我放下。神父已在那儿等着我，艾尔毕诺为我送来行军床并已架好。几分钟后，我在床上躺了下来。由于村里有庆典，教堂钟声时而响起，烟火和鞭炮爆裂声不断，远处还传来一名男孩以高亢的声音尖锐报出乐透的数字，几乎刺穿了我的耳膜。这些声音真是要命。不过，神父的仁慈，以及可以暂时远离不健康环境的满足感，让我感到安慰，终于我渐渐睡着了。

我在床上足足躺了三天，第四天已能下床到修道院阳台透透气。空气非常清新、纯净、芬芳，令人精神一振。

隔天下午，我随神父出外走走。走没多远，一名印第安人随后赶来告诉我们，又有一位先生因病从废墟过来了。我们赶回去，发现一顶放在修道院门口走道上的轿子，卡柏特医生躺在里面。他发着高烧，再加上旅途的颠簸与疲劳，从轿中爬出时非常吃力。才几天不见，他完全变了样，令我大吃一惊。医生脸颊泛红，眼神狂乱，身子羸弱，站都站不住，必须靠在我身上，而我也泥菩萨过江，自身难保，因此差一点和他一起倒在地上。原来他在我离开隔天就开始发烧，而且一发不可收拾，几乎没停过。当天晚上和接下来两天，他的体温不断起起落落，不曾退烧，同时伴随着持续的躁动和喃喃自语的症状，躺在床上没多久就又起身，在室内跌跌撞撞。

次日，卡塞伍德先生把发了两次寒热的艾尔毕诺也送了过来。艾尔毕诺全身颤抖，汗流浃背，就像个肮脏的白人。卡塞伍德先生在信上说，现在废墟只剩下他一人。他会尽力坚守阵营，努力抵抗热病和鬼怪，但若不幸仍感染发病，也会立刻过来与我们会合。

我们眼前的情况和前景真是不太乐观。如果连卡塞伍德先生都病了，那么工作就得暂停，也许整个探险计划都必须喊停。然而，可怜的神父比我们更值得同情；他这趟拜访乌斯马尔的不幸行程带回了三名病患，而且第四个随时可能驾到。他的修道院如今成为医院；我们麻烦他愈多，他愈是有求必应。我向卡柏特医生提及神父的仁慈时，因发热而躁动不安的医生回答，如果神父有任何斜视的朋友，他可以为他们治疗，让我忍不住笑了。

神父仔细照顾医生，但不敢贸然向这位能治疗斜视的专业医生提供任何建议。到了第三天，他告诉我，医生的脸色看来很要命，把我吓了一跳。虽然这个词在西班牙文里只是“很糟”的意思，但听在耳里总是不舒服。神父又说，这种病一旦出现某些症状就表示没救，幸好在医生身上还没有看到。他的这番话虽只是善意提醒，却让我一惊。我问神父，本地人如何治疗这种病？他是否能为医生开个处方？毕竟卡柏特医生从未碰过这种病症，尤其这又是因当地风土而导致的病症。此外，医生因手边没有医药箱而无能为力，加上持续的疼痛和呓语，也没办法为自己诊断和提供治疗。

神父在村里既是心灵的医治者，也是肉体的医治者，每天都有人来向他寻求治疗，他也常去探视病人。卡柏特医生很愿意将自己的生死完全交付在神父手中，于是神父命人准备药物。我在此特别公开药方，往后万一有旅客罹患相同的病，同时手边也没有医药箱，即可比照使用。这种药以酸橘皮、肉桂和柠檬汁熬煮而成，神父吩咐，每两个小时让医生服用一大罐温热的药。喝了两次之后，医生开始大量发汗。这是他发病以来第一次退烧，他终于好好睡了一觉。等他醒来，又让他饮用大量罗望子水[1]，如再发烧，则依前述方法让他饮用药汁，若不到吃药时间，就让他喝罗望子水。这种治疗方式的效果奇佳无比，外来客都应具备这种知识，因为酸橘子在尤卡坦到处可见，无论从我们当时或后来的经验来看，那可能是对付当地这种热病最好的办法，比任何外国药物都来得有效。

对一个纽约人来说，我们意外造访的蒂科尔村的确值得一访。我第一次从修道院阳台上眺望时，惊讶地看见一幅宁静安详的完美画面。广场上长满青草，几头骡子前蹄一瘸一拐地低头吃草，远处有个人骑着马经过。修道院的阳台与一般屋顶齐高，眼前所见是一大块平原，其上散布着只有一层楼的平房、平坦的屋顶、高耸的花园围墙，以及橘树、柠檬树和香蕉树。除了晨祷和晚祷的悠扬钟声外，四下只有鸟鸣声。所有事务和往来的拜访都在清晨或黄昏进行，白天其余时间，居民因炎热而待在室内，整个村庄像个废弃的无人村一样。

这里也和所有西班牙式村落一样，广场与街道皆呈直角，但它与尤卡坦地区其他村庄最大不同之处是“石屋”。这些石屋位于广场和附近街道上，其后延伸约一英里以上的地区则是印第安人的小屋。这些小屋通常涂有灰泥，周围石墙环绕，其间绿荫掩映，蔓草丛生。村内人口约五千，其中三百户为白人，其余为印第安人。每天都有新鲜肉类供应，古兹曼先生的大商店毫不逊于梅里达，店内供应的面包更比梅里达出色。总之，无论就景色、社会组织与生活便利而言，它可能是尤卡坦最棒的村庄，更别提著名的斗牛，以及美丽的麦士蒂索妇女。

教堂与修道院占了广场一侧。这两栋建筑都是方济会修士所建，是数一数二的宏伟建筑，象征当时势力极为强大的方济会进入尤卡坦之始。两栋建筑皆位于一块石砌平台上，平台高约四英尺，正面长数百英尺。教堂大而庄严，装饰着原始的碑碣与肖像，意在引起印第安人的尊崇与敬畏。其中一处墙上嵌着一个小壁龛，里面放了一个骨灰坛，漆成黑色，顶端有一圈白色条纹，里头装着一位村中妇人的骨灰。其下有块碑，碑文刻着：

喔！人哪！
这就是我们一世辛劳的结果——
死亡，尘土，虚空。

此坛中安息的是萝莉塔·拉娜女士的遗骸。
她是一位仁慈的妇人、忠实的妻子，以及温柔的母亲，
谨言慎行，品行高洁。

终将一死的人哪！
让我们为她向上帝祈祷。
她逝于
一八三〇年十一月二十九日，享年四十四岁。

其中一个祭坛装饰着骷髅头和两支交叉的长骨，教堂后面有一个大藏骸所，四周环绕着高大石墙，里面堆满头骨和骨骸，都是尸身腐烂后，从教堂墓地的坟中挖出来移置此处的。

修道院和教堂之间由一条非常宽敞的走道相连。修道院本身也是一栋巨大的建筑，完全由石块砌成，有大而厚重的墙，长四百英尺。入口位于一个有高大石柱的雄伟门廊之下，从那里沿一道宽阔石梯拾级而上，就来到一条宽约二十英尺的宽敞走道。这条走道贯穿整座建筑，地面铺着石块，其中一个圆顶下有两处地方设有照明。

修道院的左右两翼各有几个回廊，一度是众多方济会修士的居所。在左翼，前方两个主要回廊目前为神父所使用，也是我们的治病之所；另一间住着神父的一位辅祭，第四间则是一名制雪茄的老印第安人的住所，其余没有人居住。至于右翼面对修道院大花园的那一侧，全部回廊都没有人居住，也无人照顾，几乎全都崩坏、荒芜了，门窗破败，地面杂草丛生。大花园原本拥有和修道院一样的规模与气势，如今也难逃和修道院一样的命运。花园中的水井、喷泉、各种形状的花圃和草坪全都还在，但因疏于照料而逐渐荒废，野草、橘树和柠檬树到处窜生，我们的马匹也自由徜徉其中，好像置身牧草地似的。

在我心里，和这个荒废的修道院紧密相连、几乎成为建筑中不可或缺一部分的，便是我们的主人——全村爱戴且引以为荣的卡里略神父。他年过四十，高而瘦，脸上有着开放、生气蓬勃和理性智慧的神情，既刚毅又温和。他隶属圣方济修道会；往昔一度非常强盛的方济会修道团，如今只剩他和几个伙伴而已。

自从梅里达的修道院遭摧毁后，修道士四散，他的朋友曾为他花钱买了还俗所需的文件，但他不愿在方济会由盛而衰之际抛弃修士团的兄弟之情，仍穿着那身方济会修士的蓝色长袍，系着带子和十字架。依修士团的规定，所有在教区内获得的献金，每个月扣下四十美元作为生活费外，其余全属于修士团所有。靠着这微薄的津贴，他已足够生活，更能热心招待陌生人。他的朋友都敦促他还俗，并打算为他谋求更好的牧师职位，但他不改初衷地拒绝了。他从不期望自己富有，不曾想要变成有钱人；他所得的金额已足敷所需，他也不想再多要。他满足于他所居住的村庄以及此地人民；他是每个人的朋友，每个人也都是他的朋友。简而言之，对于一个不偷懒，甚或该说是身心都无比积极的人而言，他毫不做作，也不炫耀，却比我认识的任何人都来得自足自适。

尽管他的村子宁静且与世隔绝，无法为他活泼的心志提供足够的活动，但他将注意力转移到尤卡坦的古文物上，这对科学和我而言都十分幸运，同时也颇不寻常。他不可能离家太远，也不可能外出太久，但他尽可能拜访了能力所及的每个地方；事实上，他已可算是研究古文物的狂热人士了。他的朋友笑他傻，但想到他的许多优点，也总是加以包容。在尤卡坦，他可说是我们最想结识的人；而对他来说，难得有机会遇见志同道合的人，他也恨不得抛下一切，陪我们一起考察探索废墟。

值得一提的是，即使是一位对古文物兴趣如此广博的人，对于这座修道院的建筑历史却仍一无所知。在大回廊的地面，在走廊、墙上和屋顶上，无论教堂或修道院，用的都是来自古代建筑的石头。它们无疑利用另一族群留下的废弃建筑的材料砌建而成，但建于何时，为何而建，或在什么样的条件下所建，没有人知道。神父曾在屋顶上发现一块方石，换成别人绝不会注意到它的存在。方石上粗糙地刻着这几个字：

26 Marzo, 1625.

也许，这指的是建造日期。果真如此，这是和这栋建筑唯一有关的记录，而且不免让人继续揣测：不过两百多年前西班牙人所建的建筑就已如此晦涩难解，那么，那些过去由原住民所建、如今早已荒废的城市，就算在西班牙人征服时依然屹立不倒，如今又将有多少重重迷团阻隔，让我们难以辨识其原本面目？

逐渐康复后的那几天，我爱上在这间极具纪念价值的修道院中漫步，但却带着一丝宁静甚至略微哀伤的心情。我也花了一些时间，兴味盎然地查看修道院内的档案。

这些档案时代久远，封面的羊皮纸破破烂烂的，还有虫蛀的痕迹，内页有些地方的墨水褪了色，字迹模糊不清。这些是早期修士所做的记录，是他们亲手写下的受洗和结婚登记，也许，第一个接受这些基督教仪礼的印第安人也在其中。我十分渴望在这些档案中找到若干蛛丝马迹，以便得知早期神父在这个印第安城镇传福音时的景况。然而，第一本记录完全没有任何序文或导言，一开始就突兀地记录了一笔结婚登记。

这笔结婚登记登录的日期为一五八八年，那已是西班牙人在梅里达建城四五十年之后，比起前文所提的方石上镌刻日期早了三十八年。尽管如此，修道院是在档案记录开始一段时间后才建造的，这个推论并无不合理之处。修士想必一有受洗和结婚事件出现就开始登录，而他们谨守纪律和谨慎行事的作为，也和他们热心传教一样有名，因此，他们若不是已在一地经营够久，彻底了解当地居民和资源，不可能建造出这样一座规模宏伟的建筑，毕竟这其中涉及的不只是建造，还包括如何维护，以及如何以当地资源来支持修道院中的神职人员。此外，西属美洲各地的大教堂与修道院的建造，都不是通过母国西班牙的资金，而是印第安人付出劳力完成的，由此可知，至少是在印第安人完全臣服且被迫为西班牙人工作，或者更常见的情形是在拥抱基督教教义之后，他们才会自愿为这全新的信仰及其神职人员打造建筑。也因此，在这样一个僻处内陆的村子，这情况绝不可能早在一五八八年就发生。

最早的登录是结婚记录，或者应说是两名鳏夫和两名寡妇的结婚仪式，他们分别是：狄亚哥·楚克和玛丽亚·胡，以及斯波－博特和卡塔·凯乌尔。翻阅这些档案时，我发现那个时代似乎有许多鳏夫、寡妇再婚，相当不寻常。事实上，有一大部分的记录都是这类事件。不过，这也许是因为印第安人对夫妻关系的界定并不清楚，这些接受基督教婚姻仪式的人其实是和先前的伴侣分手后再婚，慈悲谨慎的修道士因而称之为鳏夫和寡妇。

第一个受洗的记录出现于一五九四年十一月二十日，那时传教工作已推行得甚有成果，当天就登录了四件。浏览这些记录的过程中，我看到梅尔琪这个名字时不免一惊，那可能是我们认识的嘉帕琪的祖先。这位梅尔琪似乎是早期神父的重要支持者之一，并且是多位印第安婴儿受洗时的教父。

这些档案中没有提供其他进一步的线索，不过修士的手迹，以及有关印第安人的记录，几乎让我回到那个既蛮荒又浪漫的征服时代。无论如何，这些记录证明了在完成征服四十或五十年后，印第安人渐渐放弃了原有的古老风俗习惯，改采用天主教会的仪式和庆典，让他们的孩子受洗，并采用了西班牙式的名字。

第十三章

那如今已不复存在的

就考古探险而言，我们实在很幸运，因为在这个地区内，无论走到哪里，到处都是古代居民留下的纪念物。蒂科尔村边缘就有另一个湮没无闻的古城废墟。我们一抵达，那里的纪念物就大剌剌地瞪着我们。教区神父收集了一些设计新颖、精致的石雕，以及头像、花瓶和其他遗物，都是在挖掘废墟时找到的；他将这些嵌在房子正面作为装饰。我和神父第一次外出漫步，便是前往这些废墟。

走到一条穿越墓地的长街尽头，我们转向右手边一条狭窄的小径。小径两旁长满野花盛开的树丛，美丽的鸟儿藏身其中，但有也很多扁虱，我们必须不断挥动小树枝才能赶走它们。

这条小径通往圣弗朗西斯科大牧场，牧场主人是村里一位先生，他在这里建造了一座庞大建筑的四面墙壁，之后未曾竣工。此地绿树成荫，充满田园风味，不过却非常不利于健康；浓绿的林荫中隐藏着死亡的阴影。牧场主人从不在这里过夜，到此地玉米田工作的印第安人，到了夜晚也必定返回村里。

大牧场后方不远处是另一个城市的废墟，荒烟蔓草，杳无人迹；它没有名称，只知位于圣弗朗西斯科大牧场的土地上。此时古城绝大部分地区已被浓密树丛掩盖，不过附近还有几座荒废的石丘清晰可辨，顶端尚存一些破墙。我们爬上其中最高一座，看到一片壮观的树海，以及远处朦胧升起的蒂科尔教堂尖塔。

神父告诉我，他曾趁旱季树叶落光时计算过，这里共有三十六座石丘；过去每座石丘上皆有一座建筑或神庙，如今却没有任何一座完整保留下来。置身这样的大废墟中，很难想象它从前是什么模样，只能从辽阔的面积和在村中所见的若干石雕遗迹加以猜测。不过，它无疑和乌斯马尔拥有相同特质，而且是同一批人所建造。由于如此靠近村庄，毁损情形也因而更为彻底。历代以来，它都是提供当地居民建材的采石场，目前的产权主人便在此开挖并加以出售。他大吐苦水，告诉我这些可用的石头即将消耗净尽，他从这里获得的利润也大为缩水。

容我再对这些废墟的渊源略做补充。当初西班牙控制尤卡坦的方式，是派遣一批西班牙人进入此地的印第安城镇或村庄定居。这些西班人被称为“维西诺”(vecinos，意为邻居)，这个词至今仍用来指称白人族群。根据我们得到的权威及可信消息指出，在现今称为蒂科尔的西班牙村落附近，过去曾有一个相当大的印第安城镇也叫蒂科尔。它的正确位置只有两种可能，一是西班牙村现址，二是附近的圣弗朗西斯科废墟。如果答案是第一个假设，如今那里却已看不到任何印第安城市遗迹。西班牙人的确在许多尤卡坦的印第安城镇中发现不少石丘、神庙和其他大型石造建筑。如果圣弗朗西斯科大牧场上的那些建筑，确实由昔日那支已消逝的民族所建造，从它们残存的庞大规模来看，这个印第安城镇里的石造建筑就算遭到西班牙人破坏，也应不至于完全消失，且毫无留下任何残迹。

此外，从西班牙征服史上也可发现，西班牙人落脚后从未打算占领印第安人的房舍和村庄。这种占为己有的行为与他们的习性不合；他们的政策是荒废或摧毁这些印第安城镇或村庄，依自己的风格与式样打造新的据点。若从早期只有少数西班牙人来到蒂科尔的背景来加以分析，他们应无能力摧毁整个印第安城镇，并在废墟上建立自己的城镇。

比较合理的推测，应是他们在印第安城镇边缘建立自己的村落，随后建造教堂，作为与异教徒信仰相抗衡的堡垒。渐渐地，修士透过天主教会各种庄严堂皇的仪式对抗印第安祭司，慢慢推翻这些印第安部落领袖的权力，甚或将他们处死，让印第安人撤出古城，迁至西班牙人所建的村落。我个人认为，位于圣弗朗西斯科大牧场土地上的废墟，应该就是早期原住民族的蒂科尔城。

从建筑毁损的严重程度看来，我原本认为，在这些废墟进行任何考古挖掘都不符效益，尤其此地不利健康，我们自己的状况也很不好。

不过，在持续挖掘过程中不时出现有趣的事物，例如，有一只花瓶因借给我们描绘而逃过那一场大火[1]，下图即为花瓶正反面图样。反面是环绕瓶缘的象形文字，下方有直达瓶底的凹陷条纹；在正面，读者可看到一张脸谱，和在帕伦克出现的雕刻与灰泥图案非常相似：头饰同样是一簇羽毛，手以同样僵硬的姿态伸出。这个花瓶高

蒂科尔花瓶的正面和反面

四英寸半，直径五英寸，制作非常精巧，让人得以理解埃雷拉谈及墨西哥城市特拉斯卡拉的市场时所说的："有金匠、饰羽匠、理发师、浴池，以及和**西班牙一样好的陶器**。"

我因健康情况还无法返回乌斯马尔，看到这些美丽的花瓶也让我眼睛一亮，因而愿意多停留几天，在此地的废墟里继续挖掘。神父亲自负责召集人手；一大早，我们便已和印第安人出现在遗址现场。废墟很大，一时很难判断该做什么或从何处开始。在埃及，探险家辛勤努力的成果已为后来者照亮一条路，但在此地仍是一片黑暗。我最大的愿望是能发现一个古代墓穴，那是我们在乌斯马尔废墟中努力许久却一无所获的目标。这样的墓穴不能在大型石丘中找，否则不太可能打得开墓穴。经过审慎检视，最后神父选定其中之一，我们也开始动手挖掘。

这是一个石砌的方形结构，四边高四英尺，上方是用土石堆积而成的圆形顶盖。它位于一个小玉米田里，就在两个高大石丘之间，这两个石丘显然是重要建筑，而从墓穴位置来看，似乎也和这两个石丘有某种直接关系。它不像附近大部分的废弃建筑那般破败，保存堪称良好，每块石头仍在原位，很可能自土石混杂的顶盖堆上去后就再也未曾动过。

印第安人开始捡起一个个石头，用手拨开尘土。很幸运的是，他们有一支铁锹可用，这是中美洲闻所未闻的工具，但在此却不可或缺，因为地面土质多石。这也是我来到尤卡坦后，第一次且唯一一次毫无障碍地监督挖掘工作。神父以印第安语下达指示，印第安人在他的监督下积极工作。尽管如此，进度仍相当缓慢。向下挖掘时，他们发现外墙环绕的内部是松软的土石，堆栈着几层扁平石块，全都十分粗陋。这时太阳以其难以抵挡的威力照在我们身上，包括大牧场主人在内的若干村民前来观看挖掘进展时，莫不暗自窃笑我们的愚蠢。神父曾读过小说《古董商》(*Antiquary*)[2]的西班牙文译本，他说，我们正被许多艾迪·欧奇特利[3]包围着。不过，瘦瘦高高的他，穿着长袍，倒更像书中那位著名的托钵僧。

我们继续挖掘了六小时，一切看起来非常粗陋，似乎毫无特别之处，成功的希望开始破灭。就在这时候，印第安人撬起一片扁平的大石块，底下露出一个头颅。我们立刻要求印第安人放下铁锹和开山刀，改用双手工作。我极为紧张，非常希望能保持整副骨骸的完整，但事与愿违。骨骸外部没有任何物品加以遮蔽或包覆；就像一般墓葬一样，泥土遍洒其上，等这些尘土都清理干净后，骨骸也已碎裂。这副人骨原呈坐姿，面朝西方，膝盖缩在胸前，手肘曲起，双手握住脖子或撑住头。头骨不幸已破裂，不过颜面骨骼仍保持完整，下巴、牙齿也都在，牙齿上的珐琅质还很亮，但头骨被举起时，许多牙齿掉了下来。印第安人捡起每块骨骼和每一颗牙齿，全部交给我。

此时的场景既奇特又有趣。在周遭众多废弃建筑环绕之下，经过一段无人知晓的岁月，这些被埋葬的骨骼重见天日。它们属于谁？印第安人相当激动，彼此低声交谈着。神父为我们翻译他们的话，以及这些话语背后透露的心理负担："这些是我们族人的骨骸。""我们把他的骨骸挖出来，这位同胞会怎么想？"要不是神父在场，他们可能会将这些骨骼重新埋好，然后离开墓穴。

捡拾骨骸时，一名印第安人捡起一件白色小物品，若非印第安人是不会留意到它的。它由鹿角制成，长约两英寸，尖端很锐利，另一端有个眼洞。印第安人一致认为这是针，他们之所以在第一时间就能如此肯定且毫不迟疑地认出它，是因为印第安人至今仍使用同样材料制针；在我们返回修道院途中，神父就买了两支给我。一名胆子较大、敢和神父聊天的印第安人诙谐地说，这副骨骼的主人可能是女人，也可能是裁缝师。

骨骸埋葬的位置并非墓穴中央，而是略偏一侧；墓穴的另一侧是一块非常大的粗糙石块，牢牢埋在地里。若想用我们的工具挖出它来，必须花上好长一段时间。印第安人沿着它的周围和另一侧挖掘时，我们发现距离骨骸不远处有一个很大的原始陶瓶，和现在印第安人所用的盛水陶罐非常相似。陶瓶的瓶口盖着一块粗糙的扁平石块，防止灰尘进入。掀开石块后，里面空空如也，除了若干黑色坚硬的小碎块外，什么都没有，令我们非常失望。我们把碎块倒出，带走这只瓶子。瓶子一边下半部有个小洞，瓶里的液体或粉末可由此流泻而出。它原本的用途可能是装水，或用来盛放属于那副骨骼主人的心脏。当初瓶子出土时仍很完好，但如今则已变成灰烬了。

我心中迸出一个前所未有的强烈想法：若说这些废墟的建造者是埃及人，完全毫无根据。我的眼前浮现埃及底比斯壮观的诸王陵墓。埃及人将所有的技巧、专业与财富，毫不吝惜地展现于这些陵墓上，只要是埃及人后代、曾接受埃及教育或继承他们的遗训的人，绝不会在如此引人注目的地方，建造这么简陋的墓穴。此外，这些骨骸保存如此完好，而且是在距离地面不过三四英尺的地下墓穴中发现的，也彻底打破了将这些建筑视为极为古老的遗物的看法。何况在场印第安人一致毫不犹豫地惊叹："这是我们族人的遗骨。"

无论这些遗骨属于谁，当初将它们安葬于此的虔心友人，绝对想不到这些遗骨后来的命运会变成如何。我带着它们来到修道院，随后又前往乌斯马尔，然后愈带愈远，让它们与其他族人的骨骸永远分别了。经过骡子和印第安人的背负驮运，在漫长的颠簸旅程中，它们因质地脆弱而破损不堪，倘若召开法庭鉴定，即使生前的主人恐怕也难以认出。一天晚上，它们被包裹在一条大手帕中，离开了我，送交费城的莫顿博士。

莫顿博士以研究美洲原住民的体质特征而知名，特别是近作《美洲人的头骨》（*Crania Americana*）一书，伦敦皇家地理学会会长在年会的致辞中，肯定它"对比较生理学是一大贡献"。这位绅士拨冗与我通信讨论此副骨骸，在此特别向他表达我的感谢之意。莫顿博士在信上指出，尽管骨骸已破损不堪，但仍提供若干宝贵事实，同时引发了一些有趣的思考。

他的看法大致如下：第一位从墓里拾起针的印第安人说得没错，骨骸的主人的确是女性，身高不超过五英尺三或四英寸。牙齿相当完好，看不出磨损痕迹。最能代表成长阶段判断标准的"松果体"已发展成熟，意谓着此人已是成人。

手脚骨骼非常细小，比例均匀，整副骨架也是如此。头骨已碎成数块，但在谨慎处理后，莫顿博士成功重建了后脑和侧脑的部分。枕骨非常平坦，顶骨直径不超过五又十分之八英寸。

针对骨骼若干残片所进行的化学检测显示，其中几乎不含动物有机质；通常在健全的骨骼结构中应有约百分之三十三这类物质。

在左胫骨上半部有一块隆起，在解剖学上称为“结节”，长一英寸半，较一般骨骼表面高出半英寸。这种不正常情况的出现可能有各种原因，不过在此地原始族群的印第安人中极端罕见，令人特别感兴趣。

上一回我到波士顿时，很高兴有机会参观当地约翰·布雷克先生所收集的木乃伊，虽然数量不多，但极有趣，都是他从秘鲁一个古墓挖出的。古墓位于查科塔湾海岸，靠近南纬十八度二十分的阿里卡，占地甚广，所有墓穴全部呈圆形，直径两到四英尺，深四到五英尺。布雷克在其中之一发现了四具木乃伊，分别是一名男人、一名女人、一名十二或十四岁的孩子，以及一个婴儿。他们全都紧紧包裹在不同颜色和不同质地的羊毛衣物里，并以荆棘尖刺做成的针穿过布面，加以固定。他们的骨骼曾浸过某种黑褐色的物质，全都保存良好，羊毛织物也同样保存完好，当然，秘鲁当地极端干燥的气候和土壤，也是它们得以保存的重要原因之一。

布雷克拜访过位于安地斯山和太平洋之间的其他许多墓地，最远曾去过南方的智利。这些墓地和秘鲁安地斯山区高处谷地内的墓地全具有相同的特征。目前并无任何与这些墓地相关的文献记录或传统，但秘鲁的印第安人至今仍会编织与布雷克发现的羊毛衣类似的衣物，编织方式也可能相同。布雷克发现，从发现这些木乃伊的地点再往南，在玻利维亚东部最贫瘠的阿塔卡马沙漠[4]，有一些印第安人可能因居地不易到达，较少受西班牙人影响，因此保留了更多原始习俗；他们的服装不论在织法或形式上，与用来包裹那些木乃伊的羊毛织物极为类似。

莫顿博士说，这些秘鲁的木乃伊，和在圣弗朗西斯科墓穴中找到的遗骨，具有相同的头骨形式特色，骨骼同样细致，手脚也都异常细小。他同时也指出，仔细研究了将近四百个昔日墨西哥和秘鲁一带的不同头骨，以及在我国西部废墟中发现的骨骸，他发现它们都有相似之处，并且和圣弗朗西斯科的骨骸有相当值得注意的一致性。这个头骨有同样的生理构造形态，也是整个美洲大陆从加拿大到巴塔哥尼亚高原[5]、从大西洋岸到太平洋岸之间，所有印第安人一致的特征。他进一步补充说，这更加支持他向来持有的想法：所有已知时期的美洲原住民，尽管在生理构造上有若干些微不同，智力发展上也有较多差异，但他们都属于同一支伟大而独特的种族。

如果这个看法正确，如果这副骨骼确实代表了美洲大陆上所有部落的同一生理构造形态，那么我确实相信，这些易碎的骨骼会从坟墓里发声，告诉我们：不能再回到旧大陆的古老国度，去寻找这些城市的建造者？它们所属的民族并未消逝，其历史也不曾灰飞烟灭，相反地，它们属于历经变迁、苦痛与侵略，但至今仍生活在废墟附近的同一批伟大的种族。

且让我将主题再拉回圣弗朗西斯科废墟。我们在此又进行了两天挖掘作业，不过并无新的发现。

废墟之间的地面有些和乌斯马尔当地相似的圆形洼洞，其中一个开口塌陷，变得更大。我从梯子向下爬，进入一个也和乌斯马尔当地一样的圆顶空间，不过尺寸稍大些。在乌斯马尔，我们对这种空间的性质只是揣测，但在此地，居住附近的印第安人对这些空间的目的和用途有其特定看法，他们称之为“楚屯斯”(chultunes)，也就是井。同时，随处可见中央像水槽般挖空的长方形石头，在乌斯马尔称为“匹拉斯”，即喷泉之意，在这里，印第安人称为“欧卡斯”(hólcas)，意为碾磨石；他们说，这是先民用来磨玉米的工具。牧场主人还出示一块圆柱状石头，有点像擀面棍，他们称为“卡布屯”(kabtum)，即石棒，据说是用来捣玉米的。

不同地方的居民为相同的物品赋予不同的名称和功用，加上其他许多事实，说明了一件事：印第安人对所有传统的认识已荡然无存；这可能正是我们在追索这些古代城市是否由他们先人所建时，必须面对的最大困难。

最后一天，我们从废墟回来的时间比平常早，因而在路过墓地时逗留了一下。墓地前耸立着一棵美丽壮观的鸡冠刺桐。我一直很想知道这棵树的生长情形，但以前苦无机会。神父告诉我，这棵树的树龄已有二十三年。他的话不会错；这棵树和他一样，乃至和村中任何一人一样，年龄是众所周知的。下页图所绘就是这棵树，离地

鸡冠刺桐

五英尺处的树干，直径为十七点五英尺，枝叶向四面八方伸展，形成一把壮丽的绿荫大伞。

我们也曾在科潘和帕伦克的废弃建筑顶上发现这种树，许多人因此认为，这些建筑的历史非常悠久。如今这棵树的出现完全消除了我原来的疑虑，并且更加坚定我先前曾表示过的看法：单从建筑上生长的树木大小，并不能推断这些建筑的历史有多古老。眼前这棵树已让我觉得够惊人了，后来我还看见在更有利的条件下长得更大的树，但树龄却没那么老。

墓地四周环绕着一道高高的石墙，墓地内大致做了简单的规划与分配。有些地方已有高出地面的坟，属于村中某些家族，坟上挂着枯萎的花环。可使用此墓地的人口约五千人，但墓地启用不过五年，就已出现可怕的景象。这里有许多新坟，其中几个墓穴可看到头骨和数根骨骸，装在盒内或用布包裹着。这原是埋葬在此的某人遗骨，如今重新挖出，是为了腾出空位，让给其他刚过世者的尸体。装在篮子里的那个头骨和骨骼属于村中一位女士。她是神父的旧识，两年前去世，遗骨中还放了一双白色缎鞋，可能是她生前参加舞会时穿的，随她一起下葬。

墓地一角有一个有围墙包围的区域，约二十英尺高，三十英尺见方，其内是藏骸所；通往墙顶高处的是一列石阶，石阶的每级阶梯和沿墙附近净是头骨和骨骸，有些装在盒子或篮子里，有些用棉布包裹着，尽管它们不久后将被丢入一堆骸骨中，但目前仍保留着他们的名牌，让属于生前的识别数据得以再使用一段时间。墙内地面上堆满厚达数英尺的骨骸，不分贫富贵贱，不分男女老少，也不分西班牙人、麦士蒂索人或印第安人，随着抛下的落点而相互混杂在一起，难以区分。其间仍可见到一些色彩鲜艳的衣裳碎片，以及残留在头骨上的女人长发。所有已逝者的遗物都宣告着死亡的命运，不分妍媸，无一可免，令人感伤；然而这其中再没有比此时所见更令我心惊的了——它曾是女性光彩和无比魅力的来源，展现主人品味，每天受到主人的特别梳洗照料，如今却松脱、杂乱，和干枯、腐烂的骨骸纠结在一起。

我们离开墓地，走回通往村子里的长街。村民们安详、自足的特质在我脑海中留下前所未有的深刻印象。印第安人坐在庭院里，在椰树和橘树包围中编织吊床，或用棕榈叶编草帽；儿童一丝不挂地在路上玩耍；麦士蒂索妇女坐在门口缝补。我们挖到遗骨的消息引起轰动，所有人都想知道这天的收获如何，因此当神父经过时，他们全都起身。印第安人上前来吻他的手。诚如神父所说，在这里，除了玉米收成不好外，其他时间大家都很快乐。在属于我们的繁忙、混乱的城市中，很难想象这个村子里所拥有的宁静与安详。

❶

意指华盛顿国家博物馆发生大火，烧毁所有自尤卡坦搜集而来的印第安古文物。可参见上册第八章。

❷

《古董商》为华特·史考特的小说，描述一位自称罗弗尔的年轻人四处旅行，来到苏格兰海边城镇费尔波特后，结识古董商强纳森·欧尔巴克，并在当地逐渐揭开身世之谜的故事。书中背景为法国大革命期间，透过对当时社会状况及人物性格的细腻描写，讲述人们如何藉由了解过去以面对未来的议题。

❸

艾迪·欧奇特利是《古董商》小说中的托钵僧。

❹

阿塔卡马沙漠位于南美洲，南北绵延约六百至七百英里（约一千至一千一百公里），寒冷而荒凉，主要分布于智利北部。

❺

巴塔哥尼亚高原位于南美洲的阿根廷与智利之间，大约北起阿根廷中部的科罗拉多河，南迄南美最南端的火地群岛。

第十四章

神庙中的秘密仪式

第二天是星期天，我忙着准备返回乌斯马尔。不过有件事让我分了心：早上，特卡斯发生革命暴动的消息，扰乱了村子里的宁静。特卡斯远在九里格外，我们抵达尤卡坦后，一路皆平静得令人感觉不寻常，这个小小的革命事件倒让我回到熟悉的感觉。暴动分子推翻了现任镇长，推派自己的人选，取得民众支持。据说他们准备派出三百人朝梅里达行军，并要求承认独立。蒂科尔正位于他们的行军路线上，不过大家都不确定他们是否真会执行此一勇猛计划。既然如此，我决定还是不更改原先的打算。

卡柏特医生出现在村里的消息，当然很快就不胫而走。虽然身为医生居然也会生病的事多少损及其美誉，但并不影响病人上门求诊。他在梅里达治愈斜视病人的名声远播千里，连这里都风闻了。幸好他行事低调，村民中也只有一个斜视病例，不过单单这一个就足以惊动全村了。

下午，这名男子上门求诊，卡柏特医生告诉他，自己的手还未恢复稳定，无法为他操刀，而他次日便要离开了。不过病患仍不死心。当时恰好有位来找卡柏特医生咨询身体不适状况的先生在场，他不经意地提起卡柏特医生在梅里达治疗的病人中有一位已失明。虽然他接着说，失明原因并非手术引起，而是术后照顾不周，但这个例子已在那位斜视男子心里起了作用，随着他的眼珠子急剧地转向门口，他的身体也冲了出去，此后再未接近卡柏特医生一步。我们后来得知，那个手术后失明的故事根本是无稽之谈。当天卡柏特医生唯一的一次手术，是为圣弗朗西斯科大牧场主人的妻子开刀，从她头部取出一颗可怕的肿瘤。

我曾说过，这个村子格外宁静。不过自我抵达以来，这份宁静夜夜被一名男孩郑重其事喊叫乐透号码的吟唱声所破坏。村子里正在为二月的庆典预做准备；修道院前已划出一块范围作为斗牛场之用，乐透则是用来募集资金的方式。我还没看过此地的赌博情形，因此决定在停留蒂科尔的最后一天晚上去瞧瞧。乐透举行地点在法庭走廊，沿着走廊吊了一排棕榈树枝叶，以保护烛光。

这是星期天的晚上，参加的人数比平常更多。入口处坐着那名男孩，他的声音至今仍在我耳边萦绕。他摇晃着一袋球，抽出其中一个，喊出号码。沿着走廊放着一张粗糙的桌子，桌上中央有一排蜡烛，两边各有长凳，村民彼此紧挨着坐，面前放着纸张和玉米粒，一如在梅里达所见那样。总额最高的一注是二十九雷亚尔，每集满一美元，便从中扣下一个雷亚尔，作为举办乐透的特殊目的之用。

此时男孩奋力以声音吸引来的基金已达六十三美元，另外还有几名乐手在一旁助兴；若是没有他们，在这个国家无论做什么事都无法持续长久。偶尔，有人会从荷包里掏出两雷亚尔赏给他们。这里没有门禁，也没有特别的服装限制或礼仪守则，只要愿意，任何人都可以进入，不过大家都保持彬彬有礼的态度。这只是个社交场合或消磨夜晚的地方，我待了一小时左右。当我们穿过广场回来时，月亮照耀在修道院古意盎然的门面上，这是我最后一次在这所修道院内就寝。

第二天一早，我告别神父，神父允诺，待卡柏特医生病愈并可返回乌斯马尔时，他会立刻陪同医生前来与我们会面。我在蒂科尔的时光并未虚度，除了探访圣弗朗西斯科废墟外，还从神父那里听说了其他废墟的事，对我们的探索之旅大有帮助。

我想，在返回乌斯马尔途中或许可顺便看看这些地方，因而决定走不同的路，穿越耸立于蒂科尔村不远处如锯齿般的丛峦。上坡路陡峭且崎岖多石。这里完全是石灰岩地形，只有几棵发育不良的树，不足以提供遮荫，在大太阳底下，四下闪耀着白色的反光。一小时后，我抵达层峦峰顶，回头一望，大平原上最后所见的景象，是高出一切的教堂和修道院，亦即我方才离开的地方。在另一头，我穿越层峦一小时后，第一眼所见的大平原上也是教堂；诺卡卡巴教堂恍若旷野中的巨大塑像，是唯一显现人类迹象的证据。从山上走到平原，眼前所见除了树之外别无他物，直到接近村庄时，大教堂再度浮现眼前；它高出一切房屋之上，是唯一可见之物。

此村庄也是隶属蒂科尔神父的教区。我在村外遇见了神父的辅祭；辅祭听从神父指示，骑在马背上等着我，然后陪我前往诺帕特废墟。大约走了一里格后，我们从大路转进一条通往玉米田的小路。又过了十五分钟，看见面前耸立着高大而残破的建筑，这又是一个废墟城市的遗迹。我一看就知道这是卡塞伍德先生必须亲自来访的地方。尽管如此，我还是在那里流连了三个小时，忍受着艳阳的炙烤，直到四点时，极担心热病再度发作，才上马继续行程。

即将天黑前，我走出森林，看见卡塞伍德先生站在总督府的平台上；他是整个乌斯马尔废墟中唯一的房客。他的印第安工人已完成当日的工作，博纳多和嘉帕琪也已返回村子。自从卡柏特医生离开后，夜里只剩他一人守着我们的营地，但他却毫不忧惧，因为此地区相当平静，印第安人本性和善，而且对废墟百般迷信，加上他在门上系了一条连接着弹簧枪的绳索，夜里，只要有人闯进来就会被击倒。

幸好有卡塞伍德先生坚守职责，我们的任务才得以持续不辍。尽管没有任何资源，但在心无旁骛的状况下，他完成了许多工作，加上居住环境比过去探查行程大大改善，他的健康与精神也得以保持在最佳状态。

天黑时，为我送行李的印第安人抵达了。他背着行李走了二十一英里，浑身是汗，我付给他三先令和六便士。他准备离开时，我们给了他一条面包。他用手势询问，是否要把面包带给神父？当他明白面包是为他准备的，立刻坐下来开始享用；也许他这辈子从没吃过这么多面包。我们又给他一杯哈瓦那酒[1]、一些大蕉和一支雪茄。由于露水多，我们要他坐到火边。吃完所有东西后，我们又给他一份，他似乎无法相信自己的好运。

不过他当真认为他走运了；无论因为和我们不认识、不必顾忌乌斯马尔其他印第安人想法，或因为对我们产生了好奇，他要求我们给他一个大口袋或大麻布袋，让他睡觉。我们照做后，他在火边躺了下来；有好一会儿，他为防止蚊子叮咬赤裸的身体，不断因愤怒程度而轻重不一地拍打着，后来还换了位置，甚至试着转移到后面的走廊去，但仍徒劳无功。最后，他努力挤出一丝苦笑，要求再给他一杯哈瓦那酒和一支雪茄，然后离开了。

十二月二十四日，卡柏特医生从蒂科尔返回，还带了艾尔毕诺一起回来。艾尔毕诺状况还是很差。不幸的是，卡里略神父因身体不舒服而无法同行，不过他承诺，过几天一定过来。平安夜我们再度团聚。隔天圣诞节，除了我们外，对所有人来说都是假日。来此工作的印第安人半个也没出现，一向如太阳般准时的嘉帕琪第一次不见踪影。

不过我们有些来自穆纳村的女性访客。我们从侏儒之屋顶层看见她们朝修女方院走来，赶紧下来迎接她们。和她们同行的男性，只有一位陪同新婚妻子的十四岁左右年轻男孩，以及我先前遇见的那位埋葬妇人的丈夫，他若不是没心情参加在大牧场举行的庆典活动，就是想藉此抚平心里的哀伤。

既然在废墟里做不了什么事，我便漫步走到大牧场，探望一匹我们寄放的背部受伤的马。牧场里渺无人烟，不过小提琴的琴声引我来到印第安人聚集的地方。这里正为晚上的庆典大肆准备，他们宰杀了八只火鸡、两头猪，还有无法计数的家禽，四下看起来就像屠宰场似的。所有妇女都很忙碌；嘉帕琪是女统领，她的手肘以下全埋在玉米薄饼的面团里。

我走进墓地，企图趁此神不知鬼不觉的当儿，带走上回参加葬礼时特别挑出来放在骨骸堆上的两个头骨。我非常谨慎，毕竟先前从圣弗朗西斯科带走骨骸的消息，已在尤卡坦地区的印第安人中引起若干骚动。由于必须经过一长排小茅屋，我买了两个可当成水杯的葫芦瓢，用一条手帕包着，打算进了墓地后扔掉，换成那两个头骨带出来。然而当我来到骨骸堆旁时，发现已有人动过手脚，将我挑出的头骨换了地方，和其他骨骸混在一起，令我无法认出它们来。

我将整个骨骸堆重新查看了一遍，只认出一个非洲人的大头骨，以及那个我目睹被挖出的妇女头骨。她虽是血统纯正的印第安人，但头骨在挖出时已遭铁棒敲破，何况，我亲眼看见人们从墓中取出她残破的骨骸，又听说了那么多与她有关的事，感觉上好像也已认识她，若要带走她的头骨，良心上实在有些不安。事实上，独自置身这样一个寂静无声的地方，让我对在这里进行搜索、破坏逝者清静的做法产生一种迷信的不祥感受。我原本也许会随手带走两个头骨，偏偏树林中有两个印第安妇女正在窥视我，让我更加犹豫不决。为了避免在大牧场内引发骚动，我最后两手空空地离开了墓地。工头后来告诉我，幸好我没拿走任何头骨，因为那必定会引起印第安人的疑惧，甚至招来祸殃。

我们在乌斯马尔驻留的时间即将进入尾声，是该向读者介绍废墟其他部分的时候了。在此之前，我想先说明一下：一八三五年瓦尔德克在巴黎以对开本形式出版的著作，是除了我自己的仓促观察外，唯一记载有关乌斯马尔废墟的出版品，我上一回来此地时便带着这本书。读者将会发现，本书的平面图和素描与瓦尔德克的极为不同。瓦尔德克毕竟不是擅长绘图的建筑师，他还抱怨墨西哥政府没收了他的画。我和他对于某些事实的陈述也很不一样，观点与结论几乎截然不同。不过这情形难以避免，下一位来此拜访废墟的人，也许也会和我们两人有极为不同的看法。何况，若说瓦尔德克遭遇比我们更艰苦的情境，一点儿也不夸张。在他来访时，此地许多地方尚未开垦成玉米田，地面长满了茂密的树；此外，称他是第一位拜访这些废墟并唤起外界对它注意之人，毫不为过。

回到主题。前面我已提过总督府和龟之屋，后者矗立于总督府第二层阶丘的大平台西北角。

从这栋建筑向下走，和修女方院的门连成一线，向北行，在两百四十英尺外是两座面对面的破败建筑，相距七十英尺，如废墟总平面图所示。这两座建筑皆长一百二十八英尺，宽三十英尺，从外观看来，它们的设计和装饰显然一模一样，彼此相对的一面刻满雕饰，还残留着相互交缠的巨蛇雕像，蛇身布满整个墙面。

在两座建筑的正立面中央相对之处，各有一个巨大的石环，石环直径各为四英尺，分别由一个规模相同的石榫固定在墙上。它们显然遭人刻意破坏，只剩石榫根部仍突出于墙上，上面残留着各式雕刻花样。我们沿着废墟的墙脚挖掘，希望能发现这些石环遗失的部分，但并无所获。

这些建筑无论在内外两侧或左右两边皆无门或任何开口。我们认为其中必有密

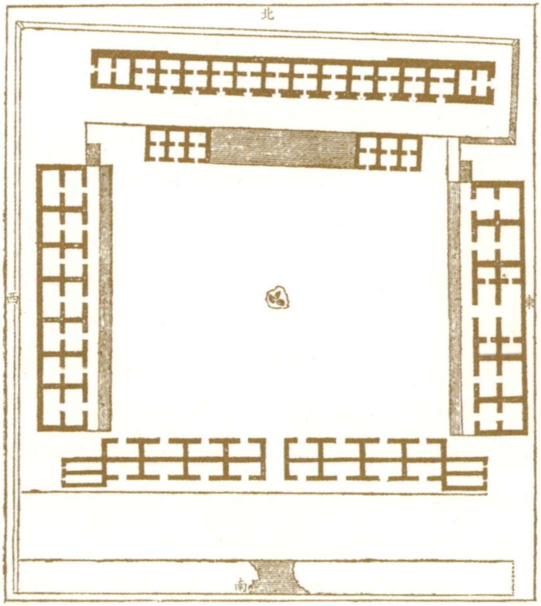

修女方院平面图

室，因此在东厢的壁上凿洞，挖了八或十英尺深，仍只发现粗糙的石头。这些石头堆栈松散，若继续挖掘将会带来危险，印第安人不得不停下手来。

尽管如此，我们仍已深入挖掘至这栋建筑将近三分之一的地方，终于心满意足，相信这两座彼此相对的雄伟建筑内并未藏着密室，相反地，它们只是在四周筑起巨墙，并在其间填入石块而已。我们认为这两座建筑显然与正立面那两个相对的大石环有关，而建筑之间的空地，则是为了举行某些公开比赛的庆祝活动之用。这个看法后来也获得证实。

穿过这两栋建筑，我们继续沿着相同的方向向前走，来到修女方院的门前。

这是一座四方形结构的建筑，正中央有一个庭院。建筑位于三层阶丘的最高层：最低一层宽二十英尺，高三英尺；第二层宽四十英尺，高十二英尺；第三层宽五英尺，高四英尺，和建筑正面的长度相等。

建筑正面有两百七十九英尺长，檐板以上完全以雕刻装饰。建筑中央是一条宽十英尺八英寸的通道，可通往内院，其上有三角形拱顶。通道两侧各有四道门，门上是木制门楣，分别通往其他房间，这些房间平均长二十四英尺，宽十英尺，从地面至拱顶最上方高十七英尺，彼此并不相通。

组成四方形结构的右翼（东侧）建筑长一百五十八英尺，左翼建筑长一百七十三英尺，正对面位于四方形后方的建筑则长两百六十四英尺。这三排建筑对外都没有门，完全是封死的墙，檐板上方都装饰着相同的繁复缛丽雕刻。位于四方形后方的建筑外墙花样较简单，其中有两个粗糙、赤裸的人像，被认为是先前提及的乌斯马尔居民也有东方信仰崇拜的证据。

以上是这座建筑的外观介绍。穿过拱顶通道，我们进入一个壮观的中庭，其四周分别是四个壮丽的正立面，每一面都满满装饰着乌斯马尔建筑艺术中最华丽、复杂的雕刻，呈现出一幅极为奇特的壮观景象，废墟中没有任何对象及得上它。这个中庭宽两百一十四英尺，深两百五十八英尺，我们首次来访时，灌木丛和杂草遍布，受惊吓的鹌鹑从我们脚边窜起，急匆匆拍动翅膀，越过建筑顶端向外飞去。我们每次来总会惊动这些鸟儿，在我们驻留乌斯马尔期间，它们是打破此地寂静与荒芜的唯一生物。

对于只能用这么小的篇幅呈现建筑的素描，我感到十分遗憾，而最令人难受的，是难以具体呈现面对中庭那四面壮丽的正立面上缛丽雕饰的细部。唯一能让我稍感释然的，是雕饰最繁丽的那一面已严重毁损，无论如何都无法完全呈现。

这座正立面位于访客进入中庭后的左侧，长一百七十三英尺，最显著的是两条交缠的巨蛇，蛇身几乎贯串所有装饰，并将它们包围在内。以下几幅插图分别呈现立面上残留的部分图案。

下图是此立面朝向北端的部分。其中一条巨蛇的尾端高高举起，几乎接近另一条

修女方院西侧的一部分

蛇的头顶，其上有头巾般的雕饰，还插着一簇羽毛。蛇尾最末端的记号可能试图显示这是一条响尾蛇，这是本区内极常见的蛇。位于下方的那条蛇张大嘴，嘴里含着一个人头，五官面目在石头上清晰可辨，但素描只能模糊地呈现。无论是废墟或这块石雕，一切都在加速崩毁中。西蒙先生只在意是否能保住这颗含着人头的蛇头。他说，我们随便拿走其他雕饰都没关系，但他打算把这颗蛇头带回梅里达，镶在自家房子壁上，作为对乌斯马尔的纪念。

下图中呈现的，则是这两条交缠巨蛇包围的门上的一道雕刻装饰，雕饰中间的主要图像是一个立姿的人，不过也已破损。从雕像其他部分所显现的相同设计，可看出蛇身覆有羽毛。

修女方院西侧局部，门面上有交缠的蛇

这两幅图所呈现的部分约占整个正立面的五分之一，其余五分之四也布满同样分量的雕刻装饰；朝南端看去，蛇头和蛇尾的设计与位置，与另一部分的残留遗迹完全一致。如果我们早几年来，可能就会看到完整的面貌。西蒙先生告诉我们，一八三五年时，这个门面还相当完整，两条巨蛇圈围住这栋建筑上的每个雕饰。即使如今此地已成废墟，但仍强烈地展现出当年它是多么“雄伟、建造精良的石灰与石头建筑”，正如贝纳尔·狄亚斯登陆坎佩切时所见的：“壁上绘有巨蛇和偶像的图案。”

中庭最后面，也就是正对着入口处大门的地方是一座高大建筑的正立面，长两百六十四英尺，矗立于二十英尺高的阶丘上，由一道已毁损的壮观楼梯通往高处。楼梯宽九十五英尺，两侧各有一座建筑，正面雕刻着花饰，且各自有三个门，分别通往建筑里的房间。

这座建筑从地面到上层檐板的高度是二十五英尺，有十三个门，门的上方又有一道直立墙，宽十英尺，高出檐板之上十七英尺，因此整座建筑从地面至顶端的高度是四十二英尺。这些高大的结构无疑是为了增添建筑的壮观效果，从远处看，它们很像角楼，但如今只剩四个。整个巨大的正立面，包括角楼，全都雕刻着精细的复杂装饰，其中有些粗略的人物造型：两人显然在弹奏乐器，其中一位弹的似乎是小竖琴，另一位好像是吉他，第三个人坐着，双手横过胸前，系着绳索，绳索末端绕到背后。其余的人像皆无法分辨，不像巨蛇那样清晰可辨。正立面虽然充满雕饰，却显现出庞大与壮观的气势，并非只讲求精雕细琢的品味。

这栋建筑有一个奇怪的特色：它建于一个较小、年代更早的建筑之上，而且完全将其包围在内。在这个较小的早期建筑中仍可见到门、墙和木制门楣，外墙虽已倒塌，内部雕饰缛丽的檐板依然存在。

从这栋建筑的台阶上越过中庭，可看到一片壮观的景色，包括所有高高突出于地表的主要建筑，只有侏儒之屋例外。下页图中呈现的正是这幅景色。前景是修女方院中庭前方的内部正立面，以及两侧各一部分。左侧远方是“老妇之屋”，雄伟矗立于修女方院之前的建筑，则是龟之屋、总督府，以及“鸽之屋”。

从修女方院向南望的景观

中庭四面墙的最后那面位于入口处右侧（见下图），是其中保存最完整的。事实上，只需复原木制门楣和一些人们从檐板下方正立面取出的石头，便堪称完整无缺了。它也是四面墙中设计最简朴、装饰最单纯者。沿着其他三面精巧、华丽的墙走到这面既奇异又讨喜的墙面前，总令人眼前一亮。

中央走道门口的装饰是最重要、最复杂也最精美的，这些受人瞩目的独特式样，显现古代工匠在建造此建筑时付出了所有心力。其他门上的装饰较平实、简单，但也较讨人喜欢。所有的门中央都有一张戴着面具的脸，口里吐出长长的舌头，头上顶着精巧的头饰；在上下两道横木之间有一片菱形装饰，其中还可看到红色颜料的残迹，横木两端各是一个张开大口的蛇头。

右页插图则是从这座建筑的东南角。从这个角度可看到先前提及的大脸，以及在

修女方院中庭东侧建筑

修女方院东南角

突出的角落向上翘起的石雕。两边都是接连的小房间，有些相当朴素，只有菱形格状装饰；两侧壁面的装饰，则是朴素与繁丽连续相互交错，令人赏心悦目。事实上，要在四面朝向中庭的墙上呈现更多不同式样，且让彼此的花样看起来协调，并不是件容易的事。这些立面全都上了彩绘，至今仍可看到残留的色彩。读者也许可以试着想象：当这栋建筑仍完好时，壁面上呈现的会是什么样的景观？或者也可根据其设计，想象玛雅贵族少女站在这些如今已然荒废的门口，像古罗马的护火贞女❷一般，守护着神殿中熊熊燃烧的圣火。

在此我想略过面朝中庭的房间，不再赘述。这八十八个房间都已绘制于我们的平面图中，除了面积大小有些差异外，看起来都差不多。

不过在前文提到的最后一排建筑中，有一个套间特别不一样。想进入这个套间，必须先通过中央走道主门。右页插图即其内部情况。它由两个相对应的房间所组成，这两个房间都是长三十三英尺，宽十三英尺，房间另一头各有一道门，连接另外一个长九英尺、宽十三英尺的房间。所有的门上都有雕刻装饰，是乌斯马尔所有建筑中唯一发现的室内装饰。整个套间共有六个房间；这种格局的安排有个好处，和我们所谓的文明生活习惯并不相抵触：由于房门都朝向壮观中庭，旱季时，毋需担心草木蔓生或潮湿问题，可说是未来至乌斯马尔探险时最舒适的住处。每次来到这里，心中总因未能好好利用其便利而感到遗憾。

有关修女方院的介绍大致如上，唯一想再补充的，就是其中央有一块大石碎片，与立在总督府阶丘平台上的那块相似，也称为鞭笞柱。此外，根据瓦尔德克的记载，这里一度铺满石雕乌龟，但我花了整个早上在中庭挖掘，将地表薄薄的尘土翻了一遍，什么也没发现。此处地基是粗糙的石头，无疑过去曾铺了一层水泥，但经过长期的雨水冲刷，如今已完全消失了。

在之前提到修女方院主通道右侧建筑的后方有另一座建筑，或者应说是由几座建筑组合而成的建筑群，其地势较修女方院低，排列并不整齐，而且毁损情况更为严重。

某个房间的内部

鸟之屋

其中第一座我们称为“鸟之屋”，因为它的外墙上雕刻着粗糙的羽毛和鸟。上图即是这些雕饰的一部分。

其余建筑里有些非常大的房间，其中有两间长五十三英尺，宽十四英尺，高约二十英尺，是乌斯马尔最大或至少最宽的，其中一间有保存良好的绘画遗迹，另一间则有个拱顶，它与最主要基石之间的距离，是我们在整个废墟发掘过程中所见最小的。这个拱顶和早期伊特鲁里亚人❸与希腊人的拱顶很像——如果我们把那不勒斯王国的阿尔平诺❹和提林斯❺时期称为早期的话。

我们从这栋建筑继续向下走，来到侏儒之屋。这里也称为“预言家之屋”，因为它俯视全城，住在这里的屋主可以看到所有从附近经过的人。

这栋建筑的庭院面积为一百三十五英尺乘以八十五英尺，周围环绕着许多厚度从二十五英尺到三十英尺的石丘。这些石丘原来可能也是建筑，如今却长满杂草；其中央有一块圆形大石，也像在其他庭院中所见的一样被称为鞭笞柱。

右图是这栋建筑的西侧及下方石丘。这个基座已毁损，加上落石阻挡，因而难以

佅儒之屋西面

精确测量其正确尺寸，但根据我们的推估，应有两百三十五英尺长，一百五十五英尺宽，八十八英尺高，如果加上建筑的高度，则是一百零五英尺。尽管它的面积随高度而逐渐缩减，但形状并不完全是金字塔形，因为接角处是圆的。整座建筑由石头砌成，固若金汤地耸立在大平原上。

从镌刻插画中可看见正面一大部分都已倾圮，堆砌在石丘下方。沿着基座，或应说是石丘底部以上二十英尺处，原来可能有一道阶梯相通，如今也已毁损。这里有一排排启人疑窦的房间，几乎全堆满了碎石残砾，只剩下门上的山榄木横梁仍在原位。

在六十英尺高处有一个向外突出的牢固平台，其上是一座装饰更缛丽、更精巧、更精心堆砌的建筑，乌斯马尔的其他建筑无一能出其右。平台上开了一个大门，门上的山榄木横梁仍在原位，内部隔成两个房间，靠外的那间宽十五英尺，深七英尺，高十九英尺，里面那间宽十二英尺，深四英尺，高十一英尺。两个房间都很朴素，没有任何装饰，与石丘上其他部分也互不相通。

和这座建筑相通的阶梯或其他路径如今都已不在，因此我们来访时，无法理解前人如何爬上来。不过我们从后来所见的事物而得出一个想法：原来应有一道以不同方式砌成的宏伟阶梯，也就是由一个三角形的拱顶支撑，从地面逐渐上升，通往这栋建筑的门口。如果这道阶梯还在，一定可以为这座本来就已相当壮观的石丘更增添雄伟气魄。

至于最上面的结构则是一栋狭长的建筑，正面长七十二英尺，但只有十二英尺深。

此建筑门面多已倾圮，但从崩毁的外观中仍可看出其装饰设计极为优雅、美观，笔墨难以形容，只能以一幅大镌刻版画来展现。墙上生与死的象征紧密并列，因此，先前曾提到乌斯马尔人盛行的信仰崇拜，与埃及人和其他东方民族的信仰崇拜一样，此说法也得以证实是成立的。

建筑内部分成三个房间，中央那间面积为二十四英尺乘以七英尺，两边的房间各为十九英尺乘以七英尺。这些房间并不互通，其中两个房间门开向东，另一个房间门

侏儒之屋东面

鸽之屋的正面

开向西。

在建筑四周环绕着只有五英尺宽的突出平台。北侧已毁，东侧也有部分毁损，还有一道有九十阶的宏伟阶梯，高一百零二英尺，宽七十英尺。

上页插图显示的正是这一面。这些阶梯相当陡峭，每一阶都非常窄，当我们把盘根错结的树丛清除后，就没有枝条可供我们借力攀援，上下阶梯变得非常艰难而危险。先前提过的历史学家科戈尤多神父说，有一次他登上这些阶梯，但“当准备下来时却懊悔不已，眼前的景象令他裹足不前，进退两难”。他也提到，在这栋建筑中他称为“小礼拜堂”的房间里有许多“偶像”，人们在这里以男人、女人或小孩作为牺牲，向神祇献祭。

这座高耸的建筑，无疑正是乌斯马尔人祭祀崇奉神祇的大“神庙”；他们在这里举行最神秘的仪式，这里是他们圣地中的圣地。“大祭司手持着一把用燧石磨成、又宽又利的大刀，另一名祭司拿着一个蛇般的木制颈圈。作为牺牲的人一个接一个从阶梯被带上来，全身赤裸，一躺上石头祭台后，颈部立刻被套上颈圈。四名祭司分别按住活人牺牲的手脚，大祭司以神奇的熟练手法剖开胸膛，掏出心脏，血淋淋地用手朝着太阳方向高举，将这颗仍散发热腾腾气息的心脏献给太阳神。随后他转向神像，将心脏掷向神像的脸，再把牺牲的身体踢下石阶，由于石阶非常陡而且非常笔直，尸体一路向下滚，直到地面才停了下来。”此外，“一名皈依基督教的祭司说，当他们从作为牺牲的可怜人体内取出心脏后，由于心脏仍跳动得非常厉害，无法拿稳，以致常常必须从地上拾起三四次，直到它渐渐平息下来，然后才将仍在扭动的身体踢下石阶。”

在人类早期历史众多黑暗残酷的迷信礼俗中，我想不出还有比这更激烈、恐怖的一幕了：想象这位印第安大祭司的白袍上溅着鲜血，长发上沾着血块，在这个高高的祭坛上，在全城人的众目睽睽之下，进行那屠杀活人献祭神祇的演出。

从这座石丘的顶端，越过总督府，我们看到另一座宏伟的建筑，在总平面图上标记着“鸽之屋”，它的正面如前述插图所示。此建筑长两百四十英尺，门面大部分已毁损，房间堆满土石，中央一带的屋顶上有金字塔似的结构，排列成行，与我们今日仍可得见的一些老式荷兰房屋的正面很像，不过更庄严、宏伟。这些结构共有九个，都由石头砌成，厚约三英尺，分别有长椭圆形的小洞深入内部。这些小洞口使这栋建筑看起来有些像鸽子笼，这也是它被命名为鸽之屋的由来。过去整座建筑上都有灰泥人像和装饰，如今也只剩下部分残留了下来。图中所见是其侧面景象，因为完整的正面图像太大，书中无法完全呈现。

这栋建筑的中央是一个十英尺宽的拱道，通往一个长一百八十英尺、深一百五十英尺的中庭。庭院中央有一块倾倒下来的大石，就是人们经常提及的那种；右侧有一排颓圮的建筑，左侧也相同。庭院后方有一个高耸的石丘，在它前方，也就是庭院后端，又是一排颓圮的建筑，中央也有一条拱道。穿过中庭，再穿过拱道，我们爬上一道如今已颓圮的阶梯，来到另一个中庭，长一百英尺，深八十五英尺。这个庭院的两侧也各有一排颓圮的建筑，另一端是一个巨大的神庙，长两百英尺，深一百二十英尺，高约五十英尺，有一道宽阔的阶梯可通向顶部，那里是一座狭长建筑，一百英尺乘以二十英尺大，分成三个房间。

这一大片废墟带给人一股黯然神伤的思古幽情。进入大拱门的走道后，穿过两个壮丽的中庭，四面环绕着颓圮的建筑；登上宏伟的阶梯，来到位于顶部的建筑，强烈的荒芜气息弥漫于这个废墟城市中。从这里可以望见每座建筑兀自孤独地矗立着，四下阒无人声。有一回，卡塞伍德先生拾级而上登顶时惊起了一头鹿，还有一次则是一头野猪。

这座建筑的东北角是一大排高而倾颓的阶丘，分朝东西向，底座将近八百英尺长，称为“墓地”。其中一个阶丘上有一栋两层楼的建筑，还残留些雕刻，最底部则有一个如今长满杂草的深陷谷地，根据印第安人所说，这是从前这个城市的墓地；不过我们提供奖赏鼓励印第安人仔细搜寻后，并未发现任何墓穴。

除此之外，还有一座老妇之屋耸立于废墟中。有一回风很强，我亲眼看见这栋建筑残留的正面墙面因强风吹袭而倾倒。此地距总督府约四五百英尺，因建筑前有一尊毁损倒地的老妇像而得名。

附近还有些其他雕刻石碑倾倒在地，且都已蔓草丛生，半埋在土里，第一次拜访时，我们因印第安人的提示才看到。再往北，有一座圆形石丘，像玛雅潘一样，可能是一座荒废的圆形建筑。还有一道据说环绕着城市的城墙，我们尽可能循着遗迹在平面图上标示出来；过了这道城墙，放眼望去，到处都是废墟。

不过我想就以此简要描述在此打住。我大可无止无尽地描述下去，但还是尽可能将叙述浓缩至最低限度。我们为每一座建筑画了平面图，为每一块石雕画了素描。单单这个地方，就可能蕴藏了足以写上好几本大书的材料；不过我还有那么多废墟要描述，只好尽量长话短说，省略细节。希望将来有机会再更详细地陈述，以满足大家的好奇与兴趣。不过我相信，读者读了我的描述，已经对乌斯马尔的废墟有一些概念了。也许读者也会像我们一样，想象着这幅过往曾经存在的景象：所有建筑完好无损，人们穿着建筑上的雕刻所呈现的奇特服装穿梭其间；墙上充满艺术创作，与所有建筑和雕像、如今依然存在的石头相互辉映。

历史之光曾在梅里达和玛雅潘照耀着我们，但在这里并未出现；所有征服文献中亦皆未提及此地。乌云再度汇合。尽管如此，云层中仍闪现一丝星光。

科戈尤多神父说，在那永生难忘的一刻，当他头晕目眩地走下那宏伟神庙的阶梯时，发现在神庙的一个房间中——或如他说的，在其中一个小礼拜堂中——有作为奉献物的可可子，以及印第安人焚香用的珂巴脂[6]，他说这些珂巴脂才刚燃烧过不久，是当地印第安人刚举行某种迷信或邪神崇拜的证据。他虔诚地写道："愿主帮助这些可怜的印第安人，因为他们太容易受魔鬼欺骗。"

在梅里达时，我向西蒙·皮翁先生买下这块地产昔日的所有权状。它们的数量着实惊人，相较之下，延宕未决的大法官法庭或收回不动产诉讼所保存的文件不过就像一封情书。不幸的是，这些权状中大部分都使用玛雅语；幸好有一本对开大小的数据是西班牙文，里面记录了西班牙政府第一次对这些土地的正式转让，日期是一六七三年五月十二日。这是西班牙王室颁给罗伦佐·德·埃维亚上尉的褒扬状，将从乌斯马尔建筑向南四里格、向东一里格、向西一里格和向北一里格的土地赠予他，酬谢他为王室所立的功勋。

资料的前言中提到，根据罗伦佐·德·埃维亚上尉献给西班牙国王的呈文内容，距梅里达十六里格、距蒂科尔村的锯齿层峦三里格处有几处草地，以及几个尚未开垦、属于王室所有之地，名为乌斯马尔切卡塞克、特塞姆阡—塞敏—库雷亚—库苏尔特萨克、埃斯木—伊斯蒙—内克；这些地区无法供印第安人耕种，只能作为放牧牛群之用。前言中还指出，埃维亚上尉有妻有子，必须公私兼顾，因此盼能将这些地方的草原用来畜养牛群，希望国王陛下能赐给他这项权利，这样做不但无损任何人利益，“相反还可荣耀上帝，因为如此一来还可防止印第安人在当地的古代建筑中崇祀恶魔。他们在这些建筑里放置恶魔偶像，日日焚烧珂巴脂，公然进行令人发指的献祭活动”。

紧接在后的是一份后来的文件，日期为一六八七年十二月三日。文件前言重述了罗伦佐·德·埃维亚上尉的请愿，提及上述赠予的土地，以及一个名叫胡安·坎恩的印第安人不断提出要求，宣称他是这些土地古代所有人的后裔，拥有该笔土地的产权。这名印第安人出示了一些令人困惑的文件和地图，尽管无法证明他确实拥有这些土地的产权，但罗伦佐·德·埃维亚为了避免诉讼，仍同意支付七十四元作为该土地的购买金。他在请愿中附上了胡安·坎恩的让渡同意书，完全遵照印第安人的方式处理（这份让渡同意书原件和其他所有权状放在一起），并恳求国王允与证实他先前确实获得土地授予。这份文件便是确认赠予这批土地的证书，同时也说明了取得产权的正式程序。

由这份证明文件正可看出土地占有的行为，文件开头写道：“地点：名为乌斯马尔的地方，包括其建筑及土地；时间：一六八八年一月三日”等，结尾则是：“我以某总督所赐头衔之权力和权威，并遵从其规定，亲自带着这位罗伦佐·德·埃维亚，一起走过乌斯马尔每寸土地和每栋建筑；我们打开和关上一些门，看见这些门后有若干房间；我们砍掉房间里的一些树，拾起剥落的石块，丢出房外；我们从乌斯马尔当地的一个水池取水，并借由其他行动，完成了获得产权的仪式。”

读者可以想见，我们因而拥有两位各自独立、毫无关联的证人，证明在梅里达建城一百四十年之后，乌斯马尔的建筑仍备受印第安人尊崇，同时也是散居各处的印第安人的信仰中心，并且作为避开西班牙人监控而继续举行宗教仪式的场所。科戈尤多神父在侏儒之屋上看到的“刚烧过珂巴脂的痕迹”“刚举行过某种邪神崇拜的证据”，以及西蒙先生的土地所有权状，原不是为了留下任何历史见证，却意外透露了政府的政策，以及“为了荣耀上帝”而破坏印第安人的习俗，并将他们驱离其圣地的行为。此外，它们也因而成为强而有力的证据，证明当时印第安人仍在这些古代建筑中公开举行声名狼藉的“魔鬼”崇拜，以及其他令人嫌恶的献祭活动。

如此一来，这些深受印第安人重视、即使遭驱离仍不顾一切回来进行崇祀活动的建筑，会属于另一个民族吗？或者，印第安人之所以如此念念不忘这些建筑，是因为他们承袭了父祖辈的形式与仪典，因为这些正是他们祖先进行崇祀活动的相同地点？在我看来，这个问题的答案昭然若揭，而且我还可进一步补充：透过公证人的行为可得知，不过在一百五十四年前，乌斯马尔的废弃建筑里还存在着可以“打开”和“关上”的“门”。

❶

此处的“哈瓦那”应指“哈瓦那辣椒”，最大产地为尤卡坦半岛，极辣，是当地人重要食材。除了入菜外，有时人们还会在龙舌兰酒中放入哈瓦那辣椒，浸泡几天或数周后饮用。

❷

护火贞女又称“薇丝塔贞女”。薇丝塔是罗马人的家庭守护神与国家守护者，其神庙内燃烧着火焰，象征薇丝塔，也象征罗马的兴盛与永恒存在，负责守护殿内火焰的，就是这群称为护火贞女的六位祭司。她们获选成为祭司时，年龄介于六至十岁之间，此后必须守贞侍奉薇丝塔三十年。

❸

伊特鲁里亚人是比罗马人更早居住于意大利的住民，其文明兴盛，罗马除了文化与建筑深受伊特鲁里亚文化影响外，神话中更沿用了许多伊特鲁里亚的神祇。

❹

阿尔平诺的罗马名称为亚尔平尼姆，位于意大利中部拉丁姆地区，其历史可上溯至公元前七世纪左右。

❺

提林斯与迈锡尼是希腊迈锡尼文明的两大重要考古遗址，位于希腊的伯罗奔尼撒半岛，于公元前十五至公元前十二世纪期间统治地中海东部地区，对古希腊文化发展有极重要的影响。

❻

珂巴脂是一种树脂化石，类似琥珀，但形成时间较短，不若琥珀年代久远。

第十五章

探索地下井

读者现在可能急着想离开乌斯马尔了，我们更是如此。我们已完成手边工作，决定了启程的日期，并在离开前这段期间，从墙上取下一些雕饰准备带走。在印第安人的帮忙下，我们得以着手拍摄离别前的最后景象。当我在修女方院的庭院中顶着炽烈的太阳调整相机时，卡塞伍德先生派人送来一张纸条，上面说，这回轮到他生病了。他着了凉，躺在床上休息。不久下起大雨，我进入一个潮湿的房间躲雨，结果在那里待得太久，也着了凉。回程的路上，我的病情再度严重复发。到了晚间，卡柏特医生一方面对眼前的状况感到无力，一方面出于共患难的情谊，也发病了。仆人都回村里去了，我们三个各自软绵绵地瘫在床上，决定尽早离开乌斯马尔。

第二天还在下雨，我们把时间消磨在整理行李上，那向来就是件令人讨厌的事，在这种时候更是特别痛苦。第三天，我们从总督府出发；这一去，也许便与它永别了。

走下阶梯时，卡塞伍德先生突然提起，今天是元旦。这是我们第一次想起这件事。它让我们想起一些和眼前悲惨处境迥然不同的场景，那一刻，真希望自己置身家中。轿子已备好，就停放在阶丘下，我们爬入轿内后，印第安人将我们连人带轿抬起，置于肩头，启程离开乌斯马尔。我们毫不担心遭遇和罗得之妻[1]一样的惩罚，因为我们头也不回地走了，对此地曾经抱持的高度兴趣此时已烟消云散，只想快快离开。我们离开后，乌斯马尔的废墟没入安静和荒芜之中，一如我们初次发现它时；这里将再度受树丛遮掩，碎裂后倾圮，也许几代之后，便和尤卡坦境内到处可见的其他废墟一样，只剩不成形的无名瓦砾一堆罢了。

我们的家务管理与家人关系也再度瓦解。艾尔毕诺和博纳多和我们一起走，当我们经过玉米田边时，看见在玉米秆后有个人影——那是嘉帕琪庄重的身影。她似乎正以哀伤的眼神看着我们。啊！可怜的嘉帕琪，这位白人之友！她再也无法为乌斯马尔的英国人做玉米薄饼了！一个月后，她就被抬往大牧场的墓地。阳光和雨水打在她的墓上。没多久，她的骨骸将出现在那个随意抛置的骨骸堆上，和其他的骨骸混杂在一起，日渐泛白。也许有一天，她的头骨会被某个没良心的旅客带走，送给费城的莫顿博士。

我们离开乌斯马尔可说是仓皇而逃，确实有点可笑，但当时实在没有这样的幽默感。尽管轿子已算是很便利的工具，卡塞伍德先生和我还是难受无比，因为轿子用竹竿临时绑在一起，匆匆搭成，会随着轿夫不规则的步伐而晃动。走了两里格后，他们把我们放在一棵大鸡冠刺桐下，面对着仍属于乌斯马尔辖区的切图利斯大牧场。大牧场上的印第安人仿佛在嘲弄我们似的，纷纷穿着假日的服装外出，庆祝一年复始。我们等了一会儿，待轿夫休息够了才又上路，两个小时后抵达诺卡卡巴村。他们将我们放在公共之家门口；当我们爬出轿子时，这些一路抬着我们的可怜的印第安人比我们还高兴。

来了三名英国人，这可是村子里前所未有的大事。大家本就好奇，纷纷想看看我们，听说我们此来的目的后，更觉得非常怪异，难以理解。这天正好是节庆，吸引了所有村民和不少附近村落的印第安人，他们涌进广场，大多挤在门口，大胆些的则闯进门里，看看躺在吊床上的我们。这些冒险家都醉得特别厉害，其中有不少村中有头有脸的人物。他们似乎只剩一丝理智或本能，知道闯入白人屋里是冒犯的行为，因而歉疚地表现出特别温顺、和气的态度。

起初我们非常受不了这么多访客，以及屋外印第安人不断敲击屯鼓所制造的噪声。渐渐地，痛苦逐渐消逝，加上想到已逃离乌斯马尔的有害环境就感到安慰，因此到了晚间又可以下床了。

公共之家是每个村庄里的公共建筑，作为早期西班牙王室政府设置法庭与其他公务机构之用；它也像中美洲的市政厅，设计有供旅客住宿的房间。然而在诺卡卡巴村，外来访客实在太少见了，以致完全未留出客房。我们进驻的房间是这栋建筑的主厅，专供村中重大活动之用，平常则是课室；幸好我们到的时候是新年，学生都放假了。

这间主厅约四十英尺长，二十五英尺宽，家具包括一张非常高的桌子和几张非常矮的椅子，为了庆祝新年，门上装饰着椰子树的枝干。粉刷过的墙上，一侧画着一只老鹰口中叼着盘蜷的大蛇，正用爪子撕裂蛇。这幅画的下方是一些难以分辨的人物，以及一把剑、枪和大炮，这些战争的象征，竟出现在这个从没听过战斗号角的和平村庄中。在鹰嘴旁有一个卷轴，上面写着："共和国会议厅，一八二八年"，另一边写着："中央党"。在联邦党胜选时，这些字样就被大笔一挥涂掉了；但由于没有写上新的字样，只要中央党恢复政权，很容易就可恢复旧观。墙上还挂了一张"布告"，分别以西班牙语和玛雅语写着："尤卡坦总督大人恩准在此村成立小学，以教育儿童识字、读写、计算和天主教的神圣教义；身为人父或一家之主者，皆应将孩子送往受教，受教育的费用全由公家支出，毋需私人付费。"布告的对象包括白人、印第安人以及其他阶级，亦即麦士蒂索人。

主厅的一侧是军营，内有驻军，这七名士兵都是民兵，其中有三四人也因热病和疟疾而病倒。另一侧是监狱，里面有位不幸的先生正透过铁栅门的格子向外瞧。

单单这栋建筑就占据了整个广场的一侧。在整个探险旅程中，诺卡卡巴村是我见过唯一曾进行"改善工程"的地方；不过就另一方面来讲，它也是我见过最需要这种工程的地方。广场简直糟糕透顶，当时更是惨不忍睹。它位于山腰上，所谓的改善工程就是把广场铲平。许多土堆积在中央，有一边的房子因为少了地基，进出门户得爬梯子。当我得知他们的村民代表在提出这项计划后，就像我们国内的市议员规划新街道时一样给自己惹了不少麻烦，心里感到很安慰。

从公共之家门口向外望，可以看到两个醒目的标志：一个是宏伟高大的教堂，正是我从蒂科尔过来时，在锯齿层峦顶峰看到的那座。另一处是井，这是一个长椭圆形的封闭式地点，四周围绕着高大石墙，一端有一个以棕榈叶覆盖的顶篷，下方有一头骡子拉着一根横杆不断绕着圈，将水抽入一个水泥砌成的长椭圆形大蓄水池中，村中的妇女便在这里取水。

我们漫步走出户外，那些印第安轿夫看到我们，立刻摇摇晃晃地聚集过来，让我们知道他们非常高兴看到我们，同时也恭喜我们复原。他们虽比其他印第安人晚到，但也已大手笔挥霍了一回合，充分利用他们的时间和我们所付的酬劳好好地买了醉，与诺卡卡巴村中的好手相较之下毫不逊色。尽管如此，他们还是表现出孩童般的和气，而且毫无例外地，每个人发表完简短的问候后，都伸手讨钱。

北美洲的印第安人一喝酒就变得傲慢、凶猛与残酷，若是手里拿了刀，更是危险；然而，尤卡坦的印第安人喝醉时，却变得更温顺、更服从。他们全都佩带开山刀，但从没用来伤人。

我们努力说服这些印第安人，趁钱还没花光赶紧返回大牧场。最后，轿夫终于愿意遵照我们的吩咐离开。我们看着他们沿路摇摇晃晃地走，仿佛路不够宽，容不下一个人直走似的。他们走了一会儿又回头看，向我们再度致敬；最后，当他们走到我们管不着的距离时，全都停了下来，坐在路上又喝了起来。

我们抵达诺卡卡巴时，正逢一个有趣而刺激的时刻。村里刚经历一场激烈的选战。上一届的“阿卡迪”[2]因广场改善工程等重要因素引发众怒，村民形成强烈共识，认为再不换掉这些阿卡迪，共和国将有灭亡之虞，有心竞争者更是如此认为。这种感受遍布各个阶层，加上神的旨意（胜选的党是这么想的），阿卡迪改选了，共和国也

水井

得救了。

地方选举在诺卡卡巴或许比在尤卡坦境内其他村落都重要。读者知道尤卡坦地区相当缺水；此地没有河川、溪流或泉水，除了水塘附近地区外，人们只能从井里取水。诺卡卡巴有三口公共用井，大约有六千人完全仰赖这三口井供水。其中两口称为“水车井”，因为井较大，也有较具规模的设施，由骡子带动来抽取井水；第三口井则只是个小井，井口有一根横梁，取水的人在此用自己的桶子和绳子取水。除了这些井外，数里格之内再无其他水源。所有印第安人都住在村里，距井不远；当他们需要到玉米田工作时，就得自备饮水，因为有的玉米田位于村外数英里处。前往取水的妇女都会带一把玉米，留在井边作为骡子的饲料，我们则为我们的每匹马各支付两美分的代价供它们饮水。

看管与照顾这些井是村中行政机关非常重要的工作。他们每年选出三十名印第安人，称为“水井阿卡迪”，任务就是保持水井运作良好，蓄水池不缺水。这些阿卡迪为无给职，不过可享有某些劳务的免役，这项工作因而受人欢迎，也因此，这次为更换阿卡迪而引发的政治斗争绝非小事。然而专心埋头在乌斯马尔废墟的我们，对此重要选举的消息却毫无所悉。

从某个角度来说，这种做法相当于维系一个贵族统治政府的附属机构，但至少我们的轿夫，还有为我们一路背负行李的印第安人，都享有和主人一样的投票权；因此，未能身历其境观察这一场货真价实、如假包换的美洲原住民民主过程，实是憾事。据说从大牧场来的印第安人最为壮观，令人印象深刻。这些因欠债而卖身为奴仆的印第安人，带着相同的意见与目标来到村内，无论是对人对事、同意或反对，不带任何偏袒或私心；他们毋需考虑财政问题或如何改善内政，不需为候选人的才能、私德或公众服务的表现争辩，最重要的是他们不受逐渐令人不齿的个人崇拜之影响，因为他们基本上对于该投票给谁毫无概念，只要把牧场主人或总管发给他们的一张小纸条丢进投票箱内，就可享有一天的假期。唯一的危险是遇见熟人互相寒暄之际，小纸条可能被人趁乱掉了包；果真如此，事情很快就会被发现，而只要触犯大牧场的纪律，无可避免地一定会被发现，当然这些独立自主的选民也就因此少不了一顿好打。

村民对政治派别漠不关心，特别喜欢推出默默无闻的人，这也相当令人惊叹。印第安阿卡迪经常是在毫不知情之下被有选举权的同胞们推举出来；选举日当天，这些人往往还在田里工作，回到家时也什么都不知道。就职前一夜，即将卸任的阿卡迪会遍访全村，一一找到这些毫不知情的胜选者，将他们送往市政厅留置整晚，以便第二天早上宣誓就任。

在我们看来，这种做法挺怪异的，然而告诉我们的人可是一本正经，而且以此地人民的习性来衡量，我相信这些说法并不夸张。无论如何，现任阿卡迪任期即将届满；第二天早上就要举行盛大的就职典礼。准备卸任的印第安人积极地到处寻找接班人，把人带到会议厅。临睡前，我们跟着小神父去探望了一下。大部分人都已到，只有少数还没找到。他们围坐在大桌子旁，桌上放着当选数据；为了排遣留置期间的无聊，他们身旁还放着乐器，整晚发出可怕的吵闹声。姑且不去评断选举的结果如何，把这些人留置整夜无疑是个聪明的预防措施，可确保第二天早上他们都神志清醒地参加宣誓。

第二天一开门，我们发现全村的人都到齐了，正准备进行严肃的新阿卡迪就职典礼。过完身心放纵的新年，印第安人都穿着洁净的衣裳聚集在广场上；通往教堂的宏伟阶梯和教堂正门前的平台上，净是穿着白衣的印第安妇女，近门处有一群女士，披着头巾和面纱，服饰和首都的仕女一模一样。清晨的空气很清新，令人振奋；晴空万里，晨曦照耀着这个欢喜雀跃的场面。这是民主原则的又一大胜利，连井边日复一日踏着同样步伐汲水的谦卑驴子，颈上也结着红丝带，同时悬着五毛和两先令的铜钱，以示庆贺。

七点钟，旧阿卡迪最后一次各就各位，监督新阿卡迪就职。典礼结束后有一场游行，目的地是教堂，由小神父领队，新阿卡迪随行。这些人穿着黑色大礼服，头戴黑帽，在一片白衣、草帽的人海中显得十分突兀；自我们离开梅里达后，再也不曾看过如此正式的装扮了。紧接在后的是印第安官员和他们的属下，以及广场上其他民众。所有人在教堂里参加一场大弥撒，由小神父为新阿卡迪喷洒圣水。随后小神父退回修道院内，在自己的静室中喝巧克力，我们跟在他身后，所有新阿卡迪跟进，白人阿卡迪也纷纷上前来和我们握手。小神父刚把巧克力举到唇边，印第安阿卡迪一个接一个上前来，在不妨碍他啜饮的情况下亲吻他的手。此时，小神父开口问我们对村里姑娘的印象如何？是否足以和我们本国的姑娘相比？然后他一面啜饮着巧克力，一面训勉印第安人，虽然他们地位较其他同胞高，但在主要的阿卡迪面前仍是小人物；他又提出许多忠告，最后告诫他们要遵守法律，服从长官。

九点，我们回到住处。不知是因为消耗太多元气，抑或又到了疾病定期发作周期，我们热病再度复发，不得不全都躺在吊床上。此时，小神父却送来一封来自蒂科尔的信，通知我们教区神父度过了艰险的一夜，命在旦夕。我们在废墟时，辅祭曾写信告诉我们，神父的病情一直未见好转，无法前来和我们会合，我们抵达诺卡卡巴时也不知他的病情已如此严重。这个消息突如其来，宛若晴天霹雳。我们和他分开才没多久，原准备在乌斯马尔再会面，他的亲切还鲜活地留在脑海中。我们应该尽快去看他的，但却三个人都瘫在吊床上动弹不得。

教区神父的病也在蒂科尔印第安人中引起一阵极大的骚动。他们认为他即将死亡，这是上帝对他在圣弗朗西斯科挖掘人骨所降的惩罚。这个谣言愈演愈烈，甚至不只在印第安人之间流传。同村一个伶俐的麦士蒂索小伙子前来报信时，便不断活灵活现地对瞠目结舌的听众描述，可怜的教区神父躺在床上，双手合十放在胸前，每十分钟便以低沉而阴森的声音喃喃念道："骨头要放回原处。"

我们听说，教区神父碰巧遇到一位英国医生为他医治，不过从这位医生的名字倒看不出是英国人。我们的烧也许几个小时后会退，因而请小神父帮忙在下午两点前找到轿子、轿夫；我们想赶去见教区神父，看看卡柏特医生是否帮得上什么忙，即使什么都帮不上，至少能向他做最后的道别。

连续两天的庆典，对诺卡卡巴的印第安人来说实在太多了。大约一小时后，一位新当选的阿卡迪进来告诉我们，为了庆祝顺利选出新阿卡迪，这些独立自主的选民都已醉得步履蹒跚，只能找到足够抬一顶轿子的轿夫。这些阿卡迪可能无法了解，眼前的情况究竟是因为当天的庆祝还是延续新年而造成的，至少就我们目前所关心的焦点来说，结果是一样的。

不过，阿卡迪和小神父有感于我们的心意，也知道我们根本不可能自己骑马过去，所以又努力寻找了一番，两点时，总算找到足够的人数。这些人摇摇晃晃地走进屋里时，我们还躺卧在吊床上，不知道究竟是否能成行。他们的出现并未带给我们多大鼓舞，因为他们似乎都站不稳了，更遑论还要扛着我们和轿子。不过，我们还是要他们先出屋去把轿子备好。三点，我们爬进轿里，这段期间，轿夫又喝了一轮酒。把自己交到这样的人手上似乎太过草率，何况还得越过锯齿般的重峦，那是全境内最危险的路途。不过阿卡迪说，这些轿夫品行甚佳，一里格还没走完，他们便会恢复清醒了。于是，在这样的鼓励之下，我们上路了。毒辣的太阳毫不留情地照射在我的后脑勺上。抬着我的轿夫拔腿全力向前冲刺，大约跑了一英里路才放慢步伐，一路有说有笑。傍晚时分他们将我放下，我奋力爬出轿子，夜晚的清新空气令人神清气爽。我们在这里等卡柏特医生的轿子赶上来，他的处境比我还糟，因为他的轿夫醉得更厉害。

当我们抵达层峦山脚下时，天色已近全黑。我们一路向上爬，乌云也开始密集，随时要下大雨似的。先前因为热，我们尽量让轿子保持敞开，使空气流通，这会儿则得更努力防止它被雨打湿，因此我把轿子四面的遮帘全都固定住。到了层峦峰顶，下起雨来了。在黑暗又崎岖的山路上，印第安人尽可能地快速下山。这条路在白天骑马经过时就已需格外留心，幸好印第安人酒已醒，我对他们踏实的脚步也较有信心，不再担心。没想到此时轿子突然歪向一边，我困在轿中，完全无能为力。只听得一声巨响，轿子向一侧倒下，我真担心它会从悬崖上滚落，幸好另一侧的印第安人控制住了。我赶紧手脚利落地从轿子中出来。天空下着倾盆大雨，四周太暗，什么也看不见。我的肩膀和身侧都有擦伤，不过，幸好印第安人一个也没少。他们全都围拢过来，显得很惊恐，仿佛我伤得很严重似的。其实，就算真的发生更严重的意外也不能怪他们；在这样伸手不见五指的黑暗中，走在这么崎岖险峻的山路，他们已经很了不起了。我们扶正轿子，尽可能重新安置妥当，按预定时间抵达修道院门口。

我跌跌撞撞地爬上阶梯，上前敲门，但好心的教区神父并未现身出来欢迎。难道我们到得太晚，一切都已太迟？眼见长廊末端有一丝灯光，我摸索前进，来到一个回廊，里面有些印第安人正在忙着制作烟火。原来教区神父已被送到他的弟妹家。我们请一名印第安人先去报信，告知他们我们来了。不久，我们看见一盏灯笼穿过广场而来，随即认出布里塞纽神父的长袍。我们之所以来，就是因为收到他寄给小神父的信。信是早上发的，那时教区神父的病情似已无望，但在六个小时之间，他的情况似乎又好转，终于度过了危险期。虽然白跑了一趟，但也许没人比卡柏特医生和我更高兴。卡柏特医生甚至比我还更松了一口气，因为除了担心到得太晚，或只来得及为教区神父送终外，医生还担心，他虽有责任救治教区神父，却没把握能救活他。

基于职业上的礼貌，卡柏特医生提议去拜访那位英国医生。他已关上大门，躺在吊床上，因为他自己也得了热病，正在发烧，而他的对治之道就是洗热水澡。门还没打开，我们已因为他确实是英国人而感到非常欣慰了。在尤卡坦内陆这个小村庄里，能遇到同是说英语的人，真是奇异，而他如何来到这里的曲折历程，更令人啧啧称奇。

法斯纳医生个头不高，年纪有五十好几。三十年前他移民牙买加，在西印度群岛浪迹多年之后，来到美洲大陆。他以悬壶济世的医术行遍天下，几乎去过所有西语系的美洲国家。他对革命有着无法克制的憎恶，不幸的是，他这辈子大部分时间所走过的国家，都是革命最盛的地方。

他去过哥伦比亚、秘鲁、智利，甚至曾在中美洲为卡雷拉[3]开药。当时，以养猪维生的卡雷拉响应内心的召唤，带领一千两百名印第安人前往萨拉马，扬言杀死白人。法斯纳医生不幸正好在当地落脚，那里只有三十名驻军和六十名能拿起武器防御的公民，他便欣然加入。幸好后来卡雷拉又带着印第安人撤离，法斯纳医生也离开萨拉马来到尤卡坦，却又正好定居在全尤卡坦唯一可能发生革命的地方——特卡斯。他迅速离开当地，准备前往梅里达，在途中遇到教区神父而暂时留下。他长年待在热带国家，非常熟悉此地的病症，不过他的治疗方法恐怕不是一般受正规训练的医生所能接受的。教区神父感染的是假霍乱[4]，胃肠因发炎而急剧肿大。为消除症状，法斯纳医生命人在门口宰杀一头绵羊，将羊肉割下，覆盖在病人肚子上，不到几分钟时间，羊肉脏了就再换新的；如此周而复始，不断重复这个过程，直到宰杀了八头羊，发炎开始消退。

走出法斯纳医生的屋子，我们去探望教区神父。两星期不见，他的样貌改变之大，令人吃惊。原本瘦削的他，因为病痛折磨，更瘦得不成人形。他躺在帆布床上，盖着被单，看起来不像活人，倒像尸体。他勉强以缩小好几圈的手，微弱地比着手势，表示很感谢我们来访，以及他以为再也看不到我们了。不过，围绕在他身旁的这些快乐脸庞说明了一切。一个已走在鬼门关前的人又逃了回来，确实令人欣喜庆幸。

第二天早上我们再去看他。他问起我们在乌斯马尔挖掘的结果，我们的回答令他凹陷的双眼发出光芒。当我们提及印第安人的迷信传说，认为他因在圣弗朗西斯科挖人骨而得病时，他的嘴角露出一丝微笑。我们的来访似乎给他带来很大安慰，尽管我们无法和他交谈，但几乎整天都留在屋内，第二天才骑马返回诺卡卡巴。我们因这一趟蒂科尔之行大大恢复了精神，同时发现卡塞伍德先生的情况也大有改善。休息几天果然对大伙儿都极有帮助，我们又可立即恢复工作了。

离开乌斯马尔后，我们直接来到诺卡卡巴，并非因为此地有什么特别吸引人之处，而是听说附近有许多废墟。确定废墟的位置后，我们评估后认为，拜访这些废墟的最佳方式，便是以诺卡卡巴作为基地。我们预计在此停留一段时间，而公共之家的住处低矮、潮湿，而且嘈杂，更重要的是，我们的房间必须回到原本作为教室的用途，因此在小神父提议下，我们放弃那里，搬入修道院。

修道院是一栋长形的石砌建筑，位于教堂后方，和教堂同在一块高起的台地上俯视村庄，远离村庄的烦扰和喧嚣。其中两个大房间紧邻教堂，相当方便，美中不足的是，我们快速查看有无会引起热病和疟疾复发的状况时，发现房间一侧长年在教堂高墙阴影的遮蔽下出现水坑和青霉。此外，其中一个房间的门上写着：“荷西 · 特鲁非凯先生在此过世，愿其灵魂安息。”

我们就在这里住下。一边的邻居是永远维持快乐与活力的小神父，另一边则是六到八名印第安教堂司事，每次看到他们总是醉醺醺的。我们的门前是一块高起的宽阔平台，环绕整个教堂，再稍远处有一个围墙圈起的小院落，我们的马就留置在此。教堂司事的对门是个有茅草屋顶的厨房，印第安教堂司事在那里炊爨，艾尔毕诺和博纳多也睡在那里。

根据历史记载，在西班牙人征服时期，这一带有个印第安人城镇就叫诺卡卡巴。这个名字由三个玛雅字组成，意思是“福地之最”；从当地遍布无数令人惊奇的废墟看来，这很可能是个富庶、人口曾极度繁盛的国家之心脏地区。附近郊区有数不清的大型石丘，规模宏伟令人咋舌，但比圣弗朗西斯科的废墟更荒芜、倾圮，几乎无法接近。

诺卡卡巴村庄与这些废墟之间的关系，就像蒂科尔与圣弗朗西斯科废墟的关系一样。在我看来，诺卡卡巴正位于昔日印第安城镇的外围，甚或盘踞了部分旧城镇的遗址，因为村里一些印第安人土地上残留的石丘遗迹，和郊外的一模一样。此外，在挖掘广场时，也有花瓶和陶器不断出土，小神父的母亲住所面街的墙上就嵌着一个雕刻人头，是十五年前挖到的。

这整个地区地处偏僻，较不为人所知。目前不但没有任何主要公路经过，其位置也不在通往重要旅游景点必经之路，因而本身不具任何引人驻足的条件。尽管改造工程已经开始，它仍是我们所见最落后、全然印第安风貌的村落。梅里达对此地印第安人而言是如此遥远，超乎想象，也只有极少数白人曾到过那里。蒂科尔才是他们的首府；只要村里缺少什么物资，他们就会说，蒂科尔有。教堂司事每周都要前往蒂科尔领一次圣饼，因而也成为帮我们跑腿办事的托付对象。

我们计划拜访的第一个地方是斯科奇废墟。从开始对这附近进行研究，我们就发现自己置身于全然不同的处境。斯科奇距此地只有一里格远，但本地人谈话从未提附近的废墟。除了废墟建筑外，那里还有一口神秘、传奇的古井，这倒是人尽皆知。据说这口井是个非常庞大的地下结构，其中装饰着雕像、一张由石头打磨而成的巨大桌面，以及一个由列柱支撑拱顶的广场，此外还有一条地道，通往二十七英里外的马尼村。

尽管关于这口古井的传说如此神奇，一些细节也让众人津津乐道，而且距离诺卡卡巴也不过三英里，但我们所得情报还是相当模糊，很难安排如何前往探勘。此地的白人从未进过古井，曾有几个人从井口向内张望，他们说，那里的强风让人呼吸困难，因而不敢再深入冒险。这口井的名气完全因印第安人传说而来，但透过翻译后，讯息变得十分混乱。经由小神父和其兄弟——新当选阿卡迪的赛贡达的热心协助，两个据说最熟悉该处的人被带来找我们。他们说，除非雇几个人花一两天造梯子，否则不可能进得去。他们还说，无论如何，超过正午后便不能进入井中。既然我们所有的朋友和顾问对此都毫无所知，大家当然都听他们的。不过因了解他们行事缓慢的习性，我们要求他们天一亮就到古井所在。我们也尽可能收集了村中所有可用的绳子，其中一条还是从水井取来的。

第二天一早八点我们便上路了。沿着公路走了一里格，左侧有个小开口，我们所雇的印第安人之一正在那里等候。我们跟着他走过一条新辟的小径，再度置身废墟之间，不久便抵达一座高大的石丘脚下。这座石丘耸立于平原之上，从乌斯马尔的侏儒之屋即可清楚辨认出（如右图所示）。此地区四周地表开阔，有几栋建筑的残迹，不过都很低矮，而且完全崩塌了。

这座大石丘孤单地矗立着，是平原上唯一突出的物体，四面都已崩塌，只有部分地方尚可辨识出残留的梯级。南面的腰部附近长了一棵大树，正好提供可爬到顶部的途径。石丘高约八或九英尺，顶部只剩一座建筑的一角残迹，其余都已夷平，蔓草丛生。从这里可望见一片广漠无垠的林木原野，耸立在东南方的是诺卡卡巴教堂，向西眺望则可见到乌斯马尔的废弃建筑。

回到原路继续前进，我们来到一个茂密的树林，在林中下马，系好马匹。这是我们在尤卡坦所见最美的树林，其中有一个巨大的圆形地下坑洞，深二十或三十英尺，从底部和坑洞四壁生出的树木与灌木丛，已比平原地表还高。这里看起来很原始，放眼所见迷离而神秘，几乎令人悚然。树林十分茂密且闷热，没有一丝气息，每片树叶都是静止的，但在这个洞中，枝叶却激烈地晃动，仿佛有某只看不见的手正摇晃着它们似的。

这个坑洞便是前往古井的入口，它看起来如此狂野，确实足以引发与它相关的最荒诞的故事。我们走下井底。井底一角的一块大石灰岩上有个原始的天然洞穴，又低又矮，从中不断吹出阵阵强风，摇动着坑洞一带的林木枝叶。这里便是井口。当我们第一次试着走进去时，一阵强风袭来，逼得众人喘着气向后退，也证实了我们在诺卡卡巴听到的说法。我们雇请的印第安人举着火炬在前领路；他们手中的火炬是用长长

CATHERWOOD
STROI.G.SC.

的蓖麻条做成的，风吹袭时反而燃烧得更旺盛。在此之前我们听说过有关此地不可思议的事，其中包括中午十二点后不得进入。此时时间早已过了，我们又没做好据说必要的准备，也不知能继续前进多远，只能随着向导往前走，其他印第安人则带着一卷卷绳索跟在我们后面。

这个入口约三英尺高，四或五英尺宽。由于高度很低，我们必须手脚并用地爬行，穿过一道向北方倾斜约十五度的通道。风从洞穴深处聚集力量，带着强大威力吹过这条通道，令我们几乎无法呼吸。我们体内还残存着热病和疟疾的病源，因而对自己能否继续探索深感怀疑；不过好奇心终究战胜审慎的考虑，我们还是继续前进。通道地面上有一条凹陷的沟痕，深两三英寸，是历经长期不断践踏所形成的；洞顶岩壁则蒙着一层燃烧的火炬所造成的黑烟。一面屈身费力爬过这条通道，一面抵御冷空气的来袭，探险伊始就充满了艰辛。如果只有我们自己进行这趟探险之旅，恐怕早已打退堂鼓，掉转回头了。

就这么爬行大约一百五十或两百英尺远后，通道变大了，形成一个宽四十或五十英尺、高十或十五英尺的不规则洞穴。我们不再感觉到冷风的吹袭，温度也变得相当暖和。四壁和洞顶皆是粗糙、破碎的石块，刚才所走的那条小径便从中央通过。从这条小径又向左、右分别延伸出许多小径，我们沿着它往下走，在某个地方，印第安人将手中火炬放低，照耀出一块石雕。我们原已认定，尽管这个洞穴或通道不知通往哪里，但它应是天然形成的，因而不抱任何可能看见伟大艺术遗迹的期望。不过这块石雕仍带来了鼓舞，为我们重燃希望。也许，印第安人的传说确有其事？然而，我们因这块石雕头像而燃起的希望不久就破灭了，因为我们看见了印第安人所说的桌子。这原是传说中最受人重视的部分，被形容为人工制造且打磨得十分光滑的一件物品，实际上是一大块粗糙的石头，只是其顶端的石面平坦而光滑而已。它看起来完全是自然的产物。

过了这里，我们进入一个不规则的圆形大洞穴，也就是被描述为广场的地方。印第安人停下脚步，手中的火炬熊熊闪耀着。这是一个巨大的圆顶石室，硕大的钟乳石柱撑着高高的屋顶，是印第安人口中的列柱，虽然和我们原先的预期十分不同，但在火光照耀下，加上印第安人纷乱的影子，还是非常壮观，几乎可说是不虚此行。这个广场位于前人经常行走的那条路径一侧，我们在那里待了几分钟，恢复一下元气，因为通道内密不透气，加上火炬的热气和烟，着实令人无法忍受。

再往前走，我们爬上一块高大的破碎岩石，向下进入一个又低又窄的开口，必须手脚并用地爬行通过。由于空间密闭，充满火炬产生的热气和烟，加上费力爬行，我们都热得又累又渴，大气直喘。之后，我们来到一个直径三四英尺的洞口，这里崎岖陡峭，沿岩壁凿出的阶梯勉强可供落脚。我们小心翼翼爬下去，洞底是一块平板的岩石，右边升至相当高的地方，左边则是一个开口甚大的深渊。沿这个深渊的边缘置放了几根原木，还有一根竹竿作为栏杆，是一道可供通行的桥。过桥时，火炬亮光照耀底下的深渊，我们得知自己正横越一个可怕的地方。之后，通道转向右，高度缩为三英尺左右，宽也是三英尺，并且急剧下降。我们被迫再度爬行，再次忍受几乎令人窒息的热气。事实上，我们抱着惴惴不安的心情前进。万一在这些狭窄的通道之一晕倒，空气如此稀薄，无疑是死路一条，更别想把人抬出去了。在这种地方，自身难保，遑论其他。我相信就算是印第安人也无能为力。

这条通道延续了五六十英尺，然后出现一个急转弯，但依然和先前一样窄小且急剧下降。接着豁然开朗，进入一个相当宽敞的洞穴，再向西南行，又是一个垂直陡降的洞，藉由一道原始而摇晃的梯子来到一个低矮、弯曲、需爬行通过的通道，再向下降，直到进入一个破损的大石室内，石室的另一头便是一潭深水。

以上的叙述也许不是百分之百正确，不过也没有太过夸张。其中有些弯来转去的地方或是上上下下之处可能被略过未提，但最令人惊异的部分绝对已做了最真确、最忠实的描述。

水蓄积在一个石质深池中，从一块突出的岩棚下流泄而出，池上一侧横置着一根竹竿，供印第安人靠上前去，弯腰以葫芦取水。如果我们还需要什么证据的话，单单这一项，便足以证明这里过去的确曾是个取水的井。

不过在那个当下，从前的人是否在此取水对我们而言一点都不重要了。看见它，比看见黄金、宝石更令人兴奋。我们浑身是汗，被烟熏成黑炭，口渴欲狂。池水出现眼前，清澈而诱人。遗憾的是完全无法企及，因池水距离太远，无法以双手下伸掬水。我们之前对此地状况毫无所知，也未做任何准备，印第安人只遵嘱带了应带的东西，因而此时没有任何可取水的容器。我从池边一侧爬下去，用一手掬起一点水，但量实在太少。尽管面对这么一潭深水，我们却仍被迫忍着口渴离开。幸好在爬过第一段狭窄的通道后，发现一个破损的陶罐，印第安人带着陶罐回到潭边取水，才让我们得以稍获沁凉止渴之舒坦。

之前向下走时，我们除了盯紧眼前不好走的路外，很少留意其他，但此时对这里已有些许认识，走起来也不那么辛苦，我们转而询问印第安人提及的那一条通往马尼的地道。随后我们又转入岔路，走了一段短短的距离，发现它已因落石所阻而自然封闭，完全无法穿行。不过就我们所知，尽管所有人都说这条地道通往马尼，但我们认为印第安人从未真正进入探索过。它既不通往水源之处，也未通往洞外，连我们的向导之前也未来过。我们劝他们以后对外人谈起这口井时，不要再提这条地道以及某些特殊细节；但除了小神父和其他听我们聊起此行所见的人外，很难保证下一次别的旅客来此时，听到的故事不会和我们一样。

我们朝回头路出发前，先在凉爽的空气中多待了一会儿，然后准备穿过冷风吹袭的洞口。进洞一个半小时后，我们又回到洞外的地面。

单单以洞穴来看，我们才探访过的这个算是相当特殊；不过以古代城市的水井或水源而言，如果不是亲眼所见，简直令人难以置信。它的周遭是一个看不出有其他水源供应的城市废墟；但最特别的是，对印第安人来说，这不过是代代相传的知识。他们说，这里并不是他们发现的，而是父祖辈使用的水井；他们并不知道谁最早开始在这里取水，也许是某个遥远的民族，某个他们称为“安提瓜”[5]的族裔吧。

我们之所以相信这里一度为某个人口繁盛的城市提供水源，主要是因为一项强有力的证据——洞内岩石上经人踩踏出的深陷凹痕。这一带附近荒废已久，只有少数印第安人前往玉米田工作才会经过。他们零散的步履绝不可能踩踏出那样深刻的痕迹来，只有数千人长期不断行经才可能形成；而那必定是个人口繁盛的城市。

在环绕着入口的小树林里，我们发现一块石头的中央凹陷处积了些水，便在此解渴并清洗手脸。有点出乎意料的是，这么一趟费力的探索，外加时冷时热的温度变化，对于尚未痊愈的我们居然未造成任何不良影响，真是奇特。

回到村里，听说我们不在时发生了一件不幸的意外。一匹载着孩子的马跑走了，孩子从马背上摔落致死。晚上，我们在身为村委的小神父兄弟陪同下，一齐前往丧家守灵。这一晚夜色漆黑，我们在崎岖多石的街道上蹒跚前进，来到丧家。丧家门前有一群人，正围着大桌子打纸牌。只要有空位，谁都可以坐下来加入。我们抵达时，这群人正因某人说了一件有趣的事而哄堂大笑。看到我们，他们又为我们复述一次，并再次爆笑。这情景出现在丧家门口，实在非常怪异。

我们踏入屋内，里面挤满的妇女因我们来到而把吊床让了出来，以示尊敬。这房子一如村内其他房子，只是一间四个角落呈圆形的小屋，地面是泥土，屋顶覆盖着长长的棕榈树叶。在绑成十字的竹竿交叉处悬吊着几张小吊床，屋子中央放着一张桌子，桌上躺着孩子的尸体。他身上仍穿着意外坠马时的衣服，不过已刮破，且沾有血迹，脸上一侧的皮肤因曾在地上拖行而磨破；头骨裂了；耳后有一道很深的伤口，血仍缓缓渗出。在他头部两侧各点着一支蜡烛。这是个白人孩子，才三岁大，当天早上还在房子附近玩耍。他的母亲是个非常高大、健硕的女人，正用碎布块止住血流。那天早上，她和家人一起前往坎佩切，打算搬去那里。一名印第安妇女带着这个孩子和另一个孩子骑马先出发。才出林子，马儿受到惊吓而拔腿狂奔，将他们全部摔落马背，印第安妇人和另一个孩子毫发无伤，这个孩子却被拖行了一段距离，两小时后伤重不治。

屋内的妇女都很安静，面容严肃，然而外面却不断传来笑声、玩笑甚或爆笑声，对于面对着不幸孩子尸体的我们来说，这似乎既无礼又无情。此时，我们听到小神父愉快的声音，他才刚到，因此更是新鲜有劲地加入开玩笑的阵容。接着他走进屋内，来到孩子身边，对着我们扶起孩子的头，将伤口指给我们看，并告诉我们他尽力做了些什么，以及如果医生当时在场，也许可挽回一条小生命，或如果是个大人，也许不致酿成悲剧。然而，那么小的孩子，骨骼都还很脆弱。说着说着，他点起一根土制卷烟，坐到一个吊床里，看看四周，然后用一种故意让大家都听得见的声调，问我们对这里的姑娘观感如何。

每当村中人家有亲人过世时，都会举行这种守灵仪式。小神父告诉我们，这是为了让家人分神，稍减他们的悲伤，以及防止他们打瞌睡。午夜零时，有巧克力可喝，天亮时，会再供应一次。不过死者是大人或小孩有别。如果是孩子遭遇不幸，他们相信孩子尚未沾染罪恶，上帝会立刻将他们的灵魂带到自己身边，因此死亡反而成为欢欣的事件。守灵时往往整夜打牌、开玩笑、说故事。如果死者是大人，又不知将来灵魂何去何从，那么不开玩笑，也不说故事，只能玩牌。所有这些行为看起来似乎都很无情，但我们不能只用自己的标准来评断别人。掩饰也好，表达也好，无论是以哪一种方式面对不幸，自然的情感总还是会深驻在每个人心中。

孩子的母亲没有落泪，但当她站在孩子的尸体旁不时擦拭从创口渗出的血时，她看起来一点也不像是对孩子的死感到欢欣的人。小神父告诉我们，她虽穷，却是个非常高尚的妇人。我们问起她的家人情况，特别是她丈夫时，小神父说她没有丈夫，但也不是寡妇；我们问起孩子的父亲是谁，显然不巧地和小神父所说的高尚有所矛盾，他大笑地说：“谁知道？”十点整，他在孩子头侧的一根蜡烛上点燃一束长香后，我们便离开了。

❶

罗得为圣经故事中的人物，据传在带领妻女逃离即将毁灭的城市索多玛时，其妻因回头望而变成盐柱。

❷

阿卡迪是西班牙或受西班牙文化影响地区的城镇或乡村首长，通常具有行政与司法权。在美洲的西班牙殖民地，阿卡迪有不同的职称，相对应的职责也不同，如：具民意代表身份的议员阿卡迪、具政府官员身份的市长或村长阿卡迪、具地区警官身份的警官阿卡迪等。此外，其职称与职权也随着时间与地区的不同而异。

❸

荷西·卡雷拉（José Carrera，公元一八一四至一八六五年），原是出生于中美洲危地马拉的麦士蒂索人，未受正式教育，早期担任农场工人，一八二〇年代末内战期间入伍，晋升快速，一八三五年离开军队，以养猪为业。后由于印第安农民的支持，以及基层神职人员对反神权自由派政府的不满，卡雷拉逐渐获得权势，并成为危地马拉的统治者，在其统治期间，咖啡豆成为危地马拉的重要出口品，多少带动了国内经济成长；此外，他任用印第安人及麦士蒂索人出任政治或军事职务，对境内民族平等也有所帮助。

❹

“假霍乱”一词出现于十九世纪及二十世纪初，用来描述非传染性霍乱，以及其他症状类似霍乱的肠胃疾病（有些具传染性），如腹痛、腹泻，有时还会呕吐。目前已无人使用这个名词，仅见于较早的书籍或记载。

❺

意即“古人”。

第十六章

如何为圣者安排保护者

第二天，我们出发前往另一个废墟城市。它叫作诺帕特，位于通往乌斯马尔的路上，我之前从蒂科尔回来时也曾拜访过。我们在一里格远的地方从大路向左转，沿玉米田的小径继续走，十五分钟后便抵达废墟。其中一座石丘特别高大，托着一座早已毁坏的建筑）。

我们在石丘底部下马，并将马系好。这座石丘的斜坡有一百五十英尺高，基底长宽各约两百五十英尺。顶端的建筑和石丘本身均已分崩离析；其中一面还撑着部分建筑，另一面则仿佛经历过山崩。向导科克姆告诉我们，这是上个雨季因洪水冲刷而造成的。我们从已崩塌的那面斜坡往上爬，到了顶端才发现南面有一道巨大的阶梯，虽然蔓草丛生，大石阶几乎完好，仍保留在原处。顶端已毁损的建筑由一条长廊构成，宽只有三英尺五英寸。

站在这里，诺帕特的废墟就在脚下。极目远眺，只见一片广大荒凉的原野，点缀着长满杂草树丛的石丘，我们一一记下这些石丘的方位和它们的印第安名称。向西偏北之处，那矗立于平原之上、丝毫看不出衰颓的壮丽建筑，就是我们曾住过的乌斯马尔废墟。从这个距离看过去，它似乎仍是个充满生气的城市。我们眼前便是雄伟的总督府，其距离如此之近，仿佛可从它开着的门望入室内，也能看见有人走在阶丘上。然而，先前住在乌斯马尔的那两个星期，我们却完全不知此地的存在。话说回来，如果乌斯马尔的树丛蔓草没有清除干净，从那儿的阶丘或建筑根本看不到这里。

走下石丘，我们绕过阶梯，来到一个高起的平台，平台中央有一颗巨大、粗糙的圆石，和乌斯马尔庭院中称为鞭笞柱的石头相似。阶梯底部另有一颗扁平的大石头，上面雕着一个尺寸惊人的浅浮雕人像。这块石头长十一英尺四英寸，宽三英尺十英寸，仰天躺着，从中间断成两截。它也许曾直立于阶梯底部，后来倒下并断成两截，就这样仰天躺着，经过无数年，暴露于雨季的洪水冲刷中。雕像本身刻得粗糙，加上冲蚀，线条已不甚清楚。印第安人说，这是一个安提瓜国王的雕像，无疑应是某位印第安君王或部落酋长的肖像。

中庭东南方不远处是另一个平台或阶丘，约二十英尺高，两百英尺见方，两侧各有成直角相对的建筑。其中一栋为两层楼，树从墙内伸出来，长到屋顶上，形成我们在尤卡坦所见最美丽的废墟。我们朝它走去时，卡柏特医生爬上角落的一棵树，登上屋顶追捕一只鸟，结果惊吓了一只巨大的蜥蜴，它在林间跳来跳去，最后沿着檐板躲进正面壁间的一道大裂缝中。

再过去是另一个阶丘，上面同样是荒烟蔓草满布的破败建筑。卡塞伍德先生纯粹受它们的视觉美感所吸引，将它们描绘了下来。由于身临其境，这些画在我们眼中，自然比过去所见的更为动人。然而，它们无法显现建筑的模样或这些不知名居民的艺术，因此在此并未加以呈现。

离开这一带，穿过许多废弃建筑和石丘，在六七百英尺远处，来到一块空旷之地，这是整个废墟最奇怪、最有趣的部分。它位于三个石丘附近，和每个石丘之间的连线正好构成直角。空地上有些雕刻的纪念碑已破损、倒塌，有些半埋在土中，奇怪的头和身体散落在地，或断裂或破碎。

诺帕特的石丘

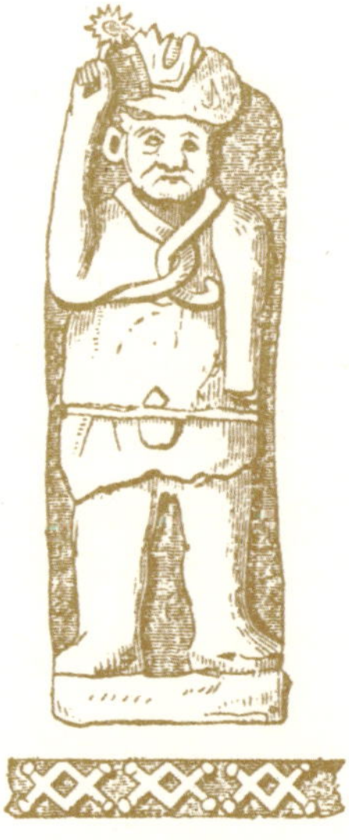

巨大的石雕人像

石丘之间空地上的石雕像

我们起初并未察觉它们彼此间的关联，仔细观察后才发现，从其中两块碎片残破表面的形状看来，一片代表一个大头，另一片则是一个更大的身体，似乎原本是一个整体。我们先将第二片恢复正确的姿势，接着费了些力气，利用竹竿和印第安人从草鞋上拆下的绳子将另一块吊起来，调整位置，使它恢复原状。

那是一块厚实的石头，高四英尺三英寸，厚一英尺六英寸，形状像一名蹲着的人，脸上带着可怕的表情，头转向一侧，几乎就要转到身后去了。它的头饰是一只野兽的头，耳朵、眼睛、牙齿和上下颚都清晰可辨。雕像相当粗糙，外表看起来十分笨拙、丑陋，也许是这座古代城市的居民所崇奉的偶像之一。

其他还有一些与此性质相同的雕像，不过毁损得更为严重，完全无法辨识。此外，另有一种性质不同的雕刻半埋在地下，其分布并无一定规律，但显然彼此相关。经过一番观察，我们找出自认是原初所呈现的安排，并根据这样的组合，把它们安置在一起。左页下图呈现的即是这些石头。

它们的长度从一英尺四英寸到一英尺十英寸，高度则为两英尺三英寸，石上雕刻的主题是骷髅。这些皆是浅浮雕，雕工精细，仍清楚可辨。此地可能是城中圣地，安置着偶像或神祇，四周围绕着死亡的象征。

废墟位于诺卡卡巴村的公有地上，至少当地阿卡迪是这么说的，但西蒙先生宣称，它们位于乌斯马尔大牧场的旧疆界内。究竟谁对谁错，不值得花力气去深究。诺帕特由两个玛雅字组合而成，意谓“大领主”，这是我对这个古代城市所能搜集到的唯一信息。如果我们上次来就发现了它，一定也会在此驻扎，好好探索一番。这里的石丘和建筑遗迹可能也和乌斯马尔一样多，但已全毁。

骷髅头与大腿骨

诺卡卡巴村的街道

天气暖和，像家乡的十月小阳春，时有徐徐清风拂来，令人暑气顿消。这里非常开阔，只点缀着一些树，也为废墟增添了一些景致。无数小径穿梭其间，长满了草，也像家乡的好牧地，这是我们第一次也是唯一一次在原野上单纯漫游，但却非常快乐。就在我们想吃晚餐时，博纳多出现了，还从村里带了一位背满东西的印第安人。总之，这真是我们在安提瓜遗址中所经历最愉悦、最满意的一天。

第二天是一月八日，我们出发前往卡巴废墟。我们沿着公路往波隆琛朝南前进。从修道院所在大岩石平台的这一面向下走，路面崎岖不平，而且十分陡峭。我们经过一条长街，两旁各是印第安人居住的茅草小屋，有几处美丽如画，其情景如上图所示。街的尽头和另外三条东、西和北向的大街情形一样，皆有一个小教堂和祭坛，村民出远门时可先在此祈求一路平安，或回来时感谢神祇的保护。再过去，路上出现许多石砾，路的两旁满布着茂盛的灌木树丛。

我们继续往前走，穿过一块空地，这里点缀着巨大高耸的树木。约两里格远处，我们转向左边一条玉米田小径，不久就发现自己置身于一片树林、灌木交织的浓密叶海中。先前经过的诺帕特是一片美好的开阔地带，此时进入这里，感觉就像置身变化多端的命运当中。再过去，我们看到一座高大的石丘，布满荒烟蔓草，上面有一栋建筑残迹，很像侏儒之屋，高耸于地面之上，睥睨一切，宣示了另一个消失或被弃城市的遗址。

继续前行，透过林间缝隙，我们再次瞥见一座巨大的石造建筑，正面显然仍相当完好。还来不及赞叹，又看见另一座，再骑几步路，又是一座。三座宏伟建筑俱现眼前，从远处望去，看得不是很真切，它们的正立面似乎都还相当完好，没有什么瑕疵。这出乎我们意料，心里的惊讶和好奇再度被撩起；我们的心情几乎就像第一次接触废墟城市那般兴奋。

向导在前开路，我们费尽千辛万苦跟着走，直到来到最近的建筑前，在一座长满林木的阶丘下停住脚步。印第安人清出一块地方，我们系好马，然后从长出大树的坍塌壁面爬上阶丘，来到阶丘平台上。眼前果然出现一座建筑，墙都还在，正面毁损较严重，但从残余部分看来，它过去拥有的装饰比乌斯马尔任何建筑更为丰富。我们穿过阶丘，步上阶梯，走进大门，浏览每个房间，然后走下后方的阶丘，来到一座高大的石丘前，这座石丘拥有一道前所未见的宽大石阶。我们在树丛间摸索前进，继续走向下一个目标；第三栋建筑有一个几乎完好如初的正立面，前面和顶端林木丛生，好像大自然和废墟携手合作，共创最美丽的效果。一路行去，还可看见其他建筑被浓密的丛薮阻隔。经过一个上午辛苦但极为有趣的浏览后，我们回到第一座建筑处。

自我们开始搜寻废墟以来，从来没有像这次这般意外。无论我们住在乌斯马尔期间，或我不得不造访蒂科尔却得幸熟识卡里略神父的那趟旅程，都不曾听过这样一个地方。它完全不为人知；带我们来的印第安向导除了引领我们来到此地外，对其余的一切似乎也和我们一样一无所知。事实上，他们告诉我们，眼前所见就是全部遗址了；但我们深信林中深处一定还可发现不少。受这些不同类型与新发现的吸引，我们决定在未找出全部废墟建筑前绝不离开。截至目前，我们在诺卡卡巴展开的工作是一天“完成”一个废墟城市，但此时眼前所见是一片需投注极大心力的广大田野，我们当下明白，这将是一个艰巨的任务。

附近没有比村子更近的大牧场或其他居住场所了。这些建筑本身倒是可以提供很好的遮蔽，只要将四周清理出一些空地，便是极佳的住所，而且从许多方面来考虑，我们都应该再次住在废墟里。不过这么做也有危险：北风季节似乎永无止尽，每天都在下雨；林木太茂密，炽热的太阳还来不及烤干潮湿的空气，另一场雨又来，周遭笼罩在一种潮湿、有害健康的氛围中。此外，不巧村里正逢丰收季节，玉米收成非常好，印第安人有足够的食物，根本不在乎工作。我们已发现很难雇请人手，必须不断催促，每天亲自找人。想让他们和我们一起留在废墟，简直不可能。因此我们决定还是继续住在修道院里，每天出门到废墟来。

傍晚时分，我们回到村里，晚上接见了一些访客。印第安人的确毫无意愿为我们工作，但我们的出现在村里掀起一股轰动，而且与日俱增。即使是从梅里达或坎佩切来的陌生人都是天大的事，何况是从没见过的英国人，而这些英国人竟是来废墟工作的，更令他们感到不可思议，无法理解。在印第安长者的记忆中，废墟从未受人侵扰。他们也听说了从圣弗朗西斯科挖出一些人骨的消息，彼此热烈地谈论着，也和小神父讨论了不少关于我们的事。他们说，这真是一件奇怪的事：脸长得很奇怪的人，说着一种听不懂的语言，跑来他们的地方，想挖掘他们的废墟城市。他们也像西班牙人初来时遇到的印第安祖先一样，以一种简单的逻辑认为世界末日即将来临。

第二天我们抵达废墟已相当晚了。我们不能比印第安人早出发，因为他们可能全都不会出现；而在他们没来之前，我们什么也不能做。不过，他们一到，我们立刻督促他们工作。他们和我们密切地相互留意着对方，不过彼此的目的不同：他们完全不了解我们的计划和目的，我们则深恐他们工作不力。如果我们其中有人开口说话，他们全都停下来听；如果我们走动，他们也会停下来注视。卡塞伍德先生的绘图用具、三角架、六分仪和罗盘，全是可疑之物，偶尔卡柏特医生出其不意地开枪射下一只空中飞过的鸟，也让他们万分惊讶。等到他们好不容易搞清楚该做些什么事，已到了必须返回村里的时间了。

隔天，换了一批新的人，同样的过程又得重来一遍；不过，在不断监督和督促下，我们总算完成了不少工作。事实证明艾尔毕诺是一位得力的助手；如果没有他，我恐怕一点儿办法也没有。我们是在离开乌斯马尔后才发现他的智慧。所有的事当然有其常轨可循，不过路途上总有些小事不断发生，而他总能显现创意，运用智慧及各种办法为我们省下许多麻烦。艾尔毕诺当过兵，坎佩切遭包围时，他身上一个多肉的部位遭军刀砍伤，显示当时他是背面受敌。然而他的英勇行为既未受到酬赏，伤势也未获补偿，他因而有点厌恶爱国主义及为国牺牲等观念。他原是个铁匠，在何基娜夫人的推荐下放弃铁匠生涯，加入我们的行列。

艾尔毕诺的长处和能力在卡巴第一次真正得到发挥。他既了解印第安人的习性，也会说他们的语言，而且在血缘上与他们只有一点小距离，因此可让他们完成我所要求的两倍工作量。他们也可向他询问有关我们的问题，在谈笑风生之间减轻工作的劳累感。不久，我只需下达命令，说明哪些工作需进行，其余全交由他安排掌控。这使我们的工作效率增加了一倍，我们可以同时有两组印第安人在不同的地方工作，而且还能让艾尔毕诺发挥更大价值，不只是一个普通的仆人。不过他有个缺点，就是很容易感染热病和疟疾。他实在太容易生病了，我们尽了最大努力，也无法改变他这个缺点；事实上，我们自己也没有做好榜样。在此同时，博纳多继续担任厨师工作；他没有艾尔毕诺和主人们容易生病的坏习惯，当其他人都和村里的狗一样瘦时，只有他依旧两颊鼓胀，好像快爆开似的。

我们在废墟工作时，村里的人也没闲着。十一日开始是所谓的圣救世主节，前后共有九天，纪念圣救世主。第一天以教堂钟声和冲天炮作为宣告，很幸运的，我们当时远在废墟，听不到刺耳的声音；不过晚上有游行和舞会，我们也受到委员会的正式邀请。这个委员会由小神父、阿卡迪和一位更重要的人物——所谓的“圣者保护者”所组成。

我曾提过，在我们拜访过的村子里，诺卡卡巴是最落后且印第安风格最纯粹的地方。在这种强烈的印第安色彩下，我相信其教会组织有些特色也和其他村子不同。除了个人各自喜欢的较小圣者外，这里有九位主要圣者，都是人们选出特别受崇奉的对象：村庄的男女保护神圣马提欧和圣塔芭芭拉；无玷始胎圣母；玫瑰圣母；显圣容天主；圣心天主；灵魂保护者圣安东尼奥，以及圣救世主。这几位圣者都是人们心中的保护神，同时也有各自保护的专责领域。

为圣者安排保护者的过程十分特别。在教堂墙上所绘的圣像中，如果人们发现其中某一位最受重视，例如印第安人经常会跪在其前并献上贡礼的，神父就会要求部落酋长征召十二名印第安人，负责服侍及照顾此圣者。这些印第安人称为“梅约尔”。根据要求选出十二人后，他们会另外再选出一名领袖，称为“保护者”，将守护圣者的工作交付给他们。神父穿着圣袍亲自监誓，为他们洒圣水，以示圣洁。保护者必须保护圣者所有的利益，负责照料献给圣者的蜡烛和其他供奉，同时确保圣者的节庆未受轻忽。梅约尔则誓言在有关圣者的照料及服务方面都遵守保护者的命令。

圣者当中有一位是圣救世主，他也有一位保护者。圣救世主全名之后额外加的del Amor，意指救世主为人类而牺牲自己性命的爱。对我们来说，救世主被当成圣者崇拜，就和圣者竟有保护者一样新奇。此时正在庆祝的就是这位圣者的节庆，我们也受到正式邀请。原本我们打算在辛苦工作一天后，轻松吃个晚餐，但保护者匆匆忙忙进来告诉我们，游行队伍已准备好，就只等着我们。为了不给别人添麻烦，我们只好赶紧吃完饭，随即赶往教堂。

游行队伍已在教堂内集合完毕。队伍最前面站在门口的是手持十字架的印第安人，我们一到，他们便在保护者的指挥下开始移动，并高声诵唱。十字架后面是四名印第安人，用一顶轿子抬着圣者像，亦即十字架上的救世主，约有一英尺高，紧系在一块宽木板上，上面有一个顶篷，两边各挂了一副小眼镜。随后是保护者和他的梅约尔、小神父、我们，以及村中的白人，然后是一长列印第安人，男男女女都穿着白衣，未戴帽子或头巾，手上持着点燃的长蜡烛。他们一面高声唱，一面走下教堂的巨大阶梯，十字架和圣像在数百支蜡烛的烛光照耀下，格外醒目，整个游行队伍给人的感受异常庄严、壮观。

游行队伍的目的地是保护者的家，一转向通往他家的街道时，我们注意到沿路有一条可能长达一百码左右的绳子，霎时间，一串烟火开始点燃飞窜，他们称为“伊达斯”，意思就是连环炮，也就是我们的烟火专家所谓的“飞舞之鸽”。熊熊火球沿着绳子来来回回地呼啸而过，火花在人们头顶上四处流窜，整个队伍一下陷入混乱和笑声之中。圣者迅速被抬至安全所在，游行群众也纷纷向两旁躲避，以免碰到火花。伊达斯结束时，响起一片掌声，显示圣者的保护者不负所托。这部分活动结束后，人们重又开始诵唱，队伍继续前行，来到保护者的家。在门口，小神父唱诵了一段经文，然后圣者被抬入屋内。屋子里只有一个狭长的房间，一头设有临时祭坛，装饰着花朵，另一头有张桌子，上面摆放着甜点、面包、奶酪，以及各种各样的食物和饮料。

圣者被安置在祭坛上，数分钟后，保护者领着大家穿过门口对面的另一道门，进入一个长方形的大围院，长约一百英尺长，宽四十英尺，上方有棕榈叶搭成的遮荫藤架，地上是坚硬的泥土，四周排了些椅子。所有村中的白人全都进来了，我们是外来访客，随着小神父和他的家人一起被引导至贵宾席，那是一排木制大扶椅，其中两张椅子上坐着小神父的母亲和姊妹。很快，所有椅子上都坐满白人妇女和麦士蒂索妇女，整个场内除了空出一小块跳舞的地方外，全部挤满了席地而坐的印第安仆人和儿童。

跳舞即将开始，由圣者保护者开舞。这位保护者外表看来尽管不太高贵，但其举止和人品却非常受人尊敬，年轻时更是村里史上最出色的斗牛士。

他首先跳的是“公牛舞”。小神父的兄弟担任主持人，挥舞着一条小手帕，一个接一个喊出在场的女士，直到所有参加舞会的女士都有机会下场跳舞为止。

然后他取代保护者的位置，保护者则扮演主持人的角色，再度喊出每位愿意跳舞的女士。这是个野外舞会，不需穿着特别的服装。小神父的兄弟身为阿卡迪当选人，接待我们时穿着黑色燕尾服、白色窄管裤，头戴毡帽，此刻却一身衬衫、短裤，头戴草帽，脚上趿着几块皮制成的凉鞋，几条绳索缠绕至小腿肚，大展舞技。

他跳完后怂恿我们也来一场，我们好不容易才谢绝他的邀请。

我还没提到一项在尤卡坦境内经常谈论的主题，在这个舞会上，这个状况尤其明显：女性人口明显超出男性。据说当地男女比例是一比二。这虽是有趣的话题，我也认真找过据说确实存在的统计数据，却无法得到任何真正可信的证据。但我相信，女男比例绝对超过一比一，这让某些男士认为尤卡坦是男性的乐土，或许这也是他们的道德标准并不高的原因之一。我并非刻意批评我们的诺卡卡巴朋友，毕竟这是个公开举行的舞会，但我忍不住还是想说，舞会中最好看、最有女人味的女性是某人的情妇，而这位男士的妻子则已离开他；另一位打扮得最美、最引人注意的年轻姑娘，则是在我们住处中一间房间里过世的神父之女；但神父根本不该有女儿的。此外，诸如鳏夫、寡妇毫无节制地混在一起等，还有太多例子，但人们根本毫不在意。还有，许多白人已经不会说西班牙语了，他们几乎完全以玛雅语交谈。

这是我们第一次出现在社交场合，几乎像一群狮子出动般引人注目——事实上，说是整个动物园一起出动或许更为贴切。只要我们一动，所有人的眼神立刻瞟向我们；我们一开口说话，所有人都安静下来；若我们彼此以英语交谈，所有人就大笑。中场休息时，他们已看过我们吃东西，这时他们最想看的是我们跳舞。小神父告诉我们不能拒绝。于是在一首名为“倾其所有”的舞曲中，我们全站了出来。保护者请出小神父的母亲，一位非常臃肿的老太太，她跳舞的辉煌时期早过了，但仍努力完成任务，引来不少哄堂大笑。接着她请出儿子小神父，起初小神父试图规避，但一开始跳就证明他是舞会上技艺最高超者，让大伙儿更加开心。

十一点时，舞会在欢欣的气氛下结束了。白人纷纷点起火炬，一道起身离去，从不同的街道各自回家。印第安人则留在原地接收他们的位子，继续通宵跳舞，以纪念圣者。

每天晚上，除了无数访客外，我们还有舞会助兴。当我们不去舞会时，艾尔毕诺会自己去。他的智慧以及担任我们工头的地位，使他也成为重要人物，可以进入藤架下。在那里，他彻底凌驾他的主人，被认为是当地除了小神父外最好的舞者。

第十七章

废墟城市的另一见证

卡巴的工作继续进行。只要有机会和印第安人交谈，我们就不断询问是否还有其他废墟。多亏小神父大力襄助；事实上，要不是他和他透露的讯息，这一章所记录的若干地点可能永远不会被发现。小神父有八名印第安教堂司事，都是备受尊敬的村民，负责照料教堂事务。只要没有弥撒、圣事或葬礼需协助，他们就会出现在我们门前，微醺而蹒跚地闲晃，很乐意被我们召唤入内。这些教堂司事认得村中每个印第安人，以及他们的玉米田位置；藉由这些司事，我们得以继续打探废墟遗址。

印第安人将这一带的废墟统称为“斯拉巴克”，意思是“古城墙”。我们获得的信息大体而言十分混乱，很难从中取得任何废墟范围或性质的确切信息，也无法建立可供比较的标准；由于告诉我们某地点的人可能对其他地方完全不熟，因此我们有必要一一探访。

不过我们也十分苦恼，毕竟这项任务的规模难以想象。无论是白人或印第安人，村民除了对自己所住地区的邻近地带略知一二外，其他一概不知。若是从未去过的地方，就算不过几里格远，他们也毫无概念，因此极难断定那些废墟究竟坐落何处，

卡巴废墟平面图

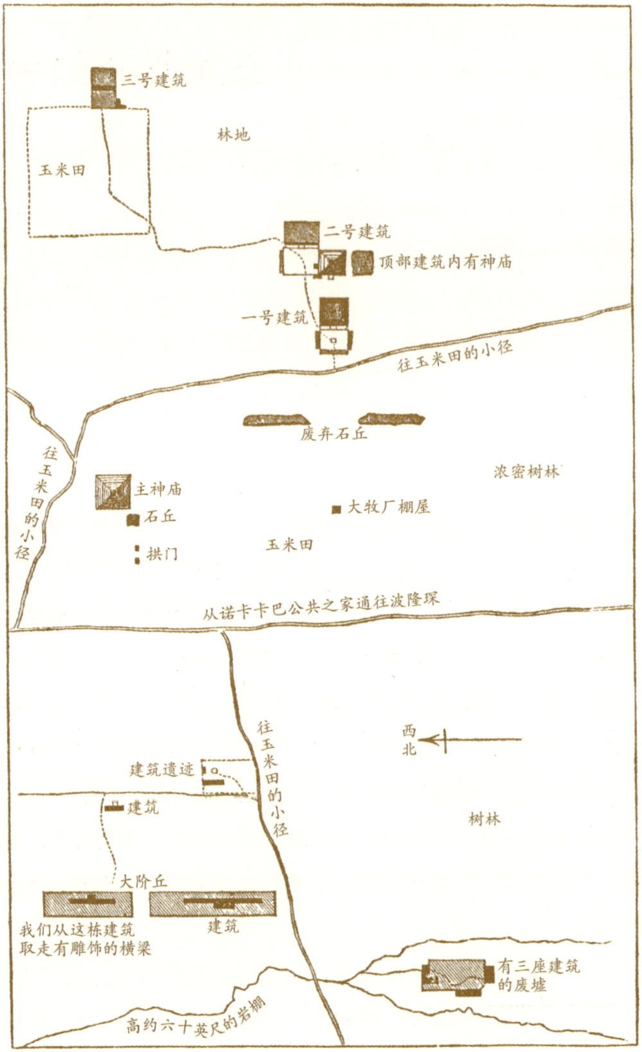

三号建筑
林地
玉米田
二号建筑
顶部建筑内有神庙
一号建筑
往玉米田的小径
废弃石丘
往玉米田的小径
浓密树林
主神庙
石丘
大牧厂棚屋
拱门
玉米田
从诺卡卡巴公共之家通往波隆琛
往玉米田的小径
西北
建筑遗迹
建筑
树林
大阶丘
我们从这栋建筑取走有雕饰的横梁
建筑
有三座建筑的废墟
高约六十英尺的岩棚

也无法安排可沿路探访几个废墟的计划。有些废墟我做了初步查访，结果发现原先让人甚为期待的地点反而不值得再访；倒是一些本来不抱期望的地方却是极有意思的废墟。每天晚上我们回到修道院时，小神父几乎都会一边冲进我们房里，一边喊着："好消息！知道更多废墟了！"有一回消息实在太多，我决定先派艾尔毕诺前往这些地方进行两天的初步探查。果不其然，他带回来的报告证实了我对他办事能力的看法。为了完成任务，艾尔毕诺还奋力攀上一座石丘，结果撞伤了一条腿，好几天不良于行。

本章内容很多，在此略过一些初步探访不提，只依序谈谈我们所探索的废墟城市。奇钦是我们在梅里达听说的唯一废墟，也是启程来尤卡坦前唯一确知的地点。不过后来我们却发现，在它和我们之间其实存在着一片有待探索的广大领域。为了不耽误读者时间，以下直接进入卡巴废墟的介绍。

左页是此废墟城市的平面图。它并非根据测量结果绘制而成；若想实际进行测量，必须清出许多空地，但我们很难雇到印第安人，不得不从主神庙顶端以罗盘测出方位，再以目测测出距离。

在这张平面图上，读者可以看到一条标示着"通往波隆琛"的路，左边的小路则写着"往玉米田的小径"。循着这条小径走进废墟，第一眼看到的就是神庙，雄伟、壮观，但已破败不堪，且遍布树丛；它和乌斯马尔的侏儒之屋类似，高高耸立，睥睨着附近一带的其他建筑。神庙底部约一百八十英尺见方，以金字塔的形式向上升至八十英尺高；最下层是一排荒废的房间。阶梯全毁，侧面净是松脱的石头，难以攀爬，只有一面尚可藉由树木攀援而上。顶端有很好的视野。我第一次爬上是在向晚时分，太阳即将下山，废墟建筑沐浴在夕阳余晖中，在地上投出长长的暗影。它的北、南和东面，放眼望去是连绵的山丘。废墟左近有块空地，是个已废弃的牧场，我们唯一能看到与人类相关的事物，就是远处诺卡卡巴村中的教堂。

离开这座石丘，沿着玉米田的小径再走约三四百码，来到一个边缘长满树丛、高二十英尺的阶丘旁；登上这座阶丘，我们站在一个宽两百英尺、深一百四十二英尺的平台上，眼前矗立着一栋建筑，如下图所示。我们朝这栋建筑走去，看见平台右边也有一排高大的建筑，已倾圮且长满树丛；其后墙巨大无比，建筑在平台最外围，与阶丘底部相互垂直。平台左边是另一排废弃建筑，不像右边的那般宏伟。中央则有一个石头围成的区域，二十七英尺见方，七英尺高，和乌斯马尔那块鞭笞柱的周围一样，但底部有些石头上有雕刻，仔细一瞧，是一排象形文字。卡塞伍德先生将这些散在地上的石刻画了下来，不过我无法呈现它们原先所在位置的顺序，因此未收入书中。

平台中央有一道二十级的石梯，宽四十英尺，可通往上层阶丘，我们希望探索的建筑就位于彼处。这座建筑正面长一百五十一英尺，我们一看见它，就被那精美绝伦、装饰缛丽的正立面所震慑。在乌斯马尔，所有建筑的正立面，从地面到檐板，整

一号建筑正面

个门洞都由毫无装饰的石头砌成，毫无例外；但此地则是从下方就开始装饰，从檐板之下的两层石头一直持续到屋顶。

读者从上页图中可以看到，这栋建筑正面有一大部分已坍塌，不过北侧尚保有二十五英尺左右，尽管不十分完整，但仍显示出这个正立面曾装饰得辉煌壮丽的景象。下页图则忠实记录了它的原貌，同时还可看出最上层的檐板已塌陷。

这些装饰和在乌斯马尔所见的性质一样复杂难解；建筑正立面上无处不是精心雕琢，连藏在下层屋檐里的部分也不例外。从这点看来，它的外观想必原来比乌斯马尔任何建筑都更光彩夺目。门洞上方的檐板装饰，即使以我们所知最严格的艺术标准来看，也不比任何时代的建筑逊色。一般对印第安民族的认知或观念都是野蛮、粗鲁无文的，这项美洲原住民所展现的艺术，则是文明人也不得不承认的杰作。

走道上的门楣是木制的，都已坍陷，上方原有的雕饰如今也已荡然无存。它们原本应该也和正立面上的精美雕饰不相上下，但如今全都成为墙脚的无用之物与废墟残骸。

顶端是一栋建筑，从远处看，透过树林间隙可以清楚看到它有两层。走近再看，它很像我们在帕伦克看到的某些废墟建筑顶端的高耸结构。

想进入这座建筑并不容易，无论建筑内外都没有楼梯，也没有任何可使用的通道。在建筑背后，坍塌的墙和屋顶在某些地方堆成小山，几乎接近顶端。爬上这些松垮的碎片并非没有危险；它们的外表看起来还算扎实，实际上并不像根据艺术原则而建构的建筑那样安全，有时无法确认其真正的支撑点位置；这个乱无章法的垃圾堆，似乎是由一只看不见的手支撑的。我们忙着清理屋顶上的树木，突然下起一阵大雨，众人只好匆忙往下走，进入下方的房间避雨。此时檐角一块石头脱落，带着我一起往下掉。幸好下方有一堆几与屋顶齐高的坍塌瓦砾救了我一命，否则从那样高的地方跌下，非死即伤。身旁一名印第安人目睹我跌落的经过，从他脸上的表情大概也可窥知我当时的神情了。

这栋建筑顶端的结构约十五英尺高，四英尺厚，从前面一排房间的后墙一直延伸

一号建筑雕饰缛丽的正立面局部

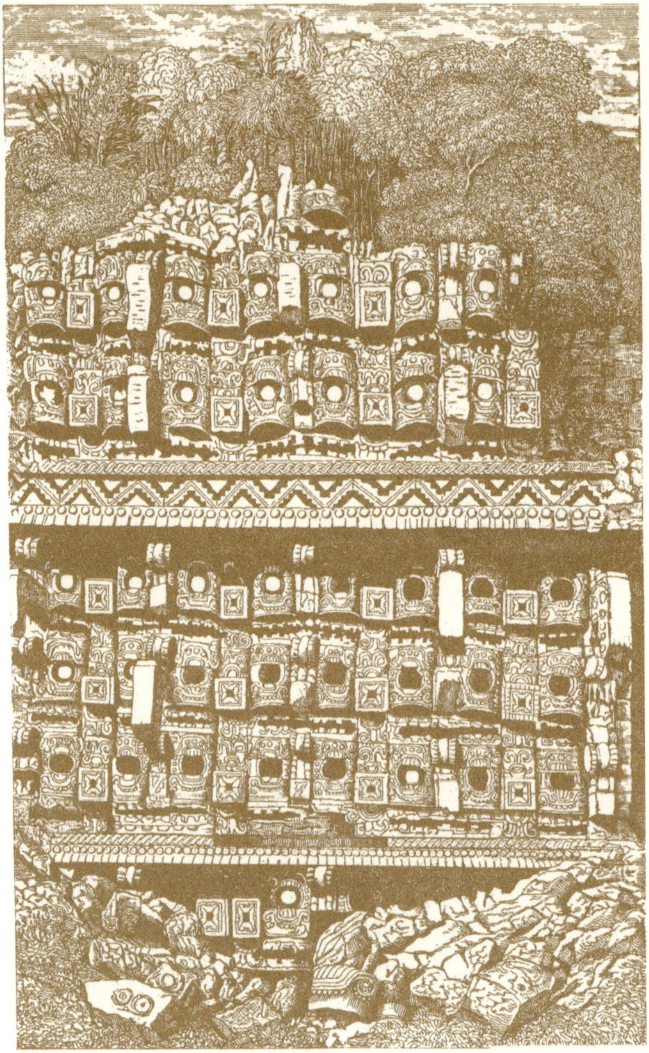

一号建筑的房间内部

F. Catherwood　　M. Osborne

到整栋建筑。许多地方已坍塌，但我们走近看时，较先前在远处看更为惊讶；它和帕伦克一些废弃建筑的顶端结构非常相似，只不过帕伦克的建筑涂了灰泥，这里则以切割的石块砌成，更为简洁有力。它不太可能具有任何实用用途，我们唯一能想到其存在的目的就是装饰：加强这栋建筑在某个距离外呈现的外观印象，并在近看时极具效果地衬托建筑本身。

先前说过，我们第一眼看到这栋建筑的正立面已感到十分兴奋。拾级而上，站在中央房间的门口时，更不禁发出惊讶的赞叹。乌斯马尔的建筑没有变化，所有房间的内部皆是千篇一律。但在这里，我们眼前一亮。上页插图显示了这个房间的内部情形。它包含两个平行的小房间，前面一间长二十七英尺，宽十英尺六英寸，另一间长度相同，但宽度少了几英寸，彼此以中央一道门相通。里面那间较外面那间高出两英尺八英寸，中间以一块完整石头凿成的两级石阶相连，下面那阶凿成涡形。石阶两侧也有雕刻，和位于门下方的墙一样。所有设计都非常优雅、美丽，单就美感品味而言，效果绝佳无比。我们抵达的第一天就在这里摆出食物，一面吃，一面缅怀前人。不过前人的遗址没有水源，我们得靠诺卡卡巴的水井提供饮水。

从图中也可见到建筑正面两端的墙面都已倾圮。中央大门的两边也各有一道门，通往里面的房间。每个房间里都有两个小房间，后面的那间都比较高些，但没有阶梯。这里唯一的装饰是门下有一排小小的挨壁柱，高约两英尺，环绕整个室内。

以上是关于正立面和前面房间的概述，这些只占了这栋建筑的三分之一。再往后，同一个屋顶下，有两排与上述同样形式的房间，前面还有一块长方形的区域。整栋建筑几近正方形，虽然正面较窄，但中央有一道巨大厚实的墙，厚度几乎相当于走道宽度，因此建筑整体的面积和总督府差不多。再从它的繁丽装饰来看，显然这里的石雕更多。不过建筑的其他部分毁坏情况较上述地区更为严重，墙的两端皆已倾颓，另一侧正面和屋顶也已塌陷，碎石残砾堆满屋内，使丈量工作格外困难。

这一面的阶丘也长满了树丛，有些甚至在残骸瓦砾中生根，从小房间内冒出来。

从右页图中可以看出，繁茂的热带植物如何忙着摧毁这些有趣的建筑废墟。图中

生长茂盛的热带植物

是一棵杨树，和热带橡树的叶子同是尤卡坦主要的马匹饲料。它从前面墙边冒出，将细细的纤维伸入建筑隙缝里，发出嫩芽，长出枝干，随着树干一天天粗壮，奋力推挤地向上长，挤垮了墙后仍继续生长，大石头因而被挟带到半空中。它的根缠住墙脚的地基，形成残余建筑的唯一支撑。粗大茂密的枝叶形成巨大伞盖，但在插图中无法显现。这盘根错节的树根包住雕刻石头所展现出来的草木无情与冷酷，完全无法透过绘图加以呈现。

以上是关于卡巴废墟一号建筑的概述。印第安人为这类建筑取的名字，通常都是可笑、无法理解、没有意义、和历史或传统毫无关系的。他们称这座建筑为“司科克普”，意思是“对折的草帽”，意指建筑的正面已坍塌陷落，后方的墙平伏延伸。

从后方的阶丘一角往下约几步路，矗立着另一个破损而林木丛生的石丘，上方立着一栋废墟建筑，印第安人称为“厨房”，因为这栋建筑有烟囱。他们这么说想必有其原因，遗憾的是我们并未在一年前就抵达此地，因为那时它还相当完整。上个雨季，数名从梅里达来的骡夫到此收购玉米时，因午后大雨而在其屋顶下避雨，并让骡子在废墟中吃草。到了晚上，这栋建筑就坍了，幸好骡夫没有人受伤，全都安然无恙地逃离。他们顾不得骡子，在黑暗中冒着大雨拼命赶到诺卡卡巴，告诉当地人，卡巴废墟里有恶魔。

这座石丘的左侧有一道楼梯向下通往二号建筑附近，右侧则是一个壮观、雄浑的废墟堆，印第安人并未为它命名。如果它仍保持完好的话，可能是卡巴最堂皇、最令人印象深刻的结构。它的底部一边是一百四十七英尺，另一边为一百零六英尺。整个结构分为三层，一层叠在另一层的屋顶上，第二层较第一层小，第三层又较第二层小，每一侧的前方都有一个宽阔的平台。环绕底部四周的是一排没有间断的房间，门上有柱子支撑。面对一号建筑背面的那一侧，呈现出另一种新奇、有趣的特征。

那是一道巨大的石梯，一直通到屋顶，上面便是第二排房间。这不是靠在墙面上的实心阶梯，而是由从地面升起的半三角拱形所支撑，和墙面接合后，楼梯底下留有通道。这道石梯很有趣，不仅因为规模宏伟、建筑方式新奇，还可为先前我们无法理解的乌斯马尔侏儒之屋的大楼梯带来解释。

楼梯的石阶几近全毁，想爬上去等同于爬一道斜坡。顶端的建筑也已毁损，许多门口都堵住了，几乎没有空隙能爬进去。就在我们清理周围以便绘出平面图的当儿，突然一阵大雨骤降，我不得不和所有印第安人一起爬进其中一道门里，在黑暗中动弹不得地待了一个多小时，呼吸着潮湿、有碍健康的空气，简直快要窒息。

位于这座石丘北侧的房间，门皆朝向二号建筑。这里的平台长一百七十英尺、宽一百一十英尺，高出地面十英尺，由于种过玉米，因此不需清理。下页图即为这栋建筑的正面，图中一侧是鞭笞柱，也就是那种原先矗立在所有庭院、已倾倒在地的大石头。建筑位于较高层的阶丘；一排房间在此形成一道胸墙，全长一百六十四英尺，门的方向亦朝着此区。这排房间正面的墙和屋顶几乎都已全毁。

房间的屋顶是主要建筑前面的平台，一道已坍毁的楼梯从下层平台的中央通到这里。这道楼梯也和先前所提那道一样，由一个与前述一模一样的半三角拱形支撑。整个正面皆有雕刻，保存最好的是中央房间门上的部分，但因位于楼梯下方，图中无法显示。

接下来看到的是主要建筑的两个门都有柱子支撑。在这里，我们第一次看到根据已知的建筑原则合理地将柱子用于支撑。此外，它们也为我们在此地发现的新奇事物增添不少趣味。不过这些柱子只有六英尺高，粗糙且未加打磨，柱头和柱基为方形石块砌成。它们不像其他有列柱的建筑式样那样庄严、雄伟，但不会给人不合比例的感觉；事实上，它们的尺寸完全配合低矮的建筑尺度。门上的门楣也是石制的。

离开这栋建筑，穿过一块蔓草丛生、林木相间的平地，约三百五十码远处，我们来到三号建筑的阶丘。这个阶丘的平台曾种过玉米，因此很容易清理。下页插图显示的是建筑的正面。我们初访时，它静静掩映于树林中，异常美丽，让我们感觉干扰它实在是件痛苦的事，并尽可能不移动任何不构成阻碍的树枝。就在卡塞伍德先生为它素描时，雨又下起来了。既然不可能等雨停再重设一次投影描绘器，他索性披着一件弹性橡胶斗篷继续描绘，由一名印第安人为他撑伞遮雨。这是热带气候中常见的典型

二号建筑正面

三号建筑

雨，来得又急又烈，不到数分钟，地面就积满了水。图中也可见到从上层阶丘滚滚而下的水。

印第安人称这座建筑为“法庭”。它有一百一十三英尺长，五个房间，每个长二十英尺，宽九英尺，全都非常朴素。除了图中所示门与门之间墙上的柱子外，其上的正面、尾端及后面皆是一排排小柱子，形成简单而不失庄重的装饰。

除上述建筑外，公路这一头尚有其他建筑遗址，但都已残破不堪，其中一个遗迹可能比目前任何已描述过的建筑更奇特有趣。那是一座孤独的拱门，形状和其他拱门一样，两柱之间相距十四英尺。它位于一座废弃石丘上，和其他所有构造分离，傲然地兀自矗立着。它的历史是一片黑暗，不过处于废弃与孤独中的这座拱门，在周遭废墟的烘托下，看起来宛如一座罗马胜利纪念物。或许就像如今仍位于罗马神圣路上的提图斯[1]凯旋门一样，也是一座为了纪念抗敌胜利而树立的纪念物。

以上是公路这一侧所有的主要残存建筑物。这一路全是由我们的印第安向导提供讯息并带路的。除了以下提到的两座建筑外，这些就是当时所知仍然存在的废墟了。在公路的另一头，树林里隐藏着另一些危危颤颤、摇摇欲坠的建筑结构，在过往的辉煌时代里，一度比这里更为壮丽。

我们第一次看到这些建筑，是在主神庙顶部。沿着公路来到距离凯旋拱门不远处，有一条狭窄小径通往被玉米田围篱包围的两座建筑。这两座建筑很小，也没什么装饰。它们互成直角矗立着，前方有个中庭，中庭里有个大洞，好像一个洞穴的开口，洞旁还长了一棵大树。我会留意到这个洞，必须归功于我的马。下马之后，卡塞伍德先生为他的马找到一块树荫，卡柏特医生将马牵进一栋建筑内，我则把马拴在这棵树下，留了差不多十五到二十英尺的活动范围让它吃草，然后就离开了。

晚上回来时，我的马不见了。我们以为被偷了，靠近一看，缰绳还系在树上。我们知道，若是印第安人起意偷窃，较可能偷走的是缰绳而不是马，但眼前所见正好相反。绑在树上的缰绳紧紧拉到洞穴的开口处，我从洞口边缘往下望，看见我的马吊在洞内，缰绳长度正好够它伸直脖颈，抵住洞的侧壁并找到立足点。它的一边侧腹受了

凯旋拱门

擦伤，沾满泥土，看起来好像每根骨头都断掉似的。当我们把它拉出来时，发现它除了毛皮有几处刮痕外，并未受伤。事实上它好得很，返回村子的回程路上，步履轻快得不得了。

看过这些建筑后，印第安人也不知是否还有其他废墟了。我们穿过建筑向西行，经过一个茂密的树林，什么也没看见，但根据先前在神庙顶部的观察，我们继续穿过一个小的废墟建筑，这里同样也有一道楼梯通往屋顶。最后，我们来到一个大阶丘，可能有八百英尺长、一百英尺宽。这个阶丘除了繁茂的树木外，还长满荆棘，以及一种美洲热带植物——龙舌兰，其上长着针尖一样的刺，因此我们每走一步都得先清理路面，否则根本寸步难行。

在这个林木繁茂的阶丘上有两栋建筑。第一栋长两百一十七英尺，正面有七道门，全都开向各自独立的单一房间，只有中央一道门不同，它有两个房间，各三十英尺长。后面还有其他房间，门则开向中庭，中间另有一排与这些房间成直角的房间，延伸到一个巨大的荒废石丘前。在这个巨大石丘的所有墙面上，原有的装饰比先前提到的任何建筑更为缛丽，只比第一座建筑逊色。不幸的是，如今它也较其他建筑更为荒芜。门上有木制门楣，大多已崩塌。

这座建筑之北又是另一栋建筑，正面长一百四十二英尺长，深三十一英尺。有两道走廊相通，中央又有一道通往屋顶的巨大楼梯，屋顶上是另一座建筑的废墟。中间两个房间的门就开在这巨大楼梯的拱洞之下。在右边的房间内，我们又发现了红手印的痕迹，不止一、二、三个，整面墙都是，而且就像其他地方一样，一个个清晰鲜明，仿佛才刚印上去似的。

所有门上的门楣都是木制的，也都还留在原位，大多数仍很坚固、结实。门内堆满碎石瓦砾；最靠近楼梯的一道门里，坍塌物的堆积高度距离门楣不到三英尺，卡塞伍德先生俯伏爬进去丈量时，受一道雕刻门楣所吸引。他仔细看过后，认为是我们在尤卡坦所发现最有趣的纪念物。那天我去拜访另外三个原来完全不为人知的废墟城市，回来后，他宣称这道门楣的趣味和价值不下于其他三地的总和。于是第二天我也前去察看。我一看就立刻下定决心，无论费多少功夫，不计任何代价，都要把它运回家。但说来容易做来难。我们的探访在村里引来议论纷纷。大家以为我们在寻找黄金，没有人相信我们愿花大笔钱在这种不见得能回本的生意上。此外，我还记得在帕伦克所得到的教训，因而不敢让人知道这里有值得带走的东西。

不过，单凭我们自己的力量要把它们弄出来是不可能的。和小神父商量后，我们聘雇了一批人，带着铁锹进去打算把它们从墙上挖下来。因病而困在村里好几天的卡柏特医生，也特地出席了这个重要场合。

这道门楣由两根横梁构成，外面的一根纵剖成两半，分别迭架在门的两端约一英尺之上，由于筑墙时就已构筑进去，因而就像这栋建筑中任何一块石头一样牢固。幸好我们有两把铁锹。门的内外都堆满了土，我们雇用的人可站在横梁上方工作，铁锹使用起来很方便。他们从里面着手，大约两小时后便将位于门正上方的门楣部分处理完毕，但尾端却还十分牢固。这两条横梁长约十英尺，为了不让整道墙垮下来压坏它们，必须先敲下中间上方的石头，形成一个和底部相当的拱形。门上的墙厚四英尺，且随着拱顶愈向内伸而愈变厚，而且十分结实，灰泥几乎和石头一样硬。

裂缝愈来愈大，站在它附近相当危险，这时就不能继续使用铁锹了。他们砍下小树，当成破城槌，在用来填塞的灰泥和小石头上拍打，随着这些地方的松脱，大石头也掉了下来。为了保住那两根横梁，我们在它们上方约两或三英尺处架了一个斜坡，靠在里面的墙上，让石头顺着斜坡滚下来，方便清除。裂缝继续变大，站在下面工作变得极为危险，其中有一人因而拒绝继续工作。

眼见就快取下横梁，但若上方残破的大石块掉下来，就会把横梁和工作者一起埋葬，无论如何都是令人无法忍受的结果。幸好我们请到诺卡卡巴村最出色的高手，他们果然名不虚传，最后化不可能为可能，凿出一个粗糙的拱形，几乎碰到屋顶，其中的横梁也得以毫发无损地取下。在费尽心力和幸运的情况下，最后三根横梁虽然也不太安全，终究全都平放在我们面前，雕刻面朝上。那一天我们未再进行其他工作，也没前往其他地区，然而由于兴奋和焦虑，却成为我们在尤卡坦最艰苦的一天。

第二天，因为了解到将它们运送出去时还会面临的困难和危险，我们先让卡塞伍德先生将它们描绘下来。下页图即是这道门楣。图中有三根木条，原为两根，但其中刻有人像的这一根，因受到来自上方巨大石墙的不平均重压，从中裂成两片。外面一片的顶端已遭虫蛀蚀且腐坏，可能是因为沿某处装饰沟纹滴流下来的水只碰到此处而造成的，其余部分仍十分坚固结实。

雕刻的主题是一个人站在一条蛇上。这个人的脸部有些部分或刮伤或磨蚀，有些地方甚至已消失；头上的头饰则是一簇羽毛，整个人像和装饰的一般特征，与帕伦克墙上发现的一模一样。这个物品让我们第一次发现，这两个相距遥远的城市竟拥有如此惊人相似的细节，这两个城市的建造者想必也有着紧密的联结。

山榄木雕刻的横梁

这道门楣最有趣的部分在于雕刻。在乌斯马尔发现有象形文字的横梁都已褪色、磨损，但这根却仍保存得很好，线条清晰可辨；无论从何种标准来看，不管出自哪个民族的工匠之手，其雕工也显示了高超的技巧与精湛的手艺。我想，只有这几根横梁本身才能让世人真正了解这种木雕成就，因而决定无论如何辛苦、花费多少成本也要把它运回纽约。后来在完成所有的探索工作后，我们很欣慰地发现，这是尤卡坦境内最有趣的标本。

我用干草垫着有雕刻的那一面，然后用麻袋包裹起来，打算马不停蹄地直接穿过村子将它们运出去。然而，负责搬运的印第安人将它们放在地上，在大雨中淋了两天，我不得不将它们搬回修道院，把草取出来晾干。第一天早上，在水井一带工作的一两百名印第安人一起跑来看这些横梁。好几天之后，我才得以把它们运走。不过，令我大大松一口气的是，它们最后总算让印第安人扛离了村子，并随着我一起回到我的城市。读者想必好奇它们的结局，但如果他对作者还有一丝同理心，也会对这些横梁抵达后不久所遭遇的不幸命运而感到难过。

意外发现这些雕刻横梁，尤其是在一个完全没有预想到的地方发现，使我们此后在检视建筑的每个部分时更加仔细。楼梯另一侧相对的门上也有一道门楣，保存情况也堪称良好，但却完全没有雕饰；在卡巴的其他废墟建筑里也找不到这种雕刻门楣了。为什么这道门如此特别？谁也说不上来。这道雕梁的特色，为我们在这些美洲废墟的探索增添了不少趣味和惊奇。美洲原住民没有使用铁或钢的证据。一般可信的说法皆认为，美洲原住民对这些金属毫无概念。那么，他们又是如何雕刻木头，尤其是最坚硬的种类？

哥伦布第一次得知新大陆存在时的那艘大独木舟里，有许多来自尤卡坦的对象，其中西班牙人提到了铜制手斧，据说是用来“砍树”的。贝纳尔·狄亚斯在西班牙人第一次沿墨西哥帝国瓜考尔科海岸航行的记录中说：“这里的印第安人有携带铜制小手斧的习惯，毫无例外。这些手斧非常闪亮，其木制手柄绘饰十分精美，同时具有防卫和装饰用途。我们以为它们是黄金打造的，当然积极地热切换取，以致三天内就换得了六百多把，同时因误解而对交易成功感到非常高兴，就像印第安人对换得绿珠子的感受一样。”

先前我曾提过波士顿布雷克先生，他的秘鲁古文明遗物收藏中也有数把铜刀，其中一把还掺有些许的锡，硬度足够劈砍木材。不过以布雷克先生低调的作风来看，很少人知道这批收藏。在同一地区的墓地中，布雷克生生还找到若干铜制工具，很像现代的凿刀，若说它是特别为雕刻木头而设计的，并非不可能。在我看来，这些横梁是用原住民原本就有的铜制工具所雕刻的，在没有证据甚或悖离证据的情况下，我们毋需如此认定：在远古某个时期，这块大陆上的居民懂得利用铁或钢，但后来的居民却丧失了这种知识。

在这个巨大阶丘上，从树丛间可清楚看到远处有一栋大建筑，我指给一名印第安人看，然后和他一起过去察看。从树丛中向下走时，我们完全不见它的踪影。不过确认方向后，印第安人以手斧开出一条路，来到一座建筑前，我却发现这不是我们打算找的那栋。它的正面约九十英尺长，墙已龟裂，整个基底的地面散落着雕刻过的石块，一如我们先前所见那般精美。

我先从墙上一道裂隙爬进一个房间，在房间末端的拱壁上看见一个巨大的黄蜂窝，正想转身赶快离去，一回头，赫然看见对面另一头的灰泥壁上有一个巨大装饰，上面也有一个黄蜂窝。壁上的装饰是画的，颜色还很鲜明、生动，因此我和看到木雕横梁时一样惊讶万分。墙壁一大部分都已坍塌，看起来好像有人任性破坏似的。下页图显示的就是这个部分。原来完整时想必是两头对峙的鹰，两边都还可看到一簇簇下垂的羽毛。对面拱壁上大黄蜂窝所在之处有着相同形状的灰泥痕迹，可能也曾有相对应的装饰图案。

走过这栋建筑，就是我们原先要找的那栋大建筑。其正面仍完整矗立着，有些地方的装饰非常富丽，特别是角落，但后面只剩一堆碎石瓦砾。中央有一道巨大的楼梯通往顶端，上方是另一栋建筑，有两排房间，外面一排已倒塌，里面的尚称完好。

从另一头越过一处废墟往下走，我在一个角落里发现一个很深的洞，显然通往某

灰泥细工装饰

个洞穴，爬进去后发现，它通往另一个以奇怪且不同方式所规划的室内房间，但房门被堵住了。这是一个突起的平台，约四英尺高，四个内角各有一块圆形空地，大约可容一个人站立。后墙浮现着红手印，这些手印看起来很鲜明，掌纹清晰可辨，我几度想以手斧凿下一个，但灰泥实在太硬了，无法成功。

再过去又是另一栋建筑，和第一栋比起来，其外表毫无修饰，若不是因为不确定在这些废墟中的某个角落可能会发现什么，我几乎不会注意到它。这座建筑只有一个门，几乎完全被堵住；但穿过这道门进入时，我注意到在半埋土中几近消失的侧柱上，有个突出的部分雕刻着一簇羽毛。我立刻看出那是个头饰，其下就是人的身体。这又是一个全新的发现；先前我们所见的任何门上侧柱都没有装饰。往前仔细察看，我发现另一边的侧柱上有一块相对应的石头，但深埋土中。这两根侧柱最上方的一块石头都不见了，不过我在附近找到它们，并立刻决定把遭掩埋的部分挖出来，整段带走。

这个工作比取出横梁的任务更加艰巨。许多户外泥土从这个房间的后墙附近落入室内，将门口堵得只剩顶端几英尺。我们不可能清理门口，因为印第安人只能用双手一捧捧将少许泥土清理出去。唯一的办法是从两根石柱旁向下挖，利用铁撬让它与墙面分离，再将它撬起来。我为此工作了整整两天，第二天印第安人就想打退堂鼓了。他们几乎已挖到底部，在洞中工作的那位拒绝再继续往下挖。为了保持士气，也不想再多浪费一天，我不得不亲自动手。终于，在近晚时分，我们利用棍子当杠杆吊出石柱，抬到石丘上，竖直靠在后墙上。

下页插图呈现了这两段相对立在门边的侧柱。它们各自包含两块不同的石头，一如图中所示。每一段上半部的石头高一英尺五英寸，下半部是四英尺六英寸；两部分皆宽两英尺三英寸。其雕刻主题是两个人，一个站着，另一个跪在其前方，两人都有不自然且怪诞的面容，可能包含某些象征意义。他们的头饰是一簇高耸的羽毛，垂落到站立者的脚跟，在他脚下有一排象形文字。

当我奋力把这些遭掩埋的石头挖出，让它们重见天日时，压根儿没想到，它们为这些废墟城市的建造者提出了另一些有力的证物。读者可以在下页插图中看到跪者手中所持的武器。在先前所提的大独木舟中，埃雷拉说，印第安人有“木制的刀，刀的前端有一沟槽，嵌着一块边缘锐利的燧石，用沥青和线紧紧系住”。每次提及原住民的武器时都会提到这种武器；在每一间介绍印第安文化的博物馆中也可见到它，在南太平洋诸岛的印第安人❷中，至今仍常见人们使用。图中跪者所持的正是埃雷拉所描述的刀。我本无意搜寻证据来建立任何观点或理论；单是探索这些废墟城市本身就已充满乐趣，这个证据的出现，纯然出于意料之外。

从洞中取出这两根石柱，并让它们直立靠在墙上时，我也不得不上前协助。停手后，我发现自己因太过疲倦和兴奋而感到不支。我的全身骨头酸痛，背脊上冒冷汗；我四下张望，想找块舒适的石头躺一躺，但这里又湿又冷，而且似乎快要下雨。我跨上马，发现自己几乎坐不稳。我没有靴刺，马儿似乎也很了解我的状况，慢慢晃着，

石雕侧柱上的图像

边走边啃着路边的小树丛。我开始发烧，只好下马躺在灌木丛下，但扁虱又逼得我不得不起身，最后终于回到村里，这也成为我最后一次卡巴之旅。

不过我已完成了有关这个废墟的记录。无疑树林中还有更多不为人所知的废墟，下一位探访者如果对这个题材感兴趣的话，可以从我们停止的地方开始继续深入调查。我们是在黑暗中摸索寻找的；自从这些废墟遭到荒废和不幸后，再也没有人知道它们的存在。只有卡里略神父例外。他是最早向我们提到这些建筑的人，除此之外没有任何白人曾在这些安静的建筑之间逡巡。我们可能是最先打开他们的墓门的人，它们从此才得以重见天日。

然而我也只能单纯描述这些建筑存在的事实。笼罩在它们过往历史上的疑云比乌斯马尔一带的历史疑云更深厚。我只能说，它们都位于诺卡卡巴村的公有地上。也许印第安人早在无法记忆的年代就已知道它们了，但小神父告诉我们，在通往波隆琛的公路开通之前，白人对它们一无所知。公路开通后经过古代城市，发现了这些充满荒烟蔓草的雄伟建筑，有些建筑甚至高出树顶，清晰可见。不过这项发现并未引起太多兴奋，消息根本也没传到首府。

自从这些雄伟的建筑物被发现后，尽管旅客路过时就可看见，但村中却没有任何白人兴起一丝进入探查的念头。唯一的例外是小神父，他在我们来访的第一天就骑马前来查访，但并未下马，只是为了提供我们有关此废墟的讯息。印第安人对这些建筑的看法和其他废墟一样，认为是安提瓜的遗迹。不过传说中这个城市是个重要据点，地位高于尤卡坦境内散布的其他“古城墙”，和乌斯马尔地位相等，同时存在。根据传说，两地之间还有一条由纯白石块铺成的大道，玛雅语称为“萨克贝”，两地君主的信差带着写在树叶或树皮上的信，络绎于此道上。

当我发病时，卡塞伍德先生、卡柏特医生和艾尔毕诺早已因发烧而病倒了。第二天我又发作了一次，但第三天时，我已能下床走动。周遭种种对生病的人来说，实在令人消沉。雨下个不停，我们在修道院所住的房间非常潮湿，连存放在角落里用来喂马的玉米都因吸收水分而涨大，甚至发芽了。

死亡弥漫在我们四周。然而在古代，这里却是非常有益健康的地方。托克玛达[3]曾说："这里的人皆能寿终正寝，因为没有任何来自其他地方的疾病，就算有轻微的疫病，这里的热度也足够将它摧毁，所以根本不需要医生。"不过如今已大不相同。此地成为医生大显身手的地方，如果卡柏特医生还有力气看病的话，可能已忙得不可开交。

紧邻教堂正面与修道院相连处是一个大藏骸所，沿墙是一排头骨。楼梯侧墙角落一根柱子的柱头上有个盛满骨骸的大花瓶，上面插着十字架。墙里是一堆杂乱的头骨和骷髅，堆积数英尺深。沿着墙面还有一些用绳索悬挂的盒子和篮子，有些则用布包着，里面盛装着不同人的头骨和骨骸，上面写了名字，就像在蒂科尔一样，其中有些

藏骸所与修道院

衣服的残余碎片，有些头骨上还残留着女人的黑色长发。

教堂地上间杂着一块块长方形的水泥地，底下便是坟墓，其中一个祭坛附近有一个玻璃盒，里面盛着一名妇人的遗骨，她的丈夫是一位充满活力的老先生，我们几乎每天都会见到。这些遗骨非常干净、明亮，好像经过打磨擦亮似的，头骨和两条交叉的大腿骨在前，手臂和脚的骨骼置于尾端，肋骨一根根整齐排列着，仿佛生前一般。这全是老先生亲手安排的，看起来就像是对亡妻的一种奇特照料方式。玻璃盒旁边还有一块黑板，他在上面以西班牙文亲手写下颇具诗意的墓志铭：

站住，凡夫！
看看镜中的自己，
从它苍白的映像中，
看看你的结局！
这块黯然失色的水晶
曾拥有灿烂与光辉；
但可怕命运的
致命一击
却落在曼努埃拉·卡里略身上。

一七八九年生于诺卡卡巴，一八〇八年嫁给同村的维克多瑞安诺·马查多，一八三三年八月一日过世，结缡二十五年，享年四十四岁。

他恳求各位虔诚祝祷。

这位鳏夫还写了好几节诗句，因黑板上写不下又另外抄写了一些供人取阅，我手头也保有一份。

黑板旁是我们的朋友蒂科尔神父的兄弟和一个孩子的遗骨。在教堂唱诗班的席位上，一个漏斗状大窗户的开口处也有一排排头骨，额头上全都贴着标签，写了一些令人惊愕的字句。我拿起其中一个，上面写着："我的弟兄，我是佩德罗·莫伦诺，请看在上帝面上，为我念一遍福哉玛利亚和主祷文。"另一个写着："我的弟兄，我是阿波罗诺·巴尔契，请看在上帝面上，为我念一遍福哉玛利亚和主祷文。"这是小神父小时候的老师，两年前才过世。

小神父递给我另外一个头骨，上面写着"我是芭托拉·亚拉娜，请为我念主祷文"等。他认识这位西班牙女士，年轻而美丽，如今她的头骨和那些最老最丑的印第安妇人头骨已无区别。"我是艾妮塞塔·碧柏"，这是另一名年轻美丽的印第安女孩，小神父娶了她，但她一年后即过世。我一一举起这些头骨，小神父全都认得：这个很年轻，那个很老；这个很富有，那个很穷；这个很丑，那个很漂亮。不过，她们现在看起来全都一样。每个头骨上写着死者原来的名字，全都央求人们为它们祈祷。

还有一个头颅的额头上写着："我是特卢塞凯和亚拉娜的孩子李察·约瑟夫，死于一八三八年四月二十九日，我永远快乐地待在天国里。"这是一个孩子的头骨，由于死时尚无罪愆，已上了天堂，不需旁人为他祈祷。

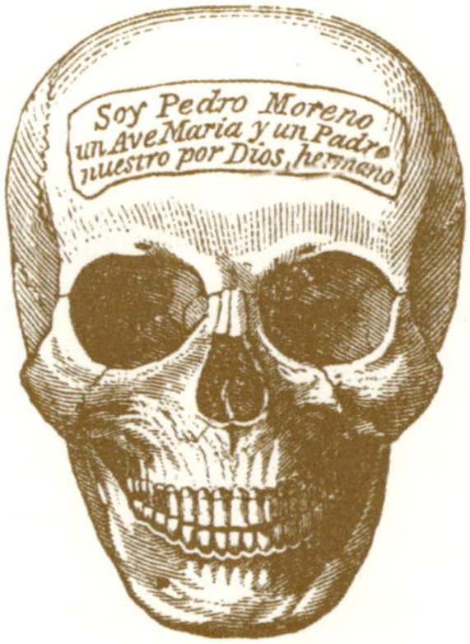

头骨

角落里有一个哀悼盒，全部漆成黑色，镶着一道白边，里面盛着小神父一位叔叔的头骨。盒上用西班牙文写着："在这个盒子里盛的是修士文森·奥蒂岗的头骨，他于一八二〇年死于库乌尔村。我恳求汝，虔诚慈善的读者，为他的灵魂向上帝说项，覆诵一遍福哉玛利亚和一遍主祷文，万一他必须坠落在炼狱，让他得以脱离炼狱，前往天堂。不管是谁，上帝将会慈悲地回报。一八三七年七月二十六日。"这段话是胡安娜·埃尔南德斯所写，她是死者的母亲，一位老太太，当时住在小神父的母亲家中。

我们向来将亡者遗骨视为神圣，即使是已逝朋友的微小纪念物意外跳进眼帘时，仍会带来一丝忧伤，更不用说如此公然展示，会带来情感上多大的打击。我问小神父为什么不让这些头骨入土为安，他的回答也不无道理。他说，这些头骨一旦埋入土里，马上就会被人遗忘，但若挖出来摆着，头上贴着标签，反而能提醒人们他们曾经活过，以及他们目前的不确定状态——也许灵魂正在炼狱中，并仿佛从坟墓里发声似的，请求朋友为他们祈祷，为他们的灵魂举行弥撒。由于这个缘故，而不是刻意感伤或不尊重，人们让这些头骨以如此方式公开示众。每年十一月二日，纪念已逝教徒的节庆时，他们会把所有头骨聚集在一起，放在黑色灵柩台，点上祝福的蜡烛，为他们的灵魂举行大弥撒。

下午，小神父穿着圣袍经过我们门口，一如往常地向里望望说："我要去处理一具尸体。"教堂的平台便是墓地，每天都有人挖坟，小神父离开没多久后，我们便听到送葬队伍的唱诵声。我走出门外，看见他们正沿着阶梯走上来，小神父走在队伍最前头，带领葬礼仪式的诵唱。尸体送进教堂，待葬礼仪式结束后，随即抬往墓地。抬尸体的圣器管理人实在醉得厉害，尸体的脖子仍是扭曲状，竟就如此放入墓穴中。小神父洒了圣水，唱完后便走开了。

围在墓旁的印第安人以一种我无法理解的表情看着我。他们曾告诉小神父，我们将死亡带来村里。我抱着试图和解的心情向一名站在旁边的妇女微笑，结果她报以大笑。我继续带着微笑缓缓绕了一圈；每当我的视线和他们相遇，他们全都爆出大笑。我在尸体尚未掩埋也尚未转正前就离开了。此地人们看待死亡只不过是人生的意外之一。“我要休息了”“我的劳苦终于停止了”，这是印第安人垂死之际所说的话，然而对在这个陌生国度中做客的人来说，死亡却是恐怖之王。

与此同时，快乐正轻轻跟随着死亡的脚步而来。圣救世主的节庆仍在进行，将以第二天举行的白昼舞会画下句点，地点同样在它开始的地方——保护者的家。我们都忙着打包行李，准备离开诺卡卡巴村，因此尽管主人热情邀约，最后只有我一人到场。一早，圣者像就已被放置在房间一端，祭坛上满是装饰的鲜花；舞会所在的藤架上已覆盖棕榈叶，用来遮蔽阳光。庭院中阴凉的一隅，有一群印第安妇女正忙着做玉米薄饼，并为全村欢宴准备各式菜肴。

中午十二点，舞会开始了。接近两点时，我身旁的小神父消失无踪。不久舞会便结束了，所有人都向屋内移动。当我跨进屋内，一眼瞧见小神父已身穿圣袍，站在圣像前唱着经文。印第安教堂司事正为圣像熏香，跳舞的妇女全跪在圣像前，手持一支点燃的蜡烛。随后是烛光游行。十字架开路，然后是圣者像，一名醉醺醺的印第安教堂司事继续为它熏香。小神父站在它身后，挽着我的手臂，带着我一起走；圣者保护者在我的另一侧挽着我。我们是游行队伍中仅有的男士，身后跟着一群队伍不太整齐的妇女，全都穿着舞会的服装，手上持着点燃的长蜡烛。来到教堂，我们将圣像放回原来的祭坛，在粗糙的木制三角架上插上蜡烛，准备第二天一早举行大弥撒。

这时，外面传来一阵冲天烟火声。我走出去，看见另一支奇怪的游行队伍。先前我们的游行队伍都是妇女，这支却全是男性，而且可能为斋戒落幕而狂饮了一番。几乎所有人都已半醉；我注意到，几位在整个节庆期间保持滴酒不沾的人终于也开戒了。这支队伍前面是三五成群的男子，每人手持两个盘子，准备接受保护者慷慨的食物赠予。

他们后面跟着两个丑陋的长箱子，放在竹架上，由数名印第安人扛在肩上，那是圣者的管理印信和财产，其中一个箱子装满信徒奉献的蜡、用来制造烟火的绳子，以及其他属于圣者的财产，都将抬到下一位轮值的保护者家中；另一口长箱子原来也盛装过这些东西，将留在现任保护者家中，作为神圣的传家之宝，一种光荣的纪念。箱子之后是两位男士，也由印第安人抬在肩上。他们肩并肩各自坐在一张大扶手椅中，颈上围着围巾，双手紧紧握住椅子扶手，由脸上的神情看来，他们似乎很清楚自己被同胞高抬在半空中的危险，不知什么时候会摔下来，因为这些印第安轿夫在肩上的重担和酒精的作用下，已经摇摇晃晃、步履不稳了。这两位分别是上一任的长箱子保管者和准备接手保管的继任者。他们在一路喧哗吵闹的混乱陪伴下，最后来到舞会特区的走道下才被放下来。

这时，妇女的游行队伍也自教堂抵达，乐手纷纷在走道上就位，准备开始另一场舞会。曾为我们担任诺帕特向导、并为我们修复行李箱锁和钥匙的科克姆，是这场仪式的主持人。第一支舞结束后，两名麦士蒂索姑娘开始唱起一首歌。当下全村的人似乎都陷入狂欢中，有些场面简直令人不忍卒睹，不过也有美丽的妇人打扮得漂漂亮亮。总之，四下充满一种不顾一切的放纵和自由，助长了彼此的共鸣；当小神父和我回到修道院时，众人的歌声也尾随着我们飘扬而来，妇女们温柔、甜美的和声似乎说中了每个人心底的感受：

这世界多么美丽；
真遗憾我终须一死。

注释

❶

古罗马皇帝，出生于公元三十九年。即位前在军中颇有建树，也曾征服耶路撒冷。其父成为皇帝后，父子曾共同执政。公元七十九年，提图斯在父亲过世后继承王位，但在位两年后即因病而逝。

❷

南太平洋诸岛大致包括今玻里尼西亚、密克罗尼西亚、美拉尼西亚等众多岛屿，目前大多数学说都认为，当地原住民主要属于使用南岛语系的南岛民族。

❸

此处所指应是胡安·德·托克玛达（Juan de Torquemada，公元一五六二至一六二四年），方济会修士，也是西班牙殖民地墨西哥的传教士与历史学家，一六一五年出版知名的《印第安仪式与帝王全集二十一册》，又称为《印第安帝王》。

第十八章

印第安理想国

一月二十四日，我们离开诺卡卡巴。能挥别此地，着实令人大松一口气，唯一觉得十分遗憾的是之后必须再回来。小神父、他的兄弟及全村村民的热情招呼与款待，我们不会忘记，但每天必须骑马走十二英里相同路线，加上很难找到愿意工作的印第安人，让我们经常烦心不已。此外，在整个探险旅程中，我们不断出现一种感觉：只要在某地生病，我们就会开始讨厌那个地方，并急着离开。

我们拟好路线，展开一场巡回拜访附近数个废墟的计划，不过最后仍需再回到诺卡卡巴，才能前往另一个方向。

既然行程如此安排，我们就将所有笨重行李全留在诺卡卡巴，随身只带着达盖尔式照相机，吊床，一口装着锡制餐具、一个烛台、面包、巧克力、咖啡和糖的大箱子，以及放在草篮里的换洗衣物。除了艾尔毕诺和博纳多外，我们又多了一名帮手，是个十五岁的瘦弱小伙子，名叫巴拿比。他的体型比艾尔毕诺和博纳多更瘦小，三个人加起来也比不上一个发育良好的大人。

我们备好良驹上路。卡塞伍德先生的坐骑让他不必下马即可进行素描，卡柏特医生可在马背上直接开枪射击，我的则是必要时可疾驰整天以便进行初步访查的骏马。艾尔毕诺的马脾气倔强、难以驾驭，不时像打摆子般抖动，想将他从马背上甩下来；这也难怪，因为那是当作赛马般训练快步疾走的马。博纳多看到艾尔毕诺有马也想要一匹，但还是只能前额顶着一条皮带，背着自己的行李走。

我们即将进入一个完全只有印第安人居住、几乎没有白人到访的区域。一路穿过卡巴废墟，走了一里格远后，来到查克牧场。这是一个很大的印第安聚落，行政区隶属诺卡卡巴。这里没有任何白人，当我们骑马经过时，印第安妇女纷纷招呼着自己的孩子，像受惊吓的鹿群般跑走，避开我们。我看到一名妇女躲进一座小茅屋内，便策马上前，停在篱笆边，基于单纯的好奇心，试着拿出一支雪茄，用我们在路上学来的几句玛雅语向她借火。门关得紧紧的，丝毫没有动静。我下了马，还没把马系好，那名妇人就从屋里冲了出来，躲入树丛中，消失无踪。牧场某处有个公共之家，是一栋长条形的茅草屋，屋前有个大广场，广场上搭着以树叶覆盖的藤架，另一侧有棵壮观的鸡冠刺桐，巨大的树荫遮蔽了周遭一大块地方。

离开牧场时，我们看见左方远处有一座非常高的废弃建筑，孤立于一片树海当中，显然难以企及。再往前行，我们来到距离诺卡卡巴四里格远的沙威尔牧场，这是我们第一个落脚之处，因为萨依废墟就在附近。这里的居民也全是印第安人，之所以称为“牧场”，不过是为了方便替一个重要性尚不足以构成村子的聚落命名而已。这里的公共之家也像查克一样是间大茅草屋，墙由泥巴糊成，屋顶以茅草覆盖。屋前有个大广场，约一百英尺见方，四周围以竹竿编成的围篱，并用棕榈树叶加以遮荫，屋子四周有巨大的鸡冠刺桐。每个印第安人聚居的牧场都有一个公共之家建筑，虽说是为了接待偶尔甚至很少来访的神父，但也会被村里的小商人占用，他们有时会下乡四处搜购猪、玉米和家禽。如果将茅屋打扫干净，驱除跳蚤，倒是相当舒适的大房间，容纳得下我们整团人马六个吊床充足的摇晃空间。

这里属于我们的朋友——蒂科尔的神父——所管辖的教区，不过他有太多其他事务须处理，事实上只来过此地一次。小神父已发出我们即将抵达的通知，并请当地人为招待我们而做准备，因此我们一到，印第安人立刻为我们取来热带橡树叶喂马，但却没有水。牧场上没有井，水源得完全依赖三英里外的查克。不过，付了两个雷亚尔后，印第安人就为我们带来四陶罐水，每匹马一陶罐，足够夜里饮用。晚上，这里的阿卡迪和属下正式来访，大半个聚落的民众也一起来了。

来到尤卡坦已有一段时间，不过我们觉得现在才是探险之旅真正的开始。之前路途中的所见所闻固然和我们以往所知大不相同，但这趟行程的第一天，我们就有一些全新的体验。印第安人聚集在藤架下，极为客气地让我们入座。阿卡迪告诉我们，虽然牧场很穷，但他们会尽全力为我们服务。阿卡迪或其他在场者都不会说西班牙语，我们的交谈全得透过艾尔毕诺翻译。我们首先为供马饮水竟需付两个雷亚尔一事提出抗议，不过他们的解释也很合理。

雨季时，附近就有水源，事实上，所谓的水源可能和任何适合居住的地方一样原始——蓄积在岩石洞穴中的雨水。这些岩洞称为“萨尔特内哈”；尤卡坦境内的地质成分多为岩石，这种岩洞为数众多，雨季时，洞穴中的水只要取空，马上又会补充回去。我们来访前正好下过很长一段时间的雨，因此有足够的水可供家家户户饮用。不过这里的人养不起马、乳牛或任何种类的牛，唯一能养的动物是猪。到了旱季，这种供水方式就行不通了。岩洞里没有水，他们不得不远赴查克牧场的水井取水，水井位于地下半英里的深处，十分陡峭，必须穿过九道不同的阶梯才能抵达。

这番说明后，他们不为我们的马供应水的行为遂不再令人感觉吝啬或无礼。有人愿住在这种连基本需求都难以取得的地方，听来固然奇怪，但当问起为何不拆散聚落，各自到他乡求生时，我们发现他们似乎从未有过这种念头。他们说，他们从祖先时代就住在当地了，四周的土地也很适合种植玉米。事实上，他们是相当独特的族群，我从没有像此时这般遗憾自己不懂玛雅语。尽管他们的行政区隶属于诺卡卡巴，但土地所有权却是自己的，经由继承而来。他们认为住在这里比住在村里或大牧场好得多，因为在村里，每个人都受某种公民权利与义务的束缚，而在大牧场，你得听命于牧场主人。

这个聚落由一百位庄稼人组成；他们共有土地，共同耕作，生产的作物也由全体共享。他们在一座茅屋内准备食物，每个家庭各取所需。这说明我们抵达时所见到的景象：一列妇女和儿童，每人手上捧着一个陶制器皿，里面盛着热腾腾的浓汤，全都沿着一条路走来，随后进入不同的茅屋。聚落里的每个人都有工作，即使小至幼儿也会学着赶猪。我们不懂玛雅语，加上许多更重要的事分散了注意力，因而无法得知村内经济情况等详情，不过，这里似乎非常接近我们在国内时而听说的一种理想公社状态；他们这种生活方式存在已久，无法追溯时间，因而已不是纯实验性质。也许，欧文[1]或傅立叶[2]可以向他们学习。

这些印第安人和自称改革者极为不同之处，就是他们不需要追随者。陌生人无论如何都不能进入其社群；聚落内所有人的婚嫁对象都在牧场内，从未有人娶入外地人或嫁到外地。他们说，这是不可能的事，完全不会发生。他们有到邻村参加节庆的习惯，当我们问起是否有年轻男子或年轻姑娘爱上某个村里的印第安人时，他们说那有可能发生，而村里也没有任何规定禁止这样的事，但就是不会有人因结婚而离开牧场。由于几乎从来没有人想过这件事，因此在他们的聚落规章里并未对此规定任何明确罚则。不过，在我们提出问题后，他们经过一番讨论，决定无论男、女，触犯规则的人都该遭到驱逐。我们提醒他们，在这样的小社群里相互婚嫁，长久下来将造成彼此间都有亲戚关系。他们说，自从霍乱造成人口锐减后确实如此。事实上，他们全都是亲戚，不过除了兄弟姊妹外，亲戚仍可结婚。他们严格遵守教会的仪典，而且才刚举办过较正常时间提早两星期的四旬斋庆典。当我们指出他们弄错时间时，他们说，他们可以重新再庆祝一次。

一早，我们出发前往萨依［又称为“萨里”(Salli)］废墟；离开牧场不久，便看见左侧林木茂密的玉米田里有一座废墟建筑和石丘，但已毁损严重，不值一提。

走了一英里半，我们看见前面不远处有一座树木遮蔽的高大石丘，规模之宏伟令我们大为惊讶，若不是有印第安助手相随，其上生长的树木之繁茂，的确让人望而生畏。林木从路旁一路延伸。我们的向导开出一条路，清除头上的枝叶，我们骑马跟

萨依废墟“宏伟之屋”正面

随在后，来到“宏伟之屋”的基座下才下马。这座印第安人称为“宏伟之屋”的巨大白色石砌建筑，掩藏于一片广大森林深处，为环绕四周的萧索景象更添一分颓败气氛。我们系好马，艰辛地穿过重重阻碍，来到其正面。由于树木茂密，我们的移动速度非常缓慢。如果在卡巴遇到这种密林，当地很难雇请印第安人，我们大概无法达成任何目标。幸好到目前为止，在此地雇请的工人都很勤奋，我们的工作因而得以进行。

我们很清楚该做什么。此时主要目标就是节省时间。不待其他部分探索完毕，我们已指派印第安人开始行动，几分钟后，叮叮咚咚的尖锐斧凿声和林木倾倒声，打破此地维持了数世纪的宁静。在一群印第安人努力工作之下，当天我们已清理好建筑的正面。

那天卡柏特医生直到很晚才来到现场。他穿出密林后眼前突然一亮，由于没有树木挡住视线，三层巨大的建筑立刻映入其眼帘，这是他在尤卡坦境内见到最壮观的景象，令他印象极为深刻。

上页图正是这座建筑的正面。这是从距离五百英尺远的石丘上所见情景。石丘上也长满了树丛，同时也有一座废弃建筑。在清除通往石丘沿途的树木和杂草时，我们发现了一块中空的石头，里面盛满了雨水。在我们停留于废墟里工作的这段时间，这真是最美妙的收获。

这幅插图完整呈现了建筑当时保存的状况，同时也尽可能透过描绘将其表现出来。它分为三层，中央有一道巨大阶梯，宽三十二英尺，通往最高层阶丘的平台。不过这道阶梯已毁损，事实上仅是一堆堆积的残余石块，右侧的建筑也已全部坍塌，倾颓的程度令人完全无从描绘；我们甚至连树丛也未清理。因此，图中所示是建筑仍存留的部分，也就是位于阶梯左侧的另一半建筑。

在这三层基座的最下面一层，正面宽两百六十五英尺，深一百二十英尺。它有十六个门，可通往十六个房间，每个房间又各自隔为两个内室。正面的墙已全部倒塌，室内堆满碎石残砾，前方地上堆积许多树木倒落后的枝叶，即使将它们切碎或以木棍敲落在地，从描绘草图所需的距离外看来，仍只能看见室内的一小部分。这层基座的两端各有六个门，后面有十个门，分别通往不同的房间，整体而言，也都破败不堪。

第二层阶丘上的建筑长两百二十英尺，深六十英尺，在巨大阶梯的两侧各有四个门。左边的四道门仍保存良好，每道门各有两根柱子，高六英尺六英寸，柱子形式粗糙，有方形柱头，带点多立克式[3]风格，但却缺少这种我们熟知的古典形式的庄严气势。门与门之间有四支装饰相当奇特的小柱子，彼此紧靠在一起，半缩进墙内。在第一和第二道门间，以及第三和第四道门间，各有一道小楼梯，通往第三层基座的阶丘。这层阶丘的平台正面为三十英尺，后面为二十五英尺，建筑则长一百五十英尺，

宏伟之屋第二层建筑正面

深十八英尺，有七道门通往七个房间，门的上方是石制门楣。

第三层也是建筑的最高一层，其外观平淡，不像其他两层那样装饰华丽。为了让读者有所了解，上图中呈现的是第二层的部分正立面。其中有一个在他处最常见的设计图案——一个人的形象，以手支颐，双腿叉开，形成十分奇怪而不雅的姿势，在图的右侧可看到一小部分。此外，我们也看到如同贝纳尔·狄亚斯在坎佩切所见的“石灰与石块所精心构造的大建筑物，墙上绘着蛇与偶像”。

下页图为此三层建筑的平面图，以及阶丘规模大小。平台的前面皆比后面宽；房间大小不一，自二十三英尺到十英尺长皆有。第二层基座北端有个奇异且难以解释的特色。这里被称为“封闭之屋”，有十道门，但全被里面的石头和灰泥阻塞。它也像斯科奇的井一样，在诺卡卡巴流传着神秘的故事，所有人都相信其中藏着宝藏。这种

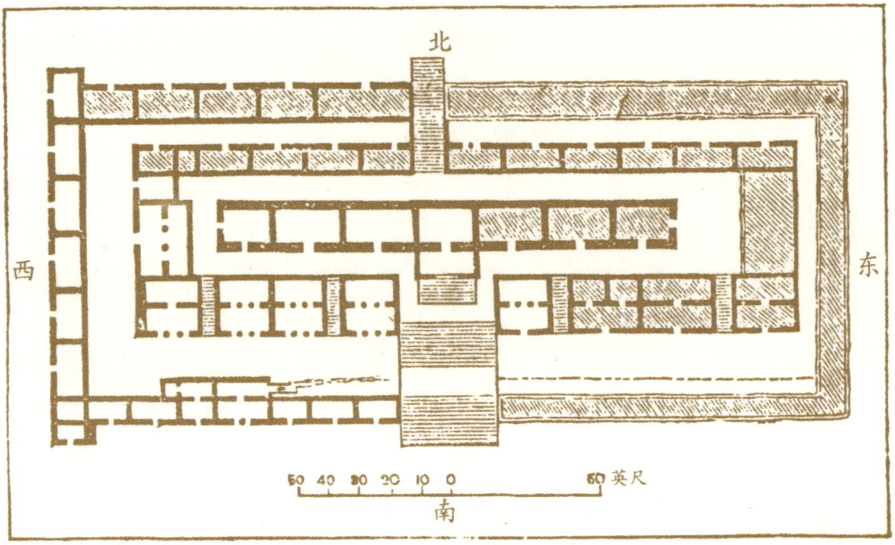

宏伟之屋平面图

说法其实非常盛行，连不曾拜访过废墟的阿卡迪塞贡多都决定趁我们到访之便，在全村同意之下，带着铁锹协助我们进入这些封闭的房间里寻宝。

第一眼看到这些封闭的门时，确实让我们生出一股想挖掘的强烈欲望；不过走着走着，我们发现印第安人早已动手了。好几道门前堆着一摞摞他们从门内清出来的石头，门楣下方出现一个个洞，我们可以从这些洞爬进去，里面是和其他地方一样的房间，有墙和天花板，不过也都塞满了扎实的灰泥和石头（只有印第安人已清空的部分例外）。

这样的房间共有十个，总计长两百二十英尺，深十英尺，全都填塞得满满的，所以整栋建筑等于一大块实心物体。最奇怪的是这些房间被填塞时，这栋建筑应该也正在建造，因为房内的填塞物高过于门，当初执行填塞工作的人不可能穿过门洞进行这项作业，一定是随着墙的砌高而完成，也因此天花板覆盖在一块实心物体之上。我们很难得知当时这么做的原因；唯一能想到的，就是这一大块坚实的实体是为了支撑上层基座和建筑，果真如此，直接建造一个实心结构，不需分隔任何房间，工程不是容易些？

从这栋建筑的顶部望出去，视野极为辽阔，不再是一片死寂的旷野，而是起伏的林野。朝西北望去，最高的小山丘上有一座高耸的石丘，尽管覆盖着林木，但在如今已相当有经验的我们眼中，那里显然有一座建筑掩藏其中，只是说不准它状况完好或已崩塌。

它与此地之间横亘着大片林木茂密、灌木丛生之地，印第安人说不可能通过其间。我挑了三名状况最佳的印第安人，告诉他们非过去不可，不过他们确实不知该怎么办，只能沿着先前来到废墟的路往下走，但那却只会离那座石丘愈来愈远。我们在路上遇到另一位印第安人，他转回来陪我们又走了一会儿，测了测距离，然后穿过树林来到另一条小径，再走一小段，又穿过树林，钻来钻去后，终于来到一座石头小山丘的山脚。山丘上长满巨大的龙舌兰，只要碰触到它们，都会遭其又长又尖的刺刺穿并撕裂。我们费力爬上这座小丘，来到一个阶丘墙边，再爬上阶丘，发现自己站在建筑脚下了。

这栋建筑已然倾颓，我们花了那么大力气前来，实在不值得。不过门的上方有一个雕刻头像，脸上的表情鲜活精致。在其中一个房间内沿墙有一道高高的突起，另一个房间内则有一个凸起的平台，高约一英尺，墙上有红色的手印。从门边向外望，可看见一大片广袤延伸的林地，绿意盎然，本来应给人愉悦的感觉，但可能因为这里的荒废与寂静，反而散发出一种哀伤的气息。深林中只有一处开口，便是我们来时所开的路，从那里可以看到宏伟之屋，以及几名仍在清理顶部的印第安人。

在宏伟之屋前约五百码远处有另一栋建筑，从这里的最高处亦可看到。它和我们先前所见其他建筑极为不同，更奇特且更无法理解，从远处看，倒像新英格兰的某家工厂。

右图即是这栋建筑的描绘。它位于一座阶丘之上，也可视为由两个不同结构组成，其中一个坐落于另一个之上。位于下方的看来大致和其他地方的结构没什么两样。正面为四十英尺，高度很低，有一个平坦的屋顶，中央是一个穿过这栋建筑的拱道。不过正面已经坍塌，整个结构也已毁损，只剩拱道如图所示。屋顶中央一带突如其来地竖起一道墙，毫无支撑，也与其他东西没有任何关连，高约三十英尺。这是一道石墙，厚约两英尺，墙上有长方形开口，约四英尺长、六英寸宽，好像小窗子。原先墙上覆盖着细工粉刷的灰泥，如今灰泥掉落，露出里面石块的粗糙表面，以及与灰泥接合的隙缝，另一面则是灰泥涂饰的人像和装饰图案，残破不堪。一名印第安人正在墙前杀一条蛇；尤卡坦的所有森林都有为数众多的蛇。自我们展开美洲废墟探险以来，还没碰过比这道垂直竖立的大墙更令人不解的事物。它的建造仿佛是为了困惑后人似的。

这些就是附近一带所见尚存的废墟建筑了。不过，向印第安人探询后，其中一人自告奋勇带我去另外一座废墟，据说那儿仍保存得相当良好。我们朝宏伟之屋的西南方向走了约一英里远，穿过大片荒烟蔓草，来到一座阶丘前，阶丘占地之广，又是我们在尤卡坦前所未见。我们穿过它从北向南走，算算约有一千五百英尺长，东西向的长度可能也差不多。不过此处地面实在太崎岖不平，且长满草木丛林，因此我们不打算进行丈量。

在这座巨大平台上，矗立着印第安人告诉我们的那座建筑。我清理了一番，第二天卡塞伍德先生便将它描绘了下来，如下页插图所示。其正面长一百一十七英尺，深八十四英尺，分成十六个房间，位于正面的房间有五间，保存情况最为良好。其中中央那间有三道门，长二十七英尺六英寸，宽却仅七英尺六英寸，只有一道门和后面一个房间相通。后面的那个房间长十八英尺，宽五英尺六英寸；这个房间比前面的房间地面高出两英尺六英寸，有阶梯相通。沿着前面房间的底部是一排小小的柱子，高齐门槛，贴着墙面，共有三十八支。

这座巨大的平台上有好几处地方都是毁损的废墟，林中深处也可能还有其他建

阶丘与建筑

阶丘与建筑

筑，不过在没有向导或任何线索的情况下，我们不打算继续寻找。

以上就是目前我们能发现的萨依废墟。萨依这个地名，在我们来访前不曾有任何文明人提过。如果不是受我们的行动恶名昭彰牵连，至今尤卡坦首府的人恐怕也还是不知道。我们第一次得知此地是从卡里略神父那儿听来的。他只来过这一带的教区拜访一次，当时曾置身这些废墟之中不少时间。

看见这么多极不寻常的建筑，印第安人却从未对它们抱持疑问，着实奇怪且令人难以相信。诸如“谁建了这些建筑？”等问题，他们完全没想过。蒙提祖马这个响亮的名字连宏都拉斯的印第安人都知道，但他们竟然没听说过。我们提出的所有问题，通常得到的回答都是千篇一律：“天晓得！”如同我们第一次在科潘时听到的一样。他们也和乌斯马尔的印第安人同样迷信，相信这些古代建筑里闹鬼，同时也像遥远的圣克鲁斯基切人一样，宣称在每年耶稣受难日这一天会听到废墟内乐音缭绕。

关于这座古城，只有一件事引起他们所有人的兴趣——是否有井。他们认为，这些废墟中的某处可能有座曾供应古城居民的水泉，如今因林木丛生而不见踪影。他们相信，藉由我们的工具可以发现这口井的位置，甚至提议愿协助我们砍掉废墟一带的所有树木。

❶

全名罗勃特 · 欧文（Robert Owen，公元一七七一至一八五八年），十九世纪知名乌托邦社会主义（又称空想社会主义）及合作运动先驱。欧文出生于韦尔斯，十岁开始担任学徒，并利用时间在雇主图书馆中阅读，启迪智慧。十九岁后工作表现出色，随后在其管理的工厂及小区改善工人的劳动与生活条件，成为知名慈善家。他认为影响人格形成的重要原因是环境，因而强调教育的重要，同时对资本主义私有制充满批判，致力追求平等，主张教育与劳动结合，提倡合作运动，可惜未能成功。尽管如此，其思想和行动仍与傅立叶等人为社会主义带来重要影响。

❷

全名查理 · 傅立叶（Charles Fourier，公元一七七二至一八三七年），法国社会学者及合作思想先驱。傅立叶所建立的“法朗居”，是可照顾个人社会福利的农业合作社群，也有人认为那是同时兼顾生产与消费的合作社。其思想体系后来被称为“傅立叶主义”。

❸

多立克式是希腊古典早期时期重要的柱式风格，其特征是线条刚劲有力，没有柱础，通常有凹槽，柱顶是短而厚的简单柱头，檐部设计朴素。

第十九章

神秘红手印的联想

第二天早上，卡塞伍德先生忙着一幅镌刻版画中的建筑，卡柏特医生和我则出发拜访我们从查克牧场来时经过的一个废墟。

在牧场外围地区，我们转入右方一条小径。骑马走了一阵后，小径转了个方向，随后我们就在此下马。向导在树林中开出一条路，穿过树林，来到一片长满塔赫的大田野。这些植物伸长了茎梗，密密地挤在一起，高八到十英尺，非常直挺，厚约半英寸，顶端开着黄花，是马儿最爱的食物。若将几株茎梗凑成三到四英寸绑成一束，则可拿来当作火把使用。在田野一侧，可看到先前我们提到的高大建筑物，另一侧则是一栋未曾见过的建筑。卡柏特医生想猎捕的一只鸟，正栖息在从第二栋建筑长出的树上，所以我们先往那里走去，但发现没什么吸引人的特色，于是又奋力穿过塔赫田野，前往第一座建筑。这些塔赫和密林一样难以穿越，因为它长得很高，几乎隔绝了空气进入的任何间隙，但却又不够高，无法挡住阳光照射。

第一栋建筑坐落在一个多石的小山丘顶，位于一个仍坚固结实的阶丘上。它有两层构造，下面一层的屋顶构成上面一层屋前的平台。它还有一道阶梯，不过已毁损不堪。上层中央有一个大房间，两边各有一个小房间，多被坍塌的碎石土块堵塞，其中一间有个大黄蜂窝吓退了我们，另一间则有一头幼小的秃鹰发出嘶嘶的呼气声，拍着毛还没长齐的翅膀，跳着脚跃出门外。

阶丘上所见的景色非常美丽，有林木繁茂的山丘、远处的宏伟之屋，以及先前提及的那道奇特高墙。它们三四英里远，其间丛林茂密。旱季时，印第安人从四面八方穿行其中，不会有任何植物的叶子遮挡视线。他们说，在这个区域内没有其他建筑遗迹了。就我们先前发现的古代聚落遗迹来看，建筑大多相当密集，因此，在这样一小块地区内，似乎不可能有其他完全不同、各自独立的城市存在。然而，如果只有一个城市，其建筑相距如此遥远，最远甚至位于四英里之外，其间的荒凉地带一度充满熙来攘往的人群，更令人难以想象。

离开此地后，我们辛苦地穿过塔赫回到系马之处，重新骑马上路。经过大牧场后又走了大约一英里，来到一个水井旁，这是我们初抵此地就听说的地方。

水井开口附近有几棵高大、壮观的鸡冠刺桐，枝干伸得又广又远，树荫下有成群结队的印第安人，有的正在准备葫芦和火炬，打算入洞，有的刚从洞里出来，擦拭着身上的汗水。一会儿，一个印第安人不见了，又一会儿，另一个人从地底冒了出来。我们注意到这里没有女人。在尤卡坦大部分地区都由女人负责取水，因而经常可在井边看到她们。其他人告诉我们，在这里，女人不曾进过查克的井；大牧场上所有的水都由男人来取，这一点，也显示这口井的特殊之处。我们带了一卷绳索，准备立即下洞，也学着印第安人只穿最少的衣服进洞。

我们首先爬下一道垂直的梯子进入洞中，梯子的尽头是一个巨大的洞穴。向导举着塔赫束做成的火炬走在前面，我们跟在他身后，沿着一道贴着岩壁的梯子，再次几近垂直地向下走。一小段距离后，他们的火炬突然消失。这时来到一个荒芜的洞，同样也要经过一段又长又难爬的梯子。梯子尽头的岩石又湿又滑，几乎没什么转身的余地，接着又得从另一道梯子继续向下走。洞里的空间更趋狭小，两手叉腰的话，臂肘几乎可碰到两旁的岩壁。我们的印第安向导已不见踪影；四下一片漆黑。我们一面摸索着阶梯的横木而下，一面大声呼喊他们，只听到他们的声音遥远地从正下方响应而来。我们往下看，发现他们手上的火炬像会移动的火球，显然他们在我们下方，在好大一段距离之外。

这道阶梯的底端有一个粗糙的平台，可作为休憩之用，也可让上上下下的人在此错身。一群裸着身子的印第安人因背着葫芦重担而喘着气，汗流浃背，正等着我们一行人从梯子上下来。即使在这荒凉的洞中，他们身上背着水，皮带顶在额头上，又累又热地喘着气，却仍将火炬放低，朝白人表达了恭谨的敬意。再往下走下一道梯子时，我们的上上下下全是在黑暗中闪烁的火炬。不过我们还得再走另一道梯子，这个洞的垂直深度显然将近两百英尺。

在这道梯子底端有一个开口通向右方，我们从那里很快进入一个又低又窄的通道，只能四肢并用爬行而过。由于一路行来的辛苦，加上火炬冒出的烟所散发的热气，简直令人无法忍受。渐渐的，通道变大了，然后又缩小了，随即陡然下降，洞内高度很低，我们的肩膀几乎都要碰到洞顶。经过一侧的一道大开口，我们又来到另一个垂直下降的洞，这次走的是在岩壁上凿出的阶梯。之后出现一条低矮且需四肢爬行通过的通道，我们同样被烟和热气熏得几乎窒息。最后终于来到一个小小的开口，里面有一潭水，这就是井。这里挤满汲水的印第安人，他们看到这几张被烟熏黑的白人的脸，就像见了鬼似的。无疑这是白人第一次来到这口井。

回程时，我们顺便测量了距离。卡柏特医生带着一段一百英尺的绳索先走，不久便消失在荒芜不平的通道中，有时甚至连声音都听不到。我在后面做好记录后，一名印第安人再把绳索缠绕起来。另有两名印第安人举着长长的火把，每当我停下来记笔记时，他们不是举得太远，完全派不上用场，就是逼到我面前来，让烟熏得我睁不开眼，脸上皮肤也灼热得不得了。我的汗像洗蒸气浴般流出，脸和手都被烟熏黑了，而且沾满尘土；大颗大颗的汗珠滴落在笔记本上，加上手上的泥土，把笔记本的纸页都粘在一块儿，所以记的笔记几乎毫无用处。这些记录当然是不完美的，不过我相信，即使有了最精确的数字，也不见得能贴切传达这个洞穴的真正特色，包括它几个垂直深入的洞、穿过一块坚硬岩床的通道，以及印第安人举着火炬、背着葫芦所呈现的奇特场景。他们无怨无尤，每日例行地深入地下，寻找生命最重要的元素之一。

以我们经过的行程来看，有那么多道梯子又上又下，还要弯来弯去爬过狭窄的通道，整个距离似乎就像印第安人说的起码有半里格之远。然而，实际测量结果还不到一千五百英尺，大约相当于百老汇前面的公园长度。虽然我无法得知从地面到水潭的垂直深度，不过倒是从印第安人取水过程观察到一些事。他们并不是把葫芦挂在肩上，而是将前额顶着的皮带放得很长，让葫芦悬在臀部，若不这么做，一旦弯身爬行，肩上的葫芦就会撞到洞顶或从头上翻覆，但若吊在腰下，手脚并用爬行时，这些葫芦便不会超过背部的高度。

此外，这口井既不像斯科奇的井提供离群脱队的印第安人偶尔汲用，也不是单纯传统的古代城市水井。它是现存族群仍常用且唯一的水源。整个查克大牧场完全仰赖它，旱季时，甚至远在三英里外的沙威尔牧场都得来此取水。

印第安人这种吃苦耐劳的民族性，很可能就是尤卡坦境内各地得以造出巨大无比的石丘及壮观石砌建筑的动力。我们用掉一葫芦的水清洗及止渴，上马返回沙威尔牧场时得出一个结论，就算有人被这个排外的社群接受，恐怕也不是什么好事，毕竟一年内有六个月必须每天潜入这个地下水井中取水。

我们抵达牧场的时间刚刚好。卡塞伍德先生画完了素描，博纳多也煮好了午餐。我们毫不耽搁，命令挑夫挑着行李先行，下午两点半时，我们也上了马，再度出发寻找废墟城市。

读者对尤卡坦境内的公路想必也已有些概念，但它们和我们离开大牧场所走的这条路相较之下，可全都像高速公路了。事实上，这只是一条穿过森林的小径，将林中树枝略微修剪，高度勉强可容一名印第安人背着玉米通过。我们事前已听说想骑马通过这条小径非常困难，必须时时低头、弯腰，以免遭树枝刮伤；我们时而因突出的树枝而不得不下马通过。

约两里格之远处，我们来到桑纳克提大牧场，此地印第安人是我们见过外表看来最野蛮的。当我们骑马经过时，妇女纷纷走避，男人则蹲在地上，头上未戴任何东西，长而黑的头发披散在双眼前，脸上现出惊愕神情，呆若木鸡地瞪视着我们。这里一样缺水，没有地下水井，也没有任何其他类型的井，无论古代或现代都没有，要取水得到两里格以外的萨巴奇希村，相当于六英里远。他们也是这么每天背着水来来去去。然而，就在这干旱无水的地带之间，却又有一个古代民族居住的遗迹，那是另一座荒芜废弃的废墟城市。

大牧场外围之外是一大片作为玉米田的空地，空地里毫无遮掩，一眼就看得见两座古代建筑全貌。玉米田四周围着围篱，长满塔赫。我们将马系在塔赫茎梗上，让它们嚼着花儿，我们则沿着一条通往两座建筑之间的小径向前走。左图呈现的是其中位于左边的建筑。它坐落于一个阶丘之上，依然坚固实在，很幸运的是，其间并无树木生长，倒是建筑的顶部长了不少。建筑里有五个房间；立面檐板以上部分都已崩塌，门与门之间有些小柱子残迹仍嵌在墙里。玉米田另一侧是另一栋建筑，高高托着一道高墙，也像先前在萨依所见那样，看起来十分奇特，令人无法理解其用途和目的。透过至今累积的经验和能力，不久我们已将此地调查完毕，我们拜访过的废墟城市名单上也增加了一个。随后我们上马离去，继续探索废墟的行程。

五点半时，我们来到萨巴奇希大牧场，它位于蒂科尔到波隆琛之间的公路上，居民清一色为印第安人。公共之家坐落于一块空地的高起之处，屋顶覆盖着棕榈叶，墙由泥巴砌成，屋前有一个藤架，屋里有张桌子和几条板凳。整体而言，无论外观或家具，它都比先前我们经过的公共之家好得多。后来我们才知道，这里除一般用途外，也是女主人一年一度来访时的居所。不过更吸引我们且更重要的是，这个牧场有一口井，我们看到它的心情，简直比在文明国度内旅行看到最好的旅馆还要高兴。我们身上既遭荆棘刮伤，又被扁虱咬得浑身刺痛，很想赶快洗个澡，舒爽一下。同时，我们的马也受惠，毕竟在这个国家境内没有马梳也无刷子，洗个澡，算是这些动物唯一所能得到的额外之赐。

这口井由目前的牧场主人所建，在此之前，此地居民完全仰赖位于塔比的井，距

此地竟有六英里远！这口井除了本身的真正价值外，也展现了一幅奇特而生动的画面。一群印第安妇人围在井旁，井上既无绳索也无任何用以汲水的固定物，不过在井口有一根圆的横梁架在两根木杆上，妇女们从这里放下树皮制的小水桶，随后再提起水来。每个妇人自备水桶和绳索，绳索在头上盘绕成圈，末端垂在脑后，看起来好像戴着某种头饰似的。

井边住的是阿卡迪，他的小茅屋四周环绕着一圈原始的围篱，里面有狗、猪、火鸡和一些家禽，我们一走进去，它们全都或吠或啼，或咕噜咯啦、咯咯呱呱地发出各式叫声，好不热闹。院子里种了橘子树，果实累累，出奇得大，其中一棵底下挂了一排二三十个野猪的颚骨和尖牙，是狩猎的战利品，也是纪念品，用来证明那群正在狂吠的狗的贡献。

吵闹声惊动阿卡迪开门查看。他是一位臃肿体弱的老人，从他饲养的猪和家禽可推测他相当富有，而且生活过度优裕。不过他很温顺、谦和地接待我们。我们和他商量，打算向他买些橘子，最后确认以一米狄欧买下三十个，不过声明必须是树上最大、最好的橘子。随后，他拄着拐杖，一跛一跛地前往公共之家，命人清理干净，并分配印第安人照应我们的需求。他似乎想表现自己的处事利落，因而不断催促他的同胞，同时不断以绝对的谦恭和尊敬态度，对不够迅速表达歉意。

这一晚天气晴朗，我们将餐桌摆在藤架下吃晚餐。老阿卡迪和我们坐在一起，一群印第安人坐在台阶上，他们不像沙威尔当地族群那般骄傲与独立，而是自认为仆人，有服从主人命令的义务。在他们眼中，女主人简直就是维多利亚女王的化身；事实上，她精于计算，至少从这个大牧场的价值来看如此。牧场上有五十五名工人，负责为女主人种植和收割十“米卡特”的玉米。每一米卡特产量相当于十“卡加”，总共五百五十卡加，每卡加值三个雷亚尔，所以女主人每年可定期收取约两百美元。这已比我们国内任何数量的土地或金钱所能提供的权力还大；因为这些工人全都是自由、独立、握有选举权的选民，在必须维护原则和女主人的紧急时刻，这五十五票是绝对靠得住的铁票。

安排好第二天的行程后，我们进入屋里，关上门。过了一会儿，老阿卡迪进屋来请求我们准许他回家，因为他已经困了，我们亲切地答应了他的请求。在他指示之下，有三四名印第安人将他们的小吊床挂在藤架下，以备夜间我们有任何需要时可立即协助。夜里冷得不得了，我们只带了少许被褥，实在不够保暖。

第二天一早我们发现门外四周聚集了一大群人，都打算陪我们前往废墟。我们在大牧场外围左转，走过印第安人的小屋之间。这些小屋几乎全让杂草掩盖了，家家户户门口置放着泥土制成的粗糙箱子，架在木杆上，里面种着蔬菜，避免猪啃食。

穿过最后一座小屋的围篱后，我们进入一片茂密的树林。仿佛出自本能似的，每个印第安人都抽出开山刀，不到数分钟便开出一条小径来，通往一座装饰并不繁丽，

萨巴奇希的建筑

却相当高雅的小小建筑下方。这座建筑长满树丛，非常美丽，有些屋檐和我们以往所见不同。一头秃鹰在屋顶一角筑了巢，因我们的来临而惊吓离巢，在我们头顶上盘旋并俯视着我们，仿佛惊异不已。

我们下达指示，所有印第安人全部动了起来，不到数分钟，建筑前的小阶丘已清理完毕。我没想到会有这么多印第安人来，也不知什么时候才用得到他们，因此告诉他们，我不需要这么多人，而且只付钱给我雇用的人。所有人都停下手，了解我的话意后，他们表示没什么差别，接着又继续进行工作，手上的开山刀挥舞速度之快，我们未曾见过。半小时后，他们清出足够的空间，让卡塞伍德先生能架起他的投影描绘器。同样，他们也很快清出一块空间，以便有足够的地方让卡塞伍德先生工作，同时有六个人为他撑伞遮阳。

插图即是这座建筑的正面。其式样相当雅致大方，甚至可说是优雅，尚未毁损前想必是栋出色的建筑。它只有一道门，通往一个长二十五英尺、宽十英尺的房间。门的上方有一部分是朴素的石砌，之上是一道檐板，支撑着十二个小小的壁柱，柱间各有一个菱形装饰，接着又是一道巨大檐板，也有壁柱和菱形装饰，其上又是另一道檐板；共有四道檐板。这也是先前我们未曾见过的建筑设计。

当卡塞伍德先生画素描时，印第安人围绕在四周的树荫下，安静而充满敬意地看着他，并互相交换意见。这是一群长得很好看的印第安人，其中有些——特别是一位高个儿的老人——五官长得很像罗马人；他们也似乎比其他不穿窄管裤的族群较注重外表和品行。

突然间，一条巨大的鬣蜥从角落里冲出来，快速爬过建筑正面，躲进门上方一道裂隙中，整个身子埋在里面，只露出长尾巴。对这个单纯的族群而言，这种蜥蜴可是餐桌上的佳肴，而此时眼前就有一道为他们提供的晚餐。开山刀飞快地亮了出来，砍下一棵带着丫杈的小树，他们把小树靠在墙上，站上丫杈，用力拉鬣蜥的尾巴。不过鬣蜥四脚紧紧扣住，好像整个身体也变成建筑的一部分。所有的印第安人，一个接一个地都来拉那条尾巴，但它就是不动如山。最后两人想办法一起拉，使尽全身力气，从根部拉断了它的尾巴，有一英尺半长落在他们手中。

此时这只动物整个身体藏在墙里，更不容易抓了；不过它也无处可逃。印第安人用开山刀将灰泥敲下，把洞弄得更大些，让它的后腿露出，接着从后腿前方抓住它的身体用力拉。尽管鬣蜥只剩两条前腿使力，他们还是拉不动。于是他们解开凉鞋上的绳索，系在蜥蜴后腿前方的身体用力拉，直到它长长的身体似乎快像尾巴一样断掉时，终于把它拖了出来。他们再重击它腹部下方，弄断脊椎，折断前腿腿骨，使它无法逃跑，接着又将它的嘴巴撬开，用一根尖锐的木棍固定，使它无法咬断，然后把它放在树荫下。这种精心设计的残忍行为，目的是不想立即杀死它，因为在这样热的气候里，它若死亡，很快就会成为腐肉而无法食用，而这种断肢方式至少可让它活到晚上。

结束此地工作后，一行人转移阵地，带着那条鬣蜥前往下一座建筑。这座建筑位于不同方向，距离约有四分之一英里，同样也完全掩藏于密林深处，长七十五英尺，有三道门，通往同样数目的房间。其正面有一大部分已坍塌，左图所绘即为当时仍残留的部分。除了装饰细部有些微不同外，其特色和所有其他建筑并无二致，整体效果相当迷人。屋顶上长着两株龙舌兰，在我们家乡一带称为“世纪树”[1]，但在热带地区炙热阳光的照射下，每四到五年就会开花。在尤卡坦，这种植物又分为四种品种：“龙舌兰”，就是制造龙舌兰酒的植物，这种饮料在墨西哥各省颇为流行，喝多便醉；“恩内肯”，是制成市场上我们称为“琼麻”的原料；“莎比拉”，味道非常苦，印第安妇女将叶子盖在乳房上，用来为孩子断奶；“佩塔”，叶子是莎比拉的两倍大，可制造非常精致的白色细麻纤维制品。这几种植物遍布所有废墟附近，在其四周形成一道又尖又刺的墙，我们必须从中砍出一条路才得以接近建筑。

卡塞伍德先生忙着画下这座建筑时，印第安人告诉我们，半里格外还有另外两座建筑。本来我只打算挑选其中两人担任向导，结果他们也像碰到所有状况那般反应迅敏，共有九个人自告奋勇陪我前往。我们一路走来大致顺畅，直到印第安人指着远处某个从树林间隙中看不甚清楚的白色物体，然后带着强调的喉音，发出熟悉的“斯拉

萨巴奇希的建筑

巴克”之声，意思是“古城墙”。几分钟后，他们转向通往那座建筑的小径。

这座建筑比先前那座大，正面也有同样的装饰，大部分都已坍塌，不过仍展现了有趣的景观。由于树木不多，我们立刻动手清理，然后才离开，动身前往另一座建筑。我对下一座建筑有些好奇，因为印第安人形容它很新。它位于返回牧场的同一条小径左侧，和我们之间隔着一大片塔赫，我们必须穿行其间，开出一条约莫数百码的路才来到阶丘底下。

阶丘的壁面还很完整，而且非常巨大；不过爬上后，发现上面只有一座小建筑，里面只有两个房间，正面差不多都已坍塌，门也被堵住了，没有任何迹象或证据证明它是较新或较现代的；不过现在我才知道，当时询问他们时误会了，他们原本是说这是最近才知道的建筑，十二年前因清理附近地面准备种植玉米而意外发现的，在那之前，他们和世界上其他人一样，也对那里一无所知。这个例子强烈支持了我们先前抱存的想法：可能还有些古代城市的规模毫不逊于目前已知城市，但由于深藏在森林中，遭荒烟蔓草淹没而无人得知，很可能永远也不会被人发现。

在这栋荒芜建筑的墙上也出现了红手印。每次看到红手印，总是不自觉地深受吸引。这是活生生的手留下的印记；它总是让我感觉更接近这些古代城市的建造者；置身于寂静、荒芜和废墟之中，它有时仿佛是从遮掩这些建造者的幕后伸出的欢迎之手。这些手印比先前见过的大。我在好几个地方用自己的手来测量其尺寸，伸开五指和墙上的手印相比。印第安人说，那是这栋建筑主人的手。

在我看来，这只红色手印所具有的神秘吸引力，逐渐具象了起来。卡特林[2]先生长期居住于北美印第安诸部族间，我曾听说，在他收藏的印第安珍玩中，有一座帐篷是当年一度强盛、如今已绝迹的曼丹族酋长所赠。在这个帐篷上就有两个红色手印；我还听说，从落矶山一带猎人带回的野牛皮衣或其他野生动物的皮上，也总会看到红色手印。事实上，那也是北美印第安人如今仍常使用且受重视的象征符号。

我提起这些，并不表示我知道这些事实，而是希望能引起那些有机会、有能力进行研究的人的注意。我认为，有趣的地方在于：从帐篷和野牛皮衣上的红手印，是否能追溯我国境内这些游牧部落与南方这些建造宏伟城市、已有相当文明的部族之间的关联？我们的北美印第安人至今仍以手印作为符号或象征，是否更可能从活生生的证据中确认其意义？如此一来，经过那么长的黑暗时代，或将出现一线曙光，照亮南方这些荒废建筑目前仍神秘而无解的特色，照亮这些出现在墙上并让前往拜访的陌生人困惑不已的特色。

回到大牧场时，我才知道为什么我们受到非比寻常的照顾。我们将一切视为理所当然，以为那即他们原本即有的行为模式，不明所以地便坦然接受了，明白原因后才觉得意外。原来我们在附近的活动早已声名远播，女主人也听说了艾尔毕诺的初次拜访和我们来访的目的，因而在我们抵达前一个晚上已告知大牧场，命令所有印第安人听候我们差遣；这种为我们提供服务的细心，是尤卡坦人们众多亲切举动之一，我也为此向他们致上谢意。老阿卡迪再度陪伴我们，直到困乏才向我们告退，请求我们准许他回到自己的小屋，而四五名印第安人仍如前一夜那般，将吊床挂在藤架之下。

❶

龙舌兰一生只开一次花，例如黄边龙舌兰通常只有四五十年的老株能开花，开完花，植株便会老化死亡；在气温较低的地方，有些龙舌兰甚至六十年才会开花。由于这种特性，龙舌兰在许多传说中百年才开一次花，也因而有“世纪树”之称。

❷

乔治·卡特林（George Catlin，公元一七九六至一八七二年），美国艺术家。卡特林深信，美国向西部扩张会对当地原住民造成巨大冲击，因而从十九世纪三十年代开始五度前往西部，以绘画记录印第安人及其生活，留下数百幅相关画作。

第二十章

毁灭终将不可避免

第二天早上，我们出发前往拉巴纳废墟。我们往西南方走，在丘陵间穿梭，景色较从前所见更美。走了一英里半左右，来到一片废墟。尽管看过那么多废墟，这里仍让我们不由充满惊叹。这是在尤卡坦境内勘查废墟时往往会遭遇的另一个例子——除非抵达现场，否则永远不知道会看到什么。印第安人的说法永远不可信。每回他们让我们期待有重大发现时，结果却没什么大不了的，相反，每当我们不抱太大希望时，出现的却是了不起的大发现。

这里甚至连我们的朋友——卡里略神父都不知道。我们第一次是听诺卡卡巴小神父的兄弟提起的，不过他自己从未亲眼见过。自我们抵达尤卡坦以来，没有其他事物比眼前所见更令我们兴奋，但此时我们的心情却也苦乐参半。之所以痛苦，是因为这些废墟遭受残酷的时间考验，迈向不可挽回的毁灭命运，却无人发现；我们同时又深感庆幸，来得及看见这些尽管迈向衰亡，却仍展现某支神秘民族之骄傲的纪念建筑。再过几年，这一切甚或都将消失；一旦它们消失，想必有人会因而怀疑这些建筑是否确实存在过。这种感觉太强烈了，我们决定尽一切可能加强我们的证据。如果还有其他因素增加我们对此研究新领域的兴趣，那就是庆幸有如此执行力强的印第安人听候我们差遣。他们一点都不浪费时间，立刻动手，而且精神昂扬，人人奋发。许多人带了小斧，树木被砍下的声音接连不断，听来仿佛我们自己国内的伐木声。

下图呈现的是金字塔般的石丘，其上高高托着一个在尤卡坦所见最奇特且不平凡的建筑。我们第一眼瞧见它就深受吸引；我们在它前面度过一整天，回想一路所经过的废墟，没有比它更令我兴趣浓厚的了。这座石丘高四十五英尺，台阶已崩塌，树木从各处冒出来，我们攀着这些树的枝干爬上顶端；枝干清除干净后，上上下下反而变得极端困难。清理时砍下的龙舌兰，纷纷掉落在台阶上。

石丘顶部是一个狭窄的平台。建筑面向南方，正面全长为四十三英尺，深二十英尺，有三道门，其中一道随整座建筑约有八英尺宽的部分一并坍塌，成为乱石一堆；

拉巴纳的金字塔形石丘与建筑

中央那道则通往两个内室，各为二十英尺长，六英尺宽。

建筑檐板之上也矗立着一道巨大垂直的墙，高达三十英尺，从顶到底，从一头到另一头，曾布满灰泥细工涂敷的庞大人形装饰和其他式样，尽管如今都已破碎，但仍展现奇怪且独特的面貌，是他处难以企及的。沿着顶端从墙上向外突出的是一排死者头像，下方有两排人形高凸浮雕（如今只剩零零星星的臂膀或腿部残迹），就目前所能辨视的部分看来，这一组组的雕饰，显示了对艺术设计最困难部分的纯熟掌握。

中央那道门的上方有一个惊人的巨大人形坐像，它是墙上的主要装饰，不过也只剩一块大肩布和腰带，以及附近一些较无直接关联的部分。这个主要人像的头顶上方有一颗引人注目的大球，球旁有一个以手触球的站立人像，另一个人像单膝跪于球下，一手举起，仿佛想托住大球或担心球落在身上。我们在尤卡坦境内停留的这段期间，从未像此时这般仔细研究破碎人形和装饰残迹，并努力在脑海中将它们加以组合，试图从中找出意义。我们站在它前面，动也不动地看着，还是得不到结论。

卡塞伍德先生在不同时间、不同太阳照射角度下分别作了两张画。卡柏特医生和我则以达盖尔式照相机对着它拍了一整天的照。当炽热的太阳笔直照射其上时，白色石头的强烈反光，令人眼睛受不了，几乎印证了贝纳尔·狄亚斯在墨西哥探险记中关于西班牙人初抵塞姆波尔的描述："我们的先遣部队走进大广场中，广场上的建筑最近才重新粉刷漆白，这是当地人十分擅长的事。我们的一名骑兵受这些建筑在太阳下散发的灿烂光芒所震慑，竟全速冲回向科提斯报告，那些房子的墙壁都是白银砌成的。"

最好的景观要在下午才看得到，那时建筑进入阴影里，但已毁损的装饰过于破碎且难以理解，因此即使照相也无法清楚呈现，唯一能看清细节的方法是爬上梯子近看。我们眼前就有许多树木可当作梯子材料，但印第安人做不出我们需要的长度；如果长度够了，又太笨重，难以架设在狭窄的前方平台上。此外，这里的墙已岌岌可危，随时可能坍塌；从顶到底的垂直墙面已有部分消失。读者可从镌刻画中看到，中央此道门的右侧，沿线延伸的墙面已龟裂，再过去更有个一英尺以上的开口，而且直

拱门入口

入口内侧

通顶部，再过几年大概就会坍垮。

毁灭终将不可避免，人力也无法回天；尽管它已成废墟，仍充分带给人一种具野性的壮丽想象，相信那是当年这个国度内所有城市仍完好时必然会展现的景象。这道墙上所绘的人形和装饰，尽管有些部分已毁，残存的颜色依旧鲜艳可辨。如果从旧大陆来的旅者因某些奇特因缘而来到这个当时仍完整的原住民城市，他的描述想必会比任何东方神话更离奇，或许也会成为《天方夜谭》的故事之一。

在我们来到这座建筑途中，同时看见距离数百英尺处有一座拱门，其比例和构造异常精美，而且装饰雅致。上页插图（上）描绘的正是这座拱门。门的右侧往三十度角延伸之处，是一座几乎全已坍塌的长条形建筑，不过从图上看不出来。门的左侧也和另一座建筑斜角相对，墙的转角处也有一道门，但并未出现在镌刻版画上。这道门不但比例精美，装饰也较建筑的其他部分更丰富。这整体组合的效果既奇特又醒目，尽管我们对废墟已十分熟悉，第一眼看到时，尤其前面又高耸着一道巨大的墙，留下笔墨难以形容的印象。

拱门宽十英尺，穿越其中后，我们走入一座几乎封住了建筑的茂密树林，根本无法看清建筑的面貌。经过清理后，我们发现原来这才是主要正面，树木生长之处原为庭院。大门两侧房间的门各为十二英尺乘以八英尺，开向此庭院，门的上方有一块方形凹陷，里面残存着一个灰泥细工绘制的缛丽装饰，漆痕还很清晰，显然表现的是太阳的脸，四周还围绕着一圈阳光，可能曾是崇拜、祭祀的对象吧，不过已遭刻意摧毁。上页插图（下）所绘即这个正面。围绕着庭院的建筑形成一个非常大的不规则状，总长有两百英尺。平面配置和我们以往所见皆不同，不过因有太多东西要介绍，未列入书中。

矗立着巨大墙面的石丘东北方约一百五十码处，有一座大建筑耸立于阶丘上，隐藏在茂盛的树林后。其正面大多已毁，只剩一小部分残存的雕饰。同一方向更远处，穿过树林，我们抵达真正可号称最壮丽豪华的建筑。如此形容它一点也不夸张。它位于一座庞大阶丘之上，长四百英尺，深一百五十英尺，整个阶丘上全是建筑。正面长两百八十二英尺，由三个不同部分组成，风格也各不相同，可能为不同时期所建。从远处透过树林间隙隐约看去，实在无法得知其规模，于是我们来到角落。我们的向导沿着正面的墙边开出一条小径，让我们停下脚步在此细看其装饰，然后继续往前走。进入房间后，感觉整个建筑硕大无比。

这整段长立面全装饰着石雕。绘图无法逐一显示细节，不过多少仍可看出它们的特色。其中某个未相连的部分如下页图所示。我必须强调，这可能是我们见过最奇特、最有趣的图像；它位于主要建筑的左侧末端，在转角的角落有个张着大口的鳄鱼或其他恐怖怪物，正要吞下一个人头。

我在阶丘上工作将近一整天，却完全不知上面还有一座建筑。因此，读者大概就可想象得到，当地树木之茂密，以及建筑完全掩映，林木之中的情景。当时，我为了拍摄建筑全景而必须清理现场林木，并将它们拖至原野中，因而发现了上层建筑。生长于建筑前方的树几乎和阶丘上一样繁茂，也和森林中任何地区没有两样。我们将这些树木完全清除，弃置于阶丘上，再拖到原野中。

这座位于上层的建筑由一条狭窄的走道构成，正面是一般石块，没有任何装饰。前面的平台正是下层建筑的屋顶，平台上有一个圆形的洞，一如我们在乌斯马尔或其他地方所见，可通往地下的房间。印第安人都知道这个洞，而且对它有极高的评价；不过他们从来没提过，直到我爬到上面去探查上层建筑，他们才说这是屋主的住处。我随即准备钻入下方探索，但老印第安人求我不要轻举妄动，并忧心忡忡地向其他人说："谁知道会不会遇到屋主？"

我遣人立即取来绳索、灯笼和火柴；虽然这听来有点荒谬，不过，看着围在洞口的印第安人充满野性的身影及热切的脸庞，听着他们谈论屋主，确实相当令人兴奋。由于找不到绳索，我要他们砍下一棵树苗放入洞中，我则提着灯笼，藉由树苗下到洞里。我的举动和需准备一些东西的消息立刻在印第安人之间传开，他们全放下手中工作赶来现场。洞约四英尺深，我的头才刚降至洞口之下，一阵巨大的窸窣声响让我吓一大跳，一只巨大的鬣蜥快速爬过墙面，从我刚进来的洞口逃了出去。

立面局部

这个地下房间的形状和以前所见截然不同。之前的是圆形，而且有圆顶状天花板，这里却是两道平行的墙，上方是三角拱顶的天花板；事实上，它和地面上的房间形状一模一样。这个房间长十一英尺，宽七英尺，从底部到拱顶中央高十英尺。墙壁和天花板都涂了灰泥，地面是水泥，非常坚硬，保存相当良好。在那只鼷蜥逃跑后，这里的房客只剩一条蜈蚣。

当我进行测量时，印第安人继续在洞口小声地讨论着。有关这里的神秘传说从他们的父祖辈代代相传，并带着无法明说的不祥之感。原本只需五分钟就可随时解开的神秘，他们却从来不曾想过这么做；老人求我赶快出来，他说万一我死了，他们很难交代。他们的单纯和憨直似乎令人难以置信。他们不需教导就知道如何趋吉避凶，却可能直到今天仍相信住在洞里的是屋主。当我出来时，他们全带着不可置信的钦佩眼神看着我。他们也告诉我，还有一些像这样的地方，不过他们不会带我去看，以免发生意外。我的行动吸引他们所有人放下手中工作，而我却无法提供什么令他们满意的结果，因而只能克制自己不再坚持己见。

这个房间建于下一层建筑的屋顶。下层建筑有两条走道，原先我们一直认为，在两条平行走道拱顶之间的巨大空隙是一大块实心石砌物，这个房间的发现，让我们看到这些建筑构造的一个新特色。至于其他建筑的屋顶上是否同样也有这样的房间，则不得而知。先前因不曾起疑而未曾搜查，或许确有这样的房间，只是洞遭遮掩，加上树丛或其他腐化植物掩盖而无法辨识。我向来认为，过去所见的地下穴室应是贮水池，但这个位于建筑屋顶上的地下穴室似乎推翻了我的想法，因为只要有任何缝隙，水就会渗到下方房间。

阶丘底部有一棵大树，遮蔽了部分建筑。虽然我对树木多少也抱着某种程度的尊重，但在这些废墟城市里，听到它们倒下的声音更是一大快事。这是一棵雄伟的热带橡树，我要求印第安人将它砍下，然后又到另一头去忙其他的事。等我转回来时，它仍在原地。印第安人说树太坚韧，会弄坏他们的斧头。这些小斧似乎对树干毫无用武之地，于是我指示他们不动树干，但砍掉枝叶。这似乎更不合理。他们犹豫着，其中一名以抗议的声调说，这棵树是马匹和牛群的食物来源，女主人曾下令不可砍除这种树。这可怜的家伙似乎陷入两难：究竟要遵从大牧场的规矩，还是听命于我的特别指示?

这棵热带橡树从某个洞口长出，据印第安人说，这个洞是古代的井，如果不是为了讨论如何砍掉这棵树，我并不会注意到洞的存在。我没心情再做一次地下探索，只是下去看看洞口处的大概情形。其中一侧是一道石质大岩棚，像屋顶一样突出，底下是一条岩石通道，但许多地方遭掉落的石堆所阻断，即使我想继续向前探索也不可能达成目标。不过可以确定的是，先前这里也有些穿过岩壁的原始通道，就像在斯科奇或查克的情形一样，可通往某个地下水塘，这便是古代居民取水的水源之一。

前来听候我们差遣的印第安人数目众多，而且工作非常敏捷，所以在很短时间内就完成了不少工作。三天后，他们完成了所有交办事项。当我解散他们时，额外又给了半美元让他们十七人均分。我走开时，柏尔纳贝朝着我大喊："福哉玛利亚，大家太感谢你了。"

这一晚，大群印第安人聚集在公共之家前的藤架下。早上出发前，阿卡迪问我是否想召集他们，和他们说说话。我们提供了一头羊和一只火鸡供他们享用，博纳多整天忙着烹调这些东西。太阳下山时，一切就绪。我们坚持请老阿卡迪与我们同桌。博纳多端上肉和玉米薄饼，阿卡迪则备了酒，那是他自己的，为了证明酒不差，他先尝了尝，然后才为大家斟酒，再饮尽自己的一杯。

晚餐结束后，我们开始聊天，全部都是我们问，他们答。这种对话方式即使在文明社会也很难进行长久。他们不是不愿提供信息，而是太想谈话，使得和他们对话的整个过程毫无收获，结果也很令人不满意。不过，他们其实也没什么好谈的。他们既无神话也没传说，对废墟建筑的起源一无所知；这些建筑在他们出生时就已存在，甚至在他们祖先的时代就已存在了；老人们说，在记忆中这些建筑大多就已倾圮。不过，他们和乌斯马尔或萨依的印第安人有一点不同——他们对废墟没有迷信，夜里进入废墟或在那里睡上一觉也不怕。当我们告诉他们，有人在萨依的古老建筑中听到音乐声回荡时，他们说，若在这里，他们一定全都跑去随着乐声跳舞。

另外还有些其他建筑遗迹和石丘，不过都已毁损。最后一天，卡塞伍德先生继续完成在拉巴纳的工作，我和博纳多则骑着马到两里格外的塔比牧场。这个牧场和先前提过的斯堪查坎，以及我们第一次乌斯马尔之行时逗留的何基娜夫人拥有的巴亚尔凯，是尤卡坦地区最出名的三大牧场。牧场大门前有一些壮观的鸡冠刺桐，附近有一家小店，供应大牧场上印第安人所需。宽广的庭院有成排的建筑，其中包括教堂，还有斗牛场，因为第二天即节庆的开始。大牧场的墙上是一些从古代建筑废墟中取来的雕饰，台阶下是一个双头鹰，雕刻相当完整，爪子还抓着一根类似令牌的东西，底下是两头四英尺高的老虎。房子后方有一块向外凸出的石雕，张着嘴，脸上表情很不舒服，双手叉腰，手压着身侧，好像在恶心呕吐似的。这座雕像用来当作喷水口，一股水流从雕像口中汩汩流出。这些石雕是从离大牧场不远的建筑取来的，那些建筑如今只剩一堆乱石，为大牧场提供了建造教堂、墙壁和所有建筑的材料。

此外，有一个大洞穴我在梅里达时就曾听主人提及。他说他未曾亲自探访过，不过希望我去瞧瞧，之后他再阅读我的记录。总管是位聪明伶俐的麦士蒂索人，曾去过那个洞穴，并证实了先前我听到的一切说法，包括人和动物的雕像、柱子，以及一个岩石地下窟室。他找来一名牛仔担任向导，以及一匹替换的马，然后就上路出发。

我们离开牧场不久便转向一条树木包围的小径，这里确实难以通过，没多久我就能理解牧场主人何以宁愿阅读我们的描述，却不愿试着亲身来访。牛仔全身装备正是平日驱赶牛群进入林中的打扮。他戴着既硬且重的小巧草帽，脚穿凉鞋，身着棉制衬衫和内裤，外面罩着由深褐色牛皮制成的厚夹克，袖子长度过手，看起来仿佛是木制的。他的马鞍上垂着两大块皮，折起来可以保护光溜溜的腿，马镫上也各垂着一块皮，折起来保护脚部。他在树丛和白石南之间随意进出而毫发无伤，我薄薄的蓝色衣服却不断被钩住或撕破。不过他对扁虱倒很有感受，特别强调说："那些小东西真是可恶。"

走了一里格远后，我们在洞穴旁系了马，从一道大裂口向下走到深约两百英尺处，来到一个巨大岩棚之下。我们继续前行，洞内十分黑暗，突然间，前方亮了起来，因为上方有一道垂直的裂口，照亮背景中壮观的钟乳石，以及图画般的岩块与碎片。黑暗中，这些洞内景物看起来确实形状奇怪，加上它们的形状所激发出来的幻想，因而被误认为当中有人与动物的描绘、柱子和地下窟室。我立刻明白，对我而言，这又是一次失望之行；因为这里既无艺术杰作，也没有任何人工物品。不过洞穴本身既大又宽敞，好几处因顶上有裂隙而明亮，景观也很宏伟，因此，尽管白费力气跑了一趟且将空手而回，我倒不后悔。

我在洞内游逛了两小时才返回牧场吃饭，回到萨巴奇希大牧场时，天色已黑。我利用那儿的井洗了在当地最后一次热水澡。在尤卡坦全境，无论多穷，每个印第安人的小屋内都会有的家具，就是澡盆或形式不拘的浴盆，而妻子除了做玉米薄饼外，最大功用就是在丈夫下工回来时烧好洗澡水。我们当然享受不到这种便利，不过在这里，只要花个一米狄欧，每天晚上都可享用老阿卡迪的澡盆。那是一块中间挖空的木头，底部扁平，约三英尺长，十八英寸宽，三或四英寸深，在里面泡澡有点像在茶几上的金属圆托盘里泡澡。不过我们身上经常遭扁虱咬得遍体鳞伤，能洗澡就像土耳其浴或埃及浴那般舒服，令我们心存感激。

第二十一章

迷路与经济困境

第二天一早，我们继续寻找废墟城市之旅。下一站是凯维克大牧场，距离三里格。卡塞伍德先生和仆人监督行李先上路，卡柏特医生和我大约晚一小时才随后跟上。印第安人告诉我们，路一点儿也不难找，于是我们自行出发。离开大牧场大约一英里后，经过一座位于左侧的废弃建筑，其顶部矗立着一道高墙，上面有长方形的开口；它看起来类似前文提过、位于萨依废墟那栋像新英格兰工厂的建筑。

这一带乡野的地表起伏徐缓，较先前所见任何地区来得开阔。我们经过两个印第安大牧场，再走一里格后来到一个岔路，一时不知如何是好。眼前两条都只是供印第安人行走的小径，很少或甚至没人曾骑马走过。既然只能二选一，我们选择与来时路成笔直一线的那条。约莫一个钟头后，方向变化太大，于是我们回头，经过一段辛苦的行程后重新回到岔路口，改走另一条。结果这条小径把我们带到一个原始的大草原，四周环绕着山丘，随即我们发现许多小径通往四面八方，完全迷失了方向。

前往凯维克全程不过三里格，我们却已扎扎实实骑了六小时，因而开始认为方才回头是错误的决定，每走一步，似乎愈陷入茫然。苦恼之际，我们遇见一名印第安人牵着一匹小野马，他看见我们，并不发问，也不等我们开口，一边挥手要我们掉头，一边将他的小野马系在树丛上，然后领着我们穿过草原进入另一条小径，沿小径走了一段距离后，又穿过草原，带我们来到另一条小径，然后转身离开，回去牵他的小野马。我们不愿放他走，恳请他继续担任我们的向导，但他似乎无动于衷，直到我们掏出一米狄欧，他才又带着我们继续前行。

四下非常原始，我们心存怀疑，不敢相信这样一条小径能通往村落或大牧场；尽管如此，还是遇见了令人深感兴趣的事。走在这条荒凉而蜿蜒的小径时，我们看见远处有五座高大石丘，分别坐落在不同位置，难以企及。石丘上高高托着残破的古代建筑，想必还有更多掩藏于树林中。三点左右，我们进入一座浓密的森林，突然看到凯维克公共之家孤立于密林深处，是此处所见唯一可供人居住的地方；此外，它还为我们带来在尤卡坦境内随时发现新惊喜的乐趣，因为这是一栋坐落于古代阶丘平台上的建筑，四下散落着废墟建筑遗迹。阶丘的梯级已坍陷，最近才重新铺设，不过墙仍相当完好，所有的石头都还在。卡塞伍德先生和仆人站在行李旁，十分显眼。我们策骑朝他们前进，看着过去与现在、因时间而神圣化的古老建物与日常生活用具并列，眼前景象似乎形成一种奇特的交融。

不过卡塞伍德先生开口对我们说的第一句话驱走了这种虚渺的幻想。他告诉我们，公共之家里都是跳蚤。我们将马系在阶丘底下，爬上阶梯。这座公共之家用泥巴砌墙，以茅草覆盖屋顶，屋前搭了藤架。坐在藤架下，背对这栋位于古代阶丘平台上的旅馆，我们很少感受到如此的心满意足，这是过去抵达一个陌生而不知名的废墟时所无法比拟的；不过，也许这多少是因为我们发现自己骑马走了一段又热又惶惑的路程后，终于安全抵达目的地的心情吧。距离天黑还有两小时；我们急着在夜幕来临前先浏览废墟一番，因而只准备了煎蛋和玉米薄饼。就在我们手脚快速地预备晚餐之际，大牧场的主人和一群印第安人前来拜访我们了。

这位大牧场的主人是位不折不扣的印第安人，也是我们在这支古老而逐渐衰微的民族中遇见的第一位土地拥有者和主人。他大约四十五岁，外表和举止都非常体面。

他继承了祖先的土地，自己也不知道这些土地传承了多少代，不过他相信一直都在他的家族中代代相传。大牧场上的印第安人是他的仆人，我们在任何村落或其他牧场上都未曾见过像他们这般外表端正、纪律良好。这让我有个强烈的印象：尽管这个民族在异族统治之下显得怠惰、无知和毫无尊严，但即使是现在，印第安人也并非毫无能力拥有比命运安排的地位更高的行为规范。他们绝不是天生只能从事体力劳动；他们内在也有指挥他人劳动的能力。当我看到这位印第安主人坐在阶丘上，身旁是蹲在地上的仆人，可以想见，他的远祖是某个曾统治此城的酋长，如今则由身为后裔的他继承此地的废墟。

我们也不自觉地以一种不曾对任何印第安人有过的尊敬态度对待他。不过，也许我们尚未脱离文明生活的影响，我们对他的尊敬，除了因为得知这位新朋友是位富有的人，拥有大笔土地、印第安仆人以及毫无效益的房地产外，也因为在这艰苦的环境里，他拥有我们最迫切需要的现金。我们给艾尔毕诺一美元要他去买些蛋，但他不太乐意，认为币值太大，在大牧场上找不开，但当他回来时，带着惊讶表情告诉我们，他把钱拿给这位主人，立刻就找回了零钱。

草草结束晚餐之后，我们要求印第安人带我们到废墟，却遭他们以扁虱为由全体拒绝，令我们相当吃惊。我们离开乌斯马尔后，最大的困扰便是这种小虫子；事实上，它不只是小困扰而已。我们经常得和布满这种昆虫的树丛接触，随后就会有数以千计的扁虱蜂拥而来，像移动的沙粒般爬满全身，最后连我们自己的身体似乎也在蠕动。我们的马同样无法幸免，也许更惨，因此我们养成习惯，只要一下马，就用粗糙的棍子摩擦它们的身侧。旱季时，这些小寄生虫不是遭炽热的太阳烤死就是被鸟儿吃掉，不过我还是认为，这些寄生虫是尤卡坦不适人居的主因。一路行来，不断有人告诉我们，旱季就快到了，它们很快就会消失；但我们也开始对旱季绝望，认为没有解决问题的希望。尽管如此，我们依然被印第安人这种不愿意的态度所传达出的警告吓一大跳；当我们坚持一定要去时，他们又提醒我们：砍下树的嫩枝，一出发便不断从各个角度拍打矮树丛，并一路扫过前方的小径。

凯维克公共之家

穿过树林后，来到一个比较空旷的地方，在这里，我们从树林各个角度都可看见如今对我们来说已十分熟悉的“斯拉巴克”（古城墙）：一堆堆巨大的残骸和许多建筑的集合。我们尽可能拜访了所有看得见的废墟。它们的立面不像我们见过的部分废墟那样装饰华丽，但石头更巨大，建筑式样简单、朴实而庄严。几乎所有房子都已倒塌，其中一道长条形装饰门面倒在地上，断成两截，像是因地震而从墙上震下来似的，却仍努力维持着直立的姿势，完全呈现一种极优美且令人极为震撼的废墟景象；我们心中留下了强烈的印象，同时也感受到一股足以全面摧毁一个城市的力量。正当我们看着一幅神秘的绘画时，夜色降临了，于是我们返回公共之家就寝。

第二天一早我们又来到废墟，大牧场的印第安主人和一大群仆人也一同前往。如

凯维克废墟建筑门口

今读者想必已对废墟的共同特色有所了解，因此我在这许多例子中，只选择极具特色的部分来描述。

首先是上图所呈现的建筑。它原是大门上的一部分，也是整道长形门面中至今尚存的部分，其余皆已坍塌在地，成为乱石废土。它的简朴，以及透过如此简朴的式样，却依然能在比例上表现出建筑的威严气势，确实令人相当惊异。

这道门通往的房间，和我们在其他地方所见数以百计的房间没什么两样，但角落里有一幅神秘的绘画，前一天晚上，我们一直看着它，直到夜幕低垂。墙的末端向内塌陷；其他部分倒尚称完好。天花板也像所有建筑一样，由两个逐渐向上升起会合的侧面组成，距会合点不到一英尺处覆盖着一层扁平石块。

在其他建筑的拱顶上，毫无例外地均无任何装饰，但此处却有一块石头特别不同，上面绘着图案，而且覆盖了所有视线所及之处。绘画的内容相当奇怪，颜色十分鲜艳，以红、绿为主，线条清晰可辨，整体效果极为完美，前所未见。不过它的所在位置比其内容本身更令我们惊愕；它位于整个建筑上方最遥远之处，若不是印第安人的指点，我们可能根本不会注意到。为什么这层石块会如此装饰，或者，为什么这块特别的石头和同一层的其他石块不一样？我们不知道答案，不过我们以为这绝不是随心所欲而为，也不可能毫无缘由；事实上，我们始终认为，在那些古建筑中，每一块石头及石头上的每种装饰和式样都有某种特定意义，只是如今已不可考。

下图呈现的就是这幅绘画。其中有个粗鲁的人形，周围环绕着象形文字，无疑是

奇怪的绘画

与此人有关的故事。画作的长、宽分别为三十英寸、十八英寸，主要颜色为红色，由于它在墙上的位置限制，除非先将它取下来放在地上，否则很难描画其内容。我很想这么做——不只描绘它，更想带走它。我很担心大牧场主人会反对，因为是他和印第安人指出这是废墟中最奇特的部分；幸好他们对它没什么感情，全都准备依照我们的指示提供协助。取下它的唯一方法是从屋顶向下挖洞；一如往常，一旁也有一棵友善的树供我们爬上去。

屋顶平坦，由石块和灰泥混合砌成，有数英尺厚。印第安人没有铁锹，于是用他们的开山刀凿开灰泥，然后削尖木质坚硬的树苗尖端来撬开石头，一直挖到拱顶顶端的那一层。这块石头和两侧各相叠一英尺左右，非常重，无法从洞中取出，唯一的办法就是将它向下放到房间内。主人派了一些印第安人回大牧场找绳索，为了谨慎起见，我砍了一些树枝，在石头下方做了一个数英尺厚的垫子。有几名仍在工作的印第安人已准备将它放下来，幸好卡柏特医生也在屋顶上，及时阻止了他们。

返回大牧场的印第安人带着绳索回来了。放下石头时，其中一股绳索断了，于是石头轰地一声砸了下来，不过由于有树枝做的垫子保护，石头上的绘画并未毁坏。

牧场主人不反对我把这块石头带走，不过它太重了，一头骡子载不动，印第安人又不愿抬着它走。唯一能搬动的方式便是把它切割成可携带的尺寸；因此，当我们离开时，牧场主人陪我到村里去找足以完成这项工作的石匠。没想到不但村里找不到，方圆二十七英里内也没有。既然什么办法都不成，我只好请大牧场主人将它放在一个房间内，以免雨水浇淋；如果我对这位继承废墟城市的印第安朋友的人格认识无误，它现在应该仍等候着我的处理，因此我授权下一位美国旅客想办法将它带回来，送往华盛顿的国家博物馆。

我再介绍最后一个凯维克废墟的景观。那是一座长条形建筑的部分门面，和上面所提的那栋建筑形成直角，阶丘几乎相连。它们完全遭树丛覆盖，很难看出平面配置和其上建筑的分配，却可能是一个极其巨大的长方形区域的两条侧边。整座建筑长两百三十英尺，中央是一道已坍陷的宽阔阶梯，通往顶端。右图为楼梯一侧的半栋建筑，另一半和它一模一样。若要将这栋建筑完整描绘下来，必须将空地再向后延伸一段距离，如此一来所需耗费的时间不成比例，因此我们认为不值一试。整栋建筑檐板之下都很朴素，之上则装饰了整排小圆轴，嵌在墙里。

凯维克其他废墟我们就不再多提。倾圮的建筑和残破的石雕到处都是，但那种踯躅其间的感受很难传达给读者。我们只不过暂时打破了这荒凉城市的寂静，离开之后，它又将恢复往昔的孤独与寂寞。我们绝对可以相信，之前没有任何白人看过它，以后恐怕也不会再有，因为岁月一年一年地加速它走向全面的崩解。

我们发现这一带除了萨巴奇希外都有缺水的问题，此地也不例外。古代城市居民的水源问题也特别引起大牧场主人的注意。因此，当卡塞伍德先生忙着描绘最后一栋建筑时，印第安人带我们来到一个洞穴，在他们的语言中称作“阿克图姆”。他们认为那应是古代的井，入口处是位于一块突出的岩石下方的洞，我们将一棵树的枝干或丫杈当作踏阶，通过这块岩石来到下方一个岩石大平台上。头顶上方是巨大的岩棚，平台边缘则有一个巨大的洞穴，周边非常陡峭，三十或四十英尺深，印第安人认为那里可能有些通道通往水源之处。然而，我们用火炬照亮这个洞时，只见一片原始而壮观的景色，如果有一个小时的空闲时间，也许我们还可前往一探究竟，不过此时时间根本不够。

出得洞穴，我们继续前往将近一里格远的水塘。那是一个泥泞的小池塘，树从塘边生长出来，并伸入水里。这样的一个水塘，在任何国家都会被视为不适合让马饮水的地方。大牧场主人和所有印第安人告诉我们，干季时，此地还可看到石砌堤岸的残迹，他们猜测那也是古代居民所建。岸边近处的泥沼深及膝盖，有人用几根竹竿编成支架插入泥里，印第安人便沿着这简陋的栈道前往取水。此时我们的马也牵来了，本打算让它们在塘边喝水，但它们只能从印第安人的葫芦或杯中饮用。

两点，回到公共之家。我们又“完成”了另一个废墟城市的调查，准备再出发。不过眼前我们还有一个大困扰。先前我曾提过，抵达此地时，我们给了艾尔毕诺一美元，但我忘了说，那是我们最后的一美元。这趟行程出发前，我们把个人的行李减至

建筑正面

最低，只带了吊床和草编长篮，由于篮子没有锁，钱放在里面并不安全，而唯一可到处通行的银币又重，不适合随身携带。在萨巴奇希，我们发现花费已超过预估，便派艾尔毕诺带着我们装钱的箱子钥匙返回诺卡卡巴，指示他尽快赶来这里与我们会合。眼见他应赶上我们的时间已过，却仍不见踪影。我们事先完全没想到会有所耽搁，只想到愈来愈严重的需求。艾尔毕诺会不会发生了什么意外？或者有什么吸引他的事？

我们的情况日渐紧急，而此地的人面对金钱的原始态度更加深了这种危机。只要我们想要一只家禽、一些马的饲料，或雇请印第安人工作，随时都要准备现金。在整段旅程中，只要没有立刻付钱，任何东西也买不到，自始至终毫无例外。从小在信用制度下长大，这种方式真令我们厌恶不已。我们无法用开放、文明的方式做任何事，总是必须仔细盘算，而且除非有钱现场支付，否则绝不多事。当然，如此一来也妨害了我们的工作成绩，更惨的是，万一不小心算错，我们就完全无法动弹。在计算每人还有多少零碎的米狄欧时，我们发现全部只够支付运费将我们的行李运往苏尔村。不过，如果我们多待一晚，而艾尔毕诺又没出现，我们和马儿明天早上就得饿肚子，而且也没钱雇人帮忙运行李了。究竟该怎么办？留在大牧场等待最后的命运，还是前往苏尔村，听任命运之手的安排？

在这种极端微妙的处境下，我们先坐下来吃饭。博纳多准备了最丰富的各式菜色，包括家禽、米饭和炒黑豆，这是我们还能付钱享用的最后一顿晚餐。饭后，我们打开一张小小的纸，里面是哈瓦那雪茄，共有三支，是我们最后的存货，特别保留在特殊时刻用的。由于觉得再没有其他时刻比当下更需要外来支持，我们点燃雪茄，坐在藤架下，随着轻烟袅袅上升，仔细辨听哒哒的马蹄声。我们真的不知该怎么做，不过非常肯定的是如果继续留在大牧场，一旦需要帮忙但连一个米狄欧也拿不出来，一切就完了。朝村子前进，可能还有些办法，于是我们决定停止休息，继续上路。

我们为艾尔毕诺留下特别指示，要他继续赶上我们，然后在三点时出发，主人陪我们一起上路。五点半时，我们带着马匹、仆人和搬行李的人赶到苏尔村，身上只剩下最后一个米狄欧。

这里的公共之家是我们在尤卡坦所见最简陋的，无论如何都不适合借宿，因为只要一下马，就必须命人准备热带橡树叶和玉米喂马，随后就必须掏出钱来。公共之家门口正有一群无所事事、张嘴看着我们的人，如果我们在这里住下，无可避免就会立即暴露我们的窘状，没有任何机会为自己辩驳，或交到朋友。

广场对面是一栋每当我们遭遇困难时便经常前往寻求庇护的建筑，但此时我却有点迟疑是否要到这座修道院去。我们都听说了苏尔神父的故事；据说他很有钱，而且很会敛财，是个奇怪的人。除了他拥有的财产外，他还是一座废墟城市的主人，那也是我们打算拜访之地，据说当时住在那里的都是印第安人。我们希望从他那儿采购一些设备，以利探索，因此很怀疑如果我们才刚认识就向他借钱，以他这种有钱人的身份，是否乐意出借？

转念一想，就算他很有钱，总归还是个神父。于是我没有下马，直接来到对面的修道院。神父出来和我见面，告诉我，他每天都在等我们到来。我下了马，他接过缰绳，牵着马经过走廊，穿过厅堂，来到中间的院子。他问我其他同伴为什么不过来？于是一个招呼，几分钟后，他们的马匹也和我的马一样穿过了厅堂。

我们还是不怎么安心。在尤卡坦，就像在中美洲其他地方一样，旅人的习惯是不管在哪里打尖，公共之家也好，修道院也好，或是在朋友的牧场里，都要买些热带橡树叶和玉米喂马；主人提供地方让马休息后，不再管马匹的事，并不算不礼貌。这也许让我们有机会可以提出一个不怎么圆满的说法，无论如何，眼前四名印第安人出现了，每人各背着一大袋热带橡树叶。我们冒险地表示我们需要玉米，于是，一会儿后，所有我们对马儿该怎么办的焦虑便结束了，我们有整个晚上可以想办法。

苏尔的神父名叫荷西·古列尔莫·罗德里格斯，是在母国土生土长的西班牙人，对于这点，他也像所有尤卡坦境内的老西班牙人一样深感骄傲。他原是圣方济会修士，三十年前因革命及圣方济会受迫害而逃离西班牙，来到尤卡坦避难。当梅里达的圣方济会也遭破坏、修士被迫解散时，他还了俗，进入一般教会，曾经担任蒂科尔和诺卡卡巴的神父，大约十年前奉派到苏尔教区。他的职位是所谓的受俸牧师，换言之，除了兴建教堂、维修教堂，负起教士应尽职务和礼拜仪式外，印第安人所付的人头税，以及受洗、结婚、举行弥撒、圣事和葬礼等所缴的费用，扣除七分之一为教会所有，其余全归他。

此地如今已成村落，但当年他奉派前来时仍是个纯粹印第安人聚居的大牧场。在他教区内的土地，大体而言非常适合种植玉米，但就像其他地方一样非常缺水，至少水源供应严重不足。他的首要目标便是解决这个问题，于是花了一千五百美元经费，挖了一口两百英尺深的井。此外，他还有数个坚固的大型蓄水池，和我们在尤卡坦境内所见的其他相同，用来承接雨水。由于他充分提供这些维系生命的基本所需，因而吸引了七千人来此居住。

不过，对我们来说，比这个在荒野中建村并吸引多人聚居更令我们感兴趣的事，是这里同样也是一个新旧成分交织的奇妙地方。村子建造在一个原住民城市的遗址之上，广场一角如今是神父的房子，其中的庭院内有水井和蓄水池，从前却是个金字塔状的石丘，上面还有一栋建筑。神父亲自拆了这座石丘，加以夷平，完全未留下任何可看出之前遗迹所在的线索。他利用这些拆下或夷平的材料建了房子和蓄水池，因此，有些古代建筑的一部分如今成为新建筑的墙壁。拥有罕见好品味的他，也显现了其务实态度及爱好古物的传统，只要符合需要，许多旧石雕都被他安置在非常显眼的地方。广场的一侧是修道院和教堂；沿修道院走廊是一长排经过时间洗礼、从一座古代建筑搬来的石头，随便走到哪个角落，都可能看到这些来自过去的纪念物，成为活人与死者之间的联结，同时也让关于这些事实的记忆得以保持鲜活，因为如果没有它们，人们没多久便会遗忘这里曾是个古代印第安城市。

神父最感骄傲的作品，或许也是他最大成就之处则是教堂。这是少数近年才建造的教堂之一，换言之，它建造于一个不再像过去那样全村为建造教堂而卖力投入的时代；它所展现的简洁、便利和高品味的结合，较其他村中大而无当的庞然大物更能烘托出时代精神，同时又不致在印第安人眼中失去吸引力。神父雇了一个人把他对教堂的描述抄录下来，希望让我收录在书中。不过我不想这么做；唯一想提的，是主祭坛上有十六根柱子来自诺卡卡巴的大牧场废墟，那里也正是我们下一个打算拜访的地方。

晚上我们会见了当地所有重要的白人居民，有六到八位，其中一位便是诺卡卡巴大牧场和废墟的拥有者。神父为我们介绍时，还说了不少称赞我们古物、科学和医学成就的美言，我们很少能如此幸运碰到像他这样欣赏这些成绩的人。大牧场拥有者能提供给我们的废墟信息非常有限，但愿意为我们安排所有前往废墟探索的必要准备，并且亲自陪我们前往。

当时我们处于一种轻飘飘的兴奋状态，开口借几美元可能就会使我们的地位马上跌落云端。随着时间一分一秒地过去，整个晚上都没有机会让我们提出这个刺激的话题。幸好哒哒的马蹄声响起，艾尔毕诺出现了，让我们大大松了一口气。一袋子的美金巩固了我们的地位。第二天，我们可以雇用印第安人前往诺卡卡巴大牧场了。最后，在神父的特别指导下，我们用洗脸盆洗了一个热水澡，缓和了扁虱咬过的刺痛，然后心情安稳地在吊床里就寝。

第二十二章

正午的难忘舞会

第二天一早，我们出发前往三里格外的诺卡卡巴大牧场，大牧场主人天还没亮便先回家准备迎接我们。才出发没多久，卡塞伍德先生说他因轻微头痛而不舒服，希望骑慢些，于是他和行李一起在后面慢慢走，卡柏特医生和我继续前行。清晨的空气新鲜，令人振奋。地表起起伏伏，小山绵延，风景如画。走了两里格后，来到一个称为“赫比”（hebe，水池）的地方。那是一个大岩石洼洞，圆周约九十英尺，深十英尺，用来承接雨水。在这个干旱的国度，那真是一幅令人心怀感激的景象。池边有一棵大鸡冠刺桐，仿佛邀请旅人到它树荫下休息。我们用自己的“瓦卡尔”（waccal，水杯）喂马喝了水，非常渴望能洗个澡，但基于之前罹患热病和疟疾的经验，不敢冒险。这个水池距离我们打算前往的大牧场一里格远，是大牧场居民唯一的水源。

九点时，我们抵达大牧场，深切体会到一句西班牙谚语的真谛：“看到主人，马儿就有劲了。”第一座小屋四周围绕着一道细心建造的石墙，沿墙不同地方出现了废墟的石雕残片。再过去又是一道墙，围绕着另一座小屋，邀请我们来大牧场的主人便住在那里。通往小屋的入口处有一道大门，由两个风格奇特、雕刻精美的纪念碑组成，提升了我们对这个大牧场上的废墟的期待，也显示我们所听到的传言果然不假。

主人正等着我们来临。我们住进一座空的小屋，安置好马匹后，便陪着大牧场主人去巡视一番。他认为最值得介绍我们看的是他的烟草收成，放置在一些空的小屋内等待干燥，对此他充满了心满意足的期待。其次是井，这回他带着沉重的忧伤看着它，因为井虽有三百五十四英尺深，却是干的。

我们在大牧场上观看这些事物时，行李挑夫到了，并告诉我们卡塞伍德先生病了，他们让他在路边躺下休息。我立刻请大牧场主人备轿并指派数名印第安人，他也非常明快地答应立刻去办；同时我套上马鞍，立刻赶到卡塞伍德先生处，发现他躺在水池边的树荫下，艾尔毕诺守在他身旁。卡塞伍德先生发着恶寒，尽可能把所有衣物全都裹在身上，甚至连马儿的鞍褥都用上了。这时，两名男子共乘一匹马也来了，带着被单和披风作为轿子的顶盖，接着又出现一列零零散散的印第安人，每人手上拿着一根长竹竿，以及用来绑竹竿的柳条。他们花了一个多钟头才将轿子准备好。小径很窄，路的两边全是荆棘，印第安人抬着轿子一路走，荆棘尖刺不断扎进他们赤裸的皮肤内，他们因而不得不经常停下来摘掉这些尖刺。

一抵达大牧场，我便听说卡柏特医生也病倒了，发着高烧。才刚顶着大太阳，既激动又焦虑地跟在卡塞伍德先生后面回来，此时又发现卡柏特医生也卧病，一阵冷颤爬过我的背脊，不到几分钟，我们三个全都躺在吊床里了。只不过几个小时的时间，我们几人的情况就有了这么大的变化，几乎让我们的主人也要和我们一样倒下了。他用心准备了丰富的早餐，结果没人享用，似乎让他十分懊丧。为了感谢他的好意，我请他把早餐送到我的吊床边来。我这么做让他很高兴，我也开始认为，自己之所以躺下来，不过是激动过度的关系。渐渐地，我让主人宽心的努力也开始让自己感到满意。同伴的问题不再困扰我，我的心情完全恢复了，吃完早餐后，便出发去探访废墟。

自抵达尤卡坦后，我们受到许多殷勤款待与招呼，但没有人比这位诺卡卡巴大牧场主人更周到。他不但决定拨出时间亲自陪我们一星期，而且在我们停留期间，整个大牧场上的印第安人和一切都任由我们指挥运用。

我们走过一间小屋，来到一座长满树木且十分陡峭的小山丘。牧场主人在这座小山丘上开出一条路，那可不是印第安人的小径，而是宽两到三码的道路，通往位于山上峭壁顶端的阶丘。阶丘上有一座建筑，建筑正面檐板以上已坍塌，檐板以下则是素面的石块，没有任何装饰。建筑内部仍保持完好，但也没有任何特色。沿着峭壁顶端走，我们发现其他三座建筑，全都位于同一地区，建筑细部也没有任何突出的变化，只有一座建筑的拱顶没有重叠覆盖的石块，所以天花板的两侧一路上升，在某一点交会，形成一个完整的角度。

印第安人告诉我们，这几栋是仅存的建筑。至于苏尔村教堂柱子的取材之处，早已只剩一堆乱石废墟。我失望至极。先前听到吸引我们来到此地的讯息，让我们对这里抱着很大的期望。这是我第一次彻彻底底感到失望。没有任何东西值得描绘，除了走在另一座渺无人烟的废墟城市中所感受的深刻与永恒的印象外，也没什么可带走的纪念物。大牧场主人似乎因没有更好的废墟向我们展示而懊丧，但我安慰他，让他了解那不是他的错，不能怪他。尽管如此，这整件事还是很令人懊恼，因为主人是如此友善，有那么多印第安人可用，而我们却无事可做。印第安人非常同情主人的懊丧，而且为了补偿我，告诉我另外两个废墟城市的遗址，其中一个距苏尔村只有两里格远。

我回去向大家做了报告，卡塞伍德先生立刻提议返回村子。艾尔毕诺已警告他，住在大牧场不利健康，所以他认为最好连一晚也不要逗留。卡柏特医生坐在他的吊床上解剖一只鸟。一旦热病复发，我们就走不了，所以我们决定立即返回苏尔。我们的行动也像决定那样快速，半小时后，在印第安人的惊愕和主人的懊恼下，我们又上路了，行李留给艾尔毕诺照顾。

我们抵达村里已经很晚，但神父仍像先前一样亲切招呼我们。我向人打听大牧场印第安人告诉我的废墟城市位置。不过才两里格远，但所有我遇见的人都不知有这个地方。神父找来一名年轻人，他在那一带拥有一座大牧场，答应陪我前往。

第二天一早，我们在六点出发，卡塞伍德先生和卡柏特医生都无法同行。走了大约两里格远，我们来到一座印第安人的大牧场，当地一位老妇人告诉我们，我们已错过通往废墟的小径。我们始终无法说服她和我们一起往回走，并为我们指路。不过她指点我们到另一座牧场去，当地能找到向导。这个牧场位于森林中的一小块空地，四周环绕着灌木围篱，门前有个覆盖着棕榈叶的藤架，下方吊着一些摇晃的小吊床，整个景象呈现出印第安风格的舒适自在。

我的同伴入内去，我则下了马，心里正想着这是个非常好的落脚地点，低头一看，发现窄管裤上布满了棕色的扁虱。我抓起一根嫩枝拂掉它们，数百只从我的手臂和手上掉了下来。我尽可能把看到的扁虱全都拂掉，随即跳上马，尽速离开，心里祈祷着这里千万不要有任何废墟，我们也千万别在这个看起来很舒适的牧场落脚。

我们很幸运在这里找到一名印第安人，他因某种只有自己和女主人才知道的理由，正趁着女主人不在的空当来看看他的玉米田。如果不是这样，我们根本找不到向导。我们朝原路折返，穿过公路，进入另一侧的树林。印第安人将马系好后，沿一座小山丘的山腹砍出一条小径，朝顶端走去，那里有一座废弃建筑。建筑外墙已塌，因此连拱门内部也看得一清二楚。我们走近时，我的注意力立刻受到强烈的吸引。这道拱门涂了灰泥，上面画了许多侧面人像，不少皆已毁损，不过有个地方还保留了一排脚，似乎是一队人马，第一眼的印象让我想起底比斯陵墓墙上的送葬行列。房间尽头的三角壁分成三个部分，各自绘有人形图案，有些头上戴着羽毛装饰，另一些戴着一种三角帽，手上提着类似篮子的东西，还有两个人头下脚上倒立着。这些人形大约一英尺高，用红色的颜料绘成。图画得很好，很活泼，栩栩如生。整体而言，即使已有部分残破，仍是我们在尤卡坦境内所见最有趣的绘画。

另一个房间内也用灰泥细工刷过墙壁，墙上布满绘画，有些部分的颜色十分鲜艳生动。在这个房间内，我们困住一条长达五英尺的蛇，并杀死它。当我把蛇丢出门外时，眼前忽然出现一幅强烈的图像，想必是这一带曾发生过的恐怖景象：当这些装饰着石雕、绘画的建筑遭人遗弃并成为蛇虺猛兽聚集之渊薮，悲痛的呼声想必响彻云霄。

我的向导说，另外还有一座建筑也和这座一样已经湮灭，但可能还有其他建筑掩藏于森林之中。我们回到系马处，他带我前往另一个独特的地下水井，可能是古代居民的供水之处。我从井口向下看，第一关是一道陡峭的梯子，我不想再进入探索。

几分钟后，我们上马返回村子。我们发现的废墟愈来愈多，要彻底探索这些废墟需要长年的工作，但我们只有几个月时间，而且再次遭疾病侵袭。卡塞伍德先生至少有好几天无法恢复工作。我对眼前出现的艰巨阻碍非常苦恼，但也无可奈何，决定立刻改变场景。

蒂科尔的节庆即将开始，当天晚上就由一个麦士蒂索人的舞会展开序幕。蒂科尔位于我们回程路上，距苏尔村九里格远，但我决定当天晚上就赶到当地。我的同伴并不赞同我这一时兴起的想法；他的牛仔马鞍令他相当不舒服，速度无法比慢步快。我应该尽量节省我的力气，但我还是和他交换了他那无法快跑的马和不舒服的马鞍，把我的让给他。我们继续赶路，十一点时回到苏尔，我为我的马卸下马鞍，清洗一番，命人给它一顿玉米大餐，自己也吃了两个水煮蛋。此时，卡塞伍德先生又发起高烧和恶寒，我命人把我的马牵开；不过卡塞伍德先生这次的发作并不严重，所以我又命人再把马牵来。两点时，我带着一条被单、一个吊床和艾尔毕诺上路。阳光炽热，仿佛火烧一般。选择这个时候出发，艾尔毕诺本来应会抱怨，但他也对蒂科尔的节庆充满了期盼。

一小时后，我们看见右边的森林里有许多高大的石丘，显示这里也曾有个古代城市。我骑马过去看了看，不过位于石丘上的建筑已全坍毁，我唯一的收获就是在现有的扁虱之外又增加了一些。我们在村里并未听人提起过这些废墟，后来问起时，也没人知道。

走了三里格后，开始爬上一层又一层的峰峦。我们在一块巨大无比的坚实岩棚上走了两个小时。在我越过的山脉中，此地的难度仅次于米科山脉，但两者性质非常不同。这里没有干涸的峡谷和坑洞，也没有泥泞的山壁，只是光秃秃的一块崎岖岩石，太阳照射其上的反光强烈，刺痛了眼睛；有些地方则像玻璃一样滑溜。先前我曾在其他两个地点穿越此山，但若和此地相比，就像阿尔卑斯山上的辛普隆❶山口，相对于圣伯纳❷或圣高达❸山口一样。我座下的马蹄步步发出清脆敲击声，虽然它走得有力而踏实，但仍不时蹒跚或颠簸，对它本身和骑士都非常痛苦且危险；事实上，若偶尔能走在泥沼或陷入其中，可能都比此时来得好些。这样的前进方式根本比走路快不了多少，加上担心夜晚降临，没有月亮我们会迷路，于是我决定下马，牵着马赶路。

当我们抵达最后一座山顶时已接近天黑，景色出奇壮丽。山巅边缘矗立着埃米塔教堂，下方是欧克斯库兹卡勃村，越过广漠无垠的林野，另有三个村子。我们从一条陡峭多石的小径下山，沿埃米塔教堂前方蜿蜒而下，来到一条以古代城市建筑废墟的石头铺成的宽阔道路。我们穿过一道宏伟、壮观的大门，进入村里，在第一家门前停下，向他们要些水喝。回望来时路，只见夜色已笼罩峰峦之上，庆幸自己及时下了山。附近一带也有些废弃石丘，本想趁着经过时顺便前去探看，但还有四里格的路要赶，只好放弃。

路又直又平，但多石头。不久，天色变得非常暗，看不到任何东西。我的马已辛苦走了一天，跌跌撞撞的，几乎无法维持平稳。我们经过另外两个村子，引起狗群吠叫。我除了能辨识村中教堂的巨大轮廓外，什么也看不清。终于，晚上九点，我们骑马进入了蒂科尔的广场。广场上挤满了印第安人，灯火辉煌，矗立着一个圆形大鹰架当作斗牛场，另有一个围着栅栏的长形藤架下传来阵阵乐声，提醒我们，麦士蒂索舞会已经开始。

我再次受到卡里略神父的热忱欢迎，但藤架下的音乐声提醒我，快乐的时光稍纵即逝。我们的行李箱已从诺卡卡巴转送过来。我快快上过厕所，在布里塞纽神父陪伴下，迅速朝舞会地点走去。外面的群众纷纷让开路；我一进去，非力普·皮翁先生便向我招手，不消一会儿，我已坐在麦士蒂索舞会中最好的位置之一。在印第安大牧场上生活了一个月，在废墟间整天辛苦奔波、饱受扁虱骚扰得几乎发狂，加上越过一座可怕的山岭、走过长达六十英里比我们国内任何地方更辛苦的路，突然来到化妆舞会，置身音乐、灯光和美女之间，充分享受坐在安乐椅中抽雪茄的舒适，有那么一会儿，我想起两位生病的朋友，心头闪过一阵愧疚的阴影，不过，很快我就忘记他们了。

舞会举行的地点在一个长约一百五十英尺、宽五十英尺的藤架下，周围环绕着粗糙的栅栏，上面覆盖着大麻布袋，用来防露水与日晒。栅栏里用大玻璃罩子点着灯提供照明，地板是坚硬的水泥；沿栅栏摆放的一排椅子上坐的都是女士，男士、男孩、女孩、幼儿和保姆则混杂坐在地板上。菲力普·皮翁先生把他的位子让给我，自己也坐到地下。

麦士蒂索舞会可说是化妆舞会，村里的女士分别装扮成麦士蒂索人或穿着麦士蒂索人的服装：宽松的白色连身裙，颈口和裙摆镶着红边，戴着男人的黑帽子，肩上披着蓝围巾，戴着金项链与腕链。年轻男子则做牛仔打扮，穿着粉红条纹棉布衬衫和窄管裤，上面装饰着金线和流苏。无论男女，他们的服饰都很新奇华丽，不过那顶黑帽子起先颇令人厌恶。我之前即曾听说，黑色墨西哥帽是麦士蒂索人服装的一部分，原本以为是某种细巧、精致的草帽；不过由于女孩们的脸庞如此柔和温婉，即使是男士的帽子也毫不减损她们的女性魅力。整体而言，这场面和我预期的有些不同，更精致、更新奇，也更美丽些。

为了维持特色，唯一的舞蹈是公牛舞。一名牛仔站起身来，每位麦士蒂索姑娘轮流上场。这支舞我们曾看印第安人跳过，极为无趣，舞者必须移动身体，突然伸出双臂，弹指噼啪作响，至少看起来并不优雅；不过，在蒂科尔这些麦士蒂索姑娘表演之下却变得非常优美悦目，尤其弹指部分更令人激赏。她们之中没有绝世美女，似乎也没有人在意是否有绝世之美，但全都展现温婉、柔美与和悦的神情，给人一种糅合了温柔的感觉。在印第安大牧场住了一段时间才刚回来的我，舒适地坐在扶手椅上看着眼前一切，感受特别强烈。麦士蒂索姑娘的服饰尤其具有魅力，如此清爽、简朴和宽松，因此，让人留下如此的印象：

每位美女如此自在。

应和着大自然，或神采飞扬，或抑郁低潮。

舞会结束得太快，我才刚准备进行这一天辛劳的收成呢！各家的仆人纷纷把椅子搬回家，半小时后，除了法院前的一排桌子外，整个村子悄无声息。我躺在修道院安静的小房间内，有好一会儿，那些麦士蒂索姑娘的美丽倩影仍在我心头萦绕。不过，这一天实在太累，我很快就忘了她们。

隔天早上天亮时，教堂的钟声和冲天的炮火声让大家知道节庆继续展开。教堂里举行了一场大弥撒；八点时，广场上有一场业余牛仔以套索套牛的盛大表演。这些业余牛仔骑上马，座下是大型牛仔用的马鞍及尺寸相当的马刺，每个人手里都拿着一捆绳索。两岁大的公牛放了出来，进入广场，除了斗牛场供它们来回奔驰外，村里的每条街道也开放给它们。业余牛仔在它们身后追赶，像发疯似的，老人、妇女和儿童尽管吓得纷纷走避，但也和公牛及业余牛仔一样充满兴奋之情。有一匹马绊倒了，背上的骑士摔下来受了伤，幸好没有跌断颈子。

这场活动结束后，所有人都散开来准备白昼的舞会。我在修道院的走廊上坐了一小时，守着广场看。太阳很大，散发着炽热的光芒，村子却静悄悄的，仿佛才刚遭遇大劫难似的。最后，终于有一群人出现，穿过广场而来：一名牛仔护卫着一位麦士蒂索姑娘前来参加舞会，手里撑着一把红色丝伞，在她头上为她遮挡炙人的阳光。随后是一位老太太和老先生、儿童和仆人，一整个家族，女士全穿着白衣裳，披着色彩鲜艳的围巾和披肩。其他方向也开始出现人群，接二连三穿过广场，将广场点缀得赏心悦目。于是我也朝藤架走去。

虽是大白天，在日正当中的阳光照射下，只有一侧有麻布袋遮荫，但当这些麦士蒂索姑娘坐下时，她们看起来似乎比前一晚更美。前一晚的舞会结束后，第二天早上并不需调整舞场灯光，因为姑娘们前一晚早早就离开了。黑帽子不再碍眼，有些人戴起来似乎特别合适。牛仔的服装在大白天看起来也很好。舞会举行地点是开放的，任何人只要有兴趣都可以进来；地板上挤满了印第安妇女和小孩，真正的麦士蒂索人则穿着棉布衬衫、短裤、凉鞋，栅栏边同样挤满了黑压压一大片印第安人，还有麦士蒂索人，兴味盎然地看着这一场妆扮成他们并模仿他们的表演。舞会会场没那么正式，充满更欢乐的气氛，似乎也更具村庄节庆的味道。

这场白昼舞会主要呈现大牧场上的生活，有两个突出的角色前一晚并未出现，他们称为“督察”，是古代酋长的侍从官，代表酋长统治印第安人。这两人穿着长而宽松的肮脏衬衫，一边肩膀垂了下来，袖子长得盖过手，下半身穿着短裤，由一条长长的棉布带子系着，带子尾端垂至膝盖处，不断晃荡。他们脚蹬凉鞋，头戴帽檐下垂的软草帽，帽缘宽十到十二英寸，耳后吊着一长绺马毛。其中一人肩上歪歪斜斜披着一件褪了色的蓝色棉布斗篷，号称是一位古代酋长留下来的家传宝物。两人手上各自拿着一条皮鞭，挥舞了八或十次。这两位是典礼的主持人，拥有对全村人的绝对权威，不受任何限制。他们夸口，只要他们愿意，甚至有权鞭打麦士蒂索姑娘。

随着一位位麦士蒂索姑娘抵达，他们不由分说地遣开护送她们前来的男士，领着姑娘来到她们的座位。如果有哪位男士没有立刻走开，他们就抓住他的肩膀，把他带到舞池另一头，一群人也尾随他们移动。只要人群一聚集，他们就无所不用其极地使出浑身解数，藉由试图维持秩序的滑稽行为，把所有人逗得哄堂大笑。

最后他们清出一块跳舞用的空地，尽可能将人群向后驱赶，然后抓着男士与男孩的肩膀，把他们塞入舞池中。此时，门口出现一位魁梧的绅士，长得很体面，在村里居高位，正安逸地点燃雪茄。他们一看到他立刻停止手边工作，用那种反复无常的任性霸道风格冲了过去，抓住他，把他拖到场中央，架在一名牛仔肩上，拉着他的外套下摆向两旁拉扯，以一种故作姿态的活力和热切嘲弄他，又引起全场哄堂大笑。这位被高举的显要两侧摇晃着，底下的牛仔也摇晃着，两人几乎一起倒下来。

之后，这两个无赖直接朝我走来。“英语人”是逃不过他们视线的。我本来就很难不引人注目，这时轮到我了。披着酋长斗篷的家伙大踏步走在前面，皮鞭在空中挥舞，发出很响的飒飒声，眼里闪烁着捉弄和好玩的神情，直直盯着我。大伙儿跟在后面，乐不可支。我有点胆怯，深怕他也把我架上牛仔肩头。不过，他突然停了下来，出乎意料地改变腔调，对着我说起一大串叽哩咕噜的玛雅话。所有人都知道我听不懂他说的任何字句，因此笑声主要是针对我而来。我有点不高兴这样的对待，回想起我们在诺卡卡巴说自己家乡话的经验，便用英语说了一段长篇大论回敬他。这个办法果然立即奏效，他未曾听过不懂的语言，因此伸长了耳朵努力听着，好像集中注意力可以帮助他了解似的，眼睛向上瞧，带着一种被惹恼的神情。这一来，众人的笑声就转向了他。他再说了一次，这次我吟诵一节希腊诗回应，那是我不知不觉间记住的一首诗。这个举动再次让他无话可说，他放弃“英语人”的称呼，伸出双手环抱我的脖子，改称我为“朋友”，发誓只说卡斯提尔语[4]。

在这之后，他下令开始演奏音乐，抓来一名牛仔站在场中央，再将一位麦士蒂索姑娘领出来跳舞，然后安静地坐到我脚边来，让所有观众大惑不解。他一一叫出所有麦士蒂索姑娘，展现前一夜所见的美丽舞姿。其中一位我昨晚就注意到了，年纪不超过十五岁，细致娇弱、双眸似水，令人看了无法不起怜爱之心。她似乎天生就是来到世间接受爱怜与呵护的，让人想像细瓷一样用心保护；她简直就是纯洁、天真与可爱的化身。我听说她是村中一位绅士的私生女；或许正因如此，她看来似乎毫无能力抵挡傲慢无礼与谴责，使人对她的外貌更充满难以形容的兴趣。幸好她在父亲家中长大，也许一辈子都不需面对不屑的脸孔或背负着一生污名的感觉。

毋需怀疑，这位姑娘一站到场中央，必然也逃不过那善变督察的锐利双眼。他突然变得兴奋又浮躁，跳起身来，盯着她瞧了好一会儿，仿佛因某个景象而震慑，然后像被兴奋冲昏了头，完全不知自己在做什么似的，一把推开正与她跳舞的牛仔，将他的宽边呢帽掼在地上，忘我地大喊：“我想和你跳舞，我的心肝！”他似乎因起舞而更加兴奋，忘了周遭一切，脸上充满迷醉的神情，如痴如梦；他扯下酋长斗篷，朝她舞去，把斗篷铺在姑娘脚前。这一切动作似乎只是让他更加兴奋；他仿佛忘记所有的一切，不停激烈舞着，紧紧抓住自己衬衫领口，猛力拉扯，好像想脱下它，然后将拥有的一切物品全堆在她脚下。他没成功脱下衣服，一度似乎绝望地放弃了，随即又将双手伸至长袍下，抓住系在腰上的带子，一面用尽全力舞着，一面解开它，带着混合了优雅、武勇和绝望的神情，将它丢在她脚前，然后舞回自己的座位。此时他的短裤因没有系带而下滑，他慌张地抓住裤子，双手提着，好像费尽吃奶的力气，脸上仍带着绝望的表情继续跳舞，那景象实在荒谬至极。

在这整个过程中，所有人都忍俊不禁。我不得不在此提一下那位年轻姑娘的极度端庄与得体，她甚至未曾展露笑容或看他一眼，一跳完舞便鞠躬退回自己的座位。可怜的督察站在舞池中看着她留下的空位，好像生命中的太阳已下山。最后他转过头来，大喊："朋友！"并问我在我的国家内是否也有像这样的美女？我是否想把她带回家？他接着又说，他绝不放过这一位，但我可随意挑选其他姑娘；他大声要求我挑选一位，并保证一定把我选上的姑娘送到修道院来。

我原以为这两位督察也和牛仔一样是村里重要的年轻人，在这一天放下身段搞笑逗闹。后来我才知道，他们并非自愿上场，而是村民雇请熟知、具有诙谐逗趣本领的人来扮演，同时还要举止有度、进退合宜。眼前这一位是个品行卓越的屠夫，也是个"拥有无限机智和幽默的家伙"。村里的人似乎认为让他拥有鞭打麦士蒂索姑娘的权利是最高极限，但他们的确认为，他们让他处于和其他人平等的地位，即使只有一天。这些人平日对他而言是另一个世界的人；虽然此时他能倾其所有地向佳人表示爱慕之意，但只会被别人视为荒诞，很快就被所有在场者忘记，特别是那位受到倾慕的姑娘。啊，可怜的屠夫！

根据规定，他丢在姑娘脚前的斗篷和带子属于姑娘所有，因此他被迫向观众乞求施舍，好将这些物品赎回。舞会仍继续进行。两名督察一旦下了场便命令牛仔们站开，自己取代他们的位置。有时，在督察的指示下，无事可做的牛仔只好回到藤架下，坐在另一头的地上，一起哼唱大牧场上的牧牛歌，交替着玛雅语和卡斯提尔语的歌词。两名督察带领着大家合唱，他们的声音却刺耳地压过了其他声音；随着这欢乐的喧闹，麦士蒂索姑娘的轻盈身影再度翩翩起舞。

十二点整，盛宴[5]准备好了，不过没有刀叉。舞池中央清理后，抬进来一个巨大的陶罐，相当于酒桶那么大，里面盛着炒黑豆。另一个同样大小的陶罐也抬了进来，里面是蛋和肉，旁边有一座小山似的玉米薄饼。

分送食物是麦士蒂索姑娘的责任。督察没有忽略他的朋友，带了一位我曾向他私下表示过看法的麦士蒂索姑娘过来，她的手里捧着一片玉米薄饼，中间盛了炒黑豆，周围用手指捏高，以免炒黑豆掉出来。我正想表示谢意，却被督察制止。他挨着我的帽子边对我说，大牧场上从来不说谢，我们如今都是印第安人。中央盛炒黑豆的玉米薄饼不好拿，可能会弄脏我唯一的一条窄管裤。我将它递向围栏外，那里有群印第安人等着接受食物。然而，才刚把手中的这片送走，另一位麦士蒂索姑娘又拿了一片过来，当这片还在我手上时，又有一位姑娘把一片包了蛋的玉米薄饼塞进我的另一只手，于是我动也不敢动，好不容易才把两手的食物都送到围栏外。

午餐过后，舞会继续进行，再次充满活力。两名督察更加耍宝；所有人都同意，这场舞会真是太好玩了。我不自觉地发现，在所有混杂的群众和极度的宽容中，吵闹声并未高过一个私人家庭的聚会。两点时，麦士蒂索舞会结束了，令我深感遗憾。对我而言，这真是一次全新的经验，成为我记忆中最美好的一次村中舞会。

❶

辛普隆山口高两千零五公尺，位于瑞士境内的阿尔卑斯山，十九世纪初经过整修后即可供驿马车通行。

❷

圣伯纳山口高两千四百六十九公尺，位于瑞士境内的阿尔卑斯山，接近意大利边境，是阿尔卑斯山两大高峰白朗峰与罗莎峰之间高度最低的山口，也是西阿尔卑斯山历史最悠久的山口，冬季雪深甚至可达十公尺。

❸

圣高达山口高两千一百零六公尺，位于瑞士境内的阿尔卑斯山，历史悠久，但相当难行。

❹

卡斯提尔语主要有两个意思，通常指西班牙语，有时则用来指卡斯提尔地区的西班牙方言。此处应是指西班牙语。

❺

这里作者玩了个文字游戏，“盛宴”一词用的是法文 déje　ner à la fourchette，字面意思是“以刀叉用餐”。

第二十三章

关于神父

下午开始第一场斗牛。蒂科尔的斗牛闻名全国；上次还有一名骑马斗牛士丧命，让众人多少感受到血腥的刺激。村里的年轻人仍打扮成牛仔，并在斗牛开始前举行了一场赛马；他们骑马穿过斗牛场，一次一个人，从一个门进入，从另一个门出去，然后依同样方式奔驰穿过另外两个门。这是展现马匹和骑术的大好机会，有点像小马竞技。

接着出场的是骑马斗牛士。平心而论，这些斗牛士是我至今在尤卡坦或其他地方所见过外貌最不好看的，大概仅次于我在耶路撒冷看过的洗脚一幕中代表十二使徒的那十二个人。他们都是混血儿，也许是最不理想的一支，亦即印第安人和非洲人的混血，称为“帕多斯”。帕多斯的肤色是铜上加黑，由于不满大自然加诸身上的丑陋集合，他们在服饰上努力弥补，穿着一种模仿欧洲但手法拙劣的日常服饰，加上来自自己典雅想象的装饰。总之，我可以想象他们用医院中无人认领的死者遗下的衣物来打扮自己。

他们座下的马则是由节庆筹备委员会为他们借来的，万一马儿死了必须赔偿；这些马有的罹患跗节肉肿，走起路来一跛一跛或摇摇晃晃，有的则是瞎了一只眼的可怜动物。他们在马鞍上铺着大红色的布，装上巨大的马刺，末端齿轮长六英寸；他们手上持着致命的长矛，上面沾满旧日留下来的斑斑血迹。这些颜色的组合，尤其是大红色，目的是惊吓公牛，而这整个景象几乎也足以吓退恶魔了。

赛马结束后，第一场斗牛由业余牛仔先上场表演，两名真正的牛仔在一旁准备应付紧急状况。牛仔挥舞着长矛攻击公牛，呈现一幅活生生的地狱景象。之后他们下马，以步行方式发动攻击。公牛被逼到我们座位正下方，我两度看见长矛刺进它的双角之间，穿入它的颈背处，发出沉闷的摩擦声，抽出来后满是血迹，留下一道令人毛骨悚然的伤口。第三波攻击时，公牛已站不稳，摇摇晃晃地试图稳住身子，但终究还是蹲坐下去，发出一声微弱的哀鸣后，倒向一侧。鲜血从它嘴里汩汩流出，舌头垂在地面沾上尘土，没一会儿就死了。业余牛仔将它的后腿捆起，绳索系在两名骑士的马鞍上，其他人用手握住绳子，一起将公牛尸体拖出场外。这时，邻座一位面容姣好、声音温柔的女士发出一声惊叹："两匹马和六名基督徒！"

我没有再往下看。我们从斗牛场转往舞会。今晚是正式舞会，未穿窄管裤的男士不准进入。尤卡坦的社会阶级划分仍以贵族身份为主，分为两大阶级：穿窄管裤者，以及没穿窄管裤者，其中没穿窄管裤目前仍是人数最多的，他们都穿着短裤，正式舞会的这项蛮横规定，便是针对他们而来，因而把上午那场舞会中很多朋友都排除在外。

然而，这似乎没有触怒任何人，受排挤的人安静地在场外找位子。那位屠夫身着短裤却获准入内，因为他是来协助服务的，负责将点心递给早上和他跳过舞的姑娘。整个气氛也大为不同；此时牛仔身穿正式礼服或符合村中舞会穿着的便服，姑娘则已将简单的麦士蒂索服丢开，穿着合身的洋装或套装衣裙现身。印第安舞不再出现，取而代之的是方舞（方舞又称四对舞，系由四对男女组成方阵的一种舞蹈。）、对舞（对舞是由两对以上的舞伴排成两列面对面跳舞的舞蹈，舞步和动作富于变化。）、华尔兹与加洛佩德舞（一种二拍子的快速轮舞。）。它缺少麦士蒂索舞会的畅快、刺激。年轻姑娘穿着更时髦的衣裳，反而也没那么好看，不过，她们的表情依然如此温柔。舞步缓慢，音乐轻柔，在这种一切都安静且中规中矩的气氛下，很难想象上午这里曾举行过一场欢乐而嘈杂的舞会，更难想象不过数小时前，这些温柔甚至可爱的脸庞，曾因观赏斗牛的野蛮刺激而兴奋发亮。

第二天早上十点有另一场斗牛，然后是从广场沿大街到菲力普·皮翁先生住家之间的赛马。下午又有一场斗牛，带给我一次愉快的经验。我本来不打算去，也没预订座位，因此当我进入一个挤满人的包厢后，不得不站在门边。包厢前坐着一位麦士蒂索舞会上的美女，她的右边有个空位，空位另一边坐着一位才刚到村里来的神父。我正好奇这是谁的位子时，一位我认识的绅士走了进来，他要我过去坐下。毋需催促我就欣然同意了。坐下时，我先向邻座的神父表示能坐在这个位子真是幸运。我想，他对我的说辞可能未必如他表面表达的那般坦然接受。

斗牛表演的开场相当勇猛；公牛遭长矛刺中，流出血来，场中的人被撞得跌倒。我不曾看过如此令人愉快的斗牛开幕，但暴雨即将来袭，天空转黑，乌云密布，人们纷纷起身，似乎既焦急又烦躁，女士们则担心着头纱披肩和颈饰。

天色愈来愈暗，不过场中的人和牛仍继续搏斗着，四下充满野蛮而奇异的氛围：头上是疾驰的乌云，视线从场中激烈的搏斗转向鹰架对面一片焦急的脸庞，再抬眼向上望，上空有一道灿烂的彩虹，以一道光线照亮黑暗的天空。我向邻座的女士指指彩虹，表示不会下雨，但随即彩虹消失了，一阵强风扫过脆弱的鹰架，扇形纸饰被风吹得噗噗作响，披肩与手帕纷纷飞扬，几滴雨点落了下来，三分钟后，斗牛场中的人已走得一干二净。我没有伞可护送邻座小姐，她被某个性情暴躁的家伙带走了；屠夫拉出他的斗篷为我遮雨，护送我到某栋房子。在那里我才发现，坐在我旁边的我原以为是位小姐的女士，其实是坐在我另一边那位神父的密友，全村除了我以外都知道。

前面我忘了提，尤卡坦有一项新变革，以当地人的话来说，是新的宗教改革。它与欧洲大陆由非神职人员的一般信徒发起、不时震撼整个基督教世界的宗教改革不同，而是较特别且具地方性的，只影响神父的家庭生活。许多读者想必已知道，天主教会成立初期并未禁止神职人员结婚。随着时间过去，教皇为切断教士与俗世的牵绊，责令他们遵守独身的贞洁原则，将婚姻排除在外。教士虽强烈抵制，几乎彻底摧毁整个教会的统治组织，不过教皇终究得到胜利，于是八个世纪以来，在所有天主教占优势的国家里，没有任何教士获准结婚。然而在尤卡坦，这个禁令似乎太沉重了些。由于地理因素，此地的人很早就拥有某些恩准，获得某种程度的宽容，包括斋戒日可食肉，以及在这一任教皇敕书的自由精神下，或由于我不知道的其他训谕，容许好神父不必严格遵守独身、守贞的要求。

接下来我即将提及的内容既微妙又奇怪。也许有人会认为这是对天主教会的粗暴攻击，但那实在不是我的本意，我并不在意。不过有一点倒是困扰着我。我向来对神父很有好感；他们对我无比仁慈，无论走到哪里，我都和他们成为朋友。我原不想提起这个话题，希望略过它，但又担忧既然发表了这番话，不说清楚只会招来更多的特别关注。我可以完全不提，但这又是这个国度内如此显著的社会现象之一，如果不提，关于此地的描述就不完整。我想就不再赘言，只是悄悄告诉读者，除了更直接受主教管辖的梅里达和坎佩切两地外，尤卡坦其余各地的神父均不受修道院生活的沉闷约束，各自拥有伴侣，有时也称为姻亲姊妹；我想说得更精确而言就是：拥有伴侣的神父和没有伴侣的神父，其人数比例几乎相当于正常社会中已婚男子与未婚男子之比。

丑话说出来了，关于神父的最大敌人也没其他可说的了。我自己对这个状况没有意见，不过倒想指出：这种情形在尤卡坦当地人眼中丝毫不损神父的人品操守，也不妨碍他所发挥的功能。有些人认为这种安排有些不正常，但大体而言，也不过被视为是个可接受的弱点而已，没什么大不了。此外，我认为可以这么说：这被视为希望神父入境随俗的建议，鼓励他将其视为普通信徒的婚姻。尽管我很不愿意这么说，事实上，它对所谓道德操守的伤害，远比某些天主教国家内因强调独身而发生的不寻常事件小多了。基本上，尤卡坦的神父就是有家室的男人，而且善尽身为一家之长应尽的义务。村中有头有脸的人家也不回避与神父有暧昧的婚姻关系。尽管如此，面对这种有身份地位、我们应致敬的人陷入一种无法漠视的错误处境，对我们来说仍是件令人遗憾的事。回到我一开始所提的例子：众人公认这位神父品行良好，正当踏实的习惯足堪成为其他神父的表率；然而，沉着、严谨的中年男子如他，显然不该欣赏美丽的伴侣。不过我听到对他的唯一批评是关于他的财富，至于这点，神父很清楚我的看法。

第二天，卡塞伍德先生和卡柏特医生也到了。他们两人又发了一阵烧，身体仍十分虚弱。晚上是嘉年华会，不过是在大伙儿抵达之前举行的。我们再度受到暴雨阻挠。这一天，整天下着大雨，是我们在尤卡坦以来前所未见的，把嘉年华会原应有的欢乐气氛一扫而光。

终于有一天放晴了，我们利用这天为神父和两位麦士蒂索姑娘拍照。除了舞会、斗牛、照相等大事，以及监督神父的道德操守外，我还浏览了一本手稿，标题是《尤卡坦古代编年史，或印第安人计时方法初探》。这份手稿是作者皮奥·佩雷斯先生亲自借我的，我很高兴在这里认识他。

我之前已听说这位先生是尤卡坦最优秀的玛雅学者，在调查与研究印第安古代史等方面表现相当杰出。他的注意力之所以转向这个领域，主要是因为过去任职国家某个部会，不断经手玛雅文旧文件之故。他对科学有兴趣，本身具好学性格，又因厌恶政治，于是脱离公仆生活，离职后的那两年全力投入尤卡坦古代编年史的研究。这是一项普通人不敢尝试的工作；如果口碑无误的话，尤卡坦境内无人可与他相提并论，没人能像他如此费心理解和研究尤卡坦古代编年史。值得一提的是，除了个人的努力外，皮奥先生在进行这件工作时是孤单的，没人同情他，而他自己也明白，最重要的研究成果不会有人欣赏，除了毫无其他报偿外，甚至没有人会嘉许他这种孤军奋斗的精神。

这篇论文大致说明了古代印第安历法具有的主要原则。这些历法经过这位杰出绅士的仔细检验（可与皮奥先生提供给我的其他有趣文件相互参照，这些文件后面还会提到），加上他对印第安语言和古物的深入研究，可说提供了一些有趣的对照和推论的基础，被认为是科学研究的一项重要贡献。

皮奥先生的论文包含一些计算和细节，大多数读者可能并不感兴趣；不过还是有少数人会有兴趣，我全部放在附录里。在此我只提出结论。

根据这位前文提及的杰出绅士的检查和分析，我得以陈述一个有趣的事实：尤卡坦历法虽然有些地方很特别，但基本上和墨西哥历法没有太大差别。它同样以阳历为准，一年三百六十五天，以同样的方式划分，先分为十八个月，每个月二十天，还有额外的五天；然后，再分为二十八周，每周十三天，还有额外的一天。它也以同样方式结合这两套系统，区别一年中的日子，同样以五十二年为一周期，并像墨西哥那样，结合以十三为单位的计算系统，以及另一套以四个名字或象形文字的系统来计年。不过皮奥先生承认，尤卡坦缺乏明确证据，证明他们有闰年（像我们有闰年，或像墨西哥人的世俗传统再加十三天）来修正因一年只计为三百六十五天所产生的误差。

根据这篇论文可以得知，除了尤卡坦与墨西哥最常见的五十二年周期外，皮奥·佩雷斯（根据贝提亚的说法）断言，在加帕斯、瓦哈卡和索科努斯科等地，印第安人历法有另一套系统，或为两百六十年，或为三百一十二年，是五十二年的五到六次循环。每一套系统各自包含了十三段时间（称作 Ajau 或 Ajau Katun），许多权威认为，每段时间有二十年，但皮奥先生则认为，每段时间包含二十四年。

这项事实显示，尽管尤卡坦和墨西哥居民使用不同语言，他们的历法基本上是一样的。我认为这极为有趣而且重要，因为这不是习惯相似，相似的习惯可能出自天性或地位的认同。历法是一项科学的成就，建立在计算、独断的符号和象征上。两者之间的相似，显示两国承认同一源头，赋予同样的现象和对象同样的意义，这些意义有时是任意的，但绝非自然生成的。也因此，它显示了知识与推理过程的同一来源，以及相似的祭仪崇拜和宗教制度。简言之，它是显示尤卡坦与墨西哥原住民之间拥有共同源头的一连串证据中的一环。这个发现全要感谢皮奥·佩雷斯先生。

第二十四章

意外成为小屋主人

二月十四日，我们又回到诺卡卡巴。由于事先已遣艾尔毕诺做好一切安排，终于可在十五日离开这个村子。离开这里，我们并不感到遗憾，相反，想到毋需再回来就很高兴。我们的随身行李再度减至最少，只带了吊床、几件换洗衣物和达盖尔式照相机，其余全送到佩托等我们。我们的印第安挑夫工头原是一位教堂执事，现已卸下职责，是我们在修道院的老邻居，每次看见他总是醉醺醺的，今早却一反往常特别清醒。

想了解我们的路线如何进行，读者得参考一下地图。我们向南出发，冉次穿过墓葬地，两英里后，看见右侧高处有“古城墙”遗迹。向前靠近时，路的同一侧出现三座废弃建筑；再往前，便来到萨克贝废墟。这座废墟由三座建筑组成，呈不规则分布，其中一座如右图所示。它坐北朝南，正面长五十三英尺，深十二英尺六英寸，有三道小门。另一座位于更南方，规模和前一座约略相同，有三个房间，中央的门有两根柱子。第三座建筑因毁坏程度严重，无法看出其平面配置。

尽管这些废墟建筑离村子那么近，却连小神父也从未来过。它距离小径约一百英尺，但完全隐藏于树林之中，先前我曾在一名印第安人引导下探访过，如今不再仔细观察，朝其他目标前进。

往前不远处是尤卡坦境内最令人感兴趣的古代纪念物之一。那是一块破败的平台，或可说是石头通道，约八英尺宽，八到十英寸高，横过路面，两端分别向树林延伸。我方才提到印第安人称之为“萨克贝”，玛雅语意思是“纯白石头铺成的路”。印第安人说，它从卡巴通往乌斯马尔，穿越全境；古代的信使带着写在树叶或树皮上的信络绎其上，为这些城市的领主传递讯息。这是我们之前发现印第安人有类似传统的唯一例子，而且此传说广为人知，可由我们抵达时所遇见的情况加以证明。当时我们站在路上，一名老印第安人从另一头走过来，背上背着许多东西，穿过这条路时停下脚步，用手杖敲敲路面上的石头，说的话里出现“萨克贝”“卡巴”和“乌斯马尔”

萨克贝的建筑

萨姆彭的建筑

等字词。这时，我们的挑夫在教堂老执事率领下也赶上来了。当老执事把重担卸在这条古代的路上时，同样也说了“萨克贝”，然后向我们发表了一篇演说，但我们只听得懂“卡巴”和“乌斯马尔”两个字。

我曾经想过要彻底探索这条古代道路的路线，如果可能的话，更想沿着它穿过森林，找到它所联结的各个废墟城市。那是我们住在诺卡卡巴时没完成的几大遗憾之一；当时那里找不到肯为我们工作的印第安人，加上我们不断生病，这个计划因而中断。我们无法预测进行这样的探索需耗费多少时间；这一带又长满茂密的树林，有些小径只剩依稀可辨的痕迹，有些甚至完全消失。因此，这片谜一样的土地只好留待未来的探险家探索了。

我们继续走过两旁排列着“古城墙”的路，两里格后来到萨姆彭，那里有一座残破建筑，可以想见当它仍完好时必定非常宏伟、壮丽，但如今除了周遭一片残砾外，只为陌生的访客空留一番想象而已。这是一栋长形建筑，四面围着一个中空的广场，其南北纵向宽八十英尺，东西横向长一百零五英尺，此时也只残存两个转角处，其中之一如右图所示。它兀自独立，一个印第安人在周围栽种了一片玉米。从这里又可看到“古城墙”，即印第安人所谓的“卡卢波克”。

往下走，我们看到远方还有两处遗址，分别叫作尤科维特兹和奎帕克，同样是废墟，而且无法靠近，我们不打算进入。

散布在这一带的废墟并非位于公路旁，而是在人迹罕至的玉米田小径上，有些地方甚至长满荆棘丛林，很难通行，更为废墟增添荒芜气氛。天气很热，我们葫芦里的水都用完了，附近又无溪流或泉水，幸好发现了石块上凹洞所存的雨水，因而获得纾解。两点左右，我们来到一小块空地，这里搭了一个藤架，上面铺了树叶，下面有一个粗糙的十字架面对着道路，左后方是一条遭树丛遮蔽的小径。这条小径是上次我来时特地为我开辟的，让我能拜访塞基尔纳废墟。

此处是我先前从诺卡卡巴来访却无功而返的地点之一。听说此地某栋建筑的房间里有个焚烧珂巴脂的祭坛，以及古代居民使用后遗留的痕迹。来到不得不转弯处时，印第安人只得再花些时间辨识路径，随后虽然发现了小径残迹，却仍需一步步清除路面。等我真正能看到传说中的废墟城市，想到深入探索如此荒凉之地不可避免的辛苦与麻烦，一时间还真希望这条小径通往一个不需再次造访之地。

我下了马，牵着它沿着印第安人开出的路往前靠近，来到一条崎岖不平的上坡路，往上走后，发现自己置身一个古代阶丘之上。这里长了一棵高大、好看的三角叶杨，我将马系在树下，从另一边走下去，经过一个长满浓密树木的大凹洞。这里无比炎热，我推断应是位于两个石丘之间的地带。不一会儿，我发现自己又爬上另一座高耸的石砌结构斜坡，顶部是一栋大建筑的遗迹，墙已倒塌，石丘四面散落着雕饰过的石头，一幅无可挽回的废墟景象。从这座结构物的另一面下去，我和印第安人来到一个宽阔的平台，这个平台的状况仍保持良好，上面长着树，虽没有低矮挡路的杂树丛，不过有太多昆虫和大黑蚁，因此我们必须走在一块块石头上，避免踩在地面。

有栋小建筑与这个阶丘约莫等长，印第安人指着建筑说，那就是祭坛和焚烧珂巴脂的地方。他穿过第一道门，又走向第二道，小心翼翼向内探看，但还没进入就把头缩回来。我走进去，发现一个房间，和我们在尤卡坦一般所见没什么差别。我费了好大工夫才劝诱印第安人进来，他仍只站在门口谨慎地四面张望，然后伸出五指水平挥了挥，那是印第安人表示什么也没有的方式。幸运的是，我得知方才离开的那条路可通往春乌乌废墟；毕竟想弄清楚这些地方的坐落位置实在不易。春乌乌虽是我想拜访的地点之一，但若不是这名印第安人提起，我不知道它原来就在附近。我决定立刻动身前往该处。我之前在当地看见的事物，便是促成我们大队人马来到这里的原因。

抵达春乌乌大草原时已近黄昏。我们策马来到上一回拜访时系马的小屋。这座小屋以竹竿搭建而成，屋顶非常倾斜、陡峭，上面铺着棕榈叶，墙面同样也用棕榈叶加以保护。我们在屋前停下，看见屋内有一名妇人在碾磨玉米，准备做玉米薄饼，显示晚餐不久就会备好。她说她的丈夫不在家，不过这对我们来说没什么差别，交谈几句后，我们全走进屋里，妇人见状立刻冲出门外，把我们留在那里。不久，一名八岁左右的小男孩出现，向我们索取玉米。虽然我们不太情愿，但没有资格霸占这些玉米。艾尔毕诺跟着小男孩出去，希望能说服那名妇人回来，但她一看到他就立刻逃进树林里。

就这样，我们突然成为这座小屋意外的主人。小屋里有一个用三块石头搭成的炉灶，一个揉制玉米用的木架，一个烤玉米薄饼的浅平陶锅，一个炊爨用的陶锅，三四个作为饮水杯的葫芦，以及两张小小的印第安人吊床——这两个吊床也被要走了。此外还有一张圆形餐桌，直径约一英尺半，由三支高约八英寸的桌脚支撑着，另有一些高度相同的木块当作椅子。头顶上方的屋椽悬吊着三大束玉米苞，以及两大束豆荚；每一条悬吊的绳索距离食物约一英尺上方绑着半个南瓜，圆滚的一面向上，有点儿像灯罩。这些南瓜除了装饰作用外，也可当作捕鼠器用，因为老鼠从屋椽上跳下来吃玉米和豆子时，会撞到南瓜并掉到地面。

既然一切得自己动手，我们接下来就先照料马匹。它们的食物倒不缺，因为这里有玉米，长满青草的大草原更是尤卡坦所见最好的牧场。令人心慌的是小男孩告诉我们——他是我们在此唯一见到的人——这里缺水，而且情况较先前我们路过的所有地区更严重。既没有井、地下洞穴，也没有水塘，居民用水完全仰赖贮存于岩石洼洞中的雨水。至于要让四匹马饮水，更是不可能的事。先别说想在这里待久一些，眼前的需求就已相当迫切。我们的马从早上就没再碰过水，经过如此漫长、既热又累的跋涉，真不敢想象它们还能继续整夜忍受干渴。

小男孩一面照顾光着身子的两岁大妹妹，一面在大牧场里晃来晃去。他说，他还有另一项要务，就是看着我们，不让我们拿走小屋内的任何东西。我给他一个米狄欧，请他带我到他们取水的地方，于是他背起小妹，爬上一座陡峭多石的小山丘。我牵着马跟在他身后，背上没背小女娃，却发现自己竟几乎跟不上他。小山丘的山顶上是一些风化、光秃的岩石，其中有深陷的凹洞，有些盛着约莫一两桶的水。我领着我的马来到其中最大一个，它的饮水量本来就大，那晚更像一群参加戒酒团体的人一样饥渴。印第安小男孩看得目瞪口呆，似乎觉得自己因小失大。我强烈感到良心不安，不过，一切等明天再说吧，于是又把其他马匹也带去饮水，它们一次饮水量大概就耗掉这一家人一个月的量。

这时候，我们自己的情况也好不到哪里。我们走了一整天的路，一点东西也没吃。不幸的是，装着旅途用餐具和食物的箱子由老教堂执事亲自背着上路，但我们从萨克贝在他之前出发后，至今尚未看到他的人影。其他挑夫都已抵达，我已雇请他们留下来，和我们一起进入废墟工作，再帮我们把行李送到下一个村庄，谈妥的条件之一是我要供应他们食物。他们眼见情况不妙，纷纷外出寻找食物，好一段时间才带回一些玉米薄饼、蛋和猪油。我们炒了些蛋，若不是教堂执事还不见踪影这事令人生气，我们理当会觉得十分满足。直到我们躺在吊床里摇晃时，终于听到远远传来老教堂执事的声音，接着他进了门，心情非常好，还向我们举起他的空酒瓶以示胜利。第

春乌乌的建筑

二天天亮，我们派艾尔毕诺带着印第安人先去清理废墟四周，我们在早餐过后随之抵达。沿着小径穿过一片茂盛的大草原，走了大约一英里远，来到两栋建筑旁。这两栋建筑我先前曾探访过，也是促成这次再访的主要诱因。

第一座建筑如上图所示。它位于一座结实的阶丘上，但比大多数阶丘来得低矮，正面长一百一十二英尺，完好时想必非常壮观。图中的左侧尽头已坍毁，连带还有一道门也已消失，因此如今可见的只剩四道门，是我们在尤卡坦所见最大也最令人印象深刻的门，不幸的是门上的装饰都已剥落。中央房间内部后方的走道逐渐升高，与一道三个梯级的台阶相通。

所有的门都很朴素，只有中央那一道（上图中左边第二道）例外。右图即是这道门的景象：尽管非常破旧，仍显现引人注目的大胆装饰。可惜在这么近的距离，仍无法呈现檐板上方的坐姿人像。

当我们忙着在这栋建筑前方清出一块空地时，塌陷转角处出现两名年轻人，显然是从建筑顶端下来的。他们携带盖着鹿皮的长枪及猎人必要的配备，个子相当高大，相貌堂堂，态度坦然无惧。卡柏特医生的枪首先吸引他们的注意，之后他们放下自己的枪，仿佛只为了挥挥他们的开山刀似的，迅速加入清理空地的阵容。清理完毕后，卡塞伍德先生架好他的投影描绘器，起先吸引了所有人围观，不到几分钟后就只剩下这两兄弟陪伴着他，其中一人还为他撑伞遮挡太阳。

除了那名小男孩和妇人外，这两位是我们首次近距离交谈的人。我们见到他们非常高兴，于是向其中一人提议可和我们一起寻访废墟。哥哥起先对这个四处游走的提议极为心动，不过很快就以稍显闷闷不乐的声调说，他已有妻儿。他的弟弟倒没有这

春乌乌当地废墟建筑中的一道门

些羁绊，愿意和我们一起走走。我们当场就决定了；再没有其他事能像这件事一样，彰显我们对穿越尤卡坦的旅途安全感到如此自在。在中美洲时，我们从不敢雇用没经过强力推荐的人，因为也许会碰到强盗或杀手。这两个人和我们素昧平生，而且带着枪来到我们面前，不过他们一身猎人装束让我们放心，唯一令人心生疑窦的是他们不知我们是谁就愿意加入；后来我们才发现，他们在诺卡卡巴就认得我们了。加入我们的那一位叫作狄马斯，他一直陪着我们，直到我们离开这个国家。

在同方向稍远处一个更低的阶丘上有另一座建筑，正面长为八十五英尺，如右图所示。它有一种新奇感，显然有较其他建筑更现代的东西。整栋建筑涂了一层灰泥，几乎没什么破损，证实了我们先前的揣测——所有建筑的正面原本都应有这么一层灰泥涂饰。

遇见这两名年轻人实在是我们探索这些废墟时的幸运。他们小时候父亲就拥有一个位于大草原上的大牧场，而他们也经常带着长枪在尤卡坦境内周游。

我们从第一座建筑的阶丘上看到远处有一座高高的小丘，几乎像一座山，丘顶有一座高台，蓊郁的林木环绕着一座古代建筑，其坐落位置极为特殊。两名年轻人告诉我们，那座建筑已完全损毁，此外，尽管当时才上午十一点，但如果我们想去探访，大约天黑才回得来。他们还告诉我们，在半里格以外的地方也有其他建筑，其中有些的涂饰和保存状况也和我们眼前所见一样。

一点时，卡柏特医生和我在狄马斯的向导下出发去看那些建筑。天气热得简直难以忍受。我们经过几间小茅屋，在其中一栋向主人要水喝，但水里虫子实在太多，完全无法下咽。狄马斯带我们到他母亲的小屋，从一个虫子已沉底的容器中舀水给我们。

之后，我们爬上一座高丘的山脊，然后向下走，来到一个树林密布的山谷，经过有史以来最长的半里格路，透过林间空隙，看见一座巨大的石砌建筑。我们朝它走去，爬过一座破损不堪的阶丘，来到一个巨大石丘前。石丘每一面都铺着石头，我们走上去，越过顶端，从上向下望，看见一块长满林木的区域，每一边皆有一排毁损

春乌乌的建筑之一

F. Catherwood　J.N Gimbrede

建筑，白色立面在树林间隙中闪闪发光；似乎遥不可及的更远处，就是先前我们在第一座建筑阶丘上看见的高大山丘，其顶端有个废墟建筑，四周丘陵环绕，风景极为美丽，但也荒凉而寂静。废墟上笼罩着坟墓般的死寂；一只小食虫鸟飞过，那是我们听见的唯一声响。

眼前的废墟比先前所拜访的占地更广，但毁损情形也更严重。我们走下石丘，来到建筑前方地带，踏过矮树丛，经过中央一块直立的粗糙圆石——之前经常提到的鞭笞柱，最后来到一栋建筑，右图即是卡塞伍德先生为它留下的绘图。这栋建筑正面长三十三英尺，有两个房间，每一间各为十三英尺长，八英尺六英寸宽。正面最显眼地方有三个粗糙的人形雕刻，穿着奇怪的服饰，他们的双手高举在头旁，支撑着檐板。狄马斯告诉我们，这些废墟叫作“斯丘洛凯”，不过它们也和其他废墟一样，都位于所谓的春乌乌大草原上。在两处皆可看见的那座高丘顶端的废墟建筑，似乎刻意建得特别高耸，以联系附近所有的废墟建筑。这一带从前究竟有多大，实在很难说。回程时，因夜色降临，加上担心下雨，我们在一个半小时内赶了回去。若走原来的小径至少有五英里远，大约要两个小时，但走直线近多了。假如这两个废墟地带原是同一个城市内的部分区域，那么就足以让人相信，此地过去曾是个非常广阔的城市，拥有众多居民，不下于任何我们拜访过的地区。

我最初得知这些废墟的讯息是科克姆告诉我的，读者也许还记得，他是我们在诺帕特的向导；这也是我对这些废墟城市的相关历史所知道的唯一线索。

我们疲惫不堪地回到人牧场，正好躲过一场暴雨。也由于这场暴雨，让我们除了前一夜的跳蚤外又多出好些伙伴，包括挑夫和仆人，总共有十一张吊床，将小屋塞得满满的，夜里鼾声此起彼落，夹杂着印第安人的梦话。第二天，雨继续下了一整天，既然无事可做，卡塞伍德先生利用空当又发了一次高烧。我们很高兴下了这阵雨，因为我们派了一个人不时在树林里寻找水源；我们的马已消耗附近岩石凹洞内的所有存水，无法再多待一天。这场雨及时补足供应，稍稍解除了我们的不安。

下午，小男孩前来为母亲传口讯，希望知道我们什么时候离开。也许读者会好

春乌乌的建筑之一

奇，想知道春乌乌的男孩如何穿着。通常他们头戴草帽，脚穿凉鞋。此外，这名男孩身上还多了些明显的泥巴痕迹。卡塞伍德先生趁他站着时为他画了一张素描。

没多久，那名可怜的妇人在屋前屋后徘徊。她觉得是该现身的时候了。我们动用了不少她的财产，把玉米拿来喂马，又煮了她的炒黑豆。不过她之所以出现，其实是为了退还那一米狄欧，她说那是不该收的。她很温和、亲切，单纯得像个孩子，抱怨我们原说只住一个晚上，但此时她不知我们究竟什么时候才会离开。我们费了好大的劲才说服她进屋，并告诉她，她随时可以回来。她和善地笑着，仔细环视屋内一周，发现没有遗失任何东西后，带着我们次日一定离开的保证和安慰离开了。

第二十五章

在地下岩池中沐浴

次日天一亮妇人就出现了，提醒我们前一晚所做的承诺。我们请她喝杯咖啡，给她一份小礼物，弥补强行霸占小屋的行为，让她大感满意，随后，小屋再度交还给她。

这天早上我们兵分三路。挑夫直接出发前往波隆琛，卡塞伍德先生在狄马斯带路下去为昨天的建筑做素描，卡柏特医生、我和艾尔毕诺则前往另一座废墟城市，晚上时，全体在波隆琛会合。

事前有人提醒过卡柏特医生和我，我们打算走的小路无法骑马通过。还没走完第一里格，我们的手臂和腿已不断遭白石南刮伤，只有头上因戴着帽子而免于步上押沙龙[1]的命运。在如此炎热的气温下，将墨西哥人的宽边草帽系在项下实在很不舒服，但若每隔数分钟因帽子被挡掉而必须下马捡拾，更令人气恼。我们的印第安向导走得轻松，只要拨开身前身后和头上的枝叶即可，而我们只有一个选择——下马牵着马走，没想到马儿不习惯这突来的恩典，反而向后缩，因此我们不但走得很累，还得费力拖着马儿前行。

钻出这条枝叶纠结的小路后，来到一个很大的牧场。在一座令人瞩目的大门前有几棵巨大的鸡冠刺桐，我们在树荫下暂停，看见牧场内有储满水的大蓄水池。我们的马自从前一天下午就没喝过水，因此我们下了马，松开马鞍系带，依惯例派艾尔毕诺去向主人请求让马儿饮水。艾尔毕诺带回来的答案是需付费一个雷亚尔。在春乌乌，雇请印第安人工作所花的钱比这还多，但在这样一个大牧场的门口，这个要求听来似乎太过吝啬，因此我们拒绝付钱，又上马离去。艾尔毕诺告诉我们，如果直接穿过牛群放牧场可以少绕些圈子，于是我们骑上马，在蓄水池畔和一群男人擦身而过，为首的正是大牧场的主人。来到公路上，我们纷纷跺掉脚上沾染的这个冷漠无情的牧场尘土。可怜的马儿，为了维护主人的尊严只好继续忍耐。

一点时，我们来到一个印第安人的聚落，买了些玉米薄饼，并雇了一位向导。离开公路后，再度转向一条玉米田小径，走了大约一个小时，迎面看见另一座被称为“伊特西米普特”的废墟城市。沿平原往下走，可以看见左侧一座小丘的峭壁顶部有一排建筑，长六到八百英尺，因周围的树才刚砍伐而毫无遮蔽。当我们靠近时，看见数名印第安人正在清理空地；抵达建筑底部后，艾尔毕诺才得知，原来是波隆琛的阿卡迪应神父要求，下令让他们在神父指导下清理空地，迎接我们来访，为我们提供便利。

还有一件和我们的马有关且值得庆贺的事：附近有个水塘。我们立刻派人带马去喝水，自己提着随身物品走上最靠近的一栋建筑阶丘，在建筑前坐下来，一边沉思一边用餐。

午餐结束后，我们开始测量废墟。这些我们还不认识的朋友清出的空地，让我们得以对这些废墟建筑的性质和规模立即有概略了解，而且能较轻松自如地走动。废墟位于波隆琛村的行政辖区内，我们进入的第一个房间便可见到此废墟距离村庄很近所带来的影响。室内墙上所有光滑石头都已挖出当作建材，在灰泥壁上留下许多凹洞。这栋建筑长约两百英尺，内含一个房间，也许有六十英尺长，另外还有一个宏伟的楼梯，宽二十英尺，从中央一路通到顶端。这道楼梯已毁损，不过下面几阶的表层石头仍保存良好，上面雕着缛丽的装饰。也许，这栋建筑每面外墙上都曾雕着同样富丽的装饰。

再往前是另一栋大建筑，四四方方，平面配置十分特别。最远的尽头处，整个正立面躺在地上，厚厚的灰泥和石头并未裂开，露出整列装饰门面的柱子。里面一个房间的门上也有一根装饰柱，墙上则是神秘的红手印。无论哪个方向，四下所见都是废墟。和第一栋建筑成直角的是一列坍塌的墙，我沿墙走去，地上躺着一个没有头的石雕躯干，腿也不见了。尽头处是一座拱门，从远处看起来好像独立而完整，如同卡巴的凯旋拱门一般，走近却发现它不过是某座废弃建筑仅存的一道拱门，已洞开且破损。从这些残余建筑的规模、堆积的石雕和雕工的精致看来，这想必是原住民城市中数一数二的城市。再没有比这令人感受更为强烈了。废墟毁损得如此彻底，辜负了我们朋友的一番好意，他们为我们做了这么多，我们却什么也做不成，真令人懊丧。这又是一次见证荒芜如何横扫全境的经历。

上马前行，不到一会儿便来到波隆琛村外。我们走进一条长长的街道，两旁各有一排零零落落的小屋。此时已是傍晚时分，印第安孩童在路上玩耍，下了工的印第安人则在小屋的吊床上摇晃着。我们一路行来，看见一名白人坐在门口弹吉他，身边围绕着几名邻居。这也许是一幅懒散的情景，但看起来那么怡然自得，甚至带着丰年的味道。

通常我们进入中美洲某个扰攘不安的村子，置身醉醺醺的印第安人和神气活现的白人之间时，总是全神戒备，感到某种程度的不安。我们遇到的每个人脸上似乎都写满了怀疑和怒气；我们也总是担心受到侮辱，而且确实经常有此遭遇。然而在此地，他们看着我们，好奇但并非不信任；每张脸上都带着欢迎的表情，当我们骑马经过时，他们纷纷友善地和我们打招呼。街的另一头有个广场，地面微微高起，成群的印第安妇女从广场中央一口井里取水，衬着背后屋顶上方露出的青翠山丘，在夕阳余晖映照下美丽极了，是其他村庄没有的景象。

左侧一个高起的平台上矗立着教堂，旁边即是修道院。想到神父已为我们设想做了这么多，而我们又有这么一大群人，加上看到公共之家是一栋长条形石砌建筑，前面还有个宽阔的阳台，看起来相当舒适，我们决定不去打扰神父，朝公共之家策马前进。数名穿戴整齐的印第安人和一名中年发福、营养充足的部落酋长已站在那里等着接过我们的马。我们下马，进入主要的房间。这里一侧是监狱的铁栅，另一侧是两根长木条，上面有接榫用的洞，以及一张提醒来访旅客遵守村中规矩的布告。此时挑夫也抵达了，于是我们派人出去买些热带橡树叶和玉米喂马，再把吊床悬挂起来，然后坐在走廊下。

我们刚坐下，村中的白人便纷纷前来"拜访我们"，他们有的穿着干净的下午服，有的拄着有黄金头饰的拐杖，全都热情地提供服务；这时正好是点心时间，许多人邀请我们到他们家中吃点巧克力，令人不知如何是好。其中有位年轻人留着满脸络腮胡，穿着体面，是唯一戴着黑帽子的人。我们知道各村正在训练人员，准备抵抗桑塔·安纳的入侵，原以为这名年轻人是军队的一分子，后来才知道他是教会的武装人员，担任神父的辅祭。神父本人并未出现，我们的访客之一望着修道院，看见门窗都关着，告诉我们他还在睡午觉。

终于有时间去看看村中唯一令我们感兴趣的东西——井。经历过春乌乌的缺水窘境后，这真是一幅令人心旷神怡的景象，我们的马也早就痛快洗了个澡。

波隆琛之名来自两个玛雅语字词：一是"波隆"，意思是九，另一是"琛"，意思为井；换句话说，地名本意是"九口井"。早在很久很久以前，这九口井周围就聚集了一大群人，如今，这九口井位于村中广场上。它们的起源也像散布在这块广袤大地上的废墟城市一样不可考，而且也没人在意。

这些井是地上挖出的圆形开口，凿穿了一个岩层。当时井水距地表十到十二英尺深，所有的井都一样。水的来源对居民来说是个谜，但有些事实似乎可轻松解释这个问题。这些井只是在一个不规则的岩层上凿出来的洞，它们彼此相通，旱季时，甚至有人可从一口井下去，然后从广场尽头的另一口井钻上来，这说明井水并非来自涌泉。此外，所有的井在雨季时水都是满的，雨季结束后水便开始消失，在最热的旱季完全没有水；这说明地表下必然有个大岩洞，雨季带来的洪水从地表缝隙或井口流入地下。不过，未经过调查，没有人知道。由于没有出口，水被留在其中且储存起来，因此只要下过雨，便成为当地居民最佳用水来源。

为了照顾和维修这些井，村中特别成立一个相当具有权威的单位。不过，尽管如此小心维护，一年之中井水供应也只能维持七到八个月。今年由于雨季特长，水的供应比平常久些，而且量也很丰富。不过，井水枯竭的时间也快到了，那时居民就得前往距离村子半里格的一处奇异岩窟去取水。

天快黑时，卡塞伍德先生到了。我们回到公共之家，在一个五十英尺长的房间内，没有跳蚤，没有仆人，也没有印第安挑夫，我们的吊床有十足的空间可以晃动；从春乌乌的小茅屋换到这里，真是太美好了。

晚上神父来访，发现我们已睡，并未惊动我们。次日一早，他过来敲我们的门，一直等到我们答应过去和他一起吃巧克力才肯离开。

我们穿过广场时，神父已出来迎接我们。他穿着一身黑袍和黑披风，没有戴帽子，白发飘飘，伸出双臂和我们一一拥抱，并用委屈的声调责备我们，为什么没有直接到修道院找他。随后他带我们入内，引导我们参观那里的舒适和便利，坚持要派人过去取来我们的行李，直到我们拿出计划讨教时，他才同意缓一缓。

我们打算下午从波隆琛出发，到四里格外的圣安东尼奥废墟。神父从没听过这些废墟，不相信它们真的存在，不过他知道那个牧场，立刻派人去打探消息，同时安排我们早上一定要去看那个奇异岩窟，然后回来和他一起用餐。他提醒我们，这天是星期五，是斋戒日❷；不过，我们一向了解神父，所以并不担心。

这个时节去拜访奇异岩窟有一大困难，因为自雨季开始以来，它未再使用过，而且每年开始使用前都需先花好几天时间修复梯子。然而这是我们唯一的机会，我们还是决定一试。

神父负责安排一切，早餐后我们便出发了，同行的人很多，有印第安人也有白人。

来到距离村子半里格远的地方，我们从通往坎佩切的公路转向一条很多人走过的小路，然后进入一条蜿蜒的羊肠小道，逐渐向下走，最后来到一个原始、高耸而突兀的开口下方，头上是一块险峻的突出岩棚，看起来像个宏伟的入口，可通往某个崇拜大自然之神的伟大殿堂。下图即是这个入口，图中可见一名手持火炬的印第安人正准备走进去。

我们尽量拿下身上不必要的装备，每人手上拿着一把火炬，跟在印第安人身后进入一个原始而巨大的洞穴中。愈往里走，光线愈暗。大约六十步之后，下降的坡度变得很陡，我们从一个长约二十英尺的梯子往下走。此时入口的光线已完全不见，但我

波隆琛一个洞穴的入口

们很快就来到一个巨大的垂直洞口边缘；来自地表洞口的一大束强光直达洞底，经过测量，才知道洞的垂直深度有两百一十英尺。我们站在这道峭壁边缘，头上有巨大岩石遮蔽，在强烈的光束照耀下，四周似乎显得更暗了，巨大的钟乳石和厚重岩块全都出现奇幻的形状，好像怪兽或某种阴间地府的神祇似的。

我们站立之处的边缘有一个巨大无比的梯子可通往洞底，有七十到八十英尺长，十二英尺宽，搭建方式极其简陋，只用绳索将粗糙的树苗主干接连绑在一起，一路向下，并同样以树苗主干水平抵靠在峭壁的岩石表面上，当作支撑。梯子从中间分为两边，左右各有横木梯级，整个架构全由柳条绑扎而成。它非常陡峭，看起来异常危险，证实我们听说此独特之井确实不易进入的说法绝非虚言。

印第安人开始走下梯子。为首的一名才刚没入地表，一根横木便从他脚下滑落，幸好他赶紧抓住另一根才没跌下去。这道梯子是在柳条仍青绿时做的，如今柳条都已干枯、龟裂，有些甚至已断成两截。我们走下梯子时，难免有些小失足，但只要保持每只手和每只脚在不同梯级上，尽管偶尔有几根断裂或滑落，还是全都平安抵达梯下。不过，这指的是我们自己、印第安人，以及三或四名陪伴我们前来的人，其余的人早已不见踪影。

下页图呈现的是在这道梯子底部所见景观。抬头向上望，崎岖不平的四壁在上方洞口射入的光线照耀下，变成难以想象的幻境。目前读者所见还只是这个井的入口处；为了简短说明这口井的特色，我先介绍它的名字——斯塔库姆比苏南，印第安语的意思是“隐身佳人”，由一个美丽的印第安故事衍生而来，故事内容是一位佳人遭劫，其实是被爱人藏匿在此洞穴里。

每年广场上水井的水源即将枯竭时，这些梯子就必须重新整修。管理单位指定某一天封闭广场上的水井，进入岩窟进行修复，这一天，村民就会在岩窟内的这道梯子底下举行盛大庆典。通往地下水井的这一侧是个凹凸不平的洞穴，洞顶高耸，有一块平坦的平台，岩洞内的墙上插着一些枝干，吊着灯火，全村的人来到这里，轻松地吃喝玩乐，神父也和他们一起，而且是带头欢乐的人。这一天就在岩窟中歌舞作乐度

洞内的大梯子

洞穴剖面图

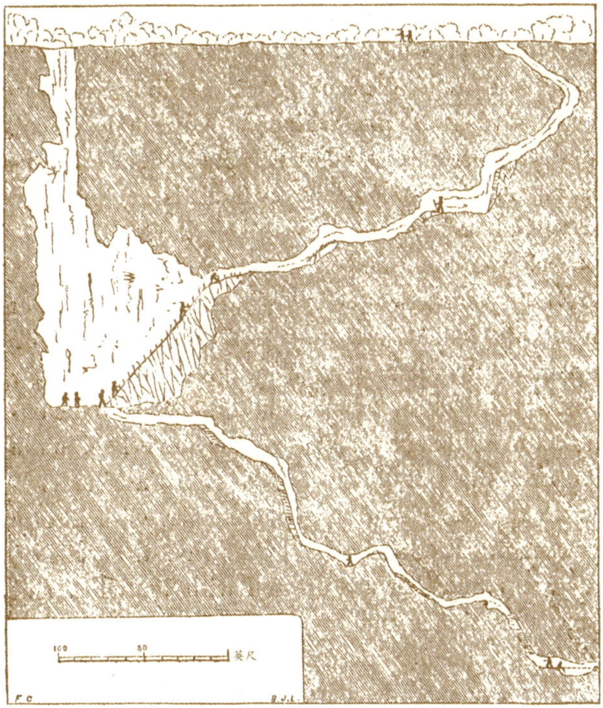

过，庆祝他们拥有这么好的福分，当一种水源供应枯竭时，另一种就应需要而开。

上图提供的是并不十分完美的剖面图，说明这个岩窟从入口到大梯子底部的情形、光线由上方射下来的那道峭壁，以及通往地底更深处水源所在的蜿蜒崎岖小道。

岩窟一侧的岩壁上有个开口，如镌刻版画中所示。我们从这里进入，很快来到一个突然下降的地方。这里又是一道长而艰险的梯子，同样也倚着凹凸不平的岩壁而设，虽不像前一道那般陡峭，却更加摇晃，横木都已松脱，上面的几级一碰就掉落。洞内水气很重，岩石和梯子都非常潮湿、滑溜。在这里，我们的随从也都不见了，只剩下那位教堂辅祭。

显然，探索这个岩窟的艰辛程度因这些梯子的状况而难上加难，随时可能发生危险，但即使我们已见识过不少洞窟景象，这里却有一种极奇特、壮观的氛围，令我们不愿轻言放弃。幸好神父早就为我们准备了绳索。我们将绳索一端绑在一块大石头上，一名印第安人带着另一端走下梯子底部，我们跟在他后面，一次一个，一手抓着绳索，另一手扶着梯侧，因为无法持火炬，不得不在黑暗中摸索，或凭着上方和下方的火炬微光步步为营。这道梯子底部是个大洞窟，从这里分出好几条不规则的信道，通往不同方向的水源处。卡柏特医生和我在艾尔毕诺的陪伴下，选了一条印第安人指示的通道。读者可从上一页那幅不怎么完美的剖面图中略窥其概。

继续向前，略朝上走过岩石约七十五英尺远处，我们来到第三道梯子底部。这道梯子长九英尺，两三步后又是另一道梯子，高五英尺，都是向上走。接着在六步外是第五道梯子，向下降，长十八英尺。再往前走一点，走下另一道梯子，长十一英尺，再过去则来到第七道。这道梯子的长度和外观令我们不禁停下脚步，思考了一会儿。这时，我们的随从仅剩艾尔毕诺了。长梯子架在一块狭窄、倾斜的岩石上，一边有峭壁保护，另一边毫无任何阻挡，十分危险。它的情况看起来并不稳当，但我们仍决定继续前进。我们手抓着靠岩壁一侧的梯子往下走，不时踩断或踢掉一些松动的横木，因此当我们到达底端时，已切断了与艾尔毕诺之间的联系；他下不来，更糟的是我们也上不去。

此时后悔已太迟，我们要艾尔毕诺把我们的火炬丢下来，然后回去找印第安人和绳索来把我们拉上去。随后我们继续沿着一条凹凸不平的蜿蜒通道前行，走了两百英尺左右，来到一道八英尺长梯子的顶端，走下梯子，从梯脚处进入一个低矮且令人窒息的通道。我们手脚并用地爬过这条通道，在大约三百英尺处来到一个储满水的岩石洼池。就在即将抵达时，一把火炬熄灭了，另一把也随时可能熄灭。依据我的估计，我们应位于距离入口处一千四百英尺的地方，垂直深度有四百五十英尺。这个估计与事实相差不会太远。

读者此时对这些井应已有些了解，同时也可想象，我们被烟熏得满面黧黑，全身沾满尘土，而且汗流浃背。水是最让我们喜悦且眼睛一亮的景物，但仅是喝水还不能满足我们，我们想更彻底地享受一番。即将熄灭的火炬警告我们不可轻举妄动，因为在黑暗中我们可能永远也找不到回到地面的路；不过我们相信，如果我们没有出现，接下来的一个星期，卡塞伍德先生必定会来解救我们。于是我们脱下身上不多的衣物，直接走进池中。它的面积够大，我们不致彼此干扰，因而享受了一次舒服的沐浴，而且可能是任何白人都没有过的经验——在这么深的地下洗澡。

印第安人称这个岩池为“查卡”，意思是“红水”，不过当时我们并不知道，也没发现，因为为了节省火炬，避免燃烧过剧，我们让火炬躺在岩石上。它像一块余烬将熄的木头，告诫我们最好不要完全指望在上面世界的朋友，还是得自己想办法找出路。于是我们又赶紧上岸，迅速小解后，摸索着路回去；当火炬快要和我们说再见时，我们也来到断掉的梯子底部，无法再前进。

艾尔毕诺带着印第安人和绳索回来，我们拉着绳子，一一被吊上去，回到通道开始分岔的石窟中。从这里我们又前往另一个水池，根据卡柏特医生的测量是四百零一步，我的测量则是三百九十七步远。后来我们才知道，这个水池叫作“蒲库拉”，意思是它像海一样潮起潮落。印第安人说，它随着南风退潮，随着西北风涨潮；他们也说，当他们安静沉默来到这里就可找到水，若说话或弄出声音，水就消失。也许它对白人较不那么善变，因为我们找到了水，而且不是闭着嘴巴去的。印第安人还说，有四十名妇女曾昏倒在这条通道中，所以现在他们不准女人自行进入。回程时，我们两度转向叉开的通道，前往另外两个水池，等回到大梯子下方时已疲累不堪，不过心中十分满意，因为在那里等着听我们报告的朋友告知，这里共有七个水池，我们去了四个，只有三个没去。

印第安人为每个水池都取了名字，其中两个前面已提过。第三个叫作“萨亚勃”，意思是“喷泉”；第四个叫作“阿卡瓦”，因为它很暗；第五个叫作“丘科阿”，因为它的水总是很温暖；第六个叫作“欧西阿”，因为它的颜色像牛奶一样；第七个叫作

“奇迈莎”，因为里面有一种叫作“艾斯”的小虫。

真遗憾我们没办法记录这些水池的特性或温差，没带气压计或温度计来确认它们的相对高度和温度，很令人难过；如果事先知道的话，我们至少会带温度计。不过，既然我们对接下来会遭遇的事总是一无所知，因此也只能尽量不增加任何累赘。况且，我们在尤卡坦做的一些事，包括探索这些洞穴，主要是因为自己感兴趣，并不全然是为了科学上的新发现。

尤卡坦的地表是石灰岩，总是在变化；虽然这种地形在大部分地方都差不多，但也许此地的变化程度超过其他地区。这里到处是裂隙和洞穴，有些突然冒出涌泉，有些溪流则进入地下成为伏流。目前对我们来说，这些水的来源和尤卡坦的地质构造不是我们最关切的问题。我们最关切的是当广场上的井水枯竭时，全村的人都到这里取水，一年中有四五个月仰赖此地作为唯一的水源供应。它不像斯科奇是一个零零落落的印第安聚居地，也不像查克只是个小小的牧场，这里是尤卡坦最繁盛村落之一，居民有七千人，这个洞窟却是唯一的水源；也许更令人讶异的是，不知何时开始，一年中有那么多时候，成群的印第安男女每天背着水罐来去取水，波隆琛的岩窟又如此有名，声闻全境，但就我们所知，村中没有任何白人曾来过这里探索。

我们回到公共之家，匆匆忙忙上了厕所，然后过去和神父一起吃饭。如果不是他事前提醒我们今天是星期五和四旬斋，我们根本不会发现。事实上，我们一向并不挑剔，也许好心的神父以为我们从来没好好吃过饭。那天下午当然不可能动身上路了，而且我们也有点茫然，不知接下来要做什么，因为神父打乱了我们的计划。他打听过了，据说在圣安东尼奥没有废墟，只有一个洞窟，而我们已经拜访过不少这类洞窟了。不过，他告诉我们一些废墟是我们以前从未听说的。它们位于圣安纳大牧场上，属于他的朋友安东尼奥·塞尔贝拉阿卡迪所有。安东尼奥自己从没去看过，不过他和神父都表示，他们本就有意一探究竟，而且特别提到一个“封闭之屋”，打算旱季来临时前去好好发掘一番。神父如此坚持我们去拜访此地，我们不得不改变方向。

❶

押沙龙是《圣经》中的人物，戴维的第三个儿子。他因同父异母哥哥玷辱了妹妹，设计杀死哥哥后，逃到外祖父基述王处住了三年，又回到耶路撒冷住了两年，才得以见到父亲。押沙龙后来背叛父亲，双方交战，押沙龙战败后，骑骡经过大橡树密枝下，头发缠绕于树枝上，无法脱身，最后遭戴维的手下杀死。

❷

复活节前的星期五为耶稣受难日，因仍是四旬斋的封斋期，故为斋戒日。

第二十六章

月光下

第二天一早我们又上路了。才刚离开村子，没多久便再度置身荒野。艾尔毕诺还在村里吃早餐；我们走没多远来到一处岔路，选择其中一条后迷了路，来到一个大平原，上面长满灌木丛，高度超过马儿的头，最后无路可走，于是回头改走另一条。藉由罗盘的指示，我们尽可能不远离我们认为对的方位，结果来到一个杂草丛生的泥泞水塘。过了水塘是我们在尤卡坦所见第一个蔗糖农场，表示已进入尤卡坦另一个区域；这里的土壤富饶又肥沃，我们已逃离永无止境的岩石区。经过农场一里格后，我们抵达圣玫瑰大牧场。在这个国度里，很难得会因周遭风景优美而特别留意某地，但我们却深受这个大牧场吸引。事实上，它的美来自其地势稍高，因而能眺望一望无际的原野。

大牧场的总管得知我们来访目的后相当惊讶。废墟距此两里格远，他从没去过，所以无法提供进一步的讯息。不过他立刻派人通知印第安人隔天一早集合，晚上还为我们找来一名向导。为了多了解废墟的情形，我们让他看了卡塞伍德先生的素描，问他是否有任何相似的地方。他仔细看过所有画作后，指指画上留做门的空白之处；从他的态度，我们感觉真该好好谢谢神父，没让我们白跑一趟。

在大牧场上度过的这个夜晚真是永生难忘。我们饱受跳蚤折磨，几乎无法成眠。卡塞伍德先生和卡柏特医生最后只好采取在中美洲所用的办法，把被单缝成袋子；我们整晚都在发烧。

第二天早上，我们朝拉夫帕克废墟出发，行李也一起带走，因为无论如何都不想再回到这个牧场。总管陪同我们一起上路；能骑马走在没有石头的路上，真是奢侈的享受。一小时后，我们进入一片美丽的森林，又走了一里格后，遇见一群印第安人，他们指点我们走一条新开辟的狭窄小径，但其路况之差前所未见。沿小径走了一段距离后，印第安人停下脚步，以手势要我们下马。我们将马系好，继续跟着印第安人走，数分钟后，从树林间隙中看到一座高耸建筑的白色正面，虽然无法看得十分真切完整，但似乎是我们在尤卡坦所见气势最宏伟的建筑。

这栋建筑有三层，最上面一层为一圈光秃秃的封闭的墙，一道门也没有，印第安人告诉我们，这就是所谓的“封闭之屋”，神父和阿卡迪打算用炸弹炸开的那一栋。整栋建筑和所在的阶丘都长满参天巨树。印第安人沿建筑正面辟出一条小径，我们沿着它走过一道又一道门，在一个又一个荒无人烟的室内逡巡。在这里，我们第一次发现尤卡坦的废墟有室内楼梯，其中一道还保持得相当完整，每个梯阶都在，阶面上的石头已磨损，让人几乎以为能看见前人留下的脚印。

匆忙浏览一遍后，我们来到建筑物最顶端。从这里可以看见一望无际、杳无人迹的原野笼罩于气氛格外阴沉的天空下。天色阴暗，一场暴风雨即将来临。强劲的风吹过废墟，我们必须不时抓牢树枝，以免被吹落。一只老鹰在我们头顶上空盘旋。虽然它飞得很高，不过卡柏特医生还是辨识出那是稀有品种的鹰，是他在尤卡坦第一次看到，因此端出枪来准备射击，希望带回家做纪念品。不过那只神气的鹰一飞冲天，转瞬间便不见踪影。

打破这栋建筑所在的宁静并除去它神秘的面纱，似乎是相当不敬的行为。不过，斧头和开山刀的砍凿声叮咚作响，一棵棵树应声而倒，这种感觉也随之消逝。我们有

宏伟壮观的建筑

三十名印第安人，他们在总管的指挥下，工作效率相当于我们自己指挥的四十或五十人。这真是我有生以来最值得骄傲的光荣时刻：我在阶丘上来回指挥着，由艾尔毕诺和总管把我的指令下达给印第安人。事实上，我无法想象，如果拥有一支强而有力的大军，有充裕的时间和资源任我运用，将埋藏深林中不为人知的尤卡坦废墟城市完全发掘，会多么令人兴奋？

此时，病恹恹且前一晚没睡好的卡塞伍德先生，已将吊床架在最顶层的一个房间内。到了下午，空地开辟完成，他也画了一幅素描，如上图所示。

这栋建筑最低一层的长度为一百四十五英尺，屋顶和部分门面已经坍塌，几乎堵住中央那道门。室内有楼梯的那几个房间则可参见下方平面图。每个楼梯都由两部分的梯级组成，下半部的顶端是个平台，这个平台同时也是上半部的底部，可通往位于屋顶、突出于第二层墙上类似瞭望台的地方。第二层还有两个室内楼梯，以同样方式延伸至第三层的平台。

读者从这个平面图中可看出，在第二层和第三层上，除了楼梯出口外没有任何开口，只是一道简单、朴实无华的厚实的墙。第一眼看到这道墙时，我们以为真的找到了封闭之屋，几乎希望神父带着他的炸弹在这里出现。总管抬头看看它，也说它就是封闭之屋。不过，若它是封闭之屋似乎又颇为奇怪，因为才绕着阶丘平台走一圈，我们就发现一排排的门通往里面的房间。原来，这不过是我们先前常见的没有门窗的后墙。随后我们又有了另一个更有趣的重大发现：我们先前爬上来的那一面朝向西方，在镌刻版画中看起来庄严又宏伟，其实是建筑的背面，正面则朝向东方，但如今只剩下一些残骸，摇摇欲坠地将自己隐藏于尤卡坦的森林中。

建筑前方是一个壮观的庭院，上面又有一排排的倾圮建筑，形成一个中空的方形广场，中央是一道巨大的楼梯，从庭院延伸至第三层的平台。在第二层阶丘的平台，两端各有一座高大的方形建筑，看来像塔，还残留着灰泥涂绘的缛丽装饰。在第三层

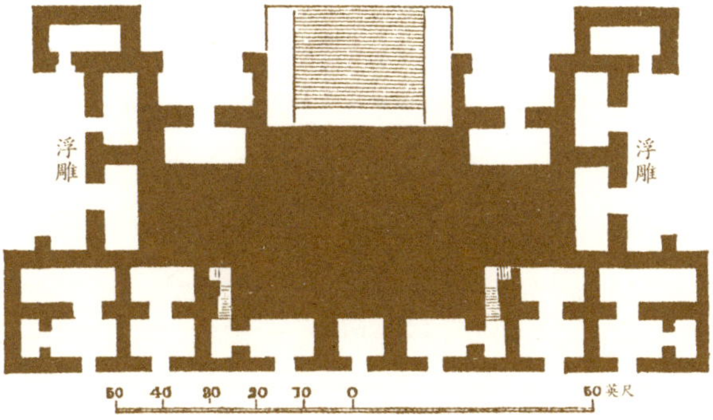

平面图

的平台，大楼梯顶端两侧各立着一座长形建筑，立面皆装饰着以灰泥涂饰的人像和花饰，颇为庞大惊人，似乎是通往顶部建筑的入口。沿大楼梯拾级而上，无论来者是酋长、教士，或是陌生访客，都要面对并穿过这个装饰得无比华丽的入口，进入最上一层建筑的中央房间。

这个房间却和来时路的宏伟壮观极不相称。同时，由于我们对适当比例的了解，它的外观想必也令人失望。房间长二十三英尺，宽却只有五英尺六英寸，朴实无华，既无绘画也没有其他任何形式的装饰。不过在这个高耸的室内有些奇怪的遗物，显然是不久前有人住过的证物；在周遭一片荒凉与孤寂中，或许在主人因恐惧或遭刀剑相逼而逃离后不到数年，这栋荒废建筑又成为另一群人避难时的居所。拱道中有些洞用来插入支撑吊床的柱子，两端各悬吊着一个用树枝和细长杆子编成的架子。当霍乱如天谴般横扫这个对外隔绝的国度时，村庄或大牧场的居民为了保命，纷纷逃到山里或荒郊野外，因此这个废弃的建筑可能再度有人居住，而这个高高耸立的房间便是某个惊恐的不幸家庭的居所，他们待在这艰辛、苦难的环境中，直到死神降临。

从平面图中可看出较低一层的平面配置。其四面各是一排狭窄的房间，门朝外开，读者可看出其设计和比例都非常恰当且一致。大楼梯宽四十英尺，可另外参见镌刻版画中的建筑图。房间内部以黑色显示，是支撑上两层房间的基底，由一道环绕的内墙将所有房间加以区隔，彼此不相通，墙内显然是一大块实心堆积物。不过，究竟它确实是实心物或另有房间，也像其他类似建筑一样，尚待探险家继续追索与解答，毕竟以我们目前来访的配合条件，完全不可能进行这样的探索。

读者还可看到，平面图上有两个地方标着“浮雕”字样。在这两处，墙上有雕刻的石板，和在帕伦克的情形一样；除了帕伦克外，这里是我们四处寻访途中所见唯一如此展示浮雕的地方。事实上，尽管距离还有一大段，我们此时其实也正朝帕伦克的方向前进。不过，这里石头较少，加上发现了这些浮雕，以及愈来愈多灰泥涂饰的装饰，令人得到一个印象：过了广漠的石灰岩地表后，这些废墟城市的建造者根据手边现成的材料调整了风格，一路发展到帕伦克时，已不再是以粗刻的石雕来建构巨大的立面，而是以灰泥涂绘来装饰室内，而且雕刻的对象减少了，相对也较为细致、精巧。

下图所示就是上述的浮雕。虽然整体的感觉与细部雕饰和在帕伦克所看到的很像，但这里的设计与雕工差多了。由于矗立在外墙，它们多已遭污损和磨蚀；朝南的那一块无论在素描或照相结果中看起来都让人困惑。两块雕饰石板皆由好几块石头拼成，不过每个小块上所雕刻的主题不尽相同，有些并不完整，显然这些也是以其他雕板的残余破片拼凑而成，并不怎么讲究设计。

艾尔毕诺询问我们吊床要放在哪个房间时已是傍晚时分。我们先前打算住在这里，但未对这个问题多费心思。耳边听到树林里一阵嗡嗡声，传来蚊子大军的警讯，虽然很想住在最高一层，但把东西搬上去或在黑暗中走在崎岖不平的阶丘上都很危险。于是我们选择最容易进出的房间，也就是前页镌刻版画中左边第二道门的房间。读者或许也看到了，它的前面有部分被右边塌落的门面所阻挡，我们用覆盖照相机的

浮雕

黑色布幕遮住门，厨房则设在角落的房间。

安排妥当后，我们召来仆人，所有人一起围坐，有点像圆桌会议似的。因为许多砍下来的树是壮硕的热带橡树，马儿有充足的新鲜饲料，但没有玉米也没有水。我们自己也同样缺乏食物和水；除了基本的茶、咖啡、巧克力和几条波隆琛面包（和尤卡坦的面包一样加了甜味，只能配巧克力吃），什么都没有。明天早上醒来时，没有任何东西可做早餐，因此今晚必须立即采取行动。

我起身出去找总管和印第安人商量。他们已在马儿附近清出一块空地，将吊床悬挂在树下，中央生起一堆大火。所有人一见我来便立刻跳下吊床，像鸽子般恭顺，但当我提出必须立刻派人去找食物补给时，由于他们向来遵循日落而息的习惯，太阳下山便结束工作，开始聊天和休息，因此无法忍受这时还必须工作。钱对他们来说不是那么重要；倘若不是总管在，我什么也办不成。他挑选了两个人，每人分别负担部分任务，因为一个人无法完全记住，写备忘录也无济于事。其中有项东西较难取得——炊爨用的陶锅；没有任何印第安人的小屋里会有多出来的锅子。我们的使者接获指示，无论用买、租或乞讨，任何他们可想得到的方法都必须弄到一个，不准空手回来。

解决这件重要大事后，树下再度恢复美好的景象；火光映照着成群的印第安人，如果不是担心蚊子，我真想把自己的吊床也移到他们中间。当我走回室内，明亮的月光洒在空地上，照亮了树林中的阴暗处，整座巨大的白色建筑也沐浴在光辉月华中。

我们有点担心夜晚。我的吊床挂在前面的房间里，头顶正上方，沿着拱顶的扁平石块上有道黯淡的轮廓线，红色的涂绘已褪色，很像我们在凯维克初次所见的。墙上有神秘的红色手印，四周又是前面提过的不久前居住者留下的遗物，更增添我们心中早已盘旋的各种想象和恐怖力量。如果这些废墟城市的墙会说话，真不知它们会透露出什么样的恐怖或神奇传说。我们在房内一角生起大火，却没听到蚊子声，也没有跳蚤。夜里，我们同时醒来，相互恭贺，享受这难得不受干扰的宁静夜晚。

第二天一早，我们第一件要务便是牵马去喝水，同时也为自己取水回来，因为印第安人已把所有岩石洼洞中的水用光了。十一点，我们的使者带着家禽、蛋和玉米薄饼回来，还有一个陶锅，是他们以一米狄欧的代价租来的，而且只租一天。

除了来时路上的一座小小废弃建筑外，目前我们只看见这座长条形房间环绕着庭院的建筑。显然它不是唯一的特例，但我们完全淹没于树林中，无从得知究竟应转往哪个方向调查其他同类型建筑。清理空地时，我们两度碰到圆形的洞，和在乌斯马尔看到的很像，印第安人称为“楚屯斯”，他们说，这种洞到处都有。卡柏特医生追猎一只鸟时，也在不远处发现一排建筑，彼此并不相连接，立面都有灰泥绘饰。

从我们转向这座建筑的小径一路走出去，继续前行一段短短的路程后，从林间可以看见一座大建筑的一角，走近查证后发现是个平行四边形建筑，中央包围着一个广场。建筑的正面中央有道巨大但已坍塌的楼梯，从地面直通建筑最顶端。越过平坦的屋顶，我们发现另一面相对也有一道大楼梯，向下通往庭院。最富丽的雕饰位于面对庭院的那一面墙上，由灰泥涂饰而成，楼梯两侧则是些令人困惑的新花样，不幸的是，这些也全都毁损了。整个庭院杂树丛生，因此面对着它的建筑也难以看得真切，有些地方甚至根本看不见。

下午风势加强，是真正的北风；晚上下起了雨，所有印第安人不得不迁入屋内。

第二天雨继续下，总管离开我们，几乎也带走了所有印第安人，如此一来便无法继续清理空地。卡塞伍德先生又发了一次烧，雨停的当儿，卡柏特医生和我便忙着拍照。

在此同时，由于水和必需品的取得困难，我们发现在这些废墟中住得很不舒服。我们雇来抬行李的印第安人抱怨时间一再延宕；雪上加霜的是陶锅的主人也来坚持要回锅子。树林因下雨而一片潮湿，令卡塞伍德先生无法工作。我们认为最好还是离开。这附近我们看过并无什么值得流连之处，也还未发现需费一个月仔细探索的地方，还是留给未来的探险家一片丰富而几乎未受干扰的原野，供其想象奔驰吧。

同时，为了让大家知道这种对事物的好奇并不局限于某一民族，我在此想补充一件事：当时我写了一封信给内陆的朋友，描述如何发现这个地方，同时也提及了六座建筑遗迹，但等我们回到梅里达时，原来只有六座建筑的数目已迅速暴增至六百座！

第二十七章

各有盘算

二月二十四日，星期四，我们动身离开废墟，从一条狭窄的小径走上公路，经过好几处种植甘蔗的小农场，抵达哈拉萨克大牧场时已十一点。寄居森林深处多天后，看到大牧场的外观觉得漂亮极了，十分吸引人。我们大着胆子闯进去，请求主人提供一些水给马喝。主人让我们下了马，派人牵马去水塘喝水，又命人从树上摘下一些柳橙，切片洒上糖请我们吃。他告诉我们，他的牧场不算什么，一里格外特雷戈先生的牧场才更有看头。他还说，我们想必已认识特雷戈先生了，而且应该会去那里逗留几天。然而，我们不记得曾听过特雷戈先生，本来没打算去拜访他，但听起来全世界都应认识这位特雷戈先生，我们更不例外，因而认为无论如何都该顺道去拜访他。据说这位先生有四十名仆人，负责制糖。

既然来到蔗糖生产地区，我乘便说明一下，尤卡坦境内似乎有利于这种经济作物的生产。产糖地区若在内陆，运输费十分惊人，但从坎佩切到塔瓦斯科等沿岸一带，整个海岸线都适合生产蔗糖，距离外国市场也不远。优点之一是奴工有事可做，二来不必额外耗费资金购买奴隶。在古巴或路易斯安那，大地主必须先好好计算花钱购买及蓄养奴隶是否合算，在尤卡坦则毋需这些额外花费。研究过古巴劳力情形的人认为，印第安人的劳力和黑人相当，但只要能提供给他们长期工作、一天一雷亚尔的工资，要多少人就有多少人。这比买一名奴隶的成本加利息划算多了，也比养一名奴隶花费还少。

我们继续上路，一里格后来到另一个大牧场，就配置与整洁而言，这个牧场无论在哪个国家都是数一数二的典范。我们行经的路穿过一个广场，中央是高大的鸡冠刺桐，四周是整齐的白色房舍；其中一户门前甚至还有一匹马拉着一辆车，那可是我们许久不曾接触的文明事物。这绝对是特雷戈先生的家业。我们在树下停步，特雷戈先生从主屋走出，吩咐仆人询问我们想吃些什么，但我们没有回应。进屋时，我们有点儿讶异，不过还不十分确定是否真的可以好好吃一顿，依旧保持沉默。

走进屋里，我们坐进舒适的大吊床。特雷戈先生告诉我们，无论如何都非常欢迎我们来访，即使没有苏尔神父罗德里格斯的推荐函也无妨。他这么一说，我们想起来了。罗德里格斯神父为我们写了一封信，要交给路途中的某人，但我们却不小心没把信带出来，也不知对方叫什么名字。这时，我们逐渐想起，神父确实曾提起他，而且用词谨慎，仿佛所说的话非常重要；他说，这位先生很富有，同时也是他的朋友。我们也还记得，神父把信交给我们前，还曾在大家面前把内容公开读了一遍，信中并未提及他是有钱的朋友，以免有失体面，不过他推荐，特雷戈先生的牧场必能为我们提供最好的付费服务。我们都认为，坦诚的神父正好将文明地区的习俗倒过来了，他的私人意见让我们对那封谨慎的公开推荐信有了很大误会。尽管如此，特雷戈先生当下就让我们觉得，对主人的款待毋需拘束，因而当他吩咐立即送上柠檬汁时，我们毫不迟疑地建议煮两只家禽，并且放些米。

一切依吩咐进行后，特雷戈先生领我们四处参观他的家产。他有很大的蔗糖工厂，以及一个制造哈瓦那酒的蒸馏厂；蒸馏厂的院子里有一群体型巨大的黑猪，正在一个泥泞的大水池中小睡，其中大部分只把鼻子露出水面，对一个受它们的肥肉与油脂吸引的人来说，这真是一幅庄严的景象。特雷戈先生告诉我们，晚上还有一百多头一样硕大的猪回来争挤一席之地。我们最感兴趣的是广场上已掩埋的一口井，井内干涸，因为挖了六百英尺深还没发现水；另外就是高大的鸡冠刺桐，那是特雷戈先生亲手栽种的，树龄最老的虽只有十二年，但异常繁茂，胜过先前在蒂科尔提过的那几棵。

四点，我们再度上路，一直走到天黑，经过郊外一些寒酸的小屋，最后来到新建的伊图尔维德村。这个村位于文明的前哨，是移民潮不断推移的重要据点，可说是尤卡坦的芝加哥。

读者也许并未意识到先前我们经过的路上人口有多繁盛，不过在若干地方，特别是诺卡卡巴一带，当地人确实觉得人口太过拥挤。人多，又受大地主压迫，当地许多积极进取的乡绅便决定向外寻觅新家。他们告别父老兄弟与好友，走了两天半之后，来到肥沃的希维尔诺卡克平原，这里自古即是印第安人的聚居地，如今土地属于政府，人人可自由圈选土地，进行企业经营，提供的发展机会是人口过剩的诺卡卡巴无法相提并论的。我们早在抵达前就已风闻这个新村落及其快速成长；它在五年内，从居民二十五名成长为人口一千五或一千六的村庄。尽管我们对新国家和荒野中如雨后春笋般建立的城市并不陌生，但仍抱着一丝好奇和期待，等不及想看看这个新村庄。

村庄入口是一条长长的街道。街的一头，也就是进入广场的地方有些人，在当地算是一大群人了，显示这里有着老旧村子不易出现的蓬勃生气。再走近些，我们注意到这群人都静止不动，走到他们面前才发现，所有主要居民这时都聚集在一张牌桌前玩纸牌游戏，这是他们向来在下午进行的习俗；尽管这是个不好的征兆，不过这些吃苦耐劳的开拓先锋同时也展现了一项美好特质，非常专注于眼前的事务。他们只瞄了我们一眼，随即继续打牌。有些围观的人没资金可下注，于是盯着我们瞧；其中一人说他认得我们，并一直急着找我们。他说他一路跟着我们，直到波隆琛，然后完全失去我们的线索。我们向他说明，我们在拉夫帕克的森林中待了一阵子，他才松了一口气。

这位男士约莫五十岁，穿着当地的轻便服装，头戴草帽，脚着凉鞋。他说早在诺卡卡巴就认识我们，我们对他却没什么印象。他是从那里搬出来的，回去拜访亲友时正好看到我们。他更特别称卡柏特医生为他的朋友，卡柏特医生也记得此人确实帮了他一些忙。这位先生歉意地表示，那里虽是他生长的村子，但他在当地没有房子，当时无法特别招待我们，而这里是他的家，或许可稍事弥补。

他告诉我们，这是一个新的村子，住处不多；公共之家没有门，至少还没装上。不过他愿意接待我们，带我们来到一栋位于广场角落的房子。这栋房子和他的兄弟家相连，属于他的兄弟。它有一个茅草屋顶，地板因打算铺水泥而覆上一层石灰和泥土，走过都会留下一个个清晰的脚印，并扬起一些灰尘。我想，如今水泥应已铺好了。当时这间房子被当作角落那家店铺的储藏室，里面放了细颈大瓶、盛水的陶罐和一束束烟草，全都靠墙立着；房子中央没有放置任何东西，也没有椅子、长凳或桌子；不过在向旁观者积极请求协助后，这些家具全搬来了。

我们的诺卡卡巴朋友非常照顾我们；事实上，他已自行组成委员会来招待我们。他一再重复诺卡卡巴虽是他生长的村子，但他在那里没有房子，等等，之后才进入正题，邀请我们到他家吃些巧克力。

我们已受不了人群包围，很想安静一下，不想过去，不幸的是我们找了不好的理由，告诉他我们已准备好巧克力了。他和其他人一起离开，但很快又转了回来，说我们拒绝了他，让他在族人之前很没面子。他看来似乎真的很难过，我们只好命人暂停原先的准备，和他一起前往他家，在那里喝了一杯难喝的巧克力。这时他告诉我们，我们待在村里的期间，一定要在他家吃饭，绝不让我们多花一分钱在食物上。我们在诺卡卡巴的日用花费实在太惊人了，他说。当我们告辞时，他又送我们回来，还带了一个小陶罐，里面盛着蓖麻油，中间有条蜡烛芯，说我们不该再为蜡烛花钱，然后再次坚持我们一定要答应第二天到他家吃饭。

这时，艾尔毕诺也打听出来了，原来我们认识了一位相当重要的朋友。胡安先生是村里最早的移民之一，也是最具影响力的居民之一。他当时未担任公职，不过关系却非常好。他的一个兄弟是第一届阿卡迪，另一位则是赌桌的管理人。

我们以为这晚他对我们的兴趣应到此告一段落，没料到不久他又闯了进来，而且身后跟着一大群人。不过这次我们很欢迎他，因为他叫我们出去观看月虹。村里的人看着月虹，把它和我们的来访以及来访的奇怪目的联结在一起，认为是个恶兆；胡安先生自己也不怎么自在。尽管如此，这并未影响围坐在赌桌边的几位男士，他们为了避开夜晚的寒气，将桌子移到管理人的棚架下，也就是胡安先生的兄弟兼我们房东家的棚架下。

第二天一早，有少许时间可以看看我们在这个新村子中感兴趣的事物。五年前，这里的广场还不曾使用犁，或者更准确地说，尤卡坦根本不知犁为何物。当时广场所在地原是昔日的玉米田；在那个古老的年代，其周围可能环绕着一圈矮树丛，如今，其中一个角落是一栋茅草覆盖的屋子，屋前有个藤架，藤架下有张桌子，尽管一大早，村里的主要居民已在桌前开始打牌了。对面另一个角落也是一栋茅草覆顶的房子，如果没有坍塌的话，应仍矗立在原处，不过屋顶的茅草已被吹掉了，里面是贩卖牛肉留下的残渣。广场沿边是涂过石灰水的小屋，一个角落矗立着一栋整洁漂亮的大房子，属于我们的朋友特雷戈先生所有；然后是一栋小建筑，屋顶上有个十字架，表示那是教堂；最后是一栋开放的公共之家，如此的描述非常合适，因为它没有门。

以上就是五年来在伊图尔维德这个新村子里出现的建筑物；每户还有一个泥泞的庭院，体型硕大的黑猪在泥沼里打滚，这是主人最在意之物，因为它们很快会长成黑色大猪公，每头可在坎佩切市场上卖十到十二美元。尽管看着这里的一步步进展很有趣，却不是我们来此的主要目的。广场内就有不少昔日美好时光遗留下来的纪念物，证明这里曾是更原始的民族所居之地，而非如今进驻的文明白人所有。广场的一端是个废墟石丘，其上曾有一座古代建筑；广场中央有一口古井，自建造以来未曾改变过，至今仍为此地居民提供用水。这口井之悠久毋庸置疑；所有人都说是“安提瓜人”所建，并十分尊敬与重视这口井，因为它为他们节省许多力气和花费，不必再挖一口新井。

井口宽约一又四分之一码，深七或八码，呈圆形，由石头砌成，没有涂敷任何灰泥或水泥等物。所有的石头都很牢靠地固定在各自的位置上，表面光滑，井口上方因平台上的绳索日久摩擦而产生纹路，显示从这口井中取水的历史多么久远。

除了这些遗迹外，我们从和广场相通的一条街道上看见一排高大的石丘，是古代城市希维尔诺卡克的遗迹，也是吸引我们来到伊图尔维德的原因。

胡安先生准备陪我们去探访废墟。当他在我们的门口等待时，人们一个又一个地过来加入他的阵容，结果我们有了一批大队人马，所有重要村民都到了，显然刚刚才从牌桌上起身，脸色看来惨白无血色，虽然裹着斗篷，仍不断冷得打哆嗦。

前往废墟的路上，我们还看到另一口井，和广场上的同样构造，但里面塞满垃圾，不能使用。印第安人借用一个他们很熟悉的东西称它为“斯图—库姆”，意思是种子干枯的葫芦，倒也不失为形容无用之井的好方法。前进一小段路后，我们来到开阔的乡野，置身另一个荒废建筑耸立的古代城市。这一带有许多地方的树林已清除，辟为烟草田，高大的建筑和石丘零零落落点缀其中，掩映于蓊郁的林木当中，透过树的间隙，可看到白色的石砌建筑闪闪发亮。由于这么快就出现这么多且如此密集的建筑，以致健康情形不佳、无法工作的卡塞伍德先生几乎是失望且沮丧地说，又得像在乌斯马尔那样辛苦了。

废墟中有一栋长形建筑，两端各有一座看似塔的结构；我们在大队人马的陪伴下，首先来到那里。很难想象我们何以获得他们陪伴的殊遇。他们显然对废墟不感兴趣，也无法提供任何有关废墟的讯息，更不知道通往废墟的小径；如果因而下结论说他们就是喜欢和我们在一起，一点也没有往自己脸上贴金的意思。

眼前的这栋建筑看起来比远观时更残破，不过就某些方面而言，它和我们所见过的其他建筑都不同。这里需要大规模清理；当我们向随从而来的人群如此表示时，却发现他们没有人带开山刀来。通常在这种情况下总会有些人随时准备工作，甚至开始找工作做，但这群养尊处优的人却没有人想劳动，只想旁观。不过，他们总算推出几个合适人选，要他们回村里取开山刀。同时，许多留在现场的人趁机要人把早餐送过来，然后全都坐在地上等。身体本已十分不舒服的卡塞伍德先生因他们聊天而感到烦躁，干脆裹着披风在地上躺下来，最后还是撑不住，回我们的住处去了。

这时，我走到建筑底部，在那儿逛了大约一个多小时后，听到上方有些动静，看见一个年约十三岁的男孩正在砍一棵树的枝干。六个大男人在他附近向他发号施令，我实在看不下去，不得不告诉他们，这么小的孩子，我自己指挥即可。又过了一会儿，另一名十五岁左右的男孩也加入了工作。有好那么一会儿，只有这两个男孩在工作，其他懒惰的家伙各自蹲坐在突起的石头上，津津有味地看着他们。最后，总算有个男人带着开山刀出现，随后其他人也陆续出现，前后有五名男子在工作。

他们工作了大半天，最后还是剩下一些树未砍，挡住了建筑某些部分。整个过程中，观众一直盯着看，好像期待某个大结局；后来他们开始不耐烦。这时，透过胡安先生不经意间的流露，我才知道，原来达盖尔式照相机声名远播，早已传到了他们耳里，而且被极度夸大。他们当然不知道那是什么，不过都以为可以看到那神奇之物展现力量。如果读者有心捉弄，就会和我一样地感到心满意足——最后当一切清理干净，可以打道回府时，我付清工钱，走回村子，留下他们仍枯坐在石头上。

早上的尴尬情境让胡安先生感到不安。他已投下资本准备食物，但不确定我们是否愿意赏光和他一起进餐，又担心再次遭辱，不敢再提这个话题，而是在到家后，派人通知我们午餐已准备好，该什么时候送来？为了化解彼此嫌隙，稍事弥补，我们答复会前往他家。他透过艾尔毕诺表示，那对他是更大的荣耀。

他的家位于大街上，离广场有一段小距离，是最早一批搭建的房子，也是那一带最好的房子。他受政府提供的设施和特权吸引而到伊图尔维德定居，最重视的特权似乎就是贩卖物品。他自己告诉我们，他初来时全部家当不值一米狄欧，如今似乎过得还可以。然而，表相总会蒙蔽人。事实上，他非常富有。他的房子，包括所有的门和其中一侧的隔间，花了他三十美元。他的邻居觉得这些门和隔间是一种炫耀，他则认为这些部分也许是无可无不可，但他无子无孙，也就不在乎花这么多钱了。

室内一侧有一个粗糙的木框，里面放着一张守护圣者的画像，一旁有根棍子插在泥地里，上面分成三个叉，中间搁着一个陶器，里面盛了蓖麻油和一根烛芯，是夜晚时照亮屋内的灯。一张像酒吧似的台子上陈列着一些瓶子，里面盛满大茴香酒，用来卖给印第安人；加上一张小桌子和三张吊床，就是构成胡安先生家的家当。那三张吊床可用来当作椅子，但他从没想到会有邀请三位客人用餐的机会，所以无法让吊床的位置正好与桌子配合。于是我们派人把我们借的两张椅子搬来，桌子搬到其中一张吊床前面，随后全部就位，只剩主人没位子坐，但他自告奋勇侍候我们。

胡安先生家的格局安排有一种贵族气息，厨房在对街，是由几根竹竿架出来的棚架，东倒西歪的。胡安先生没戴帽子，几趟跑来跑去察看午餐进度后，回来倒在离门口较近的一个吊床内，朝着对街大喊："上餐！姑娘。"

第一道菜包括一碗汤、一盘米饭和三支汤匙；非常令人惊愕的场面，不过反过来想，幸好，总比三盘饭配一支汤匙或根本没有汤匙好多了。所有的担心随着女孩再度出现并捧着另一碗汤和一盘饭而消逝。胡安先生自己也两手各捧一碗汤和一盘饭随后而至，于是我们每人各有一碗汤、一盘饭和一支汤匙。吃完后又上另一道菜，算算其中的翅膀和腿，我们确定是两只家禽；一面吃，我们一面忙着为主人计算到底花了多少钱。很少客人会这么做，不过我们太了解胡安先生的精明，不敢相信他如此大手笔只是心血来潮，总觉得他一定想从我们这里要求些什么。我们还没开始深入去想，他仿佛知道我们的心意似的，把他的太太——长得相当体面的一位年长妇人——唤进来，然后宣布另一项打达盖尔式照相机主意的计划。他在诺卡卡巴听说我们为人照相的事，也想让他太太照一张。当他知道我们觉得没特别吸引人的题材，根本不打算打开照相机时，有点失望，而且可能也像我们刚才一样，算了算他到底赔了多少钱。

不过他还是不放过我们，接下来的目标是卡柏特医生，同样，也是以他那年纪一大把的太太为对象。他牵着她的手，将她领到医生面前，以一种慷慨激昂的态度，深入考掘医学深度般地解释她的病情。那是一种极复杂的状况，尤其婚后随着时间拖延而日益加重。我这辈子还没听说过这种病，即使卡柏特医生也一头雾水。

还在讨论病情时，几名男子进了屋子。显然他们都得到了暗示，在这个时间顺道来访。其中一人有气喘，另一人有个瘤，这么多胡安先生的朋友都生病了，以致我们不得不中途离席。

晚上，胡安先生的兄弟——也就是那位阿卡迪——来拜访卡柏特医生，征询如何治疗一名孩子的病。他所用的方式大概很快就会使这个孩子药石罔治，卡柏特医生要他立刻停止，第二天早上，孩子的病情已大有起色，这时所有人都肯定了卡柏特医生的医疗能力，于是更积极找他治病。

尤卡坦全境的医药状况可说悲惨极了。除了在坎佩切和梅里达外，没有一个地方有固定的医生，甚至没有任何合格药局。在有神父的村庄里，探病、救护的工作全落在他们头上。他们当然没有受过合格的医学教育，不过是根据一些古老的文章或手稿内所载的秘方进行治疗，即使如此，医药也依旧匮乏。至于在没有神父的村落里，根本没有人为病人开药方。有钱的人到坎佩切或梅里达去看医生，没钱的人只好听天由命，成为无知和经验主义下的牺牲品。

卡柏特医生会治斜眼的名声已传遍尤卡坦全境，我们每到一个村落，必然会引来一些好奇者想看看医生，我和卡塞伍德先生则退入阴影里。我们不时听到人们议论说："这么年轻！""还是个孩子嘛！"因为他们总认为了不起的医生应是年高德劭。

经常有人向他请教一些病症如何医治，但他往往开了药方却没有药；况且，眼前的疗法未必过几天后还适用。最令人气恼的，是如果我们旅行所带的医药箱内没有所需的药，开出的处方就得等机会送至梅里达，而当药送到时，病人的情况已转变太多，以致药根本派不上用场。他的医术大致令人满意，这一点令人欣慰，但我们也得承认，还是有人抱怨，理由一时无法说得清楚，不过主要的抱怨原因是他无法像提供治疗建议那样提供医药。我说这话倒无责备之意，在尤卡坦境内找上门来的病患相当多，抵达伊图尔维德时更是最高潮。不幸的是，就在居民决定积极来找他的那一天恰好下雨，我们只好全待在屋内，那么多男男女女和小孩涌来，许多人都是听了胡安先生的推荐，这真把医生惹恼了；甚至连潜伏的病症都出笼了，不只是已罹患的病，他竟然要为可能发生的病症开药方。

第二天早上，卡塞伍德先生设法去了废墟一趟。上一次的大批随从这回全都不见了，除了一名在附近拥有一块烟草田的印第安人外，只有我们自己。这名印第安人为卡塞伍德先生撑伞，以免他晒太阳，但他仍有好几次因身体虚弱而必须躺下来休息。我对这样的情况感到沮丧。虽然我们经常生病，但并未浪费时间，然而，这样不堪病魔来袭毕竟让人觉得丢脸，必须一路在发烧和疟疾的折磨之下继续前进更令人难受，我真想就此中止探索，打道回府，但卡塞伍德先生坚持继续下去。

下图所示是这栋建筑的正面。它长一百五十四英尺长，深二十英尺七英寸，形式和我们先前所见不同，中央及两端皆矗立着正方形的建筑结构，如镌刻图中所示。这些结构被称为塔，从远处看确实也像塔。塔的立面全装饰着石雕，烟草叶晾在好几个房间内。中央有个房间里堆满碎石瓦砾，遮住了从门口射进的光线，朦胧中仍可看见，拱顶中的一块石头出现一幅像凯维克绘画的朦胧轮廓。紧邻的房间内则是绘画的残迹，除了我们在苏尔村附近所见外，这大概是我们在尤卡坦看到的最有趣的绘画，

希维尔诺卡克的建筑

同时，它也像那些废墟绘画一样，其位置和整体效果令我想起埃及古墓中所绘的游行行列。人的肌肤颜色是红的，和埃及人在画中表现他们自己时所用的颜色一样。不幸的是，这些绘画过于残破，无法描绘下来；它们历经劫难而残存，似乎就是为了显示：这些原住民建筑工人在最不持久的平面艺术上拥有更好的技巧。

我们第一次听到这些废墟的相关讯息，必须回溯到我第一次拜访诺帕特时。那时为我们工作的一位印第安人，在我们午餐时坐在旁边一棵树下，以极具夸张的方式提起这些废墟，特别是一排绘画的士兵——他是这么形容的。从他不完整的描述，我以为它和帕伦克建筑正面以灰泥所绘的人像有些相像，但当我进一步询问时，他说这些人像拿着毛瑟枪，而且非常坚持这一点，让我觉得他若不是随便说说，所指的应是老西班牙建筑的遗迹。我将这个地点记在我的备忘录中，放在心上已有很长一段日子，而且也听说了更多关于它的说法，没有任何地方比这里更不令我们心存期待。我们原就不期望找到遗迹，但这些绘画却如此精巧绝伦；我们以为这里仍高度保留原状，结果却发现一块广大的场地，单就其广袤而言，足以称得上壮观有趣，令人印象深刻，但也几乎全都毁损，以至于除了这栋建筑外，再也找不到任何其他细节。

这栋建筑的背后，或者该说它的另一个正面前方是一畦茂盛的烟草田，也是我们在伊图尔维德所见唯一欣欣向荣之物。田地边缘另有一口古井，如今依然和世世代代以来一样供应着水，照料烟草田的印第安人就是从井里取水给我们喝的。再过去又是高高耸立的许多石丘和遗迹，显示这里曾是一个城市所在地，而且规模较我们至今所见任何古代城市都要大。

行走其间，卡柏特医生和我数了数，总共有三十三座，而且顶部全都曾经高高托着建筑物。由于场地开敞，前往这些石丘的路不算难走，倒是石丘本身长满了树。我一一爬上这些石丘，直到爬不动且一无所获为止。这些全都是印第安人所谓的“纯粹石头”，已没有建筑残迹，因为全都已经坍毁。我们或许该觉得庆幸，还能在这些曾经强大有力的神秘民族所遗留的崩裂瓦解纪念物之间漫步，但我们更惋惜的是为何不早生一百年，我们相信，那时，这些建筑都还完好。

第二十八章

消失的神庙与偶像

这个方向的旅程至此告一段落。我们已抵达尤卡坦境内人烟罕至的边境，方圆数里格之内是最后一个聚居的村落，再过去便是一直延伸至佩滕湖的一片荒野，以及我在前一本书中提到的未受基督教洗礼的拉坎顿印第安人居住地。据说那里有个神秘城市，白人从未到过，至今仍住着印第安人，而且仍保留着美洲大陆未发现前的生活状态。逗留尤卡坦期间，我对这个城市的一些看法在梅里达一家报纸上刊出，有识之士咸认为，过了佩滕湖后，就是一块未接受基督教信仰的印第安人居住地，大家对他们一无所知。

我们一路追寻废墟城市的踪迹而来，梅里达有位年高德劭的传教士提供给我一份穿越荒野直达佩滕湖的旅行日志，我希望在它的帮助下走过一处又一处，直到获得解答，揭开一切神秘，并联结过去与现在。不过，这个希望也伴随着一股恐惧。幸运的是，我们没听说再过去有废墟的存在，因为如果有我们也无法继续前往搜寻，只能就此掉头回去，这是颇令人难受的事。不过我不怎么相信那里没有废墟城市，因为我们没听说它们完全不存在。相反，这些城市的残骸很可能就埋藏在不过数里格之外，只是伊图尔维德村中完全无人知晓，因为他们同样没人听过拉夫帕克，而那是我们才刚拜访过的废墟，他们还是从我们这儿才听说的。

尽管如此，我们的方向仍朝着佩滕湖前进。这个湖中有无数小岛，其中一个叫大佩滕。“佩滕”这个词是玛雅语，意思是“岛”；再准备回程前，我希望为读者多做一些关于这个岛的介绍。如今它已属于危地马拉政府，但仍受尤卡坦主教的教会管辖。原先它是伊策萨省的重要地点，而伊策萨省在尤卡坦被征服一百五十年后，仍不屈不挠维持强烈的反抗，追求民族独立。一六〇八年，也就是征服行动六十六年后，两名方济会的修士毫无武装地独自上路，希望以和平精神征服这个省份，让当地的印第安人皈依基督教。

由于篇幅关系，我无法一一详述他们那段艰辛又危险的旅程，不过根据科戈尤多记载的其中一人之说法，他们在晚上十点抵达这个岛，国王提供他们住宿，第二天他们还向印第安人传教。不过印第安人告诉他们，皈依基督教的时间还未到，劝两位先离开，过段时间再来。尽管如此，他们还是带领这两位传教士到城内四处参观。

在其中一座神庙中央，他们看见一个具有马的形状的巨大偶像，由石灰和石头制成，臀部蹲坐地上，后腿弯着，前腿举起，试图呈现的，似乎是科提斯从墨西哥到宏都拉斯进行大规模征服行动时留在该地的一匹马。那时印第安人已见识过西班牙人从马背上发射毛瑟枪，还以为枪火及爆裂声是马匹所发出的，因而称这个偶像为“赤敏·夏克”，并视为雷电之神。科戈尤多说，两名传教士看到这座偶像，其中一人似乎突然如上帝降灵般，瞬间变得非常疯狂，用手捉住马蹄，骑上雕像，并把它砸碎。印第安人高喊着杀掉这两个人，幸好国王救了他们，不过要求他们立即离开这个岛。

一六一九年十月初，这两名传教士并未因前一次的失败而气馁，再度出现在岛上。印第安人纷纷反对他们，一位神父发出抗议，结果遭一名印第安人揪住头发、扭着脖子掼倒在地，并拔起他的头发后丢掉。不省人事的神父被人抬着，和伙伴及同行的印第安人一起上了一艘制造不良、没有食物的独木舟，就这样再度遭到驱逐。这些印第安人拥有如此强烈的迷信，又不时出现残酷的行为，相形之下，早期传教士奉献自己、投入拯救印第安人灵魂事业的决心，不免令人内心澎湃。

一六九五年，马丁·乌苏亚就任尤卡坦总督。为了履行一项他先前向国王提出且经印度委员会通过的计划，他决定大兴工程开凿一条公路，从坎佩切通往危地马拉。开通这条路是为了征服伊策萨。一位土生土长的尤卡坦律师胡安·比亚古铁雷斯对此有完整而详细的记载，其书名为《伊策萨征服史暨尤卡坦与危地马拉印第安异教部落绥靖纪》，一七〇一年于马德里出版，由于距离书中所描述的事件不过四年，因此相当受到重视。

开路工程始于一六九五年。工程进行期间，西班牙人发现很多建造在阶丘上的古代建筑遗迹，不过都已杳无人迹，且长满树丛，显然年代已非常久远。没错，这些建筑可能早在西班牙人征服前就已遭人遗弃；不过，当时西班牙人占领尤卡坦也已一百五十年，如果说因西班牙人的名声而害怕，导致许多地区的居民在西班牙人武力尚未真正到达就先闻风而逃，倒也不无道理。

一六九七年一月二十一日，乌苏亚从坎佩切出发，亲自指挥远征。他带着一位由主教任命的副主教兼助手，前往伊策萨。二月最后一天，他命人将佩滕边境的木材砍下造船，以便横渡湖面前往岛上。他同时也先派人送信，宣称对方和西班牙人祸福同享的时刻已到。“如果不肯听从，”信上说，“我将采取国王命我进行的行动，不过现在还毋需告知行动内容。”

发动作战日定于三月十三日。有些西班牙人知道岛上的印第安人数量惊人，不容易征服，遂向将军表示如此行事过于莽撞。然而据史家记载，因本身的狂热、信仰和勇气而冲昏头的乌苏亚回答，为了服侍上帝和国王，以及拯救悲惨的灵魂脱离异教信仰的黑暗，在圣母马利亚的眷顾和庇佑下，即使难度甚高，自己仍足以担负起这场征服之役的任务。马利亚的图像不但出现在他所带的王旗上，同时也深深印在他的心上。

他率领一百零八名士兵出征，留下士兵和辅助的印第安人一百二十名以及两门大炮驻守营地。副主教为新造的船祝福，说了祈祷词，西班牙人一起高喊：“神的旨意万岁！”当太阳升起，他们出发航向两里格外的大岛。途中遇到一艘艘小船，上面净是好战的印第安人；但他们不在意，继续航向目的地，看见大批印第安人已经集结准备作战；附近的小岛上挤满印第安人，原先在湖中跟随他们的小船，这时也已沿着岸边绕成半月形，将他们包围其中。

他们一进入射程内，印第安人无分陆上、水上，纷纷弯弓发出一阵箭雨。乌苏亚将军大声高喊：“安静！不准开枪，上帝与我们同在，没什么好怕的。”西班牙人很生气，但乌苏亚继续大喊：“宁死也不可开枪！”从岸上射来的箭密集得像倾盆大雨，西班牙人已无法控制自己，其中一名士兵手臂受了伤，疼痛难忍，气愤之下拿着毛瑟枪开了火，其他人也纷纷跟进，将军再也无法制止他们。

没等船靠岸，桨一停，大家纷纷跳下水，乌苏亚也不例外。印第安人数之多，仿佛都挤到大炮口来了，但听到恐怖的枪声，加上因族人应声倒下而惊吓，纷纷四散逃逸。船上留守的二十名士兵也开始攻击印第安人的小船。无论在小船或在陆地，从国王到小卒，所有印第安人都跳入水中，黑压压一片，从岛上到湖岸，除了印第安人的头外，什么也看不见，男人、女人和小孩，全都泅水逃生。

西班牙人顺利进入岛上遭遗弃的印第安城，在佩滕的最高点升起王旗。他们大声感谢上帝的慈悲，乌苏亚并以西班牙国王之名，正式进占此岛及伊策萨的领土。副主教宣称，此地隶属尤卡坦主教管辖之区。他戴着软帽，披上圣带，为此地的湖祝福。此事发生于一六九七年三月十三日，即梅里达建城一百五十五年之后，距今不过一百四十五年前。

我们提过尤卡坦被征服六十年后两名神父来访之事，以及一百五十五年后伊策萨被征服的详细情节；那么他们究竟在岛上发现了什么？两位神父说，当他们被带到岛上各处参观时，来到岛中央最高处，看见异教崇拜的偶像和祭坛，并说“其中有十多处的面积，相当于尤卡坦境内印第安村落中最大的教堂，每个起码可容纳千人以上”。

西班牙士兵也几乎还没来得及放下血染的武器，就因这些崇拜偶像的祭坛、神庙和房舍的惊人数量而震撼。偶像的数目如此之多，而且各形各状，不但不可能全部描述，甚至连统计都有困难。在这些野蛮的异教徒个人家中，甚至连坐的板凳上都有两三个小偶像。

根据历史记载，当地有二十一座祭坛或神庙。其中主要的一座属于伟大的假祭司——金·加内克，国王加内克的近亲兄弟。此神庙结构四方，有漂亮的胸墙和九级梯阶，全由细工处理过的石头砌成，每面皆六十英尺左右，非常高。有人说它像一座城堡，不由让我想起，在奇钦和图隆的废墟城市中，有一栋后文将会介绍的建筑，至今仍保有西班牙人命名的“卡斯提洛”（Castillo，在西班牙语中即为“城堡”之意。）之称，无疑是因为它也像一座城堡，就像乌苏亚将军将这个名称也用在佩滕岛这座祭坛一样。祭坛入口最后一阶有一个蹲坐的偶像，非常接近地面，外观是人形，但表情非常令人厌恶。

在记载中描述另一座大祭坛也有同样的形式和类似的结构，其余只提及里面供奉的偶像数目和性质。如果形式或结构确实有差异，理应会被提及，既然没有，我们大可相信它们全都一样。有关这些祭坛的描述简单扼要，不过在我看来已足以证明，岛上这些祭坛与神庙，和尤卡坦境内散布的废弃建筑具有共通性质。这个推断还可从另一个重要考虑而获得有力的支持，因为我们有清楚而权威的历史证据，也许比其他与这个国度内原住民有关的记载更为确实可靠；这些记载，同时也和这些祭坛、偶像与神庙的建造者及建造时间有关。

科戈尤多和比亚古铁雷斯的记载中提到的事件，都发生在相当晚近的年代，因此其结论较不会有错。他们提到，伊策萨人最初源自玛雅——即今尤卡坦，而且一度划归为玛雅的一部分。当玛雅部族首领发动叛乱时，玛雅被毁，其中一名叛乱领袖加内克占领了奇钦·伊策萨。有些人认为，加内克听闻一名先知预言了西班牙人的来临，或者更可能是因为他对据守当地并无十足把握，于是又率领部族从奇钦·伊策萨退往山中更隐密、更难深入之地，然后占领了佩滕湖，在大岛上建立自己的居所，如今，这个岛便称为佩滕。

根据历史记载，这次移民行动发生在西班牙人来临前一百年左右。史书更进一步指出，乌苏亚在岛上发现的所有祭坛和神庙，想必就是那个时候建造的。征服事件发生于一六九七年三月，我们由此发现一项有趣的事实：不过一百四十五年前，亦即不到三代之前，曾经有个城市里住着未归化的印第安人，当时西班牙人尚未出现，祭坛、偶像和神庙具有的特色，与如今遍布全境废墟的大建筑物普遍雷同。这个结论无法推翻，除非完全否认和此主题相关的所有历史记载。

如今这些祭坛、偶像和神庙的下落为何？我两度进入尤卡坦，一直都想拜访佩滕岛，却未能如愿，并深以为憾。不过根据我探询的结果，尤其是那位提供旅行日志的年高德劭的神父，他在岛上住了多年，让我相信岛上已无任何建筑留存下来，否则就算只剩稀疏的残迹，虽不足以吸引好奇的观光客，但仍具有庞大的考古价值，例如印证美洲城市建造者的技巧等。

不过就算这二十一座祭坛、偶像或神庙已全消失，未留任何残迹，也不违背历史曾记载它们过去存在的事实，因为从西班牙人登陆岛上第一天的记载就能看出，那种无情的精神将在接下来的一百四十五年间发挥至极。乌苏亚将军于早上八点半占领该岛，在为胜利向上帝表达感谢后立刻发出第一道命令，要求每位军官带领一批士兵前往城内不同地区，搜查所有神庙、崇拜偶像者或其他人家，将偶像推倒、砸毁。将军自己也在副主教和助手的陪伴下开始动手。我们无意间得知，也许可供读者对当时遭西班牙人摧毁的偶像数量有个概念：他们早上八点半占领该岛后，几乎没有休息就动手推倒、摧毁和焚烧偶像及其他雕像，一直忙到傍晚五点半鼓声响起召集吃饭为止。历史家记载，经过如此疲累的一天，他们确实需好好进食；如果这一天都用来摧毁偶像，那么一百四十五年下来，他们建了一座城堡、许多教堂及其他建筑，同时所有原住民崇拜偶像的建筑遭摧毁殆尽也就不足为奇了。

前文已问过，佩滕岛上的祭坛和神庙如今何在？此时，我想再问其他问题：那些在恐怖大屠杀当天跳入水中，因而挤满湖面的印第安人呢？那些不快乐的逃亡者哪里去了？其他岛屿和伊策萨地区内的居民呢？他们都在恐怖的西班牙人来临前，逃到更深入的荒郊野外了；我隐隐认为，这和先前所提到的神秘城市有关。事实上，对我而言，若说在佩滕湖之后的野地里，在白人从未踏足之地，像美洲大陆尚未发现之前一样，印第安人至今仍维持其古老的风土习俗，一点儿也不奇怪。我也相信，他们仍拥有且利用的祭坛与神庙，一如如今在尤卡坦的荒野废墟中仍可见到的。

读者可能会觉得话题拉得太远了，该是言归正传的时候了。

我们下一个预定前往的目标是马科巴废墟，位于我们的朋友苏尔神父的大牧场上，当时当地的居民全是印第安人。我们得知通往该地最直接的路线是一条印第安小径，但最好走的路线则是先回特雷戈先生的大牧场，这听起来是最好的选择，而且还可向特雷戈先生借宿一晚。我们决定就走这条路，并命雇请来的印第安挑夫在村里待命。不幸的是，正准备出发时，卡塞伍德先生又发烧了，我们被迫暂缓上路。

我们另外还担心一件事，不过程度没那么严重。胡安先生整天都没来找我们，我们不太明白他为何变得如此忽视我们；到了晚上，艾尔毕诺得知，原来前一晚他在牌桌上输了十六美元，于是一直躺在吊床里不肯下来。

第二天下起雨来。星期天，雨继续下着。一大早，辅祭从奥贝琛村来举行弥撒。我外出查看天气变化如何时，来到赌桌所在的棚架下停下脚步，赌桌已准备妥当，随时可用。弥撒一结束，所有上流阶级穿戴整齐地从教堂出来，立刻上阵。

我有点好奇，想知道这些人靠什么维生。他们没有人在工作，唯一的固定工作似乎就是赌博。我在他们之间坐下，听他们解释自己的秘密。这里每个人都借给印第安人好几笔四或五美元的大额贷款，或者卖“烧酒”或其他小东西，摇身成为债主。如此一来，印第安人便成为仆人，必须为他的债主或主人出劳力，为主人照顾玉米田或烟草田。只要偶尔提供一些可可饮料或酒类，便可继续保持这样的债务关系，而且账由他们计算，可怜的印第安人既无知，头脑又简单，注定永远必须服侍这些懒惰而放荡的主人。

我们对这些人毫无敬意，他们也不把自己看得很高。胡安先生曾告诉我们，印第安人全是酒鬼，白人有一半也是，另一半则偶尔躺在吊床里偷懒；他还说，他们全都是赌徒。那位阿卡迪一面洗手中的牌，一面确认这番描述，并问我要不要加入赌局。

他问我在我的国家是否也有赌博，如果不赌，大家怎么花钱？他认为，如果花在马匹、车辆、大餐、家具、衣饰和其他有些人提出的特别事物上是合理的。他说的也颇有道理，因为钱这东西生不带来，死不带去。我提到赌博在我的国家内是犯法的，如果公然在街上聚赌，而且又在星期日，一定会受到惩罚。

这触动了担任公职的阿卡迪心思，他手中握着纸牌，突然站起身，愤慨地看着这些受他管辖的人说，在这里，赌博一样犯法，任何人赌博、默许或让人在家中赌博，都不配资格称为公民；他们也有法律，而且是很好的法律；所有人都知法，却没有人守法。每个人都赌博，特别是在这个村中；他们没有钱，但赌玉米和烟草。然后他指着一名正穿过广场的男子说，他前一天晚上才输掉一头猪。他承认有时赌博也会赢钱，但接着指出一名愁容满面的年轻人，年纪不超过二十二三岁，他说，这名年轻人的父亲拥有不少大牧场、印第安人、马，以及现金，非常务实，全留给这个儿子，但他现在却三餐不继，有一顿没一顿地过日子。年轻人带着惨淡的笑容，证实阿卡迪的故事。

阿卡迪又继续发表一大串有关村民游手好闲和挥霍成性的批评；他们全都很懒惰，眼前就有一个例证。他指着一名刚好带着三串牛肉经过的印第安人说，这些牛肉就可花掉一个半米狄欧，但这名印第安人会在一餐内就吃完所有牛肉，而他也知道，这名印第安人事实上连一米狄欧的人头税也缴不出。当时在现场有位男士就说，政府最近通过一项恶法，宣布除非印第安人愿意，否则不得逼迫他们工作，如果他们拒绝工作，也不得鞭打或监禁他们，既然如此，你还能期望什么？另一位男士极其殷勤地插嘴说，邻村的阿卡迪根本就不管法律如何规定，照样像从前一样鞭打印第安人。在这个讨论过程中，十来个依法拥有不受奴役权利和自由之身的印第安人坐在地上，一句话也没说，只是专注地轮流看着不同的说话者。

之后，谈论方向转到我们这一伙人，最后落在卡柏特医生身上。我很遗憾地发现，在如此热衷找他治病的小区里，大家对于他的医生资格多少还是有些不同的看法。其中有人持反对意见，于是原本一起温和讨论，最后变成温和的辩论，对立双方是胡安先生的两个兄弟，以及阿卡迪和赌场主人，后者抬起一只穿着凉鞋、丑陋的脚，上面长了一个大瘤，非常不屑地说，医生没有治好他脚上的鸡眼。阿卡迪也不甘示弱，把他被治愈的孩子搬出来，赌场主人却依旧举着脚，摇着头。我只能遗憾地说，截至目前，就我接触的范围而言，此地民众对于卡柏特医生的评价令我感到惊愕。

下午雨停了，我们告别伊图尔维德村。我们经过时，胡安先生离开赌桌来与我们道别。天黑前不久，我们抵达特雷戈先生的诺雅斯切大牧场，在那儿，我们再次受到热忱的欢迎，并且在他通情达礼的招待下，终于摆脱了伊图尔维德的沉闷无聊。

第二十九章

水塘的建筑工事

第二天早上用过早餐后，特雷戈先生陪着我们再度上路。我们走在他辟建的宽阔马车路上，一英里半后来到一个大水塘。如右图所示，它就是个单纯的水池，景色优美，有绿树遮阴，水面上覆满绿色水生植物，印第安人称之为“西辛－恰”。他们不但不认为它们破坏风景，反而因它能防止水分蒸发而加以珍视。印第安人就在这个水塘取水，因为这是整个大牧场唯一的水源。

我们也对这类水塘开始产生兴趣。初抵尤卡坦时，我们便听说这类池塘是人工湖，而且就像我们拜访过的废墟一样，是古代居民留下的杰作。起初我们认为此说法不足采信，即使非常靠近这些神奇地点仍不太相信；不过当我们来到水塘边，发现之前所闻确有其事。此时我们所在的地区，居民完全仰赖水塘提供用水；所有人都认为这些是安提瓜人留下的遗迹；我们也终于获得寻找已久的讯息，它是如此明确、精准、毫不含糊，而且不容质疑。

特雷戈先生无法从前文提及的位于广场的那口井取水，因而在一八三五年开始将注意力转向这个水塘。他相信此地曾是古人的蓄水池，利用旱季做了一番考察，结果证明其推论正确。这个水池已荒废多年，当时池内沉积了三到四英尺深的泥泞。起初他不敢太积极清理水池，因为当地人迷信，认为若扰乱水塘的清静，会连原有的稀少水量都消失。一八三六年，他取得政府许可，努力许久，获得附近数里格内所有大牧场的人合作，和他们一起进行这项工程，一度曾有多达一千五百名的印第安人在八十名监工督促下清理水塘。淤泥清出后，他发现一个由大块扁平石头交互堆栈铺成的人工池底，堆栈方式如下所示：┌┐┐，接缝处以红色和棕色的黏土填塞，与邻近其他水塘相当不同。石头叠了好几层深，但他并未继续探底，以免不小心损坏地基，那就是他的罪过了。

我们骑马经过池边时，他指着接近中央的部分告诉我们，他发现了四座古代的井，每个直径皆有五英尺，表面以光滑石头砌成，未用水泥接合，有八码深，发现时

水塘

也全都填满烂泥。此外，他还发现沿池边有四百个朝上的蓄水坑，可供雨水流入，和井一样，都是为了预防水塘干涸而做的设计。

整个水塘、水井和蓄水坑全都清理干净后，特雷戈先生将蓄水坑分配给每个家庭，由各家负责维修管理，至于干涸的水池本身则仍留待雨季的洪水充溢。第二年正好是水量特别稀少的年头，附近的乡野全都非常缺水。特雷戈先生说，那一年，一千多匹马和骡子驮着桶子来到这个水塘取水，有些甚至来自十八英里外的圣玫瑰大牧场。有些人家更沿着岸边住下，开起贩卖日用必需品的小店；肉贩也搭起临时的摊位；水塘的水充分供应了这么多人的需求。当水塘的水也不够时，水井和蓄水坑就派上了用场，继续维持充足的供水，直到雨季来临，所有人又都可回到原来的住所。

我们在旅程中不断受雨季困扰，抵达此地后更觉得这是最不幸的时刻，因为我们无法看到水塘底部和古代的井。特雷戈先生告诉我们，通常在这时节水塘已干，居民必须从水井和蓄水坑取水。今年对他们来说很幸运，水塘的水依然充裕，但对我们来说却是不幸。尽管如此，得知这个古代蓄水库重新修复并恢复原来用途，加上我们沿岸策骑而行时了解其特殊工具和使用艺术，这一切仍令我们感到兴致勃勃。像这样曾为尤卡坦密集人口提供生命基本元素的水塘，恐怕还有数百个埋藏在林中深处。

离开水塘，我们穿过一块平坦而林木蓊郁的平原，不过才刚下过雨，地面又湿又泥泞。继续前行一里格，我们来到一位来自欧克斯库兹卡勃的绅士所拥有的蔗糖大农场。这位先生曾是特雷戈先生清理水塘的合作伙伴，他向我们证实了特雷戈所言非虚。又走了一里格后，来到居民全是印第安人的“伊—阿　瓦尔特尔”大牧场，再往前，便进入一片美丽的大草原，其上有数个水塘。横过大草原后来到乔普大牧场，这时所走的路和平常的玉米田小径很不一样，路况像公路一样好，是由不断背着盛水容器至水塘取水的人踩踏出来的。

下午，我们经过马科巴的墓地，不久便爬上一座小山丘，从树林间隙中又看见古代居民的“古城墙”。这里树木异常茂盛，是我们见过的最荒凉的地方；我们听说古城里已有居民，印第安人再度住进那些建筑里，因此，朝它走近时，心里多少有些兴奋。那时几近天黑，印第安人纷纷下工回来，废墟里冒出袅袅炊烟，透过树林，看起来顶端似乎还有人走动。然而，走近后却让我们哀伤难抑，几乎转身离开。那景象就像尼罗河畔不幸的阿拉伯人群集在底比斯神庙遗址，如今的悲惨与过去的壮观形成强烈对比。枝叶阻挡了废墟建筑的门；从门口冒出的缕缕轻烟熏黑了建筑正面的雕饰。四周则是杂乱、肮脏的印第安人居所。我们骑马经过时，印第安人惊诧地瞪着我们，受到惊吓的妇女纷纷抓着她们发出尖叫的孩子，迅速跑开了。

在这些废墟之间有一座为总管而建的大牧场。在此之前，我们经过苏尔神父辖区时所见都井然有序，所以不曾担忧过住的问题；这时才发现，世界上没有什么事是说得准的。大牧场仅以茅草盖顶，地板很脏，遍地都是玉米、豆类、蛋、盒子、篮子、家禽、狗儿和猪，至于两张又小又脏的小吊床，其中一个晃呀晃的，上面躺着一名印第安小伙子，另一张才刚有人在上面过世，我们已在墓地看过他的新坟。

总管是一位个子矮小、愚蠢但很友善的老人，他为刚发生的死亡与埋葬事件等混乱向我们道歉。他已知道我们要来访，而且主人也指示需尽一切可能好好招待，我们便要求他把牧场打扫干净。夜晚降临时，我们愈来愈觉得不对劲；行李挑夫一直还没出现，我们倒不担心他们被打劫，不过博纳多和他们在一起，而我们又了解博纳多的个性，他可能在某个大牧场上耽搁了，想等玉米薄饼做好后带过来，结果却迷了路。无论如何，如此一来我们就无法享有旅行用品提供的自在舒适了。手边没有蜡烛，只能坐在贫乏的大牧场里，在四周一片漆黑中聆听是否有挑夫抵达的声音，后来艾尔毕诺找来一个破损的容器，倒入蓖麻油，中间插上烛芯，微微照亮一个角落，却更加显得此时此景的凄凉和不适。

最让人难以忍受的是必须睡在满是跳蚤的吊床上，而且其中一个才刚有人在上头过世。我们要求总管把它们移走，另租其他吊床，不过那些或许也好不到哪里去。艾尔毕诺和狄马斯不得不睡在泥地上，但撑不了多久，狄马斯就爬上一根木头，睡在上面，艾尔毕诺则钻进浴盆内，虽避开一无遮挡的地面，但还是不够高，无法完全不受跳蚤的干扰。幸好，天气实在太冷，我们可能因此没再发烧，不过这也成为我们在尤卡坦境内最糟的夜晚之一。

第二天一早，博纳多出现了，他和挑夫的遭遇比我们还惨。他们迷了路，不断绕来绕去，直到十点钟才抵达一个大牧场，并得知走错了路。不过由于过于疲累，再也挑不动行李继续走，于是等到第二天天亮前两小时，才在那个大牧场上的一位印第安人带路下过来和我们会合。

马科巴大牧场建立才四年，位于一片广袤无垠的森林中，只用来种植玉米，不过神父打算来年开始种植甘蔗。他之所以想在此地开辟牧场，是因为这些废墟建筑的存在，可节省他为仆人盖小屋的费用，此外，也因为受到这里的井和其他古代取水设备的吸引。在建筑附近，我们不需刻意询问或寻找就看见四口井，不过里面全塞满垃圾，也没有水。事实上，因为有这么多井存在，其他取水方式又充足，特雷戈先生也准备成为神父的伙伴，期望能清理和恢复这些古代储水设备，提供充裕的水源供应，聚集一大批印第安人在此居住。

神父还建了两个大蓄水池，其中一个直径二十二英尺，另一个十八英尺，深度相同。这两个水池上方都有一个巨大的圆形屋顶，或可说是顶层平台，以水泥制成，向中央倾斜，如此便可接住雨季时的大量降雨，引入蓄水池中。总管说，在旱季时，它们可为五十人供应水源，外加饲养的家禽、猪和一匹马。

这里的废墟并未像我们想象中那么广阔，就只是两栋印第安人居住的建筑，位于我们小茅屋附近，而且毁损甚重，其中一栋可参见下页图所示。它由旁边一株高大的三角叶杨支撑着，我还在另一头时，印第安人就动手砍伐这棵树，幸好我及时赶到，阻止了他们。建筑正面约一百二十英尺，分为两层，另一面有一道巨大楼梯，如今已毁；上面那一层也已毁损，有一部分如今住着印第安人。

下午，卡柏特医生和我骑马前往水塘，这一带的森林性质多少成为吸引我们的因素；印第安人还告诉我们，在我们前往的那个方向还可见到一些稀有鸟类。我们经过一片十分壮丽的树林，和以往经过的一般灌木林截然不同，没有茂密的刺也不太难穿越，内有许多山榄木和杉木，可说是我们所见最美丽的森林。半里格远处有一条小径转向右边，荒草遮径，几乎无法辨识。沿着这条小径，我们来到水塘。那只是一个中空的盆地，长满了高大茂盛的草。我们一路前进，然后下马。我一跨下马背便一脚踩进一个坑洞里，那是印第安人为了承接从上面滤下的水而刻意挖凿的。我们还发现不少类似的坑洞，为了避免马儿受伤，又把它们带回水塘岸边，自己小心翼翼行动。这些坑洞无疑是现代挖凿的，我们没有发现任何古代水井的迹象；尽管如此，没有发现并不等于没有，因为这个水塘已废弃不用很长一段时间，经过泥土的沉积，若未经过清理，其底部性质和建造情形是无从得知的。

从水塘回来，我刚好赶上协助卡塞伍德先生测绘建筑平面图。我们在这片荒野中出现已使印第安人非常惊恐；这一天当中，只要一靠近建筑，女人和小孩便躲进屋内，此时她们发现我们进入居所，又全都跑出门外。老总管不习惯女人这种惊惶失

马科巴的建筑

措的行为，紧紧跟着我们，尽管非常担心，却仍保持着风度，一句话也没说。当我们合上本子，告诉他工作完成了，他举起双手，如释重负地说："谢天谢地，工作完成了！"

我对这些废墟的历史没什么可再加以说明的。它们就只是一个城市的唯一遗迹，除了这些建筑外，其他一切不详。我在自己的笔记中也找不到任何有关这些废墟建筑存在的最早数据源，不知是谁告诉我们或是从哪里听来的。

三月二日一早，我们再度准备出发，但在出发前夕，我们得知博纳多有意改变单调的旅程生活，打算结婚了。他在井边遇见一位十三岁的印第安姑娘，他自己则是十六岁。当他协助她取水时，两人之间产生了情愫。他向艾尔毕诺透露了心事及希望，但为全世界相同的铁律所困，即爱情敌不过面包。女孩本身并不反对结婚，她的父亲也一样。相反，她的父亲是个慎重的人，很替女儿的未来幸福着想。他也认为博纳多虽是个穷小子，未来却十分有前途，因为我们会付给他工资；不过最大的问题是眼前没有现金可以付给神父。博纳多不敢开口要钱，我们却是直到出发前夕才得知这件事。大牧场规定不准和牧场以外的人结婚；西蒙先生一定不肯答应；我们又忙着准备出发，一片混乱，也没时间细想，因此还是先派他上路。我必须很抱歉地承认，如此伤害了他的感情，就算我们改变他初来时对他的称呼——"胖小子"，也无济于事。

我们还发现，在挑夫中有另一桩年轻人陷入盲目热恋的例子，不过那已是过去式了。男主角是和博纳多一般大的小伙子，十六岁，不过两年前结了婚，有了小孩，后来因太太过世而准备再婚。别人告诉我们他的故事时，他本人也在场，从他对不同部分的微笑反应来看，很难断定他自己认为哪部分最可笑。我们还听说另外一个有趣的人，那是个脱逃的印第安人，几天前才被抓回来，总管叮嘱所有人好好看住他。

我们的路线穿过废墟所在的同一片大森林。走了一里格后，从高地向下降，来到一个小水塘。从这里开始，路变得高低起伏，最后来到一片布满灌木丛的大草原。这些灌木丛的高度超过我们的头，非常茂密，遮住了路径，令人透不过气，却又无法遮挡太阳，真是又辛苦又不愉快的一段旅程。

一点时，我们抵达蒲特大牧场的外围。这个聚落是一长串零乱的小茅屋，我们在大太阳的照射下，骑马穿过其间，感觉似乎没有尽头。卡塞伍德先生在其中一座小屋前停下，向屋主要杯水喝，我则继续向前，来到一块开放的平地，四周一些茅屋将平地围成一个广场，一边有个茅草覆顶的教堂。我向一位从门后朝外窥望的妇人询问公共之家的位置，她指了指同侧一栋已破损的茅屋。我在那栋茅屋门口下马，才刚要跨入屋内，看见我的白色窄管裤上布满一点一点蹦蹦跳跳的黑色小虫，于是赶紧离开。就在同时，我看见一名男子穿过广场，邀请我到他家去，那儿干净且舒适。等卡塞伍德先生抵达时，这一户人家的妇女已在为我们准备晚餐了。

卡塞伍德先生刚才也在一座印第安小茅屋感受了类似的善意。水在玛雅话里称为“哈”，但那天早上卡塞伍德先生没有事先练习，把它说成“卡”，那是火的意思，于是那名妇人给了他一根点着的烟。他要她拿走，但仍继续要求“卡”。于是那名妇人走进屋内，坐下来，为他卷了一根纸烟，再拿出来给他。他坐在烤晒的大太阳底下，口渴得不得了，只好放弃说玛雅话，比手画脚让她明白他到底想要什么，最后她总算把水拿来了。

我们的主人是一位麦士蒂索人，也是前阿卡迪，他为我们寻获另一座空茅屋，在挑夫抵达时，我们已把茅屋打扫干净，弄得相当舒适了。

这个大牧场位于一块相当理想的开放平原，土质甚佳，尽管离水塘并不是很近，但水源充裕。我们派人牵马去饮水，结果去了好久好久，所以我们决定第二天自己骑马过去让马饮水，反正水塘距离我们不远。

从这里开始，我们打算拜访曼凯斯废墟，但听说得绕个大圈子才到得了。同时，我们也听说在亚卡特锡勃大牧场有一些从前未曾听过的废墟，位于我们打算取道的途中。我们决定眼前先继续原定的行程，结果没去曼凯斯废墟，后来才听人说起那里更详细的情形，可是已来不及，只好留待以后的访客前去探访了。

第三十章

水井和小溪流

第二天早上我们在七点上路，走了一里格后抵达哈拉尔大牧场，在这里转弯前往水塘，让马饮水，右图所示即是这个水塘。当我们朝它前进时，眼前出现一片美景：四周森林环绕，岸边的大树遮蔽着水塘，水面上覆满水草，好像铺了一层鲜绿的地毯。此外，这个水塘还具有比美丽风景更吸引人的功能。

我们在大牧场听说十年前它本是干涸的，底部沉积着数英尺深的泥泞。印第安人习惯在池内挖些坑洞盛集流下来的水，而在他们挖凿这些坑洞时，意外发现一个古代的井，经过清理后，发现那是个形式与构造均很奇特的井，顶端有一块方形平台，下面是个圆形的井，表面铺着光滑的石头，深二十到二十五英尺。其下方是另一块方形平台，再下面又是另一个直径较小的井，深度大约相同。

发现这口特殊的井后，大家都十分感兴趣，引发一波挖掘热潮，最后总共发现了四十口井，性质、构造各自不同，从右图中可略窥其一二。这些井清理干净后，整个水塘也经过整修；水塘的储水量可供旱季时绝大部分的水源供应，供水枯竭后，水井便派上用场，持续供水直到下个雨季来临。

水塘

水塘的配置

离开水塘后，我们经过一个平原，继续前进。艾尔毕诺还没赶上来；我们又穿越一个印第安大牧场，来到另一个，那里有许多小径，不知道该走哪一条。所有男人都外出了，我们只好紧跟着妇女进入她们的小屋问路。在最后一座小屋，终于找到两位正在织棉布的妇女，我们尽最大努力用玛雅语问："请问……这是不是通往……"然后说出地名"亚卡特锡勃"，也就是听说有废墟存在的大牧场。尽管我们很努力提出这个问题，但若答案超出"是"或"不是"，或再加上手势，一如此刻遭遇的情形时，我们就完全不知所以然了。一名妇人向我们叽里咕噜说了一大串，语气听来很和善，但我们一个字也听不懂，连音节都无法分辨，只好作罢，向她要点水喝，然后继续上路。

离开大牧场一段距离后，我们突然想到，方才那里可能就是亚卡特锡勃，于是又折返。不过，我们在进入大牧场前先转向路旁一大片橘树林，下马将马系在树荫处，等待艾尔毕诺。树上果实累累，地上到处都是落下来的果实，可惜橘子都是酸的。我们无法坐在树下，因为地面处处是扁虱和其他昆虫，即使站着，还是得不断用马鞭驱赶。不久艾尔毕诺骑着骏马风驰电掣地赶到了，我们得知自己确实错过了亚卡特锡勃，无疑那位妇人企图告诉我们的正是这件事。我们上马准备回头，一个男孩骑着一匹瘦弱老马经过，光溜溜的身体跨坐在两个水桶之间，准备去水塘取水。我们给他一米狄欧，于是他从马上滑下来，将马系在矮树丛旁，然后跑在前面当我们的向导，穿过大牧场向右转，很快就来到一座废弃建筑。

这座建筑很小，正面已完全消失，门上原有装饰的柱子如今也已倒塌，躺在地上。男孩告诉我们此地还有一些废弃的石丘，但已没有其他建筑遗迹。于是我们没有下马，直接掉头，继续上路。

两点时，我们来到一座崎岖多石的山脚下。我们骑得又倦又累，卡塞伍德先生却说他的精神好得很，走起来轻松而愉快，好像才刚展开旅程似的。从这座山脉顶端望向另一边的山脚下，便是贝坎琛村所在。我们抵达村内后，骑马经过广场，来到一座大房子前。房子正面绘有一幅红色的装饰画，画中是一名总管骑在马背上，牵着一头公牛走进斗牛场。我们探询公共之家的位置，结果来到一座简陋至极的茅屋。屋里走出一位绅士，他认得卡塞伍德先生的坐骑——那是西蒙先生的马，然后又认出我来；他曾在哈拉袤的节庆时看见我和西蒙先生在一起，因此立刻提议让我们到他家寄宿，我们已看到公共之家的情景，自然毫不迟疑地接受了这个建议。

我们此时所在的地方仍是辽阔的废墟城市湮没之处。房子的走廊上有不少石雕，主人说那是从邻近的古代建筑取来的；广场上的家家户户都拿来当作基石，此外还有许多遗迹。广场上有八口井，提供充裕的水源，一看就知道出自古人之手。广场下方小山丘的斜坡上，水从岩缝间汩汩涌出，溢满下方一个清澈的池子后溢出，流入树林中不见踪影。这是整个旅程中第一次看到宛如溪流般的景象，尤其一路经过干涸的大地、几乎无法通行的洞穴、泥泞的水塘，以及岩石凹洞中的小水池，更觉得这是令人心旷神怡的情景。我们的印第安挑夫已在一道矮树篱下歇脚，溪水近在眼前，伸手可及。对他们和骡夫来说，那就像阿拉伯人在沙漠中见到甘泉，或如穆斯林相信的天堂中被应许的甘泉之河。

这个村子的历史全都是毫无根据的臆说；事实上，在这整个废墟城市的土地上充斥着各种传说。村名来自上述这条溪流，由两个玛雅字合成："贝坎"为"流动"之意，"琛"为"井"之意。二十年前，这一带是繁茂的森林。一名印第安人独自来到这里，清理出一块空地，辟成玉米田。他在开辟期间发现这条溪流，溯溪而上，看见水从岩石中冒出来，如今的广场之地当时遍布不少古井。后来印第安人沿着井边聚居，逐渐形成村落，如今已有居民六千；这样的成长速度，以当地的资源情况和人民的性格来衡量，已相当于我国最繁荣的市镇了。

这些井全都只是在石灰岩地层上凿出的洞，因岩床不规则而深度不一，通常不超过四或五英尺。居民将水的来源视为不可解之谜，但显然那来自雨季时的洪水。这个村子三面群山环绕，在广场较高的那一侧，靠近一条向山中延伸的街道角落有个天然岩洞，整个雨季期间，湍急的水流汇聚成一条小川，从这条街冲刷而下，一股脑儿灌进这个洞里。我们听说，其水量之大，直到雨停后一星期或十天以上仍继续流动；我们抵达时，它的直径仍有十八英寸宽。井里的水位和洞里的水位一样高，一同涨落。另外还有一个最明显的证据，可证明两者之间直接互通的关系；据说曾有只狗掉到洞里，数天后，尸体在最远的一口井里出现。

卡柏特医生和我下到其中一口井里，发现那是一个粗糙、不规则的洞窟，直径约二十五英尺，洞顶稍稍平整，或许曾经过人工处理。井口下方深度不超过十八英寸，不过底部并不平坦，跨出一两步后，水便深不可测。借着一支蜡烛的亮光，我们看不出和其他水井相连的通道，不过井的一侧水相当深，流过一块岩棚底下，可能这里有些裂缝可以穿行；事实上，情况也应是如此，因为那只小狗尸体浮现之处正是这口井。

我们从井中出来后，其他事情找上了我们。由于和首都几乎没什么往来，这是第一个没听说卡柏特医生事迹的村落。我们的主人把我拉到一旁，偷偷问我卡柏特医生是否确实是正牌医生；我毫不犹豫地证明后，主人希望医生能去探视一名年轻的印第安人，因为他的手遭甘蔗厂的机器碾伤。卡柏特医生询问情况后认为必须截肢，糟糕的是他在最后一次精简行李时，把截肢工具留下未带出来。他还有一把万用手锯勉强可派上用场，另外，卡塞伍德先生有一把经过精锻的大弹簧刀，卡柏特医生认为很适用，但卡塞伍德先生断然拒绝当作外科手术刀。那是他二十年前在罗马买的，是他的旅行良伴，向来随身带着，一旦经过这么一场大手术，之后便再也无法使用了。他们俩激烈争辩了好一阵子，最后勉强达成协议，除非非动手术不可，否则医生绝不动用那把刀。

我们来到病患家，看见那名印第安人坐在屋里，手腕一英寸以下的地方整个遭撕裂，肿胀成一个直径六英寸的大球，全都变黑了，显然上面还有虫。我看一眼便退到院子里，走进厨房，一名正在煮饭的妇人跑了出去，留下锅子还在火炉上烹煮。我一面为她看着锅子，一面把潮湿的衣服烤干，决定绝不介入这场手术。幸好，卡柏特医生认为我和卡塞伍德先生的刀子不宜截肢。意外发生已十天，伤口似乎正在痊愈。卡柏特医生认为这个孩子能幸运存活，要归功于印第安人的简单饮食使他的血液状态健康良好。

我们决定在此地分成两路人马，卡塞伍德先生直接前往佩托，大约一天半的行程，然后好好休息几天，卡柏特医生和我则掉转回头，绕个大圈前往马尼村。我们谈论目的地时，旁观的一位村民华金·塞斯先生告诉我们，在他的萨卡卡尔大牧场上有一些废墟，距一条玉米田路八里格远，如果我们可以多等一天，他愿陪我们一起去；不过，我们不能等，他便为我们写了一封给总管的信。

第二天一早，卡柏特医生和我带着艾尔毕诺出发，同行的还有一名印第安人带着一个草编提篮和几张吊床。我们沿着溪流离开村子，骑马经过一道雨季时冲刷出来的深陷峡谷。九点半来到一个大水塘，水塘边缘十分泥泞，无法下马饮水。又走了一里格，来到另一个水塘，四周有美丽的树荫，还有几只鸭子静静在水面上游来游去。我们策骑前进时，卡柏特医生发了一枪，射下一只咬鹃，它原本栖息在一棵垂覆水面的树上，是尤卡坦罕见鸟类，羽毛异常艳丽。

离开水塘后，岔路很多，我们认错路而骑了一小时。天气很热；四周是一片荒野，我们看见一些印第安人一边在大鸡冠刺桐下休息，一边吃玉米薄饼和辣椒酱，由于口渴，便向他们骑去，向他们要水喝；但他们若不是没有水，就是如艾尔毕诺所猜测的，一看我们靠近，就把水藏起来。一点左右，我们来到另一个水塘，岸边依旧泥泞，若想取水，马儿或我们自己都会陷入泥沼中，于是只好忍着干渴离开。过了水塘向左转，走了大约八里格路终于抵达萨卡卡尔大牧场，令我们大大松一口气。

向晚时分，我在总管和一名带路的牛仔陪伴下前往废墟。沿着通往特卡斯的路走了半英里后，我们转入左侧树林，不久便抵达一座石砌阶丘下方。牛仔骑着马一路领先骑上坡，我们跟在他身后。

这个阶丘上有个圆形的洞，很像先前在乌斯马尔和其他地方看见的洞，但更大些。从洞口向下望入洞内，当眼睛适应黑暗后，便可看见一个很大的室内空间，墙上有三处不同的凹洞，总管说那是通往地下通道的门，这些通道穿行地下，不知伊于胡底。我藉由一根有丫杈的竹竿下到洞内，发现房间是长方形的，总管所谓的门，只不过向内凹入两英尺左右。我脚踏其中一条通道，告诉总管，他所谓的通道只有这么一点深度，但他说通道已经封闭，并坚持通道可通到无限远处。很难判断这些凹入的门究竟有何用途；它们为这些地下窟室的性质蒙上一层神秘面纱，让人无法接受它们的存在只是作为水井之用的说法。

更高一级的阶丘上有两栋建筑位于许多残迹之间，其中之一保存尚称良好，外观也有嵌在墙上环绕整栋建筑的列柱装饰，它们和其他建筑立面上所见略有不同，而且更加华丽。建筑内部只有单独一个房间，长十九英尺，宽九英尺宽。天花板很高，拱顶中央扁平石片处只有单独一块大石，也像我们最初在凯维克所见那样装饰着绘画图案。

这栋建筑位于另一栋建筑前面，后者已长满茂密树丛，更显倾颓。那原是座壮观、重要的建筑，平面安排非常复杂，其中一部分外观是圆形的，但圆形这部分却又是实心的，墙内则是笔直的线。后墙部分有个凹入处，也许曾放置雕像。总之，这栋建筑有不少新而奇怪的部分，还有些废墟的乱石土堆，但已无法辨识。

尽管拜访时间短促，但这里并无特别吸引我久留的诱因。扁虱还好应付，但它们会随着雨季继续存活，而且会增生繁殖。我一下马就发现它们的踪迹，起初用马鞭把它们撵走，但为了想在天黑前完整看过一遍，我很快在建筑外面绕了一圈，从枝干下爬过，又钻过矮树丛，结果全身布满可恶的虫子，我于是像箭一般往路上冲去。

急忙往前冲时，我没留意自己正穿过一列大黑蚁。这些黑蚁雄兵是尤卡坦境内最令人叹为观止的景象之一，黑压压通过地面的时间可长达一小时。这种黑蚁有根刺，和大黄蜂不相上下，我当场就尝到滋味了，等来到路面时已痛得几乎麻痹。我骑上马背，觉得再也没有任何东西可吸引我住在这样一个地方。大牧场位于一个极不寻常的美丽地点。对面是一长列起伏的丘陵；夕阳西下，这样的时刻和景色正适合乡间漫步；但拥有数千英亩土地的地主，绝不会乐意离开平常惯走的路，并带着这些讨厌的虫子回去。

回到大牧场上的住处后，总管很仁慈地准备了温水供我洗澡，让我把体温降下来。这一晚是我们进入尤卡坦以来第一次和女人共处一室，因为在房间一角有妇女睡的吊床；不过这好过和黑蚁或扁虱共度一晚。

第三十一章

不流血的革命

三月五日，这天一大早我们便出发前往圣荷西废墟。七点时，来到同样称为圣荷西的小村庄。村庄位于一排丘陵和一座山脉之间，风景怡人，居民约两百人，其中还有白人。我们进广场时遇见了几位，在公共之家则遇见相貌堂堂的酋长，他告诉我们，村中没有“古城墙”遗迹，一旁的其他印第安人也附和他的说法。我们并未太感失望，也不急着立刻找寻其他目标或改变计划；不过为了不浪费时间，决定继续赶往八里格外的马尼，并雇请一位印第安人为我们搬运吊床，酋长答应替我们安排。

广场对面有一座茅草屋教堂，教堂的钟声响着，提醒人们早晨弥撒时间到了。教堂门前有一群男子，包围着一位穿着圆鼓鼓外套、身体富态的老绅士，一看就知道那是神父。他们全都证实我们在公共之家前听到的说法——这里的确没有废墟。不过，神父特别以一句“福哉玛利亚”加强语气说，在蒂科尔，也就是他的教区之首有非常多废墟。他打算弥撒结束后立刻返回蒂科尔，希望我们和他一起去看看，做些记录。如果只需和他在修道院共度一天的话，我非常想这么做，一问之下，才知道原来那些“古城墙”都已完全倾圮，而且还成为教堂、修道院和村中所有石砌房屋的建材来源。

我们站在教堂门口讨论这些话题时，一名印第安教堂执事用力扯动钟绳，告知大家弥撒的时间到了，而且似乎不高兴没人在意他的提醒；钟声震耳欲聋，我们要相当费力才听得到彼此的谈话。神父似乎不慌不忙，但我却怕让大伙儿等太久，赶紧回到公共之家。

公共之家这里也才刚发生过一件事，但由于受钟声干扰，我完全不知道。原来酋长命令一位印第安人为我们背送行李，但印第安人拒绝，而且态度傲慢。酋长非常生气，下令将他送上示众台。我进门时，那名抗命的印第安人正不高兴地闷着一张脸，安静地等候摆布。几分钟后，他躺在地上，双脚被铐在示众台上，酋长又派人去找另一名印第安人来。

这时，一名满脸无辜的老妇人捧了一卷玉米薄饼进来，她是犯人的母亲，在示众台上坐下来陪伴儿子，安慰着他；那名印第安人躺在地上转动着头，妇人随之好奇地看着我们，我们非常自责竟成为他受罚的原因，于是努力为他说情，但酋长不肯接受。酋长说，尽管那位印第安人有义务和我们一起上路，但他之所以受罚，并不是因为拒绝这么做，而是竟然敢抗命。显然酋长不允许任何人冒犯自己的权威；既然如此，我们帮不上什么忙，而且可能还会惹恼他，因而也就闭嘴，不再多说。最后，显然费了好一番气力，总算找到另一位印第安人。我们上马时，再度为铐在示众台上的可怜家伙最后一次求情；酋长虽无法理解为什么我们这么关心这件事，不过还是答应放他一马。

事情解决后，我们发现自己不自觉又造成另一个家庭的混乱。为我们背负行李的印第安人已有妻小。他的妻子和年幼的女儿陪他一起上路，直到村外一个小山丘顶才与他告别，分手时简直就像他此去命运未卜一般凄惨。印第安人家庭之间的紧密关系，令人印象非常深刻。早期描述印第安人性格的作家以为，印第安人之间并不存在两性之间的情爱；也许应该这么说，他们稳固的婚姻状态与其说是靠感情和升华来维系，不如说是一种条件和习俗。当印第安男孩长大成人后，需要女人为他做玉米薄饼，晚上为他准备洗澡水，于是他便娶妻。有时是透过主人的恩赐，不管品味是否相近，也不在乎年龄大小是否匹配，就算是年轻人娶年纪大的女人，他们也照常过日子。如果他发现对方有任何重大过失或违逆，就把她带到主人或阿卡迪面前，让她受一顿好打，然后搀扶她，沉默地带她回家。印第安丈夫很少对妻子态度严厉，而妻子对丈夫的忠诚更是他们常常强调的话题。他们同甘共苦；全家一起出席村里的节庆活动；最让他们难以忍受的便是强迫一家之主离家。

在村外，我们开始爬上山峦，从山峦顶上望向山脚，看见圣马利亚大牧场。它的后面便是一座高大的石丘，四周树木环绕，显示也是个古代城市的废墟。

从山上下来，我们策骑前往大牧场，看见三名绅士坐在屋棚下吃早餐，其中一名戴着呢帽，这个许久未见的文明物品显示他来自特卡斯城，因晨间骑马溜达消遣而出现此地。

主人出来迎接我们。我们指着那座高丘向他询问关于那座建筑的种种，但他显然并不明白，以为我们问的是那个方向的一些旧牧场，因此回答那是仆人住的地方。艾尔毕诺向他解释，我们在全国旅行探访废墟，那位绅士不可置信地盯着艾尔毕诺，表情就像《唐吉诃德》里的旅馆主人听到桑乔·潘萨解释他的主人是位到处行侠仗义的游方骑士一样。

不过，我们终于还是获得有关那座石丘的讯息，主人告诉我们，他从未去过，那儿也无路可通，如果我们打算过去，一定会遭到扁虱的惨重袭击。他还叫来一些印第安人，他们表示那里已完全坍毁。这结果令我们很满意，一想到从早到晚浑身满是扁虱，几乎就令我裹足不前了。另外还有一位先生告诉我们，在距离特卡斯一里格远处，卡莱拉先生的大牧场上还有一些废墟。我非常想转往这些废墟探访，但为我们背行李的印第安人已经离开，要赶上他有点困难，况且，配合路线改变而另外找人或多安排一天行程的提议遭到强烈反对，因而只好作罢；何况，废墟是永远看不完的。

离开这个大牧场，我们带着无法形容的欣喜心情，走在一条可供大车和敞篷双轮马车行走的宽广大路。我们已走出狭窄而缠绕不清的玉米田或牧场小径，再度来到公路上，不但完成了一段出发时被视为不实际的旅程，同时也来到尤卡坦境内最好的地区。这里以富饶的甘蔗田而著称；一路上我们遇到许多庞大笨重的车子，由牛或马拉着，将大农场的甘蔗运出。不久，我们抵达特卡斯；这是尤卡坦四个城市之一，我不由得感到有些兴奋。这段尤卡坦旅程一直很平静，没有任何危险或干扰，但对我来说，经历过中美洲的骚乱后，总觉得有些不自然。尤卡坦正处于公开反抗墨西哥统治的局面；我们听说已举行过谈判，但没有任何骚动、混乱或流血冲突的迹象，唯有特卡斯打破这一片宁静，当全国各地安详宁静之际，这个内陆城市发动了一次小革命，以此来争取自己的地位与相关利益。

根据报道，这场革命是由三位爱国人士发动的，不幸我已遗忘他们的名字。他们属于一个名叫独立党的党派，主张脱离墨西哥独立。不过，选举结果却不利于独立党，而由赞成重新与墨西哥合并的人士获胜掌权。此外，桑塔·安纳派了几位特使前来与尤卡坦政府斡旋，敦促尤卡坦政府不要公开决裂，继续默默保持实质独立状态，直到墨西哥内部纷争解决，可以顾及尤卡坦，抚平它的委屈。三名特卡斯的爱国志士因担心这些特使会左右山区大牧场上的人心，于是决心起义，争取自由。他们前往山区大牧场，募集了一群几近全裸的印第安人，带着开山刀、几把老毛瑟枪，以及戴维击杀歌利亚的原始武器来到特卡斯，在妇女和儿童纷纷走避的情况下占领广场，架起桑塔·安纳像，用石头丢它，朝它身上开了几枪，并放火焚烧，然后高喊："独立万岁。"

他们没几个人知道桑塔·安纳，但这并不妨碍他们丢掷石头和放火。他们也并不明白尤卡坦和墨西哥之间的关系，高喊独立口号，只是想摆脱向政府缴税的义务，以及希望免除一切债务。他们没有革命经验，但一开始就光明正大地赶走阿卡迪，向政治对手征税，并扬言要组成三百人进军首都，宣告独立。

这些行动的讯息很快传到了梅里达；战争即将爆发的可怕威胁在一个个城市里散播开来，但每个城市都在等其他城市率先行动。最后，首都派出军队，在我第一次离开蒂科尔时抵达该处，当时卡柏特医生还留在那儿。从当地到叛乱发生之地只需一日行程，但大军停了下来，让军威效果先行散播，发挥作用。读者也许先前并未听说过特卡斯，那三位爱国志士集结半裸印第安人拿起武器，展开自认吸引全世界眼光的争取独立行动，也不过是不到一年前的事。大军抵达三天后重新启程，大炮在前开路，旗帜飘扬，鼓声咚咚，伴随着蒂科尔妇女的笑声，这种阵仗肯定不会发生流血事件。果然大军在一日内抵达特卡斯，第二天一早，他们并未像野兽般扑向对方厮杀，反而是军官和三名爱国志士领袖手挽手出现在广场上。前者保证提供好官职给他们的新朋友，并发给每名印第安人两个雷亚尔，革命就此瓦解。所有人解散，等待下一次自己家乡有需要时，可随时重拾武器再以革命之名起义。

以上便是我们听说的情形，其中不免夹带着对特卡斯居民的抨击，认为他们是革命分子，立场激进，是尤卡坦的暴民。我对革命的态度多少有点同情，因此很高兴看到这个城市即使名声不佳，依旧拥有美丽景观，较诸我所见的其他城市更具吸引力。我不由自主地想，如果尤卡坦许多死气沉沉的村子多出现一些这样的暴民，未尝不是好事。

城市位于山峦脚下。沿着街道一路骑来，可以清楚看见埃米塔教堂，以及一道宽阔的石阶随山腰拾级而上。街道很宽，房屋很大，而且排列很整齐，其中有一栋是三层楼，还有俯瞰街道的阳台；街上充满人潮和各种交易的活力，从印第安大牧场过来的我们，久已未见如此的城市及舒适优雅的生活，自是非常兴奋。

我们行进途中，一辆轻快的马车朝我们驶来，车上坐着一位绅士和一位淑女，穿戴整齐而美丽。出乎意料地，我们认出那位女士正是我们最早以达盖尔式照相机拍摄人像时的美丽女主角，她送给我们的蛋糕还曾浸透我的皮鞍囊。几个星期不见，她的情况已有很大改变；如今她坐在马车上，身旁是她的丈夫。我们试图以举帽致意的礼貌，减少他们对我们身上穿着的注意。不幸的是，卡柏特医生的墨西哥帽紧紧系在下巴上，取不下来。至于我，由于帽子上的一条绳子松脱，因此就像卡柏特医生的恶毒描述那般，在空中划了个弧，随后落在我的坐骑之下。那位绅士以慷慨大度的姿态向我们点点头，不过那位淑女显然没有注意到我们。

虽然老朋友已不记得我们，特卡斯的民众倒没有忽略我们。我们一路前进，所有的目光都转向我们；最后，我们在广场上停了下来。这个广场周围环绕着大教堂和建筑，是我们在尤卡坦所见最美丽的广场，所有人也都跑到走道上看我们。陌生人经过此地是件空前的大事。欧洲式的鞍辔、手枪皮套和武器十分奇怪，包括艾尔毕诺在内，我们仨正好与不久前才发动革命的领袖人数完全相符。我们知道自己已激起好奇，所有人都很想和我们说话，于是不下马，也不和任何居民交谈，穿过广场，继续前进。那些人既迷惑又失措，仿佛看见彗星尾巴从头上扫过似的。

后来，我们在另一个较远的村子听到有关我们的说法。据说我们经过特卡斯，穿着就像摩尔人一样。这些善良的居民从来没见过真正的摩尔人，也不太清楚摩尔人的服装，因此看到我们的短上衣就以为是摩尔人的服装。我们这种装扮居然让他们大感惊奇，倒也稍稍化解了没被那位梅里达美女认出的遗憾。

我们继续沿山边走，十点半抵达阿基尔，一路骑往公共之家。它的门前有一块中空的石头，恰像先前提过无数次的“匹拉斯”（喷泉），阶梯和底座则分别有取自邻近废墟的雕刻石头，通往教堂庭院的路直接从一个石丘中间穿过，两侧分别留下一些残骸，挖凿出来的部分则构成修道院庭院的部分墙面。其余的墙、教堂和修道院，全以取自古代建筑的石块建成。我们再度踩在一座废墟城市之上；这是我们之前未曾听说过的地方，而且除了公共之家门口显示的纪念证据外，可能也永远无法知晓其过去。

两点四十五分，我们再度上路。太阳依旧炽热；路很直，石头很多，而且相当无趣，有一大半的路两侧净是生长茂盛的玉米田。五点半我们来到马尼，同样也发现在门上和公共之家的四面都是雕刻石块，有些设计新颖而奇特，其中某处有一个坐着的人像，似乎戴着王冠，手持令牌，头部两侧各有日月的图像，奇怪而有趣，完全看不出任何我们再度置身原住民城市遗址的提示。

我们一路穿行尤卡坦的旅程中，没有任何地方可让我们事先拥有信息。日复一日，我们骑马经过的一些地方，在尤卡坦以外闻所未闻，没有任何历史，也引不起任何怀古幽情。不过马尼却是个例外，其历史曾有清晰的记载，和其他笼罩着深沉幽黯、朦胧氛围的地方不同。

当高傲的玛雅诸酋长反抗他们的最高领袖并摧毁玛雅潘时，统治君主只剩下马尼这块领土，因为此地人民并未加入反叛。在这里，玛雅古代君王的后裔权力虽已削弱，和其他酋长平起平坐，但仍不受干扰地维持其统治地位，直至西班牙人入侵为止。此外，由于王位的余荫，印第安人对其仍十分崇敬与爱戴，甚至在西班牙人征服许久之后，此地仍保有那荣耀的名字——“王室所在地马尼”。

根据史家记载，西班牙人抵达蒂霍时驻扎在一个石丘之上，其位置即今梅里达广场。他们在此驻守，四周是充满敌意的印第安人，粮食供应又遭切断，情况十分紧急。一天，探子向弗朗西斯可·蒙特侯回报有大批印第安人正朝西班牙人而来，显然打算开战。他们从石丘顶端也发现确实有一大片黑压压的印第安人，其中一名被人高高抬着，好像摊平在一具棺架上。西班牙人以为战事已不可避免，于是纷纷向上帝祈祷，随军牧师高举十字架，西班牙人全体拜伏在地，然后拿起武器。然而，印第安人走近石丘时，将肩上扛着的人放下来，这人独自向前，将弓和箭丢到地面，举起双手，做了个手势，表示他是来求和的。随即所有印第安人也把弓和箭丢到地上，俯伏在地，稽首表示善意。

酋长走向石丘底部，开始向上走。弗朗西斯可·蒙特侯也朝他走去，印第安人对他做了个非常恭敬的表示，弗朗西斯可·蒙特侯亲切地接待，挽着他的手，带他到自己的地盘。

这名印第安人便是尤卡坦最高领袖——杜杜尔休，是曾统治整个玛雅地区的王室直系后裔，亦即当时的马尼酋长。他说，因受西班牙人的勇气和坚忍感动，他自愿前来归降，并提供他和臣民的援助，祈求和平；他带来一份大礼，有火鸡、水果和其他食物，前来与他们为友，同时希望成为教徒，并要求殖民地行政官为他进行一些基督教仪式。行政官对着十字架做了一番最肃穆的敬拜，杜杜尔休专注地看着，然后尽其可能地模仿这名西班牙人，直到欣喜不已地跪着亲吻十字架。所有西班牙人都非常高兴，崇拜仪式结束后，他们将这幸运的一天订为光荣的“圣伊尔德丰索日”，并立即将圣伊尔德丰索立为保护圣者。

陪同杜杜尔休一起前来的还有其他酋长，名字都记载在一份印第安手稿上，也交给了西班牙人。这些印第安人和西班牙人相处七十天后准备离去；杜杜尔休答应派遣特使去说服其他非他所属地区的酋长也归顺西班牙人，然后留下大量食物及许多印第安仆人，回到马尼。

杜杜尔休返回后召集所有臣民，宣布他的意图以及他已和西班牙人达成协议；众人皆无异议。之后，他派遣和他一起归降西班牙人的酋长为特使，前往索图塔劝服当地领袖，以及更东方位于今瓦亚多利德的其他国家，告知他的决定，以及他和西班牙人达成的友谊协议，恳请他们起而效行。他还表示，西班牙人决心留在这块土地上，已在坎佩切建立据点，也正准备在蒂霍建立第二个据点；他提醒他们，过去已打过多少战争，当地有多少民众丧生；他还提到，他在和西班牙人相处期间感受到西班牙人的善意，并认为全国同胞最好以他为榜样，三思反其道而行所带来的危险。

特使来到索图塔地区，向当地大酋长纳奇科克姆表达来意。纳奇科克姆要求他们等待四五天，并召集所有臣属的酋长。几位酋长一致同意大酋长的计划，决定举行盛大的野猪狩猎，表面上是为了款待这些特使，并以此为由，将特使从民众聚居处诱进一个茂密的森林，在那里款待他们三天。第四天，他们聚集在一棵大山榄树下进餐，盛宴的最后一个行动，便是割断这些特使的喉咙，只留下一个活口，让他回去向杜杜尔休报信，告知特使受到何等招待，以及谴责杜杜尔休的懦弱表现。那名活口虽然留下了性命，却遭他们用箭刺瞎了眼睛；四名战士将他送回杜杜尔休的领土后弃之不顾，径自回国。

以上便是西班牙人所知的马尼的不幸命运。它是第一个向西班牙人归顺的内陆城市，读者如果查阅地图将会发现，我们走过长而曲折且不规则的路之后，此刻距离蒂科尔也不过四里格远，如果根据当地的道路里程计算，离乌斯马尔只有十一里格，若以直线距离算更短。

发现这些废墟城市的同时，最令我们惊奇而印象深刻的，是在一个几乎没有水源供应的地区竟可聚居那么多人。整个尤卡坦境内既无溪流，也无泉水，更无水源充沛的喷泉，他们除了从极其特别的洞穴和岩石坑洞取水外，完全仰赖人工储水装置，以及老天所降的雨水。不过还有一项重要因素应纳入考虑：这里的原住民不饲养牛、马或其他大型家畜，只供人使用的饮水需求量相对也较小。时至今日，也许因为不同的需求和习惯，同样的地区已不可能支持同样的人口数量。此外，如今住在这干旱无水之地的印第安人也提供了活见证——他们饱受历来缺水的影响，早已养成降低需求的习惯和训练。水对印第安人来说，就和沙漠里的阿拉伯人一样，是一项稀有而珍贵的商品。当他放下背上的重担，全身冒着汗时，只要从岩石凹洞中掬一捧水，啜上几口，就足够止渴了。无论如何，探访这些废墟城市并进一步证明其居民众多、力量强大，以及古代居民如何辛勤建造这些工程时，水源供应也是有趣的探讨项目之一。

我们抵达马尼已是星期六傍晚时分。印第安助手在公共之家帮忙了一星期，已尽完义务，此刻毫不例外全都醉醺醺的，不过我们还是设法让他们把一个大房间打扫干净，摆放一些椅子和桌子，把我们的吊床悬挂起来；在这里，置身城市废墟之间，我们自己也几乎累垮了。

准备爬上吊床就寝时，我们突然发现一件令人感动的大事——我们三人加起来只剩一件干净的衬衫；如果读者知道我们旅行所带衣裳的数量，可能也会相当惊讶居然还有这么一件。但无论如何，这个发现让我们非常苦恼。第二天是星期天；全村人都会穿着干净的衣裳出现；如果我们不能从俗，实在令人懊恼，何况我们自己也很在意穿着是否舒适。在欧洲，只要有一件长外套紧紧扣住胸前，黑色皮革襟饰、窄管裤、帽子和靴子，就可以四处行走毋需烦恼，但在尤卡坦的大太阳下，可就不是这么一回事了。我们遣艾尔毕诺出外搜寻补充品，但他无功而返，不过倒是设法和一名妇人谈妥第二天为我们清洗所有衣物；只是这名妇人完全无法理解，为什么袜子和床单也要换洗？

第三十二章

遭焚毁的印第安书籍和文字

第二天一早，艾尔毕诺询问村中几位男士是否有额外的衬衫和窄管裤愿意割爱。很幸运的，蒙老天眷顾，他两样都买到了，而且裤子上还有非常雅致的刺绣；这些衣裤是给卡柏特医生的。我的旧衬衫状况比卡柏特医生的好，因此我仍穿上它，另外加上一件薄的长外套，虽然也是已有一段时间的旧衣服，不过总算两人都可体面地走在街上了。

尽管有这些困扰，一早在马尼村醒来时，我还是极为心满意足。第一次拜访乌斯马尔时，我已听说马尼的酋长保有各种遗物、祖传家产及废墟，不过有人告诉我们，那些废墟不值得一顾。心情虽好，但这天早晨起初并不怎么顺利。我们刚起床，就发现公共之家门口聚集了一群游手好闲的人。他们皆是混血儿，可能是杜杜尔休的臣民和西班牙征服者的后代，不幸的是他们只继承这两支民族的缺点，却没有遗传优点。其中有些醉醺醺的，还有许多半大不小、举止轻率的男孩紧跟着我们，看着我们的每个动作，趁着我们没留意的空当，偷偷转头过哧哧地笑。

我们出发探访废墟，这群人也跟随在后。在一条通往水井的街道尽头，我们看见一座长形建筑，街道从中穿过，两旁均有些许遗迹，一看就知道那不是古代建筑，而是西班牙人征服后所建，但本地人仍视为与各地印第安废墟相同的建筑，郑重其事地带我们过去探看。不过，还是有一位有知识的人微笑纠正这些人的无知，他说，这不是国王蒙特侯的宫殿。至于其真正历史，只怕也像那些更古老的建筑一样无从得知了。在摇摇欲坠的正面上，有些镶嵌的雕刻石块取自原住民的建筑；它所立基的这块土地曾是另一支民族的据点，既然它本身都已逐渐倾毁，可想而知，那些民族原来的建筑如今怎可能还在？

距离这栋建筑很近的街道转角处有一口井，之前我说明乌斯马尔的侏儒之屋传说时曾提及。相传："老妇（侏儒之母）已过世，但在印第安人的马尼村中有一口深井，井本身有个洞穴，从地下可一直通往遥远的梅里达。洞穴中有一条溪流，岸边有位老妇坐在一棵大树下，身旁卧着一条大蛇。她将水分装成小量出售，但要的不是钱，而是一个婴儿来喂食大蛇；这名老妇便是侏儒之母。"

井的入口在一块大岩棚的遮蔽下形成一个巨大洞穴的开口，看来确实骇人，传说因而得以不断流传。洞顶很高，村民已建造阶梯，我们沿笔直陡降的阶梯往下走，来到一个大池塘，有些妇女正在此以水罐取水。一侧的岩石上方有个裂口，原本想必打算在水的正上方加以开凿，方便用水桶取水。这里的水源距入口不远，而且通道宽阔，但开凿时还会发生这样的错误，如果不会使用工具，那么在其他通道窄长且蜿蜒的洞穴里，想从地面上找到位于水面正上方的准确位置，更是不易。

公共之家后面街上某些人家的庭院中有些巨大的石丘遗迹。环绕教堂广场的墙内也有一颗巨大的直立圆石，一如先前所提的鞭笞柱。向导告诉我们，村外附近还有许多古代遗留下来的石丘；不过，不用走出村外，我们已看得够多了，足以满足我们对马尼所怀抱的期待。

回到公共之家，我们发现换了一位新的守卫，其酒醉程度显然比刚离开的那位有过之而无不及。艾尔毕诺询问酋长是否有我们听说的古代遗物，印第安人便从公共之家搬出一份包得严整、极为小心照顾的科戈尤多著作。这并未令我们太吃惊。他们翻开书，指出一幅画。那是书中唯一的图，描绘的是谋杀杜杜尔休特使的情景；我们看图时，他们又拿出一幅画在棉布上的古画，在地上摊开。那是科戈尤多书中版画的原作，画面的设计是一件外衣，臂上镶了一圈被害特使的头，其中一名太阳穴上插着一支箭，表示是眼睛遭箭刺瞎的特使。图中央有棵从盒子中长出来的树，代表索图塔的山榄树，那些特使就是在这棵树下遭到谋害。印第安人说，这棵树依然健在。

这幅画显然出自某位印第安人之手，而且可能非常接近该事件发生的时间。科戈尤多在他的时代宣称这是一件有趣的古代遗物，如今当然更是如此，马尼的印第安人也视之为非常重要的对象。事实上，在我们整个行程中，无论是中美洲或尤卡坦，这是第一件由印第安人所保有的纪念物，他们也因而保存了历史记忆。事实上，这也是唯一的一件。不过这不能归咎或责难他们。尽管尤卡坦的历史有些部分蒙昧不清，但仍清楚显示这支如今潦倒悲惨、卑屈的民族，确实曾冒着生命危险，不顾一切坚守如今已无人知晓的先祖记忆。我们可从他们的征服者记录中得知，西班牙人实行的野蛮无情政策，如何根除印第安人心中的这份记忆；眼前，在马尼村内，就有一个黑暗、令人感叹的案例。

一五七一年，亦即梅里达建城二十九年后，一些马尼村的印第安人重拾偶像崇拜的习惯，秘密举行他们的古代仪式。

这个印第安人故态复萌的消息传到梅里达首长的耳朵里后，他亲自来到马尼，并立即展开审讯。有些坚持偶像崇拜并在秘密仪式中殉教的人，即使早已埋葬在部落圣地，他仍下令挖出他们的尸骨，暴尸野地。此外，为了严厉威吓印第安人，并完全消灭他们的古代仪典记忆，有一天，他下令要印第安人取来所有书籍、古代文件，在西班牙显要陪同下，当着一大群印第安人的面前焚烧净尽，直接摧毁他们的先祖历史。根据史家记载，嫉妒这位幸运神父的人认为他残暴，但反对偶像崇拜的医生佩德罗·桑切斯·德阿吉拉尔对这个行动的看法则截然不同。

看到这幅画，我更想知道是否还有其他相关纪念物；不过确实就只有这一件。印第安人别无他物可提供，于是我向阿卡迪询问有关古代文献之事。他对此一无所知，但表示我们可到藏放文件档案的房间自行查阅，房间钥匙则由另一位阿卡迪保管。

村中学校的校长事前已接到蒂科尔神父卡里略的介绍信，这时便陪同我去寻找另一位阿卡迪，找了几个地方才拿到钥匙。回到公共之家，我们将档案室的门打开时，共有三四十人和我们一起进入。与马尼有关的书和档案放在位于后方的房间，其中有一巨册外表看来相当古老神圣，书的封面为羊皮纸，因年代久远而破烂，并有虫蛀痕迹，上面还有一个配件，可像手提包那样合上。不幸的是，它以玛雅文写成，完全看不懂。依其年代看来，这本古意盎然的记录所描述的事件，显然发生在西班牙入侵后不久。当我仔细研究时，强烈感觉它直接或不经意地透露出，在其记载中也包含了对我的调查研究可能甚有启发的讯息。

这天是星期天，一群好奇而慵懒的旁观者围绕桌前，但他们丝毫无法分散我的注意力。我发现，这里的人虽然都使用玛雅语，却没人能阅读这些文字。尽管如此，我仍继续一页页翻阅。翻到第一百五十七页时，我在一份年代记载为一五五七年的文件中看见夫克斯玛尔这个字。我在这里停下来，请旁观者协助。校长是唯一试图提供支持的人，但即使是他也对那些玛雅文字一筹莫展，只说这些记载写于将近三百年前，和今日使用的玛雅文有些不同，而且更难理解。文件中也提到其他地方，地名我很熟悉；我看到放在乌斯马尔之前的字和放在其他地名之前的字并不相同，因而推论它是在某种非常不同的状况下提及乌斯马尔的。

我翻到文件最后，发现一张全开的纸，它原先和书装订在一起，如今已松脱。纸上是一张奇怪的地图，年代记载也是一五五七年，马尼位于图中央。乌斯马尔也出现在图上，而且以一个特别的符号表示，和其他地方的符号不同。地图背面是同一年代的说明，内容很长，里面又出现乌斯马尔这个字，无疑它也包含与地图上其他地方有关的事件，以及当时的情况或存在状态。在校长协助下，我将此图和书中所记载相互对照，确定后者的确是前者的抄本。

再翻几页是另一份文件，年代为一五五六年，早了一年，同样也出现夫克斯玛尔这个字。校长协助我了解这份文件的大概内容，不过他勉强翻译了一些，并说其翻译未必正确。阿卡迪派人去找一位印第安书记，但此人不在村内，于是找来另一位曾担任书记的老印第安人。他两眼茫然瞪着书页，好像看着一排开山刀似的，良久之后告诉我们，他年纪太大了，早已忘了那些字怎么读。这时，唯一的办法就是抄下文件内容；校长立刻开始动手，傍晚时已完成并交给我。晚上，我获得阿卡迪的许可把书带回住处，仔细看过每一页，用手划过每一行，想寻找“乌斯马尔”，但并未找到。这些若不是现存唯一提到乌斯马尔的古代文件，大概也是最早的了。

我带着抄本前去拜访我的朋友皮奥·佩雷斯先生，他发现有些错误，因此，我的好友卡里略神父应他要求又跑了马尼一趟，重新制作一份地图和文件的正确抄本。他还勤劳地在玛雅档案中搜寻其他提到乌斯马尔的文件或任何相关数据，不过徒劳无功。他将他的抄本翻译出来，并经过皮奥先生修订，以下便是根据他的版本记载而成的。

下页图是那份古代地图的复本，原版地图位于那张全开纸的其中一面。

地图背后所附说明，译文如下：

“马尼村统治者弗朗西斯可·蒙特侯·休先生，及其臣属村落统治者的领土划分备忘录。

本村总督暨杜杜尔休领土统治者弗朗西斯可·蒙特侯·休先生、蒂科尔总督弗朗西斯可·切先生、欧克斯库兹卡勃总督弗朗西斯可·巴卡伯先生、特卡斯总督迪耶戈·武斯先生、汉·莫纳尔总督阿隆索·巴卡伯先生、玛玛总督胡安·切先生、特基特总督阿隆索·休先生，以及其他马尼辖下各地统治者与管理人共聚一堂，目的在于管理地标、维护各村个别伐木权、订定穿越各村边界玉米田的规则，根据个别情况将上述地区分为小区块，明白昭告各自的领域。

卡努尔村民、阿坎塞村民、蒂科、科苏玛村民、索图塔及其辖下村民、提克斯卡卡勃村民，以及部分佩托、科洛特－加龙省穆尔和苏卡卡勃村民，经共同商议后，宣布必须由各村总督出席，我们的响应是所有总督应前来马尼村参加会议，并各带两名管理人出席此领土划分会议。

马尼地图

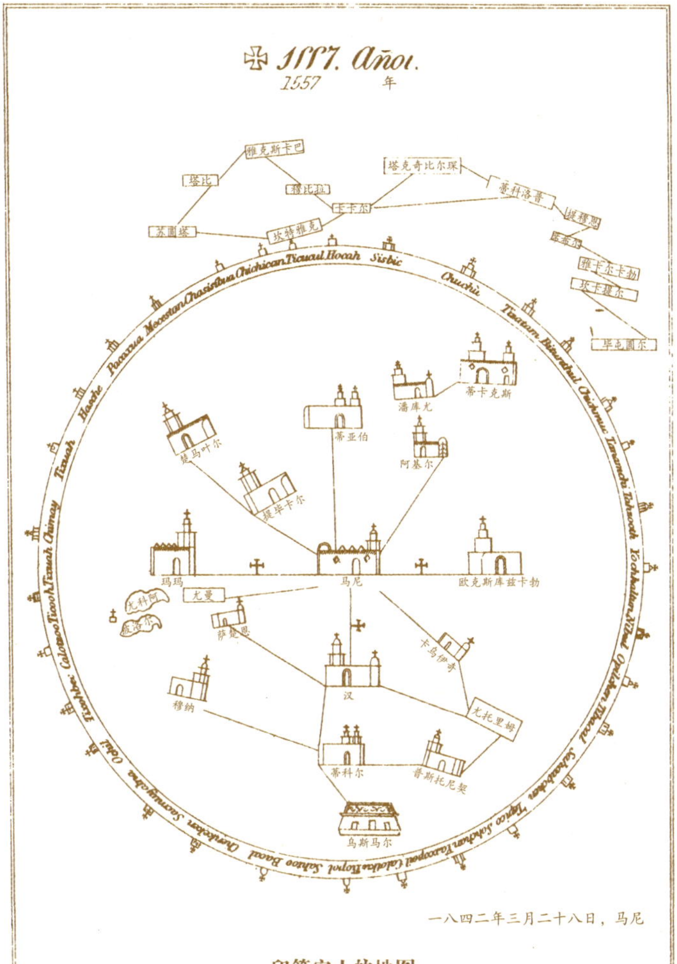

印第安人的地图

Charles Copley, Sc.N.Y.

努基尼总督胡安·卡努尔先生以及他的同伴弗朗西斯可·齐、蒂科总督胡安·科克姆先生、科苏玛总督加斯帕尔·图恩先生、索图塔总督冈萨洛·图伊恩先生和雅克斯卡卡勃总督胡安·安，皆于第五日收到来自梅里达的捐献，包括一百‘匹’上好棉布，此后开始则以二十匹为单位；这些皆由胡安·尼克、佩德罗·迈和佩德罗·柯巴卷好备妥，集中置于马尼村总督弗朗西斯可·蒙特侯·休先生家中。此外还有三个‘阿罗瓦’的蜡是另外出售的，索图塔的胡安·科克姆先生首先获得这些蜡。

从塔尔查奎约往梅里达的路上，在村子北方附近有个十字架，人们称之为欧阿尔。在萨克木雅尔纳也放置了一个十字架；这是蒂科人的土地边界。在科奇拉有一个十字架。在西西尼尔、托优塔、楚卢尔伊特萨、奥卡勃西普，以及蒂帕尔，皆有十字架；这是马斯卡努的卡努尔人玉米田和土地的边界。在卡克萨勃塞查克诺卡克、卡拉姆、沙克托斯，也有十字架，是卡努尔人的土地边界。在塞美萨尔和欧帕尔有十字架，是基里尼和贝卡尔村民所拥有土地的边界。在雅克斯切苏西拉克斯卡尔琛、特伊科萨卡勃琛克斯巴卡尔、欧皮琛，亦立了十字架。总计共有二十二处地方做了记号；然后他们受命回来向审判官费利佩·曼里克提出新地标。曼里克因其出色的专才，于抵达乌斯马尔时被总督赋与特别任命，随行者有口译员加斯帕尔·安东尼奥”等，之后的部分在此略过不提。

另一份文件开头是这样的：“一五五六年八月十日，特别审判官与其口译员加斯帕尔·安东尼奥自夫克斯玛尔抵达，来到首要之村马尼，随行的有其他酋长如：蒂科尔总督弗朗西斯可·切先生、特卜斯总督迪耶戈·武斯先生、汉·莫纳尔总督阿隆索·巴卡伯先生、玛玛总督胡安·切先生、特基特总督阿隆索·休先生，以及与他们同行的总督如：蒂科总督胡安·科克姆先生与加斯帕尔·图恩先生、努尼尼总督胡安·卡玛尔先生、科苏玛另一位总督弗朗西斯可·奚斯、索图塔总督胡安·科克姆先生、提斯卡卡尔图尤总督冈萨洛·福尤先生、雅克斯卡卡勃总督胡安·安先生。他们都从夫克斯玛尔随行来到首要之村马尼；此外还有其他获得任命的人，以及审判官费利佩·曼里克、委任口译员加斯帕尔·安东尼奥。”以下文字也省略不提，因为与此主题无关。

读者由此可知，在梅里达建城十五或十六年后，马尼依旧拥有卓越地位，一如杜杜尔休率众向西班牙人归顺当年。它仍是“首要之村”，是大家聚集和解决各村边界问题的中心；不过从这些文件上也看得出来，巨大的变革已然发生。

事实上，即使在这么早的时期，我们就已看到外来影响一旦达到某个程度，就会颠覆所有制度，并永久摧毁这支原住民的民族性格。印第安人虽仍统治自己的村落，也聚集共同解决边界问题，但却是在西班牙官员费利佩·曼里克的指导下聚集的，而曼里克正是特别为此目的任命的官员。他们分辨地界的方式是竖立十字架，而此象征物是西班牙人引进的；他们也丧失了足以自傲及独立的族内专用头衔——“酋长”，改称先生和总督。他们甚至在征服者的安抚下，放弃祖先流传下来的姓名，无论出于自愿或强迫，纷纷采用西班牙人的基督教名；马尼君主本身是玛雅王室的直系后裔，也许正是率领臣属归顺弗朗西斯可·蒙特侯的杜杜尔休或其后代，却为了向征服者和摧毁者输诚，恭顺而蒙羞地以弗朗西斯可·休之名出现。

然而，我并非为了叙述这令人哀伤的故事而介绍这些文件的；它们还有另一层更重要的意义。在一五五七年这次划分边界的行动中，出现了“审判官抵达乌斯马尔，口译员加斯帕尔·安东尼奥随行”，同时，在前一年一五五六年协议中，也出现这位特别审判官和口译员加斯帕尔·安东尼奥从乌斯马尔抵达首要之村马尼，其他酋长亦随同前来，不但所有名字全都加以记载，并且还加以说明这些人“从乌斯马尔随行来到首要之村马尼，包括以上已提及姓名者、审判官费利佩·曼里克，以及受命担任口译之加斯帕尔·安东尼奥”。

眼前的问题是：乌斯马尔究竟是什么样的地方？显然它是个人来人往的中途站。我敢断言，它绝不只是个大牧场，因为大牧场在征服早期还没开始建立。此外，从西蒙·皮翁先生出示的所有权状来看，最早特许将乌斯马尔设为大牧场的年代已是一百四十四或一百四十五年之后，那时该处土地已荒废，并属于西班牙王室所有，其上只有小小的印第安聚落，而且这些印第安人公然在那些古代建筑中崇拜异教邪恶之神。当时该地还不是大牧场。那么，它是西班牙人建立的城镇吗？如果是，总该有些残迹遗留下来，在颁发特许状的时候仍应可见，而且驱走印第安人并破坏他们偶像崇拜的重大目标也应已完成。

然而，毫无任何迹象、记录或传统显示，乌斯马尔曾出现西班牙人建立的城镇；一般也认为西班牙人从未在当地建立城镇。西蒙先生非常肯定这点，我也赞同这个观点。不过，我觉得最强有力的证明是这幅古代地图。征服史上最清楚明确的一件事实，也许就是西班牙移民因其无与伦比的强烈宗教狂热，在进入每个印第安村落后第一件事便是建立教堂。如今几乎所有地图中出现的地名都有一个代表教堂的记号；大多数至今依然存在，同时也全都保留印第安名字，表示这些教堂当时设于印第安人的城镇内，或者至少西班牙人是这么计划的。我们也拜访过其中几处，看见教堂就建于古代建筑废墟上，附近则是和乌斯马尔性质一样的遗迹和广阔的废墟。

尽管如此，图中乌斯马尔并无显示教堂的记号。我认为这正是乌斯马尔没有教堂的证据，当西班牙人在其他印第安城镇建立据点时，由于某种原因，也许是不利健康吧，他们并未在乌斯马尔进行相同的事。若再进一步细察，便可看见乌斯马尔不只没有显示教堂的符号，而且是以一个截然不同的符号来表示。这个奇特且令人印象深刻的符号出现于图中，显然绝非随意或毫无原因的。在我看来，这个符号是出现在原住民建筑正面的特有装饰图案，和我们此时在乌斯马尔地区看到的一样，在地图上正好用来明显区隔一个没有教堂的广大地区，以及其他已建立教堂的地区。显然，如今地图上还是可以同样用这个符号来代表乌斯马尔。因此，我的结论是：无可否认的，在审判官费利佩·曼里克先生抵达乌斯马尔和从乌斯马尔过来的时代，当地仍是原住民聚居的城镇。

更进一步来看，从这个主题得到的些微曙光显示，我们不应忽略最细微的事件或状况。例如，每次提到审判官抵达或从乌斯马尔前来时，都会提及有口译员随行。如果当地已荒芜，根本不需要口译人员；如果它已是个大牧场或西班牙城镇，情况也相同。只有在进入全是原住民居住的城镇，审判官才需要口译，因为他无法了解当地人的语言。因此，我不得不相信情况确实如此。我也可轻易判断，直到王室后来特许建立大牧场的一百四十年间，当地人口衰减、土地荒芜，全是西班牙人征服尤卡坦时的政策带来的必然结果。我认为这些文件非常可靠。它们是征服时代早期发生事件的真实记录。直到今天，那幅地图和他们划分地界的行动，仍是影响邻近地区土地所有权一切法律程序的最佳证据，后来我又发现它们在一场双方互不相让、延宕甚久的官司中，成为足以佐证的证物。

为这张古代地图耗费这么多篇幅，我并不感到抱歉。不过，也许读者未必会像我们和马尼的混血儿般对它感兴趣。这样的关注也导致我们的好奇被视为动机不单纯，绝不只是调查当地古代城市历史而已。由于近来局势日渐艰困，这些“英国佬”多少成为怀疑的对象；马尼的好事者向艾尔毕诺仔细探询了我们的目的，为什么我们需要这份地图？然而他的解释显然无法让他们理解，也或者艾尔毕诺说不清楚，于是他们认为我们打算找出重要地点来建立碉堡，同时抱着一种和好战的古代领袖——无论西班牙人或印第安人——迥然不同的精神，暗自认定我们打算征服他们的国家，把他们变为奴隶。

黄昏时我们漫步至教堂和修道院，在尤卡坦境内早期所建的建筑物中，这两座建筑是庄严堂皇风格的代表之一，也是圣方济会修士狂热和辛勤努力的光荣纪念。它们都是在梅里达的胡安修士指导下建成的；胡安修士是位杰出的战士和征服者，但他后来放下屠刀，成为修士。根据科戈尤多的记载，这两座建筑皆在短短七个月内完成，当时此地君主差遣了六千名印第安人投入工作。两座建筑皆建立在另一民族的废墟上，如今它们自身也逐渐摇摇欲坠，趋于毁坏。

修道院为两层楼建筑，有一道宽阔的走廊环绕四周。不过，门皆已毁损，窗户洞开，雨水打进屋内，地上长出青草。

教堂的屋顶是一个宽广的散步平台，可远眺这个一度是重要行政中枢、几近无边无际的辽阔地区。放眼望去，远处高耸的山脉自东向西绵延，形成平原上的一道阴暗边界，其余则是一望无际的平原，偶尔只有一些属于村民的小块空地点缀其间。

我的向导一一为我指出地图上出现的村名：特卡斯、阿基尔、欧克斯库兹卡勃、斯丘奇诺切、普斯托尼契、蒂科尔、汉、查帕普、玛玛、提毕卡以及提埃布尔（在原文书中，内文有几处地名和地图上标示略有不同，可能是拼写方式不同之故。中译仍依原文译出。如提埃布尔／蒂埃布尔；提毕卡／提毕卡尔）。三百年前，这些村落的酋长来到马尼解决彼此的边界问题。向导还告诉我，天气晴朗时可以看见更多村落，有些我已拜访过，而且看过当地古代城镇的颓圮遗迹；如今从教堂屋顶看着它们，古老地图令它们栩栩如生，显得如此真实且富有生命力，一如三百年前一般；比起对已消失的不知名民族的无穷想象，这感觉更令人为之精神一振。夕阳西下，夜幕渐渐笼罩在大平原上，也象征着居住其上的古代居民的不幸和命运。

第三十三章

残破的玛雅手稿

三月七日，星期一。清晨天未亮，我们已动身离开马尼。

我们目前的旅行模式，对卡柏特医生此行的特殊目的最有利。在路上，他有很多机会猎捕各种鸟类，一旦进入废墟，由于布满茂密树林和矮树丛，捕捉不易，对他来说是一大损失。过去尤卡坦从未进行过鸟类调查；更严格来说，有位德国人是唯一曾对当地自然史中此小类下过功夫研究的人；他后来在尤卡坦去世，其收集已散佚，笔记也不知去向。因此，卡柏特医生的探索之旅也像我们的旅程一样，进入了全新的领域。我们的注意力不时转向羽毛鲜艳的鸟儿，以及它们有趣的习性；它们也成为我们旅行的目的之一。我很想向卡柏特医生索取有关尤卡坦鸟类的一篇论文收入书里，不过同时也发现自己的数据非常多，且由于内容不断增加，成书后将非常厚实，因而不得不认真思考如何浓缩。

卡柏特医生在波士顿的自然史月刊上发表了一篇文章，内容是他对其中一种稀有品种华丽鸟类的观察记录。目前所知这种眼斑火鸡的标本只有两只，分别由巴黎的植物园和德比伯爵所收藏，我们不但获得一只标本，还在内陆成功找到两只活生生的鸟，可惜在准备运回国的海上航程中不幸遗失了。

希望有一天卡柏特医生会出版一份完整的尤卡坦鸟类观察记录。我在附录中收入一份备忘稿，是卡柏特在尤卡坦观察约一百种鸟类的相关记录。这些鸟类当中，有些在美国也可见到，威尔森❶、波拿巴❷、奥杜朋❸和纳托尔❹等人都曾描绘记录过；有些羽毛特别鲜丽，科学界相当熟悉，也曾在南美洲和中美洲不同地区观察到，但在尤卡坦只见标本出售，缺乏对其习性的描述；第三类则是前所未闻，直到卡柏特医生来到尤卡坦才发现，对博物学家而言比前两种更为重要。备忘录上还附有文字，说明是在何处及何种情况下观察到这些鸟类的。既然提到这些放入附录的记录，在此顺道说明：本书某些极重要的部分也将置于附录，以便我在内文中能精简某些叙述。

言归正传。当天我们在提斯美奇过夜。此地距马尼八里格，是个井然有序的村子，村中有一口深一百四十四英尺的井，前来汲水的妇女取完一罐水后，均会放一把玉米在井边，我们则支付一米狄欧让我们的马饮水。次晨一大早，我们在天未亮前便启程，九点半左右抵达佩托，在我们的朋友皮奥·佩雷斯先生家中，和卡塞伍德先生及我们的行李会合。

佩托是政府部会所在地，皮奥·佩雷斯先生则是当地政治首长。这是一个建设相当完善的城镇，街道也和梅里达一样以屋顶上的动物为标志。教堂和修道院都是壮观的大型建筑，神父的生活是教会中最重要的支出，每年可达六七千美元。

我们收到来自家乡的信件和一迭迭报纸，都是从梅里达转寄此地的，除了阅览这些信件或报纸外，几乎所有时间都与皮奥先生不断谈论关于尤卡坦古代文物的有趣话题。这位绅士提供给我们协助，对我们的计划抱持兴趣，并且毫不吝惜地为我们付出，我对他的感谢，实在是笔墨难以形容。这位令人敬佩的先生还根据自己做的备忘录，为我们准备了一系列发音符号和玛雅语文法图解，此外还给我一份字汇手稿，里面载有四千多个玛雅字，以及他根据印第安计算方式制作的年历，内容包括一八四一年七月十六日至一八四二年七月十五日，以及对其历法体例的说明或补充。这些连同对应译文一并收录于本书附录当中。

除了上述数据，他还给我提供另一份文件的抄本。如果此抄本正确无误，那么它比所有现存文件更能发掘部分原住民历史真相。那是一份残破的玛雅手稿，根据一位印第安人的记忆记录而成，并未标明年代，标题为《尤卡坦古代史的主要时期》。

手稿内容主要记述一系列“年轮”，从托尔特克人离开图拉潘，直到他们抵达此地——亦即记载中所称的查克诺一维坦之岛，根据皮奥先生制作的历法计算，应相当于公元一四四年至二一七年之间。

手稿中指出，巴卡拉尔及后来的奇钦·伊策萨两地的发现年代，介于公元三六〇年和四三二年之间的三个时期间；它还记载了香波东的殖民和毁灭，在无人居住的森林中漂泊的时期，以及在奇钦·伊策萨两度建立据点的始末，其时间相当于公元八八八年至九三六年之间。

手稿内容还包括：乌斯马尔建立据点的时期相当于公元九三六年至一一七六年间；奇钦·伊策萨和玛雅潘领袖交战时期；玛雅潘遭高地的维特塞人所毁；西班牙人抵达，“东方圣者随之前来”的时期。手稿最后的记载则是第一位受洗和第一位主教来临的时期。

我不打算针对这份手稿的主题加以评论，其真实性究竟如何我也说不上来。不过，它既然是目前所知现存唯一由印第安人以母语记述的手稿，记载着发生在这块土地上的古代历史事件，因此我将它完整收入附录当中。它的部分纪事可能和我的看法相左，但我认为，发现真相比证实我自己的任何理论更重要；况且，我可以说，它大体而言还是证实并支持了我在此所表达的一些看法。

三月十一日下午，我们向皮奥·佩雷斯先生道别，出发前往奇钦。自从离开家乡以来，我们一直期盼着能到奇钦一访。我们迫不及待想要见到它，而且这些愈来愈厚的记录也提醒我，不能再在路上耽搁了。因此我只简单向大家报告，第一晚我们在泰休过夜，第二晚在雅克斯卡巴，第三天中午抵达距奇钦约两英里的皮斯特村。我们早就听说一些大牧场主人待客之道的不好传言，因而认为最好不要在辛苦奔驰一整天、饥肠辘辘时惊扰他，还是先在村里花点钱填填肚子。

四点时，我们离开皮斯特，不久便看见高耸于平原上的奇钦城堡。半小时后，我们已走在这个古代城市的废墟之间，眼前完整呈现的所有壮丽建筑，在平原上投下巨大的阴影，形成一种奇特的景象，即使我们看过那么多废墟，依然不由兴起赞叹之情。

公路从这些废墟建筑之间穿过，原野十分开阔，不需下马即可趋近一些主要建筑物。我们不自觉在此流连忘返，无奈天色已暗，不得不依依不舍地离开，并在骑马继续前进数分钟后来到大牧场。牛仔们正吆喝着，牛群争先挤入门内。我们正准备跟进，大牧场阶梯上有一群男女对我们大喊不要进去，同时一名男子朝我们跑来，高举双臂，当着我们的面关上了大门；这就是格雷戈里奥先生送给我们的见面礼。

事实上，这个看起来不怎么友善的动作并无任何恶意，反而是出于善意。这些人已等待我们三个月了。透过朋友的联系，主人告知总管我们来访的计划，指示他尽一切可能让我们感觉舒适，因此总管下令关上大门，不让我们进入。关门的男人告诉我们，那是因为大牧场上有太多妇女和小孩，没有多余的空间可加吊床。他带我们来到坐落位置甚佳的教堂，提供教堂旁的一个小房间给我们使用。那是一间既新且干净、墙上涂过灰泥的房间，可惜小了点，只能挂两张吊床。房间里有一道门通往教堂内部，他说我们可把第三张床吊在教堂里。由于时间已接近节庆结束之日，印第安人可能需要使用祭坛，因此我们还是有些疑虑。

另一个选择是正对着大牧场大门的一栋房子，其面积大小不成问题，因为使用范围不受限制。这个房子就只是几根竹子撑起一个茅草屋顶，中央有很大一堆石灰和沙，准备用来糊墙。主人建造这座房子的用意原就是打算供旅人住宿。我们住进去后，那堆石灰和沙便依照既定用途糊成了墙，我们总算有了遮蔽物，之后来到这些废墟的访客，也将会发现这里有一栋相当不错的房子可以居住。总管希望我们到大牧场用餐，不过我们所有旅行装备都在身边，于是决定自理家务，后来甚至过得相当舒适。除了大牧场的资源外，我们还有皮斯特村作为备选地点，另外还有瓦亚多利德，虽然它远在六个小时路程外，但我们仍列了一份清单，准备次日送去采购。

第二天早上，在一位大牧场的印第安人带领下，我们来到废墟进行初步勘查。奇钦废墟也位于一个大牧场上，大牧场名字就叫作奇钦，属于胡安·索萨先生。那是他父亲过世后分给他的家产之一，另外还有牛只、马匹和骡子等，价值五六千美元。这里也像大多数邻近土地一样不需向政府缴税，主人只负责进行改善工作。

这些废墟离瓦亚多利德九里格远，前往瓦亚多利德的公路直接从这片遗址之间穿过，路边两旁巨大高耸的建筑物尽入眼底。这条路经常有人经过，由此可见，奇钦废墟应是尤卡坦人最熟知的废墟。有趣的是，最早进入废墟拜访的却是一位纽约人，我们后来也在瓦亚多利德碰到他，不过此时他已回到纽约定居了。

我们一到奇钦就听说在瓦亚多利德有位名叫胡安·布克先生的同乡，在当地工厂担任工程师。他的英文名字是约翰·柏克，一八三八年从瓦亚多利德来到距离奇钦六里格的卡瓦村。当他在邻近一带游览时，有位年轻人告诉他，这个大牧场上有古老的建筑，从其中一座之上可看见瓦亚多利德。柏克先生骑马前往，七月四日登上城堡顶端，透过手中的望远镜眺望瓦亚多利德。两年后，弗雷德里克斯塔尔男爵在一八四〇年也来拜访，欧、美大众透过他首次得知这些废墟的讯息。在此顺便一提，他所走的路线，是我在上一次尤卡坦之旅半途折返回国后向他建议的。

言归正传。从我们住的小茅屋门前便可看到一些主要建筑。我们首先前往坐落于公路对面的建筑。小径穿过大牧场的牛栏，我们沿着小径翻越尽头处的一排栅栏，进入废墟遗址。这里有部分区域长了树木，其余多是开放空间，放牧牛群所走的小径彼此交错。此外还有不少扁虱，而且可能因为无数牛群在此活动而数量更多。不过，这里最大的优点是拥有开阔的场地，而且移动方便，因此就算有扁虱，并未浇熄我们的兴趣。

废墟本身已令我们心满意足；事实上，这里简直令人叹为观止。建筑非常巨大，有些仍维持相当良好的状态；大体而言，建筑的立面不像先前所见一些建筑那么精致，似乎出自更早的年代，雕刻也较粗拙，但内部房间的装饰与设计在我们看来却是新的，且极为有趣。所有的主要建筑都集中在某个小范围内，彼此的距离非常近，在其间往来穿梭非常自在方便，因此，到了一点左右，我们已探访过每座建筑，检查过每个房间，安排好整个计划及工作流程。结束探勘后，我们出发和卡柏特医生会合，当时他正独力进行一项任务，不过是以众人的名义，也是为了众人的利益。

奇钦之名的由来，再次显示在这干燥大地上拥有水是多么重要。它由两个玛雅字组成："奇"意为"口"，"钦"意为"井"，合起来即是"井口"之意。废墟中有两个大型地下水塘，无疑是供古代居民用水之处，但自大牧场建立并开凿一口井后，这两个地下水塘未再有人使用过。卡柏特医生负责在该地开出一条小路，直达其中一个水塘旁边，以便我们沐浴，因为在那样热的天气里，洗澡和食物一样令人精神振奋。我们与他会合时，他刚完成工作，他的手下除了印第安工人外，还有一大群从皮斯特村来的麦士蒂索男孩，他们已开始享受成果，纷纷进入水中游泳、潜水，或散坐在岩石凹洞四周。

我们从佩托过来途中，在我略过的细节里其实尚有几个特别之处。例如水源在乡野地表上形成相当新奇、极为不同的景观，而且更加原始，乍看之下，令人产生的强烈惊叹之感，也许更胜于之前所遇见的任何洞窟、水塘或地下水井。这些奇特的水源虽然也叫地下水井，但和前文所提的完全不同。它们是巨大无比的圆形凹洞，直径从六十到两百英尺不等，周围是崎岖、破碎、陡峭的岩壁，深达五十至一百英尺，洞底有一大滩水，深度不明，水平面总是保持一定的高度，应该是来自地下伏流的水。我们曾看过印第安人将牧场建在这些地下水井附近，井侧有一道栅栏，印第安妇女用树皮做的小桶从井里取水上来。古代城市之所以会建造在此，这两大地下水井很可能就是主要原因。

下页图即是奇钦废墟中的地下水井。它看起来虽也十分荒凉，却和我们所见其他地下水井不同。其他水井全都是圆形，除非利用绳索，否则无法接近水边；但奇钦的却是长方形，长约三百五十英尺、宽约一百五十英尺，侧边高度介于六十或七十英尺之间，非常陡峭，只有一个地方例外。走过一个缺口形成的陡峭而蜿蜒的下坡道，就可来到水边。

奇钦的地下水井

这幅图是从水边取景的，小径显然某个程度由人工打造，因为我们在某处看见岸边有一道石墙的遗迹。在这一侧，卡柏特医生立了一道栅栏作为保护，不过顽皮的皮斯特男孩后来又把它拆了下来；我们以两雷亚尔为赏金，引诱他们交出罪魁祸首，但他们不为所动。附带一提，这些男孩和皮斯特的居民，无论男女似乎都认为这条小径是为了造福他们而特地开辟的，起初他们也在我们前往洗澡的同时出现。有一次还来了两名村中妇女，而且似乎不肯离去；我们真被惹恼了，不得不强制通知并取得所有人的谅解，要求他们在那个时间把水井让给我们使用。于是，每天太阳直射、地表几乎无处可逃之际，我们便在这个深湛的地下水井中泡水纳凉。

奇钦的第一天便在如此心满意足的成果下度过。我们回到小屋，遭遇了另一种情况；这个事件本身虽令人痛苦，却增添我们在此展开工作的力量和精神。雨季可能带来的危险正逐渐过去，但由于下一季作物歉收，同样单位的玉米价格从两个雷亚尔涨到一美元。这个国家不时因玉米歉收而遭逢的苦难，是旁人无法想象的。

一八三六年，这里曾发生过饥荒，此时似乎历史再次重演。沿岸一带固然有来自美国的供应物资，但运至内陆的运输费却令人咂舌，于是此地的玉米涨至一单位四美元，印第安人完全无法取得生存所需的物资。一旦饥荒再起，可怜的印第安人便只能饿死。我们抵达时，大牧场的仆人因没有积蓄的习惯，已将仅有的小量存粮消耗殆尽，由于玉米田无法收成，他们便在主人允许下，准备移往其他饥荒较不严重的地方。

总管告诉我们，我们的抵达暂时中止了这个行动；这回我们不用再苦苦找人工作，这些可怜的印第安人团团围在我们的小茅屋门前，乞求我们雇用，争先恐后接下艾尔毕诺分给他们的雷亚尔，但我们能提供的解脱也只是暂时的。这里容我附带一提：写作本书之际，原来担心的灾难已经结束；尤卡坦大开港埠，乞求粮食救援。尽管如此，不过在短短数月之间，我们原本在尤卡坦平安旅行，不断受到亲切招待，转眼间却发现当地除了战争的恐怖外，又加上了饥荒的痛苦呻吟。

❶

亚历山大·威尔森（Alexander Wilson，公元一七六六至一八一三年），诗人、画家、鸟类学家暨博物学者。威尔森出生于苏格兰，后移民美国，并成为北美洲鸟类观察的先驱，也是美国鸟类研究的奠基者。

❷

查理·波拿巴（Charles Lucien Bonaparte，公元一八〇三至一八五七年），法国博物学家暨鸟类学家。他曾旅居美国数年，其间曾发现鸟类新物种，并以威尔森的名字命名。

❸

约翰·奥杜朋（John James Audubon，公元一七八五至一八五一年），美国画家、鸟类学家暨博物学家。奥杜朋的父母均为法国人，他出生于海地，在法国成长，十八岁移民至美国后，长期投入鸟类观察与绘画。其画作不但对自然研究带来很大贡献，更具有高度的艺术价值。

❹

托马斯·纳托尔（Thomas Nuttal，公元一七八六至一八五九年），英国植物暨动物学家。纳托尔原从事印刷工作，一八〇八至一八四一年间长住美国，投入北美洲动植物采集和研究工作，曾出版北美洲鸟类和植物相关书籍，也有数种鸟类和植物以他的名字来命名。

第三十四章

印第安人的运动

右图是奇钦废墟的总平面图。此平面图先以罗盘测出方位，再拉绳索量出距离；各座建筑则根据外观一一描绘于图中。目前尚存的建筑皆已包含在内，其涵盖范围周边约两英里，相当于方圆三分之二英里，不过在此范围外仍有些已毁的建筑。

从平面图上，读者可以看到我们所住小茅屋的位置。循着屋前的小径穿过大牧场的牛栏，距离两百五十码外便是下页图中所示建筑。这座建筑并非位于人工阶丘上，似乎是将其前方一段距离的泥土挖起，使它看似位于高处。

建筑本身坐西朝东，正面宽一百四十九英尺，纵深四十九英尺。外观看来简朴，没有任何装饰。原先有一道大阶梯，四十五英尺宽，位于中央，一直通往屋顶，如今已完全坍毁。大阶梯两侧有两道门；建筑两侧末端也有一道门，朝西那面则有七道门。其内共有十八个房间；西面朝一块很大的空地，不知是自然形成抑或人工造成的，中央是一个前文曾提过的特殊之处——一块实心的石砌物，四十四英尺乘以三十四英尺见方，矗立于墙上，与屋顶齐高，无论就位置或规模而言，都和东面已毁的阶梯相呼应。此一突出建物的用处未必是支撑建筑；看起来也不像装饰，反而是个

荒废的阶丘
密林
荒废的
阶丘
往佩斯特
密林
荒废的阶丘
密林
密林
地下水井
垦殖地
十字架
荒废的阶丘
往
大
牧
场
墙
畜栏
住
屋
畜栏
水井
畜栏
大
门
印第安人
小茅屋
往瓦亚多利德
印第安人小茅屋
北
A. 运动场
B. 城堡
C. 有许多柱子的建筑
D. 小神庙
E. 有象形文字的建筑
F. 圆形建筑
G. 阿卡特塞夫，意为“黑暗中的书写”
H. 修女院
I. 隶属于奇钦·伊策萨的大牧场
J. 大牧场的教堂
K. 陌生人之屋
100 50 0 100 200 300 400 500 英尺
奇钦·伊策萨
建筑平面图
卡塞伍德描绘于一八四二年三月

奇钦·伊策萨

瑕疵。至于它究竟真是一大块实心物体，抑或其中另有内室，只能留待未来的探险家求证了。

南端尽头有道门通往一个房间，房间四周充满更浓厚、更难以穿透的神秘感。这个房间宽十九英尺，深八英尺六英寸，后墙部分有一道低矮而狭窄的门，通往后方另一个房间，规模也同样大小，但地面高出一阶左右。这道门的门楣是石材，下半部的雕刻主题如右页图中所示。这块石板及所在的位置是这栋建筑得名由来，印第安人称为“阿卡特塞夫”，意思是：“黑暗中的书写”，因为除了唯一的门外，室内没有光线，非常幽黯，想描绘这些线条十分困难。

这是我们第一次在尤卡坦发现雕刻在石块上的象形文字，形态无疑与在科潘及帕伦克所见的相同。采用坐姿的人像似乎正在执行某种咒语，或在进行某种宗教或偶像

名为“阿卡特塞夫”的建筑

门楣上的图案

奇钦·伊策萨名为“阿卡特塞夫”建筑中，一道门的门楣上有雕刻人像及象形文字。

这座建筑由石墙砌成，此人物雕像上仍可看见红、蓝、黄等色彩。

崇拜的仪式。显然，“黑暗中的书写”便是在解释这个行为，只是没人看得懂这些文字。花些力气或许能将这些建筑夷成平地，让其中所有秘密一一曝光，但这么做只是徒费体力，永远无法解开这块雕刻石板所蕴含的神秘。

离开这座建筑，沿地图所示的小径向西走一百五十码后，我们来到一道现代的石栏，用来区分大牧场的牛栏。越过石栏，在树林掩映的另外两栋建筑之间，可以看见一栋长形庄严建筑尽头的壁面；这栋建筑也和乌斯马尔的主要建筑之一同样名为“修女院”。它的保存状况仍十分良好，颇令人惊讶；装饰也相当丰富与华丽，一如右图所示。

图中还可看见右边一栋距离很近的建筑局部，这是名为“教堂”的建筑。此立面高二十五英尺，宽三十五英尺，有两道设计十分精美、繁丽的檐板。门的上方是二十个呈涡状排列的象形文字，分成四排，每排五个，在镌刻图中依稀可辨。为了挪出空间给这些象形文字，下层檐板的高度也随之提高。在这些之上，有六个排成一线、向外凸出的显著雕饰，和乌斯马尔总督府上的雕饰类似，看起来像一根象鼻；在门上方的上层中央则是一块不规则的圆形壁龛，里面还留着一个人像残迹，他头戴羽毛头饰，采坐姿。其余的装饰亦皆具有古代美洲城市特色的独特印记，和其他民族的设计皆不相同，这点读者现在想必已相当熟悉。屋顶上热带植物和矮灌木丛生，我们初见此建筑时，只见这些植物从檐板垂下，好像流苏一般，更为这座雅致的建筑增色。

右图（上）是修女院的正面。它由两个完全不同的结构组成，其中之一有点像主建筑的边厢，尽头便是方才提到的立面。正面全长两百二十八英尺，主建筑的深度为一百一十二英尺。唯一有房间的部分是我称之为边厢的地方。这里有两道门，通往长二十六英尺、深八英尺的房间，其后又有一个相同规模的房间，如今塞满数英尺的灰泥与石头，似乎原先打算完全填满至天花板，再造一间封闭的房子。这侧边厢的房间总有九间，也是地面上的所有房间。边厢连接的巨大主建筑，显然是一块实心的石砌物，其只是为了支撑其上的两排建筑。一道通往顶端的巨大楼梯有五十六英尺宽，是我们在尤卡坦所见规模最大的。楼梯一侧有一道巨大裂隙，深二十或三十英尺，主

修女院正面

修女院尽头的门面

人保留它是为了将建筑石材运出；由此可以看出，这里只是实心的石砌物。楼梯高三十二英尺，有三十九阶。顶端立着一排建筑，建筑前方有一个十四英尺的平台，朝两旁延伸。

从平台后面大楼梯继续向上，以同样宽度延伸十五阶，来到第二排建筑的屋顶，这里又有一道平台位于第三排建筑前；不幸的是，最后一排建筑已坍塌。在这里，可以看到整座建筑和尤卡坦其他建筑一样，古代建筑师从不把上层建筑直接建筑于下面一层的屋顶之上，而是向内缩，使它位于一个由地面扎实筑成的实心体上，下面一层的屋顶只是上面一层前方的平台。

这栋建筑约莫方圆六百三十八英尺，完整时的高度为六十五英尺，似乎主要是为了第二层建筑而建造，其中的房间充分显现艺术的精致与工匠的技术。第二层建筑长一百零四英尺，宽三十英尺，四周有宽阔的平台，如今虽长满数英尺高的草，依然形成雄伟、堂皇的瞭望平台，可看见壮观的四野。

在楼梯旁有五道门，其中位于中央的三道是一般所谓的假门，显然只是墙上凹入的壁面而已。介于门与门之间的房间，其内部装饰无论布局或设计均结合极为特殊的品味和优雅。两个最远的门各自开向其他房间，其内的后墙上各有三道长形的凹壁，由地板延伸至天花板，从尚可辨认的遗迹来看，应全都曾装饰着绘画。

建筑两端尽头各有一个房间，里面也有三个凹壁（或称壁龛），另一面，亦即朝南那面，相对于北面三道假门的中央三道门，则通往一个长四十七英尺、深九英尺的房间，房间后墙上有九个长形壁龛；所有墙面从地板直到拱顶尖端都布满绘饰图样，但如今全因磨损而无法辨识。不过尚存的部分有些地方仍保留了鲜艳生动的颜色；这些残迹当中，持续出现互不相连的人像，画得很工整，头上还戴着装饰用的羽毛，手持矛和盾。想仔细描述眼前所见一切已不容易，置身在此巨大荒芜的建筑里，走在长满杂草、树丛的平台上时，那奇特的感受，更是言语难以形容。

走回地面，在边厢尽头便是所谓的“教堂”，先前已看过它的一角，其正面则如右图所示，长二十六英尺，深十四英尺，高三十一英尺，因相对高度看来更有气势。

教堂

它有三层檐板，每层之间的空间装饰得富丽堂皇；雕刻粗糙但十分宏伟，主要的装饰在门上方，两侧各有两个坐着的人像，不幸大多都已断裂。在第二层檐板之上的门面只是一道雕满装饰的墙，和先前在萨依和拉巴纳提过的一样。

这整栋建筑保存良好。其内有个房间，从前曾涂过灰泥，沿着墙的顶端，在拱顶下方犹可见一排灰泥涂饰的圆形浮雕或涡状装饰痕迹。印第安人对这些废墟并不迷信，唯独这栋建筑例外；他们说，每年每逢基督受难节这一天，这栋建筑内会传出音乐声；不过这个从圣克鲁斯基切人听来的传说在这里不攻自破。受难节当天，我们在这间屋里打开达盖尔式照相机工作一整天，但什么音乐也没听到。附带一提，在我们所发现的房间中，这个房间是使用达盖尔式照相机效果最好的。这里只有一个门，很容易就变暗，我们不需把相机装箱带走；唯一担心的是牛群闯进来弄坏它；不过找个印第安人在这里过夜看守它一点也不难。

修女院尽头之南约二十二英尺远处是另一栋建筑，面积为三十八英尺乘以十三英尺，檐板之上的外观装饰如常，不过我觉得不值得在此一提。

离开这些建筑，从修女院继续向北行四百英尺，我们来到一栋建筑前。这栋建筑如右图所示，在奇钦的废墟中以风景秀丽著称，除了玛雅潘一座毁损甚严重的建筑外，它和我们所见其他建筑截然不同。其外观呈圆形，因内部安排而得名“螺旋梯”，位于两座阶丘上层。下层前方从北到南宽两百二十三英尺，从东到西深一百五十英尺，保存完好。一道宏伟的阶梯宽四十五英尺，有二十级，可通往这座阶丘的平台。楼梯两侧各有两条身体交缠的巨蛇，宽三英尺，就某种程度而言可当成扶栏，部分蛇身仍残留下来。我们还在楼梯的碎瓦砾中看见一个巨大的蛇头，掉落在阶梯底部侧边。

第二道阶丘的平台长八十英尺、深五十五英尺，可由另一道宽四十二英尺、有十六级的阶梯走上来。阶梯中央部分抵着阶丘的墙面有个残存台座，高六英尺，之前上面也许竖着一尊偶像。平台上，距最后一级十五英尺远处矗立着一座建筑物。建筑物直径二十二英尺，有四道小门，分别朝向东西南北四个方向。上层大部分以及一侧已坍毁，檐板以上的屋顶倾斜程度几乎形成三角点。

建筑含阶丘的高度将近六十英尺，当它仍完好时，即使四周环绕着其他宏伟建筑，也毫不逊色。门通往一个五英尺宽的圆形走廊，内侧墙上同样又有四个更小的门，分别位于罗盘上的东北、西北、西南、和东南方位。这些门引人进入第二道圆形走廊，宽四英尺。中央是一个圆形实心物，显然由坚硬的石头砌成，直径七英尺六英寸；但在某个地方有个小小的方形开口，离地八英尺高，被石块堵塞着。我费劲想清出石头，但石头掉落在狭窄的走道上，十分危险，只好罢手。屋顶摇摇欲坠，因而无法发现这个开口究竟通往何处。开口的大小约可容一人站立，并伸出头向外望。两道走廊的墙皆涂有灰泥，装饰着绘画，并且全都覆盖着三角拱顶。建筑的平面配置方式较新，但它不但没有揭开神秘，反而将原就笼罩在这些神秘建筑物之上的神秘面罩拉

圆形建筑

得更紧，一层又一层，几乎完全无法穿透。

从“螺旋梯”向西北走四百二十英尺，这里矗立着一栋建筑，如下图所示。印第安人称它为“奇阡丘夫”，意思是“红屋”。它的阶丘长六十二英尺长，宽五十五英尺，保存状况依然良好；阶梯宽二十英尺，我们初次拜访朝它走去时，一头牛正安安静静从阶梯上漫步而下。

这栋建筑长四十三英尺，深三英尺，依然坚固结实。檐板以上装饰得十分缛丽，不过这些装饰如今多已褪色磨损。它有三个门，通往一道贯穿建筑正面的走廊。内部墙面顶端有个石制匾额，一排象形文字横亘整道墙面，其中许多已无法辨识，所在的高度也不方便摹写。不过我们搭了一个鹰架，把全部的字都摹写下来了，如右图所示。图中是目前仍可辨识的部分，至于较不清楚的字，为避免弄错，就不在图面上显示了。象形文字下面的方块是这栋建筑的平面图，以及其阶丘与阶梯。它的后方有一

红屋

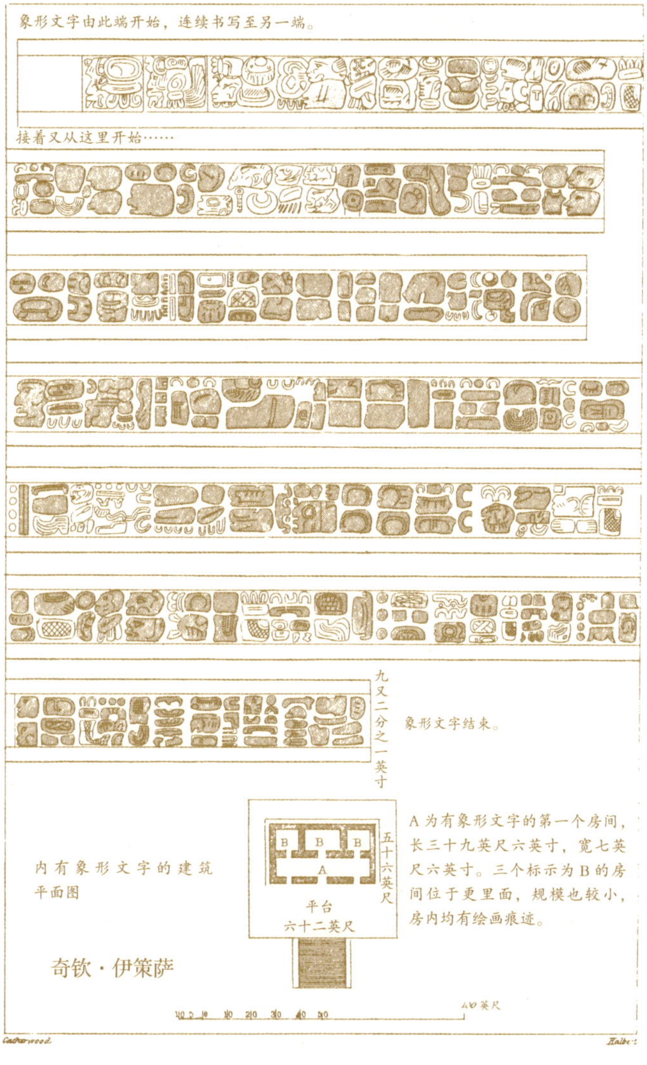
象形文字由此端开始，连续书写至另一端。
接着又从这里开始……
九又二分之一英寸
象形文字结束。
B B B
A
五十六英尺
平台
六十二英尺
A为有象形文字的第一个房间，长三十九英尺六英寸，宽七英尺六英寸。三个标示为B的房间位于更里面，规模也较小，房内均有绘画痕迹。
内有象形文字的建筑平面图
奇钦·伊策萨
Catherwood
Halbert

条走道，由三个房间构成，全都留有绘画的痕迹。这栋建筑的安排很合宜、便利，阶丘上又有平台可以走动，还可眺望眼前一望无际的美丽风景，若不是住在大牧场附近生活较便利，我们真想在这里落脚。

两百英尺外便是右图（上）所示的建筑。阶丘平台为六十四英尺见方；建筑中有三个房间，但无论阶丘或建筑都已坍毁，之所以在此放上其图片，纯粹是因为风景太过美丽，卡塞伍德先生无法抗拒，因而把它画了下来。

这些建筑与修女院楼梯的距离全都在三百码内，从其间任何地点望去皆可一览无余。整个田野是开阔的，牛群踏出的小径交错其上；建筑也好，阶梯或阶丘也好，都长满了树丛，不过我们有充足的印第安人力，因此很快就清理干净，整个过程之迅速有效率，超乎以往的经验。

这些只是位于公路西侧目前仍存在的建筑，此外还有更多石丘的遗址，上面留有残破的建筑，底部堆着巨大的石头和雕刻残片，已无法细察。

穿过这些遗迹，我们来到公路上，横过公路，踏上另一片开阔的原野，其中包含右页下图所示这栋极为特殊的建筑，我们一进入这个废墟地区便策骑趋前一探究竟。它由两道巨大的平行墙面组成，每道墙长两百七十四英尺，厚三十英尺，彼此相距一百二十英尺。

距北端尽头一百英尺处有一栋建筑长三十五英尺，正对着两墙之间的空地，位于高起的台地上，内部只有一个房间，而且正面已倒塌，不过残砾中突出两根柱子的残迹，柱面雕饰十分精美。室内的墙面完全暴露，从地板到拱顶顶端全覆满浅浮雕人像，但已风蚀褪色了。图中所示为两道巨墙，建筑位于远方。另一头，同样位于后方约莫一百英尺远处是另一座建筑，面对着两墙中间的空地，长八十一英尺，也已崩塌，同样出现两根残柱，雕饰着浅浮雕人像，颇为繁丽。这两道墙和对立的建筑的坐落位置，都标明在前文的总平面图中。

在这两座巨大石墙中央，离地二十英尺高处是两个巨大的石环，直径四英尺，厚一英尺一英寸，彼此相对。石环的洞直径为一英尺七英寸，环缘雕刻着两条交缠的

美丽的景色

运动场

蛇，下图所示即为石环之一。

乍看这两道墙时，我们以为其用途与目的和乌斯马尔支撑石环的两道平行建筑相同；先前曾提过，我认为乌斯马尔的建筑是为庆祝某种公开比赛而建的。无论在何处，只要当地人对该地建筑命了名，我都会采用他们提供的名字，无一例外。在奇钦，所有的主要建筑也都有名字；这一座被视为安提瓜人的教堂，虽已开始建造，但未完成。巨大的开放墙面固然显示这确实是屋顶尚未完工的大教堂，但由于当地已有另一个教堂，加上有相当有力的历史证据，我认为以其奇特的建筑结构来看，其目的和用途显然应是我所谓的运动场或网球场。

在埃雷拉记叙蒙提祖马的消遣娱乐一文中，有如下的记载：

国王非常喜欢观看球赛，但由于经常发生事端，西班牙人后来禁止这种比赛。此球赛叫作“提拉奇特利”，和我们的网球类似。球的材料是从一种生长于热带的树上取下的树胶；在树干上凿洞，大滴大滴的白色液体流下后很快就会变硬，经过处理

雕有交缠的蛇的石环

后混合在一起，就变得像沥青一样黑（无疑是一种生橡胶或弹性橡胶）。用这种材料做出来的球，拿在手上虽然又硬又重，却可像我们的足球一样弹跳飞越。他们不需击球，也不用追球，而是想办法让对手撞墙，便可达成目的或得分。球来时，他们可视情况需要用身体任何部位迎击；有时没接好，球碰触到臀部，他们反而视为最精彩、灵活的技巧。为了达成效果，让球回弹得更好，球员甚至在臀上绑了一块硬皮，球回弹时他们便用臀部去撞击，反复来回，好像球是活的似的。

观众选边下注，每边的人数非常多。胜者可得到一大堆斗篷，或赌客提供的各种赌注。他们也为黄金或羽饰而赛，有时甚至输得一干二净，如先前所述。比赛地点是个位于地面上的房间，长而窄，而且相当高，不过愈往上愈宽阔，两侧高于两端尽头。他们用灰泥把墙和地板涂抹得十分平滑，像在磨坊一样在侧墙上嵌了几颗石头，中央还穿个洞，和球的大小一致，如果有人将球击入洞里便算获胜。由于这种情形很少发生，为了纪念此种精彩绝伦的表现，根据古代习俗及参赛者的规则，此人将拥有获得全场观众斗篷的权利，因此，只要球一进洞，你会看到相当有趣的画面：旁观者拔腿就跑，一面跑一面笑，尽全力避免自己的斗篷遭人脱下，其他人则在后面追赶，想为获胜者取得斗篷。

胜利者有献祭的义务，献祭对象是网球场之神，以及被球穿过洞环的石头。每个网球场都是一座神庙，都有两位神祇，一位是比赛之神，另一位是球神。在幸运之日的午夜时分，他们会在两道较低矮的墙下和地板中央举行某些仪式和祭典，诵唱某些歌谣。随后，由一位大神庙的祭司和若干宗教人士给与祝福；祭司口中说出某些话语，将球丢在网球场上四次，然后网球场便获得净化，可在此展开球赛，但若仪式未完成，便不得进行球赛。网球场的主人通常是位领主，在未向比赛之神献祭和进行若干仪式前绝不开赛，由此可见他们是如何迷信，甚至连消遣娱乐都不敢或忘其神祇。蒙提祖马向西班牙人介绍这种球赛，而且很开心地看着西班牙人进行这种球赛，一如看他们玩纸牌游戏一样。

除了少数细节有些微改变外，大部分特色的符合程度如此之高，让我毫不怀疑，这栋建筑建造的目的，正和埃雷拉所描述的墨西哥市的网球场一样，供奉牺牲的神庙就在旁边。除了得知这栋建筑究竟是什么性质外，我们也因而获得一些更重要的讯息；在消遣娱乐的相似性中，我们看到习俗和制度上的雷同，还有建造尤卡坦的废墟城市及征服时期住在墨西哥的两支民族间某种密切的关系。尤有甚者，在埃雷拉的叙述中，我们正好看见一段关于印第安原住民这些建制开始蒙上阴影的描写，因为我们得知“蒙提祖马最喜欢看的这种运动”，无疑也是印第安民众最喜爱的消遣，但“西班牙人却禁止举行”。

东侧墙面最南端外侧有一栋建筑，如下图所示。它由两个部分构成，其中一个部分和地面一样平，另一部分较高，大约高二十五英尺。第一个部分保存状况良好，装

位于东墙南端的一栋建筑

饰风格简单高雅，有一排明显的老虎或大山猫，不过在镌刻版画中显得很小。这栋建筑的高耸位置，以及四周和屋顶上长出的树木，使它看起来格外美丽；此外，它还有一项更吸引我们之处，而且就某个角度而言，这可能也是在我们整个废墟探险中最重要的建筑。

它位于地面、较矮的那部分已完全坍毁：正面倒塌，只剩两根柱子，柱上还留有雕刻人像；由于正面已倒，内部一览无余，从一端到另一端，可看见完全覆满精心雕制的浅浮雕人像。

下图呈现的就是这些人像的局部。由于经过长久的风吹雨打，人物轮廓已褪色且磨损；在热带太阳的强光照射下，线条模糊，难以辨识。天气非常炎热，我们无法在墙前久留，只有下午的一两个小时，阴影遮蔽了建筑，才得以进行工作。人像的头饰

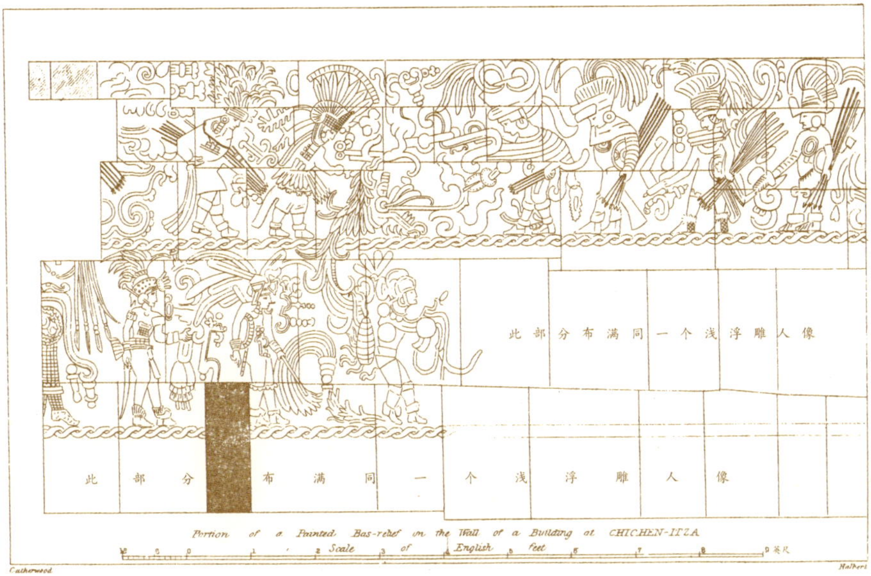

浅浮雕人像

绘画片段

此画根据奇钦·伊策萨一个房间壁面描绘而成。画中用色生动活泼，且仍保存良好，所用颜色包括绿、黄、红、蓝，以及用来表现肌肤的红棕色，但描绘女性的颜色又比男性略微浅些。标示为一号的那排人物，像画中所示一个接一个出现。二号那一排，人物同样排列成行，但靠近最前面两个及最后两个之间，有些人物因毁损而省略未画出。三号那排所画的是代表不同族群的人物。四号那排题材相同，人物高九英寸。

Catherwood　　Halbert

一如往常是一簇羽毛，上面那排每个人像都持着一把长矛或一袋箭。所有人像都是画上去的，读者可以想象，当它们仍完好时是何等的景象。印第安人称这个房间为“斯托尔”，那是一种古代舞蹈名称。

这些浅浮雕同样具有一种鲜明、独特的风格。尼贝尔的大部头作品《墨西哥考古纪游》最近在巴黎出版，书中一幅墨西哥博物馆藏的祭拜石是首次曝光。它的直径有九英尺，厚三英尺，其上也有一排浅浮雕人像，和这栋建筑墙上的性质大致雷同，只有细节不一样。那块石头是从墨西哥市广场挖出来的，靠近蒙提祖马时代该城的大神庙。它们之间的相似性，和米特拉或索西查尔科或其他地区有所不同，其由来虽无从得知，却成为和征服年代居住于墨西哥市的民族之间有所关联的另一个证据。这样的证据愈来愈多。在镌刻版画中出现于后方的上层建筑，尽管内部已处处断裂、破损，却蕴含了可说是全美洲大陆现存最精彩的原住民艺术瑰宝。

通往这栋建筑的阶梯或其他通道已不存在，我们必须爬过崩落的石头才能抵达。门开在墙外平台上，俯望着网球场。前方的走廊由体积庞大的柱子支撑，其中部分仍在，上面也饰满精雕细琢的装饰。门内的门楣是一根山榄木，雕饰非常华丽。侧柱已半掩于地，但在乱石残砾之上出现戴着富丽头饰的雕刻人像，如果在其他地方看到这样的装饰，我们无论如何都会想办法清理，并加以描绘。

不过，我们从两道侧柱之间进入房间后发现，从地上直到拱顶顶端的所有墙壁和天花板，覆满以鲜明、生动的颜色描绘的图案，内容包括人像、战斗、房子、树，以及家居生活的片段，最醒目的是其中一面墙上有艘大独木舟。尽管如此，原先的兴奋惊讶随即转成深深的失望，因为图案都已残缺不全，且模糊不清。有些地方的灰泥已脱落，墙上到处可见恶意造成的深度刮痕，即使个别的人像仍完好，但已无法辨识其彼此间的关联。

我们曾耗费许多时间揣测残破的绘画片段，从中得到强烈印象，因而认为，在这些比雕刻更不易持久的艺术中，古代原住民建造者表现出了更高的成就，如今我们证明此推论是合理的。左图中呈现的就是这些绘画的几个局部。画中使用的颜色有绿、

城堡

黄、红、蓝，以及用来表现肌肤颜色的红棕色。原作有不同色调，我们的插图当然无法完全展现，只能提供片面的印象。然而即使只有轮廓，也已能看出其自由的笔触，若非受过精准的纪律和训练，是无法有如此的表现。

除了画中所展现的艺术才华外，还有另一项更吸引我们的元素。我们在其中看到的一些设计和人像，令人立即联想到墨西哥人闻名的图形书写；如果这些模拟成立，这栋紧邻着网球场壁面的建筑便是一个确凿的证据，证明在西班牙人征服时期，住在墨西哥的民族和在尤卡坦建造这些废墟城市的工匠，来自同一个了不起的种族。

我们继续探索。在距此五百英尺的东南方，矗立着“城堡”，如上图所示。这是我们看见的第一座建筑，从任何角度都可看到它的身影高耸于平原之上，最宏伟也最醒目。每个星期日，此地废墟便成了皮斯特村民的休闲胜地；当一身白衣、披着红披肩的妇女在平台上走动，或是在门里门外进进出出，此时，没有其他景物能和这座高耸的建筑风景相媲美。

石丘的底部为南北向一百九十六英尺十英寸，东西向两百零二英尺。它并未完全对准基本方位，或许最初有此企图，但不知为何，在所有建筑中，有一座偏离十度左右，紧邻的另一座则偏离了十二或十三度。整座石丘显然是从平原上扎实地建造起来，高达七十五英尺。西侧有一道阶梯宽三十七英尺；北面如图中所示，阶梯宽四十四英尺，共九十阶。

从下页图中则可看出，阶梯底部的地面上有两个巨大的蛇头，长十英尺，嘴巴张得很大，吐出蛇芯子，形成进入此高耸建筑时一个刻意安排、引人注目的显著起点。它们无疑是某种宗教信仰的象征，对充满想象的民族而言，走过这两颗巨大蛇头之间，爬上阶梯，想必会激发心中不少肃然起敬之感。

塔顶平台南北向长六十一英尺，东西向长六十四英尺。平台上建筑的相对长度也各为四十三英尺和四十九英尺，面向东、西、南、北各有一道门，由山榄木制成的巨大门楣上雕着精致的图样，侧柱上也装饰着雕刻人像，其中一个如下页图所示。雕像大部分已磨损，但装饰的羽毛头饰和部分华丽衣裳依然可辨。脸部保存良好，表情庄严。这些雕刻人像也戴了耳环和鼻环，根据历史记载，那是尤卡坦一带十分流行的习俗，直到征服时代很久后，西班牙人才立法禁止。

其他侧柱也装饰着带有同样性质的雕刻，全都朝向一条六英尺宽的走廊，走廊延伸环绕着这栋建筑的三面。面北的门如镌刻版画中所示，气势雄伟，宽二十英尺，有两根短而粗大的柱子，高八英尺八英寸，柱子底部有两个大型突出物，全都经过精雕细琢。这道门又通往一条长四十英尺、宽六英尺四英寸、高十七英尺的走道。走道后墙上有一道门，门上侧柱雕着装饰，还有一根雕饰缛丽的方形山榄木，由此处通往一个房间，如下页图所示。

房间长十九英尺八英寸，宽十二英尺九英寸，高十七英尺，房内有两根方柱，高九英尺四英寸，柱身边长一英尺十英寸，每一面都有雕刻人像，同时支撑着布满精工雕琢、图样奇怪难解的巨大横梁，不过这些图样因年代久远，全都已模糊不清，加上

饰有巨大蛇头的阶梯

雕刻人像

四英尺八英寸

Figure in Bas-relief on Stone on one of the Jambs of the
TEOCALLIS at CHICHEN-ITZA

Catherwood

只有从门口透进来的光线，想在晦暗的室内辨清它们，极为困难。走进这个高大房间所产生的印象，是我们前所未有的经验。我们在里面待了一整天，不时走到外面的平台上，眺望这整个古代城市的废墟建筑，以及向四方延展的广袤原野。

从此高处，我们第一次看到一列小柱子，仔细察看，证明是我们一路所见最令人惊讶、最难以理解的残迹。它们三个一排、四个一排或五个一排，顺着同一方向平行延伸排列，改变方向后，依然平行延伸。这些柱子都非常低矮，其中很多只有三英尺高，最高不超过六英尺，而且由几块不同的部分组合而成，就像里程碑一样。许多柱子已经坍塌，有几处甚至成排坍落在地面，由于都是同一个方向，好像有人故意丢落似的。

我派大批印第安人清理这些柱子，然后沿它们的方向一直追查到尽头。有些柱子延伸至大型石丘底部，上方是建筑废墟和巨大的雕刻残片；另外有些则分出支线，最

建筑中的一个房间

后倏然而止。我算了一下，共有三百八十根柱子，此外还有一些因毁损太厉害、散落在地呈不规则状，只好弃而不计。它们的高度全都太矮，实在不足以支撑可供人在下方走动的屋顶，倒是较像水泥砌成的高架人行走道的支柱，但看不到任何残迹可资证明。下页图可看到这些柱子、背景中的城堡，以及网球场的局部，也许可让人对此有些概念。它们所圈围的区域将近四百平方英尺，虽然无法得知其用途和目的，不过却为这些废墟增添了无比的趣味和想象。

尽可能简要介绍过这个古代城市的所有建筑物后，关于奇钦废墟的概述已进入尾声。荒废倾圮的一座座石丘分布其间，破碎的雕刻残块散落在地，显现出奇特的设计，且经常在我们徜徉其间时吸引我们的注意力，但我不打算多加细述。此地是我们期待最久的一处废墟，也是我们期待最深的一个地方，真正亲临其境时，它不但没有令人失望，反而比期待更胜一筹。何况它们还拥有令我们特别感兴趣的部分——足以照亮它们历史的丰富数据，因为西班牙人正是在此建立内陆的第一个殖民地。

读者也许还记得，在前文中，他们伴随着弗朗西斯可·蒙特侯先生来到奇钦——或依当时习惯称为奇钦·伊策萨。该地的位置无疑就是如今这些废墟所在之处。读者也许会期待弗朗西斯可·蒙特侯先生或西班牙士兵留下关于这些精美绝伦建筑的细节描述，毕竟它们和西班牙人所熟悉的是如此不同。奇怪的是没有任何相关数据保留下来。根据现存有关西班牙人自海岸进入内陆的唯一记载，他们从一个名为阿凯的地方出发，朝奇钦·伊策萨前进，然后决定在当地歇脚并定居下来，因为那是个适合人居住的地方，有现成的高大建筑可防御印第安人袭击。我们甚至不知这些建筑是否曾有人居住或曾遭遗弃；不过埃雷拉说，这一带的印第安人数目非常多，行政官根据王室特许权而加以分配后，每一名西班牙人至少可拥有两千名印第安人。

不过，若知道西班牙人占领奇钦后又放弃它，这些记载的付诸阙如，或许就不显得那么令人意外了。我曾提过，行政官在此地犯了一个致命的错误，他受另一个省分内的黄金传说诱惑而将兵力分成两路，并派遣一位最优秀的军官带领五十名士兵前往寻金。从此灾难和危险开始降临；他们不断和印第安人发生争执与战斗；粮食供应

城堡与列柱

吃紧，西班牙人被迫动武求取粮食，以血的代价获取食物。最后印第安人决定大举歼灭他们；大批印第安人从四面八方包围西班牙人的营地，将他们困在其中。西班牙人眼见自己终将饿死，宁愿勇敢搏斗至死，选择应战。于是一场最残暴、最血腥的战斗开始了。西班牙人为自己的性命而战，印第安人则为保有自己的领土而战。印第安人牺牲无数，最惨烈的却是西班牙人。为了保住幸存者性命，行政官退入堡垒内，一百五十名征服者丧命沙场，其余几乎也都受了伤，如果印第安人趁他们撤退之际进袭，他们将无一幸存。

既然无法继续驻守，他们利用某个印第安人未留意的夜晚先发动数次突击，印第安人为了保持清醒，不免会逐渐疲惫。随后，他们趁着夜深人静，将一条狗系在敲钟的绳索上，又在狗的面前摆放食物，但又让它吃不着，然后肃静地离营而去。狗见他们离去，想上前吃东西，于是牵动了绳索。印第安人以为西班牙人在敲响警钟，遂保持安静等待结果，直到天快亮时发现钟声仍未止息，趋近堡垒后才发现早已人去楼空。这时，西班牙人已朝着海岸方向逃逸。有关他们面对的危险和逃离的记载不但稀少，而且不连贯，因此我们对这些凶暴的奇钦住民所拥有的建筑、艺术与科学所知有限。

接下来我将以一段概述作为结语。这些城市当然不是在同一个时期建成的，而是不同时期遗留下来的产物。奇钦是所有废墟城市中保留较为完整的，仍具有一种年代悠久的古老气息，其中若干建筑的年代无疑更早于其他建筑，而且建造的时间可能相距甚为长远。

玛雅手稿将最早发现奇钦的年代定在公元三六〇年至四三二年之间。从它所用的字词来看，它所提及的发现，可能意指某个确实仍存在的城市；假设它所指的只是奇钦这个字词的来源——井口，意指两大地下水井，这么说似乎也不为过。毕竟井的发现在所有原始民族中，特别是在尤卡坦这样的干旱地区，确实是一件值得在历史上大书特书的事。

前文我已提过这两个地下水井之一；另一个则直到下午我们即将离开奇钦前才去一访。从城堡出发，走了一段距离后，我们爬上一块森林遍布的高地，那似乎是一条通往地下水井的通道，由人工铺砌而成。这个地下水井是我们所见最大也最原始的，位于一座浓密森林的中央，是个巨大的圆形洞穴，边缘崎岖不平且陡峭，树从峭壁上生长出来，垂悬在岸边，周遭十分平静，仿佛寂静之神统治了此地似的。一只鹰在空中盘旋，向下俯视着水面，但没有拍动翅膀。湖水是青绿色的，似乎笼罩着一股神秘气息，相当符合历史记载中所述——奇钦之井是朝圣之地，且用活人丢入湖中作为献祭。靠近岸边某处有一座石砌结构残迹，可能与古代迷信的祭仪有关；也许，他们就是在这里将活人牺牲丢入下方黑暗的水中。

第三十五章

印第安人从军

三月二十九日，星期二，我们启程离开奇钦。临去前，向这些壮丽建筑再投以最后一瞥，天空仍和早晨一样灰；转身离去之际，我们感到这短短数个月的行程真是一段美妙有趣之旅，生命中难得的经验。九点钟，来到六里格外的卡瓦村；十一点半，抵达小村庄昆库努尔，再骑不到一个小时便可到瓦亚多利德，因此我们决定在此用餐，同时等候仆人与挑夫抵达。

我们一直待到四点，才动身前往瓦亚多利德。村外的道路崎岖多石，我们首先来到塞索大教堂，教堂旁是修道院和回廊，前面有个广场。骑马穿过广场时，地面在马蹄声敲击下哐哐作响，因其下是个巨大无比的洞穴。塞索街是一条长街，两旁散布着零零落落的房子，我们的目的地是佩德罗·巴兰达先生的家，那是这一带最大也最好的房子。这位先生事先已接到我们要来访的消息，也为我们安排好住宿；由于我们的行李还未抵达，他甚至提供我们吊床，于是一小时后，我们落脚之处已像在梅里达的住处一般舒适。

大约半夜时分，艾尔毕诺到了。他砰砰敲着门，随他一起来的只有一匹马，载着我们的吊床。他告诉我们一个不幸的消息，载着达盖尔式照相机的那匹马跑走了，结果摔了一大跤，相机也摔坏了。在此之前，照相机始终交由印第安人背在身上，但因从奇钦出来的路况非常好，我们就很放心地让马驮着，没想到有这样的下场。不过，想到它已为我们留下许多资料，多少觉得安慰。

第二天早上我们不急着赶路，打算从瓦亚多利德继续探访一个比先前已探访之地更少人知道的区域。之前从拉古纳到塞索的短短旅程中，范斯雷船长告诉我们，海岸地区靠近科托切海角处有些石砌建筑，他称之为西班牙旧碉堡。后来经别人证实，海岸地区其实有两个地方，分别叫作坦卡尔和图隆，所谓西班牙人的旧碉堡实际上是原住民建筑。我们打算前去探访这些地方，沿着科托切海角绕行，并且一探科苏梅岛；前往瓦亚多利德的目的，正是为了在此做好行前准备。我们听说，在瓦亚多利德可获得所有关于海岸地区废墟的必要信息，不过却不知如何前往当地。在佩德罗·巴兰达先生的忠告下，我们决定多留几天，等候一位对那一带十分熟悉的人士出现。

此外，在瓦亚多利德多等几天对我们并不构成困扰。这个城市在征服时代早期即已建立，居民有一万五千人左右，以尤卡坦教会的副主教驻锡地而闻名。

它的风格和征服者的高傲做作不相上下，同时也和其他中南美洲的城市一样，带有古代庄严宏伟的气象，不过如今已逐渐没落。通往当地的道路和市内街道有不少矮树丛。教区教堂依然存在，是广场上的主要建筑物，但圣塞尔瓦修教堂、圣胡安·德狄亚斯教堂、圣路西亚教堂、圣安纳教堂、坎德拉利亚圣母教堂，以及城内最大建筑的塞索教堂，都或多或少荒废了。

同样的哀伤氛围在私人房屋上也可看到。主要街道上有些大型建筑没有屋顶，门窗也不见了，杂草和灌木从墙缝中长出；然而，在摇摇晃晃的正面，东一点、西一点地点缀着一些高傲的卡斯提尔人的军服，仿佛在嘲弄人类的骄傲似的；他们曾是征服时期最英勇的军人，如今却已无人知悉。

在这些饱经岁月磨蚀的建筑之间，有一栋非常整齐、简洁，看起来像一家公司的行号，在当地独树一格，形成特别显眼的对照。那是佩德罗·巴兰达先生的棉花工厂，墨西哥共和国内第一家棉花厂，因而代表着一项伟大的制造业制度之始，赢来“尤卡坦工业曙光”的称誉。对我们而言，更令人感兴趣的是负责管理这座工厂的是我们的年轻同胞约翰·柏克先生，也就是我在前文提到的第一位拜访奇钦废墟的陌生人。在这个不知名的地方，这个半西班牙、半印第安的小镇，遇到来自故乡纽约的同胞，感觉很奇特。我们抵达时，他已在瓦亚多利德待了七年，几乎都要忘记母语了，不过衣着、举止、外表和感受并未有太大改变，仍与周遭所有人迥然有别。我们很高兴得知，这一带所有人提起这位“工程师”都赞扬不已。

工厂老板佩德罗·巴兰达先生早年服役于西班牙海军，十五岁就登上西班牙上将旗舰，以海军官校学生身份参与难忘的特拉法加[1]之役，虽然受了伤，却逃过了可怕的屠杀。墨西哥独立战争开始时，身为墨西哥人的他虽仍在西班牙海军中服役，却加入同胞阵营，成为舰队司令，指挥攻打乌约阿的圣胡安城堡，缔造革命成功的最后一役。战争结束后，他退役回到家乡坎佩切，因健康不佳搬到瓦亚多利德，此地别无其他长处，但气候宜人、有益健康却是众所周知。他曾担任国家最高长官，如今他的政党落败，他也丧失政治影响力，地位一落千丈。在这个国家目前政党对立的情况下，为我们写介绍信给他的却是现任政府——他如今取得成功的对手，这实在是件奇特的事。

巴兰达卸任后无法忍受自己游手好闲，眼见棉花在瓦亚多利德四处生长，激发他建立一座棉花工厂的灵感。一心实现计划的他，从一开始建造厂房就不断遭遇重重阻碍。他没有建筑师可咨询，所有的计划和建造完全自己一手包办。厂房的拱顶两度塌陷，整个建筑随之垮下。机器设备从美国进口，有四位工程师随同前来，其中两位客死异乡。一八三五年柏克先生抵达时，工厂只能生产七十匹棉布，十八码的成本高达八千美元。这期间，尤卡坦代理总督办公室的职权一度移交到他手上，但一场政治革命爆发后，他又遭罢黜。同时，他的工人参加纪念墨西哥革命爆发的“多雷斯召唤”[2]节庆而遭逮捕下狱，工厂被迫停工六个月，又因棉花收成不好停工两次，因饥荒停工一次。此外，他还必须不断对抗从贝里斯走私进口的货物。尽管经历这许多的阻碍，他的工厂仍继续营运，终于获得成功。

佩德罗先生带我们参观工厂。他走到一堆木头前告诉我们，那些被劈成四块的木头，是印第安人以每次一个米狄欧的代价背来的。佩德罗先生说，起初他要求印第安人不要劈开木头，他希望木头是完整的，但他们已习惯这么做，无法改变。尽管如此，这些印第安人接受纪律和指导后，相当适合从事工厂内的所有事务。

瓦亚多利德恶名远播，主要因为它是此时如火如荼的反抗墨西哥统治革命运动的发难地，也是革命领导者伊曼将军的居住地。革命的直接影响是墨西哥部队遭到驱逐；另一个更隐微且持久的重要影响，就是印第安人首次被引进军中。由于伊曼将军保证免除他们的人头税，他们虽然完全不清楚墨西哥和尤卡坦的政治关系，却离开了大牧场和玉米田，加入军队。然而，首次战役成功之后，政府想尽办法规避这项保证，最后被迫妥协，只免除印第安妇女的人头税，不过印第安人依旧盼望能全面豁免。经过多年仆役生活，印第安人拿起了武器，也逐渐了解自己的实力，这究竟会为他们带来什么样的结果，是大家都很关心的问题，但没有人能提出确切的答案。

在古代，瓦亚多利德也是充满奇特故事的地方。根据历史记载，此地曾有一个最恶劣的恶魔出没，那是一种多嘴、爱说话的饶舌恶魔。它在夜晚时和任何想说话的人对话，发出鹦鹉般的声音，回答所有向它提出的问题，有时也会摸摸吉他、玩玩响板、跳舞或大笑，但就是不让人看见。

后来，它开始向阁楼内丢石头，向妇人和小姑娘掷鸡蛋。此外，根据虔诚的桑切斯·德阿吉拉尔医生说："我有位姑妈被它惹恼了，有一次对它说：'滚出这间屋子，恶魔。'并迎面给它一拳，让它的鼻子变得比西红柿更红。"于是它变本加厉，当神父前往一家经常闹鬼的房子准备驱魔时，它却到神父住的房子里恶作剧一番，然后才来到神父正等着它的房子，并在神父准备离开时告诉神父，它在神父家玩了什么把戏。此后它开始四处中伤人，闹得全镇鸡飞狗跳，不得安宁，最后消息传到梅里达的主教耳里，主教下令不准再和恶魔说话，否则将遭到严厉的精神惩罚。于是白人不再和恶魔交谈；起初恶魔流泪、抱怨，比从前更加大吵大闹，最后开始放火烧房子。白人向神寻求援助，神父在经历一场激烈的搏斗后，终于将恶魔赶了出去。

三四十年后，桑切斯·德阿吉拉尔医生说："当我成为这个城市的神父时，这名恶魔又回来骚扰附近的一些村落，特别是其中的雅尔科巴。它总是在午夜或下午一点来临，挟带着一大股旋风，引起飞沙走石，声音极大，好像飓风来临。石头扫过整个印第安人村落；虽然印第安人立刻熄灭厨房内的炉火，但没有用，因恶魔的恼火已随着一闪而过的火光熊熊燃起，像夜空中的彗星或流星，立刻造成两三间房屋着火，火势随即四处蔓延，来不及扑灭。当我被派来驱魔时，我念咒语召唤它，以神赐给我的信心和热忱，命令它不准再进这个村子。火和旋风立刻就停止了，感谢神的光辉与荣耀，赐与神父如此的力量。"这个恶魔被逐出雅尔科巴后，又回到瓦亚多利德，继续放火烧房子或进行骚扰。后来居民在所有丘陵插上十字架，恶魔才终于遭到制止。

经过好几世代，恶魔未再出现，不过据说它能自由变化身形；我私下担心，它最后可能会进入神父的躯体，利用我曾对读者暗示过的所谓人性弱点，引领神父走上似真实假的玫瑰花小径，却对花梗上的刺浑然不觉。

我认为神父充满慈善，不过或许因为瓦亚多利德受制于这个恶魔，当地居民似乎是我们遇见最糟的；他们大多又懒又爱赌博，一无所长。我们常听到："瓦亚多利德有很多游手好闲的人。"我们也看到许多斗鸡腿上绑着绳索，系在房子的墙角下，数量之多，胜过所有我们曾拜访之地。我们打算在这里缝补衣物并买双鞋，但两件事都办不成。这里没有现成的鞋子，也没有鞋匠可保证一星期内做好一双。后来我们得知，他们所谓的一星期很可能意谓着两星期以上。

在此同时，我们也努力打听前往海岸地区的相关事宜以及应如何安排行程。为了希望明确知道如何规划路线，我们遭遇的困难几乎超乎想象。佩德罗·巴兰达先生有一份地图手稿，是他自己绘制的，不过地图上的记载并不准确，在我们想去拜访的海岸地区更毫无标记。城内只有两个人可提供我们一些信息，但那些大多没什么用。我们原本的计划是前往阿森松湾，据说可以从当地雇一艘小艇进行海岸之旅，幸好佩德罗·巴兰达先生提出忠告，免除了这段悲惨的行程，因为那会使我们陷入一场又长又无益的旅程，而且还会无功而重返瓦亚多利德，甚至可能使我们无心再从另一个方向前往海岸地区。我们根据收集而来的讯息，决定先到切玛克斯村，听说那里有直通坦卡尔的路，而有人正在当地打造一艘船，等我们抵达时，船可能已完工，我们正好可以买下来沿着海岸航行。

离去前，卡柏特医生又在此地动了一次治疗斜眼的手术，手术非常成功，我们皆感到满意。星期六早早吃过晚餐，我们上马继续前往海岸地区的行程，先到佩德罗·巴兰达先生的家，再到他的工厂向柏克先生道别。路很宽，最近才拓宽，可供大车和敞篷双轮马车行驶。我们在路上遇见许多三两成群的印第安人，他们全身赤裸，携着长枪，刚从沿岸一带的森林打猎回来，背上背着鹿和野猪。他们的模样是我们所见过最野蛮的，其中有些曾响应伊曼将军的号召起义，而且似乎随时准备应战。

我们抵达切玛克斯村时，天色已暗。教堂的轮廓在黑暗中依稀可辨，旁边就是修道院，从门里透出一丝光线。神父坐在桌前，四周围绕着村中官员，全被我们的马蹄声惊动；当我们出现在门口时，他们的表情简直就像有人将朝他们丢掷一根火把似的。这个村是人迹所至的尽头，也是瓦亚多利德和坦卡尔间最后一个村落。我们告知打算前往坦卡尔，他们的惊讶之情更是溢于言表，异口同声说那是不可能的。坦卡尔其实是个大牧场，远在七十英里外，两地之间全都是浓密的森林，除了杂草丛生的小径外，无路可通。若未派遣印第安人先清理出一条路，根本到不了；我们甚至还需在森林里过夜，饱受蚊虫侵扰和下雨的威胁。情况如此不确定，最后一项听来尤其令人忧心。

大牧场的创建者名叫莫拉斯。他是走私货物的海盗，在梅里达被判死刑，却从狱中逃出，在这个孤独寂寞之地安身立命，司法鞭长莫及。梅里达曾派士兵前来逮捕他，不过他们一路追到切玛克斯便折回了。随着新的政治局势发展，政府也换了人，加上时间的流逝，先前对可怜的莫拉斯的所谓起诉也随之终止。后来他生了病，冒险从海岸地区回到村里找人治病。没有人骚扰他；他停留了一阵子后，又出发步行返回他的大牧场，随行的只有一名印第安人，不过由于旅途太过疲累，他在距离大牧场还有八里格时死于途中。

这些意见不但令人意外，也打乱了我们整个计划。由此也正可清楚看出，尤卡坦人对交通知识与状况的无知和漠视，毕竟我们在瓦亚多利德辛勤且仔细询问了多方信息后，才信心十足地出发，以为可以骑着马直抵坦卡尔，所有的安排也都依这个方向而进行准备，完全没料到才走了六里格就已陷入死胡同，进退不得。

我们完全不考虑掉头。唯一的问题是是否愿意步行前往。走路我们倒不在乎；事实上，我们可能还比较乐于如此调整计划，因为骑着马在石子路上一路颠簸并不舒服。不过，这么一来我们的仆人就惨了，他们必须背负更多东西，一路上可能会让雨淋湿也是个必须考虑的事；此外，我还有个小小的麻烦——我需要一双鞋子，脚上这双已无法承受未来旅程的步行负荷了。事实上，这是个严重的问题，除非耽搁好几天，否则不可能解决。我们的另一个选择是前往雅拉奥港，然后雇一艘小船。读者可以从地图上看到，它的位置几乎和坦卡尔呈直角。如此一来，我们等于要走两趟海岸线，去程和回程各一次，而且可能需花上两个星期才能抵达，而我们原先只打算花三天。不过，若选择这条路线，一路上有村庄和大牧场，雇到小船的概率也大增，因此在诸多考虑后，我们乐于这么做。

改变计划固然令人心烦，不过修道院的舒适外观，还有贾西亚神父的温馨款待令我们精神一振。屋内布置着照片和史考特[3]小说内的镌刻版画，由于内容针对西班牙文市场，上面书写的是西班牙文；另外还有从北方进口的金边眼镜，以及一个走音走得一塌糊涂的大手风琴。神父为了向我们致意，在手风琴上弹奏刺耳的《天佑吾皇》。此外，门外还有带着微笑的妇女探头向内窥视，最后按捺不住好奇心，推推搡搡地挤进屋内来了。神父陪我们坐到很晚，当我们告辞时，还陪我们走到房间，并在一旁照应，直到我们爬上吊床。他的教区涵盖海岸地区，我们打算去拜访的废墟正位于他的教区内，但他从未去过那一带，因而也认真考虑是否和我们同行。

第二天，卡柏特医生发了一阵高烧。神父说，他该感谢这阵高烧，我们也很高兴有借口可再和他相处一天。这天是星期天，神父穿着他的黑色神职衣袍，望之令人肃然起敬，我之前不曾见过。他是位神父，也是位政治家，过去曾是尤卡坦制宪会议的一员，在讨论中扮演重要角色，以强而有力、刚毅雄浑的辩才闻名。他协助制定的宪法中规定，禁止神职人员出任公职，但他以隐姓埋名的方式规避这项规定，继续关注着外界的政治局势。当时他最感兴趣的是墨西哥与得克萨斯之间的关系；他收到一份梅里达报纸，上面有一篇得克萨斯共和国的休斯敦总统就职演说全文翻译，他因此常反复强调："国库已空无分文，而债务却高达一千至一千五百万。"贾西亚神父预测得克萨斯共和国很快就会灭亡，并说开赴得克萨斯的远征军将立桑塔·安纳为皇帝，回师墨西哥首都，为桑塔·安纳加冕！

尽管他的国家因内战而人心涣散，神父倒是把我们的国家视为共和国的楷模，告诉我们许多不见得正确的细节。在这位于内陆的小小印第安村落中，居然有人告诉我们在我们自己国家首都发生的新闻，而且对这些事如此着迷，感觉相当奇特。

不过神父对自己家乡左近的事倒提供了相当正确的讯息。切玛克斯村有将近一万名居民，自征服时代即已建村。梅里达建城四年后，瓦亚多利德附近的印第安人阴谋歼灭西班牙人，首先发难之地正是切玛克斯。他们在此逮捕了两兄弟，把两人绑在十字架上，从远处射箭，直到他们浑身都是箭。日落时，他们把尸体放下，予以肢解，然后将头与四肢送往不同地方，表示复仇行动已经开始。

切玛克斯教区涵盖的范围，包括它到海岸地区之间的所有地带。神父奉政府之命写过一份报告，叙述他负责地区的状况和特色，以及令人感到好奇且有趣的事物，我从其中摘录部分如下，内容和一个名为科巴的废墟有关：

"距离此村东方八里格，距此区首府十四里格，靠近三个池塘之一附近有一栋建筑，当地人称之为'修女院'。它由数排两层楼构成，全都是拱顶覆盖，以粗糙的石块堆砌封死，每块为六平方码。建筑内部地面仍保持完整，在二楼其中一面墙上有些绘画的人像，分别呈现各种不同的姿态，根据当地人推测，这显然应是相当常见、令人憎恶的崇拜仪式残迹。这座建筑前有一条铺了石头的巷道，宽十到十二码，朝东南延伸，直到无法明确辨识的远方。不过，有些人断言它通往奇钦·伊策萨的方向。”

在我们看来，这段文字中最令人感兴趣的是那条特意铺成的路，但村中其他人提供的信息并未引起我们更多兴趣。神父本人从未拜访过这些废墟；它们全都掩藏于森林之中，附近也没有大牧场或其他人烟。既然我们已改变计划，原定时间极为不足，因此认为不适合再去探访这个废墟。

不过神父还有更令人感兴趣的讯息。在他自己的坎图尼利大牧场，离海岸仅十六里格处有几座石丘，印第安人进行挖掘并准备凿取石头建造房舍时，发现其中一座有个墓穴，里面葬有三具骷髅。据神父说，那是一名男性、一名女性和一名儿童，不幸的是，它们已腐化，当人们动手想取出时化成了碎片。

这几副骸骨的头部附近，有两个大型红陶花瓶和同样材质的瓶盖，其中一个盛着一大把各式各样的印第安饰物、珠子、石头和两个雕刻贝壳，如右图所示。贝壳上是浅浮雕，非常精美，刻画的主题相同；读者可以发现，虽然细节上略有差别，它们和蒂科尔花瓶上的人像，以及奇钦墙上的雕刻是相同的类型。另一个花瓶中几乎塞满了箭头，不是燧石制的，而由黑曜石制成。尤卡坦没有火山，不可能出产黑曜石，这项出土物证明，此地与墨西哥的火山区也有往来。

除了这些外，更令人感兴趣且更重要的是，在这些箭头上方放了一把袖珍小刀，刀柄是牛角制的。神父将所有这些物品放在一个袋子里，小心保管。他把袋内东西倒在桌面上，让我们仔细察看；尽管其他纪念物也相当有意思，但最吸引我们注意力的，自然还是这把袖珍小刀。它的牛角刀柄已几近腐坏，铁或钢制的刀刃也已磨损和生锈。

这把小刀绝不可能是本地制造的，但为何会出现在一个印第安人的墓穴当中？我认为，那是在欧洲和本地社会交会、白人与红人相遇时，彼此交换的物品。贝壳上雕刻的人像和容易腐坏的小小纪念物意外从墓中出土，证明了在墓穴中的破碎人骨，和奇钦的建造者及如今掩埋于森林中的其他神秘城市建造者不无关系，而那些骸骨是在袖珍小刀已引入尤卡坦后才下葬的。或许别人对此会有其他想法和理由，但在我看

印第安饰物

来，以下的推论就算不是完全无可置疑，至少也很合理：在征服时期和之后，印第安人确实住在那些如今已成废墟的城市里。

此时，我们注视着这些壮观的废墟，充满惊叹。当时，一把袖珍小刀——西班牙人带来的一份小礼物——送到一位酋长手中，这位酋长远离首都，在自己的家乡过世，族人以父祖先辈传下来的习俗将他下葬。即使今天，袖珍小刀依然被印第安人认为是件珍奇、值得赞叹之物，而且在整个尤卡坦境内，可能并无任何原住民拥有这样一把小刀，更不用说在征服时期它被视为多么珍贵之物，值得和主人的祖传家宝一起下葬，伴他进入神灵的世界。我非常想买下这些纪念物。神父以西班牙人的慷慨说全都送我；但我也看得出他十分珍视这些东西，因此尽管我非常想得到它们，但无论如何都不能这么做。

❶

一八〇五年英国舰队与法、西联合舰队在西班牙西南部的特拉法加附近发生的战事。此次战争战况激烈，最后，法、西联合舰队伤亡惨重，主将遭俘，而英国在这场战役中获胜，不但粉碎了拿破仑一世入侵英国的计划，更从此称霸海上一百多年。

❷

“多雷斯召唤”又被称为“独立召唤”。一八一〇年九月十六日，多雷斯当地神父米盖尔·伊达戈鼓励众人起而反抗西班牙殖民者，引发墨西哥人为追求独立而向西班牙宣战的独立运动。这一天也成为墨西哥最重要纪念节日之一。

❸

应指苏格兰知名诗人暨小说家华特·史考特，亦可参见上册第十三章注释。

第三十六章

海盗之岛

四月四日，星期一，我们告别亲切体贴的神父，启程前往新的目的地——雅拉奥港。在此我不得不尽快带过我们的海岸之旅，因为路上既无聊又崎岖，大部分是整块的岩石地表，破碎不平，时有尖锐的突起，马儿走起来很辛苦，几乎虚脱。天气炙热无比；除了眼前的狭窄路径外，毫无景色可言。我们一路跌跌撞撞，心想，这样的岩石地表如何让这一带的植物茂密生长。

第三天下午，即将抵达港口。距离只剩一里格左右时，我们来到一个低矮、潮湿的平原，前方远处有一小片椰林，是唯一高出地平面的事物，显然树林之后就是雅拉奥港了。路建在一条堤道上，当时又湿又滑，有无数坑洞，有些地方还积水。两旁是类似小溪的流水，平原上则有许多大水池。我们带着之前没有过的满足感来到这里，又来到睽违已久的海边。

村子由一条长街构成，街道两旁是零零落落的小屋，架高在水位上方数英尺处。经过这条街时，我们第一次在尤卡坦走过横跨溪流的桥，左侧还可看见滚滚的水流。座下的马似乎也一样惊讶，我们费了好大力气才让它们通过这座桥。岸边还有另一道喷泉，汩汩冒出泡沫，没入海浪之间。

我们策骑前往胡安·包蒂斯塔先生家。切玛克斯的神父为我们写了一封介绍信给这位先生，但不巧他到他的大牧场去了。这里仅有两栋以石头砌成的房子，其中一栋就属于包蒂斯塔先生；房子的建材取自苏萨废墟，就位于他的大牧场，距离海岸两里格。

我们穿过村子，回到一栋属于我们的朋友贾西亚神父的房子。除了那两栋石砌房子外，这栋屋子的条件比其他都好，不过位置比石砌房子更佳。它位于岸边，离海十分近，海浪几乎就在屋前长回廊下方拍打。屋内的状况非常好，还住着一名女房客。我们原准备和她商量借住某个角落，但不管我们走到哪里，似乎都造成女性的惊恐，我们还没开口，她已逃出屋外，留下一屋子静默。一小时后我们完全安顿妥当，这时

雅拉奥港

已近黄昏，我们坐在门口眺望着大海。浪头几乎来到屋门前，卡柏特医生发现眼前展开一个新的领域：一群群大型海鸟在岸上走来走去，或在我们的头顶飞越鸣叫。

上页图呈现的是岸边所见景色。我们的房子在左侧角落，沿着海岸，远处可见一座古代遗留下来的石丘。这里和内陆地区的交通联系相当不便，只有一条又长又难行的路。低矮的茅屋掩藏于椰子树下，附近无人走动，海面上有几艘独木舟，一尊大炮半埋在岸边，看来传言不虚，这里的确像是曾经充斥海盗的地方。

我们这趟海岸之旅可以说是进入了一个充满新奇和刺激的地区。我们在路上听说，昔日的海盗如今拥有种植甘蔗的小农场，颇具声名，尽管穿着不够光鲜，却受人敬重，甚至像经商失败破产的不幸商人般，多少引发旁人的同情之心。我们此时已来到他们活动的重心地区。

不久之前，古巴海岸和邻近内陆地区仍是亡命之徒出没的地方，这些人的共同敌人一旦遭到逮捕，铁定未经审判就遭处以绞刑或枪决。许多人记忆中还留存着冷血的海盗或杀人犯的故事。水手们依然带着毛骨悚然的兴趣，不断重述或聆听这些故事。在那些充满掠夺和流血的日子里，这个港口也因为是这些海上强盗聚集之地而恶名远播。

此地拥有辽阔的视野，一望数里格远，所有穿行于古巴和西班牙殖民地之间的船只都一览无余。一块狭长、低矮的平原向外延伸好几英里；如果船只有武装，而且拥有精锐部队，海盗便向后撤退到浅滩，如果船只追来，他们便四散逃窜，躲入内陆地区。他们上岸后的时间大多花在赌博和饮酒作乐。一位本地居民告诉我，那时的达布伦多得像如今的米狄欧一样。海盗挥霍的习性吸引许多人来此从事不法生意，并逐渐认同海盗，于是这里成为海盗称霸之地。

我们才刚抵达就有访客，其中有些绝口不提此地过往与海盗有关的历史。他们离开后，性情和善的邻居称他们是可怜人，说他们对那些历史保持缄默是理所当然的。所有人谈到海盗领袖都充满亲切和好感，尤其是一位船长胡安先生。他是个精力充沛、慷慨大方的家伙，他的死对所有人而言都是一大损失。他们指名道姓说出仍住在当地的昔日海盗，以及几名曾令人闻之丧胆的重要海盗；其中一位曾入狱多年，还曾被判死刑。另外，他们也指着一艘停泊在我们门前的小船说，那是海盗用过的船。

我们所住的房子过去曾是海盗大本营。它本属于莫拉斯，我在前文曾提过此人的不幸结局。他受政府任命为指挥官前来扫荡海盗，但据说他反而与海盗串通勾结，收取赃物后送往内陆，夜晚还和他们一起在此屋内狂欢作乐。此地距离首都遥远，他的恶形恶状很久之后才传了回去。消息爆发后，他说服政府相信这些报道是敌人为打击他而放出的。

为了自己的安全，莫拉斯不得不展开歼灭海盗的行动。他知道他们的所有巢穴，出其不意地发动袭击，杀死或赶走所有海盗。船长胡安先生因受伤而被捕，当天夜晚关在我们所住厅堂一端的隔壁房间。莫拉斯担心胡安先生若被送回梅里达，将会揭发他的一切，于是，第二天早上，胡安先生即被人发现已经身亡。谣言纷传他死于莫拉斯之手。不过，在此补充一下，我们随即又听说这些故事都是虚构的，莫拉斯才是蓄意谋害和不公正迫害的受害者。此外，我也必须再加以说明，这里的道德水平已改善很多；从海盗出没之地转变成走私天堂，但因走私生意不好做，如今他们在沿岸一带从事制糖和其他农作物生产事业。

此地非常欠缺一样东西：马儿吃的热带橡树叶。晚上我们让马儿在村里自由走动，但贫瘠的平原无法为它们提供任何粮草，于是它们又回到我们的住处。第二天一早，我们遣狄马斯外出寻找，他在两里格外找到一棵热带橡树，是距离最近的一棵。同时，我也出门去找小船，虽然成功找到一艘，但不是最顶级，而且船主和水手要两三天后才能准备就绪。

这件事办妥后，我们在雅拉奥没有什么待办事项了。我在“城堡”漫步了一会儿。这是一个低矮的城堡，有十二个炮眼，是为了镇压海盗而建，但大家都认为，驻扎在这里的兵营多少也和海盗有密切的连系。如今在此驻守的是一名麦士蒂索小裁缝，他因逃避充军而偕妻子从塞索逃来此地。他们俩可能是城堡中最温顺的房客，不需付房租，看起来幸福、满足的模样。

第二天早上我们开门时，看见门前碇泊了一艘多帆单桅小船，后来才知道那是文森·艾尔毕诺先生的船。文森先生已回到岸上，我们还来不及询问，他已来拜访我们。我们以前就听说过他，但从没想过能见到他本人，因为据说他在科苏梅岛上建了一个大牧场，却遭手下的印第安人杀害。这故事的前半段确实无误，文森先生现身，则证明故事的后半段并不正确，不过他告诉我们，他是死里逃生，还让我们看他臂上遭开山刀砍过的痕迹。

文森先生是我们极想见的人之一，因为他是唯一能提供关于科苏梅岛讯息的人。当他和我们聊天时，另一艘船也出现了，在距离岸边两里格远处停泊，放下一艘小艇后再度驶离。文森先生认出那是一艘尤卡坦双桅帆船战舰。舰长上了岸；由于我们已邀文森先生和我们一起进餐，又觉得有义务招待贵宾，于是我也邀请舰长加入。这其实是相当大胆的举动，因为我们只有一副额外的刀叉和餐盘，不过我们都曾经历过更恶劣的状况，倒也不难适应。

在这几位陌生访客到访引起的兴奋之余，港口居民也并未将我们遗忘。卡柏特医生以砒素处理了一只大型海鸟，并放在阳光下干燥，不料遭一头猪叼走吃掉了，后来人们传说当天出售的一头猪正是因为吃了那只鸟而死，引来人心惶惶。到了晚上，所有分享过那些可疑猪肉的人的名字传遍了全港。以科学角度来说，那头猪就算因吃了那只鸟而死，并不代表吃了猪肉的人也一定会死，但这一点并无法令他们安心。

第二天，我们备好足够的旅途粮食，包括：巧克力、甜面包、牛肉条和猪肉条、两只龟、三蒲式耳玉米，以及做玉米薄饼的器具。我们还有一项重要的事待安排，那就是如何处置我们的马。根据原先的计划，为了避免回程时穿过内陆的长途跋涉，我们决定让狄马斯带着它们回到瓦亚多利德，然后前往席兰港，全程长约两百五十英里，我们则在回程时，乘着小船继续沿海岸走，然后在那里和他会合。

我们在九点出发，逐一搭乘一艘小独木舟，再登上我们买来的小船。没有人来送别，唯一对我们的行动感兴趣的是狄马斯，他很想和我们一道去。另外还有那名我们占住房子的妇人，以及小船的主人，他可不想再见到我们。

在雅拉奥港，我们的小船被称为“太阳号”。它的顶端有三十五英尺长、六英尺宽，呈弧形向下缩减。船上有两面大帆，顶端用笨重的竹子撑在主桅上；船尾有八到十英尺的空间，其余塞满了行李、储粮和储水桶。我们已经很久没搭船，眼前的条件似乎也对长达一个月的航行不利。没有风，帆面拍打在主桅上，太阳炙热地直射而下，我们没有席垫，也无任何遮阳篷，虽然小船主人曾答应提供，但最后却不见任何踪影。船长是一位中年的麦士蒂索渔夫，受雇来驾船。

无论如何总算启程了。这是我们离开家乡前就已决定进行的旅程，我们始终怀抱着热切的期望，等着实现它。这趟旅程的目的是沿着西班牙人当年的足迹，寻找是否尚有残存的石灰和石块砌成的大型建筑，根据历史记载，这些建筑曾让当时的人惊异不已。

十一点，海上吹起微风。十二点，船长问我们是否要靠岸进餐。一点半左右，风变得非常强劲，我们不得不停泊在莫斯切托岬角的下风处。这是一个距雅拉奥约两里格的岛，有个突出的岬角，我们必须绕行而过。如果走路，不到一个小时就足以绕过了，但在太阳号上待了几小时后，这里反而显得像好望角般令人生畏。小船没有龙骨，无法吃风，于是我们在一个空荡荡的沙滩上了岸，游游泳，打打猎，捡捡贝壳。黄昏时，风息了，我们才慢慢绕过此角，等再度停泊时，天色已暗。太阳号无法在夜晚航行，船长做好所有安全措施，找到一块足以碇泊的大石头，我们便涉过及膝的水上岸，直到预定的时间才返回船上睡觉。远方的朋友不必担心，虽然我们栖身在这荒郊野外的海岸，但已做好万全准备，即使船身翻覆，也不会因而失去一切。

第二天早上，随着太阳升起，太阳号也再度上路。沿岸盛吹东南风，对我们来说正好是反方向；不过就像船长说的，如此一来对我们的回程有利。一点时，眼前出现另一个险峻的岬角，绕过这个岬角后就是顺风了。太阳号非常努力，不过这时微风已转强劲，我们决定在弗朗塞斯岬角的下风面碇泊，它与莫斯切托岬角位于同一个岛上，岛本身没有名字，连绵的沙滩上长着矮树丛，和大陆之间有条可容小船经过的水道。

我们的下锚处在一位渔夫的住处前面，这里也是岛上唯一有人烟的地方。渔夫的住所外形像印第安人的圆形小屋，棕榈叶从上一直密密覆盖到地面，两头则留有让空气自由流通的开口，因此，尽管屋外热气蒸腾，屋内却清凉舒适。渔夫在吊床上休憩，一名面容俊美的印第安男孩正在做玉米薄饼，两人呈现出一幅老少相对而又活力十足的美好画面。渔夫告诉我们他已六十五岁；他的身材高大、挺拔，脸色黝黑，额上的皱纹很深，却没有一丝白发，也看不出其他衰老的痕迹。他已在这荒芜的无人岛上过了三个月，并以造访此地为乐。我们的船长说他是雅拉奥最出色的渔夫，经常独自出海，永远比别人丰收，但只要上岸一星期，钱就全部花光了。他没有玉米田，但他认为，只要有一艘小船航行在大海上，整个海岸都是他的地盘，他可以独立于天地之间。这一带的主要渔获是龟；在小屋的一侧置放了一坛坛的龟油，屋外不远受风处则是一些萃取龟油后剩下的壳。

向晚时，微风再度平息，我们慢慢绕过岬角，八点半时下锚，总计已走了六里格。船长告诉我们，这个荒芜的岬角是科托切海角，也就是西班牙人初抵美洲时最先登陆的纪念地点。贝纳尔·狄亚斯说，朝它接近时，远远可看到两里格外有一个大城，从它的规模看来，比古巴的任何城市还要大，我们称它为“大开罗”。西班牙人朝着它前进，经过浓密的森林时，遭到印第安人突袭。他还说，在突袭地点附近有三栋石灰和石块砌成的建筑，里面有面容狰狞的土制偶像，等等。

不过航海家和地理学家对这个值得纪念的地点看法不同，其真正位置恐怕永远无法确认。

天亮后，我们再度上路，不久，便面对着介于岛屿和大陆间的水道入口，渔夫们称之为“教堂口”，因为从这里可看到远处的一座教堂废墟。这座教堂正是我打算前去拜访的对象之一，也是我们看到文森先生的单桅多帆小船后，决定选择搭乘小帆船的原因之一。不过船长告诉我们，即使我们的小船吃水不深，也无法再往前靠近一里格了，因为前方有一道长条状泥滩阻隔；但我们也不可能涉水上岸。他和其他人一样告诉我们，那座教堂的确是西班牙人所建，位于一个遭英国海盗摧毁的西班牙城镇废墟中。这个说法应该不假。风在前方，但我们仍可从海岸再继续前进，为了把握机会，我们转而航向孔托伊岛。碇泊时天已黑，我们的水也不够了。储水桶里充满酒精的气味，水已经变质。黑暗中，我们看见一个废弃庄园的轮廓，于是派人上岸，拿着火炬四处搜寻，看起来也蛮像海盗活动似的，不过并未找到任何水。

天未亮，海鸟的叫声便把我们吵醒。灰蒙蒙的清晨中，岛上似乎蒙着一层活动天篷，空气中充满它们骚动的吵闹声。尽管如此，对卡柏特医生来说非常不巧，我们正好遇上一阵适合出发的微风，因此他根本没机会接近这些海鸟的巢穴。海岸非常原始而险峻，不时出现向内凹的小小美丽海湾。在孔托伊岛的岬角下方，卡柏特医生射下两只鹈鹕，为了拾回这两只猎物，我们必须调整小船方向，难度简直就像驾驶一架七四年的武装直升机。

十一点时，我们抵达穆赫雷斯岛，这是远近闻名的海盗拉费特的巢穴。这位我们的船长称为“拉费塔先生”的海盗在这一带颇受欢迎，因为他对渔夫很友善，出手大方。过了岬角不远，我们经过一个小海湾，那里便是他的一支小小海盗军驻扎之处。海湾口很窄，并有崎岖破碎的岩棚加以保护，船长告诉我们，拉费塔在岩棚之上设了几座大炮，时时有人看守着。在岛的远程岬角上，我们遥遥望见吸引我们这趟海岸之行的石砌建筑之一。

正当我和船长站在船首看着那栋建筑时，他突然中断谈话，抓起一支鱼叉指着舵手的方向，我们看到一头显然睡着了的大海龟，随即不再出声。等它醒来，发现自己背上插着三四英寸深的冷冷金属时，必然非常诧异。船长和水手看着它，仿佛看着一大袋深海捞上来的宝物似的。

这一带海域分布着三种海龟：第一种是“卡瓦莫”，其卵可供食用，此外还可提炼龟油；第二种是“托尔图加”，卵和肉皆可食用，也可提炼龟油，龟壳每磅值两个雷亚尔；“卡雷”是最稀有的一种，龟壳每磅值十美元。眼前挡住我们去路的正是最稀有的这一种。我无意冒犯，不过，渔夫说，通常龟肉味道最鲜美的最常见，但壳却不值钱，因此往往捕捉后又被放走。他没尝过卡雷的肉；杀它是为了取它的壳，然后由在场其他渔夫奢华地分食龟肉。我立刻和船长交涉，买下龟壳。这只龟的背壳有八层，这是最值钱之处。他估计重量为四磅，据他说，在坎佩切的售价是每磅十美元，但他很诚实，所以只收两磅半的钱，每磅八美元；后来我很欣慰地得知，我们付的价钱并未超出它所值的两倍。

下午，我们驶向大陆，经过坎库内岛，这是一个狭长、荒芜的岛，岛上可见沙丘和沙丘上的石砌建筑。这段海岸线满是礁岩，狭窄的水道仅供一艘小船进出或寻找掩蔽，若于夜晚通行其间，非常危险。风向虽然对我们有利，但下一个港口还有段距离，船长于是在四点左右在内苏克岬角的下风面下锚。我们立刻上岸找水，但只发现一个肮脏的水池，里面的水咸得几乎无法入口，不过仍比船上的水好多了。

我们还有时间洗个澡，但在准备下水之际，看见两条大鲨鱼沿着岸边水深四五英尺处游动，它们的身影如此清晰，甚至都可看到它们丑陋的眼睛。我们很犹豫，不过小船上实在太热、太拘束，我们确实需要洗涤一番，于是请艾尔毕诺在船首监视，终于完成了心愿。之后，我们沿着岸边漫步，捡拾贝壳。天色渐暗时，我们全都飞奔回船，身后尾随着当地的主人——蚊群，它们以不亚于当年印第安人追杀西班牙人的血气之勇，一路跟着我们。我们慌忙提起缆绳，拉起大石头，赶紧驶离岸边若干距离，非常担心夜晚就要来临，幸好总算逃离了。

第二天天亮再度上路，强劲的顺风助我们从海岸驶往科苏梅岛。不久，在相当开阔的海面上，我们开始感到这艘小船的不适，甚至没有安全感。一波波浪头打上来，将行李和我们都打湿了，也扰乱了博纳多的烹调工作。下午四点左右，我们来到科苏梅岛岸边，这才发现船长对这个岛的海岸也不熟悉，令人懊悔不已。这里到处是礁岩；只有少数几处可让船驶入，而他不敢轻易冒险。

我们计划在文森·艾尔毕诺先生的庄园前上岸。船长不知道它的位置，而这时才开始寻找也已太晚，于是他继续航行，直到看见礁岩之间的一条水道，将小帆船驶入，然后丢下碇泊的大石头，不过距岸边仍有一些距离。在礁岩最外缘处有一艘单桅多帆船的残骸；船的肋材露在水面上，船上人员的生死则无人知晓。

第二天早上，经过数小时搜寻后，终于发现文森先生的庄园位于三英里之外。这时来了一阵强风，时速约四英里；我们张满帆，迎风而行，不消一会儿便发现，这一天太阳号不可能有什么精彩的表现。最后，我们让船慢慢靠岸，收起帆，爬到桅杆上，经过两小时的辛苦奋斗，终于抵达圣米格尔小海湾，亦即文森先生的庄园所在处。庄园四周是岛上唯一的空地，其余皆覆盖着浓密的森林。这个海湾的沙滩朝某个岩石岬角延伸，不过即使在此处，海水也因深处的礁岩而变色。再略往北的地方无法安全下锚；太阳号可能会撞上岩石，因此船长希望将我们送上岸后，另外再找一个更好的港口，但遭我们反对，我们要求他将船驶近些，然后站在船首，利用竹竿支撑，跳上荒废无人的科苏梅岛。

如右图所示，海岸线之上的土地平坦，上面有数座竹子搭建的小屋，屋顶覆盖着棕榈叶。其中一座大而宽敞，分为数个房间，里面有粗糙的长凳和桌子，好像准备让我们随时进驻。屋后庭院长满杂草，不过有很多熟透的西红柿，无人问津，正好可摘下放进小帆船上正在烹煮的龟肉汤里。

这个庄园由海盗莫拉斯所建，他在梅里达逃过一死后就来到此地。他在这里娶妻生子，拥有数名印第安仆人，很多年不曾再传出消息。这期间，他亲手打造一艘单桅多帆小船，安上龙骨，将它带到贝里斯卖掉。令人兴奋的新事物开始出现；既然已被人遗忘，于是他冒险返回大陆，这个岛再度沦为无人之地。

文森·艾尔毕诺先生在他之后来到这里建立庄园，种植棉花，不过这项事业却因手下的印第安人叛变且意图谋杀而中止。当我们在雅拉奥遇见他时，他才刚结束这个岛的最后之旅，带走财产，留下五只狗守在岛上。之后，岛上又来了一位陌生访客，没错，那正是我们的老友乔治·费雪先生，我们在本书一开始就已向读者介绍过这位“世界公民”。自梅里达分手之后，他在他的流浪史上又增添了一项辉煌记录——买下这个岛上六里格的土地，并亲自带领测绘员前来，沿着海岸树立十字地标，准备展开规模宏大的事业，向外界宣扬孤独的科苏梅岛的商业价值。

我们能上岸住宿真是一大快事，因为终于可以摆脱小帆船上的拘束不便。此地面

科苏梅岛

对着一片汪洋，远处尤卡坦海岸依稀可辨。岸上是清理空地时留下来的森林巨木，以及莫拉斯种植的橘树和椰子树。这里弥漫着海盗的气息，屋内东西散落一地，包括从若干不幸遭劫的船舱取下的门和绿色布帘，还有穿绳的木块、装焦油的桶子、升降索、喝水用的葫芦、一段段绳索、渔网和两个旧舱门。

最重要的是我们发现的第一样东西——一口纯净且水量充沛的井；它为如此贫瘠的沙岸增添不少魅力，我们一上岸就深受吸引，只差没像寻找黄金城的西班牙士兵般狂饮至死。除了最迫切的需求得到纾解外，这口井还有另一层更吸引我们的地方，因为它证明了我们此行不虚。我们第一眼就看出，它的内部和我们在内陆地区常见的井施工方式相同，也像乌斯马尔的地下窟室般有圆形拱顶，但井口和内部来得更大些。

这口井位于一棵大椰子树下。我们把一个舱门拖过来，围坐在木块上，享用在小帆船上烹调好的龟肉汤。我们把枪靠在树干上，满脸于思，穿着搭乘小帆船的服装，看起来可能也很像在海上打劫船只的海盗三人组。下午我们走过空地，空地上如今栽植着整齐的棉树，据船长说价值数百美元。棉花盛开，显示人们匆匆遗弃这个庄园，未顾及财产的保存。傍晚时分，我们沿着海岸散步，一路捡拾贝壳，走了一段很远的距离。夜里，大伙儿各自在吊床上享受了一个舒适的夜晚。

第三十七章

教堂废墟与十字架

第二天早上，我们在旧舱门上用餐，看见一只狗从远处盯着我们瞧，好像很想靠近却又不敢。这可怜的动物瘸了腿，跛得厉害，前肩一片血肉模糊，船长说，那是遇到野猪打斗的结果。我们想尽办法逗它过来，但它看了我们一会儿后走开了，再没有回到附近。无疑它是文森·艾尔毕诺先生留下的五只狗之一，遭遗弃后已对人类失去信心。再过几年，若它们没被更强壮的野兽吞噬，这个无人岛上就会出现一群野狗。

如今这个岛叫作科苏梅岛，当地人称为库萨米尔，意为“燕子岛”。启程离开家乡前，我已将此岛列为此次尤卡坦之旅必访之处；关于西班牙人首次得知此岛的历史记载深深吸引了我。一五一八年，格里哈瓦为寻访黄金城而意外发现此地，当时随军神父在他的指示下记录了此行过程，并收录若干原始叙述和回忆录，一八三八年首次在巴黎出版。旅行日志如此开始：

一五一八年三月一日，星期六，前述舰队司令自古巴岛出海。三月四日，我们看见一个海角上有座白色的房子。……整个海岸铺满了礁岩和沙洲。我们朝对面的海岸驶去，以便将那栋房子看得更清楚。那是一个如小塔般的建筑，看来约八掌尺（一掌尺长十八至二十五公分）长、一人高。舰队在离岸六英尺左右碇泊。两艘称为独木舟的小船向我们驶来，上面各坐了三名印第安人，一直来到船炮射程范围之内。我们无法和他们交谈，也听不懂他们说的话，只知道第二天早上酋长将到我们的船上拜访。

次日早晨，我们扬帆前往远处一个岬角侦察。领航员告诉我们，那是尤卡坦岛。在它和库库涅尔岬角之间，亦即我们所在之地，我们发现一个海湾，进入之后，来到库萨米尔海岸附近沿着海岸航行。除了先前所见的塔，我们又发现十四座同样形式的建筑。离开第一座塔前，那两艘印第安人的小船又出现了，村里的酋长也在其中，并且登上主舰。先前寻访黄金城时，我们从尤卡坦带回两名印第安人，这时酋长透过其中之一翻译与我们交谈，希望司令官前往造访他的村子，并说这对他将是无上的光荣……

我们扬帆出发，因为这一带的海很深，航行时距离海岸相当近。此地风景十分宜人。离开这个岬角前，我们算了算，共有十四座前面所提形式的塔。日落时，我们看见一座高大的白塔，附近有一大群印第安人，男男女女全都看着我们逐渐靠近，直到舰队在进入毛瑟枪射程时停下。岛上数不尽的印第安人纷纷开始击鼓，发出很大的噪声。

五月六日，星期六，司令官下令一百人武装，乘着小艇登陆，由一位神父陪同前往。他们预期会遭到大批印第安人攻击，为了防卫起见，妥善做了安排，不料到白塔时没发现任何人，附近四下搜查也不见人影。司令官和掌旗手登上白塔，打开王室旗帜，将王旗插在塔的一道壁面上，并在众人见证下，草拟了一份宣言，以国王之名宣布拥有此塔。

登塔的阶梯有十八级；底座十分庞大，周长一百八十英尺。顶端矗立着一座小塔，有两个人叠起来那么高，塔里是人像、骨头和他们崇拜的偶像。由于这些遗迹，我们认为他们是偶像崇拜者。正当司令官和许多人站在塔顶时，三名守门人跟着一名印第安老人走进来，在室内放了一个芳香四溢的瓶子，那香气似乎是苏合香。印第安老人在塔内的偶像前焚烧了许多香料，并高声吟唱一首单调的歌。我们觉得他是在向他的神祇祈求。……这些印第安人带着我们的司令官和十到十二名西班牙人来到一座大厅吃东西。大厅是由石头砌成的，覆盖着茅草，厅前有一口很大的井，每个人从井里汲水来喝。……然后他们离开了，我们进入村中，村内所有房子都以石头砌成，其中有五座建造得非常好，可由小塔上俯瞰。这些建筑的基座非常庞大，塔顶的建筑却非常小。它们建造的时间显然很早，不过也有一些较晚近的建筑。

村里铺着凹陷的石块。街道两侧高起，逐渐倾斜下降，全都由大石块铺成。街旁排列着居民的房屋，从地基到半墙高都以石头砌成，上面覆盖着茅草。从他们的建筑房舍来看，这些印第安人显然极有创意；要不是我们看过一些晚近的建筑，还会以为这些是西班牙人所建的。这个岛在我看来非常秀丽。……我们总共十个人，朝岛内深入了三四英里，又看见一栋栋各自独立的建筑与房舍，都建造得非常好。

一五一九年二月十日，科提斯的军队在此岛上聚集。贝纳尔·狄亚斯再度随军前来，并且在下述场景中扮演了其中一个角色：

科苏梅岛上有一座神庙供奉着一些狰狞的偶像，附近所有印第安人经常来此庄严地崇拜。一天早上，神庙庭院挤满印第安人，我们也因好奇而前往察看，发现他们正在焚烧芬芳的松香，就像我们焚香一样。不久，一名身穿宽大披风的老人走上神庙顶端，滔滔不绝朝着群众说教好长一段时间。科提斯也在场，最后他召来一名先前在尤卡坦之役中遭俘的印第安人梅尔丘雷霍，问他这名老人究竟在散播些什么邪恶教义。然后他召集所有酋长和贵族，尽可能以手势、翻译等向这些人解释，他们所崇奉的这些偶像不是神，而是邪恶的东西，会使他们的灵魂下地狱，如果他们还想和我们保持友好的兄弟关系，就必须撤下所有偶像，代之以我们的耶稣受难像十字架。他还仔细向他们说明，藉由耶稣的帮助，他们能够丰收，灵魂获得解救，还有其他许多美好、圣洁之事。

然而，印第安祭司和酋长们回答，他们依祖先传统崇奉这些神祇，因为神祇庇佑他们，如果我们想侮蔑这些神祇，神祇会在大海上摧毁我们，让我们知道他们的力量。科提斯于是下令撤除这些偶像，我们立刻遵命，将他们推落阶梯。然后他派人取来这一带取之不尽、用之不竭的石灰，命印第安石匠遵照我们的指挥，建造一个非常美观的祭坛，祭坛上放着圣母像；木匠则做了一个耶稣受难像的十字架，竖立在祭坛旁一个小教堂内，神父胡安·狄亚斯为众人举行一场弥撒，所有印第安祭司、酋长和民众都全神贯注地在场观礼。”

这些是西班牙人初抵此地时目击者的见证。后来的历史家更明白指出，科苏梅岛是一个拥有许多偶像崇拜者和神庙的地方，它对尤卡坦而言是一个重要的圣堂和朝圣所，就像罗马之于天主教世界一样。戈玛拉曾如此形容一个神庙：“像一座方塔，底部宽阔，侧面有阶梯，顶端有一个茅草覆盖的房间，拥有四道门或窗，并有胸墙或走道。内部看起来像个小教堂，他们放置或涂绘了一些神像。这些是靠近海岸一带所见的景象。

我便是受这些记载吸引而来到此地。此外，我偶然在《当代旅行家》上看到一篇文章，内容提及现有的废墟乃是西班牙人建筑的残迹，但我认为，这些建筑的性质可能遭到误解，它们应是原住民的建筑残迹。不过，一旦来到现场，我们开始自问，该到何处寻找这些建筑。随着西班牙人在美洲的推进，没有其他地方比科苏梅岛遭到更彻底的破坏。当我决心拜访这个岛时，并不知道此地已无人居住；由于知道它前后只有三十英里长，原以为应可轻易在此进行彻底的探索。不过上岸前我们已经发现这是不可能达成的目标，因而懒得着手安排相关事宜了。

整个岛上长满了树，除了岸边或小屋四周的空地，其他地方若没有清理出一条路，根本无法动弹。我们只有两名水手，如果要根据罗盘整理出一条通过岛上心脏地带的小路，可能会因此以几英尺之距离而错过一栋建筑，并且毫不自知。幸运的是，在空地边缘有些古代居民留下的遗迹，依文森·艾尔毕诺先生的指示倒不难找到。其

方形建筑

中一座距海边仅约两百英尺，即使如今搭船自附近海面经过，依然可望见它从树林顶端冒出来。

上页图即是这座建筑，它位于一个阶丘之上，四面皆有阶梯。建筑本身长、宽各十六英尺，有四道门，正对着东、西、南、北。建筑本身非常低矮，可从图中有名男子坐在阶梯上看得出来；其外观是普通的石头，不过有灰泥涂布，并绘有图案，痕迹依稀可辨。门通往内部一道只有二十英寸宽的走道，走道围绕着一个八英尺六英寸长、五英尺宽的小房间，又有一道门通往建筑中央。

此地的南东南方向，在空地的对角附近距海五六百英尺远处，有另一座位于阶丘上的建筑，内含一个长二十英尺、深六英尺十英寸的房间，有两道门和一道七英尺厚的后墙。它的高度是十英尺，拱顶是三角形，墙上留有绘画的遗迹。

空地上的建筑大致就是这些，不过显然还有更多掩藏在密布的深林中。尽管未再看到其他例证，但对我们来说，眼前这些已提供不少概念。镌刻图中所示的建筑距海很近，它的所有特色，完全符合格里哈瓦和同伴航经此地时所见的“塔”的描述。有阶梯登塔，基底广大，塔顶的建筑非常小，大约是两个人叠起来那么高，至今我们仍可像西班牙人那样说，从他们的建筑看来，这些印第安人显然极有创意。

更有趣的是，不只我们的船长和水手称这座建筑为“塔”，最近伦敦皇家地理学会会报中有一篇文章，其标题为《中美洲东岸速写：英国皇家雷与云雀纵帆式帆船船长李察·欧文及其部属纂辑》，文中提及这栋建筑与其他具有相同特色的建筑时，也称呼为“塔”。

到目前为止，从如今仍可追踪的格里哈瓦走过的路线来看，没有理由不相信西班牙人初抵这一带的海湾时，率先登陆的地点便是这座建筑所在的海岸，而我们推断这栋建筑正是西班牙人目睹偶像崇拜仪式之处，目前也没有反证足以推翻；或许，它也是贝纳尔·狄亚斯和同伴将偶像推落阶梯的同一处神庙。此外，我们拜访此岛的最大收获，就是发现这些建筑和内陆的建筑完全一致。如果我们能看到数百座，更能确定它们全都由同一支民族所建造，而他们也是建筑的主人。要不是单一证据的说服力不足，这些建筑本身已提供丰富而明确的证明，显示内陆地区的废墟城市及其中建筑的主人，过去虽被认为是某个完全灭绝、消失无踪的不知名民族，其实他们正是征服时期居住在该地区的印第安人。

在最后一栋建筑后方，埋藏在深林中的是另一个纪念标的，其重要性不亚于岛上现存其他事物；如果不是船长指出，我们不会发现。那是一座西班牙教堂的废墟，长六十或七十英尺，纵深两百英尺。前方墙面几乎完全倒塌，但侧面的墙仍有大约二十英尺高，灰泥涂层也仍保留下来，底部有一排绘画装饰。建筑内部塞满坍塌的屋顶残砾，野草丛生；一棵树从大祭坛上伸出来，一切如此破败，无可挽回。

这座教堂的历史也和其他被取代的废墟神庙一样模糊而不可考。它建于何时，为何遭弃置，乃至为什么存在，新大陆的居民完全没有概念。没有任何与它有关的记录或传说，如今想了解其历史，无疑必是徒劳无功。从笼罩着它的混沌状态中，我们对人类的虚荣有了新的认知；它显现的正是征服者漠视美洲新大陆的价值。当时随格里哈瓦前往探险的教士贝尼托·佩雷斯恳求国王任命他为此岛主教，另一位更著名的传教士则要求国王将古巴岛赐为他的教区，不料国王将他升任为阶位更高的科苏梅岛主教，而将贝尼托·佩雷斯遣往当时看来似乎不怎么样的库尔瓦。如今，科苏梅岛成为无人荒漠，库尔瓦——亦即墨西哥，却成为新大陆最富裕的主教区。

我向读者介绍这个废墟教堂是有特别原因的。所有旧大陆的西班牙作家都抱持着同样的信念或原则，认为印第安人在某个早期时代即已接触了基督教，在此种信念影响下，当最早来到尤卡坦的征服者发现十字架时，他们就此认定这就是原住民崇奉基督教的象征，此后纷纷记下一些预言，以显示原住民传统中存在着基督教信仰，并预告从太阳升起的方向，有一支留着胡须、皮肤白皙的民族将高举十字架出现，原住民的神祇根本无法匹敌，他们应迅速走避。类似的模糊概念至今仍在流传；简而言之，神父若对这个国家内的古老事物多加留意，总是很快就会发现一些与十字架相关的真实或想象的事物。支持此信念的强烈证物是置于梅里达的“科苏梅十字架”，它是在科苏梅岛上发现的，科戈尤多时代的人和今人一样认为，它是印第安人在尚未改宗基督教前崇奉的物件。

在圣方济会修道院建筑遭毁之前，这枚十字架原本位于中庭的一个台座上。我们还听说，自从它放置其中后，那栋建筑再也不曾遭遇过去经常发生的雷殛。如今，十字架移置于美侯拉达教堂，我们到该教堂寻访它时，卡塞伍德先生和我获邀进入一名八十多岁老修士的房间。老修士躺在吊床上，已有多年未跨出门槛，不过心智仍十分清明，他以一种宛如告白自己已洗清许多罪愆的声调告诉我们，他亲自从废墟中将十字架挖掘出来，竖立在现今所见位置，亦即左边第一祭坛的墙上，一进教堂就看得到。那是石制品，外观古色古香，上面有个救世主的浅浮雕像，由灰泥制成，手和脚钉上钉子。我们第一眼看见就很高兴地发现，无论它原先究竟有何历史意涵，至少它是在修士的指挥下制成现在的模样。当时我们并未料到后来会知道有关它的事，但这个教堂废墟却将我们心中所有与它相关的神秘一扫而空。

这座建筑前有一块水泥平台，尽管已破损且遭树盘踞，不过仍维持着原来的形状。平台上立了两根方柱，我们在现场猜测，其上应曾支撑着十字架，随即联想到，遗失的这个基督教象征之一，正是如今所谓的“科苏梅十字架”，可能是某位虔诚的教士在教堂被毁、岛屿遭弃前后将它带走的。我自己相信这是事实，同时也认为这是很重要的一点，因为即使在尤卡坦也可发现十字架；单以“科苏梅十字架”和这个岛上的废弃教堂之间的关联，就足以完全推翻众人至今仍有的迷思——他们仍将它视为印第安人崇拜基督教象征最有力的证据。

我们在中午时分即完成所有工作；在这个无人岛上，做什么都随心所欲地畅快，我们甚至因为没有更多事可做而遗憾。卡柏特医生发现此岛是他搜罗鸟类进行研究的丰富田野，不过他的运气不好，细心处理和解剖两只稀有品种的鸟类后放着晾干，却遭蚂蚁毁坏。空地上有棵干枯的树，树顶枝干上撑着一个稀有品种的鹰巢，巢里的卵是博物学者目前尚未发现的。那个巢仿佛是为了我们的到访而筑的，危危颤颤勉强支撑于枯枝之间，显然无法再承受任何额外的重量。船长和水手将树砍倒，蛋也应声而破，不过蛋的碎片仍被保留了下来。

下午，我们沿着海岸捡拾贝壳，傍晚时再次洗了澡。我们还泡在水里时，突然乌云密布，雷声隆隆，闪电四曳，海鸟啾啾鸣叫着飞过我们头顶。雨很快下了下来，我们急忙抓起衣服往小屋跑。回头一望，发现我们的小船正在移动，主帆几乎连一码都未升起，看起来就像一只大鸟飞过水面。当它转过岬角在我们眼前消失时，我们不由得担心了起来。

由于之前天气恶劣的经验，我们推断它不可能逃得过这场来得又急又快的强劲暴风雨摧残。我们一方面庆幸自己不在船上，另一方面也为留在船上的人担忧。船长对这一带的海岸并不熟悉，只有一个地方可供他遮风蔽雨，那是一条狭窄的水道，即使在白天都很难进入，而夜晚就要来临。卡塞伍德先生在船转过岬角时看了时间，我们都知道小船不可能在天黑前抵达那个小海湾，势必得和暴风雨搏斗，而且可能会被吹到大海上。

想到可怜的船长和水手所面临的危险，就令人心生畏惧，同时也有点担忧自己可能面临的不便。我们原本打算次日一早便扬帆离去，所有的行李和储粮全在船上。暴风雨来得太突然，虽然艾尔毕诺站在岸边不断恳求，但船长不肯耽搁任何时间，连一件东西也不愿卸到岸上。我们随身只携带餐具箱、咖啡、糖、茶、巧克力，以及一些饼干；就算没有意外发生，小船也要好几天后才可能回来，如果它没有回来，我们就成了五个漂流荒岛的鲁宾孙，孤单地流落在一个无人小岛上。尽管身边有枪可以打些野食，不幸的是带上岸的弹药也不多。随着暴风雨愈来愈强劲，我们也愈来愈忧虑，甚至开始计算搭乘木筏返回大陆的概率有多大。最后，在偶尔摇晃着吊床的韵律中，一边闪避从茅草屋顶渗下的雨水，一边稍感安适地睡着了。

第三十八章

海边的城堡

我们一早就醒了。雨已停，但风仍强，浪相当有威力。艾尔毕诺和博纳多比我们还焦急地寻找小船的踪迹，因为对他们来说，茶和咖啡不是食物，而我们的饼干已在早餐时吃掉了，他们等于没东西可吃。天亮时，博纳多沿着海岸一路搜寻，不久我和艾尔毕诺也尾随而去。绕过阻隔我们看见小船的岬角，来到一段或许称得上险阻的海岸。那是一块高出海平面数英尺的岩石平台，长期遭暴风雨侵蚀后变得坑坑洞洞，边缘像锈铁尖端般突起。浪涛仍不断拍打而上，在侵蚀的空洞中形成巨大的漩涡，令人不由自主地想，任何船只若不幸遭巨浪卷到其上，将是何等悲惨的命运。岩石间散落着一些船难后解体的桶板和厚板。

走了两小时后，我欣然认为，小船必然已躲过暴风雨的袭击。尽管如此，当我远远看到博纳多出现时，却又开始担心不已，以为自己竟赶上了他，后来才发现他头上顶着一个小金字塔，里面是炊具和食物。原来他已遇见一位赶回来纾困的水手，于是接下补给往回走。我和艾尔毕诺继续往前走，经过三小时的痛苦行程后，终于抵达一个小海湾。这是位于岩石之间一个原始、陡峭的狭窄开口，宽约五十英尺，两侧峭壁相对，进入具有屏障的海湾后，外海尽管奔腾咆哮，湾内却是平静安宁，恍若池塘。停泊在小海湾入口处的小船启动，驶过来让我登船。

船长平静地简述了将船驶入小海湾的过程，听来十分不可思议。那时夜已降临，他以为错过了这个海湾，但一道闪电照亮了狭窄的入口，他倏地将这艘老船驶入其间。通过水道时，他撞上一块暗礁，船上一人失足落水，不过又有另一道闪电让他把那人找了回来。不久，船进入了平静的水域。小海湾被壮丽的树包围着，水深二十英尺，清澈见底；一端有条小溪来汇，船长说，沿着这条小溪，可将船直驶入岛中央，小溪也在当地扩展成湖。船上的帆、行李、卡柏特医生的鸟类标本，以及我的科戈尤多之书，全都摊开来曝晒。吃过炭烤海龟蛋后，我踏上回程，一路捡拾了数量丰盛的贝壳。自从我们来到海岸一带后，闲暇时便常从事这项愉快的活动，但从没有像在这个岛上这样痛快。通常我们沿海岸走一圈几小时，回来后会发现其他人已因晕船而呕吐，但我倒很少像这次抵达小屋时这么累。

第三天中午十二点，小船再度跃入眼帘。它绕过岬角驶来，不久便来到先前的碇泊处。风依然很强，船长不敢久留；我们将水桶添足了水，一小时后便登船离去，这一度人烟繁盛的科苏梅岛又恢复了我们抵达之前的寂寥。一只鹰正在哀泣，因为它的伴侣被我们带走了，它是唯一目送我们离去的生物；整个旅程中，再也没有其他地方比此地更令我们离开时凄然。

我们从岬角处驶离科苏梅岛，对岸的尤卡坦隐约可辨。在此顺便一提，从我们的观察和其他人提供的讯息，这是唯一能看见对岸的岬角，因此几乎可以确定，格里哈瓦便是从这个岬角朝尤卡坦驶去的。风很强，海面起伏不定，一股强劲海流将我们带往科托切海角。天黑前一小时，我们横渡洋流，沿着海岸稳住了船，并经过三座显然保存良好的低矮方形建筑，不过海上波涛汹涌，无法登陆去看。

格里哈瓦在其探险记里说："离开科苏梅岛之后，我们看见三个大型村落，彼此相距各两英里。这些村落里有许多石屋、高塔，覆盖着稻草。"这里想必就是当年那些村落所在处。如今这一带完全遭森林掩蔽，但仍可推测，岸上可见的石屋也是已湮灭的内陆城镇的证据。我们继续航行，天黑后在一层礁岩后方一个突出的岬角碇泊。水边有个养龟的方形池塘，岸上是一间无人居住的渔夫小屋。

天亮后，我们再度上路。这回又经过三座方形建筑，但因为海岸崎岖多岩，无法在不危及小船的情况下顺利登岸。更远处，一个高耸的悬崖上矗立着图隆堡，那是我们打算拜访的最遥远目标。十二点时，我们绕过一个岬角，来到一处长沙滩；这里形成一个海湾，海湾顶端有几间小屋，构成坦卡尔大牧场。海湾入口两侧有暗礁和岩石相夹，很难进去。两名妇人站在其中一间小屋的门口，除了老渔夫外，她们是我们在此荒凉海岸地带仅见的人。

这个岬角，正是我们当初想由切玛克斯经陆路直接抵达之处。读者想必可以明白，我们为了它绕了多大一圈，但第一眼看到它时，又十分庆幸还好没有直接从陆路过来，因为我们那时听说的那艘多帆单桅小船的骨架还在船坞里，显然还没完工，而我们不可能再找到另一艘小船，只能搭原船折返。船长把当作船锚的石头一丢出去，我们立刻下水，涉水上岸。太阳非常炽热，沙滩像火般滚烫。那艘多帆单桅小船旁就在主要小屋的前方，旁边是一个以茅草覆盖的棚架，为偶尔来此造船的木匠提供遮蔽。附近有间废弃小屋，我们将它打扫干净，第三度住进莫拉斯所建的房舍中。

莫拉斯离开科苏梅岛后，这里是他唯一敢冒险前来的无人岬角，既适合他的放逐生活，也让他毋需担心来自内陆的追捕，他的精力与勤奋又能发挥。他重新开垦玉米田，再度建造一艘多帆单桅小船，也就是我们所见尚未完工的那一艘。不过，他发现自己年事已高，几乎遭人遗忘，加上生病，于是冒险出现在切玛克斯。从切玛克斯回家的路上，如同先前已提过的，莫拉斯只有一名印第安人陪同，并死在距坦卡尔尚有八里格的路途上。据告诉我们的人说，他死得很悲凉，像狗一样，身旁无人。

我们之前已听说不少关于莫拉斯的事，包括他长期的不幸，以及在他年岁渐高时所承受的深沉报应，同时我们也看到这么多他充满精力、奋斗不懈的例证，因此，尽管他有暴力和犯罪等罪名，我们依然深深寄与同情。后来，又从其他人口中得知，在长期放逐的日子里，他其实是一场不公正的无情迫害的受害者，我们为他抱屈的心情自是更加强烈。

此时，可以揭开他的历史的神秘面纱了。他死后至今不过一年，大牧场由两个儿子继承，这两名年轻人在我们抵达后不久便来拜访。据说，老人过世时，那名印第安人将遗体留在路上，回大牧场报讯，于是这两名年轻人赶往现场，将他就地掩埋。之后，他们又去了一次，将他的遗骸挖出，放入盒子里，带回大牧场，然后搭乘小船准备前往族人所住的圣费尔南多，不料半途中遇到暴风雨，将遗骸从船上冲走了。告诉我们的人说，那便是可怜的老莫拉斯的最后归宿。据说他的大儿子也受父亲牵累，诅咒似乎尾随着他：一只眼睛失明，另一只微弱而无神地在水汪汪的眼窝里转动着。当我书写本书时，他可能已完全看不见了。

我们首先询问此地废墟的情形。一条短短的小路穿过树林，来到一个玉米田，其上有无数古代建筑遗迹，建于阶丘上，不过都非常小，而且已坍毁。这些建筑原本可从海上一览无余，如今因树木遮掩，驶过海岸的船旅不会知道树林中藏着一个原住民城镇废墟。

下午，我们出发寻找图隆废墟，它距海岸一里格远，有个城堡位于高峻悬崖上，可将周遭尽收眼底。我们沿海岸走了一英里半，海滩上沙多，有些地方甚至膝盖以下全没入沙中，后来我们发现，脱掉鞋袜从水边涉过舒爽多了。海滩尽头是一个朝海中延伸的高大岩石岬角，阻断了海边所有去路。我们爬上岬角继续沿悬崖走，悬崖斜斜伸入海中，有些地方形成垂直峭壁，右侧更升起巨大的岩块，完全看不见城堡。

半小时后，我们意外来到一座低矮建筑。那显然是个祭坛，爬上顶部，城堡再次出现眼前。过了悬崖后，地势更为崎岖、贫瘠，令人想到歌德在《浮士德》里描写的哈茨山脉中女巫的聚会处。在这一片荒瘠之中，岩石隙缝里冒出一丛丛名为“特西凯”的野生棕榈，密密覆盖了整个悬崖表面。我们艰辛地穿过这一带，来到另一座低矮建筑，从建筑顶端再度可以看到城堡，但两地之间有一道巨大的深渊，显然阻断了抵达该处的所有希望。这时天色已晚，我们担心因夜色而困在此荒野之地，决定回头。返回海岸地区时，夜晚已来临。这时眼前出现的沙滩，竟也成为受欢迎的安心景象。再晚一点，我们终于回到小屋，并很快做出结论，如果每天这样来回走，既不愉快又浪费时间，若想尽速完成希望达成的目标，必须再度住进废墟。

第二天早晨我们再度出发，准备住进废墟，小莫拉斯也陪我们一起前往。他是二十岁左右的年轻小伙子，我们的到访对他而言是坦卡尔空前未有的大事，我们还没走完沙滩，他就加入了我们。我们爬上悬崖，经过前一天所见的两座建筑，从第二栋建筑后方向下走，来到深渊的这一头。通往此行主要目标的路似乎遭深渊阻断，但我们从深渊另一头再度向上爬，进入一个阴郁的森林，经过一栋位于左侧的建筑，从林隙间不时窥见“古城墙”的踪迹，最后来到城堡宏伟的阶梯前。每一级阶梯、建筑所在的平台，以及前方整个区域，全都长满高大的树，主要是热带橡树，深绿的叶簇和周遭神秘的建筑相映衬，树林呈现一种德鲁伊[1]仪式的神圣氛围。

我们的水手和莫拉斯在阶梯上清理出一条小径，将携带的物品抬上去，一小时后，所有人已在城堡中落脚。我们长途跋涉来到这里，其实并不清楚会有什么收获；途中虽遭遇不少困难险阻，但此时觉得一切辛劳都有了回报。我们置身尤卡坦境内最原始景色之中，除了废墟本身令人深深着迷外，周遭还有他处没有的大自然美景。前面的平台清理干净后，可远眺广漠的森林；走在墙壁线脚之间，远望即是无边无际的海洋。悬崖下方，一条八到十尺长的大鱼在清澈深邃的水中静静游动。

右图即为城堡正面。城堡周遭有些树也出现在镌刻图里，其中一棵自下层顶部长出，盘根错节的树根攀住正面的墙，阻断门口通路。然而，这片鲜绿帷幕如寿衣般覆盖着建筑所展现出来的庄严，以及斧头声首次划破此地长久寂静时我们心中的感受，却是任何字句或图画难以真切传达的。

建筑本身包含两翼在内的底层长度为一百英尺。宏伟的楼梯有三十英尺宽，分为二十四阶，两侧各有一道坚固扎实的栏杆，保存状况良好，为建筑本身更增添极为特别的壮观气象。门口有两根柱子，将入口分为三处，上方均有方形凹入，且皆曾嵌有装饰，中央那个还留存着雕像的残迹。内部分为两条走道，各为二十六英尺长，前面那条宽六英尺六英寸，两端各有一条石凳；在墙上，我们再度发现了神秘的红手印。[2]

图隆堡正面景观

一道门通往后面的走道，走道宽九英尺，沿墙脚有一条石凳。门的两侧皆有石环支撑，后方墙上则有长方形开口，海风正是从此开口吹进来的。前后两个空间皆是三角拱顶，对暂居于此的我们来说，都很方便而舒适。

建筑的两翼比主建筑低矮多了。它们各由两层组成，下层建于低平台上，有阶梯通往上层。上层有两个房间，前面一间长二十四英尺、深二十英尺，门口有两根柱子，房内也有两根，和门口的相对。房内的柱上有以灰泥细工装饰的设计图案，其中一个看起来似乎是一张戴面具的脸，另一个则是一只兔子的头。墙面仍十分完整，但屋顶已塌陷；地板上的碎石残瓦不像其他三角拱顶处多，而且材料不同，沿墙顶端又有一些洞，似乎上方曾架设梁木，这一切都使我们相信，屋顶是平的，由架在中央两根柱子上的梁木所支撑。这里有一道很接近主要建筑墙面的门，宽三英尺，通往一个宽二十四英尺、深九英尺的房间，那里也没有屋顶，同时也有屋顶是平的、由梁木支撑的迹象。

右图（上）所示为城堡面海的后墙景观。它位于一个又高又崎岖不平的悬崖峭壁边缘，可眺望壮观的海面和美丽如画的海岸线，而从海面上远远也可望见它。墙的构造很结实，没有任何门或出入口，甚至连平台都没有。晚上，当一天的工作结束，协助的人手返回小屋时，我们会在墙的线脚处坐下，因我们所住高层房间的门未开向大海而感到遗憾。不过，夜里这种感受有了很大的改变。一阵来自东方的暴风雨降临，雨点激烈打在面海的那面墙上。我们只能站在长方形的开口前，心中庆幸古人建造此城堡时的智慧和用心。夜的暗沉、风的呼啸、森林里树枝断裂的声音，以及奔腾的海浪拍打悬崖的咆哮声，对暂居于此废墟建筑中的我们而言，制造了一种浪漫甚至庄严的情境，不过我们只是无福消受的平凡过客，而且被蚊子骚扰得难以忍受。

第一天的时间不够将城堡前方一带清理完毕。这里有几栋小的废弃建筑，似乎作为祭坛之用。楼梯底部对面是一个方形阶丘，四面都有梯级，不过平台上没有任何建筑，倒是长满树丛，卡塞伍德先生在树荫下架好投影描绘器，准备进行素描。从城堡的门口向下望，没有其他地方比他所在位置更吸引人；此外，他将一只手藏在口袋里避免蚊虫叮咬，又临机应变绑起裤脚，免得蚂蚁或小虫爬上身，这有趣模样，更为如画的美丽景致增添一番风味。

紧临南翼的下层房间是一大片残破建筑，其中包括一个宽四十英尺、深十九英尺的房间，还有四根柱子，可能用来支撑扁平的屋顶。另一个房间内，地上散落着两个石碑的碎片，和之前在拉夫帕克所见的性质相同。

在北边，离城堡约四十英尺外有一座孤立的小建筑，右图（下）是其侧面景象。这座建筑位于一个阶丘上，有一道八英尺宽的楼梯，十到十二阶破损的梯级。平台正面长二十四英尺，深十八英尺。建筑内只有一个房间，也像城堡一样，屋顶是三角拱顶。门上有一个和我们在萨依所见一样的奇怪人像，低垂着头，四肢向外伸展；沿着檐板另有其他奇怪而特别的装饰。门廊十分低矮。在尤卡坦全境，我们不时听说这些城市是由驼子建造的，这些门的低矮程度及四周奇特和荒废的景象，都令这不可思议

城堡背面景观

一栋孤立的建筑

的传说更加活灵活现。

这座建筑内只有一个十二英尺乘以七英尺的小房间，屋顶是三角拱顶，房间两端尽头各有一阶突出的梯级。墙和天花板皆以灰泥涂饰，并饰有绘画，绘画主题几已无法辨认。

除了走访邻近地区外，这一天没什么进展。不过第二天却是值得纪念的一天，我们意外发现这个掩藏于森林中的城市四周竟有城墙。这些城墙虽历经岁月侵蚀却依然存在，状况也十分良好。我们展开探索之初就曾听说关于城墙的事，不过其他地方的城墙遗迹都无法获得确认，我们想追索的努力一直未有斩获。

小莫拉斯也曾提过这些城墙，而且一大早就来城堡带我们去寻找。我们出发时并未抱着多大期望，但跟着他穿过森林后，突然发现眼前正有一道厚实的石砌建筑笔直地向大海延伸。顺着它的方向，没多久我们就看到一个城门和一座瞭望台。我们走出城门，在树丛和灌木林的间隙中，尽可能贴近城墙一路走向大海。这座建筑的性质不喻自明。以最严谨的标准来说，它就是一道城墙；我们首次可以毫不迟疑地确认，它确实是城墙的遗迹，同时也为我们听说的许多有关城墙的故事增色。于是我们不由得开始相信，之前所见的许多遗迹或许真是一道道残留的城墙遗迹。

我们立刻展开彻底的调查，从一头测量到另一头，毫不休息。下图即是从海面上看这道城墙的平面图。它呈平行四边形，紧挨着海，高耸、险峻的悬崖则是一道长一千五百英尺的天然屏障。我们从东南角的悬崖上展开测量，那里的桥座大多已坍塌。我们原打算就着城墙底部测量，但树丛和灌木林实在茂密，很难拉线，只好爬上城墙顶端。即使如此，测量工作还是不易进行。城墙旁边生长的枝叶横过顶端，其中还交错穿插着荆棘、灌木丛和各种藤蔓，每走一步，我们都得砍下面前出现的龙舌兰，因为它又长又利的叶尖会刺痛我们。太阳炙烤着我们，蚊子、苍蝇和其他小虫也不放过我们。尽管如此，在城墙顶端度过的这一天，无论如何已成为我们探访废墟的行程中最有趣的日子之一。

城墙的建造相当原始，以粗糙、扁平的石头构成，一块叠着一块，未用灰泥或任

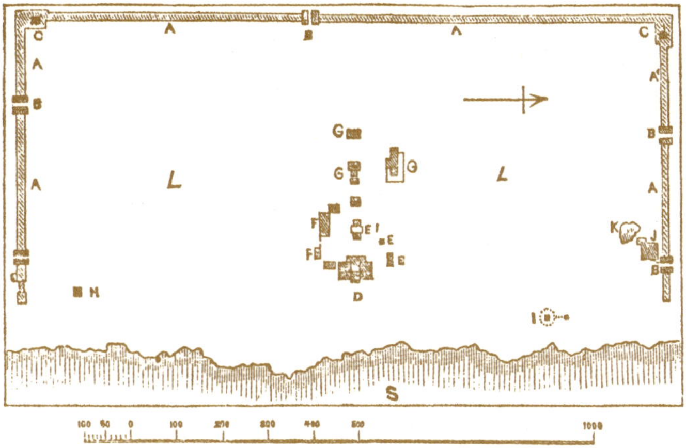

城墙分布平面图。其代号分别表示：A 城墙；B 城门；C 瞭望台；D 城堡；E 小型神庙；F 小屋；G 最后发现的建筑；H 有木头屋顶的建筑；I 祭坛；J 守卫之屋；K 有咸水的地下水井；L 浓密的树林。

何种类的接合物加以巩固，厚度也由八到十三英尺不等。南面有两道城门，每道门各约五英尺宽。在六百五十英尺远处，城墙九十度转弯，方向与大海平行，转角处较高，以便获得较广阔的视野，还有几道梯级可登上瞭望台，如上图所示。

瞭望台为十二英尺见方，有两个门，其内部相当朴素，在靠后的墙上有一座小祭坛，守卫可能在这个祭坛上祭拜，祈求保佑此城平安。当然，如今此地已没有守卫戍守，瞭望台四周长满了树；城墙内的城市也是一片荒烟蔓草，城外更是绵延无尽的森林。曾经，携弓箭、头插羽毛、骄傲地跨着大步来回巡逻城垛之上的印第安人，如今被大片的荆棘丛和有毒藤蔓所取代。这座城已不再需要守卫；毁灭的宿命已经摧毁它，如今它孤独地安息了，安息于寂静与荒芜之中。

西面的城墙和海岸线平行，只有一道城门；转角处又是一个瞭望台，也像先前所描述的一样。从这里城墙一直通往海边。整道城墙共有两千八百英尺长，我们在城墙顶上测量长度，只有靠海的桥座部分例外，读者也许因而可想象城墙保存完好的程度。城墙的位置安排呈对称，共同圈围出一个长方形的区域，如平面图所示。城堡居于其中重要的中心位置，不过由于该地草木茂盛，我们直到画出平面图才发现这一点。

在北面城墙靠近东城门一带有一座建筑，长三十六英尺，深三十四英尺，分成两个主要房间和两个较小房间，天花板已完全塌陷。在角落有一个地下水井，残留着几道向下的梯级，通往池中的咸水。附近还有一块中空凹陷的岩石，让我们意外获得一些清水。

城墙东南角一带，在悬崖的峭壁边缘有一座建筑，长十五英尺，深十英尺。建筑内部约七英尺高，天花板是平的，呈现截然不同的建筑工法。四根主要梁木直径皆约六英寸，置放于房间相对两头的墙面顶端，再以直径约三英寸的较小梁木密密横置于较大梁木上，几乎彼此相接；在这些横跨的较小梁木上是一层厚厚的灰泥和大鹅卵石，潮湿时就覆盖上去，如今形成一层坚固的硬壳，这种材料和我们在废墟中其他房间内所见的地板材料完全相同。后方墙上有一个祭坛，上面放着一颗原始的三角形石，似乎不久前才有人用过。门的两侧各有若干大海贝镶在墙上，用来支撑门。

以上便是小莫拉斯带领我们拜访的所有建筑。他表示城内没有其他建筑了，不过城外仍有许多残迹。我们相信，城墙圈围的只是最主要的建筑，也许是神圣的建筑，城外广大地区仍会有废墟存在。不过，只靠小莫拉斯和一名水手的人力支持，我们不可能再进行任何额外的尝试；事实上，单是住在城内所受到的干扰就已让我们考虑是否值得继续待下去。一队凶猛的城堡篡夺者已展开进袭，而且决心驱逐我们。我们白天工作已经很辛苦了，晚上还不得安宁。

没有任何哲学家

可以坚忍地忍受牙痛之苦。

瞭望台

我敢说，哲学家会发现，图隆的蚊子大军恐怕比牙痛还要恐怖。我们坚守阵营和它们抗争了两夜，到了第三夜，终于还是一个个爬下吊床，来到门前的平台。月色晶莹，照亮了幽黯的森林，在海面上映出一道长长的银带。我们一度感觉光辉圣洁的心境，仿佛不食人间烟火，也不再需要睡眠，但随着瞌睡虫降临，最后又全都摊平在地。蚊子的威胁再度来临；即使我们回到吊床上也依旧不得安宁，只好再次起身，点燃一大束火，坐下来吸烟，直到天亮。这时看着晶莹的月亮真是令人生气，它是如此宁静、平和，而一阵阵野蛮的撤退通知却不断在我们耳边缭绕，让我们一心一意只想赶快逃离。

注释

❶

德鲁伊人原指铁器时代在现今英法等地区执行宗教仪式的教士，后来罗马势力进入这些地区，留下与德鲁伊信仰和仪式相关的记录。尽管这些记载未必完全正确，但仍可证明德鲁伊人在铁器时代社会扮演重要角色，同时有助于了解其部分信仰与仪式。目前考古学家不曾找到与这些教士有关的直接证据，不过他们发现的一些宗教仪式或献祭证据，很多都可能和德鲁伊人有关。至于现代所谓的德鲁伊人，事实上和铁器时代的德鲁伊人并无直接关联，人们对德鲁伊人的许多观念，也都受到两百年前的学者的误导，例如，位于威尔特夏的巨石阵的建造者，其实和德鲁伊人并无关系。

❷

作者原注：此书付梓之际，笔者有机会和以研究北美印第安人习俗知名的斯库克拉夫特先生讨论，并很高兴能向他提及有关红手印的事。讨论内容请参见附录，但笔者希望在此向他表达由衷的谢意。

第三十九章

孤独的建筑

第二天早上我们将剩下的工作完成，早早用餐后准备离开废墟。众人准备行囊时，我在墙上指着某个方向，告诉卡柏特医生那是我和卡塞伍德先生进行测量时，惊动两只野生眼斑火鸡之处。他立刻出发，用猎刀在面前开出一条路，不久，我坐在城堡的阶梯上，听见他对我大喊，他发现了一座我们没看过的建筑。我想保留力气走过悬崖，起初不愿意动，但他坚持要我过去看看。他就在附近，我们不用太大声就可听到对方声音，但我完全看不见他或那座建筑。循着他的路线前行，我看见他就站在建筑前；我们设法绕了一圈，发现附近还有另外两座建筑，在繁密的树叶遮掩下几乎无法看见，不过却是除城堡外我们所见最大也最重要的建筑。

我们的计划又全盘改变了，因为无法在画下这些建筑前就离开。我们返回城堡的阶梯旁，把所有人手召集过来。他们都已背上行囊，博纳多报告说，存粮只剩两份玉米薄饼，而在城堡内再多待上一晚的念头也让我们非常沮丧，毕竟我们已有睡眠的习惯，那是人类本性之一，一个晚上的好眠是不可或缺的。于是我们还是决定离开，第二天再回来。

第二天早上天未亮，艾尔毕诺和莫拉斯就带着水手先出发，等到卡塞伍德先生抵达现场时，第一座建筑已清理完毕了。

下图即是这座建筑的正面。它面朝西，长宽各为二十七英尺和十九英尺，分为两层。外表装饰非常华丽，檐板之上还残留着灰泥细工涂饰的华丽图案。下面一层有四根柱子，形成五个入口，通往里面一条狭窄的走道，走道围绕着中央的一个房间，两端的墙皆饰有绘画，但因整座建筑布满植物和青苔而呈现青绿发霉状态。前面有一道小门通往中央的房间，房间尺寸为十一英尺乘以七英尺；同样，房里的墙上也有绘画，且已脱落毁损，后方墙上设着一个祭坛，作为焚烧珂巴脂之用。

上层的建筑直接接着下层的房间，在我们见过的建筑中，这是一个房间直接建在另一个房间之上的唯一例证。不过，上下层之间没有楼梯，也没有其他相通的管道。

一栋建筑

一栋建筑

这座建筑后方另有一些建筑和它相连，但都已因树木盘踞而毁坏，废墟中有两座圆形石碑，高六英尺六英寸，宽两英尺四英寸，厚八英寸，上面还留存着岁月侵蚀后模糊的雕刻痕迹。

距离五十三英尺外的不远处是上图所示建筑。它位于一个六英尺高的阶丘上，中央有一道楼梯，长四十五英尺，宽二十六英尺，门口有两根柱子，中央上方是一个遭截断的头像。建筑内部分成两个平行的主要空间，里面那个在最北端有个小房间，房间里设有一个祭坛，长五英尺，深三英尺六英寸，作为焚烧珂巴脂之用。其屋顶已坍陷，树从地面生长出来。

这座建筑附近还有另一座更大的建筑，平面配置相同，但损毁得更严重。这些建筑全都位于城堡阶梯方圆约两百英尺之内。我们是在即将离开的那一刻才发现它们的存在，若不是卡柏特医生为了寻找鸟的踪迹一路劈砍草木而意外发现，或是他略偏左或偏右一些，我们就会毫不知情地离开，完全不知有这些建筑的存在。

我不由得这么想：当这个城市还有人居住、尚未遭林木淹没之时，从海上便可看见这些建筑。读者想必会问，西班牙人曾在这一带的海岸航行，难道他们没有留下任何记录？事实上，接续上次我们提到的部分，在格里哈瓦的探险记中，他在离开科苏梅岛后写道：

"我们夜以继日地航行，第二天傍晚时看到一个村庄，规模之大，较诸塞维尔毫不逊色。我们还看见一座非常高的塔。岸上有一群印第安人，手举两面旗帜上下挥动，要我们加入他们。同一天，我们抵达一个海湾，附近也有一座塔，是我们见过最高的。我们注意到一个非常大的村庄；有许多条河流经过，还发现一个海湾，可容一队船舰进入。"

从今天看来，这段海岸观察叙述当然不尽正确，不过比起其他早期西班牙航海家的描述来得详细多了，因此，我认为这已足以证明这个如今成为废墟的城市当时确实存在。从科苏梅岛横过海面航行二十四小时后，他们会抵达海岸的这一带，而且文中接着提及的情况即是他们发现一个可容一队舰艇进入的海湾，更是强而有力的证据，因为在图隆下方约八里格远处正是阿森松湾，西班牙作家常提及那是一个可容整支西班牙海军停泊的港湾。从科托切海角沿岸下来，这里是唯一可容大型船舰进入的海湾，我因而坚信，这个如今被称为图隆的废墟，便是那个"规模之大，较诸塞维尔毫不逊色"的"村庄"，而那个我们遭蚊子赶跑的城堡，就是"西班牙人所见的最高的塔"。

更进一步说，我确信这个城市在西班牙人征服后，很长一段时间仍有原住民继续在此居住，因为格里哈瓦从阿森松湾折回，再度经过此地但未上岸，而且当蒙特侯的探险挫败后，西班牙人并未在这一带海岸从事任何行动，所以原住民一定继续在这里不受干扰地住了很长一段时间。况且，从建筑本身的状态看起来，也可得出不久前这里还有人居住的结论，因为它们虽已荒废不堪，但从树木的生长情况，以及周遭一片荒凉寂寥之中，有些地方看来出乎意料的十分清新、整齐，令人惊讶。

城墙外有若干小建筑，无疑作为祭祀之用，其中之一如下图所示。它坐落于一个阶丘上，有一个圆形的平台，位于悬崖边缘，俯瞰着大海。其长十五英尺，深十二英尺，门面向北方，内部只有一个房间，后方墙上是一个祭坛，保存状态十分完好，仿佛才启用。阶梯底部附近有个小祭坛，周遭长满了遍布整个悬崖的野生矮棕榈丛，祭坛上有着灰泥细工的装饰，其中之一似乎画了一颗菠萝。

这些装饰完全缺乏其他建筑的大气势，轻淡的几乎脚一碰就不见了。它们暴露野外，受强劲东风吹袭，几乎遭浪花溅湿。如果说，这个祭坛在三百年前就已荒废，实在很难令人信服；这么多年来，定然有些守护者照顾着它，有些虔诚的手为它修补，

一座祭坛

即使在西班牙人抵达很久之后，印第安人仍在此进行其崇拜仪式。

以我们来此拜访的条件而言，这是我们整个废墟探访之旅中最有趣的一个地方；不过我不得不省略许多细节的描述和评论，只提一个想法。读者知道我们从内陆来到此地有多困难；一边是从瓦亚多利德到阿森松湾，另一边是雅拉奥港，它们形成一个三角地带，其间没有路，莫拉斯的牧场是海岸一带唯一的聚落。这是一块完全未知之地，从来没有白人进入过。废墟城市毫无疑问一定存在，小莫拉斯告诉我们，一名印第安老人知道，再往内陆许多里格处还有一栋大建筑，饰满色彩鲜艳、明亮的绘画，绘画的主题也依然保持完好。

我们费了好大的劲儿才见到这位印第安人，但他非常沉默寡言，只说看到那座建筑已是许多年前的事，当时是在旱季打猎时偶然发现的，如今已无法再找到它了。我相信，在这一带，类似的废墟城市在西班牙人征服后一定还有人居住，并且持续了很长一段时间，也许一两个世纪，而且直到相当晚近之时，印第安人仍住在那里，一如美洲尚未发现之前。事实上，我认为，在这个与世隔绝的地区，迄今仍存在着一个活生生的原住民城市，居民都是古代印第安人的后代，并仍维持在神庙中崇祀祖先的习俗，只是白人并不知道。这不是不可能。

读者可能会觉得我已离题太远。此时我们已结束海岸旅程，希望完成的目标也已充分达成。我们看到了当年西班牙人所见的完整且有印第安人居住的建筑，只是它们如今已遭弃置且毁损；我们也确认，这些建筑的建造者，无疑就是曾创造伟大废墟城市的同一支民族。在展开探索之初，这些废墟城市像蒙着一层无法穿透的神秘面纱。当时，我们以为发现这些废墟并加以比较，即使不是揭开这层面纱的唯一方法，也肯定是最有效的办法。然而，尽管其他证据不断累积，但这些建筑本身所具有的诱人魅力丝毫未减。

我们在这个方向的探索已告一段落，如今即将朝回家的方向折返了。因为一场暴风雨，我们在坦卡尔又耽搁了一天。星期二早上，船长突然出现并接我们上船；由于风已转向，他已能驶出港口。于是，我们告别莫拉斯和木匠后立刻上路。风势依然强劲，海面波涛十分汹涌，小船颠簸不已，半小时后，几乎所有人都开始晕船。仆人完全无法做事，晚餐也就没有着落。我们承受强劲的顺风吹袭，经过好几座方形小建筑，就像前面提到的那些，不过，由于担心海面的不平静和崎岖多岩的海岸而无法登陆。傍晚时，我们在内苏克岬角停留。之前我们也曾在此停留，其特色是只有一棵棕榈树。

第二天一早继续上路，沿着海岸航行到坎库内岛，在一群渔夫所住的大庄园前登陆。附近又有一大堆龟壳。渔人们在小屋里忙着补网，似乎过着十分辛苦、独立而团结的生活，和我们在内陆其他地区所见迥然不同。不久我们来到岬角，那里有两座荒废的建筑，其中一座已完全坍塌，另一座的规模类似图隆所见最小的建筑。

天气热得不得了，又有数百万白蛉骚扰，我们认为不值得在此逗留，于是返回小屋，登船启程，横过海面两小时后，抵达穆赫雷斯岛。靠近岸边时，大群海鸟出现，栖踞在一个海龟壳堆起的小丘上，我们头上则是一群白鹮。我们的来访有点让当地渔人吓一跳，因为他们先听到的是一阵密集的枪声，以及跳入水中捡拾已死或受伤鸟儿的水花泼溅声。涉水上岸时，我们陷入一团泥泞，因而有时间细细欣赏眼前的美景。这是一个小沙滩，两侧是岩岸，树林延伸至水边，只在沙滩对面有一块小小的空地，空地上有两座棕榈叶的小屋，以及一个覆盖着棕榈叶的棚架。棚架下挂着三个小吊床，一名结实、黝黑的渔夫正坐着补网，两名印第安男孩则在编织一张新网。老渔夫一边忙着手中工作，一边邀我们上吊床休息，并且为了满足我们在此上岸的第一目的，派一名男孩取了水来，水质虽不怎么好，但还是比船上的好多了。

沿着海岸不远处是一个海龟残壳堆起的墓冢，还有焚烧过的痕迹，上空布满无数苍蝇，它们不断聚集骚动，好像一个大生物似的。在这恐怖恶心的景象附近有棵大树，一根根枝干坐满白鹮，青绿的枝叶仿佛是烘托雪白羽毛的边衬，美丽极了，这景象仿佛刻意让美与丑形成对比似的。我们命人将餐点送到棚架下，当我们坐下时，一艘小船靠了岸。船上的渔夫将两只大海龟拖过沙滩，把残骸丢在龟壳堆上，将一串串海龟卵及供食用或燃油的部分带到棚架下，吊在篱笆上曝晒，但立刻招来一大群黑压压的苍蝇，多少令我们原先对这个棚架的赞赏大打折扣。

我们打算再去拜访废墟，但下午下起雨来，无法成行。棚架下没有遮蔽，我们被迫进入屋子。屋里温暖而舒适，油罐排排挂在屋檐下，龟壳仔细地绑成一束束，屋椽上挂了串串龟卵，渔网、旧帆和各种渔人用具堆在角落。和这些渔人在一起度过的下午很愉快，因为他们的职业辛苦而独立，使得他们具有一种豪放性格，举止谈话没有拘束。

这个岛在渔人圈里很有名，它是海盗拉费特的基地。船长告诉我，我们的主人两年前曾遭拉费特囚禁。他年约五十五岁，高而瘦，脸上皮肤让太阳晒得黝黑，无法分辨他究竟是白人抑或是混血儿。我们发现他不喜欢提到被俘之事；他说，他不知道被囚禁多久，也不知道囚禁之地在何处。由于海盗行为在这一带海域的情况其实相当复杂，我们怀疑，他未必是完全违背自己意愿而被俘的。他的打鱼伙伴对这个话题没有什么特别的感受，也许只是把海盗当作一种更大的事业，一项可以带回更多金银财宝而非捕捉海龟的事业。

不过，他们似乎觉得这几个外国佬喜欢听到不同的看法。那位曾遭俘的主人被我们的船长称为“可怜的家伙”，他说，这些都已是过往云烟，不值一提。不过，他还是免不了为拉费特先生说了几句话。他还说，拉费特是否真如人们所说，他不知道，但拉费特从来不会伤害可怜的渔夫。慢慢地，他又告诉我们，拉费特死在他的怀里；拉费特的遗孀是一位来自墨比尔（位于美国亚拉巴马州西南部的一个港市）的北方佳丽，那时非常悲惨，她住在席兰，也就是我们打算要上岸的港口。

除了海盗活动外，这个岛也是某个发生在不到两年前的奇异事件的现场。当时在卡迪兹有一名水手，身无分文，也没有朋友，临终前为了报答主人愿让他在家中过世的恩惠，于是告诉主人，多年前他是名海盗，有一次和伙伴大肆掠夺了一票，杀死船上所有的人，然后一起逃往穆赫雷斯，将一大笔金子埋在该岛。后来海盗帮遭消灭时，他逃脱了，不敢再回到身份可能被识破的地区。他说他的同伴都已遭吊死，只剩一名葡萄牙人住在安提瓜岛。他唯一能报答好心主人的办法，就是告诉他去找这名葡萄牙人，挖出金子。

主人起先认为，这不过是垂危水手为保障自己继续拥有主人的善意而说的故事，没太在意，不过水手坚称所言绝对属实，至死不变。于是这名西班牙人去了一趟安提瓜岛，果然找到那位葡萄牙人，葡萄牙人起初完全否认知道任何有关埋藏宝藏的事，但最后还是承认了，并且说他在等机会去挖出这些金子。于是两人做了一些安排，西班牙人设法弄到一条小船，和葡萄牙人一起扬帆出海。

船上缺水也缺食物，就在雅拉奥外海，他们遇见我们这艘小船的船长。据船长说，他们先支付二十五美元，要他把船驶至雅拉奥载运所需物品。然而消息在那里走漏了。葡萄牙人试图逃走，但西班牙人立刻起航，载着他离港，渔人随后也驾着小船跟来。葡萄牙人在暴力威胁下指出一个登陆地点，然后被绑着上岸。他向众人抗议，认为在这种情况下他无法找到藏金地点；自从埋藏黄金后他再也没来过，因此需要时间和行动的自由才能找到。然而西班牙人对事情发展到尽人皆知已非常愤怒，渔夫不请自来更令他恼怒，因此拒绝信任葡萄牙人，下令自己的手下开始挖掘，渔夫也动手挖了起来。

挖掘行动持续了两天，这段期间，葡萄牙人遭到非常残忍的待遇，激发了渔夫的同情心，同时想，这个岛位于他们捕鱼的海域内，如果他们能把葡萄牙人夺过来，就可随时回来安静地寻宝，不用和陌生人对抗。当时，我们的老朋友文森·艾尔毕诺先生还住在科苏梅岛，他也听到这个岛上无主宝藏的消息，由于科苏梅岛距此很近，于是也驾着他的多帆单桅小船前来参与葡萄牙人抢夺战。事已至此，那名西班牙人只好放弃。不过文森先生也没成功；葡萄牙人被渔夫带回雅拉奥后，发现自己未受任何人控制，于是自行安排，一有机会便乘着一艘小船逃往坎佩切，此后再也没听说他的消息了。

第二天清早，在两名渔夫的带路下，我们出发寻访废墟。穆赫雷斯岛长四到五英里，宽半英里，距大陆四英里远。废墟在岛的北端。我们沿海岸走了一段短短的距离，然后循一条小径直接横过岛上。约莫一半路程时，看见一座渔人所立的十字架，

一座孤独的建筑

那里可清楚听到海浪拍打在对岸的声音。右侧有一条依稀可辨的小路痕迹，不过没多久就完全消失。幸好我们的向导知道方向，用开山刀清出一条路，最后来到一座高耸、崎岖而陡峭的悬崖，可眺望一望无际的海洋；前一夜暴风雨引发的浪涛，正激烈地拍打着峭壁。我们沿悬崖边走，绕过巨大深渊的边缘，地面上没有树，只遍布着一种名叫“乌瓦”的低矮植物，盘根错节宛如葡萄藤的枝蔓。岛的尾端有一座孤独的建筑突兀地立于海上，如上图所示。下方有一艘小船随着波浪起伏，只见我们的船长正在努力将一头海龟拖上船。这是我们全程所见最紧张、刺激的一幕。

通往该栋建筑的阶梯仍保持完好状态，底部有个平台，其上有个已经毁坏的祭坛。建筑正面的门有一侧已倾圮。当整栋建筑仍完好时，其大小为二十八英尺长、十五英尺深。最顶端有个十字架，可能是渔人所立。内部分成两个走道空间，前面一个空间的墙上是三个小门，通往里面的空间。天花板是三角拱顶，整个建筑内外处处可见与内陆工匠毫无二致的手艺痕迹，唯独墙上的文字出现在一栋原住民的建筑中，看起来似乎有种特别奇特的熟悉感。文字内容是：

D. 道尔，一八四二　　　　A.C. 古德尔，一八四二

布劳森号

一八一一年十月十一日，复仇者法国海盗薛贝克，

舰长皮耶 · 黎奥维

墙上另外贴着数张卡片，上面记了一些人名，都是得克萨斯战舰“圣伯纳”号和“圣安东尼奥”号上的军官。

数百英尺之外是另一座建筑，约十四英尺见方，有四道门，三面有阶梯，但全都已坍塌，四周长满仙人掌和有刺灌木，几乎无法靠近。

贝纳尔 · 狄亚斯在有关科提斯的探险记载中提到，离开科苏梅岛后，舰队被一阵强风吹散，不过第二天所有船舰全都归队，只有一艘例外，据舵手揣测，是被风吹到了某个海湾。贝纳尔 · 狄亚斯说：“我们的数名同伴在这里上岸，发现附近城镇中有四座神庙，庙中供奉着大型的女神像，因此我们将此地命名为‘女人角’。”戈玛拉也提到一个“穆赫雷斯角”，他说：“这里有很多高塔，以木材和稻草覆盖，里面极整齐地置放了许多偶像，显然都是女神像。”旧大陆的历史学家没有人提过穆赫雷斯岛，但新大陆上也没有任何岬角；此外，考虑早期航海家探险时代对海岸一带的忽视，不难相信西班牙人将这些建筑所在的海角称为岬角，而镌刻图中所示者，很可能就是贝纳尔 · 狄亚斯和戈玛拉所提及的神庙或塔之一。

我们回到小屋，准备起航。十二点钟，告别渔夫，再度登上小船。

风是顺风，而且十分强劲，我们很快就抵达岛的岬角。天黑时，我们绕过科托切，第一次整夜沿着海岸航行，在天亮时驶抵雅拉奥港。看过那些荒废无人的地区

后，这昔日海盗的巢穴在我们眼中简直成了大都会。我们在一个泥泞深达腿部的岸边碇泊，然后发现我们的船长只受雇到此为止，准备离去，改由别人接替他的任务。我们很担心其他人也纷纷随之离去，耽误我们的行程，因而向租船的代理人发出警告，并且留在船里不上岸。

七点时，我们再度上路，由于风直接吹向船尾，而且十分强劲，小船非常颠簸，我们不得不收下主帆。海岸线很低，一片荒瘠，单调不已。三点左右，我们经过一座古代的石丘，高高耸立在埃尔库约港的小屋之间，从三里格外的海上便可看到，它是水手的地标。然而船长告诉我们，那里没有废墟建筑或遗迹。

四点时，我们遇见一位身遭不幸的老朋友，那是继我们之后不到数小时抵达塞索的双桅帆船，它残破地躺在海滩上，前桅和船首斜桅都已折断，帆也剥落，不过船身倒还完好；如今可能早已在海岸上散落成碎片了吧。

第四十章

野禽天堂

第二天早上天亮时，我们从船舱里钻出，发现小船已停泊在席兰港外。这个港口位于一道低矮、不毛之地的海岸上，由几座小屋环绕着一块方形沙地而成。我们不顾身上的破烂衣服，直接走进海里，涉水上岸。海岸之旅展开已三星期；这趟沿海之旅比我们想象中更有趣，如今即将结束则更令人兴奋；我们无可遏抑地为终于能摆脱小船上的不便和拘束而感到欣慰。船长忙着为我们找住宿之处，我和一位水手携着行李跟在他身后。一名男子刚打开一座仓库的门就喊住我，说他愿意让我们住下，我进去一看就毫不迟疑地接受了。这个人从来没听说过我们，我们也不认识他，而且以后应该也不会再联系；这又是另一则我们在尤卡坦境内处处体验当地人慷慨好客的例证。

席兰是伊萨马尔的外港，两者相距十一里格。依照原来的安排，狄马斯应带着马匹到此和我们会合，但他还没出现，也没有任何音讯。我们知道这里没有喂养马匹的秣粮，狄马斯可能在三里格外的村里就已得知，因而先留在那里，但我们还是有些不安，毕竟他得走上两百五十英里的路，于是先派艾尔毕诺去打听消息。接下来还有大事要办——吃早餐和准备中餐。我们决定中餐要吃这里能找到的最好食物，包括鱼和鸡。购买这些食材后，再加上一些猪油，分送至好几户人家请他们代为炊煮。

中餐准备期间，我沿着海岸散了一会儿步。在一道沙滩末端有个突出的岬角，我留意到，在岬角延伸而出的水面上，仿佛有一朵鲜艳而纯净的红云，色彩高雅，再走近些，发现那是一块栖满火鹤的平地。返回住处后，当我们的主人生动地描述在两里格外的“沙角”有火鹤、红鹮以及玫瑰篦鹭时，激起我对这些如云般美丽的禽鸟的想象，于是告诉卡柏特医生我的发现。卡柏特医生急着想进一步了解它们，于是我们决定一等马匹抵达就出发，当天下午前往该处进行数个小时的猎捕，第二天再赶往伊萨马尔和卡塞伍德先生会合。

不久狄马斯带着马到了，状况都很良好。狄马斯已休息好几天，我们便带着他和主人为我们找来的一名印第安人在四点左右出发，先紧沿着海岸线走了一里格，之后在一些突出的岬角附近转弯，进入一条蜿蜒穿过红树林的小径。红树林枝干上长出的嫩枝伸及地面，形成一道光秃秃、无法穿越的竹丛，上面长满厚厚的绿叶。许多地方很难骑马通过，面前不时出现崎岖、破碎而多石的海岸；不过骑马出发一小段时间，我们已置身于尤卡坦境内最荒凉的路上。

黄昏时，我们来到一间小屋，小屋周遭风景优美，还有一个小海湾包围着，屋前有一道脆弱的桥，宽约两英尺宽，从岸边延伸出一段距离，一艘小船在桥末的水中晃荡。小屋分成两个部分，由一个覆盖着茅草的棚架相连，里面没有人，但显然有人居住。梁木上挂着一串鱼，地上散着一些火苗已熄的煤炭。我们挂好吊床，生起一堆火，原来的房客回来时，我们已为他煮好一杯巧克力，并极力安抚他，让他觉得自在。当然，这么做并不容易。

那是个年约十六岁的年轻人，是屋主的儿子，因为渔季差不多结束了，屋主本人不在。年轻人当然没想到我们会来，有点惊讶；他这辈子从没看过外国人，我们告知是来猎捕火鹤和篦鹭的，但他仍无法相信。我们的印第安人大致向他说明我们此行的目的，他显然也无法完全理解，而且退到小屋的另一块区域，把这里完全留给我们，由此可见他似乎仍认为我们超乎他的理解。我们享受了宁静、安详而满足的夜晚，唯一的遗憾是没有热带橡树叶和水可喂马。我们恳求年轻的主人施舍一小部分他原本准备用来做玉米薄饼的玉米，不过依旧没有水，而且晚上也无处找水。

灰蒙蒙的清晨，只听得一阵鸭鸣，声音很大，我们几乎从吊床中一跃而起，立刻冲出门外。在小码头另一头的远处有一道长长的沙岸，上面栖满无数的成群水鸟。我们的主人必须检查渔网，不能陪我们一起去，而狄马斯得牵马去喝水，所以我们只带着印第安人乘小船出发。不久我们便发现这名印第安人对此地并不熟悉，也不会驾驶小船，更糟的是他说的话我们一句也听不懂。

眼前的海岸形成一个大海湾，“沙角”朝我们迎面而来，树木延伸生长到水边，整个海湾都是沙岸，微微露出水面，上面栖满各式各样的野生水禽，数目之多，无以数计。根据卡柏特医生后来的回忆，他记得鸭类有绿头鸭、针尾鹬（此处作者的分类与目前分类略有不同，如针尾鹬现属于鹬科）、蓝纹鸭、水凫和赤膀鸭；鹭有美洲小鹭、姬苇鳽、大小白鹭、蓝鹤、大蓝鹭、三色鹭、夜鹭；两种秧鸡，其中之一是长嘴秧鸡；白鹮、斑翅鹬、鹬科、红胸鹬、小籽鹬、半蹼鹬、黑胸鸻、云斑塍鹬、长嘴杓鹬、鱼鹰、黑鹰，以及其他我们未加留意的小型鸟。

我们经过时，它们灿烂的羽毛和婉转的鸣声，融合成一幅生动、鲜活的画面。不过这里绝不是行猎的好场所，一旦开枪就会变成大屠杀，而只消一个小时，小船上便可装满鸟。事实上，我们对这个早晨的预期收获只有一两对的需求，但我们也不知该怎么办，况且这些也不是我们想寻觅的鸟。这时，一群火鹤掠过头顶上方，但距离太远，加上小船当时又陷在泥沼里，我们只好眼睁睁看着它们飞过。印第安人费尽力气寻找正确方位，小船反复不断撞上浅滩，直到来到海湾开口处，进入一条像小溪般的支流。由于和印第安人语言不通，我们以为他能找到正确方向，于是任由他继续驾着小船慢慢溯溪而上，直到我们发现已过了水鸟聚集的栖息地。

此地风景如此宁静安详，令人流连忘返；何况两岸还可见到白鹮的雪白羽毛在绿树中穿梭，鹭站在水里弯着长长的脖子看着我们，像座雕像般几乎毫无动静。我们没有充裕的时间静静欣赏眼前美景，必须回头。在小溪出口附近，一群玫瑰篦鹭从我们头顶飞过，也是在射程之外，不过我们看见它们的落脚处，于是匆忙朝那个方向前进，不久却遭遇一道泥岸阻挡。我们下了水，或者应说是踩进泥泞里，发现下半身立刻陷入深处，而且很可能会继续下陷，直到全身没入泥泞的坟墓，只留下墨西哥草帽成为墓地上的纪念碑。我们奋力从泥地里爬出来，转向另一个方向，却又再度沉陷、再度挣脱。两个小时之内，就这样不断辛苦跋涉、挣扎和射击，却只是成为在空中飞翔的美丽篦鹭的笑柄。

终于，卡柏特医生射落一只，接着我们分道扬镳，我沿着海岸前进，幸运地也射下一只，但它却掉落在溪流的另一侧。当我向前冲去时，发现水深已达刚才沾满泥泞的高度，我赶忙后退，手忙脚乱脱下衣服。一阵强风吹拂着海湾；我找不到石头压住衣物，帽子和较轻的衣服都被吹进水里，这时，那只玫瑰篦鹭站了起来，张开巨大的翅膀沿海滩扑飞而去。我既挂虑着它，又担心被水冲跑的衣物，后来决定放弃，继续去追鸟儿，总算将仍不肯就范地踢着脚的它夹在腋下，然后再去追回已在水中漂流一段距离的落水衣物。当我终于带着我的猎物和零零散散的衣物走上海滩，看来想必就是悲惨的古董商模样。有句箴言说："在家仆眼中，没有人是英雄。"如果那名冲上前来协助我的印第安人读过这句箴言，那么当时的我，无疑就是最佳写照。为了纪念这次事件，我决定将这只鸟做成标本带回家，作为对此地的纪念。

这时卡柏特医生也回来了，我们也必须回头了。我们各自只猎得一只，也没有看到团团美丽鸟儿群聚的壮观景象，不过我们的主人所说应该没错，毕竟季节已过，我们想寻找的鸟儿已飞往北方。尽管如此，我们总算知道它们的栖息地，只要两艘小船，几头好的雪达犬，随时都可再回来猎捕我们想要的鸟儿。单以打猎而言，这样的猎场还真不多见，想到如果能在沙角的海岸上搭建一间行猎小屋，在狩猎季节住上几个月，邀集一群朋友分享猎物，这计划几乎和探访废墟城市一样吸引人。

回程时，我们又各击发一枚子弹，结果捡到三四十只，其余就任它们在沙滩上一跛一跛地跳行。回到小屋，我们将猎获物一股脑儿倒入一口干锅中（当然已拔过毛），坐下来开始解剖。在卡柏特医生的巧手协助下，我完成一只漂亮鸟类的悲惨样本；看着这个令人难忘之地和一趟有趣探险之旅的纪念物，我有着很大的满足感。此时，火炉上的鸟儿也开始像游泳一般在水中浮动，显示它们即将回归哺育它们的大地。虽然只有玉米薄饼搭配，不过我们和鸟儿都没什么好抱怨的。

四点时，我们告别小主人，于天黑前抵达港口。我们骑马穿过灰沙广场，曾迅速向我们打开的门如今已经关上，但并不是因为不友善，而是屋主和卡塞伍德先生已出发前往村里，因而将门上了锁。不过还是有些村民向我们走来，指点我们前往林地，那里住着两名妇人。这座小屋虽容纳得下所有人，但她们仍在提供我们一些巧克力后，意外地向我们道声晚安，自动让出地方，退到邻居家过夜。如果她们没有离开，想必会比累瘫的我们警醒，夜里可能就不会发生悲惨事件。临睡前，我们小心翼翼地把鸟类标本放在桌上晾干，不料一只猫进了屋，当我们被吵醒时，仅看到辛苦一天的收获被拖过地板，一只猫从它们身上跳开，穿过小屋一侧的一个洞逃了出去。这只猫就算有九条命，大概也会被我们用来保存标本的砷取走，但即使如此，我们依然悻悻然不能释怀。

第二天一早，天还没亮，我们再度骑马上路。港口后方不远处的地面曾遭海水浸没，贫瘠多沙，只有红树林丛。再过去，就是同样崎岖多石的地表，持续前进没多久，我们发现卡柏特医生的坐骑跛了腿。为了不浪费时间，我继续向前骑，为卡柏特医生寻找另一匹替代的马，于晚上八点左右来到席兰村。我在村外意外发现另一座废墟城市的高耸纪念建物，策骑进入广场后，看见在靠近教堂墙壁附近一个角落里有座石丘，其规模是我们在尤卡坦境内所见最大的，如图所示。尽管已拜访过不少废墟，但意外看见此石丘，仍为我们长途跋涉、寻访壮观废墟的行程增添极大兴趣。

我将马儿留在公共之家，请阿卡迪帮卡柏特医生找匹马，自个儿漫步走向那座石丘。石丘底部，教堂的墙内有五棵果实累累的橘子树。一群印第安人忙着取出石丘的石头来修补教堂的墙，一名年轻人在一旁监督他们的工作，我立刻认出他就是神父。神父陪我走上石丘顶端。这确实是我们所见最大的一座石丘，约莫五十英尺高，四百

巨大的石丘

英尺长。没有任何建筑或任何可见的结构；就算有，也早已坍塌或被摧毁。教堂、庭院的墙，以及村中一些石砌屋宇，都是从这里撷取石材的。

沿着顶端漫步时，我们来到一个洞口，我发现洞底是一个破损的天花板拱顶，从那里望见下面有个房间，这说明了这座建筑结构的特色。这是一栋长度延伸至整个石丘的建筑，上层已倾圮，整座建筑变成又长又乱、无法辨识的一团碎石瓦砾。从它的顶端可望见一片广大树海覆盖的平原，在附近的树海中矗立着另一座石丘，不到数年之前，上面还存有一座建筑，一如在奇钦与图隆一样，也叫作“城堡”。年轻的神父不过三十出头，还记得这个城堡当年出入畅通，列柱林立、走道环绕的情景。看见这些废墟令我们极为意外；如果我们在尤卡坦只看到这些，一定会瞠目结舌，呆若木鸡。由于它们位于众所周知征服时代就已存在的原住民城镇，更激起我们无比的兴趣。

追索西班牙人自奇钦·伊策萨仓皇撤出后的路线时，我们发现他们首先来到席兰。埃雷拉形容此地“当时是个美好的城镇，君主是切莱斯族的年轻人，已成为基督徒，也是蒙特侯的好友的他接纳了西班牙人，并且款待他们。距离席兰很近的提尔罗克和其他一些沿岸城市也都隶属切莱斯人，他们既不认为西班牙人麻烦，也不打扰他们，因此西班牙人继续在该处住了好几个月，直到他们认为不可能获得所需的人员和物资供应时，决定撤出此地，行军到距离席兰四十里格的坎佩切。这段路程被认为非常危险，因为尤卡坦境内部族甚众，然而在席兰统治者及其臣属一路护送之下，他们安全抵达目的地，随后切莱斯人才返回自己的家乡”。

科戈尤多也追溯了西班牙人溃逃至席兰的事迹，但他推测西班牙人更可能是由海路前往坎佩切的；他的理由相当具有说服力。他认为，席兰酋长不可能一路护送西班牙人四十里格直到坎佩切，因为沿途会经过许多不同部落的属地，这些部落不但对西班牙人深具敌意，有些甚至与切莱斯族为敌。无论如何，尽管两人描述有所差异，但这并不重要，重要的是这两者都证明，在这一带有个原住民的大城市，而且也如蒂科尔和诺卡卡巴一样，我们只能从两种推论中选择其一：这些巨大的石丘若不是原住民城镇所留下的遗迹，就是另有一个同名的城镇位于附近一带，而其痕迹如今已荡然无存。

读者也许还记得，我们天未亮便离开港口。站在这石丘顶端时，唯一让我觉得无法满足的是早餐。神父似乎读出我的心绪；他让我的不适一扫而空，得以在平静的心情下，感受这些衰亡民族之遗迹的庄严、雄伟。卡柏特医生抵达时非常惊讶地发现，一桌早餐已在等着他了。

我们所知的席兰，也是一桩较晚发生的较小事件现场。穆赫雷斯岛上那位态度暧昧的朋友告诉我们，拉费特就是死在这里，而且埋葬在此，于是我向人打听他的坟墓所在。神父当时不在村里，因此不知拉费特究竟葬在墓地或教堂，不过他认为，既然拉费特是有名的人，应该葬在教堂。我们前往教堂查看地面上的坟墓，神父从一堆杂乱物品中抽出一根十字架，上面有个名字，起先以为那就是拉费特，结果并不是。当时主持下葬仪式的教堂执事已经过世，神父又问了几位村民，仍未解开疑云；大家都知道这名海盗之死和下葬之事，却没有人知道或关心他葬在哪里。我们也听说他的遗孀当时亦住在此地，不过这一点并不正确。无论如何，当时确有一名女性黑人曾是拉费特遗孀的仆人，听说她还会说英语，于是神父派人去找她，但她醉得太厉害，无法前来。

神父的最后一项善举是为卡柏特医生找到一匹马，那是阿卡迪原本无法完成的任务。这也是我们最后一次受到神父的热情招待。和他告别时，我对先前在对读者的坦白言论中说了一些也许不该说的话感到相当懊悔。

我们在十点出发，十二点半时抵达两里格半远的特玛克斯。当地有个相当不错的广场、一座大教堂和修道院，以及一栋石砌的公共之家。公共之家前有个宽阔的走道，看守正悠闲地躺卧在走道上悬挂的吊床里。

我们距离伊萨马尔只剩六里格远，听说那里有场节庆，晚上还有舞会；虽然路况还颇适合马车行走，但我们既无法马不停蹄地策马前去，也找不到马车，只好作罢。

傍晚时分我们全爬上了吊床。才刚躺下，一名看守就来通知我们，一辆长途客车刚从伊萨马尔来，想找回程旅客。我们请他把车叫来公共之家，两点时，月色明亮，我们出发了，留下狄马斯照料马匹前来。这辆长途客车由三头骡子拉着，车内有卧铺可让我们躺下。

九点时，客车来到伊萨马尔镇外，距梅里达只有十五里格。街上有灯，也和梅里达一样，以可辨识的标记作为街名。拨开车窗窗帘向外望，我们来到了人潮拥挤的广场。所有人都穿着参加节庆的干净衣裳，许多绅士头戴黑礼帽、手持礼杖，也有些人穿着军服，全都打扮光鲜亮眼，让我们相形见绌，庆幸不是骑马进城。我们身上还是那套打猎时的服装，沾满在沙角时的泥泞污渍，此外，算算时间，我们也一个月未刮胡子了。车夫在广场中央停下来等候指示，我们要他前往公共之家。

就在动身之际，艾尔毕诺一眼认出我们挂在车后的英式马鞍，立刻带我们来到卡塞伍德先生已进住的房子。这栋房子距广场不远，以石头砌成，长约六十英尺，分成两个大厅，并连接着房间，后面有一条宽阔的走道，以及一个供马匹驻留的大庭院，全部租金是每天三个雷亚尔，据说已超出一般人愿意支付的价钱。没多久，我们就仅有的衣物尽可能打扮整齐，再度出现在大街上。

这天是圣克鲁斯节庆最后一天。拜政府德政之赐，伊萨马尔村得以升格为市，这项政治地位的提升，为原本的宗教节庆更增添欢乐气氛。斗牛已经结束，不过装饰得五彩缤纷的斗牛场仍留在广场中央，两头公牛站在其中一条走道上，身上还有因刺伤而血流汩汩的创口，是搏斗留下的纪念。在一群印第安人中有些白人，他们穿着首都式样的服装，神情欢乐。角落一栋房子的走道上有个朝广场延伸的棚架，其内传出音乐，召唤着人们前去参加舞会。

我们从孤寂荒凉的废墟一下子进入欢乐、节庆和欣喜中。不过，即使置身这样的欢乐，我们的目光仍不自觉转向宏伟突出于众多屋顶间的巨大石丘。整个城市建基在这些古代遗址之上，那些古建筑的壮观却丝毫未减，而且仍继续显示着最初创建者的力量；它们显然会继续存在，即使更文明的征服者所建的脆弱建筑都已化为尘土，它们也仍将屹立不摇。

其中一个巨大石丘上原本砌有长凳，可一览广场中的斗牛。它的范围涵盖我们住处的庭院，且延伸至隔壁门德斯太太的庭院；这两栋房子都属于门德斯太太。这座石丘可能有两百英尺长、三十英尺高。我们的庭院有部分已毁坏了，不过在门德斯太太家的部分则仍保留了下来，其壮观墙面上覆满大规模的灰泥细工装饰，但大部分已剥落；残迹中有一个巨大的头像，如下页图所示。它高七英尺八英寸，宽七英尺，基底是一块块凸出的石头，也用灰泥涂覆。一块一英尺六英寸长的石头从下巴处向外伸出，也许是作为焚烧珂巴脂用的祭坛。这是我们第一次看见这种装饰出现在建筑外壁。头像的表情严厉且令人生畏，让我们想起在科潘所见的偶像；它的巨大比例及相对规模的石丘，都让人留下不可磨灭的印象。

距广场两三条街远处，有一座我们在尤卡坦所见最惊人的石丘，可能有六七百英

巨大的头像

尺长、六十英尺高，由于比例巨大，即使在远处依然清晰可见，我们肯定其中一定有房间。

从这些往昔强盛文明的纪念建物转向如今在四周游荡的堕落民族，陌生访客一定无法置信且会充满疑问，不过，广场北端的一座纪念碑，将会把他的渺远思绪拉回眼前展开的历史另一章。那是方济会修士的大教堂和修道院，位于一处高起的台地之上，为广场平添一份他处未见的特色。两道石阶通往一块宽约两百平方英尺的地域；三面有柱廊，形成一条雄伟的步道，俯视着城市和幅员辽阔的周遭。这块大台地显然是人工建造的，而且不是出自西班牙人之手。

我们有一些关于原住民大城市伊萨马尔在征服早期的记载。很幸运的，在早期神职人员虔诚的守护下，这些数据记录了所有教堂和修道院，那是在当时全然绝对狂热精神下被认为唯一值得保存的纪念物。于是我们有了第一手的资料，足以解除所有关于这些古代石丘由来的疑虑。

根据神父利萨纳的记载，一五五三年，尤卡坦举行第二次教士大会，迪耶戈·德·兰达神父获选为伊萨马尔修道院的院长；由于之前修道士住的是茅草屋，因此兰达负有建造房舍的任务。他选择一处石丘所在地作为地基，当时这座石丘仍在，而且是“人工”打造的，当地原住民称为“帕普波尔—恰克”。利萨纳神父说，这座石丘“象征着神的侍者在此落脚；选择此地，是为了藉由受难基督之神力驱除邪魔，使这块曾为偶像信众所住的地方，以及罪恶、邪神崇拜之地，因而得以净化，成为真神的教士们奉献、敬拜上主之地”。

这是与如今伊萨马尔教堂和修道院所在的石丘，以及其最初用途和目的有关的历史证据，清楚而确实。同样的记载还更进一步叙述：“在另一座石丘上，有个受印第安人崇拜的偶像名叫‘基尼克·卡克莫’，兰达在该处建立一个村落，命名为‘圣伊尔德丰索’；在另一座名为‘乌姆皮克托克’的石丘，建立伊萨马尔村，将原有的神庙摧毁，改祀圣者‘帕多瓦的圣安东尼奥’；又在印第安人崇祀偶像‘阿波克’之处建立一个村子，名为圣马利亚。这些都是为了彻底消灭当地普遍崇拜偶像的习俗与记忆。”

我们毋需对这些说辞发表评论，倒是这些原先并非为了做证而存在的证词，毫无疑义地证明了在西班牙人入侵的征服时代，原先生活在这块土地上的印第安人确实在这些宏伟、巨大的石丘之上建有神庙和偶像，其内也住着祭司。在我看来，即使这只是唯一的证据，即使没有其他证据可加以支持，也足以驱除所有笼罩在尤卡坦废墟之上的神秘疑云了。

如今伊萨马尔在尤卡坦全境以赛会闻名，不过印第安人对此地圣母马利亚仍有深厚的情感。在此地早期教会发展史的记录中显示，当时印第安人仍继续崇拜邪神，年高德劭的兰达神父与此大敌数度交手后，决定找来一座圣母马利亚的塑像，并亲身前往危地马拉，拜访一位手艺精巧的雕塑匠。

当时，梅里达的修道院也有同样的需求。他将这两座塑像装在一个盒子里，虽然途中多雨，但雨水并未落在盒上或扛着盒子的印第安人身上，甚至并未落在他们身前身后的几步路上。在梅里达，修道院的修士选择容颜美丽，且似乎神情最为虔敬的那一座，另一座虽由伊萨马尔的印第安人带回来，打算立于村内，但瓦亚多利德的西班牙人却说，这座圣母像不应置放于印第安村落内。伊萨马尔的印第安人不服，西班牙人仍执意进行他们的计划，但在走出村外时，圣母像突然变得很重，搬运的人根本抬不动。圣母马利亚代表伊萨马尔的印第安人出面干涉了，多少人都无法搬动。看见这场奇迹的人因此对她更加虔信，而无论海上、陆上，祈求圣母马利亚后显现的奇迹更是多不胜数。科戈尤多说，如果细心收集的话，可能有不少这样的记录。

尽管如此，这位圣母马利亚能拯救他人，却无法拯救自己。教堂大门左侧有一块方形石块嵌在墙上，石上有段铭文，记载了悲哀的故事——一场大火将圣母教堂烧成灰烬。不过信徒的信心并未受挫，反而由于此地确定会出现和原先一样好的教堂而振奋。

拜访过教堂后，我们回到俯视广场的走道。我留意到一个成天坐在走道上的年轻女孩仍在那里俯望着广场上的欢乐景象，却一副心不在焉、闷闷不乐的样子，也许她在等着某个没有出现的人吧。

晚上，我们前去参加舞会，舞会地点在广场角落的一栋房子。屋内的大厅开放为休息室，走道上有一排座椅供不跳舞的人坐，屋前有一座棚架朝广场延伸，地上用水泥铺平，作为舞池。舞会前一晚是八点钟开始，中间休息几小时，然后一直举行到天亮，之后仍持续进行。不过人的精力毕竟有限，即使跳舞也不例外；室内的人已不如白天那样多。两名整天为保卫尤卡坦不受墨西哥入侵而尽心尽力的民兵军官，这时已脱去军服，穿着轻便服装仍继续留在舞池中。其中一名在休息时为柔弱无力的舞伴搬来一张椅子，另一名也有样学样，渐渐地，每位女士各自都有一张椅子可稍事休息。最后一支舞时，只剩四对舞者下场。女士也好，小提琴手也好，乃至负责灯光的人全都精疲力竭，于是我们离开了。当我们爬上吊床前，只听得一阵音乐大响，好像回光返照般宣告舞会结束。

第四十一章

废墟之旅的尾声

第二天早上，我们出发前往梅里达，顺便绕道前往位于阿凯的废墟，这也是此行最后拜访的废墟。这是全境内最好的一条路，可供马车行走，不过依然多石而崎岖，而且单调无趣。我们在五里格远处的卡卡尔钦停下来用餐，并雇请一位向导为我们带路前往阿凯。

下午我们只带着吊床继续上路，其余让狄马斯照料，直接送往梅里达。从大路转入树林，沿着一条狭窄的小径，天黑前不久便来到阿凯大牧场，这是我们最后一次置身原住民所建高耸的巨大废墟城市当中。牧场主人是孔德·皮翁。这个牧场出乎我们意料之外地小，疏于照料且几近荒废，完全没有日常所需的物资用品，甚至买不到蛋。事实上，这里除了玉米薄饼外什么都没有。

总管不在，主要的建筑上了锁，我们唯一可利用的遮蔽处是一座贫乏得可怜的小茅屋，里面满是跳蚤，怎么也扫不完。我们本以为已熬过最艰苦的日子，不料却在距离梅里达不过一天旅程的地方再度陷入困顿。艾尔毕诺想尽办法，以最节省绳索的方式，好不容易把吊床一一挂起；既然得不到其他资源的协助，晚上我们早早爬上吊床休息。大约十点时，我们听到一阵马蹄声，总管来了。他既因来了不速之客而感到惊讶，却也很高兴看到我们，于是打开牧场的锁。我们裹着被单走出小茅屋，住进牧场里，吊床随后也送到，并且重新挂起。第二天早上，他为我们准备了早餐，之后又带着大牧场上全部共六名印第安人，陪我们出发去探访废墟。

下图是一座巨大的石丘，从大牧场门口便可一览无余，人们称为“王宫”。登上石丘的路径在南端，有一道巨大无比的阶梯，宽一百三十七英尺，构成一幅素朴但壮观的景象，可和尤卡坦境内其他地方留存的建筑媲美。每个梯级长四英尺五英寸，高一英尺五英寸，阶梯顶端的平台长两百二十五英尺，宽五十英尺。在这块大平台上竖立着三十六根柱子，分成三排，每排十二根，南北端间隔十英尺，东西端间隔十五英尺。这些柱子的高度在十四到十六英尺之间，每一面宽四英尺，由一块块石头砌成，

名为“王宫”所在的石丘

每块厚一或两英尺。有些柱子最顶端的石头已不见，但没有柱子倒塌，也没有留下任何屋顶或类似结构的遗迹。如果从前曾有这些结构，肯定是木制的，不过对这样一个坚固扎实的石砌结构而言，显然并不协调也不合适。

整座石丘布满草木树丛，没有清除这些植物之前，我们无法确定柱子的排列位置，但清理完毕后，我们依旧未能对其用途和目的有进一步的了解。这是一项奇异的新特色，和我们过去所见截然不同；在旅途将尽之际，我们本以为对美洲废墟建筑的特色已非常熟悉，不料却又重新坠入其神秘氛围当中。

同一区内还有其他许多规模宏大的石丘，其中之一也叫作“王宫”，但却是非常不同的建筑，而且没有列柱。在另一座石丘毁损的阶梯前，一道几乎被填满的入口顶端之下有个开口，从那里爬进去，借着一棵树的叉杈，可向下通往一个黑暗的房间。这个房间长十五英尺，宽十英尺，构造简单，墙上有些石块长达七英尺。这里叫作“黑屋”，附近有个水塘，仍留有梯级通往水中，一度是供应整个古代城市的水源。废墟占地相当广，现在全都长满树丛，而且荒废情况严重，难以描绘。它比我们先前所见其他废墟城市更加原始和壮观，显然出自更古老的年代；事实上，在尤卡坦境内有所谓巨石式残迹的说法，此地远比其他建筑更接近此说。我们握有一丝历史之光，虽然微弱，不过在我心里已足够驱逐所有摇摆不定的想法。

前文曾提到，蒙特侯从海岸行军至内陆的记载中提到西班牙人抵达一个名叫阿凯的城市，他们在当地遭遇一大群武装印第安人的对抗，后来发生激烈战争，战争持续两天，西班牙人虽然获胜，但也受创不轻。

除此之外再也没有与阿凯相关记载，对建筑的描述也付诸阙如。不过，从其地理位置及西班牙人自海岸向内陆行军的路线来看，我毫不怀疑他们所谓的阿凯就是今天同名之地，只是此地如今已是废墟一片。西班牙人对建筑只字未提的确奇怪，不过考虑当时他们所面对的危险和死亡，在进行探险的西班牙士兵心中，无疑当时情况才是最重要的。况且奇钦的壮丽建筑也没有任何相关记载，相较之下，这也就不显得特别奇怪了。此外，我们非常确定，在西班牙人的记载中找不到任何有关该处建筑的资料，因为在征服墨西哥的罕见记载中，我们发现西班牙军队曾从欧屯巴大金字塔群底下的阴影走过，但对这些金字塔建筑的结构也同样丝毫未曾提及。

整个废墟之旅终于结束了。我知道，无论如何的生花妙笔，都难以向读者细述漫步其中令人兴奋的强烈乐趣，同时，我也尽可能避免过于冗赘的描述。尽管如此，我相信这些叙述可对这块土地上一度出现的文明提供概略的印象。我们在漫长而不规则、迂回绕道的路程中，发现了四十四座古代城市遗留的残迹，大多数相距并不远。不过由于此地境内陆续发生重大变化，以及古代道路交通中断，彼此并无直接联系，加上除了少数外大多已消失、掩埋而无人知晓，因此，之前从未有外人造访过，其中有些也许是白人从来没见过的。

我们在无意中一度陷入如今已成荒烟蔓草之地的恐怖历史场景，那血腥、痛苦、悲哀的一幕幕曾在此地上演，造成这些城市的荒废与弃置。然而，离开这些激发无数想象的广漠空间之际，我让自己的关注只聚焦于事实。请容我这样说，在整个地理发现史上，没有什么可和此地所呈现的相比。它们让我们对自身生活的这块美洲大陆有了全新的观点，同时也更强有力地提出了我一度迟疑是否得当的问题——谁是这些美洲城市的建造者？

我对这个问题的观点已完整而自由地表达过了："这些成就的主人，并不是已不存在且其历史也随之消失的民族，而是在西班牙征服时期，仍继续居住于此的同一支民族或血源相近的民族。"当时，有些建筑可能已成为废墟，不过大体上我认为，西班牙入侵时期，这些建筑中仍住着印第安人。这个看法的根据散见全书各处，和书中许多事实与情况交融在一起，因此我不再赘述。在结论中，我只简要提出反对此种看法最力的若干说法，以及相关的论辩。

首先是关于所有传统根本不存在的说法。在此我想反问，难道这不是由于拉丁美洲遭征服和降服，面临非比寻常的情况所造成的？每一位探险队队长或发现者在一块新的土地上插下第一面王旗时，皆根据由西班牙最著名神学家和法律专家所拟定的一种形式——亦即人类历史上最罕见的形式——发布声明，威胁利诱当地原住民必须承认并接受：教会为宇宙中的高层指导单位，教皇为神圣之父，以及国王主掌所有岛屿和大陆。他们说："如果你们不从，或心怀不轨地借故拖延，不遵守我的命令，那么，在神的帮助下，我将率军侵入你们的家园；向你们发动最激烈的战争；我将迫使你们从命，遵从教会和国王；掳走你们的妻儿，使他们为奴，或贩卖或随国王心意自由处置。我要没收你们的财产，极尽所能地折磨你们，视你们为反叛分子，没有法律的保护，并宣称一切随之而来的流血与灾难是你们的罪过，而非国王或我或我手下的士兵之过。"

尤卡坦的征服和降服，便是在这份声明肆无忌惮的精神下发生的。史家的记载中沾满了鲜血；主舵手掌着舵，航行在这深红的血流中，这严厉、坚定且始终不曾动摇的西班牙政策，显然比士兵手上的刀剑更有效率地推翻了所有原住民的制度，破坏乃至最终摧毁了所有原本保存着印第安人祖先和古代风俗记忆的仪式、习俗，以及彼此间的关联。

有一个悲哀的例子显示了这项政策的影响。在玛雅王国首都玛雅潘遭摧毁前，所有尤卡坦的贵族都在这个城市里拥有房子，而且也毋需进贡。根据科戈尤多引述的记载，一五八二年时，亦即西班牙人征服此地四十年后，所有领主和贵族仍可拥有自己的庄园，作为身份的表征。不过他说，如今"因政府更替，再加上疏于用心，显然他们已不再关心是否维持贵族的地位以保有财产，因为在今日，即使是玛雅土地上传统的君主杜杜尔休的后裔，如果不靠自己的双手工作，一样没有东西吃"。

如果早在当时这些玛雅贵族就已不再关心自己的头衔，王室的后裔也不得不自食其力，无怪乎经过九代之后，没有文字记录，加上经历三百年的奴役历史，如今的居民每天只为糊口而辛苦奔忙，对祖先的历史和眼前所见壮观的废墟城市无知也漠不关心了。无论如何，这样的无知无可非议，因为它并不仅限于废墟城市或征服之前的事件。我相信，在整个所谓受基督教洗礼的印第安人中，已找不出任何足以揭露距今一百五十年前的历史事件的传统。事实上，我确信除了仍在世且年纪最长的印第安老人的记忆外，不可能再获得更早之前的任何讯息了。

此外，欠缺对传统的知识也不是这些美洲废墟特有的现象。两千年前，矗立在非洲沙漠边界的那些金字塔，同样也没有任何有关它们建造年代的明确信息；早在公元一世纪，普林尼❶便曾引述较早时期不同作者之言，他们对于究竟谁建造的这些金字塔，乃至建造这些金字塔的用途和目的，有着互不相同的看法。同样，希腊、罗马的废墟也没有明确的传承；佩斯坦❷的神庙也是在上半个世纪才发现，同时也没有任何佐证足资证明建造者的身份；所谓“圣城”，乃是后代修士证据薄弱的杰作。如果没有文字记载，埃及、古希腊和罗马的遗迹，同样会被视为和美洲废墟一般神秘；而在较近代且在我们较熟悉的国家中，例如爱尔兰的圆塔及英格兰索尔斯堡平原上的巨石柱群废墟，同样未曾透露任何足以引领我们回溯建造年代或建造民族的蛛丝马迹。

其次我要辩驳的论点是，有人认为，拥有此种力量、艺术和技巧，且能建造如此壮观城市的民族，不可能沦为如今在废墟中游荡的可怜印第安人。这一点或许也可用如下的观点来回答：他们如今的处境，乃是曾根除其所有古老回忆，永远切除其所有传统知识的同一无情政策所导致的不可避免的结果。这个部分暂且不提，历史篇章中也充斥着相同的民族性格剧变之例。姑且不管这些历史记载提供的类似案例如何，我们手边就有一个活生生的例证。

如今住在尤卡坦的印第安人并未比他们的西班牙主人改变更多。无论他们是否真像西班牙人政策中说的那样堕落，甚或近乎禽兽，我们知道，至少在征服当时，他们是一支自傲且勇猛善战的民族，抛头颅、洒热血地捍卫自己的传承，以免遭陌生人毒手。尽管因历经数代苦役而卑躬屈膝，但和当年征服他们的恐怖西班牙人后裔相较之下，他们的改变并不算大。

无论西班牙人也好，印第安人也好，他们都已完全丧失先祖勇猛、好战的性格。这个改变是相当剧烈的，无论是情感上或本能上，它在某个程度上已烙印入血液里，一代又一代地传承了下来。若仔细思索印第安人的情况，丧失机械性的技巧和艺术或许真算不了什么；事实上，他们性格上的变化，与教育训练的传承荡然无存有关。虽然印第安人如今已堕落，但他们的知识水平并不比俄罗斯的农奴差；大家都知道，建造圣彼得堡卡桑教堂的俄罗斯最伟大建筑师也出身下层阶级，因受教育而得以有所成就。在我看来，教育也许能重新提高印第安人的地位，使他们重新拥有雕刻木石的技巧；如果让他们恢复自由，让他们得以尽情发挥心智的力量，也许有可能再度出现一种创新与建造的能力，不亚于其先祖在已荒废的壮丽建筑中所展现的。

最后一项反对这些废墟城市是当今印第安人祖先建造的争辩，其力道最强大，是所谓缺乏征服者发现或知道这些城市的历史证据。显然，就算这样的指控是真的，理由也不充足，因为它等于全然否认这些城市曾经存在过。既然废墟的存在无可反驳，而且也没有证据证明它们是在征服之后建立的，那么应是在征服当时就已存在。无论它们是由印第安人或已消失的不知名民族所建，无论荒废或尚有人居，那些伟大的建筑显然就在那儿；就算不是很完整，至少在更早以前已是如此；如果荒废了，反而较有人居住更引人遐思；无论如何，所谓缺乏历史文献证明的说法也一样不可理解。

何况这项指控并不准确。古代历史家并未全然静默。相反，我们有来自科提斯和其同袍、士兵、教士和平民的记载，明显描述了当时所存城市的风貌，且一致呈现居住城中的印第安人、他们的建筑和神庙，其风格、特色与本书所述毫无二致。事实上，这些记载非常生动，以至于以罗伯逊[3]为首的现代历史家反而提出质疑，认为那全然出自想象。在我看来，它们显现了真实的特征，竟被认为不可信，似乎相当奇怪。

不过，罗伯逊以居住于新大陆者的书信为根据，其中一位长居此地者自称走过各地，却说："如今印第安建筑已无任何残迹，无论公共建筑或私人建筑，无论在墨西哥或西班牙领地之下，任何地区都是相同情况。"罗伯逊的报道人也许是住在墨西哥市的外国商人，他们的足迹仅限于通衢大道，以及西班牙人占领地。当时的白人居民完全不知道这些埋藏在森林中的壮丽废墟城市。

然而，如今更完善的数据出现了；广大的废墟遗迹也已重见天日，许多发现不容辩驳地证明，未曾提及这些伟大建筑的历史是不完整的，不承认它们存在的历史是不真确的。墓穴中传出召唤古代历史学家的呼喊，这些城市衰败的躯壳也证实了埃雷拉对尤卡坦的记载：“有那么多如此庄严宏伟的石砌建筑，令人称奇；最奇妙的是他们完全不用任何金属就能建造出这样宏伟壮观的建筑。这些建筑可能都是神庙，因为他们自己的家屋都是木造，并以茅草覆盖。”他又说：“二十年之间有这么多建筑散布于全境，居民数目增加如此之多，因而有人说整个尤卡坦好像一个大城。”

因此，诸如传统的阙如、印第安人的堕落，以及所谓历史文献的缺乏等论点，都不足以动摇我的信念。我坚信，这些如今已成废墟的伟大城市的建造者，也就是西班牙人征服此地时在此居住的同一支民族。

至于这支民族是什么人？他们从哪里来？先祖是谁？这些则需要多方探讨、考证，在此书结尾之际尚无法完全回答的问题。然而，我们对此段历史所知极晦暗不明，也许就用几句话做个总结吧。

根据印第安人保留的传统、象形文字，以及西班牙人征服后的墨西哥手稿，托尔特克人是安纳瓦克（Anahuac，即今“新西班牙”或“墨西哥”）这块土地上最早的居民，他们也是我们所知美洲大陆上最古老的国家。根据他们自己的历史记载，他们被迫离开原来位于墨西哥西北部的家园后，于公元五九六年在部落领袖率领下向南走，几度停在不同地点，经过一百二十四年，最后抵达墨西哥山谷一条河的河岸，在此建立了托尔特克王国的首都图拉市，位于今墨西哥市附近。

托尔特克王室的统治持续将近四百年，在这期间，他们繁荣兴旺，人口鼎盛，建立无数大城市。不过可怕的灾难也紧随着他们。有好几年的时间，他们遭逢干旱，天不降雨，大地不产粮食；空气中弥漫着致命的传染病菌，墓穴中埋进不少死者；国内许多人死于饥荒或疾疫；最后一任国王也不能幸免，一〇五二年，王室告终。幸存者有的逃到尤卡坦，有的至危地马拉避难，还有些逗留在广大山谷的亲人墓地附近，即后来墨西哥建城之处。一百多年来，安纳瓦克之地因而荒废，杳无人迹。之后进入此地的切切美卡人重新占据这些荒废城市，然后是阿科尔瓦恩人、特拉斯塔尔特克人，以及阿兹特克人，亦即西班牙人入侵时期的蒙特祖马臣民。

这些部落或国家的历史全都模糊、混乱不清。托尔特克据说是最古老的一支，也是最优雅的。在危地马拉和尤卡坦所发现的风格独具的建筑，可能就是他们创建的，后来所有进驻的居民也因而承袭。此外，根据他们自己的历史记载，他们于公元一〇五二年后才开始从墨西哥山谷前往其他地区，因此，他们于各地建造的最古老城市，距离西班牙人征服时期也不过是四五百年的时间。这些城市和金字塔、埃及神庙以及其他旧大陆上的废墟建筑相较之下，可说相当现代，也不像玛雅手稿中所宣称那般古老；事实上，比我自己所想象的年代近得多。

确认它们由现代印第安居民的祖先所建，仍无法驱除笼罩其上的神秘疑云；它们究竟建于何时？在什么条件下建造？建造这些建筑所需的力量、艺术和技巧，又是如何发生、进展并完全发展的？这些依旧是不易揭开的谜。它们像坟中升起的骷髅，外面仍包裹着下葬时的尸布，散发出和任何已知民族的作品毫无相关的讯息，独立且自成一格地存在。它们独自兀立，完全异于常轨，也许对今日满怀好奇的心灵来说，是最有趣的题材。我保留这些问题，以及和所有环绕在其周遭的神秘疑云；同时我也怀抱着渺小的希望，期盼这些不完美的说明，多少有助于对长久以来悬而未决的大问题——究竟美洲的原住民是谁？——增加一丝丝的了解。而我也将在此告别废墟了。

❶

此处所指应是老普林尼（Pliny the Elder，公元二十三至七十九年），罗马时期学者，著有《博物志》，是一本可追溯至中古时期的百科全书式著作。

❷

古代城市名，位于意大利南部沿海地区，由于保存数座古希腊时期的壮观神庙而闻名。

❸

应指苏格兰历史学家威廉·罗伯逊（William Robertson，一七二一至一七九三年），一七五九年以《苏格兰史：玛丽皇后与詹姆士六世期间》奠定名声，之后著作包括：《查理五世统治史》，以及《美洲史》等。罗伯逊的作品着重于社会史，尤其强调文明发展过程中的物质与环境因素，对十九世纪影响颇深，但到二十世纪后较少引起注意。

第四十二章

返　乡

两点，我们上马前往九里格外的梅里达。原先我们并未打算在天黑前抵达，而且从大伙儿身上褴褛的旅行服装来看，也不宜在白天进入首都。然而一路驰骋下来，我们错估了马儿的脚力，发现自己在一个不当的时刻抵达城郊。此时炽热的暑气刚消，居民穿戴整齐地坐在自家门前或人行走道上谈论当天发生的新闻，我们出现的模样格外引起众人注意。

一路骑着马经过整条大街，接受两旁目光的严厉审视，心里明白我们看起来毫无凯旋的样子。走近广场时，一名旧识向我们打招呼，陪我们来到一栋我们走后才开张的“勤奋之家”，地点就在修道院对面，是城中最大最好的一家旅馆，可与意大利的上好旅馆媲美。不久我们就有了最好的房间，可以坐下来喝喝茶，吃吃法国面包。经过一路在印第安聚落和有碍健康的大牧场上辛苦奔波的旅程，不时还罹病倒下，如今总算又回到梅里达，成果也超乎预期。我们的工作大体上已完成，满足感难以形容。

围坐桌前时，我们听到门房的铃声大作，接着是旅馆主人和仆人在走廊上奔跑和不慎跌倒的声音，人人都表现得很“勤奋”。随后我们听到马蹄声，以及来自坎佩切的驿马车辘辘驶入庭院。乘客出现了，其中一位是我们热烈欢迎的老友——世界公民费雪先生，上一回我们是在荒凉的科苏梅岛看到他的。另一位乘客高声说着英语的声音从庭院中传来，压过周遭西班牙语和印第安方言，仿佛和人私下谈话一般无所顾忌，也不关心旁人是否听得懂。他一见到我立刻向我打招呼，说我是他的老朋友，因为我的缘故才来到这里，如果他不成功就要找我负责；不过我很快就了解没什么好担心的。

克莱顿先生也许比其他拜访此国度的访客引起更多轰动；他抓住了民众的心，这是其他探险家完全无法比拟的，并且将在我们全遭遗忘许久之后，仍留在人们心中。他从美国带来整个马戏团，有斑马、容得下一千名观众的活动戏院、骑士、小丑以及猴子，相当齐全。这里过去从未见过这等事，它让达盖尔式照相机和斜眼治疗都相形见绌。克莱顿先生先在坎佩切造成全城风靡，于是暂时将团留在当地，安抚民众兴奋的心情兼赚取利润，自己则前来梅里达安排巡回表演事宜。

这可不是克莱顿先生初试身手的生意。他是最早把长颈鹿从好望角运进美国的人，曾深入非洲大陆一千五百英里，和南非卡菲尔人一起猎狮，也曾在一匹疾驰的马背上追猎他的第一头长颈鹿。当他谈起冒险猎狮，以及最让他津津乐道的猎捕长颈鹿经验，废墟探险之旅立即显得温和无比，完全无法相提并论。

他带了四头长颈鹿抵达好望角，其中两头于抵达时死亡，于是带着剩下的两头搭船回纽约，预备卖给有兴趣的团体。然而，饲养长颈鹿需特别费心，于是每次展示时他不得不跟着走。在美国西岸时，他遇到一个巡回马戏团公司，正在安排相反路线的活动。由于长颈鹿比马强壮多了，那家公司向他提议，合并这两项活动并由他担任主管，他接受了。后来他买下这家公司，成为一个巡回演出的马戏团公司经理，跟着马戏团走遍美国各地。后来在加拿大，最后一头长颈鹿死了，他手上剩下一群马和一家公司。他回到纽约，包了一艘双桅帆船，前往西印度群岛不少地点表演，后来到了坎佩切，在当地大获轰动。在所有受人称道的裨益人类之事当中，我对引进马戏团至尤卡坦给予甚高评价，因为我相信，它可能是打破此地民众普遍嗜好斗牛习性的第一步。

第二天早上，我们将马匹和设备公开标售后，精神抖擞地去拜访朋友。自我们深入内陆后，这段期间，此地也产生了重大变化。海外的政治情势十分动荡；消息纷传局势愈来愈艰难，谈判复杂而不确定，美英两国之间随时可能爆发战争；还有圣塔菲远征[1]失败，美国公民遭俘与监禁，得克萨斯人与整个密西西比河谷准备武装入侵墨西哥……此时尤卡坦也乌云密布，统治者已失去民心，两年前革命所开启的大问题并未获得解决。独立尚未宣布；相反，在我们离开的这段期间，一位来自墨西哥的特派官员谈成了一项条约，让尤卡坦归并墨西哥联邦，遵从墨西哥政府的决定。同时，选举人受召推举进入墨西哥国会的议员，仿佛条约已通过似的，另外，议会也召开临时会议，万一条约遭拒，需保护当地不受侵略。双方都在观望。

我们回来三天后，一艘船驶抵塞索港，船上有位特使，带着桑塔·安纳的最后通牒。由于政府需评估准许他进入首都是否合宜，这位特使在港口耽搁了一天。为他准备的房间虽然就在我们的旅馆内，不过他最后被带到军事部长家中，表面原因是基于外界认为此间民众强烈反墨西哥，为保护他不受民众的侮辱和攻击，实际上却是防止他与赞成并入联邦的党派联系。严重的歧见逐渐扩大。

革命本为毫无异议的共识，但两年的半独立状态下来，民间感受已产生重大变化。富有的人抱怨支出过度，商人抱怨墨西哥港口关闭造成贸易崩溃，许多人质疑独立究竟能为他们带来什么好处，一个强大的“独立”党却更高倡与墨西哥彻底决裂。当宣读桑塔·安纳最后的通牒时，我也在参议院里。一抹嘲弄的微笑在参议员脸上掠过，显然这些条文不会被通过，然而也没有人站起身来提议宣布独立。不过，大厅里有人公开扬言要在即将到来的星期日在广场上口头宣布，无惧于炮火的威胁。

尤卡坦的处境极端堪怜，这对其共和政府来说是个悲哀的结论，最悲哀的则是这个情况并非肇因于无知且未受教育的大众。印第安人全都非常沉默，他们虽然注定会被派去打仗，其实对事情的缘由一概不解。我深深认为，这些南方共和国内持续不断的骚动，其实来自我们习知的各州权利不受承认或受侵犯的重大保留原则。中央政府注重的是对各州的控制。它的地位高远，不了解民众需求，无视于他们的情感，从首都派出军事将领空降至地方政府，削弱州的力量，汲取其财源去支持一个强大、巩固的权力。这就是尤卡坦被迫武装起义对抗中央政府的情势，可能也是之前我们自己的共和国所遭逢的局势，只不过我们的伟大共和国原则最后获得胜利的肯定，各州保有自主权，其权利神圣不可侵犯。

值此乌云密布、暗潮汹涌之际，我们也正准备离开此地返回家乡。当时塞索港有一艘船准备起航，正是我们原来冀望不再搭乘的那艘老“亚历山大”号，我们前一回的不幸航程就是搭乘它所导致的，但此时却别无选择，因为有人劝告我们，如果放弃这个机会，下次不知何时才有船可搭。在总督的要求下，我们将回程延后了数天，以便他可和坎佩切一位亲戚联系，那人希望卡柏特医生为他动手术，特地来到梅里达住了两个月，等我们回来。同时，总督也命那艘船延后启程。

五月十六日星期日，一大清早，我们将行李送往港口，下午一起进行最后一次散步。我们整天都接到暗示，一场动乱随时可能爆发；火山内部的火焰已在燃烧、升高。然而，梅里达却依然和以往一样快活、欢乐与美丽，在我们心上产生同样愉快的印象，令人多么冀望这些景象能长久持续，尤其不要变成血淋淋的景象。唉，可叹的是在本书结束之前，那个我们曾感受和平宁静之美、也受到许多慷慨招待的国家，已因内部不和而分裂、溃散，内战随时可能爆发的警讯传遍边界，一支被激怒、充满敌意的军队已经登陆。

当天晚上我们骑马至何基娜·皮翁夫人的家，向我们在梅里达的第一个也是最后一个最好的朋友道别，十点钟出发赶赴港口。

十八日星期二，我们启程前往哈瓦那。老“亚历山大”号已换新而且改善了帆，不过住宿设备仍未见起色。事实上，船上有十一名乘客，包括三名妇女和两名儿童，但这不是最糟的；我们的航程差点变得令人难以忍受的长，幸好船长仍是原来那个优秀的家伙，一位特拉法加战役的生还者。六月二日，老“亚历山大”号在摩洛堡城墙下停泊。取得护照上岸前，一艘多桅帆船也驶进港来，我们一眼认出那是一艘美国船，上岸后得知那是从维拉克鲁斯来的定期邮轮之一——“安露意莎”号，由克利佛船长指挥，因缺水而进港，次日即将扬帆前往纽约。

黄热病已在此地暴发；港内已无其他船只，我们决定尽可能登上“安露意莎”号，但起初有一项麻烦似乎无法解决。根据港口规定，所有行李都必须经过海关检查，并事先列出清单。最后这一项简直不可能，因为我们将旅途中所收集的所有物品全带上了船，却没有每项物品的备忘录。不过在前任领事卡尔洪先生的热心奔走及灵活手腕下，总督下了一道特许令，准许我们毋需经过检查就把行李从一艘船搬上另一艘船。第二天，我们几乎都在处理这件事的所有细节，下午则散了一会儿步。此地散步的形式，一时间令人缅怀起梅里达的简单形式；天黑后，借着一支蜡烛的烛光，我们站在哥伦布埋骨之地的大理石板前，向这位了不起的探险家脱帽致敬。

第四天，我们搭乘“安露意莎”号出发。船上满载乘客，主要是逃避墨西哥动乱的西班牙人，不过克利佛船长设法提供比我们原先所住更好的房间，我们在这艘大西洋定期邮轮上相当舒适与便利。十七日，抵达纽约。在此我必须和读者道别了，相信读者在书中不致看到破坏我们彼此情谊的叙述，我也要谢谢所有读者的仁慈体贴，并向大家说声再见。

❶

一八三六年得克萨斯共和国建立后，为建立与新墨西哥之间的商业往来，取得共和国所需的物资与商业利益，甚至进而控制新墨西哥，第二任总统米拉波·波拿巴·拉马尔在一八三八年即位后，即着手推动商业及军事扩张行动，此即所谓的“圣塔非远征”。

附录I

一、温度观测记录

此为一八四一年九月一日至一八四二年八月三十一日梅里达每日气温观测记录。维拉密尔神父在通风良好的屋内放置一个华氏温度计，分别于清晨六时、中午十二时和晚间六时各进行一次记录。

续表

区	主要城镇	教区	附属村落	与首都距离（里格）	人口	物产
下公路	马斯卡努村	5	7	14	41,726	有角牛、马、骡、蓖麻油、烟草、麻、精美草帽
上“福利”区	伊奇穆尔村	7	15	39	66,680	糖、糖蜜、兰姆、上等品质的烟草、米、花边、胡椒、胶状珂巴脂、菝葜、帽子、吊床、乌木、苏打灰、石膏和动物皮
下“福利”区	索图塔村	6	16	22	49,443	有角牛、马、骡、猪、动物皮、兽脂和牛肉干
蒂锡敏	蒂锡敏村	7	18	41	37,168	龟壳、动物皮、木材、墨水树、印度橡胶、焚香、烟草、胭脂树［（achiote）番红花替代品，颜色非常浓郁的染料］、木薯制成的淀粉、棉花、蜡、蜂蜜、糖蜜、糖、兰姆、蓖麻油、盐、琥珀、香草、猪、洋红
卡曼岛	卡曼市	2	1	80	4,364	墨水树
塞瓦普拉雅	塞瓦普拉雅村	3	6	42	8,183	木材、米、墨水树和盐
巴卡拉尔	巴卡拉尔市	2	6	88	3,986	墨水树、贵重木材、品质较差的糖、最佳烟草、兰姆、名为 pita 的上好品种的麻、松香、印度橡胶、胶质珂巴脂、甜椒、菝葜、香草和石膏
总计	15	91	143		578,939	

三、尤卡坦人口数

此处文件显示的是尤卡坦五个分区中的男女人口数；资料来源为尤卡坦政府于一八四一年四月八日下令进行的人口普查。

分区	男性	女性	合计
梅里达	48,606	58,663	107,269
伊萨马尔	32,915	37,933	70,848
特卡斯	58,127	64,697	122,824
瓦亚多利德	45,353	46,926	92,279
坎佩切	39,017	40,639	79,656
			472,876

作者附注：

“此普查结果可能并不正确，因为担心不断增税及不愿服兵役，每个人在普查填表时都尽可能少报家人数目。我认为，尤卡坦的人口总数可能在五十二万五千人左右。”——P. DE R.

“根据我得到的最可靠消息，尤卡坦的人口数可能不下于六十万人。”——J. B. JR.

四、尤卡坦古代建筑工人以石片堆砌屋顶方式

下页镌刻图呈现的，是在描述乌斯马尔的修女方院时提到的拱门。在此可见石块并非水平叠置，而是和拱门线条几近垂直地堆砌，由此可看出其方法多么近似建造拱门的真正原理。

在中美洲、加帕斯和尤卡坦各地皆可看到以同样方法建造的拱门，而且彼此大同小异。石块由两侧叠置堆高，形成门侧墙面，直到两道墙最上方几乎会合为止。然后，再用一层扁平石块覆盖其上，作为天花板。原住民似乎不知道我们所熟知的拱门搭建原则；所有拱门的这层石块皆以水平方式覆盖，而这种建造方式正可说明为什么他们的房间都极为狭小，最宽不超过二十英尺，宽度多为六到十英尺。也有少数例子并没有这层覆盖的石块，两侧直接在高处相接，形成非常尖锐的角度。在帕伦克，建造者并未将石头边缘加以切割，使石头表面光滑，因而与尤卡坦一带所见不同。在尤卡坦，建造拱门时皆将两侧削得平直或微有弧度，拱门内侧墙面十分光滑而平整。

在此我们也许可以提出一个有趣的问题：美洲原住民建造拱门的方式，与其他欧亚古国所见的建造方式是否有相似之处？真正的拱门是由一连串楔状石头或砖块彼此接合而成，并在最上层中央压上一块石头，牢牢巩固拱门的整个结构，那块石头也因而被命名为“拱心石”。

观诸早期希腊人的历史，他们似乎并不知道上文提及的罗马人建造拱门的方式；原因是罗马人承袭了希腊人的许

三角拱门

多语汇并直接加以应用，但这种拱门却没有相对应的希腊名称。拱门与圆顶的出现，似乎是在罗马人征服希腊前不久，当时应仍未普及。早在特洛伊战争之前，希腊人已能运用某种设计来建构如今我们用来建造走廊、中空廊道时所出现的拱道空间，看起来就像现在所谓的“哥德式”尖拱——他们将悬置在上的石块切出与水平面成四十五度角的切面。

如今仍为人所用的各种拱门形式与弧度中，唯一曾为罗马人采用的是半圆形；这种半圆形拱洞的建筑方式是希腊与罗马建筑之间的一项重要差异；罗马人运用了这种技术，因而得以进行比希腊建筑更大胆的设计，如：造桥、铺设高架式水道，以及最坚固而庞大的砖造结构。在讨论埃及拱门的悠久历史时，魏金森[1]先生曾说：

“我们有理由相信，在麦迪涅哈布的拉美西斯三世[2]神庙中，有些房间拱顶为石砌，因为墙面最上层的设计显示，已坍塌的屋顶即为这种形式。在萨卡拉，有个撒马提库斯二世[3]时代的拱门至今犹存，简而言之，它建于公元前六百年前，只要看到它的建筑式样，没人会怀疑埃及人早已熟知如何建造石砌圆顶。其原因极可能是埃及木材产量甚低，用木材搭建屋顶所费不赀，因而发明这种建造拱顶的方式，而且显然早于第十八王朝（约公元前一五四○年）即已应用于陵墓建筑。从贝尼哈山当地陵墓的若干素描来看，似乎在与约瑟夫大约同时的第一位欧瑟塔森在位时，这种技术就已为人所知。”（《古代埃及风俗习惯》丛书系列一，第二册，页一一六、一一七。）

基沙大金字塔的出入口就有点像尤卡坦所见拱门的形式。它由两块巨大的花岗岩石块组成，两者会合形成一个锐利的尖角。

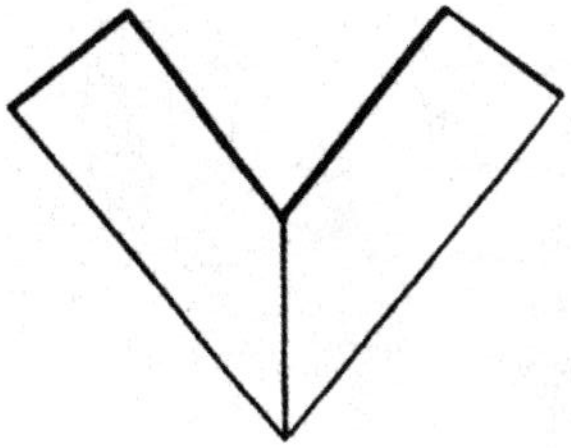

右页插图是提林斯城的拱门。这是从基尔爵士[4]的《阿戈利斯》一书中摹刻而来的。下下页图一是在那不勒斯地区阿尔平诺所见的巨石式拱门，图二则是美洲原住民最常建造的拱门形式。显然它们与埃及的拱门极为相似，甚至可说是一模一样。事实上，卡塞伍德先生在原为古埃及底比斯的麦迪涅哈布一带确实发现了类似的拱门设计。由此可见，无论古代埃及人、希腊人、伊特鲁里亚人，乃至美洲原住民，没有人知道建造拱门的真正原则。我们固然可以假定这种强烈雷同的特色是各民族之间自古即有联系往来之证据，这样的说法虽不能全盘否定，可能性却极其微小。

当面积够大的石块不足时，无论最文明的民族或最原始的民族，皆采用这种以石头覆盖一块中空地带的最简单方式。事实上，最近在俄亥俄河谷开掘的一个石丘中，发现了两个保存完好的圆形房间，其墙由圆木叠置而成，屋顶则以石块相互交叠，向上逐渐升高后交会，与迈锡尼“阿特柔斯的宝藏”[5]，以及皮奥夏[6]国王明亚斯所建的欧丘米纳斯的房间设计完全一样。在这些恰巧与中美洲和埃及金字塔结构若干相似的形状当中，我们

无法因而推论它们同出一源或早有往来，毕竟除了同样称为金字塔外，尚未发现其他共同之处。

除了萨卡拉外，埃及金字塔的每一面都是同样长度，而且全由直线构成，美洲印第安人的则截然不同。他们的金字塔四面长度并不相等，且经常由曲线和直线构成，没有任何一处形成尖锐的三角顶点。

哥德式拱门

五、尤卡坦古代年表（印第安人时间计算法的真正解说）
——译自尤卡坦地区佩托首长佩雷斯的手稿

1. 十三天周期的来源：

西班牙人初抵此地时，当地居民称此半岛为玛雅潘，最早的居民或移民则称为查克诺维坦。此地居民对时间的区分方式和祖先托尔特克人几乎一模一样，只有对“大纪”

（图一）巨石式拱门

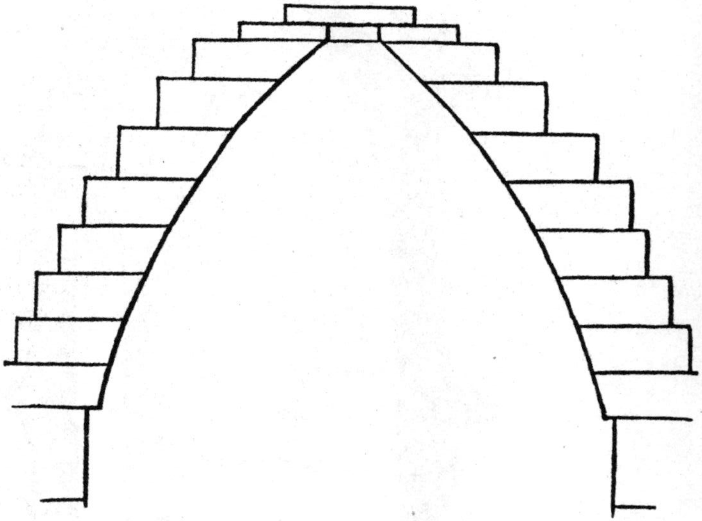

（图二）美洲古代原住民的拱门建造方式

的特别安排上有些不同。

玛雅人将最早的纪时方式加以结合，变成以“十三天为周期”的计算法，之后，“十三天周期”也变成神圣数字，且更进一步巧妙地引入计数系统中。他们将所有计数皆调整为符合太阳历的计算方式；于是，无论日期、年、纪，都可以“十三”作为计数单位。

印第安人在修正计数方式前，很可能是采用朔望月作为计算太阳运行一年的周期单位。每个朔望月是二十六天，比月亮每次出现在地平在线的周期略多或少些；他们将这二十六天又分为两个阶段，每个阶段各有十三天，当作一星期，第一个星期的十三天从新月开始，到满月为止；第二个星期的十三天则从满月逐渐转为弦月，直到肉眼完全看不见为止。

经过一段时间的持续观察，玛雅印第安人对太阳运行过程更加了解，发现二十六天（或说两个十三天）并不符合完整的朔望月，一年也无法恰好由朔望月组成，因为太阳和月亮的周期并不一致，除非将时间拉长。掌握这些更正确的原则和资料后，他们终于以太阳的运行为根据建立了一套历法，尽管仍保持十三天为一周期，但这么做并非为了配合月亮运行，而是将十三当作星期，作为纪年的单位。

2. 星期：

古印第安人的星期和我们如今所谓的星期并不相同；换言之，我们如今的星期是一段周而复始的日子，每个日子都有特殊名称，但古印第安人只是在每个月的二十天中，以十三个数字来反复计日。一年由二十八个星期再加一天或一个数字所组成，这额外多出来的一天，是以十三天为一星期的计算方式后多出来的，因此，如果一年开始的数字是一，那么下一年的开始便是数字二，如此循环，直到第十三年结束，形成一个“周期”，或是“星期年”，以下会再加以介绍。

3. 月：

“月份”在尤卡坦的语言中称为U，同时也有“月亮”之意。由此可以印证印第安人透过朔望月的计算来推定太阳的运行，并将这些单位称为“月”。不过在有些手稿中，他们用单数名词Uinal和复数名词Uinalob来称呼组成一年的十八个月，并将此概括性的名词用来称呼全年一系列的月份，也用来称呼每一个拥有个别名称、由二十天组成的月。

一天叫作Kin，意思是太阳；一

个月有二十天，每天都有专属名称，如下表所示。这里将它们每五天分为一组，以便进行接下来的介绍和说明。

第一组	第二组	第三组	第四组
Kan.	Muluc.	Hix (Gix).	Cauac.
Chicchan.	Oc.	Men.	Ajau (Ahau).
Quimí (Cimí).	Chuen.	Quib (Cib).	Ymix.
Manik.	Eb.	Caban.	Yk.
Lamat.	Been.	Edznab.	Akbal.

这些名称和月份当中的每一天相对应，只要知道每年第一天的名称，就能知道接下来每个月第一天的名称；只要将这些天所属的星期数字加上去，也就能加以区隔。由于一星期是十三天，一个月自然就是一星期又七天，因此，如果这个月从一星期的第一天开始，月底便是接下来那个星期的第七天。

（若想知道每个月的第一天是一星期的第几天，只要知道那一年的开始是一星期的第几天，然后陆续加上七，当数字超过十三时便减掉十三，便可得出以下的数列，并看出十八个月分别开始于一星期的哪一天：1, 8, 2（15-13）, 9, 3 （16-13）, 10, 4, 11, 5, 12, 6, 13, 7, 1, 8, 2, 9, 3。如果当年的第一天开始于一星期的第一天，那么只要知道是第几个星期，找出它的第一天，便是这一年的开始。）

4. 年：

直到今天，印第安人仍称年为 Jaab 或 Haab。当他们还未改信基督教时，他们的年开始于七月十六日。值得注意的是，他们的老祖宗尽管缺乏天文观测仪器辅助，但经由肉眼观察，仍让一年开始的那一天正好符合太阳经此半岛天顶、即将向南偏移之时，而且只有提早四十八小时的误差。这么小的差距，证明他们尽一切努力，精确找到太阳行经地球上空最高点之时。此外，尽管经常处于雨季，天气恶劣，他们仍知道如何使用日晷。

他们将每年分为以下的十八个月：

第一个月，Pop，始于七月十六日。

第二个月，Uo，始于八月五日。

第三个月，Zip，始于八月二十五日。

第四个月，Zodz，始于九月十四日。

第五个月，Zec，始于十月四日。

第六个月，Xul，始于十月二十四日。

第七个月，Dzeyaxkin，始于十一月十三日。

第八个月，Mol，始于十二月三日。

第九个月，Chen，始于十二月二十三日。

第十个月，Yax，始于一月十二日。

第十一个月，Zac，始于二月一日。

第十二个月，Quej，始于二月二十一日。

第十三个月，Mac，始于三月十三日。

第十四个月，Kankin，始于四月二日。

第十五个月，Moan，始于四月二十二日。

第十六个月，Pax，始于五月十二日。

第十七个月，Kayab，始于六月

Kan 开始的年	Muluc 开始的年	Hix 开始的年	Cauac 开始的年
Kan.	Muluc.	Hix.	Cauac.
Chicchan.	Oc.	Men.	Ajau.
Quimí.	Chuen.	Quib.	Ymix.
Manik.	Eb.	Caban.	Yk.
Lamat.	Ben.	Edznab.	Akbal.
Muluc.	Hix.	Cauac.	Kan.
Oc.	Men.	Ajau.	Chicchan.
Chuen.	Quib.	Ymix.	Quimí.
Eb.	Caban.	Yk.	Manik.
Ben.	Edznab.	Akbal.	Lamat.
Hix.	Cauac.	Kan.	Muluc.
Men.	Ajau.	Chicchan.	Oc.
Quib.	Ymix.	Quimí.	Chuen.
Caban.	Yk.	Manik.	Eb.
Edznab.	Akbal.	Lamat.	Ben.
Cauac.	Kan.	Muluc.	Hix.
Ajau.	Chicchan.	Oc.	Men.
Ymix.	Quimí.	Chuen.	Quib.
Yk.	Manik.	Eb.	Caban.
Akbal.	Lamat.	Ben.	Edznab.

续表

Kan 开始的年	Muluc 开始的年	Hix 开始的年	Cauac 开始的年
补足日	补足日	补足日	补足日
Kan.	Muluc.	Hix.	Cauac.
Chicchan.	Oc.	Men.	Ajau.
Quimí.	Chuen.	Quib.	Ymix.
Manik.	Eb.	Caban.	Yk.
Lamat.	Ben.	Edznab.	Akbal.

一日。

第十八个月，Cumkú，始于六月二十一日。

这十八个月各有二十天，总共三百六十天，但一年有三百六十五天，所以每年年尾还有另外的五天，这五天不属于任何月份，就称为 xona kaba kin，“没有名字的日子”。印第安人也称这些日子为 uayab 或 uayeb Jaab；这个称呼有两种解释。uayab 可能源于 uay，意思是“床”或“房间”，应是印第安人认为此时是一年中该休息的日子。另一种说法是 uayab 可能从 uay 的另一个意义而来：遭植物的腐蚀性汁液或牧草及其他性质强烈的液体毁坏、伤害或腐蚀。由于这个缘故，印第安人畏惧这些日子，认为是不祥之日，带有猝死、瘟疫和其他不幸的危险，因而在这五天为称为 Mam（即祖先）的神祇举行庆典。第一天，他们将他抬出绕境，为他举行盛大祭典；第二天他们减少仪式的庄重；第三天，他们将他搬下祭坛，放在神庙正中间；第四天，他们把他放在门坎上或门上；第五天，最后一天，举行离开仪式，因为新的一年即将于次日开始，也就是 Pop 这个月的第一天（亦即七月十六日，如前表所示）。关于神祇 Mam 的描述，可参见科多尤戈之书。

一年分为十八个月，一个月二十天，总共只有三百六十天。如果一年开始的第一天是 Kan，最后一天应是 Akbal，那么隔年将同样从 Kan 开始，每一年也将都是如此。不过由于他们为了让一年维持完整而另外加了五天，如此一来，若一年的第一天是 Kan，最后一天是 Lamal（第一组五天系列的最后一天），那么下一年将开始于 Muluc（第

二组五天系列的第一天），第三年开始于 Hix（第三组五天系列的第一天），到了第四年则开始于 Cauac（第四组五天系列的最后一天），同时也是第一次年度结束于 Akbal，于是第五年又从 Kan 开始。

前面也已提到，一年包含二十八个星期又一天，每个星期十三天。因此，如果一年开始于一星期的第一天，也将同样在星期的第一天结束，第二年则于第二天开始，如此周而复始，经过一星期的十三个数字后，按每组系列最初四天的名称，构成了星期年的周期，这个部分我们下面还会再提到。

上页表格中的纪年系统，由十八个月当中，各月的二十天加上补足的日数所构成，并以每组系列的最初四天来命名。

5. 闰年：

将日或星期中的数目作为一年之始，以及以五天系列各组的第一天为标记，两者之间的关系十分紧密，因此，很难再插入额外的闰日且不破坏接下来各年的相关标记及星期分布。然而，想完成完整的太阳运行周期，闰年是不可缺少的。我完全不知道印第安人如何处理这个多出来的日子，因此接下来将叙述墨西哥人所用的方法，他们的计日系统和尤卡坦类似，很可能尤卡坦的历法系统即是源自墨西哥。

马立安诺·贝提亚在其《墨西哥古代史》中的第十章即曾主张，闰日加在十八个月结束后或五个补充日之后，用前一日的象形文字标记，但星期数字不同，换言之，是以下一个星期的数字来标记。但无论用哪一种方式，却弄乱了接下来以星期系统标记的年份次序，第五年必须用数字六而非数字五来加以标记，而从第四年到第六年的固定规则也因而中断了。这种中断的现象每四年发生一次，即将结束的一年与下一年之间的星期数字，也因而无法继续保持如五天系列所呈现的那样一致，而这却又是印第安人整个计日系统的基础所在。

为了防止这种不利状况发生，我们只得假设：印第安人无论是否将多出的一天放在十八个月结束后或五个补足天之后，并未将它标记为和前一天一样的数字与象形文字，而是以某种特殊符号或数字为它命名，以免与其他日子冲突。

艾克曼在其发表的论文中表示，印第安人在五十二年的循环结束时会再增加一星期，弥补先前未计入的闰

日。这个方法对原先的纪年方式不会构成干扰，但却会打乱前面提到的四组五天系列的纪年方式。我们可以从上方的周期表格中看出，每个循环皆包含四个完整的星期年，它们由连续四组系列所构成，每个星期年皆始于一，结束于十三。因此，如果在每个循环结束时增加一星期，下一年的第一天就会是一个月二十天中的第十四天（而不是第一、第六、第十一或第十六天），如此一来又破坏了四组纪年方式的规律，必须以不同的起始符号来代替，同时在每个新循环开始时改变了纪年系统。

6. 年轮：

印第安人绘制了一个小小的轮子，在上面以逆时钟方向画上四组系列第一天的象形文字，其中 Kan 在东方，Muluc 在北方，Hix 在西方，Cauac 在南方。有些人认为，当第四列的年过完再度回到 Kan 系列，便是一个年轮的结束。也有人认为，年轮三次循环后共十二系列，再加上一个系列，构成十三年，就是完整的一个年轮。更有人认为，一个年轮由四个完整的星期年或周期所构成，这也不无可能。

除了刚才所提的小轮外，他们还做了一个大轮，称为 buk xoc，其中包含三个循环小轮的四系列符号，所以总共有十二个符号；从第一个 Kan 开始，一直到第四个同样叫作 Kan 的地方，并且将此一 Kan 也包括在内，如此构成十三年，形成一个周期或一个星期年。第二个循环从 Muluc 开始，结束在同样地方，便是第二个十三年；如此继续反复，直到来到 Cauac，完成一个年轮。

7. 关于周期和年轮（五十二年的循环）：

前面已介绍了相当多关于周期的组成，以及印第安人称为年轮的五十二年循环的算法。此处先将上述所提及的事实做一摘要，以免读者继续再看下去时，会感到疲累不堪。

(1)四个星期年各为一个周期，且各有一个名称，合并组成五十二年循环。

(2)美洲原住民的星期由十三个数字为单位而组成，分配至一个月中的二十天。

(3)如前所述，一年由二十八个星期又一天组成。在这额外的一天之后所接续的年，仍沿袭其相关顺序接续至十三，以组成一个星期单位或周期。

如果每年正好由二十八星期组成，新年的数字便永远无法形成相关的星期单位，因为这些年永远从数字一开始，结束于数字十三；如果使用其他方式，一年始于数字一，也结束于数字一，第二年开始于数字二，也结束于数字二，如此周而复始，直到十三个数字都用完为止。

（4）前面也已说过，印第安人知道每年十八个月，每个月二十天，加总后无法达到三百六十五天。为了符合这个数字，他们另外增加了五天。也由于这个缘故，二十天被分为四组，每一组的第一天分别为 Kan、Muluc、Hix 及 Cauac，同时也成为每四年一循环的年度之始，到了第五年时，再度从 Kan 开始。由于一星期由十三个数字组成，每个星期当中又

第一周期	第二周期	第三周期	第四周期
1841,1. Kan.	1854,1. Muluc.	1867,1. Hix.	1880,1. Cauac.
1842,2. Muluc.	1855,2. Hix.	1868,2. Cauac.	1881,2. Kan.
&c.3. Hix.	&c.3. Cauac.	&c.8.3. Kan.	&c.3. Muluc.
4. Cauac.	4. Kan.	4. Muluc.	4. Hix.
5. Kan.	5. Muluc.	5. Hix.	5. Cauac.
6. Muluc.	6. Hix.	6. Cauac.	6. Kan.
7. Hix.	7. Cauac.	7. Kan.	7. Muluc.
8. Cauac.	8. Kan.	8. Muluc.	8. Hix.
9. Kan.	9. Muluc.	9. Hix.	9. Cauac.
10. Muluc.	10. Hix.	10. Cauac.	10. Kan.
11. Hix.	11. Cauac.	11. Kan.	11. Muluc.
12. Cauac.	12. Kan.	12. Muluc.	12. Hix.
13. Kan.	13. Muluc.	13. Hix.	1892,13. Cauac.

包含这四组的三次循环再加上起始的一个数字，也因为多了这个数字，每一组起始数字有自己的星期单位，于是一个从 Kan 开始的周期，会同样结束在 Kan，而下一个周期也许开始于 Muluc（第二组的第一个数字），同样也结束在 Muluc，如此反复循环，直到每个起始数字都完成以其命名的自己的周期，并共同组成五十二年，其中包含四个以十三年为周期单位的年，如表格所示。

※ 五十二年为循环的年度顺序，又可分为四个周期（或称星期年）。由于一八四一年恰好是这些循环的第一年，就以这一年为起点。

印第安人称这五十二年期间为一个年轮。在每个年轮结束时，他们会举行盛大庆典，竖立一座纪念碑，上面横放一块大石头，正如年轮这个字所代表的意义——纪念物，记录一个又一个年轮的逝去。需注意的是，除非过完整个年轮，每一年的开始不会落在星期的相同数字上；如此一来，只要提某一年的启始日是哪一天，就可得知年轮进行到哪一年。此外，印第安人还利用刻有象形文字的轮子或年表来辅助纪年。

8. 三百一十二年的大年轮：

印第安人除了将五十二年循环称为年轮外，尤卡坦人还有一个更大循环单位，用来标记历史上各主要时期和重大事件发生的年代。此大循环包含十三个时期，每时期各二十四年，总共三百一十二年。这些时期被称为大年轮，又分为两部分：第一部分的二十年包含在一个正方形内，因此又叫 amaytun、lamayte 或 lamaytun，另外四年则形成一个位于前述正方形之下的台座，称为 chek oc Katun 或 lath oc Katun，意思是“矮凳”或“台座”。他们将这四年视为用来补足年数的闰年，认为是不吉之年，称为 u yail Jaab，一如他们对待一年中的五个闰日。

由于他们如此划分这二十年和后面的四年，人们因而误以为 ajau 只包含二十年；几乎所有撰写此相关题材的人都弄错了。如果他们认真计算构成此区间的年数，留意到手稿内明白记载 ajau 包含二十四年，并如上所述而划分，他们就不致误导读者错误的观念。

无疑的，这些时期也好，纪元也好，“纪”也好，它们之所以称为大年轮，是因为它们从 Ajau 这一天

公元	第十三 Ajau.		公元	第十三 Ajau.		公元	第十一 Ajau		公元	第十一 Ajau.	
1488	12.Cauac.	Lamaytun.	1500	11.Cauac.	Lamaytun.	1512	10.Cauac.	Lamaytun.	1524	9.Cauac.	Lamaytun.
1489	13.Kan.		1501	12.Kan.		1513	11.Kan.		1525	10.Kan.	
1490	1.Muluc.		1502	13.Muluc.		1514	12.Muluc.		1526	11.Muluc.	
1491	2.Hix.		1503	1.Hix.		1515	13.Hix.		1527	12.Hix.	
1492	3.Cauac.		1504	2.Cauac.		1516	1.Cauac.		1528	13.Cauac.	
1493	4.Kan.		1505	3.Kan.		1517	2.Kan.		1529	1.Kan.	
1494	5.Muluc.		1506	4.Muluc.		1518	3.Muluc.		1530	2.Muluc.	
1495	6.Hix.		1507	5.Hix.		1519	4.Hix.		1531	3.Hix.	
1496	7.Cauac.		1508	6.Cauac.	Lath oc Katun.	1520	5.Cauac.		1532	4.Cauac.	Lath oc Katun.
1497	8.Kan.		1509	7.Kan.		1521	6.Kan.		1533	5.Kan.	
1498	9.Muluc.		1510	8.Muluc.		1522	7.Muluc.		1534	6.Muluc.	
1499	10.Hix.		1511	9.Hix.		1523	8.Hix.		1535	7.Hix.	

开始起算，那是从 Cauac 这天开始的年的第二天。由于这些日子和数字都是从正在运行的那一年中撷取出来的，二十四年的时期就永远不可能按照数字顺序排列，而变成如下的数字序列：13, 11, 9, 7, 5, 3, 1, 12, 10, 8, 6, 4, 2。当印第安人将十三作为第一个数字时，很可能是因为那一年发生了重大的事件，因为当西班牙人来到此地时，印第安人将第八当成第一，那是他们的祖先到此定居之时。一位印第安作者提议，这个纪年方式也应放弃，改采从第十一开始，因为这正是西班牙人在尤卡坦展开征服的一年。如今，如果第十三个大年轮开始于那

一年的第二日，应该就是从第十二个Cauac起始的年，也就是第十二个周期之始。第十一个 Ajau 便开始于第十个 Cauac 开始的年，相隔二十四年；如此反复循环。需注意的是，经过一段时间后，我们在 Ajau 的运转序列中会碰到一些置于最前面的个别数字标记，这证明其实 Ajau 的确是以二十四年为一单位，而非有些人主张的二十年。

※ 从公元一四八八年起，两个大年轮的年代顺序；第十三 Ajau 始于第十二个 Cauac 那一年的第二天，也就是第一周期的第十二年。

Ajau 与基督教纪元之间相互呼应的基准点是一三九二年，由此开始可计算所经过的时间周期，并校订印第安人在其古史中提到的年份。根据所有数据源，再加上征服者科斯梅·德布尔戈斯及另一位作者（其观察记录已佚失）的证词，证明一九三二年相当于第七个 Cauac 起始之年，因其第

日		在星期中的日	日		在星期中的日	日		在星期中的日
八月	Zip		九月	Zip		九月	Zip	
25	1	5. Kan.	1	8	12. Chuen.	8	15	6. Edznab.
26	2	6. Chicchan.	2	9	13. Eb.	9	16	7. Cauac.
27	3	7. Quimí .	3	10	1. Ben.	10	17	8. Ajau.
28	4	8. Manik.	4	11	2. Hix.	11	18	9. Ymix.
29	5	9. Lamat.	5	12	3. Men.			
30	6	10. Muluc.	6	13	4. Quib.			
31	7	11. Oc.	7	14	5. Caban.			

二天即是第八 Ajau 之始。以此作为基准点，所有先前及其后的年代都可根据此表格逐一校正，所得出的结果恰能符合所有已知系列，因此它极可能是正确的。

一份手稿中提到："在每个大年轮或二十四年周期结束时，印第安人就举行盛大庆典，祭祀神祇，立一座神像，上面刻有文字和图像。"依据推测，这些所谓的文字和图像，应就是象形文字或符号。

这种利用年轮计算时间的方式有极大好处和重要性。例如，他们的历史中提到，第八 Ajau 用来描述某些有别于其他的重要事件，于是第八 Ajau 就被视为特别的日子，同时象征已过了三百一十二年，已经过完整一个年轮，又回到原来相同的数字。如果作者进一步加以说明，一个 uudz Kalun 已过，那么读者就会更清楚，uudz Kalun 代表十三个年轮的总和，也就是大年轮。他们用很多种不同方式提及 Ajau，有时泛指一个 Ajau 的开始、中间或结束，有时也指年轮之年已过，但未指明月份或日，也未特别指示某一时期、某一年、某一月和某一日。这种描述出现在一位显然相当有名的阿赫普拉之死的记载中。据说他死于十三 Ajau 的第六年，这一年的第一天落在轮子东方第四个 Kan 之时，Zip 月的第十八天，9 Ymix 这一天。这个日子的记载如此详细，我们因此可以追溯出来，作为范例。

在前面提供的表中查看属于十三 Ajau 之年的系列，就可看见十二 Cauac 落在一四八八年，因此，那一年的第二天正是第十三 Ajau 的起始。一四九三年则是此一 Ajau 的第六年，其第一天是 4 Kan，也正是那一年的名称。至于"Zip 这个月的第十八天"，因这个月开始于八月二十五日，第十八天相当于九月十一日。接下来我们看看这第十八天是不是正好落在 9 Ymix 这一天。

这一年的第一个月开始于 4 Kan，因 4 Kan 是那一年的名称（见月份命名规则）。我们发现，附注于下一个月第一天的数字（代表一星期中的第几天），由陆续加上七而得来（或用 buk xoc 的规则，结果也相同）。在这里，第一个月的第一天是 4，第二个月第一天的数字就是 4+7=11，第三个月的第一天，也就是 Zip 月的第一天，数字是 11+7-13=5。因此，那一年的那个月开始于 5 Kan，接下来的日子便如上表所示。

由此得知，九月十一日正是 Zip

月的第十八天，确实落在 9 Ymix，完全符合在 MS 中所列的日子。显然这个日子十分正确。

※ 此循环的起源：

这种年代分期方式的起源及如何运用皆已不可考，何时开始应用也不得而知。无论是墨西哥或托尔特克的作者，或是那些改正计算时间的编年系统的人，皆从未使用这种系统，甚至根本不知有这套系统存在。如今犹存的极少数不完整的手稿也未曾提及，所以没有任何记录甚或没有任何推断可提供我们方向；只有在马尼王之子克里斯托巴·安东尼奥·休所撰著作中有些相关叙述，当时他奉政府命令而写下该著作。据科戈尤多神父记载，那些著作在他的时代仍然存在，据说有些甚至流传至今。

似乎只有博图里尼爵士对这种计算时间的方式有些了解，尽管其内容并不完整。在贝提亚的《墨西哥古代史》第二章中，转载了博图里尼在其出版的《北美史新观点》第一百二十二页上所说的：“墨西哥印第安人若将他们周期的第一个

瓦哈卡月份中的日期		尤卡坦月份中的日期	
1. Votan.	11. Ben.	1. Kan.	11. Hix. 或 Gix.
2. Ghanan.	12. Hix.	2. Chicchan.	12. Men.
3. Abagh.	13. Tzinkin.	3. Quimí .	13. Quib.
4. Tox.	14. Chabin.	4. Manik.	14. Caban.
5. Moxic.	15. Chue. 或 Chic.	5. Lamat.	15. Edznab.
6. Lambat.	16. Chinax.	6. Muluc.	16. Cauac.
7. Molo. 或 Mulu.	17. Cahogh.	7. Oc.	17. Ajau.
8. Elah. 或 Elab.	18. Aghual.	8. Chuen.	18. Ymix.
9. Batz.	19. Mox.	9. Eb.	19. Yk.
10. Enoh. 或 Enob.	20. Ygh.	10. Ben.	20. Akbal.

符号放在数字一之下，例如：Ce Tectapl（1 Tecpatl），即表示在每四个循环中只能放置在此一次，因为他们以此为每一循环的第一个符号，而且根据他们所绘的年轮设计，Ce Tecpatl（1 Tecpatl）在每四个循环中只能作为起始符号一次。"（意思是每四次循环中由此展开循环一次。但事实并非如此；在墨西哥和尤卡坦的历法中，每一个五十二年为单位的循环周期，皆以同一个起始符号开始。）"因此，任何出现在他们历史中的这些起始符号，意谓着四个以五十二年为单位的循环周期已过。换言之，要经过两百零八年，同一个起始符号才会再成为开始，如此一来，就不需再考虑包含在这四个循环内的其他符号。就算同样的符号再次出现，意义也绝不相同。"

贝提亚坚称，他并未在收集或查证的古代纪念文物中找到其他类似的解释、任何提及博图里尼系统之说，也未曾见过任何印第安史家提及，即使在提到最著名事件的时代也不例外。不过我相信，在响应贝提亚这番说法时，或许可以这么说：正如贝提亚在他处提及的，博图里尼已查证了瓦哈卡克、加帕斯和索科努斯科等地印第安人古代所用历法，而这些历法和尤卡坦是很相似的，因此以下的假设便也不无道理：他们正像尤卡坦人一样，以比墨西哥人所用的单位更大的循环来计年；博图里尼从他们之处得到我们所谓的 Ajau 或称"大循环"的灵感，但其说法却混淆不清，而且不正确，其原因或许在于他不了解他们这套计算模式的机制、印第安人提供的解释不足，或是博图里尼所看到的手稿残缺不全。还有最后一个可能，便是前述那些地方的印第安人拥有一套以四个周期为循环（也就是两百零八年）来计算年代的方式，此法尽管和尤卡坦人有些差异，所产生的年的数字也有些不同，但仍和尤卡坦的三百一十二年极为相似。或许唯一可质疑博图里尼之处，是假设墨西哥人并不知道这种年轮计算方式，也未曾使用，但他却认为这是他们普遍用来计算更大区段时间的方式。

瓦哈卡、加帕斯和索科努斯科等地历法所使用的日期名称和尤卡坦极为类似，这先前已提过；而将两者拿来比较时，更是明显可见。贝提亚在其书第十一章结尾亦转载了上述三地的日期名称。

在瓦哈卡语，Ghanan 中的 gh 发

音为k，和尤卡坦的Kan或Kanan（黄色）发音一样；Molo或Mulu，和尤卡坦的Muluc一样；而Ben和Hix也和Be-en与Gix或Hix一样。这些类似之处，加上尤卡坦有些名称不知其义，更令人认为，两种历法其实同出一源，只有一些祭司随特殊事件或其他因素而做的改变。这些改变被印第安人保留了下来，其他的符号则未变，或因他们已习惯这些符号的表示，也或者是这些符号的意义如今虽已被遗忘，在当时仍为人所知。

尤卡坦的印第安人还有另外一套循环算法；不过因为找不到运用这套循环算法的方式，也没有任何范例足资借镜，在此我只将一份手稿中所记载的叙述转载如下："还有一个数字，他们称之为Ua Katun，并视之为发现年轮之钥。根据此数之进行规则，它会落在Uayeb Jaab之日，然后依以下顺序循环：Katun 13, 9, 5, 1, 10, 6, 2, 11, 7, 3, 12, 8, 4。"

（Uayeb jaab是印第安人称呼一年当中五个补足日的名称，也是二十四年为一Ajau中最后四年的名称。）

※从蛮荒时期到现代的Ajau系列，之后持续到整个循环结束。下页两个表格各分为三栏，第一栏为基督教公元纪年，第二栏为Ajau开始之周期，以该年第二天的数字为标记，第三栏为接下来的Ajau。（蛮荒时代开始于7 Kan这一年，那是第二个7 Ajau，开始于周期6 Cauac这一年的第二天。）

从这些系列很明显可以看出，自基督诞生之日到此一循环开始之间已经过六大循环，一个纪元和另一个纪元的十七年；如前所述，第一个循环的第一个时期需再加进一年。

※佩雷斯先生论文结尾的附注：

写了这篇解说后，我有机会阅读前文所引博图里尼之书。他在书中提及托尔特克印第安人时说：

他们经由亚洲，最后来到美洲大陆，深入新西班牙的第一个城市哈丘特拉帕兰。在当地，由于民历并不符合天文年，昼夜平分的日子也已改变，他们的智者在基督诞生数年前召集了一百三十人，决定每四年增加一日，以便补足先前不足的时数。他们可能采用将这一年最后一个月的某一符号计算两次的方式（同罗马人处理闰日的方式），以避免打乱原有顺序，因

为无论增加或减少一个符号都会破坏系列的持续。如此一来，民历一年的开始与春分相符，而春分又是一年中最重要的日子。

接着他又说，虽然闰日在一年当中所有的符号顺序中并未拥有自己的位置，而是像个闯入者般加了进来，但仍为此闰年提供了名字（或符号）；即使到了第三纪，在此时举行最庄严盛大的庆典餐宴的做法，也仍得到那些地方的皇帝或国王许可。他们极尽所能地以美食佳肴、华丽舞蹈，崇祀“这一年的神”；祭典时，神祇自己起舞歌唱，那些歌舞因而被称为“神祇之歌舞”。同样在闰年，印第安人

公元	周期之年	Ajau 开始之年
24	4. Cauac.	5. Ajau.
48	2. Cauac.	3. Ajau.
72	13. Cauac.	1. Ajau.
96	11. Cauac.	12. Ajau.
120	9. Cauac.	10. Ajau.
144	7. Cauac.	8. Ajau.
168	5. Cauac.	6. Ajau.
192	3. Cauac.	4. Ajau.
216	1. Cauac.	2. Ajau.
*240	*12. Cauac.	*13. Ajau.
264	10. Cauac.	11. Ajau.
288	8. Cauac.	9. Ajau.
312	6. Cauac.	7. Ajau.
336	4. Cauac.	5. Ajau.
360	2. Cauac.	3. Ajau.
384	13. Cauac.	1. Ajau.
408	11. Cauac.	12. Ajau.
432	9. Cauac.	10. Ajau.
456	7. Cauac.	8. Ajau.
480	5. Cauac.	6. Ajau.
504	3. Cauac.	4. Ajau.

公元	周期之年	Ajau 开始之年
984	2. Cauac.	3. Ajau.
1008	13. Cauac.	1. Ajau.
1032	11. Cauac.	12. Ajau.
1056	9. Cauac.	10. Ajau.
1080	7. Cauac.	8. Ajau.
1104	5. Cauac.	6. Ajau.
1128	3. Cauac.	4. Ajau.
1152	1. Cauac.	2. Ajau.
*1176	*12. Cauac.	*13. Ajau.
1200	10. Cauac.	11. Ajau.
1224	8. Cauac.	9. Ajau.
1248	6. Cauac.	7. Ajau.
1272	4. Cauac.	5. Ajau.
1296	2. Cauac.	3. Ajau.
1320	13. Cauac.	1. Ajau.
1344	11. Cauac.	12. Ajau.
1368	9. Cauac.	10. Ajau.
1392	7. Cauac.	8. Ajau.
1416	5. Cauac.	6. Ajau.
1440	3. Cauac.	4. Ajau.
1464	1. Cauac.	2. Ajau.

续表

528	1. Cauac.	2. Ajau.
*552	*12. Cauac.	*13. Ajau.
576	10. Cauac.	11. Ajau.
600	8. Cauac.	9. Ajau.
624	6. Cauac.	7. Ajau.
648	4. Cauac.	5. Ajau.
672	2. Cauac.	3. Ajau.
696	13. Cauac.	1. Ajau.
720	11. Cauac.	12. Ajau.
744	9. Cauac.	10. Ajau.
768	7. Cauac.	8. Ajau.
792	5. Cauac.	6. Ajau.
816	3. Cauac.	4. Ajau.
840	1. Cauac.	2. Ajau.
*864	*12. Cauac.	*13. Ajau.
888	10. Cauac.	11. Ajau.
912	8. Cauac.	9. Ajau.
936	6. Cauac.	7. Ajau.
960	4. Cauac.	5. Ajau.

续表

*1488	*12. Cauac.	*13. Ajau.
1512	10. Cauac.	11. Ajau.
1536	8. Cauac.	9. Ajau.
1560	6. Cauac.	7. Ajau.
1584	4. Cauac.	5. Ajau.
1608	2. Cauac.	3. Ajau.
1632	13. Cauac.	1. Ajau.
1656	11. Cauac.	12. Ajau.
1680	9. Cauac.	10. Ajau.
1704	7. Cauac.	8. Ajau.
1728	5. Cauac.	6. Ajau.
1752	3. Cauac.	4. Ajau.
1776	1. Cauac.	2. Ajau.
*1800	*12. Cauac.	*13. Ajau.
1824	10. Cauac.	11. Ajau.
1848	8. Cauac.	9. Ajau.
1872	6. Cauac.	7. Ajau.
1896	4. Cauac.	5. Ajau.
960	4. Cauac.	5. Ajau.

还为女孩和年轻人举行穿耳洞的庄严仪式，由大祭司亲自主持仪式，教父和教母们从旁襄助。

他在观察记录的第二十七段指出，第三纪时有另外一套闰日方式，只用于仪式历上，是为了不打断日期固定的节庆以及十六个不定期的节庆，这些不定期的节庆是将闰年最后一个月的符号计算两次，同时散布在一年当中，因而为他们带来相当大的焦虑，深恐神祇不悦，于是将十三个闰日全放在五十二年循环结束之时。在他们的轮子或表上，以十三个“零”的符号为标记，（绘成）蓝色或其他颜色；这些符号不属于月也不属于年，

也不像其他日子拥有各自的特别符号。这些符号仿佛完全不属于任何日子，也和任何神祇没有任何关系，因此被视为“不祥”。这十三天是一段忏悔、斋戒的时间，因为他们怀抱着世界末日来临的恐惧，不吃熟食，所有的火都要熄灭，直到新的循环开始，才举行点燃新火的庆祝仪式。

虽然这一切只和仪式、牺牲有关（并非真正的时间的计算），但这种闰日方式却和自然年不符，因为造成冬至、夏至、春分、秋分以及一年之始的重大误差；此外，如此一来，在年轮循环结束时插入的闰日就没有任何属于该年的日子符号，而将闰日放在每个循环结束时的仪式历，虽然在顺序上不同，基本上仍仿效民历的闰日，后者因更正确而更适于管理公共事务。

六、佩雷斯先生依尤卡坦古印第安人计年方式所调整的年历（一八四一～一八四二年）

观察结果：utz、yutz kin 代表吉日，lob、ulob kin 代表不吉，显示印第安人也和一些古代欧洲国家一样，将日子分为吉、凶。虽然我们很容易就可看出，凶日数量显然过多，但在我所考察的三份古代年历中，两者数目相当，而且在三份古代年历中的分布状况都非常接近。我将这些套用于依数字序排列而非依名字排序的日期上，我认为，有关下雨、种植之类的宣告，应是根据月份中的固定日期，而非拥有特定名字的日子，因为这些特定日子会根据四个五天系列的第一天：Kan，Muluc，Hix 和 Cauac 而每年变动。不过，我也在其他地方发现另一种规则，即 Chicchan、Quimí、Oc、Men、Ajau 以及 Akbal 是一个月当中的休息日；这是很有可能的，因为我也认为没有理由拥有这么多凶日。至于前文所述的年历中并未遵守这个顺序，可能是由于疏忽或过度迷信。

于是，炉主点火、燃烧、令其燃烧畅旺以及熄火的日子，分别订在第三、四、十和十一的 Chicchan、Oc、Men 和 Ajau。例如，他们说：第三个 Chicchan 时，炉主点火，第十个 Chicchan 时开始燃烧，第四个 Chicchan 时让它充分燃烧，第十一个 Chicchan 时将它熄灭。同样地，Oc、Men 和 Ajau 也是一样。由此可知，这些纪元是可变动的，

因为第三、四、十、十一等日并不永远落在月份中的相同日期，而要视前面所提的日子落在一星期中的哪一天而定。

也许有人会问，这个点火、燃烧、令其燃烧畅旺后又熄灭它的炉主是谁？这个问题我无法回答，因为我无法找到这神秘的解释；也许这些特定的日子是贡献牺牲，或进行其他某些迷信行为的日子。

Pop（印第安人 l Kan 年的第一个月）

	Pop.		七月
1. Kan.	1	Hun Kan，吉，Pop 月之始	16
2. Chicchan.	2	Ca Chicchan，种植吉	17
3. Quimí .	3	Ox Quimí ，不吉之日	18
4. Manik.	4	Can Manik，种植吉	19
5. Lamat.	5	Ho Lamat，吉日	20
6. Muluc.	6	Uac Muluc，6 Muluc；吉日	21
7. Oc.	7	Uuc Oc，狩猎吉；垦民吉	22
8. Chuen.	8	Uaxxac Chuen，吉日，无风	23
9. Eb.	9	Bolon Eb，9 Eb；凶日	24
10. Been.	10	Lahun Been，10 Been；吉日	25
11. Hix.	11	Buluc Hix，11 Hix；吉日	26
12. Men.	12	Lahca Men，12 Men；吉日	27
13. Quib.	13	Oxlahun Quib，13 Quib；不吉之日	28
1. Caban.	14	Hun Caban，1 Caban；不吉之日	29
2. Edznab.	15	Ca Edznab，吉日；作家和智者诞生之日	30
3. Cauac.	16	Ox Cauac，吉日	31
4. Ahau.	17	Can Ahau，贵族的吉日；炉主让火燃烧畅旺	八月 /1
5. Ymix.	18	Ho Ymix，凶日	2
6. Yk.	19	Uac Yk，不吉之日	3
7. Akbal.	20	Uuc Akbal，吉日	4

Uo（印第安人的第二个月）

	Uo.		八月
8. Kan.	1	Uaxxac Kan，凶日，Uo 月之始	5
9. Chicchan.	2	Bolon Chicchan，不吉之日	6
10. Quimí .	3	Lahun Quimí ，不吉之日	7
11. Manik.	4	Buluc Manik，不吉之日	8
12. Lamat.	5	Lahca Lamat，不吉之日	9
13. Muluc.	6	Oxlahun Muluc，不吉之日	10
	7	1, Oc，凶日；接下来五日有死亡之事	11
	8	2, Chuen，不吉之日	12
	9	3, Eb，凶日；猝死	13
	10	4, Been，不吉；猝死	14
	11	5, Hix，不幸之日	15
	12	6, Men，不幸之日	16
	13	7, Quib，不幸之日	17
	14	8, Caban，不幸之日	18
	15	4, Edznab，吉；商人警戒	5
	16	5, Cauac，凶日	6
	17	6, Ahau，凶日	7
	18	7, Ymix，吉；u payalte lae oac uinabal uli	8
	19	8, Yk，凶日	9
	20	9, Akbal，凶日	10

Zip（印第安人的第三个月）

Zip.		八月
1	2, Kan，吉日，Zip 月之始	25
2	3, Chicchan，凶；炉主点火	26
3	4, Quimí ，吉日；徒手打虎之日	27
4	5, Manik，不吉之日	28
5	6, Lamat，不吉之日	29
6	7, Muluc，不吉之日	30
7	8, Oc，不吉之日	31
8	9, Chuen，不吉之日	九月 / 1
9	10, Eb，不吉之日	2
10	11, Been，不吉之日	3
11	12, Hix，吉日	4
12	13, Men，吉；国王诞生	5
13	1, Quib，吉日	6
14	2, Caban，吉日	7
15	3, Edznab，吉日	8
16	4, Cauac，吉日	9
17	5, Ahau，吉日	10
18	6, Ymix，吉日；有雨	11
19	7, Yk，吉日；有雨	12
20	8, Akbal，吉	13

Zodz（印第安人的第四个月）

Zodz		九月
1	9, Kan，吉；教会日，有雨，等	14
2	10, Chicchan，凶日；火开始燃烧	15
3	11, Quimí，凶日	16
4	12, Manik，凶日	17
5	13, Lamat，吉日	18
6	1, Muluc，吉日	19
7	2, Oc，吉日	20
8	3, Chuen，吉日	21
9	4, Eb，凶；国王诞生	22
10	5, Been，凶日	23
11	6, Hix，采蜜人吉；蜜蜂成群入蜂巢	24
12	7, Men，吉	25
13	8, Quib，吉日	26
14	9, Caban，吉日	27
15	10, Edznab，吉日	28
16	11, Cauac，吉日	29
17	12, Ahau，凶；疾病猖獗	30
18	13, Ymix，凶日	十月 /1
19	1, Yk，吉；有雨	2
20	2, Akbal，凶日	3

Zec（印第安人的第五个月）

Zec		十月
1	3, Kan，吉；Zec 月之始；有雨	4
2	4, Chicchan，凶；炉主让火燃烧畅旺	5
3	5, Quimí，凶；子女税到期；有疾疫	6
4	6, Manik，凶	7
5	7, Lamat，凶日	8
6	8, Muluc，凶日	9
7	9, Oc，走路及其他诸事吉	10
8	10, Chuen，凶日	11
9	11, Eb，凶日	12
10	12, Been，凶日	13
11	13, Hix，凶日	14
12	1, Men，凶日	15
13	2, Quib，不吉；蜗牛缩进壳里或被锯开；有死亡之事	16
14	3, Caban，吉日	17
15	4, Edznab，凶；饥饿日夜自地狱被释放出来	18
16	5, Cauac，凶日	19
17	6, Ahau，凶日	20
18	7, Ymix，凶日	21
19	8, Yk，凶日	22
20	9, Akbal，凶日	23

Xul（印第安人的第六个月）

Xul.		十月
1	10, Kan，凶；有雨；Xul 月之始	24
2	11, Chicchan，吉；有雨第二日；炉主熄灭火	25
3	12, Quimí，凶日	26
4	13, Manik，凶日	27
5	1, Lamat，吉；云飞过	28
6	2, Muluc，凶；警戒日；男丁与祭司税到期	29
7	3, Oc，凶；炉主点火	30
8	4, Chuen，凶日	31
9	5, Eb，凶日	十一月 /1
10	6, Been，凶日	2
11	7, Hix，凶；警戒日；向贵族征税 3	
12	8, Men，凶日	4
13	9, Quib，凶日	5
14	10, Caban，凶日	6
15	11, Edznab，凶日	7
16	12, Cauac，凶日；恶魔攻击	8
17	13, Ahau，凶日	9
18	1, Ymix，凶日	10
19	2, Yk，凶日	11
20	3, Akbal，凶日	12

Dzeyaxkin（印第安人的第七个月）

Dzeyaxkin.		十一月
1	4, Kan，凶日；Dzeyaxkin 月之始	13
2	5, Chicchan，凶日	14
3	6, Quimí，凶日	15
4	7, Manik，凶；雷、雨、云等	16
5	8, Lamat，凶日	17
6	9, Muluc，凶；蜗牛角已收起；凶日，蜗牛会咬人	18
7	10, Oc，凶；炉主开始燃烧火焰	19
8	11, Chuen，凶日	20
9	12, Eb，凶日	21
10	13, Been，凶日	22
11	1, Hix，吉日	23
12	2, Men，吉日	24
13	3, Quib，凶；面包之始	25
14	4, Caban，凶；有疟疾	26
15	5, Edznab，凶日	27
16	6, Cauac，凶日	28
17	7, Ahau，凶日	29
18	8, Ymix，凶日	30
19	9, Yk，吉；开始下雨	十二月 /1
20	10, Akbal，吉日	2

Mol（印第安人的第八个月）

Mol		十二月
1	11, Kan，凶日；Mol 月之始	3
2	12, Chicchan，凶日	4
3	13, Quimí ，凶日	5
4	1, Manik，吉	6
5	2, Lamat，凶日	7
6	3, Muluc，凶日	8
7	4, Oc，吉日；炉主让火燃烧畅旺	9
8	5, Chuen，吉日	10
9	6, Eb，凶日	11
10	7, Been，吉日	12
11	8, Hix，凶日	13
12	9, Men，凶日	14
13	10, Quib，吉日；丰收之日	15
14	11, Caban，吉日	16
15	12, Edznab，凶日；教会凶日	17
16	13, Cauac，吉；号角声清亮；有雨	18
17	1, Ahau，凶日	19
18	2, Ymix，凶；遭人们奉为神庙之王的神祇降级的一天	20
19	3, Yk，凶日	21
20	4, Akbal，不幸之日，遭王神或神庙之王降级的一天	22

Chen（印第安人的第九个月）

Chen.		十二月
1	5, Kan，凶或吉；Chen 月之始	23
2	6, Chicchan，凶日（或吉）	24
3	7, Quimí ，吉日	25
4	8, Manik，凶日	26
5	9, Lamat，凶日	27
6	10, Muluc，凶日	28
7	11, Oc，吉；炉主熄灭火	29
8	12, Chuen，吉日	30
9	13, Eb，吉日	31
10	1, Been，吉日	一八四二年 / 一月 /1
11	2, Hix，吉日	2
12	3, Men，吉；炉主点火	3
13	4, Quib，吉	4
14	5, Caban，凶；人的终点	5
15	6, Edznab，凶日	6
16	7, Cauac，采蜜人吉	7
17	8, Ahau，吉日	8
18	9, Ymix，吉日	9
19	10, Yk，吉日	10
20	11, Akbal，吉日	11

Yax（印第安人的第十个月）

Yax.		一月
1	12, Kan，凶；Yax 月之始	12
2	13, Chicchan，不幸之日；疾病丛生	13
3	1, Quimí ，凶日	14
4	2, Manik，吉；雨停	15
5	3, Lamat，凶日	16
6	4, Muluc，吉；降雨日	17
7	5, Oc，子女税截止	18
8	6, Chuen，凶日	19
9	7, Eb，吉日	20
10	8, Been，吉日	21
11	9, Hix，凶日	22
12	10, Men，吉日；炉主的火开始燃烧；对身体、森林和鹿吉	23
13	11, Quib，凶日	24
14	12, Caban，凶日	25
15	13, Edznab，凶日	26
16	1, Cauac，凶日	27
17	2, Ahau，凶日	28
18	3, Ymix，凶；号角不响	29
19	4, Yk，吉日	30
20	5, Akbal，凶；饥荒在外蔓延；死亡逼近	31

Zac（印第安人的第十一个月）

Zac.		二月
1	6, Kan，凶；Zac 月之始	1
2	7, Chicchan，凶日	2
3	8, Quimí ，凶日	3
4	9, Manik，凶日	4
5	10, Lamat，凶日	5
6	11, Muluc，吉；有雷和雨	6
7	12, Oc，吉日	7
8	13, Chuen，凶日	8
9	1, Eb，凶日	9
10	2, Been，吉日	10
11	3, Hix，凶日	11
12	4, Men，凶日；炉主让火燃烧畅旺；向祭司征税	12
13	5, Quib，凶日	13
14	6, Caban，凶日	14
15	7, Edznab，凶日	15
16	8, Cauac，凶日	16
17	9, Ahau，凶；向贵族征税的日期结束	17
18	10, Ymix，吉	18
19	11, Yk，凶日	19
20	12, Akbal，凶；魔王的阴险攻击	20

Quej（印第安人的第十二个月）

Quej		二月
1	13, Kan，凶日	21
2	1, Chicchan，凶日	22
3	2, Quimí ，凶日；律师之日	23
4	3, Manik，劳役之日，或受国王约束之日	24
5	4, Lamat，凶日	25
6	5, Muluc，凶日	26
7	6, Oc，凶日	27
8	7, Chuen，凶日	28
9	8, Eb，吉；有雷	三月／1
10	9, Been，凶日	2
11	10, Hix，凶日	3
12	11, Men，凶；炉主熄灭火	4
13	12, Quib，凶日	5
14	13, Caban，凶日	6
15	1, Edznab，凶；可能有雷	7
16	2, Cauac，凶日	8
17	3, Ahau，凶；炉主点火	9
18	4, Ymix，吉；丰收	10
19	5, Yk，凶；疟疾；丰收之日	11
20	6, Akbal，凶；热病	12

Mac（印第安人的第十三个月）

Mac.		三月
1	7, Kan，凶；Mac 月之始	13
2	8, Chicchan，凶日	14
3	9, Quimí ，凶日	15
4	10, Manik，吉；开始降雨	16
5	11, Lamat，吉日	17
6	12, Muluc，吉日	18
7	13, Oc，凶日	19
8	1, Chuen，凶日	20
9	2, Eb，吉日	21
10	3, Been，凶；西边来的雨	22
11	4, Hix，凶日	23
12	5, Men，凶日	24
13	6, Quib，凶日	25
14	7, Caban，凶日	26
15	8, Edznab，丰收之象	27
16	9, Cauac，吉日	28
17	10, Ahau，炉主点亮火焰；收成日	29
18	11, Ymix，吉；丰收	30
19	12, Yk，吉日	31
20	13, Akbal，吉日；教会日	四月／1

Kankin（印第安人的第十四个月）

Kankin.		四月
1	1, Kan，凶；Kankin 月之始	2
2	2, Chicchan，不吉之日；降雨日；号角鸣响	3
3	3, Quimí ，吉日	4
4	4, Manik，吉日	5
5	5, Lamat，吉日	6
6	6, Muluc，吉日	7
7	7, Oc，吉日	8
8	8, Chuen，吉；大雨	9
9	9, Eb，凶；降雨日	10
10	10, Been，凶日	11
11	11, Hix，吉日	12
12	12, Men，吉日	13
13	13, Quib，吉日	14
14	1, Caban，吉日	15
15	2, Edznab，吉日	16
16	3, Cauac，吉日	17
17	4, Ahau，吉；采蜜人诞生；炉主让火燃烧畅旺	18
18	5, Ymix，凶日	19
19	6, Yk，凶日	20
20	7, Akbal，凶日	21

Moan（印第安人的第十五个月）

Moan.		三月
1	8, Kan，凶；Moan 月之始	22
2	9, Chicchan，凶日	23
3	10, Quimí ，凶日	24
4	11, Manik，凶日	25
5	12, Lamat，凶日	26
6	13, Muluc，吉；有飓风	27
7	1, Oc，凶日	28
8	2, Chuen，凶；诱惑之日；警戒三日	29
9	3, Eb，凶；诱惑之日；警戒三日	30
10	4, Been，吉；有雨	五月 / 1
11	5, Hix，凶日	2
12	6, Men，凶日	3
13	7, Quib，旅行者凶	4
14	8, Caban，不吉之日；证明国王有罪	5
15	9, Edznab，凶日	6
16	10, Cauac，行人凶	7
17	11, Ahau，炉主熄灭火	8
18	12, Ymix，献牺牲者凶	9
19	13, Yk，女王蜂吉	10
20	1, Akbal，吉日；有雨	11

Pax（印第安人的第十六个月）

Pax.		五月
1	2, Kan，酋长凶；Pax 月之始	12
2	3, Chicchan，凶；炉主熄灭火	13
3	4, Quimí ，凶；警戒日	14
4	5, Manik，凶；令人窒息的酷热	15
5	6, Lamat，凶日	16
6	7, Muluc，凶日	17
7	8, Oc，吉日	18
8	9, Chuen，吉日	19
9	10, Eb，吉日；计算太阳日	20
10	11, Been，凶日	21
11	12, Hix，凶日	22
12	13, Men，吉日	23
13	1, Quib，凶日	24
14	2, Caban，凶日	25
15	3, Edznab，凶；Muluc 之年；种植的第二天	26
16	4, Cauac，吉日	27
17	5, Ahau，吉日	28
18	6, Ymix，吉日	29
19	7, Yk，吉日；降雨	30
20	8, Akbal，凶日	31

Kayab（印第安人的第十七个月）

Kayab.		六月
1	9, Kan，凶；Kayab 月之始	1
2	10, Chicchan，凶；炉主点火	2
3	11, Quimí ，凶日	3
4	12, Manik，凶日	4
5	13, Lamat，凶日	5
6	1, Muluc，吉日	6
7	2, Oc，凶日	7
8	3, Chuen，凶日	8
9	4, Eb，吉；大雨	9
10	5, Been，凶日	10
11	6, Hix，凶日	11
12	7, Men，凶日	12
13	8, Quib，凶日	13
14	9, Caban，凶日	14
15	10, Edznab，凶；诸事皆凶	15
16	11, Cauac，凶日；日日降雨	16
17	12, Ahau，凶日	17
18	13, Ymix，吉日	18
19	1, Yk，吉日	19
20	2, Akbal，吉日	20

Cumkú（印第安人的第十八个月）

Cumkú.		六月
1	3, Kan，吉；Cumkú 月之始	21
2	4, Chicchan，凶；炉主让火燃烧畅旺	22
3	5, Quimí ，凶日	23
4	6, Manik，凶日	24
5	7, Lamat，凶日	25
6	8, Muluc，吉；前往神庙祭拜之日	26
7	9, Oc，吉日	27
8	10, Chuen，凶日	28
9	11, Eb，凶日	29
10	12, Been，吉日	30
11	13, Hix，凶日	七月 / 1
12	1, Men，凶日	2
13	2, Quib，凶日	3
14	3, Caban，吉；u kin balam haabil	4
15	4, Edznab，吉；商人警戒	5
16	5, Cauac，凶日	6
17	6, Ahau，凶日	7
18	7, Ymix，吉；u payalte lae oac uinabal uli	8
19	8, Yk，凶日	9
20	9, Akbal，凶日	10

补足日

		六月
1	10, Kan，吉日；一年之初及其他	11
2	11, Chicchan，凶日；炉主熄灭火	12
3	12, Quimí ，凶日	13
4	13, Manik，吉；制作礼物	14
5	1, Lamat，吉日	15

次年将开始于 2 Muluc，第三年开始于 3 Hix，第四年开始于 4 Cauac，第五年开始于 5 Kan，如此继续下去，直到所有十三个数字的星期年都依序轮完为止，这是以 Kan 为首之五天系列的周期单位。接下来则是以 Muluc、Hix 和 Cauac 为首的周期单位，如此接续进行，直到过完五十二年后，再度从 1 Kan 开始计日，一如上面年历所示。至于闰日，我已在印第安年表中表明了我的观点。

解译这些日、月名称之意义并不像表面上看起来那样容易，因为有些根本不曾真正使用，另有一些又有不同意义，也缺乏真正发音的记载，因而无法正确地了解。尽管如此，我还是尽可能想办法拆解其意义，并根据目前通用的语言。以下从月份开始。

1. Pop：藤垫。
2. Uo：青蛙。
3. Zip：一棵树。
4. Zodz：一只蝙蝠。
5. Zec：废弃不用之字。
6. Xul：结束或结论。
7. Dzeyaxkin：不知其义，不过yaxkin是夏天的意思。
8. Mol：重聚。
9. Chen：一口井。
10. Yax：第一。或是Yaax，青或绿，因接下来月份Zac是“白”之意，我认为此处应为Yaax。
11. Zac：白。
12. Quej：一头鹿。
13. Mac：一个盖子。
14. Kankin：黄色的太阳，也许因为这是四月，林中树木被砍伐下来焚烧，大气中有烟雾，阳光变暗淡，傍晚五点便呈红色，光线很弱。
15. Moan：古字，意义已不可考。
16. Pax：任何乐器。
17. Kayab：歌唱。
18. Cumkú：雷鸣，或像炮声一样的噪声，当沼泽变干或其他因素时，在林中可以听见这样的声音。

Uayed jaab, Xona kaba kin：意思是床，或是一年中的房间、或没有名字的日子；是为补足日所命的名称，因为这些日子不属于任何有名字的月份。

※ 二十天名称的解译

1. Kan：纠结的麻纱或麻线，也指任何黄色物品，或已成熟、可摘取或砍伐的水果或木材。
2. Chicchan：废弃不用之字；若是Chichan，意思是小或少。
3. Quimí 或 Cimí：死亡或死者。
4. Manik：废弃不用之字。如将字拆开，指的是吹过的风，因为Man是通过或买的意思，ik是风。
5. Lamat：废弃之字，不可考。
6. Muluc：废弃之字。不过如果它是Mulucbal的原型，意思是重聚。
7. Oc：手掌上所托之物。
8. Chuen：不用之字。有些人认为它相当于板子的意思。
9. Eb：梯子。
10. Been：废弃不用之字。
11. Hix：不用之字。若与其他字结合时，意思是粗糙，如Hixcay（锉刀或锉磨），Hihixci（粗糙）。

12. Men：建筑工人。

13. Quib 或 Cib：蜡或胶状珂巴脂。

14. Caban：废弃不用之字。

15. Edznab：废弃不用之字。

16. Cauac：不用之字，显然应是cacau一字。

17. Ahau：国王、二十四年的整段时间，或这段期间的开始第一天；所以这段期间也被称为Ahau Katun。

18. Ymix：废弃不用之字。但它显然应和 Yxim 一字同义，Yxim 为玉米之意。

19. Yk：风。

20. Akbal：不用之字，意义不得而知。

以上是这些日子的名称意义。

一八四二年四月十四日，写于佩托。

注释：

1

全名约翰·G. 魏金森爵士（公元一七九七～一八七五年），英国知名旅游探险家及埃及研究者。

2

古埃及法老，公元前一一八七年即位为王，公元前一一五六年过世，在位期间领导埃及参与三次抵抗外族入侵的战役，让埃及境内确保安定。

3

应指 Psamtik II（又称为 Psammetichus II），埃及第二十六王朝的法老，在位期间为公元前五九五～公元前五八九年，曾率领埃及对抗南方的库希王国。

4

十九世纪英国知名考古学家，曾至欧洲及亚洲旅行或探险，为许多古迹或遗址留下精致手绘图，更撰写了数本游记，其中以 Pompeiana 最具盛名。

5

又称为“阿格曼侬之墓”，希腊迈锡尼的古迹，大约建于公元前一三五〇～公元前一二五〇年间，墓室上方有石造拱顶。

6

古代希腊地名，相当于今天希腊的弗优提亚。

附录Ⅱ

一、玛雅文手稿

记载征服前的尤卡坦半岛历史上几个重要分期，附佩雷斯之评论。

尤卡坦古代史的几个重要分期：

玛雅文

Lai u tzolan Katun lukci ti cab ti yotoch Nonoual cánte an í lo Tutul Xiu ti chikin Zuina; u luumil u talelob Tulapan chiconahthan. Cante bin ti Katun lic u ximbalob ca uliob uaye yetel Holon Chantepeuh yetel u cuchulob: ca hokiob ti petene uaxac Ahau bin yan cuchi, uac Ahau, can Ahau cabil Ajau, cankal haab catac hunppel haab; tumen hun piztun oxlahun Ahau cuchie ca uliob uay ti petene cankal haab catac hunppel haab tu pakteil yete cu xinbalob lukci tu luumilob ca talob uay ti petene Chacnouitan lae.

Vaxac Ahau, uac Ahau, cabil Ajau kuchci Chanouitan Ahmekat Tutul Xiu hunppel haab minan ti hokal haab cuchi yanob Chacnouitan lae.

Laitun uchci u chicpahal Tzucubte Ziyan-caan lae Bakhalal, can Ahau, cabil Ahau, oxlahun Ahau oxkal haab cu tepalob Ziyan-caan ca emob uay lae: lai u haabil cu tepalob Bakhalal chuulte laitun chicpahi Chichen Itza lae.

译文

此为记载一系列“卡屯”（即“纪元”）的记录，从玛雅人最早离开他们居住的诺诺瓦尔开始，历经四任杜杜尔休。诺诺瓦尔位于绥纳之西，图拉潘之外。接着，迁徙过程包含四个纪元，最后在托隆阡特佩乌赫率领下抵达此地。他们启程前来此岛时，是第八个“阿豪”，先前的第六、第四、第二个阿豪亦皆在旅途中；抵达此岛时，是第十三个阿豪的第一年，总计从他们离开原居地，到抵达查克诺维坦，其间的迁徙过程共经历了八十一年。

在第八个阿豪，阿赫梅卡特杜杜尔休抵达，他们在查克诺维坦停留九十九年。

之后发现了锡延·卡安一地，或称巴卡拉尔；第四、第二和第十三阿豪，他们在此统治共六十年。这期间他们发现了奇钦·伊策萨。

Buluc Ahau, bolon Ajau, uuc Ahau, ho Ahau, ox Ahau, hun Ahau uac kal haab cu tepalob Chichen Itza ca paxi Chichen Itza, ca binob cahtal Chanputun ti yanhi u yotochob ah Ytzoab kuyen uincob lae.

Vac Ahau, chucuc u luumil Chanputun, can Ahau, cabil Ahau, oxlahun Ahau, buluc Ahau, bolon Ahau, uuc Ahau, ho Ahau, ox Ahau, hun Ahau, lahca Ahau, lahun Ajau; uaxac Ahau paxci Chanputun, oxlahun kaal haab cu tepalob Chanputun tumenel Ytza uincob ca talob u tzacl é u yotochob tu caten, laix tun u katunil binciob ah Ytzaob yalan che yalan aban yalan ak ti numyaob lae.

Vac Ahau, can Ahau, ca kal haab catalob u heɔob yotoch tu caten ca tu zatahob Chakanputun.

Lai u katunil cabil Ahau, u heɔci cab Ahcuitok Tutul Xiu Vxmal. Cabil Ahau, oxlahun Ahau, buluc Ahau, bolon Ahau, uuc Ahau, ho Ahau, ox Ahau, hun Ahau, lahca Ahau, lahun Ahau, lahun kal haab cu tepalob yetel u halach uinicil Chichen Itza yetel Mayalpan.

第十一、第九、第七、第五、第三和第一阿豪，他们在奇钦·伊策萨统治共计一百二十年，直到放弃奇钦·伊策萨迁往香波东，在当地，神圣的部族伊特萨人建有房舍。

第六阿豪，他们占领了香波东；过了第四、第二、第十三、第十一、第九、第七、第五、第三、第一、第十二、第十和第八阿豪后，香波东遭毁或遭弃置。统治香波东的伊特萨人共两百六十年。他们重返家园，然后在人迹罕至的山间居住了好几个纪元。

经过第六阿豪、第四阿豪，也就是四十年后，他们再度重返家园，失去香波东。

第二阿豪的时期，杜杜尔休阿赫奎托克在乌斯马尔建国；第二、第十三、第十一、第九、第七、第五、第三、第一、第十二、第十阿豪，他们统治乌斯马尔，共计两百年。同时尚有奇钦·伊策萨和玛雅潘的首领。

Lai u katunil buluc Ajau, bolon Ahau, uac Ahau, uaxac Ahau, paxci u halach uinicil Chichen Itza tumenel u kebanthan Hunac-eel, ca uch ti Chacxib-chac Chichen Itza tu kebanthan Hunac-eel u halach uinicil Mayalpan ichpac. Cankal haab catac lahun piz haab, tu lahun tun uaxac Ahau cuchie; lai u haabil paxci tumenel Ahzinteyutchan yetel Tzunte-cum, yetel Taxcal, yetel Pantemit, Xuch-ucuet, yetel Ytzcuat, yetel Kakaltecat lay u kaba uinicilbo lae nuctulob ahmayapanob lae.

经过第十一、第九、第六阿豪的时期，在第八阿豪，奇钦·伊策萨的头领遭废黜，因为他对图纳克·埃尔出言不逊；事件主角是奇钦·伊策萨的恰克西布恰克，他对玛雅潘城堡的图纳克埃尔出言不逊。九十年已过，在第八阿豪第十年，恰克西布恰克遭七名玛雅潘将领阿赫辛特·尤特阡和狄逊特库姆、塔克斯卡尔、潘特密特、苏奇·乌奎特、伊特斯夸特，以及卡卡尔特卡特推翻。

Laili u katunil uaxac Ahau. lai ca binob u pâ ah Vlmil Ahau temenel u uahal-uahob yetel ah Ytzmal Vlil Ahau lae Oxlahun uuɔ u katunilob ca paxob tumen Hunac-eel tumenel u ɔabal u na ɗ :ob; uac Ahau ca ɔoci: hunkal haab catac can lahun piz ɩ .

同时期的第八阿豪，他们攻击乌尔米尔王，因为乌尔米尔和伊萨马尔王乌利耳发生争执。乌尔米尔王有十三支军团，但遭图纳克·埃尔击败。经过三十四年，在第六阿豪时战争结束。

Vac Ahau, can Ahau, cabil Ahau, oxlahun Ahau, buluc ahau, chucuc u luumil ich pâ Mayalpan, tumenel u pach tulum, tumenel multepal ich cah Mayalpan, tumenel Ytza uinicob yetel ah Vlmil Ahau lae, can kaal haab catac oxppel haab: yocol buluc Ahau cuchie paxci

在第六阿豪、第四阿豪、第二阿豪、第十三阿豪、第十一阿豪，防卫坚固的玛雅潘遭乌尔米尔王领导的伊特萨人入侵，因有城墙，且统治者同为玛雅潘人（故未受害）；此事后又过八十三年，在第十一阿豪开始时，玛雅潘遭高地来的维特塞人摧毁，玛雅潘的坦卡赫也遇害。

Mayalpan tumenel ahuitzil ɔul, tan cah Mayalpan.

Vaxac Ahau lay paxci Mayalpan lai u katunil uac Ahau, can Ahau, cabil Ahau, lai haab ca yax mani upañoles u yaxilci caa luumi Yucatan tzucubte lae, oxkal haab pâxac ich pâ cuchie.

Oxlahun Ahau, buluc Ahau, uchci mayacimil ich pâ yetel nohkakil: oxlahun Ahau cimci Ahpulá uacppel haab u binel ma ɔococ u xocol oxlahun Ahau cuchie, ti yanil u xocol haab ti lakin cuchie, canil kan cumlahi pop, tu holhun Zip catac oxppeli, bolon Ymix u kinil lai cimi Ahpulá; laitun año cu ximbal cuchi lae ca oheltabac lay u xoc numeroil años lae 1536 años cuchie, oxkal haab paaxac ich pâ cuchi lae.

Laili ma ɔococ u xocol buluc Ahau lae lai ulci erpañoles kul uincob ti lakin u talob ca uliob uay tac hurmil lae bolon Ahau hoppci cristianoil uchci caputzihil: laili ichil u katunil lae ulci yax obispo Toroba u kaba.

在第六阿豪时，玛雅潘遭摧毁；过了第六阿豪、第四和第二阿豪时期，西班牙人首次抵达，将此地命名为尤卡坦，这是在城堡被摧毁之后六十年。

第十三阿豪、十一阿豪，瘟疫和天花开始在城堡中蔓延。第十三阿豪时，阿赫普拉逝世；差六年就过完第十三阿豪；这是在年轮上向东算，然后开始第四个“Kan”。阿赫普拉死于第九 Ymix 的 Zip 月第十八天；如果按数字来计算，是一五三六年，也就是城堡被毁后六十年。

第十一阿豪结束前，西班牙人来了；东方的圣者和他们一同抵达此地。第九阿豪开始接受基督教和受洗；这一年，第一位主教托拉尔抵达。

以上为玛雅文手稿的摘录，之后所记载的事件发生于征服之后，历史价值较低，在此省略。虽然这份手稿有些地方有误，需加以订正，而尽管其内容是依序排列的阿豪，但并未真正保持相关的时序关系，对作者来说，凭借记忆而写，其实很容易错乱；他只保持某件事和另一件事之间的时期数目，但未能正确指出是哪些时期。我必须再次强调，这份概要的作者是凭着记忆而写成的，因为在征服多年之后，如科戈尤多在其史籍中所记载，兰达主教下令收集所有印第安人的历史、绘画和象形文字。也因为作者的历史叙述如此简洁，以致它看起来较像一份清单，而非历史事件的详尽说明。尽管有这些缺陷，这份手稿仍是关于此事件的唯一记录，值得费心订正和分析，因为其所传递的讯息与古代史及当时主要民族的一些建树有关，这些民族所遗留下来的废墟遗迹至今仍受后人赞叹，如奇钦与乌斯马尔。由这份手稿，也可推断其他旅客发现的无名废墟是哪些，这些废墟的起源亦无人知悉。

手稿的文字内容也许可浓缩整理如下：

“托尔特克人跟随托隆阡特佩乌赫指挥离开家乡，最后抵达查克诺维坦，这期间共经历了四个纪元。（从草莽时代的一四四年到二一七年。）

他们于下一个纪元的第一年抵达查克诺维坦，然后在此又待了四个纪元，这期间的领导者为杜杜尔休阿赫梅卡特。（二一八到三六〇年。）

他们发现了锡延·卡安，又称巴卡拉尔，治理该地三个纪元，直到前往奇钦·伊策萨。（三六〇到四三二年。）

定居奇钦·伊策萨，直到出发前往香波东建立据点为止，共经六个纪元。（四三二到五七六年。）

发现并定居及统治香波东，直到此地遭摧毁，他们失去这个据点为止，共计经过十三个纪元。（五七六到八八八年。）

接下来两个纪元，他们浪迹山林之间，并二度以奇钦·伊策萨为据点。（八八八到九三六年。）

下一个纪元，阿赫奎托克进驻乌斯马尔，和玛雅潘的首领共同统治了十个纪元。（九三六到一一七六年。）

又过三个纪元，在接下来那个纪元的第十年，奇钦·伊策萨的首领恰克西布恰克遭玛雅潘的首领图纳克埃尔及其手下七名大将打败。（一一七六到一二五八年，败仗发生于此期间。）

奇钦头领被打败的同一个纪元，他们进军攻打奇钦王乌尔米尔，因为乌尔米尔先和伊萨马尔王乌利耳交战；结果在下一个纪元，由图纳克埃尔达成目标。（一二五八到一二七二年。）

这个纪元过后，奇钦王乌尔米尔从失败中振作，于下一个纪元入侵玛雅潘的领地。

又经过两个纪元，在下一个纪元的第三年，玛雅潘遭外来的山区居民毁灭。（一二七二到一三六八年，玛雅潘被摧毁之时。接下来发生于一三六八到一三九二年。）

再过三个纪元，西班牙人首度抵达，将此地命名为尤卡坦。（一三九二到一四八八年。）

接下来的一个纪元，瘟疫发生了，连神庙和城堡内也未能幸免；第六年阿赫普拉逝世，死于一四九三年九月十一日。（一四八八到一五一二年。）

在第十一个纪元，也是这份记录的最后一个纪元，征服者来了；此时是一五二七年。（一五一二到一五三六年，第十一个纪元结束；下一个纪元开始于一五三六年，结束于一五六〇年。）

接下来一个纪元，征服行动完成于一五四一年一月，第一位主教抵达尤卡坦，时为一五六〇年。”

二、尤卡坦鸟类学备忘录

鹰属包括：雕、隼、鸢等在内的鸟类，为数众多，我们猎捕了三或四个新发现的品种。其中有一头美丽的鹰，身上花纹和苍鹰很像，但体型和喙不同，眼睛的颜色不同（是暗棕色的），眼睛上方也没有一条白色的线，尾部条纹也不同。

第一只标本是在乌斯马尔猎捕的，之后又猎获多只，其中两只被我们带回来了。另一个美丽的新品种是喙与头的形状看来十分高贵，行为也十分高贵的隼，我们在奇钦—伊策萨猎得两只，公隼是倾盆大雨时在地下水井上空被射下来的。除了这一对外，我们未见到其他的隼。

另有一种尚未有人描述过，或者可说关于它的描述非常不完整，

只有拉坦[1]将它与鹫混在同类（参见拉坦所著《亚拉腊之旅》，卷三，第二十号中的“混合黑鹰”条目）。这是一头大黑鹰，我们在弗朗塞斯岬角捕到雌鹰，又在科苏梅岛猎获雄鹰。在科苏梅岛，我们还发现一个鹰巢，里面有蛋，不过却在卡柏特医生被迫将树砍下时，连巢带卵一起全毁了。后来他在席兰港和席兰之间的一个鸟巢找到一颗蛋。

另外一头非常漂亮的鹰，形状很像奥杜朋所描述的小家伙，和欧洲人喜欢饲养为宠物的隼属于同一类。那是一种秃鹰，经常可在废墟四周和教堂顶端看到，在尤卡坦数量非常多，但我们只猎得一只，是在骑马前往乌斯马尔途中，从有地下水井的穆奎切大牧场竖立于大门上的十字架顶端射下来的。截至目前为止，似乎没看到任何关于这种鹰的相关描述著作出版。

还有另一头鹰似乎也从未有人描述过；不过我们的这头样本羽毛未丰，尚未长成，可能是某种已知鸟类的雏鸟。

除上述所提外，我们的猎获物中还有一头笑隼（laughing falcon，亦即林奈[2]命名的 Falco Cachinnans），当地原住民称为“科斯”，是在奇钦·伊策萨城堡附近射下的，也做成了标本。另有一头笑隼是我们第一次遭病魔袭击后，从诺卡卡巴返回乌斯马尔途中所获。这些隼在尤卡坦境内非常普遍。

鸮属只见到三个种类。我们猎得两种，应尚未有人描述过。第一种是一头小型鸮，身长约六英寸半，羽色黄褐，腹下颜色较淡，是在梅里达附近射下的。第二种约六英寸长，背为棕色，腹下颜色较淡，当地人称之为“提孔托卡”。这两种鸮我们看到好几只。第三种是在一栋废墟建筑内捕捉到的，我们饲养了一阵子后逃脱了。它有点像欧洲的灰林鸮。后来我们在萨巴奇希猎得一只，但因为受损严重，无法做成标本。

鸦属：猎获三种，两种显然未曾有人描述过。第一种是一只非常漂亮的鸦，头腹是黑色，背部、翅膀和尾巴是漂亮的蓝色；雄鸟喙部为黄色，雌鸟喙部为黑色，腿皆为黄色。我们在从塞索前往梅里达的路上于塞索附近第一次看到并把它射下来；之后又在各地猎获好几只，因为这种鸟在尤卡坦境内到处都是。

第二种最早在乌斯马尔看见并

射下一只雌鸟，后来又猎得两只雄鸟。这种鸟的头、颈、背部和尾巴皆为暗棕色，腹部白色；雄鸟的喙黑色，雌鸟则为黄色。它们有构造最独特的气管，气管前端垂着一个囊袋，约气管一半长，紧连着颈部的皮肤，配上肌肉发达的喉头，难怪会发出惊人的难听叫声。

另一种是秘鲁鸦（Corvus Peruvianus，可参见萧著作[3]，卷八，插图二十七）。这种极美丽的鸟在尤卡坦境内到处可见，而且数量众多。尤卡坦可能是它的原栖地，因为在秘鲁据说很少见。

鹦属：捕获四种，其中三种已有人描述过；第四种可能也是，不过因获得的样本情况太糟，无法确实证明。

第一种是白顶鹦鹉（Psittacus Albifrons，参见《印第安鸟类学》，卷一，页一一九，亦即 white-crowned parrot，萧书，卷八，页五一九），在整个尤卡坦境内数量众多，是一种漂亮的鸟类，有绿、蓝、红、白、黄等色。第二种可能是圭亚那绿鹦鹉（Psittacus Guianensis，见 Gen. Lil，卷一，页三二三，亦即 the green parrot of Guiana，Gen. Syn，卷一，页二三一）。这种鸟不如前一种普遍，但数量也不少，两种都是在蒂科尔猎获的，之后又在伊图尔维德附近猎得一些。第三种我们在野外没看到，唯一一只是蒂科尔神父卡里略送给卡伯特医生的活鹦鹉——金刚鹦鹉（Psittacus Macao，参见《印第安鸟类学》，卷一，页八十二，亦即 red and blue macaw，Gen. Syn，卷一，页一九九）。

巨嘴鸟属：猎获一只，为黄胸巨嘴鸟（yellow-breasted toucan，参见 Gen. Syn.，卷一，页三二六）或白喉巨嘴鸟（Ramphastos Tucanus，《印第安鸟类学》，卷一，页一三六）。它和拉坦书中的描述并不符合，但却和艾德华[4]描述史宾塞爵士收集的一只活巨嘴鸟近似。有一天，卡柏特医生从乌斯马尔前往大牧场为一名印第安人动腿部手术，当天他在乌斯马尔捕获这只鸟，后来在马科巴又看到另外两、三种，不过一只也没猎到。

翠鴗属：猎得两种，第一种是常见的巴西翠鴗（Momotus Brazilian，或称蓝顶翠鴗），在尤卡坦颇常见，但数量仍少于以下介绍的第二种。我们无法确知第二种

是否已有人描述过，它的身长与巴西蓝顶翠鴗相当，但尾部在全身比例中相对较长。羽毛的花纹和蓝顶翠鴗极不相同，有一道黑色条纹从下巴延伸到胸部中段，两侧各是淡蓝色；一道淡蓝、几近白色的宽阔条纹从鸟嘴底端延伸过眼睛上方，几乎直达后脑附近。大体而言，其颜色近乎偏绿的赤褐色；初级飞羽和尾部为淡绿色，尖端为黑色；尾巴中央两根羽毛比巴西翠鴗长多了，羽轴上裸露的部分也相对较大，尖端的羽毛是鲜明的淡绿色，最前端有着一道宽宽的黑色。

犀鹃属：猎获一种，是滑嘴犀鹃（lesser ani, Crotophagi Ani，见《印第安鸟类学》，卷一，页四四八），在尤卡坦极常见的鸟类。

黄鹂属：包括拟鹂和钟雀，总共猎获五种，其中之一应为新种，三种不确定，一种为已知。新种的雄鸟身长九英寸半，头、颈、双颊、胸、腹、臀部、三级飞羽，以及几乎整个外层尾羽和第三层的下半部，偶尔也包括第四层的一道条纹，皆为鲜明的铬黄色；脸、喉部、初级飞羽和次级飞羽、背部，以及四或六根尾羽皆为黑色；腿是浅蓝色的；喙是黑色，只有下巴底部为浅蓝色；鸣声婉转。雌鸟身长八又八分之七英寸，花纹和雄鸟一样，但较不鲜艳；虹膜淡褐色。不确定的三种鸟中，其中一种非常接近拉坦所描述的黑头黄鹂（lesser Bonana bird，亦即Oriolus Xanthornus，参见《印第安鸟类学》，卷一，页一八一），但却是拟鹂，羽毛的某些特色也有所差别。另一只非常像黑黄鹂，还有一只像黑钟雀，但较小。已知的那种鸟是为黑顶拟鹂（St. Doming oriole，亦即Oriolus Dominicensis，参见《印第安鸟类学》，卷一，页一八二）。我们捕获两只，也是仅见的两只。

杜鹃属：包括褐翅鸦鹃，猎获两种。一种有点像拉坦所形容的杂色鸦鹃；另一则是圭亚那杜鹃（Cayenne cuckoo, Cuculus Cayanus，见《印第安鸟类学》，卷一，页二二一）。这两种在尤卡坦都非常普遍。

啄木属：猎得三种，其中两种可能是新种。第一种非常形似欧洲的小啄木鸟。另一则像拉坦所描述的巴西啄木鸟。已知的一种为细纹黑啄木鸟（lineated woodpecker, Picus Lineatus，参见《印第安鸟类学》，卷一，页二二六）。

旋木雀属：猎得两种，其一尚未发现有任何描述，虽然卡柏特医生印象中记得曾在欧洲某些收藏中看过。这种鸟身长三又八分之七英寸，头顶、颈部和背部皆为暗棕色，且这些地方的每根羽毛中央皆有淡淡的浅黄色梨形斑纹；下巴呈淡淡的浅黄色；胸、腹为浅棕色，每根羽毛中央下方也有淡淡的浅黄色斑纹；初级飞羽、次级飞羽和三级飞羽以及尾巴皆为暗褐色；喙隆起部分长一又八分之三英寸，凹入部分长一又八分之五英寸，蜡白色，全部呈弯曲状。这种数量并不多。另一种是黄腹太阳鸟（yellow-bellied nectarinia, Nectarinia Falveola，见维耶尔的 *Ois. Dor. Certh*，插图五十一，页一〇二）。这种鸟在科苏梅岛很多，我们在那里猎得两只。尤卡坦境内其他各处皆未见到。

蜂鸟属：猎得二或三种。其中一种未有人描述过，另一种可能是同一种的雏鸟，还有一种则已有人描述过。未经描述的那种雄鸟身长四英寸，喙长八分之六英寸，略带黄色，尖端为黑色；头和背的上半部呈暗绿色；喉头和胸的上半部为大片鲜明的翠绿色，带有金属的光泽；胸的下半部、腹部和尾巴皆为暗褐色或赤褐色；尾羽边缘和尖端为黑色；初级飞羽暗棕色，带有紫色的反光；尾羽中间四根则有绿色的反光。雌鸟相当小，喉头也没有鲜明翠绿的颜色，下半部全是赤褐色；雄鸟的大腿则环绕着一些白色。已知的一种为蓝腹金绿蜂鸟（Ourissia humming-bird, Trochilus Maugeri，由列森命名）。

鸫属：猎得两种，应该都是新发现种类。其中之一和维耶尔所描述的巴拉圭鸫非常相近，但翅膀上没有白色。另一种也颇像维耶尔所描述的红腿鸫。第一种在尤卡坦各地皆很常见，第二种则很少见。

交嘴雀属属：猎得四种。其中三种羽毛未丰，还没长成，因此无法确定是否有人描述过。另一种似乎无人描述过，但有些非常相近的记载。雄鸟将近十英寸长；从头到颊一直延伸到颈部两侧，以及胸部上半呈半月形处，皆为黑色；双颊是非常暗的铁灰色；一道白线从鸟嘴经眼睛上方几乎延伸到后脑；后脑为黑色；次级飞羽、初级飞羽的最外边缘皆为黄绿色，尾巴亦同；羽轴黑色；部分颊和喉头呈纯白色；胸、腹和大腿为灰色；肛门和尾部

覆羽之下为浅红棕色；喙相当坚固，将近一英寸长，黑色；雌鸟约九英寸长，雄鸟呈黄绿色的部分均为暗灰棕色，其他花纹大致与雄鸟差不多，但较不鲜艳。这种鸟在尤卡坦相当普遍，据说会损坏农作物和园艺植物，印第安人称为“特莎平”。

鸡属：猎得一种，羽毛尚未长完整；可能是彩鸡。

娇鹟属：猎得一种身上有蓝色与黄色的娇鹟，在尤卡坦并不普遍。

歌雀属：猎得两种。其中一种是拉坦所形容的红冠歌雀，但我们只看到一对。另一种相信尚无人描述过，我们猎获的这只是雄鸟，身长六又四分之一英寸，喙鼓起，有坚硬的牙齿；大约从上颚中间沿着裂口八分之六英寸开始，以及头顶、翅膀和尾巴，皆为深红色，几乎接近栗色；背部为灰中带红；下巴和喉头为鲜艳的玫瑰色；胸、腹为浅灰色；肛门和尾部覆羽之下为浅玫瑰红。

燕雀属：猎得一种，应是拉坦书中所述之灰燕雀；五月下旬在梅里达一带常见。

伯劳属：猎得三种，全部都已有记载，分别是：圭亚那伯劳（Cayenne shrike, L. Cayanus，见《印第安鸟类学》，卷一，页八十）；红褐伯劳，以及灰头伯劳（gray-headed shrike, Tanagra Guianensis，见《印第安鸟类学》，卷一，页四二七），其更正确的学名为Lanius G.。此鸟鸣声悦耳，在尤卡坦相当常见。前两者则相当少见，尤其是第二种。

鹟属：猎得五种，其中四种都已有人描述，我们猎得的第五种是一只雄鸟，身长六英寸半，喙长一英寸，沿裂口处相当宽阔而坚硬；头顶和颈部是黑色；背部、翅膀和尾巴是非常暗的深蓝灰棕色；胸、腹、颊和下巴是浅灰色；喉头和胸部上半是鲜艳的玫瑰色；腿是黑色。我们在尤卡坦也仅见这一只。其他几种分别为：圆冠鹟（round-crested flycatcher, Muscicapa Coronata，见萧所著，卷五，插图十三），这一种在尤卡坦十分常见；大鹟，在尤卡坦也不少；须鹟，相当普遍；短冠鹟，非常多见。

林莺属：猎得一种，还是雏鸟，因而无法确知是否为新发现品种。

夜鹰属：猎得一种，因样本太差，无法描述。

鸽属：猎得两种，其中一种因

羽毛不全，无法分辨其特征。另一种和蓝鸽（blue pigeon, Columba Cærulea，参见《印第安鸟类学》，卷二，页六〇一）非常近似。两种在尤卡坦都很普遍。

吐绶鸡属：猎得一种，眼斑火鸡，这种最壮丽的鸟在尤卡坦到处可见。

冠雉属：获得两种。一种是紫冠雉（crested guan, P. Crestata，参见《印第安鸟类学》，卷二，页六一九），当地人称为“科许”，我们唯一看到的，是蒂科尔小神父的兄弟给卡柏特医生的那只，一八四二年十一月时还活着。另一种是冠雉（Penelope, Phasianus Paragua，见《印第安鸟类学》，卷二，页六三二）。这种鸟在尤卡坦各处非常多见，尤卡坦印第安人称为“恰恰拉恰”，因为它会发出类似的声音，非常吵；他们有时也称它为“巴奇”。这种鸟有一种最特别的气管构造，突出于肌肉的表皮上，一路向下鼓胀，形成一个长圈环，几达耻骨，然后从另一侧向上进入胸腔。

凤冠雉属：猎得两种：玫红凤冠雉（red curassow, Crax Rubra，见林奈之书，卷一，页二七〇），以及球形凤冠雉。这两种在尤卡坦各处皆可见，当地人称之为“卡姆沃尔”。

鹑属：猎得一种—杂色穴鹑。在尤卡坦十分普遍，当地人称为山鹧鸪。许多人将它们驯养在家中，因它们会啄蝎子及其他虫类。

鹑属：猎得一种，以其羽毛和体型大小来看，应无人描述过，但它有着和我们所谓的鹌鹑或山鹧鸪类似的叫声和习惯等等。这种鸟类体型较小；雄鸟喉头是漆黑色，大部分花纹也都不同，但大致看来有点像鹑或美洲山鹧鸪，在尤卡坦各地非常多。

船嘴鹭属：猎得一种—灰色船嘴鹭，是我们在奇钦的地下水井处猎得的。

水雉属：也猎得一种—杂色水　雉（variable jacana, Parra or Jacana Variabilis，参见《印第安鸟类学》，卷一，页七六三）。这是在乌斯马尔的一个小水塘处猎到的，也是我们在尤卡坦全境仅见的一只。

水鸡属：卡柏特医生获得两种，其一为圭亚那水鸡（Cayenne gallinule, G. Cayanensis，参见《印第安鸟类学》，卷二，页七六七）；另一种为黑腹水鸡（black-bellied gallinule, G. Ruficollis，参见《印第

安鸟类学》，卷二，页七六七）。

长嘴鹪鹩：只见一只。紫头美洲咬鹃更常见，我们在不同地方猎获好几只。

除了上述鸟类外，一八四一年十月至一八四二年六月间，我们在尤卡坦观察到的鸟类如下清单，这些在美国均可见到，且威尔森、奥杜朋、波拿巴和纳托尔等人也曾加以绘图、描述和记录。

黑头美洲鹫，全境皆可见。

王鹫，分布于拉夫帕克。

红头美洲鹫，全境可见；较小嘴美洲鹫少见。

白尾隼（Aquila [？][5] Caracara），全境可见。

宾州隼
海雕
白尾鹞
美洲隼
圃拟鹂
大拟八哥
斑纹拟八哥
白冠霸鹟
棕绿鹟
白冠鹟
橙尾鸲莺
？
嘲鸫
纽约暗嘴鸫
灰猫嘲鸫
绿林莺
黑枕威森莺
黄喉林莺
蓝翅黄森莺

蓝头黄腰森莺
蓝眼林莺
美洲林莺
黄腰林莺
玫红歌雀
猩红歌雀
玫胸白斑鸤
蓝头彩鹀
靛彩维达雀
蓝鸤
红鸤
红腹啄木
红喉蜂鸟
杧果蜂鸟
白腹翠鸟
家燕
美洲燕
灰沙燕
烟囱雨燕

卡氏夜鹰
地鸠
白顶鸽
鸣哀鸽
三趾滨鹬
黑颈长脚鹬
蛎鹬
笛鸻
厚嘴鸻
半蹼鸻
灰斑鸻
翻石鹬
大蓝鹭
棕颈鹭
美洲大白鹭
雪鹭
三色鹭
夜鹭
蓝鹭

美洲麻鳽
美洲绿鹭
姬苇鳽
南美秧鸡
大红鹳
粉红琵鹭
白鹮
长嘴杓鹬
威氏滨鹬
斑翅鹬
半蹼鹬
大黄脚鹬
黄脚鹬
褐腰草鹬
斑腹矶鹬
高原鹬
大云斑塍鹬
红胸鹬
田鹬

紫青水鸡
角鸊鷉
黄嘴凤头燕鸥
白嘴端燕鸥
红嘴鸥
黄蹼洋海燕
绿头鸭
赤膀鸭
尖尾鸭
葡萄胸鸭
蓝翅鸭
白鹈鹕
鸬鹚
长鼻鸬鹚
大军舰鸟
红嘴鹲

三、斯库克拉夫特先生的来信：红手印

北美印第安人以人的手表示对诸神的祈求；在象形文字中，手则代表力量、权力或主宰，以及其他类似的引申意义。在我所接触的许多案例中，无论是舞蹈的仪式或象形文字书写，没有一个不具有这种神圣意涵。在他们的画中，通常祭司都是双手向外伸出并高举，有时只有一只手和一只手臂，更多时候则是双手。

印第安人中不乏声称具有医疗、巫术和预言能力者（有些同时具有这三种能力，有些只有其中一种），他们往往在树皮、动物皮甚或板状木头上刻划一系列代表图形或象征图案作为记号，协助众人在唱诵圣歌与和声时记忆。这些刻在木头上的记号常见于苏必略湖和密西西比河源头一带，人们发现它们时，有人称之为“乐板”。多年前，我曾请一位著名的祭司将一块这种乐板卖给我，然后请城中的马佛烈克先生用滚筒式印刷机印出来。这块乐板两面皆刻有图形，一面有四十个主要人像，当中有六个抱着双手上举的符号，其中四个还带有手臂，但身体其他部分付诸阙如。乐板的原主也将它们的含义告诉了我。板子的另一面包含三十八个人物，其中九个抱着上举的手，中间是无头的躯体，其他八个则是完整的。

无论单独出现，或者与手臂或整个身体连结，这些手的图样都和我们的毫无二致。如果和手臂或身体相连，形成一个复合式象征，进一步透露其行动的特殊意义或附加意义。单独出现则是最神秘的用法，由于缺乏其他足以辨识其意义的左证，我认为在这种单独的状态下，手通常被视为虔诚的象征。

我居住于遍远地区多年，也有不少深入部落旅行的经验，因而经常有机会和人讨论以手部单独出现作为象征的用法，不过，这种象征通常用于赤裸的身躯，而且通常出现在为神圣或节庆舞蹈表演进行准备或装饰之后。这样的事实值得进一步探索，因为这些准备，通常会运用神秘药物，借由祭司、巫医或法师的所有技巧，在秘密居所或其他私人场所完成。在这些场合中，施法术者先将一手涂上白色或其他颜色的黏土，然后按在舞者的胸部、肩膀或身体其他部位，象征某种神秘

力量从虔信并熟习奥义的秘教施术者传到舞者身上。这种手印不只在单一的部落或族群中出现，我也留意到，在达科塔、温内贝戈和其他西部部落，以及仍住在密西西比河以东、北纬四十二度以北，以阿尔贡金语为主的原住民后代中仍很常见。

此外，还有一个事实也许与各位的研究有所关连。一八三一年，我在一次旅行中深入人迹罕至的吉布瓦内陆地区。此地位于苏必略湖的十二使徒岛以及安东尼瀑布之间，我在当地发现一栋奇怪的建筑，坐落于森林边缘一个美丽湖泊的隆起岸边，是村民的神庙。结实的柱子形成圆形撑起整栋建筑，上方以厚厚的树皮交互牢牢覆盖着。这栋建筑的特别之处是其内部又有另一个圆形建筑，或者应说，它是依照贝壳的螺纹方式排列，因此人进入其中就像走入迷宫般失去方向。它有一个专供祭司出入的门。祭司是部落中的政治领袖，具有非比寻常的才智，显然刻意以这种方式来展现技巧，稳固并伸张其权力。祭司允许我进入这栋建筑参观。建筑内的墙上挂着各式各样的法器，包括鼓、响板和其他器物。此外，在向内弯曲的内面墙上也刻画有粗糙的人头，以及无数手印，与裸体舞者身上所见的相同。

先前我已提过，人手意谓着借由虔敬行为所产生的力量、权力或主宰。也因此，在这些象征性的人像绘画中，如果少了手或手臂，便意谓着因惊恐、征服或其他因素而导致的无能、衰弱或懦弱。在古老的阿索内或迪伏特巨石[6]上的象形文字中曾出现两个符号，这种没有手臂的人像所代表的含义，著名的美国印第安酋长清吉若克的解释也大同小异。

注释:

1

即约翰·拉坦，英国鸟类学家，著有《鸟类通史》。

2

林奈，十八世纪最著名的博物学家，亦即生物分类二名法的制定者，又称为生物学之父。

3

此处所指应为乔治·萧所著之《动物学通论》，全书共有十四卷。

4

乔治·艾德华，英国鸟类学家，著有《罕见鸟类史》等。

5

以下鸟类名称后加问号者，均为原书作者所加，应是作者不确定所记录之名称是否正确之故。

6

迪伏特巨石约十一英尺高，在美国麻州陶顿河畔的阿索内发现，上面有古代不知名民族的岩画图案，目前此巨石已移至博物馆中展示。

尺寸·先行者

上架建议：人文·社科

ISBN 978-7-5008-7098-2

9 787500 870982 >

定价：98.00元

图书在版编目（CIP）数据
玛雅秘境：失落的四十四座尤卡坦古城 / (美) 约翰 · 斯蒂芬斯 (John L.Stephens) 著; (英) 弗里德里克 · 卡塞伍德 (Frederick Catherwood) 插图；周灵芝译. 一北京：中国工人出版社，2018.12
ISBN 978-7-5008-7098-2
Ⅰ.①玛… Ⅱ.①约… ②弗… ③周… Ⅲ.①玛雅文化—介绍 Ⅳ.①K731.2
中国版本图书馆CIP数据核字（2018）第294153号

著作权合同登记号：图字 01-2017-5685

玛雅秘境：失落的四十四座尤卡坦古城

出 版 人　王娇萍
责任编辑　宋　杨
责任印制　黄　丽
出版发行　中国工人出版社
地　　址　北京市东城区鼓楼外大街45号　邮编：100120
网　　址　http://www.wp-china.com
电　　话　（010）62005043（总编室）　（010）62005039（印制管理中心）
　　　　　（010）62379038（社科文艺分社）
发行热线　（010）62005049　（010）62005042（传真）
经　　销　各地书店
印　　刷　三河市东方印刷有限公司
开　　本　710毫米×1000毫米　1/16
印　　张　37
字　　数　400千字
版　　次　2019年9月第1版　2020年 8 月第3次印刷
定　　价　98.00元

Labná

拉 巴 纳 古 城 遗 址

府）遗址

Uxma

乌斯马尔古城（总督